珍藏本
纪念版

汉译世界学术名著丛书

中国家族法原理

〔日〕滋贺秀三 著

张建国 李力 译

2017年·北京

滋賀秀三

中国家族法の原理

創文社昭和四二年三月三〇日第一刷發行

創文社昭和五一年八月一五日第二刷發行

中译本主要根据創文社 1976 年 8 月版译出

滋贺秀三教授

汉译世界学术名著丛书
（120 年纪念版·珍藏本）
出 版 说 明

2017 年 2 月 11 日，商务印书馆迎来 120 岁的生日。120 年前，商务印书馆前贤怀揣文化救国的理想，抱持"昌明教育，开启民智"的使命，立足本土，放眼寰宇，以出版为津梁，沟通中西，为中国、为世界提供最富智慧的思想文化成果。无论世事白云苍狗，潮流左右激荡，甚至战火硝烟弥漫，始终践行学术报国之志，无改初心。

迻译世界各国学术名著，即其一端。早在 20 世纪初年便出版《原富》《天演论》等影响至今的代表性著作，1950 年代后更致力于外国哲学和社会科学经典的译介，及至 1980 年代，辑为"汉译世界学术名著丛书"，汇涓为流，蔚为大观。丛书自 1981 年开始出版，历时三十余年，迄今已推出七百种，是我国现代出版史上规模最大、最为重要的学术翻译工程。

丛书所选之书，立场观点不囿于一派，学科领域不限于一门，皆为文明开启以来，各时代、各国家、各民族的思想与文化精粹，代表着人类已经到达过的精神境界。丛书系统译介世界学术经典，引领时代思想，为本土原创学术的发展提供丰富的文化滋养，为推动中国现代学术和现代化进程做出了突出的贡献。

为纪念商务印书馆成立120周年，我们整体推出"汉译世界学术名著丛书"120年纪念版的珍藏本，寄望既利于文化积累，又便于研读查考，同时向长期支持丛书出版的译者、编者和读者致以敬意。

两甲子后的今天，商务印书馆又站在了一个新的历史时间节点上。我们不仅要铭记先辈的身影和足迹，更须让我们的步伐充满新的时代精神。这是商务人代代相传的事业，更是与国家和民族的命运始终紧密相连的事业。我们责无旁贷，必须做好我们这代人的传承与创造，让我们的努力和成果不仅凝聚成民族文化的记忆，还能成为后来人可以接续的事业。唯此，才能不负前贤，无愧来者。

商务印书馆编辑部

2017年10月

译者说明

一、本书的翻译底本是日文原著《中国家族法原理》昭和51年(公元1976年)8月15日出版的第二版，但个别地方与第二版有所不同。在着手翻译前，滋贺先生对原书个别内容做了进一步修订，因此本书是根据修订后的内容翻译而成。译书对这些地方不再一一注明，凡与原书不同的地方，以中译本内容为准。

二、书中有个别日文在翻译时比较难于处理，后决定保持原文不译。如“持分”、“持分权”、“得分”、“得分权”。“持分”的词义可以译为“份额”；“持分权”可译为“按份共有权”；“得分”可译为“应得的份额”；“得分权”可译为“应得的份额权”。但如果这样译出，则原文表达的含义和形式会出现问题。“持分”所要表示的含义不仅是“份额”，还指相关的人“每个人都享有的份额”、“相关各方都有份儿”。四个词多少都是基于这一含义而形成的。所以，译为中文后将使原文所要表达的含义受损。同时，原文都是名词，如果翻译时照顾到含义的完备，则译出来的中文大都不成名词的形式而变成了短语或简直像个句子，它们之间的相关性也很难看出来。此外，如日汉辞典通常释“换价”为“估价”，但本书中出现的“换价处分”一词，含义却是表示卖出财产(如不动产中的土地、房屋)得到钱财，甚至似乎可以扩展到抵押、出典等对财产的处分行为，因此没有合适的中文专用名词对译。考虑到这些情况，我们决定在这里说明这些词的含义，而在书中仍用原文。现代中文里本来有许多名词来源于日语，我们希望，假如没有其他中文论著使用更合适的对应词，既然都是汉字，那么不妨把这些词直接引进为我们所用，本书很高兴成为引进这些名词的先行者。

三、原文喜欢用缩略方式引用一些书籍的书名如《清明集》，为了保持原书风格，使读者能够了解外国学者的注释规范，我们仍保留这样的使用方法，因为所引这些书是唯一的，对熟悉这一学术领域的人来说，不会出现误读。不熟悉的，请从书的前面开始读起，也不会有问题。

四、书中引用的日文资料《中国農村慣行調査》，内容是问答式的，问和答的中间用等号“＝”划分开，即等号前是调查人的提问，等号后是被调查人的回答。初次见到这种形式的读者可能会不明所以，故此说明。

五、中译本边码即页边所加的阿拉伯数字，是原书的页码。原作者在书中注明见某某页的地方，我们本来打算保留作者在这时使用的原汉字页码数字（如一二三）不变，以易于和译书的页码相区别，但这样有违出版总署设立的数字使用规范，因此只好用阿拉伯数字。也就是说，原作者行文中提到见某某页时，读者请到页边码所在的页中去寻找。

六、原书在章下分节（个别不分为节而直接分一、二、三），注释都在节后，中译本最初考虑为了方便读者，将注释一律变成页下注，而注释的编号不变。但这样处理后，从校样来看，有的注释因内容太多，排版上将出现一些页面空白，不够美观，因此依然保留原书节后注形式。对这样处理带来的阅读不便谨深表歉意。

七、另一个涉及页边码的，是原书引用中文古籍案例资料时，同时附有对该案例的日文译文或说明，经征求作者意见，确定不再将日文回译成中文，而保留说明部分。但由于没有翻译这些案例的日语译文，相关的页码就没有了或页边码显示两页之间距离很近，这并非译书标页码出现错误，而是无法避免的技术原因。

八、中译本后面所附的滋贺先生的年谱和著述目录，不是原书内容而是译书新加进去的。

献给恩师

石井良助先生

目　录

序

本书是怀着彻底地改定增补拙著《中国家族法论》(弘文堂1950年)的意愿而开始写起的。旧著终究是我的初次写就的不成熟的著作,在此之后,学界的学术进展亦比较显著,当经过了十几年后的现在,随着认识的深化而重新整理时,则从章节的设立方法直至细节的措辞,都不得不加以新的构思和再次写过,以至于一眼看上去,最终完全变成了另外的一本书籍。随之书名也改为《中国家族法原理》。不过当初的意图还是得到了贯彻,旧著里面实质性的内容全部被吸收进本书之中。如果说旧著是种子,那么本书就是由其发育出来的成体。

对于旧著,已故的仁井田陞先生曾给予了严厉的批评;作为回应,我在《国家学会杂志》上发表了题为《中国家族法补考》的论文。这篇论文中那些作为讨论前提的陈述自己见解的部分内容,大体也被本书所吸收,至于那些对先生所说的表示疑义的部分,则只留下今后参照的意义。

本书的第一章,是于1961年向东京大学法学部提交的博士学位论文。作为总论性质提出来的那些理论性的问题,是尝试尽心探求的地方,旧著里面没有与此对应的部分。在审查这一论文的过程中,石井良助、久保正幡、加藤一郎等先生曾提出各种各样的建议,对三位先生谨表感谢之意。当此篇论文收进本书时,为了和

第二章以下的内容相照应，曾稍微做了一些修改。

旧著出版之后，全六卷的出版物《中国农村惯行调查》以听取农民陈述的原始记录的方式提供给学术界，这些资料是在日中战争期间，由与东亚研究所第六调查委员会协作的满铁调查部的诸贤，选择了河北省、山东省的几个农村进行惯行调查的成果。本书在消化、利用这一调查资料方面倾注了很大的力量。安藤镇正、内田智雄、佐野利一、杉之原舜一、早川保、本田悦郎等诸氏的调查记录特别是内田、早川两氏所作的调查，对本书有关家族的部分多有帮助。以亲身参加了调查现在任教于同志社大学的内田智雄教授所写的论著为代表，基于这些资料的著述已经不少，然而，一边参照这些著述，一边接触那些调查所记载的活生生的资料的全貌，其意义仍然很大。深深感到的确是极具价值的贵重的调查资料。

中央大学多贺秋五郎教授的《宗谱的研究(资料篇)》一书，将许多族谱中散见的族的规约之类加以汇集整理，从而使这类材料能够很方便地阅读，对本书的写作也有很大的助益，在此一并表示敬意。

由于东京大学东洋文化研究所藏大木文库的公开，从中能够得以见到大量的明清特别是清代的判语，也是一件很幸运的事，不过这一方面的资料本书仅限于略加啄取，系统性的研究尚需留待将来。

虽然在学问的世界里，所谓完美的研究是根本不可期望的事情，可是本书在这里公开之际，仍有许多遗憾之处。大致完成了书稿之后，只是达到了预想的目标，当一读到新的资料，就想到也许在再次加以全面修订的基础之上才算完成，边这样考虑着边感到又没有那样的余裕，结果，稿子大略也就这样原封不动地定了下来。但是我想，如果给予自己的时间和能力的限度就是如此的话，提供相应不够完善的产品，也是置身于学界的一员应尽的责任。过去的行程大体已经结束，而一想到可能就此没有负担地面向未来，又不由地感到非常喜悦。

本书要献给不久将迎来六十大寿的恩师石井良助先生。作为大学院特别研究生，我在先生的指导下迈出了学究的第一步以来，尽管以不肖之身辱没了无量的师恩，但我还是想表达一下自己的感激之情。正如我在旧著的序文里所提及的，是先生的鞭策使我完成了那本旧著。对本书的写作，先生也给予深切的关注并时常加以激励。当一边怀着敬畏一边又能把本书献给日益康健的先生的时候，我感到这真是一种无上的幸福。

但是，就此也不得不提到令人悲痛的变故。在中国法制史的研究上留下巨大足迹的仁井田陞先生，于去年 6 月 22 日，以安静的长眠结束了研究的生涯。以笃实的学风和温厚的人品受到学界仰慕的守屋美都雄教授，同样也于去年的 7 月 10 日，在大阪大学文学部长的任职期间突然去世。仁井田先生给予我的教益非常之大，我的旧著公刊以来，先生再三执笔提出严厉的论难，对此无论如何也应当道谢，如果说正是在经受这些批评而想要站直了的努力之中本书才得以产生出来，恐怕也非夸张。守屋教授正像人们所知道的那样，在中国的家族、民俗以及刑法志等等涉及法制史的领域中都有很深的造诣，对我的工作也时常寄予关心，通过亲切地交谈每每给予我有益的启发。当本书脱稿之际，我最想送其过目的两位老师却已经不在了，一想至此，哀伤之感又重新涌上心头。

在表示真诚的感谢和追慕的同时，谨为两位先生的冥福祈祷。

本书的出版，曾经得到了昭和四十一年度文部省科学研究费补助金(研究成果刊行费)的资助，在此谨表谢意。

对承担本书出版事宜的创文社和创文社中直接负责本书的工作、帮助编制索引的石川光俊氏，以及帮助校对的关根敏氏等，也深表感谢。

滋贺秀三

1967年3月25日圣土曜日

第二版序

本版是用初版的纸型，在技术可能的范围内加以改订的，原页数没有变动。改订以纠正误排的错字和由于粗心大意而出现的错误之处为主，有关引文也和原文逐一加以核对。完成了改订的此刻，对于初版面世时犯有如此之多的小错误，不禁从心里感到惭愧。此外对于那些多少觉得有些不安的言论或加以删削或加以修改，还有就是增加了一些多少需要加以说明的地方，但此类改动并不多。在506页、549页增加了一些“补注”，在唐的应分条（245页）摘录部分的复原方面采用了新的见解，因而注16也做了改写，这些都是稍微有实质性的新改动。对于奥村郁三氏在书评（载《法学协会杂志》85卷12号）中提到的颇为根本性的问题，在这次改订范围内未能增加与此相对应的内容。对于此外许多人士指出初版书中的错误之处和疑问点等，谨致以深深的感谢。

著　者

1975年11月26日

省略记号

录Ⅳ、2、3、……＝《民商事习惯调查报告录》第四编第二章第三节。

录Ⅱ、15、2、十二……＝《民商事习惯调查报告录》第二编第十五章第二节第十二……

惯Ⅰ惯Ⅱ……＝《中国農村慣行調查》第一卷　第二卷……

彙報《関東庁ノ法廷ニ現ハレタル支那ノ民事慣習彙報》（満鉄調查資料第百六十五編）

郭卫＝郭卫编《大理院判决例全书》

多賀＝多賀秋五郎《宗譜の研究（資料篇）》

内田＝内田智雄《中国農村の分家制度》

此外，收进本书末尾的文献目录中的论著，在比较近的地方再次出现（个别在首次出现）的时候，有时省略只写著者名或依目录里所表示的方式来引用。

序　说 3

本书是法制史的著作，而非论述中国的现行法即中华人民共和国或中华人民共和国成立之前的中华民国的法制的著作。但也不是限于过去某个时代的论述，或者按时代的顺序追寻事情的继起那种性质的历史叙述。本书是要对所谓的旧中国（traditional China）即近代化开始以前的中国的、无论是时间上还是地域上都要作为广为扩大的一种社会体制来把握的、在这一体制下的家族的形态，从法学的视点作出分析和构设概念，并加以体系化的叙述。

本来，既然是历史，就不能无视时代上的契机，当本书写作之际也没有忽视这一点。关于中国史的时代区分，著者以前就持有如下的看法，[1]即中国在其漫长的历史中，从全局来说经历了前后两次社会体制的根本性变革。以这两次变革作为分期点，全部中国史至少也应当首先分为三个时代。

第一次变革，就是从中国古来用语意义上的封建制向郡县制的变革，也就是从以邑为单位并作为基盘，通过族制性质的自立势力之间的几个阶段的统合关系而形成的秩序，向官僚制的领域国家的出现和随后统一帝国的建立的发展过程。其分期点大致可以在春秋与战国之交的时期来寻求。当然变革是渐次进行的，所以并非能以某一时点为界将两个时代截然分开。一般认为，春秋中

期孔子在世的前后是新时代胎动的开始，而另一方面也可以认为，
4 旧的要素的完全清算，新的体制的完全安定，则需要等到汉武帝时。从孔子一直到武帝，理应认为是两个时代既有重合又渐次分移的过渡期。

第二次变革，简而言之就是中国近代化的过程。其分期点，大致可以从作为最后一个传统的王朝即清朝的灭亡来求得。但是在这里，即使能够看到旧体制的动摇以及随之不久开始的向近代化的移行在鸦片战争时就已经发端，但直到民国成立以后至少到第二次世界大战前，也还是被认为仍浓厚地残存着旧的要素。而且，新的中国以如何的形态安定下来，现在就做出预见仍是困难的。也就是说，将从鸦片战争直到现时点的中国，视为仍处在一种过渡期的看法大概是比较适当的。正如以上所见到的那样，春秋以前的古远的时代可以称作上代，民国以后作为近代，而对处于中间的长时代，在还没有其他适当的词语的情况下，我想可以命名为帝制时代。而本书就是想把这个帝制时代的家族法作为运思的对象。

像上述那样，将几乎被认为占了中国史的大部分的二千数百年那样长的年数的时期，以帝制时代为名以便作为一个时代来把握，果真是可能的或是妥当的吗？以及果真具有实际的意义吗？对于这样的疑问，本书的论述自身或许就能够作出回答。最重要的是，即使用一句话概括旧中国，也并非是说同一的体制由无限的过去一直延续下来。体制的固定化可以说是开始于汉代，从而也不能认为在那以后的时代中的社会一般观念可以轻而易举地追溯到春秋以前的时代。[2]若不对这一点加以明确则将出现论述上的

混乱。儒教的经书虽然是以上代的社会现实为素材而写就的，但这些被视为含有超时代性规范的文献，对后世仍继续具有绝大的理念上的影响力。因此在使用这样的文献之际，特别需要留心上代与后世（即所谓帝制时代）的体制的差异。同样地，辨别经书记载的事物中特殊上代的要素和超时代性的要素也是必要的。对于此类情况本书中将偶尔有所言及。 5

此外，将由汉迄清作为一个时代来把握绝非是要表示其间不存在历史的发展的意思。不过，若要问究竟是如何发展的，我想说的是，如果从宏观上来看，在最基本的层面上，体制的一定的类型不曾变动。所谓在一个类型的范围内发展这样的侧面着眼，还可将帝制时代再作几个时代的小区分，而这样的小区分当然就成了接下来要做的课题。在本书中亦对那样微观意义上的变迁在可能把握的限度内努力进行了论述，但是还没有达到综合关于各个事象的变迁、以整合的形态回答有关时代的小区分那样的课题的地步。不仅如此，作为建构的虽说是要把帝制时代的全体纳入视野，但实际所用的资料，由于受到传存情况的制约，大部分是唐代中期以后的东西，在这个意义上，便成了论述以内藤湖南所首倡、由宫崎教授等人所展开的史观中所描述的中国史上的近世的资料得出的结果。[3] 如果想到这些，或许最初不如称之为中国近世家族法才是免遭非议的。此外，作为资料还大量使用了大理院判决例要旨以及各种惯行调查报告等民国时代的文献，其原因如前所述，是由于这些文献仍被认为残存着浓厚的传统性的要素。通过与古代的资料相照应，只要注意把这些文献中什么是传统性的要素慎重地识别出来，自然就可以当作极为有用的资料加以利用。

围绕中国的家族制度，先行者已经做了许多珍贵的研究与论述，在中国法制史研究中，家族法可以说是研究的积累极为深厚的领域之一。本书写作时一边面对着这样的现状一边想要另外多少作出一些新的贡献，那么，尤其是中田薰博士的堪称古典的《唐宋时代的家族共产制》的论考就成了研究的出发点。想把博士所说的加以消化并加以发展的意图，就成了旧著《中国家族法论》及其
6 展开的本书的构想的基础。所谓家族共产制，通俗一点儿说，就是家族靠一个钱袋来生活，各个人的勤劳所得全部凑集到这个钱袋里，每个人的生计也全部由这个共同的钱袋供给，从而财产作为共同的家产得到保持。像这样的家族生活样式，既不是仅见于唐宋时代的现象，而且也不是停止在人们从多种的可能性当中（无论这是如何地通常）**任意**采择的一个生活样式。在清末以降的近代化历史开始以前的中国，这些作为家族生活的必然的样式是在整个时代内一直维持不变的原理，实际上，连家的概念规定也可以说是那样的。解明形成这一家族共产制的法的构造，如果用最简明的话来说，就是围绕着作为共同的东西被加以保持的家产，家族中的每个人因各种各样的身份相应地具有什么样的权利等问题，尽量详细地加以探究，这些将构成本书论述的主线。

家族共产制还可发挥继承的媒介的功能。一边围绕着家产使共同生活不断地得到维持，一边又存在由于婚姻、出生而导致的新人增加、因死亡造成的旧人减少而出现的，从祖先向子孙进行财产的传承的并不显眼的情况。因此，为了解明家族共产制，就有必要在探讨**共有**理论的同时探讨**继承**的理论。家族中每个人围绕着家产的权利，如果换个角度来看，也可以说是在继承法上的各个人的

地位，这一点历来常常被忽略。故而不仅使家族共产制的论说显得很不充分，还封闭了从正面来把握中国的继承法问题的道路，这不能说一点儿也没有值得遗憾的地方。本书的一个基本的立场，就是将中国家族法在家族共产上所展开的场景作为继承法来加以把握。

中国的继承法，与祖先祭祀的观念且只承认男系亲为同类的亲族概念，简言之就是中文里所说的“宗”的理念相为表里。家族作为共同维持家计的宗族里的一枝，不外乎是同宗者的小集团。7
围绕着家产而出现的家族各个人的权利是由他们在宗这样的理念性的秩序（若直截了当地说也就是祭祀被祭祀的关系）中占有怎样的位置所规定的。本书的基本立场换句话还可以说成，在宗里的身份关系作用于围绕着家产共同生活的场而产生的诸关系的总体，是想要作为家族法来把握的东西。

作为比较法制史的考察，与罗马法的家族组织之间的实质性的类似性（只有提出类似性才可能显明差异），以及与日本的家族制度之间的原理的相反性，是我想要关注的地方。

在前述这些观点之下，就要把相当于我们现在的民法中亲属、继承两编里所要处理的主要事类，以某种形式大致不加遗漏地收进本书之中，并且要尽可能地纳入，也就是说，本书是围绕着所谓的家族共产制这一课题的研究书、同时又是——虽然论述侧重于家族的财产关系而有关家族的身份生活方面不免就有些薄弱[4]——一并也想使之具有某种程度的旧中国亲属继承法体系的概说书功能的著作。其体系颇呈特异之态，而且成为论述的主线的那些基本的诸概念，只使用我们现在的法学中既存的概念也是

不够用的，所以决定导入几个切合中国的事象的独自的概念。由于这一原因，就有必要做一些将中国人无意识地经常来使用的几个极普通的词汇，改为从论理性的角度加以省察，通过认真地加以定义，使之达到学术性概念高度的那样的工作。可以说作为总论的第一章特地为这一原因而补充的。我想，通过这样的作业，中国法制史这样特殊的一个法学分科不是真正能够有助于法学全体的深广化吗？要而言之，可以说应将自己置身于有关家族生活的中国式的思考样式中，像中国人那样去思维，让这些思考的基本步骤尽可能的恰当，并且以经得起现代的学术性批判的正确和整合的
8 形态来加以表现，这正是在本书中著者一贯并努力要做到的事情，也是书名特别地称作“原理”的原因。

还有，本书冠以家族法之名，是想要专门研究家族生活的私法性的这一部分，因此，在围绕着家的公法上的各种制度（如户口登录制度等）方面没有深入地探讨。家的公法的一面和私法的一面大体可以分开论述，这是由于公共权力介入私法关系之中的事比较少的缘故，我想这似可视为旧中国社会的一个特征。仍是出于同样的理由，像封爵及作为其经济上的保证的食封那样的、当作公法上的特权同时又是私家的一种资产得到继承的现象及其继承法的详细情况，也决定不加涉及。这些是上代的封建制度的遗制，而且如果概略地说，仅仅是为了皇族的处遇或功臣的优遇那样有限的目的利用一下这类名目的制度，从大局来看帝制时代的体制时，这些对于社会全体所具有的意义绝不是很大的，特别是到了宋代以后的近世，差不多可以说已经成了微不足道的东西。

在以上那样的构想之下，具体来说，就是将历代王朝的立法和

记录并流传下来的审判例(判语)以及关于民间习惯的调查报告等三个部类的文献作为核心资料,每个主题都以综合性地考察这三方面的材料为中心进行论述,作为主要的资料文献,大致可以举出以下数种:

《唐律疏议》

《唐令拾遗》　仁井田陞撰,昭和八年(1933年)出版。

《宋刑统》

《庆元条法事类》　静嘉堂文库藏,昭和四三年(1968年)古典研究会影印。南宋庆元年间的敕、令、格、式。

《名公书判清明集》　静嘉堂文库藏,昭和三九年(1964年)古典研究会影印。南宋诸名士的判语的集录。参照仁井田陞《清明集戸婚门的研究》(同氏《中国法制史研究・法と慣習》所收)。 9

《黄文肃公文集》　静嘉堂文库藏宋刻四十卷本。南宋黄干的文集,最后的三卷收入了判语。

《后村先生大全集》　四部丛刊本。(南宋)刘克庄的文集,卷一九二、一九三收入了书判。

《袁氏世范》　(南宋)袁采的家事教训书。西田太一郎译(创元社1941年出版)。

《通制条格》　小林高四郎、岡本敬二《通制条格的研究译注》第一册1964年版、第二册1975年版。

《元典章》　本书使用沈家本刻本,同时参照了陈垣《沈刻元典章校补》中的补正以及影印元版。

《元史》刑法志　小竹文夫、岡本敬二《元史刑法志的研究译注》(教育书籍1962年出版)。

明律·条例　　以光绪三十四年沈家本复刻的《明律集解附例》为底本，随时参照了雷梦麟撰·嘉靖三十六年汪克用刊《读律琐言》、周某撰·董裕序·万历二十七年刊《大明律例祥刑冰鉴》、王肯堂撰·清代顾鼎定重刻《王肯堂笺释》等注释以及薛允升《唐明律合编》。

《明令》　　大藏永绥序延享三年和刻本。皇明制书卷一也收入此本。

《资治新书》　　李渔（笠翁）撰，康熙二年刊。明末清初的诸名士的公牍判语的集录。

清律·条例　　以光绪二十五年刊《大清律例增修统纂集成》作为底本。同书记载的顺序将条例进行了编号。同书上横的记载略称为“清律上栏”，所说的总注是指同书下栏的律的各本条末尾所附的注。关于条例的形成过程，可以参考《大清光绪会典事例》之刑部的部、吴坛撰·吴重熹刊《大清律例通考》、崇纶撰《大清律例根原》等文献。研究著作方面则参考了薛允升《读例存疑》等。

《五种遗规》特别是其中之一的《训俗遗规》　　（清）陈宏谋撰。先贤的家事教训的集录。

《六谕衍义》范鋐撰、《讲解圣谕广训》王又朴撰　　见于鱼反善雄编《康熙皇帝遗训》（大阪屋号 1943 年出版）。

《大清光绪会典事例》

《户部则例》　　常用的为同治一三年版，必要时参照了其他年度的版本。

10 《湖南省例成案》

《例案全集》　　张光月辑，乾隆二年刊。《例案续增全集》潘又舫·徐某辑，光绪十二年刊。

《刑案汇览》　《续增刑案汇览》祝庆祺（松庵）辑，道光十四年、同二十年刊。《新增刑案汇览》潘又舫·徐某辑，光绪十二年刊。

《棘听草》　东京大学东洋文化研究所大木文库藏。明末清初的李之芳在担任浙江省金华府的推官时起草的判语的集录。顺治十一年刊。

《判语录存》　同上。清的李钧在道光九年至十三年担任河南府知府时所作的判语的集录。道光十三年刊。

《吴平赘言》　同上。清的董沛于光绪初年在江西省清江担任知县时的判语、公牍。

《汝东判语》　同上。董沛在江西省东乡担任知县时的判语、公牍。

《晦阍斋笔语》　同上。董沛在江西省建昌担任知县时的判语、公牍。

族谱的凡例·家规之类　取自多贺秋五郎的《宗谱的研究（资料篇）》（东洋文库1960年版）。

《大理院判决例全书》　郭卫编，1931年刊。大理院是民国初期的最高法院，从民国初期直至南京的国民政府成立之前的时期，曾起到引人注目的作用。同书收入的不是判决文那样的文书而是其中的要旨，但可以认为这些要旨仍是通过法院自身制作完成的。（作为同书的姐妹篇有郭卫的《大理院解释例全文》，遗憾的是本书执笔时无缘参照，两编都于1972年在台北再次出版。）

《民商事习惯调查报告录》　中华民国司法行政部印行，

1930 年。

《关东厅法庭所见中国的民事习惯汇报》　(满铁调查资料第百六十五编,1934 年)

《中国农村惯行调查》　全六卷(岩波 1952—8 年出版)

本来使用的资料并非限于上述的三类,说起来其实是以这三类资料为三个支柱,围绕这些还从儒学的经书到小说等通常涉及过去的中国的文献中,以及从近代的内外人士的著述中,采集了虽
11 然接触不多但就目之所及的范围内能见到的有用的资料。而且在这一方面,已故的仁井田陞教授的浩瀚的著作就显得特别有用,有了这部著作的帮助的本书,与其广为寻找那些未知的资料,不如从已知的就在身边的重要资料里,在正确地领会那些具有法的意义的内容并给以应有的评价等事情上,更能够集中主要的精力。

综合性地考察以上那样的各种资料时所说的综合性具有什么样的意义,我已具体地做了论述,即只有请读者通过阅读本书来了解。不过有一点要预先加以明确的,就是本书虽然以“法”作为叙述的课题,但又不是把“法”仅仅看作具有某种形式的实定法。

虽然也将历代王朝的立法作为主要的资料之一,但这不是试图从中构筑成文私法的体系。旧中国的国家法主要由刑法和行政法规组成,私法方面的事情也不是丝毫没有加以规定(而且在私法之中家族法属于采纳比较多的部类),但是,法体系全体的基础,是以组织、统制官僚机构和管理监督人民以及维持公共秩序、培养善良风俗等目的作为基本理念,从而事情即便是私法性的,其有关规定的制定仍是具有基于上述目的的性质。划定私权并加以保护等私法固有的理念并没有得到展开。即使将散在的一个个规定凑集

到一起，也无法拼成完整的私法体系。试图强行加以解释亦是没有意义的。何况写进法律中的内容果真起到何种实际的效果，也常常成为问题。

不管国家有无立法，民事的纷争在现实中总会不断地发生，并会闹到地方官的法庭。与立法的简单的文言相比，在对这些争讼的审判中所作出的判语，则有着远为丰富而又现实的内容，因而具有十分珍贵的资料价值。但是虽然如此，却无论如何也不能够从中归纳出实定性的判例法一类性质的东西。说起来这些判语，是那些擅长写文章的名士们在一生经历的某个时期作为地方官在职 12
期间，为处理诉讼而写的判决文，因作为这些文章的作品价值的缘故而被集录并流传下来，所以传存是偶然的，而且各个判语相互之间没有逻辑性的关联。这种情况是由于诉讼制度本身的特点所造成。民事的事案被认为是轻微的事案故只限于地方官予以处置。当事人即使上诉，与上级者亲自审理相比，也是再次下发给下级者令其审理的情形更多见。而且总的来说，民事的纷争主要着眼于令当事人妥协从而使当前的事件得以平息的裁决，而并非从确立在其他类似的事件中也应被适用的一般性的权利义务法则的立场来加以处理。这和那些某种程度以上的刑事案件自动地呈报到中央的审判机关、在那里谋求判例的统一而随之产生的、有关刑事的如清朝时代的刑案之类那样基于法的实用的目的而编集起来的许多真正意义上的判例集相比，则颇异其趣。[5]

那么，实定法意义上的习惯法是否成立的问题在此还是应该作出否定的回答。将与国家制定法并存的民间的习惯看作是“法”的一个类型的见解本身，在旧中国是一个陌生的概念。正如较前

所述的那样，在那里，公与私、官与民的机构性的显著分离也是其表现之一。的确，以“情”、“理”等等语言来表现的自然的条理，以及被称为“礼”的正统的行动样式——这些作为教养，审判官当然掌握——在法庭上受到尊重并发挥了很大的功能，然而，当事人所属的被限定的社会（例如地域社会）多少带有特殊的细节内容的习惯——关于它的存在需要立证的那样的习惯——作为审判规范而援用的现象可以说完全看不到。普遍性的礼与法被作为价值的基
13 准，至于局部地区的土俗，从宽容的角度给予照顾的事例即使存在，也不能从规范的意义上来认识，从而像编纂习惯法书一类的事情也不曾有过。到了民国时期对于习惯的关心高了起来，并主动进行了调查，如《民商事习惯调查报告录》也得到出版。这些与通过外国人着手调查的成果一起，在获知社会实际情况这一点来说是极为贵重的资料，可是仍然不是习惯法的记录那种性质的东西。

然而，尽管从私法的范畴来说不存在实定法的体系，那并不意味社会生活中人们没有意识到私法性的论理。正如在本书中所要弄清的，家族生活那样的被认为与法相比不如说情谊更容易支配的领域里，更让人感到惊奇的，却是在人们的意识中清楚地确定着的、对每个人来说哪些是他被人所承认的权利，并基于这些共有规范来使事务得到处理。由此，不用期待成文法的存在，在这个意义上自然地刻在人们的意识中并活生生地发挥着作用的具有法的性质的论理，我想称之为法意识，换言之也可称之为自然法。当然，这不是指客观性地在人类中普遍适用的自然法那种含义，而是对所谓的旧中国社会历史环境中生活的人们来说主观性地视为天地自然的理的那些东西，才是这种意义上的自然法。它们是那样的

一种东西，由于植根于人性，所以一面含有浓厚的适用于全人类的要素，另一面又限于是历史的产物，因而带有中国式的特色并且这种特色保持着合理性和逻辑的一贯性的东西。本书是想要通过这样意义上所形成的过去的中国人的法意识作为考察的焦点，对于记述“法”这项课题做出实质性的回答。而且想尝试着通过“法”从中国这一角发掘人性——一边展开历史中多样化的侧面，一边在根本上没有变化的人性——的兴趣一直在支撑着我。理所当然这里也就关联到法这样的词语的定义问题。如果将实定性视为法的本质的要素，法就是由集中的权力定立或承认的同时具有强制作用的规范等这样来定义的话，像以上那样的方法论就不能成立，而 14
且就有关旧中国的私法作出某种内容充实的叙述大约也成为不可能。如果法的特质不是从规范的形式而是从内容上求得，那么所谓法，就是自古以来的法谚所说“应该给与某个人应归于他的东西”(suum cuique)的意义上的关系到正义的规范。如果按这样去定义的话，在所谓的法意识的形态上的确是存在着法的看法丝毫也不勉强，本书便持这一见解。[6]旧中国的私法那样的研究对象本身，我认为带有不能接受法实证主义的方法论的那样的特性。[7]

如果说由什么来找到上述那样的法意识，回答无非是通过对前面所言及的各个种类的资料的综合性的考察。习惯的调查记录不用说起着最为直接的效用，但只有这些还不够，因为第一，这些全都是在走向近代的过渡期被记录下来的东西，有时期性的限制。第二，在这些以采录民众生活的事实为宗旨的调查记录里面，在基于自觉向着正统的生活样式行动之外，含有一些出于无知、无自觉、无资力等原因趋向现实性的便宜之计等妥协的要素。并且在后者的这一方面显示出相当大的地区差。像那样的现实的样态作为反映了现实情况来说是贵重的，然而将其全部作为事实加以平面性的处理却是不合适的。为弥补这样的缺欠，历代的立法和审判的实例可以使我们的理解得以加深。过去的中国的官人们是社会中具有代表性的有教养的人，是文化的自觉的担当者，他们的判断具有标准性的意味。当看到在他们所作出的判语中，人们所怀有的共通的法意识通过其代办者之口以标准化的形态得到表述的时候，偶然传存下来的任何一份判语也就具有了珍贵的意义。同样地，立法也具有一种那样高度的标准的意义。那些常常被人们认为是自然的、道理的、私法性的原则，原封不动地表现为公权性的，或者将其作为自明的前提并在其上制定了刑法、行政法等技术性的规定。当然，并非全部都加以规定了。说起来在立法上表现为就像地形图上一个个山顶那样的分散。可是当与呈现出实际的世态的其他种类的资料一并来看时，这些规定就开始具有了生动的意义。要而言之，所谓中国的法意识，不能在其自身直接地见到成为普遍性的情况，需要通过不断地提高辨别能力，将那些看作在某种意义上包含其具体的表现的文献，不问其是什么性质、什么日期完全作为资料来使用，由综合性的观点来加以评价。

如果采用所谓的国家法和民众法的词语的话，本书认为与其说两者之间是对立的不如说是等质性的，在它们的细目的点上注意到时代的变迁或地域的差异的同时，还要认识到在其基底方面原理的不变性，构成这样的方法论的原因是由于考虑到旧中国社会的特质，这大概是能够被理解的吧？这种特质如用一句话来概括，就是社会阶层相互间的封建性的或者种姓等级之类的闭锁性是不存在的。最起码闭锁性没有成为社会构成的基调是一个事实。六朝时代的门阀贵族在此应该如何评价，是个暂时想保留的问题，但至少就宋代以后那些确立了科举制度的时代来说，还是能够没有保留地指出这一特质。这不是说在社会生活中已经是万人平等了。作为输送出官僚的母体处于支配地位的、无论是称为“士”还是称为“读书人”的绅士阶层，和从事生产劳动的被支配的庶民阶层之间，毋宁说公开和明显地存在着差别。但这些是基于个人的经历而出现的人的品级上的差别，不是难于超越的世袭的身份的差别。两者之间时常流动的情况是可能的，科举无非是靠通过考试所认定的个人能力以获得作为绅士的资格的制度。制度上可能的流动，实际上大致达到什么程度这样的问题，顿时成为近年来学术界集中关心的研究课题。根据直到现在为止展现出来的成果所作出的大略的推测，如果不是从人的一生而是通过几个世
代，就会看到上升、下降的两个方向都有不断的、很大的流动，而且 16
认为在农、工、商等等庶民的职业之间也有流动性的看法是合适的。[8]实际的流动性是怎样的姑且不论，最重要的在于，事实是人们的思想里并不存在各阶层的闭锁性和那种生活原理的独自性一类的意识。只要诸种条件特别是经济的条件允许，人们都怀有想要过上绅士生活的志向。作为人世间的生活理念是唯一的，完全体验实践这种生活理念的是绅士，由于诸般的制约只能不完全地实践这一理念的是庶民。所谓与绅士对立的庶民的生活理念可以说是不存在的。[9]还有像在乱世中常常握有政治实权的军人那样的人，也会随着地位的上升，始终难于摆脱想要同化于有教养的读书人社会的愿望。通过绅士之手定立并运用的国家法和在民众的

日常生活中的规范意识之间，作为价值体系的等质性凸显出来，大概也就是理所当然的了。而且，贯穿时代和地域的原理的不变性大约也仍从这里得到说明。一般情况下，社会体制的原理性的变革是发生在从来的支配阶层由于被其他的阶层所取代时。可是在中国，构成支配阶层的人不停地进进出出，但正因为经常有人出出进进，所以才不存在阶层全体为其他的阶层所取代的情况。

无论如何，本书是法学的著作而不是社会学的著作。对在过去的中国所实施的法加以具有个性的记述是一心要推进的工作。当然在此不是研究的结束，毋宁说研究正是从这里开始。既然结束了法的记述，接下来就应当开始对使那样的法的存立成为可能的社会经济的诸条件加以真正的研究。实际上已经预定意图在第七章就这方面至少作出一些推论，可是能够赶上已定的出版日期
17 的稿子却未能完成，对此只能决定期之于将来了。

序说注释

〔1〕 在拙稿《清朝時代の刑事裁判》(原载法制史学会编、創文社 1960 年出版的《刑罰と国家権力》)的绪言中，首次公开了这一看法。

〔2〕 若试想一下的话就是，这些为极其常识性的，不过或许因为是过于常识性的，才很少被郑重其事地论及。自古以来也惯用“先秦时代”这一词语，这是大的时代划分已经被意识到，而所谓的 traditional China(传统中国)的词语也是一个抛开了上限的语词，但穷究到底地说来仍是指汉代以降的意思居多(T'ung-tsu Ch'ü, *Law and Society in Traditional China*, 1961, p. 10; Marion Levy, *Family Revolution in Modern China*, 1949, p. 41)。在中国大陆的史学界，曾经一时喧闹地争论在哪个时期开始从奴隶制向封建制转变的分期问题之后归于沉寂时，也是存在着或西周或春秋或战国等不同程度的分歧，而汉代以降差不多没有问题地算作封建

制，他们所说的封建时代就是这里所说的帝制时代。在我国的学术界具有代表性的几种时代区分论中，我本人则被提出汉代为止作为古代、六朝隋唐作为中世、宋以降作为近世，并将其见解的基础放在应有的位置这样的意义上把握一切现象的宫崎市定教授的史观强烈吸引。我在这里所论述的东西和宫崎学说，我想不是互相排斥而是互相补充的，在帝制时代的细区分里宫崎说大约仍是适用的。而且另一面，教授也使用了“古代”和“上代”这些有区别的用语(如宫崎教授的《中國上代は封建か都市国家か》,《史林》33 卷 2 号;《東洋的古代》,《東洋学報》48 卷 2、3 号)。

〔3〕 内藤虎次郎:《東洋文化史研究》(弘文堂 1936 年)中所收的《概括的唐宋時代觀》、《近代支那の文化生活》;宫崎市定:《東洋的近世》(教育タイムス社 1950 年)。

〔4〕 实际还由于家族的身份生活难于受法的规制(戒能通孝:《法律社会学の諸問題》)。如进一步言之，甚至保证身份生活的规制以及保证其实 18
现的那些制裁，也许可以视为仍是在财产法中存在的。

〔5〕 参照注〔1〕所示拙稿。

〔6〕 本书一有机会，就力陈必须从法的一面而不是从力的一面去认识家族关系(210 页、537 页等)，在那里所说的法，就是我在此所表述的这一意义上的法。

〔7〕 参照田中耕太郎《支那社会の自然法秩序に就て》(收于岩波出版的《法律哲学論集》第三卷以及福村书店出版的《法家の法実證主義》)，其中提出了“中国才是在现代诸大国中保有着自然法最为重要意义的惟一的民族”的见解，著者得出的这些[还有爱斯嘉拉(Jean Escarra)的]达见使我产生了共鸣。

〔8〕 关于中国的社会的流动性方面，作为最主要的研究业绩可以举出以下两本著作：Ping-ti Ho, *The Ladder of Success in Imperial China*, 1962; Wolfram Eberhard, *Social Mobility in Traditionnal China*, 1962. 前者是以科举的登科录・同年录之类、后者是以特定的族谱等各种各样核心的资料所作的研究。如果试加比较的话，前一本著作是站在认为流动性很大的立场。我感到前者所论比较稳妥。

〔9〕 吉川幸次郎:《支那人の古典とその生活》(岩波 1944 年)，34—37页。在 Marion Levy, pp. 45, 47, 60 里也能见到对此点的锐利的分析。

19 # 第一章　基本的诸概念

第一节　关于亲属

一、宗族与外姻

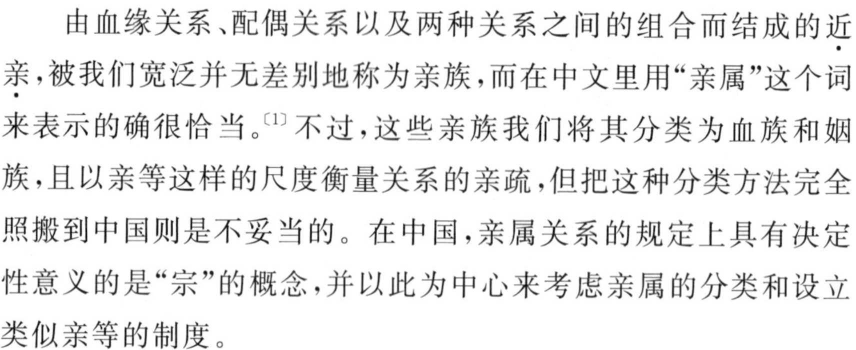

由血缘关系、配偶关系以及两种关系之间的组合而结成的近亲，被我们宽泛并无差别地称为亲族，而在中文里用“亲属”这个词来表示的确很恰当。[1]不过，这些亲族我们将其分类为血族和姻族，且以亲等这样的尺度衡量关系的亲疏，但把这种分类方法完全照搬到中国则是不妥当的。在中国，亲属关系的规定上具有决定性意义的是“宗”的概念，并以此为中心来考虑亲属的分类和设立类似亲等的制度。

如果用一句话来表示，宗是一个排除了女系的亲属概念，即总括了由共同祖先分出来的男系血统的全部分支，就是所谓的一个宗，[2]正好可以类比为罗马法里的宗亲(agnatio)那样的概念。[3]“族”、“党”等也是被用来表示与“宗”同义的文字，和作为熟语的“宗族”、“同族”、“族人”、“族党”等等一样，都是用来指同一实体的词语。但不管怎么样，也许可以说“宗”字在指称血统秩序这种概念性的语感较强，而相对的，族、党等字在指从属这种血统的人们这种现实性的语感较强。[4]

宗的范围指源于生长在某地的共同祖先、好像同心圆一样多
重的且理论上可以视为无限的观念性的范围，[5]绝对的界限是没 20
有的。只要由共同的祖先分衍的事多少在记忆中存在，那么无论隔了多少世代也不失为同宗者。另一方面，在与上面所说的不同的意义上，即如果 A 和 B 是同宗，B 和 C 是同宗，那么 A 和 C 必然是同宗。而和 A 为异宗的 X，对于和 A 为同宗的 B、C 来说也完全是异宗。像以上那样如果以宗的概念为基准，在把所有人区分为内人或外人的意义上，和通常提到的宗亲一样，同样，[6]宗也是一种不允许有两重性的排他性的关系。各个宗为了区别自他的名称就是姓，同宗者都称同一个姓。姓是具有表示每个人的宗的排他性的所属关系这样重要意义的称呼。[7]

女性的宗的所属的问题应当分为两个方面来考虑。从自然性的意义上看，女性仍属父亲的宗并且这种关系从出生直到死亡终生不变。[8]由女性结婚后即使冠以夫性也绝不改变自己生身之家的姓这种习惯中，[9]大概可以说象征着这种情况。另一方面，在社会性的意义上来看，女性由于婚姻应该说变成了夫所属之宗的人。而且，与其说她从父宗向夫宗的地位转移，不如说由于婚姻才取得了夫宗之中的地位。换言之，女性的社会意义上的宗的所属关系，应当看作不是由出生而是由婚姻所产生的（详见第四章第三节一）。像这种在自然性上视为父宗，在社会性上视为夫宗等，由于观察的角度而将宗的所属截然分为两面是女性命中注定的。如果将两面合起来也可以说存在着女性横跨两宗的情况，但无论从自然的属性或社会的属性任何一面按照特定的看法来讲，宗是排他性的关系这样的原则，在此也是不变的。

拟制成儿子的养子及其男系子孙，在社会性的意义上当然属 21

于养父之宗，但这样的养子由于有下述异姓不养的原则而存在只能从同宗的他支过继的限制，也就是说，养子过继不过是产生了宗内位置的移动，并不构成从外部加入宗内的原因。

如上所述，宗的所属关系必须考虑到自然性的和社会性的这两方面。所谓自然性的不用说指有关生理上的血统这一方面；而所谓社会性的，正如逐渐清晰起来的那样，归根到底，无非是指一种祭祀被祭祀的关系(参照 114 页)。处于应祭祀同一祖先的地位的人在社会性的意义上就是同宗者。若说法律上亲族关系被当做问题的场合在以上哪一个方面有意义的话，那么在事关禁婚亲或亲属相互加害行为的刑的加减上，两方面都当作问题，[10]可是，在围绕家产的权利关系上——换句话说，同样也可以指在继承法上——具有决定性的意义的都是在社会性一面的宗的所属关系。正确地来说，从社会性的一面来理解宗的时候，与罗马法中的宗亲的类比才能成立。总之这是因为，正如在罗马法中所定义的“宗亲是指服从家长权力者，或是源于共同的祖先而生存下来的服从家长权力的人的相互关系，以及家长和权力服从者的关系”那样，[11]是以权力这样的社会性的要素为中心的概念所构成的。[12]

以宗的概念为中心来考虑亲属关系，当然不是意味着只有同宗的关系才是构成法律或日常生活上问题的唯一的亲属关系。作为法律用语，在自然的、社会的任何一个意义上属于自己之宗的人，把男系血族及其妻总称为“本宗”或“本族”，把女系血族及妻的娘家或女儿的婆家等属于非本宗的亲戚关系的人总称为“外姻”。[13]在日常用语中也将前者称为“本家”、后者称为“亲戚”等明确地加以区别。所谓“亲属”不外乎是将“本宗”和“外姻”，合并而
22 成的概念。[14]着眼于同宗还是异宗而分为本宗(即宗族、同族)和

外姻，是因为有支配中国人头脑的亲属的分类法。与此相对，与我们所说的血族、姻族正确相当的那样的用语，大概可以说在中国固有的语汇之中是不存在的。[15]因为社会关系并不受这样的观点规制，所以这些用语也就不是必要的了。

指称每个具体的亲属关系的语汇也值得注意。一般可以认为，拥有将复杂的甚至相当疏远的亲属关系表达出来的丰富的语汇的确是中国话的特色，这些正可看作在中国的社会生活中亲属关系这类事具有非常大的比重的反映，特别是男系和女系被严格地称呼的原因。如果称伯父、叔父只意味着父的兄弟，如果称伯母、叔母只意味着伯叔父的妻，在其他的意义上并不使用。同是おじ、おば*，也存在称母的兄弟为舅、父的姐妹为姑、母的姐妹为从母或姨等各种各样的区别。同是おい、めい**也分为叫兄弟的子为侄、姐妹的子为甥，同是いとこ***也只把伯叔父的子叫做从兄弟姐妹或堂兄弟姐妹，其他则称为表兄弟姐妹等。在这样的语汇之上，可以了解到男系女系的区别，换句话说就是了解到宗的观念如何深深地支配着人们的思想。[16]

作为测量亲属关系亲疏的尺度，不存在计算世代数的数值来表现的纯粹意义上的亲等计算法，而有关人在死亡时某种范围的亲属应服何种程度丧的礼制上的规定即“服制”，起到代替亲等的作用。服制若论起细节来是极为复杂的而且随时代的推移有某种程度的变迁，但大致的结构是如下那样。[17]

---

* 日文中伯父、叔父、舅父、姨父、姑父均称作“おじ”；伯母、叔母、舅母、姨母、姑母均称作“おば”。——译者

** 在日语中，侄子、外甥均称作“おい”；侄女、外甥女均称作“めい”。——译者

*** 在日语中，“いとこ”既指堂兄弟姐妹，也指表兄弟姐妹。——译者

服的轻重，由应该穿着的丧服质地的精粗、裁缝样式和应该服丧的期间的长短两方面划分为：

1. 斩衰三年。

2. 齐衰，分为三年、杖期（一周年）、不杖期（一周年）、五月、三月。

3. 大功九月。

4. 小功五月。

5. 缌麻三月。

23 这些等级合在一起被称作五服（作为更轻一级的有袒免，但不算在正式的服之内）。

以上的等级中最重的斩衰，本来是子为父、妻为夫所服的丧服。正像“父者子之天也，夫者妻之天也”所说的那样，父子、夫妻是一种绝对的归依关系，也是负有病榻前守护照看、亡故后料理后事的重大责任的关系。象征这一关系的是斩衰之丧，与人不能头顶两个天同样的，也不可同时有两个斩衰，是这一服制的古义。[18]后世例如在明清时代，不仅父亲甚至连母亲及公婆都规定为斩衰，这样的规定可以说是忘记了古义的改制。再就是古代有为长子所规定的斩衰，这是基于认为长子的身体中带有自己的父亲（由长子的角度来说就是祖父）的某种物质的化体这样一种思想。由于儿子之中只重视长子的规定背离了后世社会的现实，很快就差不多变成具文，到明清时干脆被删除了。在这样的变迁中，只有子为父、妻为夫的斩衰是跨越时代而没有变化的铁则。[19]

斩衰之外还有为直系尊属以及配偶所服的齐衰范围内的三年、杖期、五月、三月，剩下的不杖期（也可单称为期）、大功、小功、缌麻等四种是为旁系亲的服。一般来说，服的原则是在直系亲及配偶之间、A 为 B 的服和 B 为 A 的服有差等，但在旁系亲之间应该相互服同样的服。服起到代替亲等的功能恰恰是在这一旁系亲的规定上。尤其在本族内部，同一父亲的人为期，同一祖父的人为大功，同一曾祖的人为小功，同一高祖的为缌麻。在不同世代的人之间，以共同祖先传下来的世代数多的人为基准(但伯叔父和侄之间特别地规定为期)，按这一规则并通过正确的方法配之以服。而且这些在任何时代都是完全不变的。这些规定在其原理上，和日耳曼民族中所实行的维特经济体系(Vetterschaftssystem)——并且即使在现今仍在天主教教会法中实行的亲等计算法——是如出 27
一辙的规定，这一点为中田博士所详述。[20]不过，这种类比只限于就男系亲来看时才能成立，而不应忘记为女系亲的服和以上所说的完全不同。即就女系亲来说，外祖父母和外孙、舅姨和甥、姑舅两姨兄弟姊妹相互之间只有小功和缌麻之服，其范围较狭，其服亦较轻，并且就服的配列来看不能归纳出什么像样的另外的原理。[21]总之，尽管用我们的话所表示的同样都是血族，但女系作为外姻，也一向被视作和本宗有质上的差异。[22]

女性由于婚姻，在与自己的本族之间的服全都被降低一等的同时，与夫的亲族之间产生了与夫本身差不多同样的服的关系。详细地说起来，就是在妻和夫的卑属之间产生了如原则那样的本族之服，在妻和夫的尊属之间产生了比原则要降低一等之服。作为其归结，就成了在尊属、卑属的妻子们之间也产生了比原则要低一等的服制。反映出女性通过婚姻进入夫之宗的就是在服制上将妻作为夫族的一个准成员来对待。不过，妻和夫的同辈者之间或是无服或是只产生极轻微的服，这是由于应该深虑到叔嫂要避嫌疑的问题。与上述情况相对的，男性通过婚姻只限于和妻的父母之间产生缌麻之服。

第一图　本族之图

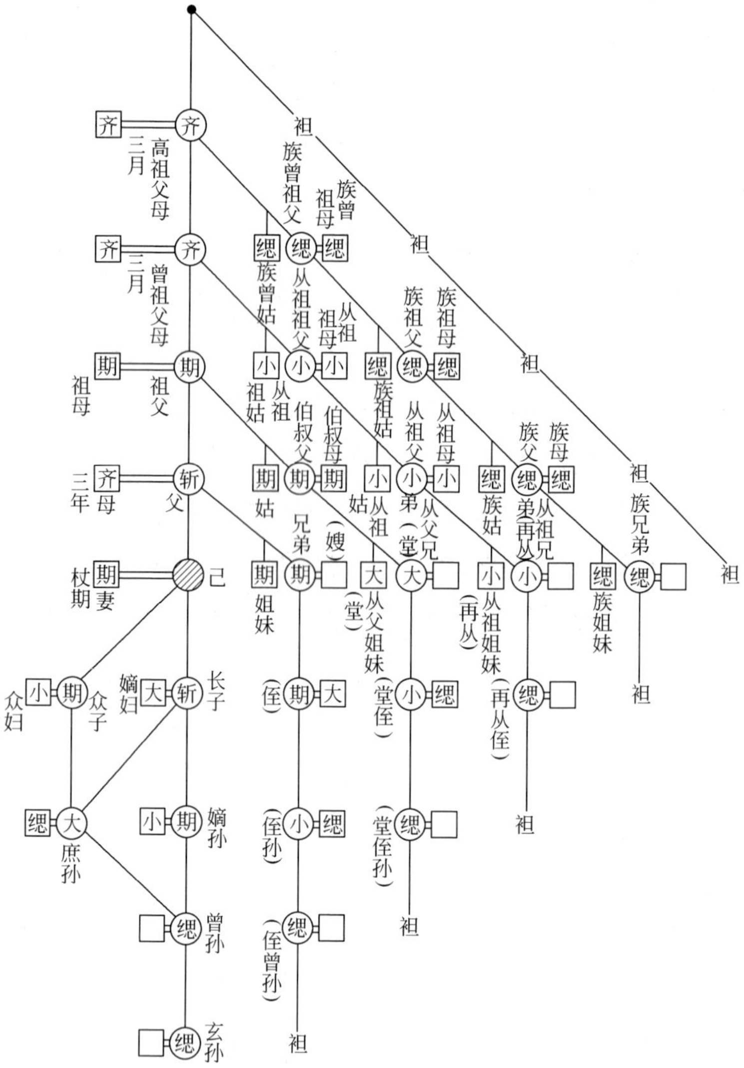

单线表示出生关系，横的复线表示配偶关系，○表示男性，□表示女性，为了方便有时○也包括男女，空白无字表示无服。

女性出嫁者要比图上所示的降一等。

第二图　外姻之服

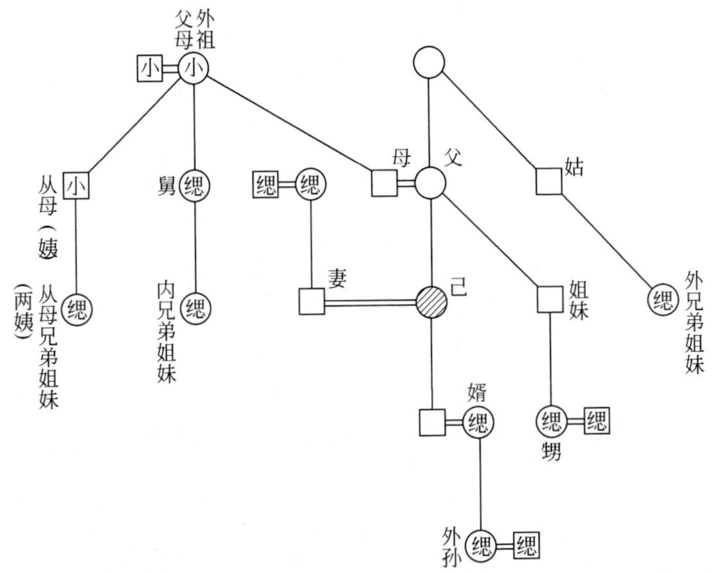

空白无字的是本族。

三个图都以《仪礼》丧服为基础，以下注记后来的变迁。

第一图注

〔曾祖父母〕唐以后，齐衰五月。

〔嫡妇〕〔众妇〕唐以后，不杖期、大功。

〔兄弟之妻〕〔堂兄弟之妻〕《仪礼》无服，唐只有嫂叔为小功（兄和弟媳之间大约依然应当解为无服）。明清时小功、缌麻。

〔母〕《仪礼》里父若在世限制为杖期。唐时无条件地规定为三年，明清时斩衰。

〔妻〕《仪礼》里父在世限制为不杖期。

〔长子〕明清时为不杖期。

明清的新制由于为洪武七年所制定的缘故，明令则是旧制。

第二图注

〔舅、甥〕唐以后，和从母相同为小功。

第三图注

特别要注意 d（舅姑）。

第三图 妻之服

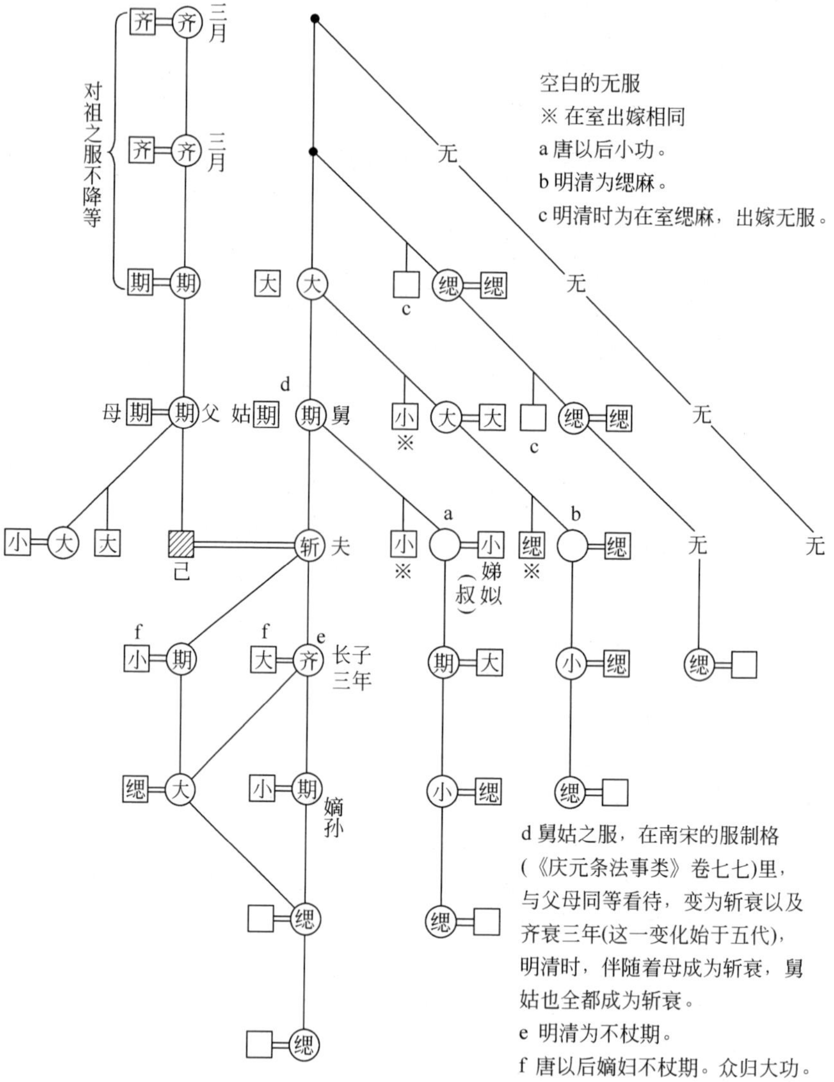

齐 齐 三月

齐 齐 三月 无

对祖之服不降等

期 期 大 大 c 缌 缌 无

d

母 期 期 父 姑 期 期 舅 小 ※ 大 大 c 缌 缌 无

a b

小 大 大 己 斩 夫 小 ※ 小 娣姒（叔） 缌 ※ 缌 无 无

f f e

小 期 大 齐 长子三年 期 大 小 缌 缌

缌 大 小 期 嫡孙 小 缌 缌

缌 缌

缌

空白的无服

※ 在室出嫁相同

a 唐以后小功。

b 明清为缌麻。

c 明清时为在室缌麻，出嫁无服。

d 舅姑之服，在南宋的服制格（《庆元条法事类》卷七七）里，与父母同等看待，变为斩衰以及齐衰三年（这一变化始于五代），明清时，伴随着母成为斩衰，舅姑也全都成为斩衰。

e 明清为不杖期。

f 唐以后嫡妇不杖期。众归大功。

其他本族为降一等，姐妹各自出嫁也不降二等（明清时为降二等）。

亲属相互之间身份的上下由世代和年龄而定。首先以世代确定上下，世代为上的称“尊”，为下的称“卑”；在同一世代者之间以年龄定上下，称年长者为“长”，称年少者为“幼”。如果是“尊长”连称一般代表长辈，如果“卑幼”连称则一般意味着晚辈。于是根据五服和尊卑长幼准确地划定的亲属身份在相互加害的时候刑的量定上被极为细致地考量，这些作为中国的刑律中显著的特征之一是应该加以注意的问题，也是业已多次提到的情况。[23] 28

二、同姓不婚、异姓不养

从宗族关系产生的最直接的而且是最基本的法律上的效果，就是同宗的男女不能缔结婚姻、不能把异宗的男子作为正规的养子这种所谓的同姓不婚、异姓不养的原则。至少周代以来、很可能从不能确知其历史的原始时代开始直到现代，两个原则都是一直维持下来的规范。[24]

关于同姓的含义需要稍微说明一下。在上代，姓和氏是两种不同的称呼。人有各自的姓和氏这样的两套家系名。[25]不过，当指名称呼一个人的时候，通常的习惯是对男的称氏，而对女的称姓，[26]并且拥有姓和氏的仅限于比较广的意义上的具贵族身份的人。[27]姓和氏都是由父亲传给子的称呼，但其中姓是具有只要男系血统在延续不论子孙衍生出什么样的分支都永久不变的性质。各姓的起源通过追溯到半神半人化的帝王的始祖传说来加以说明。[28]与此相对，氏是适应按血缘形成集团的现实而产生的称呼，带有随着集团的分立或移住随时有新氏名产生这种性质的称谓。[29]也可以说氏是姓的分支，可是氏名是在各地没有联系的情况下随时产生的，所以两个人碰巧叫相同的氏也常常不一定就是同姓。所谓同姓不婚，当然是指禁止姓同样的姓（而不是氏）的男女之间的通婚。同姓的形式和同祖的实质之间是一致的。然而从战国到秦汉帝国成立这一段时期内，古老意义上的姓称呼逐渐被
29 忘却，反之由古来的观点来说理应相当于氏的称呼，已经因为社会性的原因不同作为不变的原则朝着作为附着于血统的称呼而固定下来的倾向发展，不久姓和氏的二元性消失了，而且可以认为在这一期间变成了不限于贵族身份的人一般用来称呼某一个家系名的称呼。这样一来，秦汉以后姓和氏两个字被混同而几乎成了同义词，成了我们现在普遍使用的那种意义的词语。[30]并且已经连通婚的禁忌也要围绕着这一新的意义上的姓来论说。

但是，新的意义上的姓，并不具有只是无条件地深信如果是同姓就是同祖这样的形式和实质的一致的作用。它在作为其形成期的战国时代已基本是偶然性地产生的事物，此后又由于对功臣的赐姓、义子的袭姓、为了避仇的改姓以及胡人改姓汉姓等等，以至存在着不同源流的人偶尔称作同样的姓的机会。[31]从而人们虽说大致以姓的形式处理事务，但又不仅仅依靠这一点，还要通过有关系谱的某些实质性的记忆（系图、口头相传等）来确认同祖的范围。要说作为某种同祖的记忆之保存的范围，那无非是宗的概念。如果是同宗就是同姓，但同姓则未必是同宗。这里便出现了同姓不同宗的范畴。在单纯只是姓相同而实质上不是同宗的情况下，通婚的禁忌也不一定成为绝对性的。当然姓这样的形式本身并非全然不当作问题看待。由唐律开始的历代法律一直依照同姓的形式本身禁止通婚。[32]可是作为社会的实际情况，同姓男女的婚姻在

历史上的例子也不少，[33]而且作为近时的习惯，也往往在那些由各地集中来的报告中相当广泛地看到这类情况。[34]实际状况是，负责执法的当局者默认这种现实而不会非要吹毛求疵不可。[35]但是，在世间常常可以看到的同姓婚始终只是同姓不同宗的，倘若意识到是同宗，也就是意识到由共同的祖先而不论是如何久远的祖先分出的情况时，没有必要依据立法，作为民众自身的意识，通婚
的禁忌可以说已到了绝对性地坚决予以遵守的程度。[36]不仅如 30
此，甚至还有特定的两姓，现在虽然成了别姓，但是根据其最初原是由同一的祖先分出的传说而将相互通婚视为禁忌的例子。[37]概而言之，上代的同姓不婚制稍微变换了形态，以同宗不婚制维持到后世。围绕着姓这种纯形式化的要素的思想出现变迁，但禁止男系血族间的婚姻这一基本精神自有史以来直至现在，作为汉民族内部谁都不能忘记的规范被维持下来。

对于这样的规范为何得以产生并得到维持的根本原因，戴炎辉教授曾做了研究。[38]据教授所说，作为同姓男女不可通婚的理由，并非是谁都可以举出来的“男女同姓，其生不蕃”（《左传》僖公二十三年）、“同姓不婚，惧不殖也”（《国语・晋语》）等等古语中所说的“不蕃”、“不殖”的词语所含有的及于子孙的遗传性不良影响那种优生学上的感觉，而是明显地带有“妇人不妊”或“妊娠率低”的含义，对其结果所带来的子孙断绝的恐惧，才被认为是避免同姓通婚的根本性的理由。那么，说到为什么同姓的婚姻会被视作容易造成不妊的结果呢？那是基于同姓的男女原来为同一物，由同一物的交配不能产生新的物这一看法，究其实质正如“异姓则异德，异德则异类……男女相及，以生民也”（《国语・晋语》）所说的

那样，还是根源于通过异类男女的交配之后才产生新的物这一极为朴素的观念。教授还进一步认为：要极力限制在家庭内的日常生活中男人和女人的接触的所谓“男女有别”的家内伦理的这种规则，同样是出于把同姓男女陷入相爱关系以致犯通婚之禁的机缘消灭于未然的目的。

受教授立论的启发并基本上同意这些观点的同时，我想再补
充一点，那就是同姓婚被禁忌的事情，直接来说无非是这种婚姻所
包含的同姓男女的肉体交合本身是应该禁忌的事，正如“买妾不知
31 其姓，则卜之”（《礼记·曲礼上》、《左传》昭公元年）、“内官不及同
姓”（《左传》昭公元年）等等语言所表示的，不仅在正式婚姻中，就
是在买妇女为妾或在蓄女于后宫的场合也应该避开同姓之女性，
在有疑问的时候甚至要通过占卜来避免这类情况的出现。[39]买妾
的人或蓄女于后宫的人通过正式婚姻得到儿子的情况理当为数不
少，在这种情况下，即使是单纯为了满足色欲也仍然不应近同姓之
女性的理由，如果只是用担心子孙断绝来加以说明已觉不妥。郑
的子产问候生病的晋平公，指出晋平公竟然在后宫纳有四个同姓
的姬姓之女，以此作为平公发病的原因（《左传》昭公元年）。也就
是说，不可近同姓之女的理由，不一定仅限于该女性的不妊，而是
伴有诸如自己发生疾病等等某种将来会出现的灾难的恐惧，即存
在着将做此类事看作是不吉的会遭报应的行为的观念。由此推
想，前面提到的“不蕃”、“不殖”之语，也应当看作是一般性的不吉
感的一种表现，不仅仅是指所说的妇人的妊娠率那样的生理性的
意义，种种提到子孙不振的说法大概应该当作含有命运意味的词
语来理解。郑的叔詹提及晋的重耳（文公）上有天的保佑的首要证

据，就是举出重耳为同姓婚的出生儿，这正是因为对既生于这样不吉祥的命运之下又能长大成为仪表堂堂且意气越加风发的情况感到惊异(《左传》僖公二十三年)。存在于上代人心中的那种命运的不吉感，伴随着远离超自然的重视可见的现实世界的儒教合理主义的发达，强烈地加进了道德不伦感的要素。“不娶同姓，重人伦，防淫佚，耻与禽兽同”(《白虎通》嫁娶)的说法，就是上述那种意识的表达。

总而言之，同一个男系之血分出的男女之间肉体的交合为不 32
吉不伦的观念才是同姓不婚制的根基，这不外乎是近亲相奸的不吉不伦感的一种样式，单从后世的律中亦将禁婚亲的规定和近亲相奸的规定紧密地排列在一起的情况就可以充分地推断出这一点。[40]通过“男女有别”的规则和同姓不婚的制度都是作为对近亲相奸的恐惧这种连在一条根的现象来理解，说明了两者密切的关联性的戴教授的见解大概也就具有了充分的说服力。

如果说到为什么同祖同姓者在这样广的范围内存在这种禁忌，那么一个原因按戴教授所解释的便是来源于若是同姓即为同类的想法。一般说来，在人类之中对近亲男女肉体相交有嫌恶之感，这种感觉由于什么而产生以及人们出于什么样的理由而确定下来的问题姑且不谈，无论怎样，总之作为事实，在人们当中完全不怀有这种嫌恶感的人是没有的。然而，到什么范围内存在怎样关系的人才意识到应该嫌恶交配，则由于民族不同或依时代不同而有各种各样的差异。至于对中国人来讲，与自己有男系血缘关系的所有的人都是在这种意义上的近亲，或者更正确地，与其说是相对意义上的近亲，毋宁说是绝对意义上的同类。倘若如此来诠释的话，可以说是这样一种思想：人们不是由父和母，而是只从父亲那里继受了血统，因此由父子关系的累积形成血统之枝，这种血脉之枝不论出现怎样的分歧，从整体上也不会失去同一性。这种思想也包括同姓不婚制，在全面性地探讨律中有关禁婚亲的规定时，或许就会更加明了这一思想以及同姓不婚制。

律规定了禁止一定范围内的亲族间的婚姻，对违反禁条的责任者科以刑罚、视婚姻为无效、强令夫妇离异等等内容。并且刑罚随着近亲度的增加而相应加重，在某种程度以上以近亲相奸论，这种奸的刑罚也是依照近亲度来定梯次等级，但这里姑且不谈刑罚的程序问题，仅从有关触禁的外延来看，唐、明、清律几乎都一致规定了从一个男性的角度将有下列四种关系的女性列为禁婚：[41]

33 （1）同宗的女性。——此类规定已如同姓不婚制所述。

（2）同宗者的妻妾（所谓同宗者，在唐律中是指袒免（参照前面附图）以内，在明清律中是指所有的同宗者）。——这一种可以说是同姓不婚制的亚系。妻被视为通过婚姻与夫合体，在社会性的意义上已成为夫宗的一员，所以按生于夫宗之人对待，在成了寡妇之后也不能嫁给夫的同族。妾在这一点上也按妻来看待，但由于不是正规的身份，违反之际的刑罚与妻相比有所轻减。

（3）一定范围的外姻中尊卑世代不同者。——这类人的范围，除包括全部有服的亲属关系外，还对若干的亲属关系加以个别的指定。归纳起来看，在女系血族中，相当于罗马式亲等计算法的包括五亲等内的女性尊属（当然限于实际会出现问题的）全部和七亲等内的女性尊属的一部分、三亲等内的女性卑属的全部和五亲等以内的女性卑属的一部。在妻的娘家和女儿的婚家关系上，妻的母、女婿的姐妹、妻的前夫之女（在明清律里再加上子孙之妻的姐妹）都禁止触及。外姻的同辈不作为禁婚的对象，不论表姐妹还是妻的姐妹都可以通婚。[42]允许娶四亲等的表姐妹而不允许娶构成七亲等的再从姨（母亲的同姓堂姐妹）的情况大概表明，这种外姻禁婚制所关注的是尊卑名分的维持，即使在女系血族里，血缘本身也不是禁婚的理由。[43]

（4）同母异父的姐妹。——是唯一以女系的血缘本身构成禁婚的理由的情况。

以上禁婚的规范几乎都是基于同宗、准同宗的关系以及尊卑名分，而女系血缘本身构成问题的仅限于极为明显的场合。在罗马法中，即便是亲族关系一般按宗亲而论的时代，婚姻的障碍也只按血亲关系（cognatio）的不同。[44]而在中国，婚姻的障碍还受到宗 34
的概念的支配，这种情况似应加以充分的注意。

关于异姓不养将在后面详细地加以说明，不过如果将其更正确地表述，应该叫做异宗不养。与同姓不婚一样，作为礼制在上代以后予以确立，以唐律为代表的历代法律中都加以规定。只是与同姓不婚相比，正像后面所述及的，这些是被视为在民众的实际生活里相当弛缓的现象。[45]但是，作为一种原则却不可忘却。

视异姓养子为不可的理由，如周知的那样，存在着“神不歆非类，民不祀非族”（《左传》僖公十年）、“鬼神非其族类，不歆其祀”（《左传》僖公三十一年）之类的思想。没有亲生子的情况下，由拟制的亲子维持对祖先的祭祀，是养子的本质性的功用，但作为这种祭祀的物品，如果不是由得到与祖先相同的血的后辈所奉献的话，则被认为祖灵就不能享受这些祭品。而且在这里，问题的核心之处仍是只意识到构成人的血统的只及于男系。继承同一男系血统的人即同宗同姓者是同类，其他的人是非类、异类。异类之人即使祀了也不成其为祀。过去，在鄫这个国里迎来公的外甥（姐妹之子）莒的公子作为继嗣，《春秋》针对这一事件记载为“莒人灭鄫”，也就是说，这件事在表面上看是继世而在实质上不是继世，等于认为是继嗣的断绝。[46]“国立异姓曰灭，家立异姓曰亡”，这就是构成异姓不养制的根基的思想。[47]

另外还有，如果异姓养子的男子可以自由地改姓，在经过几个世代后从自然方面来说同一男系血统分出的男女也许不知道这一事实而缔结婚姻，同姓不婚的实质不能得到维持的担心也可看作是应该禁止异姓养子的一个理由。[48]

要而言之，同姓不婚和异姓不养，是由同一基本思想所产生的
35 归结，是如同表与里一样紧密结合的制度。其基本思想像已经论述的那样，出于下列思考和看法：人的血脉是由父亲传给儿子的，不论这种血统经过多少世代也不丧失血缘的同一性；而且这种血缘是生命的本源或生命本身，每个人的本性由此所规定。将这样意义上的血脉用中国话来表达，与其用“血”倒不如用“气”这一语词。正如所谓的“父子至亲，分形同气”[49]一样，父与子从现象上来看是两个个体（分形），而在两者之中生存着的生命则是同一的（同气），即在观念上，子无非是父之生命的延长。“父子一气，子分父之身而为身”、[50]“虽云三世（祖、父、子），合之一体，非有分者也”[51]这类场合中的“一气”、“一体”之语也是同样思想的表达。[52]视己之身为亲之生命的延长，视亲之身为己之生命的本源，于是不加区分地视两者为一个生命的连续，这也可以说是中国人

的人生观之基本。作为构成自古以来伦理体系核心的至高道德的“孝”这一概念，究其根源，也是从上述认识出发所形成的东西。孝不外乎将这一认识时常加以更新，而又要求作出与之相称的行为的规范。这时，在生命的形成作用里母亲的角色也绝不是被忽视。《孝经》里的“身体发肤，受之父母，不敢毁伤，孝之始也”以及在《礼记》哀公问中所说的“身也者，亲之枝也，敢不敬与”、《礼记》祭义中的“身也者，父母之遗体也，行父母之遗体，敢不敬乎”等等话语中，都是将父与母连称。生身之母和子的关系与父子关系同样是神圣的，不会由于人为的因素加以断绝。[53]但是，就母亲来说，“气”，这样的词语却不能使用。[54]在生命的形成中，母亲的参与关涉到“形”，而赋给“形”以“气”的全部都是父亲的。本来“气”不赋之以 36
“形”时不能成为实际的生命，在子的生命源于亲这一点上父母没有什么不同，但是认为规定这一生命的本性的是父而非母。在将父亲比作种子，母亲比作土地的下文之中，可以看到这种观念的最为直截了当的表达：

> 每见世俗，有疏同父异母之兄弟而亲同母异父者，可谓大惑。同父异母兄弟，譬如以一样菜种，分种东西园中，发生起来，虽有东西之隔，岂得谓之两样菜？同母异父者，则以两样菜种，共种一园，发生起来，虽是同处，岂得谓之一样菜？[55]

父子若是同气，得到同样的父之气的兄弟理应既是同气亦是一体。所谓的“父子兄弟，本同一气”，[56]还有“同气”之语，也恰恰是被用来表示兄弟的代名那样的词汇。[57]因为兄弟之间都承认父母，所以要求兄弟应当相依互助，于是便产生了弟之道德，弟是孝的延长。[58]

父子兄弟的关系都扩大几个世代后的形态不外乎是宗族。因而宗族也是同气和一体。“一祖分派，同气连枝”、“世数虽远皆一气也”等等是屡见于族谱中的话语，[59]尤其下述一文最为明确地表述出这类意识：

> 今日同姓疏属者，自始祖视之，皆一体也；称三从兄弟者，
> 37 自高祖视之，皆一体也；称再从兄弟者，自曾祖视之，皆一体也；称从兄弟者，自祖视之，皆一体也；称兄弟者，自父视之，皆一体也。养我之疏属，即养我始祖；养我三从、再从，即养我高、曾；养我从兄弟、兄弟，即养我祖、父。人不近行孝事，而徒远念孝思，亦愚且薄矣。[60]

像由一个泉分成几股水流那样流淌，或者像由一个主干生出千枝万叶那样繁茂，宗族无非是一个祖先之生命的延长扩大。[61]由于族人之间重视祖先而产生同族的结合。[62]

像这样的在通过男系的血脉来延长扩大同一的生命而持续生存这一观念之下，每个人作为处在各自的地位上负担着上自祖先下连子孙的庞大生命的一节一环而被赋予了其存在的意义，同时也给定了其社会性的位置。就女性来说也是同样，女性一旦成为妻便与夫合体，由于做了对夫族生命的一个环节的形成不可缺的参与而赋予其存在的意义，从而作为夫族的一员，其社会性的地位得到保障。这种妻合体于夫的关系也用“一体”的词语来表达。如果举出最早的例子，可以看到汉的哀帝所说的“朕闻夫妇一体，诗

云：谷则异室，死则同穴”。[63]

在中国人的脑际描绘出来的人类世界，是许多也可说是各自带有一个无形的生命的家族并存消长的世界。[64]所谓宗族，归根到底无非是将父子、夫妻、兄弟三种关系加以几重的组合而成。而且这一父子、夫妻、兄弟的三种关系各有一些不同的意义，但任何一个都是能被称为“一体”的关系。《仪礼》丧服的传中写道： 38

> 父子一体也，夫妻一体也，昆弟一体也，故父子首足也，夫妻胖合也，昆弟四体也，故昆弟之义无分，然而有分者，则辟子之私也。

这里所说的作为总括了中国人的人间观的词语应当深深地加以品味。说父子是首和足的关系，说夫妻是合起来的各一半的关系，说兄弟是四肢的关系。并且就父子、夫妻来说不容有“分”的观念，[65]但兄弟方面，原本是不可分的关系，然而实际上又不得不承认有分，这一点说成是由这样一种情况所产生的：对于兄弟的孩子们以各自的父为父的独占关系，其他兄弟必须避让。也就是说，兄弟在思及父亲的范围内是一体，在虑及各自的妻和子时便产生了对立的关系。兄弟是包含有相互的依存与对立这样两面的机缘的关系，也许可以说，从这两个机缘编织出来中国家族法上的各种现象。

不管怎样，在同姓不婚、异姓不养的根柢上，一直存在着对人的血脉这种自然性事物的一定的看法与感觉，即一种**自然观**。这种自然观在人生的目的、行为的基准能够从中导出这一点上也是一种人生观。正是受这样的自然观、人生观的支撑，两个原则才得以维持下来。反之，或许也可以说，两个原则的存在在人们的头脑里不绝地唤起上述那样的自然观，简言之即宗的观念，起到将其活生生地保持下来的作用。一边互为因果而互相增强，一边以宗的
39 观念为中心使中国式的生活之型得以维持下来。

适成对照的，罗马法里的宗亲的概念，虽然在内容上差不多与中国的宗一致，但像在前面看到的，是以家长的权力这类人为性的东西为核心所构成的。宗亲的原理随着时间的推移给血亲关系的原理让道，终于归于消灭。与此相对，在中国的宗的观念历经长久的历史而毫不减弱地一直维持到最近的最大的原因，大概应在并非是权力而是植根于对血脉这种自然性的事物所具有的一定看法这一点上来求得，[66]中国家族法应该视为这样的自然观和人生观的反映。

本节注释

〔1〕 参见仁井田陞《支那身分法史》237页。同书中像这样的词语除了亲属之外，还列举了“亲戚”、“亲族”等等。可是，作为法律用语最稳定的词语是“亲属”，中华民国民法中也使用这个词。亦可参见后面的注〔14〕。

〔2〕 这里是从后世的法律文献中普遍使用的含义上来说的，如果追溯到古代，则意味着祖庙的那些东西才是宗的原意（加藤常賢:《支那古代家族制度研究》，63页以下），由此转化，在上代的文献中，被用于主宰祖庙之祭的本家血统及在其总括之下会聚至祖庙的同祖者的集团等等含义上。不久，与那些无论是祖庙还是本家血统的上代社会性现实紧密结合的要素有所减退，所谓的同祖者的集团那一面可以观念化的部分就是这里说到的宗。

〔3〕 George Jamieson, *Chinese Family and Commercial Law*, 1921, p. 4,

p. 17. 同书里把宗定义为："从某一被确定的祖先出发，蹑迹于已分成几丛子孙之枝的全部，将每个出遇的女性之名截止住并将在其以下的人完全排除，剩下的大约就为宗。"

〔4〕 也有这样的地方，村里的习惯是，五服以内的称为"族"，也包含了五服之外的则称为"宗"（惯Ⅲ75 页下段）。由此对所谓族是现实性的，宗是 40
观念性的这种语感上的差异大概就可了然了。

〔5〕 《礼记大传》注云："小宗四，与大宗凡五"，疏进一步解释这句话说道："小宗四谓：一是继祢，与亲兄弟为宗，二是继祖，与同堂兄弟为宗，三是继曾祖，与再从兄弟为宗，四是继高祖，与三从兄弟为宗，是小宗四。并继别子之大宗，凡五宗也。"在这些词句里，可以很清楚地看到这个观念。从而，譬如将从兄弟之子收为养子的，在把祖父作为祖先的范围里来看是同一宗内的事件，但这个养子解除养父养子的关系返回的事情仍然叫做"归宗"。这是因为如果把父亲作为共同祖先来看确实返回到原来的宗。

〔6〕 原田慶吉：《ローマ法》下，66 页。

〔7〕 大山彦一在《中国人の家族制度の研究》第 13 页中指出，对于中国人来说"改姓简直等于是变更国籍，……是他们所要极力忌避的"。这些话大概可以说较好地把握住了中国人的心理。

〔8〕 加藤常賢 87 页中所说的"即使是嫁来的妇人也并不将其视为宗族人"的话语，只从自然性这一面来看的时候，而且如果那样去观察的话在任何时代都是妥当的。

〔9〕 在公文书和契约书等等之中，对未婚的女性称呼姓名或只称呼名字，但已婚的女性无论自称还是他称都不称呼名字，而是习惯上就生家的姓称为"某氏"或稍稍通俗地称为"阿某"，还有的根据情况在其上冠以夫姓。例如，生在李家嫁到张家的妇人被称呼为"张李氏"或"张阿李"。

〔10〕 有关禁婚亲的问题见本节后述。关于刑的加减参见拙稿《訳注唐律疏議》（《国家学会雑誌》72 卷 10 号），47 页。

〔11〕 原田慶吉：《ローマ法》下，66 页。Heumanns Handlexikon zu den Quellen des römischen Rechts, "adgnatio".

〔12〕 并且同样的社会性的一面，存在着在罗马法上是以权力这种能动性的

要素为核心来把握、而在中国是以祭祀这种大体上宿命性的东西置于中心的这样的不同。女儿不拥有继承权、不承认异姓养子、妻的地位比照女儿这类想法绝对不会产生等等，这些中国与罗马法不同的主要之点大概可以说都是由此而来。一般罗马法的教科书强调血亲关系是自然性的、而宗亲是人为性的亲属概念（例如 Rudolpn Sohm,
41 *Institutionen des römischen Rechts*, 17 Aufl. ,1923,S. 501）。中国的宗的观念的确在看法上有点偏，但给人以强烈印象的是如果以这一偏颇为前提来看极具自然性。

〔13〕 例如，在唐律户婚第三四条（尝为袒免亲之妻）疏“小功之亲，多是本族，其外姻小功者，唯有外祖父母”、同斗讼第二六条（殴缌麻兄姊）疏“殴缌麻兄姊，谓本宗及外姻有缌麻服者并同”、清律人命・威逼人致死条・条例一八“强奸本宗缌麻以上亲，及缌麻以上亲之妻，未成，将本妇杀死者，分别服制拟以凌迟斩决，仍枭示。系外姻亲属，免其枭示”等等例子之中所见到的，所谓的“本族”、“本宗”和“外姻”是将亲属加以两分的对立的概念。在这一外姻中女系血族之外包含妻方的亲属的情况，根据唐律户婚第三三条（同姓为婚）疏中所说的“外姻有服属者，谓外祖父母、舅、姨。妻之父母”就可以清楚地了解。这一情况在明清时也没有本质上的变化，（比如在上引清律条例里应当理解为妻的父母也包括在外姻之中。）不过清的律例为妻的父母设定了个别性的特例，有不少从外姻缌麻尊属这样的划一的对待中除外的情况（像附在犯奸・亲属相奸条“若奸妻之亲生母者，以缌麻亲论之太轻，还比依母之姊妹论”的夹注等等就是其明显的例子）。随之在律学上也产生了妻的父母不包括在外姻里的解释（清律人命・谋杀祖父母父母条上栏中引辑注“外姻之亲皆母党也，若妻父母不在外姻之内”，同骂詈・妻妾骂夫期亲尊长条上栏与此同旨）。受这种倾向的影响，直到清末民初的立法如在民律草案（第 1317 条）和民国十七年的刑法（第 11 条）里，将亲属分类成宗亲（即旧律的本宗）、外亲（女系血族）、妻亲（妻的血族）三种。

〔14〕 但“亲属”并不是民间日常用语。在民间没有相当于这个词的适当的词语。当问到满洲的熟悉过去事情的老人有没有相当于亲属会的词

语时，回答是或许说“族亲会”更适合些。如果称“族亲”，应是指族是同族、亲是亲戚（即外姻）的把两者合在一起的总称（大山彦一 99 页）。这或许表明，这一词语在人们的头脑里直接存在的概念是同族和与同族有区别的亲戚这两者，而对将其换成要确定没有差别的包括性的亲属概念，则需要某种程度的思考能力。“有亲族这样的话吗？＝亲是 42
亲戚，族是同族，亲和族是有区别的字，不能放在一起”（惯Ⅲ75 页中段），在这个问答里也可以看出同样的心理。

〔15〕　在仁井田陞《法史》240 页以下举出“血属”这个词，但不论就哪个用例来看，都并非准确地相当我们所说的血族的词语。只是在服制中的正服、义服的区别大致相当于血族、姻族的区别——若正确地讲，义服比姻族更为广义——上才可以这样说（参见下注中的拙稿）。

〔16〕　参见拙稿《訳注唐律疏議》附錄《親族称謂および服制について》（《国家学会雑誌》72 卷 10 号）。加藤常賢 437 页里指出，拉丁语也将おじ、おば用 patruus（父的兄弟）、avunculus（母的兄弟）、amita（父的姐妹）、matertera（母的姐妹）四个词来区别。在宗亲的观念支配下的社会这应是理所当然的现象。

〔17〕　不过以下见到的那类丧的规定在后世的庶民之中实际上并非像字面那样被履行。特别礼制规定了尊属卑属相互应该服的丧，可是实际既不为卑属服丧，也不亲诣卑属之墓，虽然从何时开始出现这一情况并不清楚，但看来这已是习惯上固定下来的原则。（惯Ⅰ257 页上段、惯Ⅳ88 页上段、同 99 页上段、惯Ⅴ124 页下段、惯Ⅲ109 页上段、同 144 页中段，Francis L. K. Hsu, *Under the Ancestors' Shadow*, 1949, p. 158）

〔18〕　《仪礼・丧服》的传中，说明女子出嫁为父不服斩衰而只到期服为止的理由时，曰：“为父何以期也？妇人不贰斩也。妇人不贰斩者何也？妇人有三从之义，无专用之道，故未嫁从父，既嫁从夫，夫死从子。故父者子之天也，夫者妻之天也，妇人不贰斩者，犹曰不贰天也。”另外在《仪礼・丧服》中“不贰斩也”之语在养子之条也可看到。

〔19〕　此外，在《仪礼・丧服》篇里有臣为君服斩衰的规定。可以说是表现了将君臣关系类比为父子关系或在某种意义上类比为夫妻关系来对待

的想法（参见 Fung Yu-lan, *in Northrop*. p. 27）。但所说的这个君是指在上代封建制度中自己直属的主君，后世没有说臣民要为皇帝服斩衰等等制度。还有不仅是妻，妾也为夫服斩衰，并且这些是超越时代而不变的。因为对妾来说，夫不外乎是“君”（参见后述 557 页以下以及

43 第六章第一节注〔20〕）。

〔20〕 中田薰：《法制史論集》Ⅰ，23 页以下。

〔21〕 原来外姻之服都是缌麻，只有涉及有特别理由的情况下才为小功。《仪礼·丧服》的传中说到：“外亲之服皆缌也”，而对于外祖父母、从母的小功则给予“以尊加也”、“以名加也”等理由的说明。

〔22〕 外姻的服较轻的情况，绝不是意味着在日常生活中也是疏远的，如在惯Ⅰ301 页可以看到农民如下的话语：“亲戚和同族那一方交往比较多？＝亲戚那边较多。”“亲戚和同族哪一个更重要？＝亲戚更重要。”“家里闹纠纷时更多地是去找亲戚还是找同族？＝与同族没有关系的事情全都去找亲戚商量。”“卖土地的时候，是不是应该比同族更早一步向亲戚询问‘买不买土地’呢？＝应该先到同族去问。”“为什么呢？＝因为土地本来是从同族得来的东西。”在说出这类话语的深处，大概应该考虑到如下那些各种各样的独特之点：提到亲戚时可能讲的是母或者妻的娘家等等最亲近的亲属关系，相对的，提到同族的时候会有想到包括从四五代的祖先分出来的许多家的那种情况，还有作为同族内的人有连带关系的同时有对抗的关系，相对的亲戚作为外人比较随便不受拘束等等。历代的律把外祖父母在礼制上的服定为小功的同时，在刑法上几乎常常与期亲尊属同列来对待的情况，作为评价其实际生活上的重要性的做法也值得注意。

〔23〕 桑原隲蔵：《支那法制史論叢》；T'ung-tsu Ch'ü, *Law and Society in Traditional China* 等。

〔24〕 据《礼记大传》上看到的“虽百世而昏姻不通者，周道然也”一句，将同姓不婚视为周的创制是历来比较传统的看法（陈顾远：《中国婚姻史》，131 页）。由殷墟的甲骨文证明殷的女性并不称呼周代具有的那样的姓的情况被认为证实了传统的见解（王国维《殷周制度论》）。但是，那样根深蒂固地维持到后世的习俗性的规范很难看作完全由一个时代

的创设而发端。即使被充分地礼制化是在周代，似乎也应该考虑，作
为其素材从原始时代直至后来形成汉民族的各种族之间至少相当广 44
泛地存在着氏族外婚制（cf. Edward Westermark, *The History of Human Marriage*, 1891, Chapters 19, 20）。

〔25〕 郑樵：《通志》卷二五氏族序“三代之前，姓氏分而为二，男子称氏，妇人称姓。氏所以别贵贱，贵者有氏，贱者有名无氏。……姓所以别婚姻，故有同姓、异姓、庶姓之别。氏同姓不同者，婚姻可通，姓同氏不同者，婚姻不可通（三代之后，姓氏合而为一，皆所以别婚姻，而以地望明贵贱）”。参见加藤常賢前揭书、西山栄久《支那の姓氏と家族制度》等。

〔26〕 “男子称氏，妇人称姓”（上注）。例如在左传里可见到的东郭偃的男子，东郭是氏，他的妹妹棠姜的姜是姓。姜是齐的公室的姓，他们是其旁支。同样，叫做范宣子的男子的范是氏，他的女儿栾祁的祁是姓。祁姓据说是由帝尧而来的。

〔27〕 “贵者有氏，贱者有名无氏”（同前）。因为所谓氏多多少少都是在具有政治的独立性的集团存在的地方所产生的名，所以作为集团的存在受到破坏而落到其他集团的隶从者地位的人——即低贱之人——当然就没有了氏。事实上在左传里也出现了单单只叫做牛的人名。他是叫做庚宗的农村里连名都没有的妇女的儿子，由鲁的叔孙豹提拔为竖（小臣）。从以后被称为竖牛的情况来看，他原来一定没有氏。关于贱者有没有姓，通志没有说到，但从所说的买妾之际不知其姓则卜之（后述 31 页）的情况来考虑，理论上所有的人都应该有姓，而实际上意识到姓并加以称呼的只限于身份高贵者，这样来理解大概是没有问题的。

〔28〕 中江丑吉：《中国古代政治思想》（岩波 1950 年），167 页。在顾炎武《日知录》卷二三“姓”里将这类传说加以汇集整理（姒姓之祖为颛顼、姬姓之祖为黄帝等等）。这些被说成像帝王那样的情况是后世的润饰，原来是否是原始时代的图腾的情况也应当予以充分的考虑（陈顾远25 页）。

〔29〕 古代“氏”和“国”是可以自由互换的同义的词汇。在《史记・周本纪》可见到把有莘氏在其注中所引的世本里记为莘国等等，可以举出许多

45 这类例子。散在各地对立的、政治上经济上独立的血缘集团既称氏也称国。而且很多以这一割据之地的地名作为氏名。国和氏的同义性在形式上一直维持到上代末。像《通志·氏族序》所说的那样,“天子诸侯建国,故以国为氏,虞、夏、商、周、鲁、卫、齐、宋之类是也”,上代的王朝和国的名,实际无非是王和诸侯的氏名(出现与氏有区别的国号开始于刘邦得到天下称国号为汉的时候)。这一情况当然并不意味着一国单纯是一氏族,不能即位成为王或者成为诸侯的旁系子孙随时分离形成独立的氏族,外来的氏族也侧身其间,诸氏族一方面具有作为经济基础的采邑和作为精神中心的宗庙而维持某种程度的独立存在,一方面将其代表者作为卿大夫输送到王的或诸侯的朝廷,以这样的形式构建了将诸氏族统合的一个政治性的秩序,这就是春秋时期构成国的东西及其构造。在这种意义上,氏还和族、宗等等字是同义语。总之,氏是适应社会的现实产生或消灭的名称。关于以上所述请参见加藤常贤上编第二章、杨希枚《先秦赐姓制度理论的商榷》(《历史语言研究所集刊》第26本)。

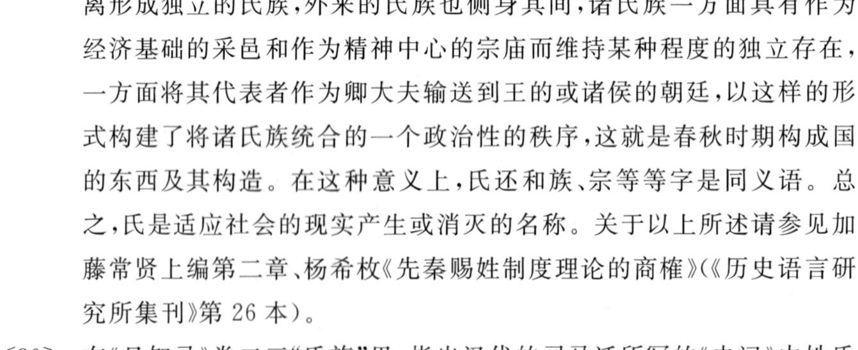

〔30〕 在《日知录》卷二三“氏族”里,指出汉代的司马迁所写的《史记》中姓氏二字被完全混用了。

〔31〕 在沈家本《删除同姓为婚律议》(遗书所收,《寄簃文存》卷一)里详论了这种情况。并论及应当废除那些禁止同姓不同宗的婚姻的规定。参见陈顾远132页。

〔32〕 唐律户婚第三三条“诸同姓为婚者,各徒二年,缌麻以上以奸论”。对这里说的同姓,沈家本认为是同宗之意,但我觉得这样讲有点为了发议论的目的而难以采纳。明清律婚姻·同姓为婚条“凡同姓为婚者,各杖六十离异”的同姓,与同宗无服亲有区别,意味着同姓不同宗。同姓不同宗的通婚也为律所禁止——而且民众也想尽可能避免——的情况,大概一是想要效仿古礼的形式这种尚古思想的表现,一是还为了要避免实际上也许万一是同祖的畏惧。清律同条总注云:“今之宗传虽别,始之渊源或同,故礼不娶同姓。”

〔33〕 陈顾远133页。

〔34〕 就直隶省各县来看,提到:“同姓为婚,律所不许,但此种习惯,行之既

久，已为社会上普遍之惯例，然皆以不同宗为制限条件。大概此种习惯，不仅直隶一省为然，即长江以北省份，亦多如是也。”（录Ⅳ、1、2、一）此外，山西省、安徽省、福建省、湖北省、陕西省、甘肃省的各县也可见到同样的报告（录Ⅳ、7、52、二，同 7、30、二，同 9、11，同 9、17、一，同 12、12，同 13、1、一，同 13、11、一，同 13、27、一，同 15、47、六，同 16、1、五）。在惯Ⅲ124 页上段，148 页上段、惯Ⅳ107 页中段、138 页下段、惯Ⅴ463 页中段等等之中也可见到对此加以肯定的话语或实例。有关云南的见 Hsu，Under. p. 80. 46

〔35〕 在清律婚姻・同姓不婚条上栏所引乾隆五十四年唐化经之案里说到：“愚民不谙例禁，穷乡僻壤，婚娶同姓不宗妇女者，往往有之，……不得因违律婚娶之轻罪，而转置夫妇名分于不论”，指示了对同姓的夫妇也不可随便判决离异的方针。

〔36〕 即使在前注〔34〕的各个报告里，也都是预先限定在同姓不同宗的。惯Ⅰ266 页中段也是如此：“同姓的人有没有结婚的？＝有，但非常少。不过同族里同姓的人绝对不可以结婚。”正如后注〔38〕所揭戴氏论考1351 页里引用的一个少女给报纸的投书中所写的“……我坚信因为确实并非同样的血统而仅仅是同姓所以没有什么不可以的”那样，意识的动摇只就同姓不同宗的情况才会产生。

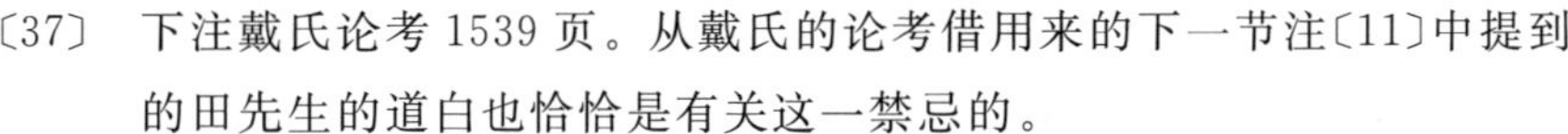

〔37〕 下注戴氏论考 1539 页。从戴氏的论考借用来的下一节注〔11〕中提到的田先生的道白也恰恰是有关这一禁忌的。

〔38〕 戴炎辉：《同姓不婚》（《法学協会雑誌》53 卷 7、8 号）。

〔39〕 唐律也在疏中特地设了问答，明言娶同姓为妾应算作同罪（户婚三三条）。

〔40〕 律将婚姻外男女的肉体关系一律视为奸罪科之以刑。如果是和奸则男女同罪，如是强奸则加重男子的刑而免除女的刑。女性是有夫之妇的场合（即通奸）和男女之间有一定亲属关系的场合（即近亲相奸），会成为刑的加重的原因。特别后一种场合的刑比较严峻，即使是和奸也可直至判处死刑，并被算作十恶之一而称作“内乱”（唐律杂第二二条—第二八条，明清律犯奸）。关于与禁婚亲的关系参见下注。

〔41〕 以下所列禁婚规范可参见唐律户婚第三三条、三四条，明清律婚姻・

47 尊卑为婚条、同·娶亲属妻妾条。元代的法制反映了蒙古族的习惯，在这一点上甚为特异，有关情况可参见有高巖《元代の婚姻に関する法律の研究》(《東京文理科大学文科紀要》第10卷)。

〔42〕 在明清律中有“若娶己之姑舅两姨姊妹者，杖八十”一项，但此项规定在明律制定以后已经有异议而未能厉行。以至清代时在条例上明言“其姑舅两姨姊妹为婚者，听从民便”(参见薛允升《唐明律合编》)。习惯上，一般也不存在忌避表兄弟姐妹通婚这样的情况。但是，有些地方存在这样的风习，即把兄弟的儿子和姐妹的女儿的通婚，称为骨血倒流、骨肉还乡等等而加以忌避(大山彦一44页，惯Ⅲ125页上段，惯Ⅴ121页中段，同129页中段，录Ⅵ、13、11、六，同13、37、二(均为湖北省)。Hsiao-tung Fei, *Peasant Life in China*, 1939, p. 50(仙波，塩谷译73页)，Daniel Harrison Kulp, *Country Life in South China*, 1925, p. 168(喜多野、及川译220页)，Hsu, Under. p. 83等等)。

〔43〕 和不许可昭穆不相当的养子同样(第三章第一节)，是重视辈分思想的表现。

〔44〕 原田慶吉:《ローマ法》下67页。

〔45〕 第三章第一节，第六章第二节。

〔46〕 《穀梁传》襄公六年“秋……莒人灭缯。非灭也，中国日，卑国月，夷狄时。缯，中国也，而时，非灭也。家有既亡，国有既灭，灭而不自知，由别之而不别也。莒人灭缯，非灭也，立异姓以莅祭祀，灭亡之道也”。

〔47〕 《清明集》、立继、“又唤到尊长供无昭穆相当之人乞立异姓”:“国立异
48 姓曰灭，家立异姓曰亡。春秋书莒人灭鄫，盖谓其以异姓为后也。”《元典章》卷十七承继“禁乞养异姓子”:“纵有异姓之子能奉香火，然神不歆非类，宁得感通。有后名存，实为绝嗣。”

〔48〕 《袁氏世范》卷一“养异姓子有碍”:“养异姓之子，非惟祖先神灵不歆其祀，数世之后，必与同姓通婚姻者，律禁甚严，人多冒之。”

〔49〕 《通典》卷一六七引傅隆之言“父子至亲，分形同气，称之于载，即载之于赵，虽云三世，合之一体，非有分者也”(《南史·傅隆传》里也可见到，“合为一体”作“为体犹一”，此外文字略有些出入)。宋的文帝之时，一个名叫黄初之人的妻子赵氏殴打儿子黄载之妻王氏致死，后来

遇到大赦。王氏有儿子(即赵氏之孙)黄称,然而,没有让赵氏移乡以避这个仇之理。傅隆上述之言是就这个事件发生之际议论此事的文章中的一节。

〔50〕 黄宗羲:《明夷待访录》“原臣”。

〔51〕 参见前注〔49〕。

〔52〕 “骨”字也在和“气”同样的意义上来使用(参见大山彦一 44 页)。“就是兄弟们不同母,也是一个父亲的骨血”(《讲解圣谕广训》第一条),像这样的熟字也不能不用上血字。

〔53〕 律也差不多常常将父母连称相同对待。还称为“母子无绝道”(唐律名例第一五条(以理去官)疏,斗讼第三〇条(妻妾殴詈故夫父母)疏),生身之母(义理之母不然)和父亲离婚或者父亲死后改嫁也没有关系,刑法上常常作为母亲来处理。还有提到“母以子贵”(作为春秋之义在汉书、后汉书中屡屡出现),“母法不降于儿”(唐律、斗讼第二一条(殴部曲死决罚)疏)等等,子取得地位的情况下,出身微贱的母也应当受到与子同等的礼遇是礼、律的原则。

〔54〕 也许不能说的太绝对。但普通正像“兄弟姐妹,虽不同胞,总是一气生落”(《六谕衍义》“孝顺父母”)、“以母视之虽曰异胞,以父视之则为同气”(527 页所引南宋的判语)所说的那样,就母亲来说不是“气”而说成“胞”。

〔55〕 《训俗遗规》卷三魏叔子日录。

〔56〕 中田薰《論集》Ⅲ1317 页注 3 中引《元史》卷一九七孝友传。还有作为同类的词语在《训俗遗规》卷三张杨园训子语中说到:“兄弟手足之义, 49
人人所闻,其实未尝深体力求。盖思手足二体,持必均持,行必均行,适必皆适,痛必皆痛,偏废必弗宁,骈枝必两碍,是以为分形连气也。”

〔57〕 《清明集》、立继、“叔教其嫂不愿立嗣意在吞并”里“志在吞并乃兄之家业,遂教其母以人词,忘同气之恩,弃继绝之谊”;同、检校、“检校闻通判财产为其侄谋夺”里“今不幸殁于官所,其家惟一妇一孙,……过者见之,犹为不忍,矧如同气之至爱,犹子之至情乎”,其中所说的“同气”都是兄弟之意。在《今古奇观》第一卷开头所引的诗中也说“同气从来兄与弟”。

〔58〕 王又朴:《讲解圣谕广训》第一条:“除了父母,就是兄弟,这兄弟们非不是两个人,他身上的骨肉,就是我身上的骨肉,所以叫做手足。你若薄待了弟兄,便是薄待了父母了。”

〔59〕 缪胡氏宗谱“作谱五难”,潜阳李氏重修族谱“十统谱说”(多賀 886 页、879 页)。

〔60〕 朱轼:《广惠编》(康熙六十年刊)上所引詹事李建泰宗田记。

〔61〕 《讲解圣谕广训》第二条:“这些族人,虽然有亲门儿的,有远门儿的,究竟都是我一个祖宗传留下来的,凭你几十丁、几百丁,却总是一个人。就如水有分派的一般,你看一股泉,流将下去,分作几条,分作几十条,究竟都是这一股泉的水,并不会有两股水。又如树木有枝叶的一般,你看一棵树长将起来,千枝万叶,究竟都是一个根儿上发出来的。既然这些族人都是我祖宗一个人,祖宗就是一个身子。我和这些族人,就是两手两脚,手上的十个指头,脚上的十个指头,头上的耳朵、眼睛、嘴、鼻子的一般了。”

〔62〕 清水盛光《中国族产制度攷》53 页引苏氏族谱中所说的“吾之所与相视如涂人者,其初兄弟也,兄弟其初一人之身也,悲夫,一人之身分而至于涂人,此吾谱之所以作也”,讲了编修族谱的动机,以及在同书 6 页中所引范文正公年谱中“吾吴中宗族甚众,于吾固有亲疏,然以吾祖宗视之,则均是子孙,固无亲疏也,吾安得不恤其饿寒哉?且自祖宗来积德百余年,而始发于吾,得至大官,若独享富贵而不恤宗族,异日何以见祖宗于地下,亦何以人家庙乎”,讲了设立义庄救恤族人的动机,都是由族人均是祖先的被扩大了的生命的一枝这样的连带感所产生的。

〔63〕 《汉书·哀帝纪》。诗见《诗经·王风·大车》。虽然夫妇生前居室有
50 内外的不同,可是死后其灵合而为一,因此应葬于同一个墓穴之意。“谷则异室”是古礼,《白虎通》“崩薨”中所说的“夫妇生同室,死同葬之”的说法大概较符合后世的现实。

〔64〕 在 Fung Yu-lan, *in Northrop*. p. 25 中仿照 United States of America(美国)所说的过去的中国社会在政治上也可称为 United Families of Asia(亚洲联合家庭),是稍微有些与众不同却有些道理的论点,这里

所说的 family(家)是指 family in wide sense(即宗族)。

〔65〕 在前注〔49〕傅隆的话里,直系亲也被说成"非有分者也"。

〔66〕 在罗马法中,最早的时候存在认为氏族(gens)里有外婚制的一说和相反的认为氏族是内婚制的一说,要说哪一个较妥当,可能还是前一说有道理。但不管怎样在极早期的时候已经消灭了(原田慶吉:《厳格市民法に於ける羅馬家族法の研究》,《国家学会雑誌》43 卷 12 号,93 页)还有不能否定古代时祭祀的继续是养子的主要目的(同 44 卷 2 号,76 页),但据说不存在禁止不同氏族的养子的思想(同 43 卷 5 号,130 页)。

第二节　关于家

一、"家"的语义

所谓的家是什么含义,就概念的大体轮廓来讲,是不言自明并且在人类之中是普遍的,不需要特别加以说明。但是,在大致轮廓的范围内,人们心中具体地显现出来的家的意象,大概由于民族以及时代的原因也还是有各种各样的不同。再有,家这样的与人类的生活有密切联系的基本的语汇,一方面以一个中心性的语感为中心,另一方面又常常或多或少地被多义性地使用。因而为了论
述中国家族法,首先要探讨中文里作为家的文字的用法,以确定在 51
什么样的意义上将家作为这里要分析的问题,并弄清中国式的家的性质,这些都是必要的。

首先在本书中要确定的问题,是要判别在法律意义上的家而且专门指私法意义上的家。在中国,家作为私法意义上的存在的同时,还是公法意义上的存在,即亦是通过国家权力掌握人民的单位。从后者的角度来看时,作为词汇更喜好使用的与其说是"家",

不如说是“户”字。[1]所谓的户籍恰好是其字面意义上的“户”的账册，即是为了把家作为公法上的——主要是作为课税的对象——来掌握的底账，而并非是以明确私法上的家族关系为目的所制作出来的东西。正如唐的户令中“诸户主皆以家长为之”[2]所提到的那样，法的原则是尽可能想把作为社会性的现实的私法上的家，还要作为一户来把握。然而两者并不一定经常是一致的。在同为唐的律令里面，别籍与异财以及同居与同籍等等都视为各自相互独立的事项，由这些情况亦可以得知，[3]立法者自身也是预定到两者的范围不一定总能保持一致。[4]在对身份关系存在与否的争议的审判中，户籍的记载并非是不具有意义的，可是，这到底也不过是作为许多证据中的一个，而向官府申报被视为身份关系成立的要件那样的事情是不存在的。[5]无论结婚还是收养，作为社会性的事实已然成立的情况，法是承认其有效的。[6]要而言之，围绕家的公法关系和私法关系，可以认为是截然分开的，而且这也是中国社会的一个特色。作为户籍意义上的家（也就是“户”）的情况，对于本书当面的课题来说，姑且放在考虑之外应当不会有什么影响。

由此，我们就要既考虑到姑且把公法性的一面撇开，又必须注
52 意到家的概念是多义性的，至少有广狭二义的情况。

在广义上，总称家系相同的人们为家。在关东厅的法庭中鉴定人说道：

> 所谓的家是指，由同一个祖先分家而来的总称为一族的叫一家，因而亦称为同宗，又叫做一家子。[7]

这正是谈到有关广义的家的话语。除以上可以看到的“一家子”的词语之外，“本家”、“族家”、“自家”、“当家子”等等词语也同样是指称一族的用语。[8]还有把作为一族的系图的宗谱称之为“家谱”、“家乘”等等。[9]以上这些都是把“家”这个字广义地加以使用的用例。像这样广义地来使用时，“家”可以说与上一节述及的“宗”是同义的。在六朝时代“家”这一概念中所包含的亲缘者的范围甚为广阔的情况为学者们所注意，[10]可是，这种情况也仍然不外乎是我们在此说到的广义上的家的用语之例。在这个意义上，以继承同一男系血统为限，不论经过了多少世代，在理论上也可以称为一家。二千五百年前是同祖的人的子孙，即便到现在称之为一家也并非是特别奇怪的事情。[11]

在狭义上，将共同维持家计的生活共同体称之为家。我们通常作为家族而提到的而且法律要将其作为一户来把握的，就是这个意义上的家。其用语也没有什么必要特地举例，不过，例如兄弟二人进行家产分割之际，除了分割的那部分之外，还有今后仍要作为共有物来保持下去的物品时，在分割文书里将某些物件记载为“均归两家伙用”（应该公平地归两家共用之意），像这种场合中使用的“家”字是最为明显的一例。[12]也就是说，在这里以家产分割后刚刚分开家庭经济的兄弟分别为首，他们与其妻子组成的集团各自成为一家，放在一起称呼就应该叫做两家。[13]

以上是从人的一面来解读家。另外从作为家的文字来看，在 53
指人的同时多多少少可以伴有指称财产的语感。依不同的场合这一含义也有显现在表面上的情况。例如，若一提到“败家”、“破家”以及“家败”、“家破”的话，则意味着家的财产特别是不动产转移到他人之手而变成空无所有。同样地，谚语中所说的“儿承家女吃饭”[14]的场合里的家也无非是家产的意思，这一点从相同的事在其他地方被说成“儿受家产女受柜”[15]的谚语来看也是很清楚的。

概括起来看，中国语所提到的家，可以说是意味着共同保持家系或家计的人们的观念性或现实性的集团，或者是意味着支撑这个集团生活的财产总体的一个用语。正如杨懋春氏指出的那样：“人和土地（一般来说就是财产）是中国的农业家族的两根支柱”，[16]财产和家族人数同时逐渐地增多起来是家的荣耀，而其反面即是由“家破人亡”这样的语言所意味的家的败落。[17]

像这样的家的观念，如果将其拿树来打比方，大概是再合适不过了。[18]树干和木质化的树枝等等是死去的祖先，在这些上面萌发出的绿色的新芽是现在的家族群，而财产可以比喻为由树干输送到树枝的树液。芽蕴藏着不久变成枝进一步生出无数个芽的可能性。没有树干就不会生芽，而如果没有芽的机能，树就会枯死。倘若说有像这样的指树的全体意义上的家，那么也有指一簇新芽的意义上的家，还有着眼于树木体内的树液这种意义上的家。

在此让我们联想到，罗马的 familia（家庭）这样的词语也是在和以上相同的三种意义上来使用的。据乌尔比安说，familia（家庭）是一个“有时可以指物有时又可以指人（et in res et in
54 personas deducitur）”的词语。“提到其指物，例如十二表法中‘最近亲的宗族应当取得遗产（adgnatus proximus famliam habeto）’这类的场合就是如此。”说到其指人的场合，进一步可以分成两义，“在本来的意义上，无论是依据天生或是后天的事由，称现在正服从于同一权力之下的某些人们叫做家（iure proprio familiam

dicimus plures personas, quae sunt sub unius potestate aut natura aut iiure subiectae,...)”；“在广义上，总称一切宗族成员叫做家(communi iure familiam dicimus omnium adgnatorum)”。[19]将上述的这类话语和中文里家的语义相比较的时候，不得不对两者之间有如此完全的对应关系而感到惊讶。但问题是，在罗马那里，服从同一个权力的人们在本来的意义上是作为家来理解的，一边以家父权这样的法概念为中心，一边在此也仍然是，实质上以共同维持家计的共同体这样的社会性现象作为狭义的家来把握的。盖因作为法律上的关系的家族所得全部归家父所有的这件事，如果作为社会性、经济性的关系来看的话，无非是在单一的家计之下营造共同生活的现象。[20]家父死亡后，在作为共同继承人的兄弟之间暂时共操家计的关系也得以继续下去，这种情况以共产制(consortium)这一特别的名称来称呼，在法律上被作为总财产的组合(societas omnium bonorum)来把握。[21]可是在中国，不存在相当于家父权那样的词汇，想要给予中国的家以相当于乌尔比安所作出的法律性定义时，作为代替家父权定义之内核的语汇所能想到的是，将共同维持家计这类关系自身作为一个法概念来把握的叫做“同居共财”——或是作为其同义语的“同居”、“共财”、“同财”、“共居”、“同爨”、“同居共爨”等等——这样的词语。

将“同居共财”的词语作为所谓的家族共产制的问题由法学的 55
角度最先加以注意的是中田薰博士。在题为《唐宋时代的家族共产制》的论考中，[22]博士首先通过赅博的比较法制史式的引例给出构成家族共产制的大致轮廓，接着指出在中国的史书中也有不少维持共产型家族生活的实例记录的情况之后，以这些预备性的

知识为背景来探讨唐宋时代的法源。其中论证道:在这一时期常常出现的“同居”一词从原则上来说无非是“同居共财”的意思;刑法上的盗窃罪在同居的亲族之间不成立(亲属相盗条明文规定的,只具有适用于别居的亲属的那种含义),唯有在卑幼没得到尊长的许可而消费掉家里的财物的时候才有罪,但也不过是问作“私擅用财”之罪;而且弄清了以下事实,在这种时候作为措辞法,家的财物称作“当家财物”、“己家财物”、“本家财物”等等,而不是被称为“父的财物”、“尊长的财物”等等情况。[23]仅从这些就可以认为,在中国所说的“同居共财”无非是在其他民族中也有不少这类例子的家族共产制;还有,“唐宋律各有关规定中作为前提的亲属的生活,或是同居共财,或是别居异财,总之是其中的一种”。[24]换言之,在唐宋时代,法律以家族共产制“为家族生活的常态,作为其前提的是民间普遍的风习”。[25]博士为了解明这一家族共产关系的法律上的构造,进一步探索了共产亲的范围、共产的管理者、共产的处分及共同债务、共产的分割、共有产及共有持分、同籍及同居与共财等等诸种问题,特别就唐户令应分条和我国大宝养老令的应分条的差异,根据不是用遗产继承法而是家族共产的分割法这一事实进行了不容置疑的立证,在围绕着该条的读法一扫从前的疑问的同时,弄清了该条为我国继受之际——大部分沿袭了其字句——进行这种性质上转换的奥秘,其原因是,中国和日本的的家族制度存在着传统上的不同,存在着我国的国民不能适应中国的家族共
56 产这种观念的情况。上述这些博士的立论,大体被附加了“唐宋时代的”这种时代的限定,可是,此处论及的同居共财这样的事情是至少从汉代直到最近的全部时期存续过的现象,是与中国家族制

度的基本特性密切相关的问题，而通过继博士之后的诸家的研究，[26]以及通过日中战争期间在满洲、华北、江苏省苏州地方的惯行调查等等，[27]随着时间的推移而逐渐清晰起来。

同居共财关系，正如中田博士也曾予以阐明的那样，是“始于亲子间、中间又没有经过财产分异、其绵延数世的子孙仍继续保持的关系”。[28]而且是“同居共财亲在进行财产的分异而别居的场合，当其中有人生了儿子时，于他的家内也形成父子的同居共财”的关系。[29]不过在我看来，毋宁说通常表现为兄弟一旦到了有各自的妻子的时候便要开始进行财产的分异，同时走向分为兄弟各自与其妻子组成同居共财的小集团的过程的一种形态。即同居共财对中国人来讲，总是一种纠缠不止的宿命的关系，与其说它是“家族生活的常态”，不如说它就是家族生活。即使可以通过财产的分异（家产分割）将大集团的同居共财分为若干个小集团那样的情况，也不能废止作为集团形成原理的同居共财的关系；更不能伴随着分为散居的个人就创建出与同居共财基于不同原理的家族生活。

像这种同居共财的情况对中国人的家族生活来说是本质性的要素。我们以这一点作为标记，是可以将正维系同居共财生活的一个集团在狭义上作为一个“家”来把握。[30]由于同居共财是还未经过财产分异的上述那种始终继续着的制度，所以可以包含除了家父及其配偶之外的子孙们的几组夫妇，并且还常常孕育着在家父死后出现兄弟或从兄弟们一边有各自的妻子儿女、一边作为整体营造同居共财生活这种家族形态的可能性。这个时候如果提到家的话，便意味着营造同居共财生活的全体，在称呼其内部的由一
组夫妇及其子女组成的一个单位时使用“房”这样的另一种用 57

语。〔31〕所谓“房”，正如从“男有室，女有家”〔32〕这一惯用语上也可以知道的象征男子的结婚一样，大概是由以下的情况所产生的名称：男子如有妻室的话——虽然包括吃饭在内的家庭经济一般和众人还合在一起——在家中应该给与不可侵犯的独立的居室。而且若是将来进行家产分割而夫妇亦获得了家计的独立性，就要像前面曾说到的(52 页)“家”字的用语之例所表示的那样，“房”便变成为“家”。如果套用罗马的情况来谈这件事，不管是通过家父权统治的形态还是共产制的形态，总之是着眼于共同维持家计这样的关系而将其称作同居共财，其范围称作家；至于构成共产制的一个个的单位则不叫做家而叫做房。像这样的差异在概念构成上是来源于观点的差异，但在事情的实体上来看，两者可以说有着颇为共通的关系。

如上所述，中文中所说的“家”这个词可以用于广狭两义，但若是为了有利于论述的进行，我们确定把广义的家以“宗”、“族”等等文字来表示，而把“家”这一文字限定在狭义上使用则是比较方便的。本书中就家族法所要论述的就是关于围绕着这样限定意义上的家的法律关系，换句话说也就是关于在同居共财这样的财产关系上家族中每个人应有的权利。虽然如此，“家”这一文字在广义上能够使用这件事本身也应该充分深入地加以玩味。在这里，所谓的家不外乎是宗的一枝这样的关系能够明显地加以说明。打个另外的比方，“宗”和“家”还有“房”这三者是以自己为中心说来就像同心圆似的重叠的形态，无非是以男系主义为中心带有一定特性的在同一家族概念之中的三个阶段。这一图形里画出的上述的
58 作为中间那个阶段的“家”的标示的部分才是同居共财。〔33〕因而，

在没有不断地意识到以宗的概念为背景时，就不可能理解家。所谓的家族法，可以毫不夸张地说，无非是有关宗上的身份关系——它们还可以分解为像前面说到的父子、夫妻、兄弟等三种关系——在同居共财这样的场中表现出来的某种权利关系的这样的问题。

二、中国的家和日本的家*

在中国话中家这个文字，从法学上的角度成为课题的意义之内容，大致在上面便说完了，[34]特别是我们日本人注意这些事是很有必要的。因为在日语中所说的**家**这一词语还可以包含着比人们的集团或其财产更重要的某种含义。

通观日本法制史中继承法的论述，就会认识到，与财产的继承并存的、在上代的氏上的地位继承，是在上世（律令时代）以后**家**的继承中作为重要的问题来对待的。并且从内容上来看，两者之间有密不可分的关系。氏上的地位继承和**家**的继承等被认为具有很强的——其程度大概可以认为依时代而有差别——规定财产继承应有样态的作用。[35]像这种**家**的继承的观念一直成为形成我国的身份法的一个大的支柱。这也无非是因为在构成我国的**家**的观念中，有某种比人们的集团更重要的东西。中田薰博士以下的论述可以说敏锐地指出了这一点：

* 批阅本书译稿的寺田浩明教授提议，由于日本的家和中国的家在概念上有所不同，相应地，“家产”、“家业”、“名字”等和中文同样的日文汉字，在概念内涵方面也有所不同，宜增加注释以便于中国读者理解。为此，译文中将这些日语汉字的字词均以黑体字来表示，有的在首见时加以注释。——译者

> 在此或许吾人不可不解决我国中世的家究竟为何也的疑问，倘若组成中世的家……被认为不过意味着称为一族、一门的血族团体，那么家的继承、家的让与，除了解释为像这样的
> 59 血族团体的继承或让与之外的确没有别的办法。然而，我们也明白这不是中世的观念。如果依吾辈之考虑，中世时除了在这种实质性意义上的家之外，尚存在着形式上的思维上的家的观念，即构成家的名字的观念。[36]

此处表达为“形式上的思维上的家的观念”的说法，如果换个意思来说，大概可以说使**家**之所以能作为**家**的中心性的某种价值。像这种作为**家**的中心性的价值而被中田薰博士强调为“家的名字”即**家名**的意义的论点，与同样地为博士所论述的上代我国固有的继承观念并非祭祀的继承而是祖名的继承的观点相照应，[37]构成了其一贯的立场。对这一点也存在不同看法。在石井良助教授的论述中，与其说是**家名**不如说把**家业***置于中心，现在为了在这里便于展开讨论，从教授的论述里大概可以摘出以下的必要的要点：[38]

> 在上代，氏上的地位继承的实质，最早的是火的继承，稍后是对氏神的祭祀的继承，而到上代后期是各氏对朝廷的奉仕的“职”（也可写做“行事”）的继承。各氏的氏名很多都是由

---

* 这里提到的家业，是日本的家业概念，意为“家传职业”，和中文一般指家的财产的概念不同。——译者

这样的职的名而来的。也就是说，职是实，氏名是其宾，两者是不可分的一体。中田薰博士所说的祖名继承的观念，应当作为强调了构成这种宾的名的一面的现象来理解。而且这些在诸氏的对立激化起来的上代末期，不过是由于各氏想把自己的存在夸示于世而产生的一时性的现象。

在上世律令制之下，所谓继嗣是指承家之人即家的继承人的词语。所谓继嗣令无非是家的继承法。但在令的规定中成为实质性的继承的目的物的东西，在大宝令中是荫位形式的位阶，在养老令中则把它加以中国流的祭祀继承这样的粉饰。就以上的范围来看，没有出现家的继承是家业的继承这种思想。但是即便在当时，在没有位阶的庶民中间，肯定以家业的继承这样的形式来实现家的继承。

在中世的各种资料中显著地出现了家业的观念。所谓家业，如果就武士来说，一般是指武艺，这种武士在纳入封建关
系的范围内是对主君的奉公。当时的家是以这样的家业为中 60
心的结合，继承家不外乎是继承家业。这样的家业继承的观念，是作为上世的位阶失去实质性意义的结果而显现出来的观念，不过若倒过来考虑，也可以说是上代的氏的行事继承变换了形式而再生的观念。以家业为实质性中心的家，其外在的象征即是家名，作为这种象征的家名受到重视而产生了家名继承的观念，这应该说是在中世末期的弱肉强食的世情中的特殊的现象。

到了近世，武士的继承是以封禄的继承即家督（在中世时意味着一门的军事性的统率权的家督之语，在江户时代已变成意味着一家的当主，或者属于一家的家产即封禄的语词）的继承——准确地说是根据申请得到的封禄的再给——为主体、随附这些所伴有的家名继承和祭祀继承的观念等等的继承。因此，封禄是以对主君的奉公为条件的所给与的东西，奉公便是武士的家业。也就是说，家的继承是家业的继承这一观念，在表面上没有那么表现出来，但在其基底上于江户时代也依然存续着。在庶民中间就家的继承来说，也仍然是家业及构成其物质基础的家产——成为武士也是把这些称为家督——的继承。即就农民来说，是以作为其家业的由祖先传下来的农业和作为其内容的称作田地家督为继承的对象。作为其外在的象征的是实行袭名；就市人来说，是以作为家业的商事和作为其内容的金银家督以及作为其外在象征的屋号为继承的对象。

即使在明治初年也存在家业的观念，作为当时的家督继承的词语，如果从主观上来看是家名继承，从客观上来看是家产继承，而从机能上来看是家业的继承，再加上还包含有把祖先的祭祀永续下去的目的意识。不久，通过户籍法以及随后的明治民法的制定，家作为户籍上的存在来把握，在户籍法上赋予户主有关家族身份变动的申报权，在民法上变成实体化的户主权，这些和在家产继承意义上的从前的家督继承合在一起，在明治民法中变成了所谓的家督继承。

关于日本法制史的问题，目前在这里不能更深入地探讨而且也没有这种必要。但需要注意的，上述被当作问题的不论是**家名**

还是**家业**，或祖名、或圣火、或氏神的祭祀、或氏的传统活动，甚至是在荫位的形式上的位阶等等，所有这一切，既不是个人也不是集 61
团，而是不管在哪种意义中都不能解消的人这一要素上的独立的价值和目的。[39]换言之，对于日本的**家**来说，通过血缘或是配偶关系而结成的一群人这样的存在本身，至多不过是作为**家**的质料，在其上面或是**家业**或是**家名**这种固有的目的与人们的生死无关而存续，如同要求人人献身的同时还要让人们沐浴其恩惠那样的永续性的目的，通过加之以所谓的形相，然后**家**才可以作为**家**。在构成那样的**家**的概念中，正因为**家**本身的价值、目的等要素是内在的，因而才产生了现下作为其责任者的**家**的当主*这一概念，自然也就产生了用来称呼当主的交替的家的继承这样的用语法。而且这件事情，如前面石井教授的论述已经弄清楚的那样，在其表现形态上虽然依时代而显示出变迁，但在根本性上，成为一种从氏族时代的过去一直到战前的民法，都没能从我们的头脑里去掉的想法，战后的民法想要克服的恰恰是在这种意义上的**家**观念。一这样来看，就感到道破了"存在被形式化地思维的家的观念"的中田博士的话语的确有千钧之重。而在中国，像这样的"被形式化地思维的家的观念"是不存在的。在那里，家不论是广义上还是狭义上，都不是超出同宗者集团以外的含义。

即使在中国非常古老的殷商时代，如同我国的上代那样，据说存在着各氏通过其保有的特技效力于王的关系。[40]还有，在周代封建制度之下，存在世官世职也是无疑的，但是它们仅仅走上消灭

---

* 当主，意为现在的一家之主、户主。——译者

的一途，没有像我国变形成为家业的观念而得以再生那样的情况。如果勉强要找出能想到的事情，那就是某种工艺技术由某个同族作为秘法而得以独占的现象。虽然据说这一情况最近被认识到而
62 成为研究课题，[41]但像这样的独占就农业、商业，还有至少在施行科举以后官界的进出等等而言是不会被考虑的。有关的工艺也绝不是指一般性的工艺，所以如果从社会的大势来看的话，不过是极为例外的现象。[42]而且那样的同族特技的保持，当从现象的型来看时，通过古代式的氏族的特技来效力的现象可以说是非常微弱化了的东西，因此已经失去依氏族之名来效力的要素，也是与古代的将通过氏族的名来效力再生为通过家的名来效力的我国的**家业**的观念有本质上不同的东西。同族保持某种特技的这一说法，仅仅保留了族中子弟里面有天分的人被惠赐了习得在别处不能得到的那样的技术以安身立命的机会的含义，以习得的技术经营其业的主体是个人而不是族。在我国，**家**是跨世代经营一定之业的，或者以效力来换取恩给、俸禄的、在较广的意义上也可以说是一个企业体这一点上，**家业**概念的特质是存在的，而与此相当的情况几乎在帝制中国的任何地方都不可能找到。

“家业”这样的熟语在中文里也存在，但是这种时候的“业”字，不一定限于“技业”之意，毋宁说不是指“技业”而是意味着“不动产”的情况比较多。也就是说，所谓“家业”一般是指家产的意思。[43]当然，在家的技业这样的意义上使用“家业”一语的情况也并不是没有。《后汉书》中有关郭氏一族将法律学称为其“家业”等等就是这样的例子。[44]而且事实的确是郭氏几代出了不少法律家。但是，这恰恰是前面所述的那种意义上的通过同族保持特定

技能的一个形态，与我国的明法家的各代当主奉明法勘文为职的情况，并不是可以相提并论的。[45]

在我国——至少在某个时代——**家名**、**名字***受到重视，作为与此相对应的事情，在中国则是姓受到重视。名字和姓都是在同 63
一的称呼下将祖先和子孙结合起来，在具有唤起超时代的连带感的作用这一点上，两者的确是可以加以类比的事物。但是，我国的**名字**在严格的意义上来说是附着于**家**上的称呼，是一个人在属于**家**又继承**家**的范围内蒙获其名并承担起此家的这样性质上的称呼。与此相对，中国的姓是直接附着于个人的称呼，在不外乎同姓者形成的集合体才是家这一点上，两者有本质上的差异。

在我国的**名字**带有**名字**本身担负一定的社会关系——并且超越了世代的交替具有永续性的——这样的性质。如果倒过来讲，可以说是当一定的社会关系存在时，产生了作为其归属主体的**名字**这样的名称。回想一下镰仓时代以来，庶民原则上没有**名字**这件事，[46]也就明白了**名字**不是与作为个人的存在本身互相关联的性质。而且没有**名字**的庶民中，在工商业者之间以屋号即**家名**来充当**名字**的代用的功能是极富启发性的。[47]所谓屋号，不用说是作为交易上的法律关系、对顾客的信用等等各种各样社会关系的归属主体所立之名。就武士的**家名**——也就是**名字**——来看，可以说情况基本上也是完全一样的，只是这里归属的社会关系的种类有所不同。在江户时代，称武士封禄被没收为**家名**断绝，[48]从

* 日文中的汉字“名字”一词，亦写作“苗字”，译成中文是姓名的“姓”的意思，也指明治维新以前的公卿、武士阶级的家名。——译者

关系来说，也可以理解为和商家营业如果破产屋号便消灭了的情
况相同。不过，像以上那样的**家名**断绝的用语法，也许被说明为是
在江户时代作为**家名**的东西失去了以往的重要性，可能考虑封禄
之从所引至的结果。[49]但是不能不考虑在据说**家名**最受重视的中
64 世末期，先学引用的资料中出现的“继**名字**”、“立**名字**”的词语也并
非单将形式化的称呼作为问题，在那里所意图作为问题的是**名字**
这样的表达之下什么样的社会关系——甚至旧领地的支配权还没
有被重新确认的场合，也要维持出仕于旧主的旧从者的关系，从而
在最小限度内继续被承认为武士社会的一员的关系——的继续，
正是那样的社会关系才不得不使名字受到重视。[50]另外，那样的
社会关系不是由人的单纯的生存，而是作为其功劳的结果得以建
立并得到维持。[51]也就是说，**家名**是历代先祖业绩的结晶。从而
其由于子孙的怠惰或衰退亏损的业绩而容易破灭就显示为**家名**断
绝的现象。**家名**作为所谓得难而伤易的宝贝一代代地传递下去。
正因为这些，作为户主承担**家名**、作为家族蒙获**家名**的事情才是让
本人意识到荣誉之感的东西。

中国的姓与此相异，正如古时候只写做“生”这一语源也显示出来的那样，是基于纯自然性的出生的事实，即根据以谁为父亲得以出生所确定的名称。这种情况在氏姓混同的前和后没有什么不同。只要是人就不会是个没有父亲的人，那么是人就理应不存在没有姓的人。事实上，一般认为至少汉代以降，普通的中国人里不称呼某种姓的人是没有的。[52]还有，既然以特定人为生身之父这一情况是不可动摇的事实，那么姓也是不能够用人为的办法加以变更，因而又是不可更改的。[53]女性即使结婚也不丢掉娘家的姓，

以及男子被认为不能成为异姓之家的养子，都可以归结为根源于上述构成姓的事情的本质。

姓还常伴随着某种名誉的意识，这种情况由用自己的姓来发誓这样的表达方式的存在就可得知。例如在老舍的戏曲中可以看到以下那样的台词：

> 我兜里现在要是有钱，我要不拉您出去吃点什么，**我不姓白**。[54] 65

在同一部戏曲里这一段的前后还出现了“要是……，**我是个兔子**”这样的台词。否定自己的姓，也与以上那些话具有同样的屈辱性的意味。但是，在中国表现出来的名誉感的样态，和围绕着家名的我们日本人的感情应该说是有显著区别的。由中国人的思想来看，正如上一节所述，人是得了父祖之“气”而生的，并且这个气才是形成个人的本性的那样的东西。与这些东西相比，贤愚能否是偶有性的属性，贵贱贫富是社会性的境遇，对于人来说都不过是周边性的随附性的要素。所谓姓是相对于那样的“气”所给与的名称，对于人来说是不能因好恶而消除的天生的刻印。构成这种姓的东西如果伴有名誉感，那么无非是对于自己作为父祖的子孙于此存在的本身的夸耀。连父祖的社会性的地位是如何的凄惨，其性格的缺点是如何的多，那也不是问题。即便完全承认以上情况都存在，但是对自己来说，父祖仍是不可代替的父祖，作为其生命的延长，自己存在这件事本身就是值得自豪也是有价值的。否认自己的姓，等于在否认父祖的同时抛弃了自己最基本的引以为荣

的东西，那是无论如何不可以听到、说到的屈辱性的事情。因此像上述那样，用自己的姓来发誓的表达方式自然也就产生了。与异姓不养的原则在事实上出现某种程度的弛缓的情况相表里，即使男子为了社会性的便利而改姓的事并不是没有，那么这些事也绝非被肯定为正统的行为，这都是基于同样的理由。[55]

66 如果作为父祖的延长的自己的存在本身是有价值的，那么这种价值还应该通过子孙的存在繁殖自体而得到继承扩大，也是非这样做不可的。因到了自己一代不能留下子孙而断绝了血统，也就是“绝嗣”，是中国人最惧怕和悲哀的事情，与我国的**家名**的断绝意味着一定的社会关系的破灭不同，完全是在自然的意义上为子孙的断绝而感到恐惧。如果用一句话来表示的话，日本人通过**家名**认为自己的社会性的地位是祖先遗业的赐物，与此相对，或许可以说中国人通过姓感觉到在自己体内也在同族的体内继续活着的祖先的生命。[56]

像这样的在日本所说的意义上的**家业**的观念和**家名**的观念，如果觉得在中国都不存在的话，那么对在中国也不能存在的继承家的观念的说法大概就比较容易加以赞同了。[57]在我国的上世以及中世时，称呼继承家的事情使用“承家”、“继家”等等词语。[58]这里面的“承家”的用语法在中国也并不是没有，前揭(53页)的谚语中所说的“儿承家女吃饭”就是其例，但是，如已经述及的那样，这句话里说到的家是“家产”的意思。也就是说，所谓“承家”在以家的词语指称财产这一点上，是和罗马十二表法中见到的familiam habeto(应该取得财产)的表达恰巧相通的用语法。与同样的文字在日语中被使用的场合明显有语义上的不同。[59]至于“继家”的用语法，恐怕在中国是不存在的。[60]如果回到先前的譬喻的话，中国的家是一棵树木。作为树木全体来看时即使有荣耀的东西也不是被继的东西。就其中一枝来看时，即使有可以分出的东西也不是被继的东西。

要而言之，在日本，以独自的目的将**家**这样的机构置于中心，在其名下集结了个人。因此而产生了继家这样的观念，于是也就又产生了继家的户主的特权与责任。尽管大体上确定了长子应当继家的办法，但如果有缺乏能力的也会被废嫡，还有把那些恐怕会 67
对**家**的存在构成危害的某些人通过勘当、久离等从**家**里加以排除。* 也就是说，家族的地位当然也要靠天生的身份，不过借助于能力和在正负两方面意义上的业绩评价，由后天上的变动来确定的面也很大。过度地细分化**家**的物的基础的做法，作为危及机构的维持的事是必须加以避免的。而且如果有余裕用于分割的话，则意味着新的机构的分立，在机构相互之间产生了近亲关系即**本家分家**的关系。**[61]与此相对，在中国，不是把作为社会性的机构，而是自然性的个人置于中心。在个人与个人之间的亲族关系——其尺度是服制——之外，像我国**本家分家**那样的家与家之间的关系的情况并不存在。[62]家不是作为独自的机构，而只不过是个人以亲族关系——分为同一男系的血脉这样的同宗、同类的关系——为契机所结成的集合体。因而人们由于处在血脉之枝的某一处这样的自然上的事实，一定的家族身份难以动摇地得到平等

* 勘当指父亲把儿子从家里逐出断绝父子关系。久离是指晚辈去向不明，长辈为避免因这一晚辈行为不轨受到株连，而与其断绝关系。——译者

** 本家指嫡系的家，分家指另立的新户。——译者

的保障，没有依个人的素质、能力如何而被左右身份的情况。[63]作为其归结，无论家还是同族的成员的职业及社会性的地位可以是各种各样的。[64]作为分业的一个单位由于对社会生产上所作出的贡献而享受到作为其结果的经济上的利益或社会上的地位的主体，就本质上来说，是个人而不是家。[65]但家凑集统筹其成员通过各自的劳动所获得的有形无形的资产。在狭义的家中实行全面性的凑集关系即是同居共财。即使在广义上的家即宗族中，于官界成功而成为巨富的人常常做一些拿出资财为本族设立义庄那样的事，[66]仍然可以说是在部分意义上的凑集关系。况且在宗族中，比起上述那样的有形资产的凑集，无形资产的凑集即成功地获得地位的人帮助同族的子弟就职什么的，或在诉讼及征税等等出现
68 纠纷时为了同族而出头与官府交涉等等，把自己已获得的社会的名声、影响力用在同族的利益上的这样的关系也不能忘记。[67]像这样的包括广狭两义的中国的家，可以说是基于同一祖先的生命的扩大这种同类意识的有形无形资产的凑集关系。打个比方来说，中国的家是组合式的，与此相对，也许日本的**家**可以说是财团式的。

如果从另一方面来说，日本的**家**在机能上被纳入外界的社会机构之中。在日本，**家**的观念里固有的价值、目的等内在的这些东西绝不是意味着**家**是自身目的。所谓**家业**就是**家**的对社会的机能，**家名**也仍是对社会的声望。这样的对社会的机能和声望就是**家**本身——超越了家族个人——的目的和价值，也正是**家**的存在意义。如果与这些相比，中国的家更多的是作为自身目的，生存的事繁衍的事即男子的血脉这一悠久的无形的生命的扇形展开得以

延长和扩大是其本身最基本的价值。而这种第一层次的要求得到满足之后，根据余力通过文与礼如能使生活受惠的话，那么人们就十分满意了。[68]而使这些成为可能的东西是作为纯经济性价值的财产。如果重复地来说的话，就是人和财产为中国的家的要素。

三、同居共财和家产分割（分家）

应当说，使中国的家成其为家的本质性的要素还是同居共财这样的生活样式，关于这一点想再深入地做一些考察。

首先，同居共财或者仅称同居的用语，是个显著的法律化的概 69
念，而绝不是指在同一个家屋中居住这样的事实，这一点必须特别加以留意。正如从《唐律疏议》中“虽复**同住**，亦为**异居**”的说法表达出来的含义所得知的，[69]事实上的同住不一定直接表示法律上的同居。另一方面，在《史记·张释之传》中记载着十年来在都城任官的释之和在乡间的他的兄长“同居”，这表明与居住地为何毫无关联的同居关系是可以被维持的。[70]同样，回答惯行调查提问的近时的农民的答话中也是这样说：

> “因为房子显得狭小而在另外的地方建一个新家，将家族的一部分人转移到那边（还没有制作分家单）的时候，这叫做分家吗？＝不叫分家。”“叫做分居吗？＝不叫做。”“那叫做什么呢？＝叫做‘同居隔宅居住。’”（惯Ⅰ296页下段、内田2页）

正像所说的“一面**同居**，一面又住到**其他家屋**”那样，说出了从日语的语感认为似乎是矛盾的话语，这是因为在同居这一用语的深处有一个自古以来就很明确的法律上的逻辑。

那么，这一法律上的逻辑是什么样的逻辑呢？由中田博士的家族共产这一词语已经基本给以说明了，不过，关于这方面，近一时期的社会实态的观察、调查的各种记录提供了许多珍贵的知识。由古代典籍资料所得到的知识和这些近时的关于社会的实态方面的知识完全对应起来，我们就可以充分具体化地弄清楚同居共财这一传统性的而又极为基本性的概念的内容。为了论述的方便，大概可以将这些内容分为三个要素加以说明。

第一，每个人的**劳动所得全部**放进为了全体成员利益的单一共同的会计即家计中的形态，构成同居共财这样的概念的核心。这件事在全体成员作为农夫耕作家庭土地的场合以共同的耕作、共同的收获的形式来实现。于是所有人的劳动力自然就被凑集起来。即使每个人之间有能力、勤惰的差别也没有被意识到，或即便

70 意识到也予以忍耐，众人的劳动成果作为共同的收获来享受。在这一范围内事情可以极为自然地运作着，但是还不止于此，以那样的共同耕作为母型的生活的原理，可以扩大到家族中的某个人获得的副业收入，甚至从事另外的职业以至住处都不在一起的场合并能得到维持，在这一点上存在着同居共财的原理以及基于这个原理的中国的家族生活的显著特色。也就是说，只要“同居”的关系得到维持，副业或外出挣钱的收入也是要全部归属于家的会计的，因而取得收入的人必须把支付必要的经费之外的纯收益送交给家计担当者。杨懋春氏叙述了其出生地山东省临近胶州湾的一个小村庄的社会生活：

……每个人为家庭全体而劳动生产，无论他是农夫还是石工、织工、商人等等都是一样的。在家的农地里劳动的人是为整个家劳动的情况就不用说了，通过其他特殊的工作获得的收入也仍然属于家。如果谁把他得到的一部分收入保留下来的话，他就会受到家长的斥责，其他所有的家族成员大概会以怀疑的目光把他作为不能信赖的人来看待。……

例如，在某一家有于每年一定的期间到青岛做石匠活的儿子，虽然他不得不把一部分工钱用于其自身的消费，可是在心里，他绝不会考虑到：全部工钱不是我自己的钱吗？我要消费多少钱不是随我的便想花就花吗？他的态度是和他在家里土地上劳动时完全一样的。[71]

以上陈述的话语大概可以视为在中国全境共通的。在奥尔加·兰(Olga Lang)女士的面见调查中，也提到一个人力车夫所回答的，如果把一部分挣的钱自己消费掉的话，大概会受到父亲的打骂自己也好像觉得这样做是罪过的答话。[72]在关东厅的法庭上，鉴定人的话中也是这样说的：

在支那，儿子由于做工劳动得到的钱为家族的共有财产，71
有同居无私财之说，这些就是所谓的在同一个家族内财产是共有的，不可设立另外的私财。[73]

尤其在日中战争期间所进行的华北农村的惯行调查中，这类收入的辐集关系被仔细地追问，并在自身担当过调查事务的内田智雄教授的著述里以归纳的形式加以报告。[74]

在农闲期间儿子做脱棉花壳的活得到的收入“归家”，出去打短工得到的钱也“交给父亲”，挣得的四块钱中自己用几十钱也可以，但是会说到“不可以花到一块钱”，特别是“在都会附近要是挣到一块钱花费后剩到八十钱左右，在这一带农村是诚实的”这样的话语中，能够看出这些想法构成每个人的自主性的规范意识。[75]不论哪个村都有相当多的人口在外面做工挣钱，在都会地等一般所去之处有了固定工作，只是正月才回家探亲，出现将人生年轻力壮的时期在外度过的情形也不少。在这种时候，妻子留在父母的家里的情况是很普通的，而且赚来的钱不让自己的妻子接手，非交给父亲不可。[76]如果在父亲之上还有祖父健在的话，钱就交给一家之长的祖父。[77]祖父和父亲死亡之后，其他兄弟必须把钱交到被确定留在乡里目的是为了担任家的会计的兄弟中的某一个人——不一定限于长兄——的手里。而且家计担当者把农业收入之外由各方面得来的钱合在一起，一手承担并一视同仁地养活自己及兄弟的妻子儿女。[78]比较少见的带妻子外出的场合，在外的收入差不多全部作为夫妇的生活费被消费了，乍一看像是分开了家计，即使有这样的情况也不能只凭这些事实就切断了和乡里的家之间的联系。家里人仍然会抱有“如果有余裕的话当然会送来的吧”这样的期待。[79]不言而喻，无论以上任何一个场合，在外面的收支的明细账和纯利并不是丝毫不打马虎眼地告诉给家计担当者，事实上大概留有某种程度的余地。不过在这种时候，应该考虑到区分私的消费和私的贮蓄。在外面挣钱的人在外消费的部分，
72 即使是多少超过了严格意义上的必要消费，也不致引起纠纷，可

是，对于那些先是把若干的钱不交给家里然后秘密地加以贮蓄，或者交给妻子让其贮蓄的事情，父母兄弟的目光是严厉的。

> “大家把每年（在满洲）挣到的钱送给家里吗？＝是的。”“这些钱必须全部送去呢？还是自己使用一部分也可以呢？＝全部都不送去也可以（因为不怎么随便乱花，所以父亲不会说出什么）。”“自己另外存钱吗？＝那样不行，老人家不允许。”（惯Ⅴ69页中段、内田371页）

在这些问答中，可以清楚地得知对于私自的贮蓄的严厉的意识。尽管如此，也并非是说私下的贮蓄在现实中绝对地不采取，由于场合的不同，这类活动作为半公开的秘密在进行的那样的情况也许是有的，[80]但是这正如所说的“要根据那个人的人格了”[81]的话那样，到底是不好的、内密的事情，由于是内密，也许不大会引起父母兄弟的评议，可是如果过度的话，自然会人所共知，当然就有了不能不引起家庭的不和的性质。内田教授也大段引用了以下的问答以充分讲述这种相互监视的态度。

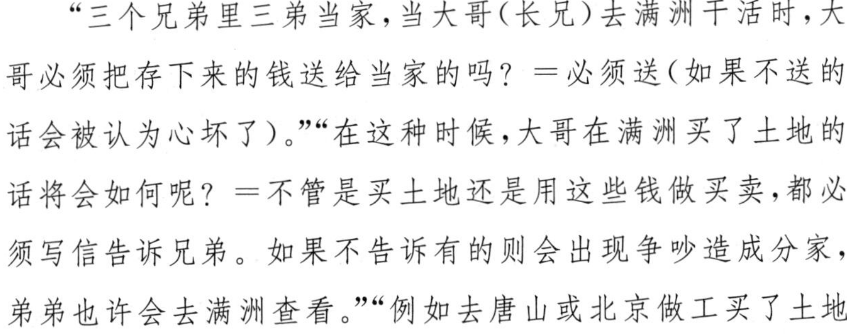

> “三个兄弟里三弟当家，当大哥（长兄）去满洲干活时，大哥必须把存下来的钱送给当家的吗？＝必须送（如果不送的话会被认为心坏了）。”“在这种时候，大哥在满洲买了土地的话将会如何呢？＝不管是买土地还是用这些钱做买卖，都必须写信告诉兄弟。如果不告诉有的则会出现争吵造成分家，弟弟也许会去满洲查看。”“例如去唐山或北京做工买了土地

> 时呢？＝买了之后，如果写信告知的话为好，那样做了将来就变为三个兄弟的土地。”“那么即使默不作声地买下土地也不算那个人的土地吗？＝默不作声地买了，不知道时也没有办法，若是知道了不会就那样算了。”（惯Ⅴ62页中下段，内田372页）

要之，不做隐瞒收入将其秘密地存起来这样的事情是家的基本的规则，也是同居共财的原理中第一的要求。[82]经书中所见到
73 的“子妇无私货、无私畜、无私器”《礼记·内则》的教诲，绝不仅仅是往昔的事，也绝不仅仅是知识阶层的事。

第二，同居的每个人的生活中必要的消费全面性地由共同的会计来供给。谁能挣钱多少不视为问题，消费就是消费，被要求以人的必要为基准是公平的。饮食方面的公平是特别重要的。像同居还称作同爨、同烟，把分家的事情称作异爨、异烟、析烟等等说法中明显表示出来的那样，共同做饭、聚在一起吃饭构成家族生活的核心性的要素。[83]家产分割之际，家屋方面只是把原有的房间平均分为几室，但是唯有灶必定另外起造。[84]也就是说，灶是家的中心也是家的象征。同样地，衣服也由共同被供给变为公平地被分配。[85]离家正在外面做工的人，不得不另外消费，但这些仅仅是自己在当地持有的收入而在计算方面完全作为家的东西，是在计算上仍作为家所负担的为了方便支付的自己的生活费，在观念上依然并非从消费的共同关系中切离。甚至带着妻子出去了那样的场合下，被期待着如果有余裕的话就会给家里寄钱（见71页前述）的反面，即为了在所去之处生活借下的债务，“如果不能偿还的话应该由家里替他偿还”的做法，被视为当然的事情而受到肯定。[86]事

实上，在带着妻子出去到生活费较高的都会的时候，收支很难平衡，相反的倒是容易造成给家里增加负担的结果，这也是造成留下妻子、自己出门在外的情况成为在外面求职时的普遍形态的一个很大的原因。[87]在因为与家庭不和而任性地从家里出走的场合，也可见到以下的问答：

“出走的人在他乡受困的时候，家长给他送去钱等等一类的东西吗？＝一定会给他送去。”（惯Ⅳ111页中段）

“有没有因为和当家的吵架所以就说在家里没什么意思而出走的人？＝有，那样的不多，但也有。”（中略）“像这样出走的叫做什么呢？＝**不是分家**，叫一个人走了。”“把出走的事情叫做什么呢？＝叫做跑了。”“出走的人还能够回来吗？＝ 74
能，达到了目的做生意什么的，写信告诉家里就可以回来。”“即使说**在外面生活维持不下去了**，也可以回来吗？＝可以。”“当家的能不能表示因为是吵架出走的所以不让进家吗？＝没有那样说的例子。”（惯Ⅴ64页下段）

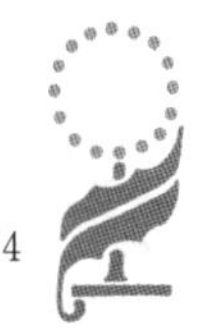

像上面那些问答中所见到的，既然这类情况不是“分家”，根据单纯从家里出走这样的事实，也不算作断绝了与家计的依存关系。还有，在自家的人犯了不法行为需要赔偿那样的情况下，只由当事人还不能了断的话，也由家来负担。[88]

第三，以上那样的涉及生产消费各个方面的共同会计所产生的剩余，被当作为了全体成员的共同资产即家产加以蓄积。作为最安全和最喜欢选择的财富蓄积方法是保有土地。[89]土地还产生其自身收益。不单是租给他人收取田租这样的场合，连家族耕种自家土地的情况下，在不需要对这块地付出田租这种意义上，也可以说收获中有几分是从土地得来的收益。从这样的共同资产中产生的收益也当然被加进共同的会计里。而且在将来分割家产的时候，按照家族每个人的身份关系所确定的一定的比例——其最基本的为兄弟均分的原则——加以分配。即使是出门在外处境穷乏，没有为家里作出任何贡献，甚至不如说给家里增加了负担的人，减少其应得的一份的情况也没有。另一方面，幸运地在外面发了财的人，不能将其财富独占也是原则。[90]

“比方说弟弟去满洲做工送来二百元，如果用这些钱买了土地，那么这些土地是谁的土地呢？＝是家的土地。”“弟弟在分家的时候，能不能提出来说那块土地是自己的土地呢？＝不能说那样的话。”（惯Ⅴ65页中段）

“有三个兄弟，哥哥勤勉而弟弟懒惰，或者年幼，父亲用分家前长兄劳动所得的钱买下土地的场合，有没有特别地把这块土地只给长兄的情况？＝这样的例子没有听到过。”（惯Ⅴ449页上段）

75 “父亲死后，兄外出挣钱买下土地而弟弟懒惰不劳动的情况下，在分家的时候，兄也分掉自己买的土地吗？＝如果是分家前买的土地就要分。”“弟弟已经减少了家的财产的情况下呢？＝即使在那种情况下也一样。”“这种场合，哥哥可以说因为这些几乎都是自己用挣来的钱买下的土地，所以只能给弟弟三分之一吗？＝不能说，此时应该早点分家。”“以上那种情况下，得到父亲的同意分给弟弟三分之一的事有没有？＝父亲不会赞成。”“为何不赞成呢？＝这是中国的习惯。”“这不是一个不好的习惯吗？弟弟不是会变得越来越懒惰了吗？＝父母不觉得不好。那就应该早点和弟弟分家。”（惯Ⅴ459页下段，内田189页）

如以上问答中所见，对家贡献的大小，不影响在分家之际的得分。理所当然地，这一点不一定是绝对的，似乎也不能说绝无对有显著功劳的人至少给予若干特别考虑的现象。[91]但是，最起码原则上可以看作已经形成为极其明了而又强固的法意识。

把以上内容归纳一下来看，所谓同居共财，是收入、消费以及保有资产等等涉及各方面的共同计算关系，即以每个人的勤劳所得和由共同资产所得的收益为收入、支出每个人的生活万端——死者的葬祭也作为重要的一项包括在内——的费用、若有剩余则作为共同的资产加以贮存、如果出现不足则坐吃资产以保全生命的那样一种维持共同会计的关系。而所谓家产，无非是指称这类共同会计的资产内容的用语。[92]从而在表示这一家产的用语中，并不含有特定规模的固定下来的世袭财产或基本财产这样的语感。土地常构成家产的主要部分，不过就这块土地来看，根据家计的收支如何，比较轻松地可以卖出也可以买进。[93]也就是说，家产在本质上是有分量的能够被把握的流动性的价值，土地成为财产的化身自然是最安全确实的积蓄手段。因而它们还是共同计算关系自身每次分开时不论怎样都能加以分割的东西。[94]

同居共财，还有家产这些词语的概念内容基本如上，在此还想 76

清楚地确认一下在以上的叙述中所没有的其他内容。这个意思是说，在同居共财的词语中，家产的共同所有这样的含义作为概念内容没有被包含在内，即共财和共有是不同的概念。在理解这一事情上，只要考虑了如下一个例子大概就足够了。即：当在此有一个由 A、M 兄弟和 A 的儿子 b、c、d 以及 M 的儿子 n 组成的家（姑且不必考虑女性的存在）。[95]他们六个人组成同居共财的关系，各自把全部收入归于家产而全部消费也仰赖家产。大家一人一份地在家的饭桌上进餐，也都按一人一份接受衣服的分配。在作为同居共财这一点上六个人之间是没有差别的。[96]然而，如果当这个家进行财产分割时，家产绝不是被六个人等分。A、M 兄弟将家产分为二等份，带着各自的儿子分为两家，然后在各自的家继续父子的同居共财生活。[97]并不管其实 A 家包含 b、c、d 等是四个人，M 家包括 n 是两个人。两家的得分平等地各为二分之一这样的情况，说明并不是 A、b、c、d 和 M、n 六个人每个人——至少在观念上——得到一些得分之后，再将它们合起来的在现实中构成两个团体的那样的关系。构成二分之一的东西原本是 A、M 两人的得分，[98]即 b、c、d、n 没有得分。也就是说，在像最初设例的那样的六人家族中，同居共财的成员是六个人，然而家产应该说是由其中的两个人以各二分之一作为持分来共同所有的，同居共财的成员并非直接为家产的共同所有者，换言之，在同居共财的概念自身之中不能含有共同所有这样的要素，这种看法通过这一事例大概也难以否定吧。

以上情况告诉我们，就某种财产来说，其经济上的机能问题和
77 法上的归属问题必须加以严密的区别。共财表示在经济的机能上

的共同关系，共有表示在法的归属上的关系，两者说起来是性质完全不同的概念。因而，在单独所有之下的同居共财这样的情况也绝非是概念的自相矛盾。在刚才的设例中，A、M 两个人进行家产分割后的状态，可以说恰好就是这样。原因是通过家产分割，从来的持分权——这些只为 A、M 两人所有——仍旧应当转为所分得的新家产的所有权。而且 b、c、d 和 A，n 和 M 各自继续同居共财，将各自赚到的钱完全归于家产，这种情况在法上无非是将其归于家父所有的情况。[99] 可以说，这些正好和罗马的作为吸收家子的人格[100] 的家父权的效果、家子的所得完全归家父所有的情况是同样的关系。就是在罗马，家父的单独所有即家子的财产无能力，从家产的经济机能上也绝不是排斥家子的，这些已经为欧根·埃尔利希(Eugen Ehrlich)所明确指出。“由于在富有的人的权力之下的儿子没有财产能力，就认为他们是穷人或者把他们和奴隶同等看待的事情，在罗马人的头脑里无论如何也是不存在的。”“罗马的家的法的单一性只不过是其经济的单一性的法的表现，而家庭成员的财产无能力，只不过是如下的事实，即家庭成员谁都不拥有自己的经济且不展开独立的经济上的活动，而将他一切努力和一切劳动放进家中，并在那里找到他的全部需要的满足这样的事实的法的表现。”[101] 这里所说的经济的单一性用中文来表示恰好就是同居共财。在罗马没有同居共财这样的词语然而却存在其实态；[102] 在中国没有家父权这样的词语，却理应可以说依然存在子的人格为父所吸收的这样的实体。

如上所述的共财和共有在概念上的区别，在中田博士的《唐宋时代的家族共产制》里不可思议地完全没有被顾及。家族共产制 78

的用语有的时候被与共有等置，有的时候被与共财等置。“古来在东方、西方的历史中显现出来的家族共产制，可以分为始于父子间的共产、扩及其直系卑属之间的类型，和始于共同继承父的遗产的兄弟间的共产、扩及其子孙数代的类型这样两种类型。”[103]这里说到的家族共产制无疑是家产的共同所有制的意思，随之，例如一面认为在罗马没有父子共产制，一面又像所说的“在支那将家族共产制称为同居共财或者同居共爨，还常常省略成单称同财，或称同爨，或称共居、同居，有时称为义居”的那样，[104]把家族共产制和同居共财简单地加以等置。“唐宋时代的家族共产制，始于如上所述的父子间”[105]等等这样的命题，也是受到在别的地方所述及的“在此应特别加以注意的事……就是父子的同居共财得以形成的情况”[106]这类话的影响。在这里所说的家族共产制，不外是同居共财的替换。正如我们已经明确的那样，在同居共财这样的词语中，本来是不含有家产的共同所有这类意思的，但在博士的表述中以家族共产制这样的词语为媒介，将原来应为不同性质的这两个概念等置起来了。作为其归结，就成了同居共财的各成员对于家产所具有的权利被说明为完全一样的对共有财产的持分，其结果甚至产生了在说明中与事实不符之点或者至少说明的不够充分之点。例如：

> 同居卑幼和尊长一样，拥有对共产的持分并且是其所有主。唐宋贼盗律所说的“诸部曲奴婢谋杀主者，皆斩”，其疏议注释“主”这个字说到：“但同籍良口以上，合有财分者，并皆为主。……其媵及妾，在令不合分财，并非奴婢之主”，以上的

“合有财分者”和在后面引用的宋建隆三年敕节文里称为“有分骨肉”，在前记清律的注释书里称为“应有财物之人”或“所应有者”的词语同样，原来是在共产分割之际有得分者之意，但作为此得分权的是在分割前、是作为对共产的各自的持分而存在的东西。[107]

就这一段文字来考虑，在我们再三利用的设例中的 b、c、d、n 79
恰好相当于这里说到的卑幼，如前所述，他们在家产分割的时候没有得分。不用待其他的资料，由唐户令应分条(见 245 页所引)“兄弟均分……兄弟亡者，子承父分”这一规定，就会明白只要兄弟本人生存，兄弟之子是没有得分的。那么如果将在家产分割之际的得分权称为于分割前“对共产的各自的持分”——这是持分这一词语的常识性的用法——而把他们视为“对共产拥有持分”，这样的说法应该说不符合事实。[108]还有：

依应分条应当分割尽的当家的财物是分财亲的共财，他们作为财主对此是拥有固有的持分的。他们从共产中得到生活上的**必要的扶养**、于适当的时机得**请求将其分割**的情况，自然也就不外乎是他们的**持分**的实现。但是作为此持分的并非由先前确定的东西，而是直至共产分割时可能会根据分财亲的增减自然而然地变化的具有不确定性的持分。虽然如此，他们的共有关系也应该解释为是伴随着添增权(Jus accrescendi)以及存命者权(Right of survivorship)的共同拥有(Joint ownership)或者合有(Gesamthand)。[109]

正如在这一节论述中看到的，在把得到“生活上必要的扶养”的资格（这是共财关系的效果），和作为“请求分割”家产的权利（这是共有关系的效果），没有差别地作为持分的效果来讲解这一点上，大概不能说明存在着如屡次引用的b、c、d、n那样的、在消费生活上是一人份（即在生活上得到必要的扶养）而不能请求分割家产的这一类人的事实吧？当然，他们在自己的父亲A或者M死亡后能够请求分割家产。如果所说的“适当的时机”是指这种情况，那么，因为罗马的家子们也在家父死亡后（即“在适当的时机”）能够相互请求财产的分割的，这或许也就成了需要说和家父同样是持分权者了吧？再进一步，一旦拿女儿的地位作为问题来说明就
80 会更加困难。女儿也从家产中得到扶养，而且有时在分割的时候有若干的嫁资得到保留，但是，不论在怎样的场合，女儿自己进而请求家产分割的事是不会被考虑的。简言之，在由家产得到扶养——而且为家产劳动——这样的事情上，即是同居共财的一员这一点上，所有的家族成员大致是同等的，[110]可是在围绕着家产的分割也是最显著地表现出来的家产的法的归属中每个人的权利关系绝不是一律都一样的，想要把这些完全以一个持分这样的词语来涵盖应该说是困难的。如果非要说持分不可，大概也应该考虑说“由于父亲的死而产生的持分”、“受动性的不完全的持分”等等区别了各自性质的持分。而且如果要在“因为父亲的死所产生的”这一点上来提起的话，那已经不是作为共有的问题而是不得不变为继承的问题。这样来看，一旦陷入把构成同居共财的家的法律性的构造，单纯以家产的合有去把握，完全将伴随着一个成员的出生死亡产生的其他成员权利的变动说成添增权以及存命者权，

作为由共有关系所产生的一个效果说开去的论述，应该说没有完全说明事情的实体。

中田博士的论考，正如已经述及的，作为对中国家族法的研究来说打下不可或缺的基础而具有不朽的价值，但像以上所弄清楚的那样，因为在家族共产这一词语的概念规定上不够充分，共财和共有又没能区别，所以在论旨上产生了一脉的混乱，这是想要在这一基础之上继续进行研究的人时时必须非常注意分辨之点。在家族共产制这一用语由中田博士导入我国学术界之后保持原有形态的情况下，作为为了进行正确的论述的工具是没有起到作用的，不加批评地靠这些概念，学术界的讨论外表上看起来很不错，在实质上不得不成为没有实质性的成果的情况。[111]有鉴于此，本书中不 81
使用家族共产这样的词语，而是原封不动地采用同居共财这一词语作为学术用语。

要而言之，在同居共财这种经济性的机能上的共同关系定义了所谓的家究竟是什么。在这个家中，围绕着家产的法的归属的每个人的权利是怎样的这样一类事情，作为家的法律上的构造的问题应该另外去论述。在那里，首先一个一个地弄清围绕家产的处分或分割的诸种具体的法律关系，从中作出归纳性的论述是很重要的，[112]而作为理论，加上共有的理论之后便无论如何也应该从继承的理论中开掘下去。

还有，同居共财是不必有待于作为的具有自然性地成立的关系。子由于出生必然地被纳入生身之家的同居共财关系，妻由于结婚没有选择余地地和夫之间而且作为原则（即除了招婿的场合）

和夫的家族之间产生了同居共财的关系。另一方面，同居共财在自然性上是不可解消的关系，也就是说，家族成员的死亡——特别是连家父的死亡也——不成为共财关系解消的原因。死亡只是意味着从共财集团中去掉一个人，而在残存成员之间继续从前那样的关系。[113]当要切断这种关系时，为此采取明示的法律行为即家产分割是必要的。如果不作为地放置下去，同居共财的关系是既可以经过几个世代还在继续，也可以成为拥有数百名成员的大家族的情况。历史上成为美谈被记载下来的累世同居之例正是这样产生的。[114]但是实际上，普遍的情况是兄弟早晚会进行家产的分割，构成并保持为一家的兄弟全部死亡之后在从兄弟之间继续共财关系的情形是比较稀见的。[115]何况流传于历史上的那样的累世同居本来就属于极为稀少的例外。因而一家的家族人口数的平均值至少清代以降直到现代，不论什么时候的社会中也大体在五或六左右，绝不会过分地多。[116]

家产分割这样的词语当然是学者的造语，在中国话中一直说
82 成“分析”、“分异”、“分财”、“析居”、“分家”等等。华北农村的惯行调查中一贯使用“分家”之语。这一分家之语只要切断了与日本语的分家纠缠起来的联想，在作为我们的学术用语来使用时就适当了。以下确定把家产分割、分家两语完全当作同义语适宜地加以使用。不管怎样，所谓的家产分割即分家，是在某个时点在大小不漏地计量现存的家的资产并一块儿分掉的同时，以切断朝着将来的收入消费的共同计算关系为内容的法律行为。家的要素是人和财，所谓分家是同时分开这两方面的行为。从而即使在几乎没有应当分开的资产那样的家里，在切断人与人之间收入的凑集关系

这一点上家产分割也具有很大的意义。[117]还有在父母健在的情况下，将仅存的资产完全作为父母的财产、作为孩子们的兄弟什么也没有分到的分家也是可能存在的。[118]也就是说，家产分割并非单纯说的是共有物的分割。

进行家产分割的时点，与家父的死亡没有直接的关系。如果说既有父母于生前在儿子们之间进行了家产分割的，也有他们死后不久分割的，[119]那么，还有经过了相当的年数之后——其中极为少见的一直到了三代四代子孙时才开始——进行分割的。但是，无论在任何时点进行分割，这种分割应当就全部兄弟——兄弟都死亡后由从兄弟——必须进行一次的。不能每个人依次独立分出去。[120]在分家之际兄弟之中有不能自立的幼小者的场合也是同样的，这时如果有父母的话就由父母、没有的话就由其他兄弟中的一个把这个幼小者带去抚养。这样就成了监护性地管理其分得的财产。[121]因而，还有当兄弟之中有外出后音信不通的人的时候，剩下的兄弟理当不能轻易地进行家产分割，实际在资料中也出现了述说因为三个儿子之中的一个三十年来生死不明，即便剩下 83
的两个儿子已经让他们分开了土地耕种，但只要自己还活着就不会让正式分家，等待失踪者的归来的老人的实例。[122]当然，几个兄弟一旦分割了家产之后只是其中关系好的人再次合起来回到共财生活的状态并没有妨碍，但可以认为实际上采取这种做法的情况是十分罕见的。[123]

要想确切地说明什么样的事由成为进行家产分割的机缘大概是不可能的。[124]概而言之，同居共财有合理的一面和不合理的一面，当家里的人们已经强烈地意识到后者这方面的时候，家产分割

就要开始了。由于较多的劳动人手相依，让家的经济上的基础呈现多样性，作为家的全体对世情的变化或不时的灾难具有一定的承受能力，这是其合理的一面。[125]况且，抑制住只想自己一个人好的念头，与骨肉分享一切的做法也是中国人道德上的理想。另一方面，每个人勤惰不一有时对消费的看法之好坏，会出现勤勉俭约者吃亏而怠惰滥费者得益的不公平的结果，这是其不合理的一面。[126]当这种不公平在客观上显著存在的时候，就算断绝了骨肉之情，人类自然的正义感终归不认可这种不公平。[127]还有，即使客观上并不明显，但在主观上，人们动不动和他人相比较而认准自己遭遇不佳，容易怀有不公平之感。如果这种感觉日渐增加即会产生家庭的不和或造成家规的松弛，为了消除诸如此类的让人烦恼的问题，或是为了回避于未然就可以进行家产分割。[128]尤其兄弟之妻相互间感情的对立特别容易形成家产分割的机缘是贯穿古今而不变的现象。[129]虽说维护尽可能长期的同居共财被当作人们的理想并在道德上受到称扬的情况是事实，但另一方面，家族从多数来说终究要分家的情况就如同树若要成长的话就要分枝的情况一样，作为人类自然会采取的行动是被加以肯定的。[130]

在进行家产分割时，作为原则必须履行招请适当的几名第三
84 者当作见证人，[131]在他们即席建议之下协议财产的分割方法，将商定的结果制作成文书等等手续。[132]把这些文书称为“分书”、“分契”、“分约”、“分关”、“关书”、“关约”、“分单”、“分家单”等，只按兄弟的人数制作，每个人各保存一份。[133]所谓的“如果没有分单，分家就是无效的”，分单的制作对于家产分割来说是必要的要件。[134]中国人在完成重要的法律行为时，为了确定行为的成立及

其内容、杜绝日后的纷争而采用的手段，经常是第三者的见证和文书的制作这两种，家产分割也不例外。[135]

作为分财产的方式，在可能的限度内采取素材式的分割方法，即将土地（除自己的所有地外，还包括典当地、承租地）、家屋、家畜、农具、家具、谷物、现金等等各个种类尽可能地加以分割，不仅单在价值上等量，而且兼顾到财物的组合也大致相等的那样地分成几组财产。[136]一般将债权、债务也加以分割。[137]然后，这样分割成的几组财产，常常采用通过抓阄的办法来决定由谁取得哪一份。自古将家产分割又称作阄分，将分单叫做阄书，就是由此而来。抓阄决定下来的归属每个人的财物采取财产目录的形式详细地记入分家单之中。而一切完成之后，通过掺杂着证人一起吃最后一顿“散伙饭”，[138]分家的手续便结束了。

正如同居共财是特别法律化的概念一样，分家也是一个明确的法律上的概念。可以看出住居的问题和有无分家行为没有关系。普通情况是，尽管实行分家但并不是新筑为了分开的家屋，仅仅将围绕一个院子在其周围两面或三面建造的以前的各栋房屋按室数区分开并确定归属于各个兄弟，只有灶是新造的。大概也有经过多年后兄弟中的某个人以自力新建另外的家屋的情况，但在当下，分家后几组家庭围在一个院子里生活的形态仍在继续。[139] 85
尽管如此，只要吃饭和会计被分开，分家就算已经完毕了。另一方面，即使家族中的某个人在异乡定居独立生活，只要没有进行正规的家产分割制作分家单，就不能算作分家，换言之，就是未能断绝同居共财的关系。[140]而分家以其完成的那一时点为界限，使家族相互的法律关系产生了极为截然不同的变化，兄弟进行家产分割

的翌日，已经是既不共同耕作也不将收入合在一起，做饭、吃饭都分开了。[141]而处分已分得的财产也变得自由了。[142]像这样分家或不分家的差别非常明显，并非是另外的国家法律使然，而是在民众传统上的法意识中原本如此。法律就是以那样的社会性的现实作为无言的前提而得以成文的。日本的分家——正如已经叙述的那样，和在中国的分家基本上是性质不同的事物——在民众的意识中，是经过渐次的阶段性的很长的发展成长的过程之后才完成的，与分家与否要由有无户籍的申报而决的近代法的原则之间有不吻合的情况，已经为川岛武宜教授所指出；[143]但与这些加以比较的时候，中国的分家作为明确的法律行为而被认识到的情况大概是应当加以注意的。

本节注释

〔1〕 参见仁井田陞:《支那身分法史》,325 页。在惯行调查中也能见到这样的应答:“一户一户的长称作什么? =称为‘家长’,但上面(是指县的行政机关之意)称作‘户长’。”(惯Ⅰ228 页中段)

〔2〕 仁井田陞:《唐令拾遺》,223 页。参照后述 228 页。

86 〔3〕 关于唐律户婚第六条“诸祖父母父母在、而子孙别籍异财者、徒三年”的律文,注云:“别籍异财不相须”,疏在对这一注的进一步解释时说到:“或籍别财同,或户同财异者、各徒三年”,明确了所谓的“别籍异财”是别籍或者异财之意。而且如由同条的第二项来看,父母令子孙别籍的被禁止,但是令其异财的则并不被禁止。由贼盗第一五条(造畜蛊毒)疏中“同居家口、不限籍之同异……皆流三千里”的规定也清楚地看出同居和同籍在概念上的区别。

〔4〕 中田薫:《法制史論集》第三卷,1350 页。沈家本:《同居考》(遺书甲编所收)。

〔5〕 特别是在围绕养子的事件中户籍的记载容易出现问题。在唐、宋、元代

的法中，规定养子申报于官，由生身之家的户籍上除名而附名于养家的户籍上，这叫做“除附”。（唐法可由日本养老户令中写着的“凡无子者，听养四等以上亲于昭穆合者、即经本属除附”的规定推定出来）。还可见到如下例子，在 340 页所引清明集“出继子卖本生位业”中，当进行买卖时，卖主已经成为他家的养子，对目的物完全没有权利的情况，为户籍的除附日期所证明。又如 586 页所引《元典章》卷一七承继“异姓承继立户”中写道：“今官司检照户册、照得、故叔父万五将佛儿为男、宜姐兴娘为女、供报在官”，通过户册认定佛儿并非奴隶而是养子的例子。不过或许常常不一定能正确地进行申报。并且另一面，在宋代有“虽不除附、官司勘验得实、依除附法”（第六章第三节注〔30〕）的法，把身份关系的认定并不借助形式上的户籍的记载，而应该依实质性的情况来审理的做法用明文规定下来。而且户籍像上述那样的作用在明清时代已经走向衰退一途。

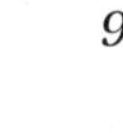

〔6〕 关于婚姻的成立要件，参照第四章第三节二（465 页以下）。惯Ⅰ303 页中段“生子时申报吗？＝不申报。”“结婚的时候申报吗？＝不申报。”“领养过继子的时候申报吗？＝不申报。但领养过继子的时候把村长叫来当监证人才领养。”“需要申报的事项都有哪些呢？＝过去只有买卖、典（押不需要，租地也不需要）等需要申报，但现在如果亲戚来住宿需要申报，在雇长工的时候也要申报。”最后的这一回答所举出的申报不用说是从征税、警察的角度所要求的申报。 87

〔7〕《彙報》745 页鉴定人刘新田。

〔8〕 惯Ⅲ119 页上段，惯Ⅳ83 页中段，同 108 页中段，惯Ⅴ465 页下段，同 476 页中段等。另外，要注意在后述的第二章第四节所提到的“当家”或“当家的”和这里的“当家子”是完全不同的词语。（惯Ⅰ274 页上段）

〔9〕 多賀秋五郎：《宗譜の研究（資料編）》，8 页。

〔10〕 守屋美都雄：《六朝門閥の一研究》，47 页。

〔11〕 在戴炎辉《同姓不婚》（《法学協会雜誌》53 卷 7 号）120 页所引胡适的文章（田先生的道白），其中的意思也引起人们的兴趣。曰：“论语上有个陈成子，旁的书都写作田成子，便是这个道理。两千五百年前，姓陈的和姓田的只是一家。后来年代久了，那写做田字的便认定姓田，写

做陈字的便认定姓陈，外面看起来，好像是两姓，其实是一家，所以两姓祠堂里都不准通婚。”

〔12〕 惯Ⅴ76页下段所收的分割文书。

〔13〕 还有，例如在《清明集》、检校、“检校闻通判财产为其侄谋夺”所记载的“闻通判……不幸殁于官所，其家惟一妇一孙，……且其家赀产素微，所余俸给一人豺虎之吻，死者何以葬？生者何以养？有如目今所失之一箱物，委官验之，初无外贼来踪，非家人之谋，而谁为之乎？”的一文中，前面的“其家”意味着狭义的家，后面的“家人”意味着“族人”，这是在同一文中使用“家”字广狭二义之例。

〔14〕 录Ⅳ、1、5、十一（直隶省清苑县）。

〔15〕 惯Ⅰ302页下段（河北省顺义县沙井村）。不论哪一个都说的是女儿没有继承权。

88 〔16〕 Martin C. Yang, *A Chinese Village: Taitou, Shantung Province*, 1945, p. 46

〔17〕 ibid. p. 81. 在惯Ⅲ80页下段，也可以看到当正妻反对夫因为无子想要纳妾的时候说了“家的繁昌，一是财，一是子孙，你如何做的？”而使正妻沉默无言。还有，与“家败人亡”同样意思的“人财两空”的语言也是经常挂在人们嘴边的成语。

〔18〕 实际上常常可比喻为树，参见前一节注〔61〕，本节注〔130〕。

〔19〕 《罗马法大全学说汇纂》50·16·195。这些经常是来源于实际的定义，由 Heumanns Handlexikon zu den Quellen des römischen Rechts，“familia”中引用的许多用例也可以了解。另外，familia 还常常指奴隶的意思，这里不涉及此义。

〔20〕 参照后述77页以下。

〔21〕 原田慶吉：《ローマ法》上，196页。中田：《論集》Ⅲ，1295页。

〔22〕 《国家学会雑誌》40卷7、8号（1926），中田《論集》Ⅲ中再录。

〔23〕 与我国新律纲领一面模仿明清律，一面改写成“凡同居之子弟，私擅用父兄之财物者”的情况（中田上揭1353页注1）合在一起来考虑，这些的确表明了中国的家的性质的一个方面。但是，在中国，将家产表现为父的财物的用语法，在律或疏中有时没有显现，在其他文献或民众

的会话中即使出现几次大概也是后来才涉及的。

〔24〕 中田薰:《論集》Ⅲ,1327 页。

〔25〕 同上 1329 页。

〔26〕 见仁井田陞《法史》第四章、戴炎辉《近世支那及び台湾の家族共産制》(《法学協会雑誌》52 卷 10、11 号)等等。

〔27〕 作为调查报告以及论述,有千種達夫、大山彦一(满洲)、内田智雄、仁井田陞(华北)、林惠海(苏州)、福武直(华北、苏州)诸氏的著书(参照本书末尾的文献目录)。

〔28〕 中田薰:《論集》Ⅲ,1329 页。

〔29〕 同上 1327 页。

〔30〕 中田薰博士也认为可以立足于这一观点上(同前 1355 页注 2)。另 89
外,刑法上的家的定义,每个条文是各式各样的。例如,唐律名例第二六条“家无期亲成丁者,上请”、同第二七条“诸犯徒应役,而家无兼丁者……”等等中的家都通过疏解释为“户内”即户籍上的家之意;贼盗第一二条“诸杀一家非死罪三人”的一家通过注规定为“同籍及期亲为一家”;名例第四二条“若家人共犯,止坐尊长”的家人从疏中所写的“唯同居尊长独坐”来看可知说的是同居共财的范围内。在论及私法的时候不应采用这些刑法上的技术性的定义。

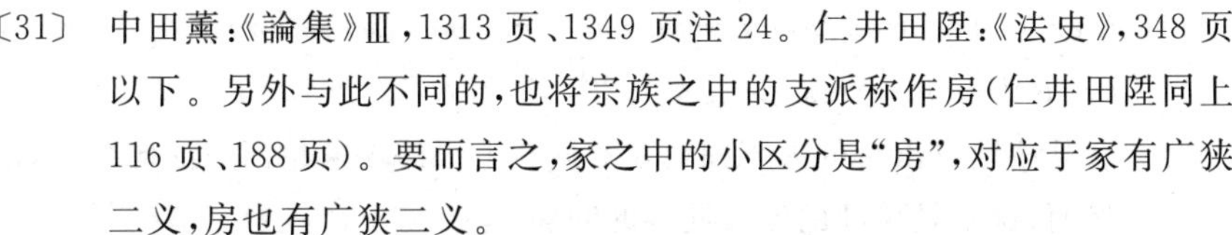

〔31〕 中田薰:《論集》Ⅲ,1313 页、1349 页注 24。仁井田陞:《法史》,348 页以下。另外与此不同的,也将宗族之中的支派称作房(仁井田陞同上 116 页、188 页)。要而言之,家之中的小区分是“房”,对应于家有广狭二义,房也有广狭二义。

〔32〕 说的是男女各自得到配偶后才安了身。出典在《左传》桓公八年。

〔33〕 Kulp 把“房”叫做自然性的家族(natural-family),把“家”叫做经济性的家族(economic-family),把“宗”叫做因袭性的家族(conventional-family),而把宗的支派即广义的“房”叫做宗教性的家族(religious-family——这大概是因为在调查地进行的对祖先的共同祭祀主要在这一范围内,聚集宗族全体祭祀始祖的机会比较稀少才采取这一命名的),这样称呼可以说某种程度上很好地把握了各自的特征。(Daniel H. Kulp, *Country Life in South China*, Chapter Ⅵ.)

〔34〕 在上代的文献中，称呼与诸侯的“国”相对应的名称是卿大夫的“家”。这种“家”是什么还需要另外考虑，但在此处姑且放在问题之外。

〔35〕 日本法制史的文献见后。民法学者的解释也是同样的。例如，末弘严太郎《民法講話》(大正十五年版)上 342 页说道：“然而，在我国现在犹普遍遗留财产继承之外的家的继承的观念。即：与其用继承仅仅以遗产的承继为目的，也可用子孙后代继承‘家’以使家名不致断绝、使祖
90 先的祭祀得以永久等等来解释继承的目的，不如说一向认为以这些构成继承制度的核心。”

〔36〕 中田薰：《論集》Ⅰ《中世の家督相続法》，274 页。

〔37〕 中田薰：《論集》Ⅰ《古法制三題考の一、祖名相続》，同《論集》Ⅲ《祖名相続再考》。

〔38〕 以下根据石井良助《長子相続制》，以及他的《日本法制史概說》、《明治文化史法制編》之中的有关家、继承等等部分摘出的要点。

〔39〕 根据拉德布鲁赫(Radbruch)的分类，称其为 überpersönlich(超人格化的)的确是比较适合而有价值的说法(Gustav Radbruch，Rechtsphilosophie，§7)。

〔40〕 白川静：《殷の基礎社会》(立命館大学創立五十周年記念論文集文學編)。

〔41〕 Max Weber，*Konfuzianismus und Taoismus*，*in Gesammelte Aufsätze zur Religionssoziologie* Ⅰ，1920，S. 297.

〔42〕 有某些地方出身的人牢固地在业界扎下根的现象相当广泛地存在着，然而，这不是单纯的家或同族的问题。

〔43〕 例如，在《清明集》、立继、“叔教其嫂不愿立嗣意在吞并”中所说的“志在吞并乃兄之家业”等等。其他在同书中见到的家业之语均是这一含义。在向农民问家产的含义时也是一样：“家业指的是什么意思？＝是指包括房子、土地、家具的家业。”(惯Ⅲ 148 页下段)

〔44〕 《后汉书·郭躬传》：“弟子镇(郭躬弟弟的儿子)。镇字桓钟，少修家业。……”“镇弟子禧，少明习家业，兼好儒学，有名誉，延熹中亦为廷尉。”等等所说的家业，意味着法律学。并且其一族里人才辈出的情形被记载为：“郭氏自弘(郭躬之父)后，数世皆传法律。子孙至公者一

人，廷尉七人，侯者三人，刺史、二千石、侍中、中郎将者二十余人，侍御史、正、监、平者甚众。”

〔45〕 前汉的孔臧请求“臣世代以经学为家……乞为太常，典臣家业，与从弟侍中安国纲纪古训，使永垂末嗣”等等（通鉴，以及文选。西田太一郎： 91
《両漢魏晋における刑罰思想》，京大《人文》第一集，125 页。）可能相当接近日本式的家业的语感。或许由于是孔子的子孙的特殊的境遇吧？

〔46〕 石井良助：《長子相続制》，100 页。同《概說》，604 页。

〔47〕 石井良助：《概說》，605 页。

〔48〕 同上 578 页、601 页。

〔49〕 中田薰：《論集》Ⅰ，276 页，石井良助：《長子相続制》，95 页。

〔50〕 比如，在中田薰《論集》Ⅰ 277 页注 10 中，中田博士作为显示室町时代已经有了把家业继承看得比家名继承更重要的苗头的资料所引用的赤松记里，提到“最初打算只是重立赤松的名字，满佑的弟弟常陆守佑之的儿子名叫彦五郎则尚的，关于赤松遗留的名字和财产，只是出仕得到允许，虽然还没有被承认领地所有权”，由此可知立名字这个词含有允许出仕的意思。

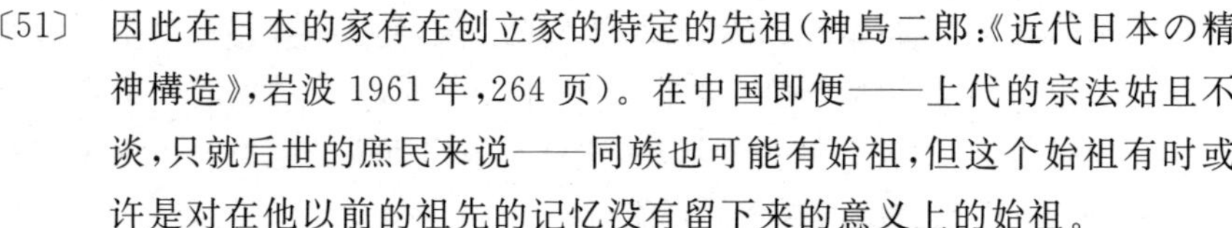

〔51〕 因此在日本的家存在创立家的特定的先祖（神島二郎：《近代日本の精神構造》，岩波 1961 年，264 页）。在中国即便——上代的宗法姑且不谈，只就后世的庶民来说——同族也可能有始祖，但这个始祖有时或许是对在他以前的祖先的记忆没有留下来的意义上的始祖。

〔52〕 奴婢之中没有姓的情况是存在的（仁井田陞：《法史》，931 页；侯外庐：《论中国封建制的形成及其法典化》，《历史研究》1956 年第 8 期，39 页）。但这种情况大概都是在唐代以前。

〔53〕 正如《清明集》、归宗、“子随母嫁而归宗”里所说的“昔范文正公，随母嫁朱家，冒姓朱氏。既长，知其家世，泣而去之，终身不忘朱家之恩。前贤所为，昭昭可法”那样，因某种机缘改称他姓的叫做冒姓，冒的意思，和称使用他人名义的过所通过关所为“冒度”的意思是同样的，是名义的不正当使用之意。

〔54〕 老舍《方珍珠》第一幕白花蛇的道白。

〔55〕 如前注〔53〕的范文正公（详见《宋史》卷三一四）那样的有心人，当知道

92 自己正冒他人之姓后便恢复了原姓。明代的况钟也是如此，其父仲谦由于兵乱而成孤儿，因被同村的黄胜祖收养而改为姓黄，所以况钟出生后也随黄姓。但况钟后来做了礼部郎中，他向朝廷提出请求，希望允许自己恢复原姓(《况太守治苏集》卷六、七)。

〔56〕《礼记集说》卷一曲礼上："永嘉戴氏云：发肤以上，皆亲之体也，岂敢许友以死；粒粟缕丝以上，皆亲之物也，岂敢私有其财。高者轻死，卑者重财，皆非纯孝之士。"像这段话所说的那样，中国人中显著地非攻击性的、非冒险性的自重的态度便产生于此。就这一点来看，我国之人，由于想到在君的马前讨死的祖先的武功(业绩)，而容易变得把自己的身体看成比鸿毛还轻。

〔57〕祖先祭祀在我国——一方面是由儒教的影响而产生的——也一直成为在当主的责任下所进行的家的活动。然而原来在中国不是这样的，"像这种祭祀由家长进行还是谁都可以呢？＝如果是晚辈，那么谁都可以。""没有特别限定于家长的祭祀吗？＝没有。"(惯Ⅲ 148页下段)如上所述，祭祀绝不是与家长这一地位相结合的职责。所有的男性祭祀自己的父祖，所有的人都受到男系子孙的祭祀，就是中国的祖先祭祀的观念。而这些到底还是人对人的关系。但是，兄弟应该祭祀的父亲相同，从兄弟应该祭祀的祖父相同，祭祀同一个对象的人出现复数的时候，他们就共同举行活动，这就是中国所说的家祭。由这里当然也没有产生家继承观念的可能性。

〔58〕石井良助:《長子相続制》，42页、68页。

〔59〕还有在我国养老户婚律立嫡违法条的疏中看到的"立嫡者、本拟承家"一句，在唐的律疏中是"立嫡者，本拟承袭"。如果说承袭便是指袭爵，在唐的本条作为问题的是只就有封爵的人而规定的。像这样在唐朝只具有特殊意义的条文，在我国当然是作为有关家继承人的一般性规定而被采用的。一字之差可以说反映了彼此家族制度基本性质的不同。

〔60〕在元代的文献里，关于"承继户名"简略为"继户"的表现方式请参照下一节注〔34〕。但这些无非还是将财产的继承这样的实体从官府的立场与公课的负担的形式结合在一起来表达的词语。正如同注所引张

元平、张益孙的例子中所见到的，即使继承户名的可能是复数，也可知 93
与我国的家名继承是完全不同的观念。

〔61〕 石井良助：《概說》，579 页。奥田义人在《親族法論》（明治三十一）中说："所谓的只在本家和分家之间承认和形容为类似于在家与家之间的亲族关系那样的关系，在这种场合，家得以为亲族关系的主体。"

〔62〕 虽然有"分家"的用语，但这是指"把家分割"之意，而不是"分为旁支的家"之意。而说到"本家"时正如已述及的那样，意味着同族。

〔63〕 详见第二章 185 页以下。在我国江户时代的庶民法中，亲子不胜任家业的时候，悉数令其从中退身、从别处迎来养子继承家的情况也是可能的（中田薰：《德川時代の文学に見えたる私法》，216 页；石井良助：《概説》，605 页）。但在中国这是无论如何也不能考虑的做法。还有，在日本，儿媳通过相当年数的尽力的劳动，被确认合于所谓家风之后才能得到在婆家地位的安定，这种情况也可与此联系起来考虑。在中国，一旦通过正规的仪式迎娶，从此妻的名分就是既定的了，其地位可以说稳固得多。参照第四章 480 页以下。

〔64〕 即使从华北农村的惯行调查中所表明的部分情况来看，在农村家族中也绝不是都在家里从事农业劳动。得到的印象是，不拥有作为店员、教员、吏员等等在外工作的成员的家，不如说倒是很少见的。何况就同族全体来看的话就更不用说了。在族谱之中，入谱登载也仅仅将血缘关系作为问题，对不能因个人的贵贱贤愚而取舍的宗旨——虽然是当然的事情——特地加以明文规定的情况也不少。例如，"姓不可混也，是吾族者虽微必入，非吾族者虽显不录，盖以明一本之亲，而杜谬援之失也。"（二、三の宗譜に見える修譜六法（五法・四法）る一《弁同异》，多賀 878—879 页）"南阳公曰：祖父生我，子孙生生不已。故数十世之后，中有贫贱富贵知愚贤不肖之不同，如木枝荣枯之不等，理必然也。作谱者，勿以富贵贤智之所存，而贫贱愚不肖之所去，而去存惟别真伪，不在美恶，执事者当宜慎之。"（龙舒余氏宗谱《名贤谱说》，多
賀 880 页）等。像我国的武士一门那样，通过所说的武（不论还有其他 94
什么）这样的一定之业而形成的同族等等情况，在中国史上不曾存在过。

〔65〕 在惯Ⅰ238页中段,围绕着作为家长的祖父品行不好的时候子或孙会怎么样的话题,"出现这种情况不是关系到家的名誉吗?=只关系到祖父的名誉,和家的名誉没关系","村里人只会对祖父抱有恶感,而不会对其他家族成员抱有恶感",自始至终都得到如此的回答的情况是意味深长的。在族谱里也明文规定:"凡族有十恶大逆者,必削其名,以示贬,见谱法一史法也。至其子孙若贤能、盖愆干蛊则仍前录之,盖不以父恶而废子善,亦不以一人而灭一支。"(大港赵氏族谱凡例,多賀847页)

〔66〕 关于宗族互助性的机能之详细情况,可参见牧野巽《近世中国宗族研究》、仁井田陞《法史》第一章、清水盛光《中国族產制度攷》、Hsien-chin Hu, *The Common Descent Group in China and its Functions*, 1948. Hui-chen Wang Liu, *The Traditional Chinese Clan Rules*, 1959.

〔67〕 Hsiao-tung Fei, *China's Gentry*, 1953, p. 27, p. 31; Francis L. K. Hsu, *Americans and Chinese*, 1953, pp. 176f.; Olga Lang, *Chinese Family and Society*, 1946, p. 22, p. 181.(译Ⅰ27页、237页)。一个人如果发迹则亲属们争相依仗他得到地位的情况,谚语称为:"一人得道,鸡犬升天。"为了宗族乡党的利益将官府的权力加以中和或无害化是所谓乡绅(如果回到他本身的立场,在许多场合仍是官界中的人)充任的重要的功能。

〔68〕 "子适卫,冉有仆。子曰:庶矣哉。冉有曰:既庶矣,又何加焉?曰:富之。曰:既富矣,又何加焉?曰:教之。"(《论语·子路》)可以认为在孔子和冉有这一问答中能够看到的庶、富、教三者才是按照其顺序说明的很好的中国人追求的全部东西。

〔69〕 斗讼第三二条疏。参照后述593页。不过这里的同居之语略微赋予了特殊的意义,但与同居共财这种场合的同居基本上并非是不同含义。

〔70〕 牧野巽:《支那家族研究》,153页。

95 〔71〕 Martin C. Yang, p. 76, p. 234.

〔72〕 Olga Lang, p. 158.(译207页)。同书同时也指出,在上海、天津等地的近代工业劳动者之间,这一想法正在过时。

〔73〕　《彙報》1183 页、鉴定人徐瑞兰。

〔74〕　内田智雄:《中国農村の分家制度》,361—375 页。

〔75〕　以上见惯Ⅲ148 页下段、惯Ⅴ466 页中段、惯Ⅳ65 页上段。

〔76〕　"如果去能挣钱的地方工作必须送钱给父亲吗?＝是的,必须送给老人家。""哪个地方的家都那样吗?＝是的。"(惯Ⅴ60 页下段)"儿子们把自己劳动得到的钱不交给你而贮蓄起来的话你允许吗?＝不允许。""儿子把工作得来的钱直接交给太太(妻)的事情呢?＝没有你说的那种事情。"(惯Ⅴ448 页下段、内田 370 页)"分家前你们都已经有职业了,挣来的钱交给谁呢?＝都交给父母。""……(不管各自的妻子儿女多少)……除去自己的生活费之外把全部的收入都交出去了。"(惯Ⅴ495 页下段)"家族中的人出去做工得到的钱交给家长吗?＝交给家长。""全部交给吗?＝全部交给。""有没有不交而自己保存的情况?＝那不行。"(中略)"没有秘密地保存一点儿的情况吗?＝必须要交给家长,保留的只是生活费的也可以,但自己秘密地留下来的做法不可以。"(中略)"和家长同居的时候本人留着生活费可以吗?＝那样也不可以。""自己只保留生活费的也可以的情况是在什么样的场合呢?＝在外出做工之处的衣食住以及交际费等等。"(惯Ⅳ112 页中段)

〔77〕　"家族成员取得的财物,比如某个人去北京做工得来的钱是这个人的钱,还是户长(在此推定是在祖父为户长的情况下)的钱呢?＝是户长的钱。""但是外出做工的人呢?＝把钱交给户长是义务。""户长有收取的权利吗?＝有。""儿子的父亲不是应该得到吗?＝因为不是户长所以不可以。""作为一般的风习是什么?＝即使户长没说让交,去做工的人也要交。""全部都要交吗?＝本人要是得到十元的话,当然要全部交。但是如果只说得到七元时,就交这么多也没有办法。这要看那个人的人格了。"(惯Ⅰ246 页上段)　96

〔78〕　例如河北省昌黎县侯家营的侯宝连,弟弟留下妻子和三个子女十年来出去在满洲做油店的店员,自己收取弟弟每个月送来的十元左右的钱而不交给弟弟之妻,把这些钱和家里的农业收入一起用来支付所有开支(惯Ⅴ89 页中段、内田 369 页)。作为兄向弟交钱的例子,例如同是侯家营的侯廷式是两兄弟中的弟弟,"分家前是哥哥当家吗?＝是我

当家。哥哥在新民县开杂货铺，是杂货铺掌柜的。”“哥哥的家属一直和你住在一起吗？＝是的。”“当时哥哥的家属都有谁？＝有三个儿子及各自的妻小。”“哥哥的儿子们一直在做什么？＝一个在新民县的杂货铺里跟随父亲当伙计，一个在锦州的杂货铺当伙计，还有一个在家务农。”“哥哥给当家的你送钱吗？＝送。”“哥哥的儿子们也送来吗？＝是的。”“哥哥的太太、哥哥的儿子们的太太和你一同住在这个村子里吗？＝是的。”“用送来的钱养活他们吗？＝是的。”“是不是直接送给太太而不送给你？＝不是那样的，是送给我。”（惯Ⅴ77页中段）像以上所说的那样，将多方面得来的收入集于一手，以养活包括许多妇女孩子的一家。

〔79〕 同一个侯家营的刘斌奎，就夫妇一起去满洲的排行第四的末弟说到：“目前正在别居，但还是家里的人。”生活费方面因为“对方也没有来催要”所以一直没有送去，储存的钱也“不送来，因为没有那种余裕，如果有富裕的话当然会送来的吧”（惯Ⅴ106页上段）。

〔80〕 在惯Ⅳ119页下段120页上段里，应答者是末弟但因为掌管家计，所以哥哥们都把钱交给他。对于哥哥们是不是每个人也送给自己妻子一些钱的这样的提问，一个劲儿地反复作出“那些情况我也不清楚，因为是秘密的所以自己不了解”的回答而不予以配合的态度也很有意思。

〔81〕 见前注〔77〕。

〔82〕 所以，正如前注〔77〕中所见的那样，由作为一家之长的祖父或父亲将儿子赶出去做工的关系，作为压倒性的父家长权威的表现、从无限定
97 的权力这样的观点加以解说（仁井田陞：《家族》，235页）是不正确的。总之，只要一家的家计掌握在不论是父祖还是兄长甚至是弟弟的保管者手里，其他的人就必须交钱。就是通过这样的事情家才能成其为家，而并非只是父祖在世时才能看到的现象。仅仅存在这样的差别，即当这一规矩松弛的时候，若有父亲在，可能一边加以严责一边维持住家，与此相对，在兄弟之间便不得不走向商议分割家产之途。还有，以这些作为家族相互的“德义与信赖”、“相互的信赖和共同的责任感”的关系来说明（内田371以下、189页），大概也不能说是充分的说明。

这些应该作为同居共财这一法律上的论理去把握。

〔83〕 中田薰:《論集》Ⅲ,1309—1318 页。千種達夫:《滿洲家族制度の慣習》Ⅱ《大家族》,222—223 页。

〔84〕 而且在灶上还要祭祀灶之神,其他各种神分家后如果在同一住宅里有一个也可以,可是只有灶神必须分别祭祀。可以说"灶王爷是一家之主,没有这个的话就不成为家"(惯Ⅴ458 页上段)。

〔85〕 参照内田 353—359 页。既有老幼男女每年全部按人数平均分配各二斤棉花、妇女用这些棉花为各自的丈夫孩子制作衣服的家(惯Ⅲ126 页下段、内田 354 页);也有在夏冬两季父亲统一买来每人一套的布料,通过母亲分配给儿子的媳妇们的家(惯Ⅴ469 页上中段)。在后一种情况下,正如所回答的"没有拿到钱你自己去买的情况吗?=那样不可以。因为如果那么做的话,会买好的东西,所以不允许"的话里表示的,布料的好坏一律被统制。当然,不采取这样一律平等的分配方式而提出各自必要的物品请求去买的家大概也不是没有(参照惯Ⅴ64 页中段)。边考虑每个人的必要和其他的平衡,边做到公平贤明地料理一切,大概就是所谓家计担当者的本事了。

〔86〕 见前注 79 的刘斌奎的应答。而且当与这样的弟弟分家的时候,土地当然应该平分,并说没有因为借的钱由家里偿付的所以要把这部分扣除的事情(惯Ⅴ111 页上中段,内田 188 页)。

〔87〕 对在都会地找到工作的人可不可以带妻子去的回答是"按家里的命令来决定"。还可以见到如下的应答:"在什么样的情况下不许可呢?= 98
从明年开始得到的月工钱还是十几元左右因此夫妇不能生活,结局就成了由家里来补助,所以不许可。"(惯Ⅴ467 页中段)

〔88〕 惯Ⅰ246 页上段、同 300 页中段、惯Ⅲ80 页上段。

〔89〕 "以家里的收入用于支出后如果有剩余的钱家长怎么做呢?=保管起来,但如果数额很多就买土地。"(惯Ⅳ80 页中段)

〔90〕 参照内田 188—190 页。

〔91〕 参照第二章 253 页。

〔92〕 我觉得"家产"这一词语在中文里没有被那样频繁地使用,但是正像后面 615 页所引的清律条例中所见到的,不管怎样也是表现在法源上的

用语。稍微口语化的是说“家私”、“家当”等等。

〔93〕 对于让儿子们分家后其中一个人把土地卖掉时你反对吗的提问，老人的回答是：“为什么反对呢？如果没有吃的可以卖，如果生活好起来的话或许还可以买”（惯 V104 页中段），在这些话中，可以感受到中国人的一种哲学。这并不仅仅是近代的事情，在宋代的袁采所写的《袁氏世范》中也可看到“贫富无定势，田宅无定主，有钱则买，无钱则卖”（卷三“富家置产当存仁心”）。

〔94〕 “分家的时候，没有不分的田地吗？＝没有。”“知道家产这个词吗？＝是产业方面的话，也是土地方面的。”“将家的财产叫做什么？＝叫做家具（儿）。”“家的土地呢？＝房产，土地叫地产。”“没有家产这样的话吗？＝有，家产包括房产、地产。”（惯Ⅰ254 页下段）如上所述，想要调查出世袭基本财产意义上的家产的概念或实体的提问，都被毫无反应地拿话岔开了。戒能通孝教授也敏锐地指出了在华北农村“家产的意识出乎意料的贫弱”的事实（同氏《法律社会学の諸問題》，113 页以下）。

〔95〕 当然设定什么样的例子都可以，试选惯行调查资料中存在的近似的实例，惯Ⅰ234 页以下见到的杨家就是如此，过去以及现在的家族构成

99 如下：

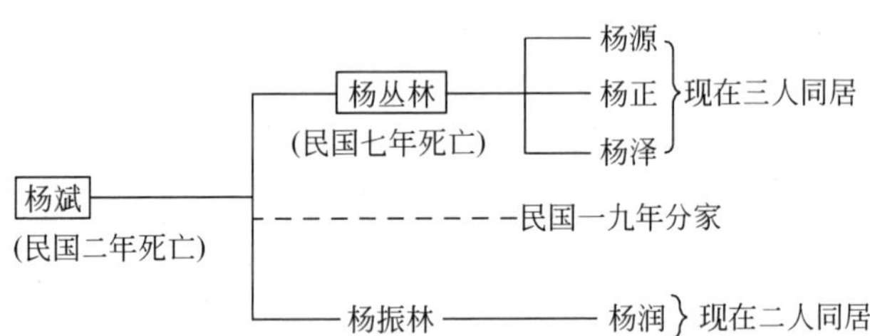

（杨斌在此外还有四个女儿，上图每个人有各自的妻，还有源、正、泽当时大概也有了孩子，但这些姑且放在问题之外。）

〔96〕 在上注的杨家中，“家族成员全部在世又一起居住时一直共同耕作土地吗？＝一直共同耕作”。“这种时候收获物如何分呢？＝不分。”“那样的话收获物全部是户长（即杨斌）所收藏了？＝是的。”“家族成员所需要的衣料以及其他费用如何解决？＝户长（祖父）每个月支给，但数

额不定。”“以上情况下支给额按年来说有差异吗？＝父亲（杨丛林）的儿子有三个，从父的儿子有一个，因此多支给前者。”（惯Ⅰ235 页上段）这里所说的就是同居共财。

〔97〕 上述的杨家在民国十九年的家产分割中，以杨源为首、正、泽与之同居的一家，和杨振林的应得的份额“是均等的”，对于“从父（杨振林）一方子少而杨源一方家族人多因此后者的不应该多一些吗”的提问，明确地回答为“不，双方同额”（惯Ⅰ235 页中段）。源、正、泽应该合起来算作已经死亡的父亲杨丛林的一股。他们的人头数构成有关衣料的分配即家产的经济上的功能方面的问题，而不构成家产的分割即这一有关法上的归属方面的问题。不过这是在兄弟中的一方死后的叔侄间的分割，所以如有点儿和设例在准确程度上不一致的话，那就以惯Ⅴ474 页以下所见到的赵家为例来看一下：赵楷、赵权、赵椿、赵棠四兄 100
弟于民国二十一年将家产分成四等份分了家。当时四个人都有妻子，还有赵权有一个儿子和一个女儿，在调查的当时（昭和十七年即民国三十一年）分别是 21 岁和 20 岁，所以在分家的时候肯定已经出生了。可能其他的兄弟也各自有了子女。这些子女存在与否和其人数在决定财产的分割方式上完全不构成问题。家产分割的主体如果兄弟现存的话是兄弟、而且分割的方法必然为均分。兄弟的妻子儿女们只不过随着各自的丈夫、父亲分得财产。

〔98〕 正确地说，这是 Abcd 组成的父子一体和 Mn 组成的父子一体的得分。参见下一节第三部分。

〔99〕 至少这么来看比较自然。深入地论证在第二章里进行。

〔100〕 原田慶吉：《ローマ法》下，62 页。

〔101〕 Eugen Ehrlich, *Die Rechtsfähigkeit*, 1909, S. 14, 15. 川島武宜、三藤正译：《権利能力論》，20、22 页。

〔102〕 可以认为自权继承人在家父生存期间为某种程度的家产所有者，这种意义的语言由罗马的法学者之口表达出来的情况，大概在这个意义上是应该回味的[Ehrlich, a. a. O. S. 14. 在译 21 页引 Paulus (1. 11 D. 28, 2)，原田慶吉：《ローマ法》下，64 页引 Gaius Ⅱ § 157]。家产严格意义上全部是家父的所有的说法，和某种程度上（即着眼于家产

的经济性的机能的范围内)家子也是家产的主的说法,在概念上至少不是矛盾的。即便在中国,也像后述的那样(208页以下),在父子同居之家,家产既是父亲的财产也是家庭全体的财产,都是完全在自然上来表达的。

〔103〕 中田:《論集》Ⅲ,1295页。

〔104〕 同上1309页。

〔105〕 同上1329页,着重号为滋贺所加。

〔106〕 同上1327页。

〔107〕 同上1332页。

〔108〕 因而,"合有财分者"等等法源上见到的用语,必须结合事情的内容来解释。总觉得依字面而论自然应该将这些置换为持分那样的我们所用的学术用语。关于这一点,望参照拙稿《中国家族法補考》(《国家学会雜誌》67卷11号)99—104页中的详细论述。

〔109〕 中田:《論集》Ⅲ,1346页,着重号为滋贺所加。还有,大体从同书1341页的论述中感觉到,这里说到的分财亲的词语,意味着应分条里以某种形式被提到的所有的人,结果即意味着除了媵以及妾等特

101 殊的人以外的所有的家族成员。

〔110〕 如第五章所述,没有严格地要求妇女应将劳动所得归于家产之中的情形,在这一点上并非没有多多少少的差别。

〔111〕 拙著《中国家族法論》出版后,仁井田陞博士和我之间的交互论争,还包括有关每个史实的认识和资料文献的解读。不过,其理论性核心性的问题,可以说已差不多全部归结在这里,即:我在前著里所作的父子共产还是父的专有"并不是二者择一的词语的问题"(18页)等等论述,以及写下"未婚女子属不属于家族共产体并非可以用二者择一式加以论述是非常明显的"(98页)等等文字时,还不能说是充分的论述。但即便如此,也表明了对家族共产这类用语的不信之感。可是博士未能酌察拙论之意,依然以定义不充分的共产这一用语为中心展开了批判说。这样一来议论就不可能相互对合。由于这一情况,我在通过展开必须区别"家产的成立与目的"的问题和"围绕家产的权利关系"的问题——这些与本书中所用的经济性的功能和法上

的归属这两种用语完全是同义——的论述以补前著语言之不足(《国家学会雜誌》67卷9号,81页)的同时,陈辩了博士的批判说一直脱离了应批评的目标(同上68卷7号,44—46页)。其后博士在《旧中国社会の仲間主義と家族》(《中国法制史研究(家族村落法)》所收)一文中,再次触及同一个问题。在此文中"家族共产"被更换为"团体式的所有"这样的新词语,而关于两种用语概念上的异同也没有加以任何说明,在实质上还是返回到和旧的完全同辙的脱离靶子的批评。这样一来便不能期待得出结果。

〔112〕在中田博士的论考中,作为由同居所产生的法律上的效果,举出了在同居亲属之间盗罪的不成立以及在刑法上同居之人(媵妾除外)对家里的奴婢来说全都是"主"即视为所有者这两点。此外在明清律中,同居者之间的人命侵害并不产生收取埋葬银的问题,大概也可以作
为属于同一系列的事情举出来(清律人命・威逼人致死条・上栏辑 102
注"威逼期亲以下,皆不言埋葬,或谓以其罪重而免之,非也。……惟至死者可免,而同居者不追耳")。这些都是作为从家产在经济的功能上是大家的东西而产生的效果来加以说明的,而不能构成为了归纳家产的法上的归属方面的材料。一家之内的事件在国家的法庭上不作为盗事来对待的情况,无论是在家父专有制的罗马法中还是在家族别财制的日本现行法制中都是同样的。

〔113〕如果在现行法中找出与同居共财最相类似的关系,大概会想到在夫妇财产制里的社区(communauté),但是后者由当事者的死亡而解消,而前者并不解消。如果从其他角度来说,后者是和继承相排斥的概念,与此相对,前者内含了继承的概念,在这一点上两者有决定性的差别。

〔114〕关于历史上出现的累世同居的家族生活的样态,可参照中田薰:《論集》Ⅲ,1317页、仁井田陞:《法史》,403页以下、421页以下等。作为直到最近仍存在的一个实例所作出的意味深长的调查报告,见千種達夫:《満洲家族制度の慣習》Ⅱ《大家族》。在河北省昌黎县侯家营的惯行调查中讲道:"现在有三四个兄弟的场合,老人家一死大抵就分家了(抚宁县牛头崖的张姓七世同居,这类情况很少)"(惯Ⅴ72页上段),可知累世同居是在附近一带各县传言开来的罕见的现象。

〔115〕 就上代来看，也存在以兄弟终身同住为原则的制度这样的假说（加藤常賢《支那古代家族制度研究》上编第五章），不过至少汉代以后没有这种情况。还有就汉代来讲，关于父殁后的分家和父在世时的分家哪一种更普遍有一系列的争论。其中最新的文章有守屋美都雄的《漢代家族の形態に関する再考察》（中国古代史研究会编《中国古代史研究》所收）。同《漢代の家族——その学說史的展望》（石母田正等编《古代史講座》6）。

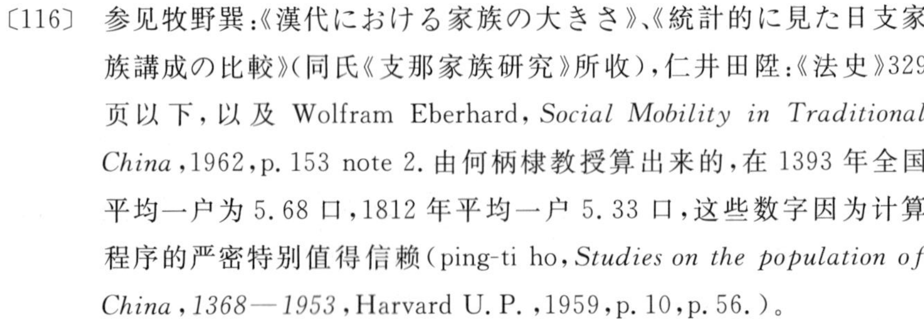

〔116〕 参见牧野巽：《漢代における家族の大きさ》、《統計的に見た日支家族講成の比較》（同氏《支那家族研究》所收），仁井田陞：《法史》329页以下，以及 Wolfram Eberhard, *Social Mobility in Traditional China*, 1962, p. 153 note 2. 由何柄棣教授算出来的，在 1393 年全国
103 平均一户为 5.68 口，1812 年平均一户 5.33 口，这些数字因为计算程序的严密特别值得信赖（ping-ti ho, *Studies on the population of China, 1368—1953*, Harvard U. P., 1959, p. 10, p. 56.）。

〔117〕 “没有可分的土地就不分家吗？ ＝当然要分家了，因为如果哥哥是善人，弟弟是恶人的话，将来就会变成哥哥即使能获得财产也会损失。”（惯Ⅴ462 页下段）“分家的时候必须分割财产吗？ ＝是的。”“没有财产的时候不就不能分家了吗？ ＝那时只有分人了。”“……（那个时候也）……叫做分家吗？ ＝是的。”（惯Ⅰ295 页中段）

〔118〕 后述 176 页、178 页。

〔119〕 律禁止在父母的丧中进行家产分割（第二章第一节注〔55〕），但是由惯行调查中显示出来的情况来看，这些并没有成为农民的规范意识（惯Ⅲ109 页中段、惯Ⅴ126 页上段、同 454 页中段）。

〔120〕 林惠海 3 页。在华北农村也说到：“有没有错开日期，兄先分家，接着再给弟分家的情况？ ＝绝对没有。倒有暂时兄弟全部分家，后来其中两个人或三个人合在一起住在共同的家的情况。”（中略）“兄弟之中的某一个人制作分家单的时候呢？ ＝其余的人也制作。兄弟之中的一个人请求分家的时候，其余的人也必须全部分家。”（惯Ⅰ241 页下段）

〔121〕 在河北省顺义县沙井村，提到“分家的时候，兄弟必须一起分家吗？

＝是的。""有五岁左右的小弟弟的时候呢？＝首先一同分家后，再和某一个兄弟一起生活。""那么五岁的弟弟也算分家了？＝是的。"（惯Ⅰ276 页中段）在山东省历城县冷水沟也以同样的问题为话题，幼小的末弟在父或兄哪一家养着，其财产就"由谁管理"。尽管如此，也把这叫做分家。关于日后末弟长大把财产拿到另一处则没有另外的名称。"像这样的分家不是不能算作真正的独立吗？＝分家以分财产为标准，所以分家就是分家。"（惯Ⅳ69 页中下段）

〔122〕　河北省昌黎县侯家营的侯定义。长男在三十余年前去满洲后去向不明。长男有妻没有子，其妻还以"卑虐难度，夫久不归，终身无靠"为理由，起诉离了婚而走掉了（惯Ⅴ39 页、40 页）。自五年前甚至立下字据（但不是分家单，如长男归来的话可以收回）把土地分配给二男、 104
三男，耕作吃饭都分开了，自己每天交替着吃两方送来的饭（惯Ⅴ140 页上段）。而且他对提问还回答，"次男、三男一直分别生活却为何不叫做分家呢？＝长男去向不明，所以不能制作分家单，因为一回来就会成为问题。自己如果死了也许请某个人写分家单，但自己活着的时候不会让写分家单的。""只要不知道长男究竟怎么样了就不分家吗？＝即使知道了长男的下落没有归来也不能分家。我活着的期间不会让写分家单。""如果知道长男已经死了怎么办呢？＝在那个时候可以分家但没得到这一消息的期间不能分家。""能不能只把长男的份额留下来进行分家呢？＝留着如果回来的话还可以，如果不回来就还要分家那太麻烦了。至今已经等了三十年了，所以一直等到知道了确实的消息也并没有多大关系。""你如果死了能够分家吗？＝即使死了也应该等他们的哥哥回来，不回来的情况下没有办法就分家。""在这种情况下只由现在的两个儿子分土地吗？＝只由两个人分。分家之后长男如果回来的话，必须给他分些土地、房屋以及供养生活的东西。"（惯Ⅴ114 页上中段）"长男如果回来的话，怎么样来分呢？＝如果在我活着的时候回来就收回已经写下的字据。以二十亩为养老地，其余的三个人分。"（惯Ⅴ140 页上段）

〔123〕　"一个人提出分家请求的场合，其他的人（不想分家的人）怎么样呢？＝暂时大家都制作各个分家单，其他的人可以照老样子一起住在以

前的家里，而且他们让自己的分家单‘作废’无效。”“以后这些留下的人中间的一个人请求分家的情况下怎么办呢？＝制作和以前的分家单没有关系的新的分家单。”（惯Ⅰ241 页下段）“兄弟四人，有没有只一个人分家其他三个人不分家的情况呢？＝这种场合首先四个人分家，然后关系好的兄弟一起生活。”（惯Ⅴ463 页上段）在惯Ⅰ49 页中下段提及的如果父亲生存期间只有一个儿子分家也无妨，还说到实例。但是这些也无非是像其分家单上所写着的“将所有财产，按五股均分，又恐幼四子不能自理，除长子外，暂为监管”那样，暂时就五个儿子进行正规的财产分割——而且也分出父亲的养老地——之后，
105 只有长男实际上独立了，二男以下的人在父亲的监护之下再次决定同居了。并且可以说像这样的例子很少。

〔124〕 内田第一章也触及这一问题。但总而言之可以得出以下结论：这是各种各样的事由复杂地相互纠缠、不能清楚明确地加以分析的事情。

〔125〕 山东省恩县后夏寨的王金三（37 岁）夫妇和兄嫂夫妇同居，家庭看上去似乎很圆满，“将来分家吗？＝我觉得不分家为好。”“为什么呢？＝和哥哥共同劳动为好，因为哥哥经商我种地。”“和哥哥怎样分配家的收入呢？＝我只是种地，钱不够的时候从哥哥那拿，因为哥哥当家，所以如果储蓄的话都交给哥哥。”（惯 453 页中段）若是这样，家无论是对经商的不景气还是对由于天灾的歉收自然都能够承受。杨懋春氏提到并举出在村里从贫穷转向兴旺的家，很多是通过凑集在各方面工作的兄弟的收入协力而成的实例（Martin C. Yang, p. 77.）。

〔126〕 对于就这一不合理提出的提问（见前 75 页），作为解决之策所得到的是“应该让弟弟早点儿分家”这样的回答，其实例参见 Fei and Chang, *Earthbound China*, p. 116.

〔127〕 这种情况可以从前注“应该早点儿分家”之语、本节注 117 的“兄要受到损失”之语，以及“一伙孩子们意见对立，勤勉的儿子和孙子们和母亲说让她向父亲请求能够分家”（惯Ⅴ486 页中段）等等的话语中看出来。但是像这样的正义感只有在兄弟及其他旁系亲的关系上才能被意识到，在父和子的关系上绝不会提到。子的东西是父的东西，父

的东西是子的东西（父子一体）这样的关系是不应该被切断的，也是没有意识父子之间对立的余地的。

〔128〕 例如在河北省良乡县吴店村的赵家，“家之中有怠惰者，照这样下去有可能一天一天地把家败掉”。“并非是有特别明显形式的争执，但就这样继续下去担心会发生不妙的情况所以分家了”（惯Ⅴ475页中段）。

〔129〕 中田薰：《論集》Ⅲ，1343页注14；仁井田陞：《法史》，378页以下；内 106
田36—42页。

〔130〕 “树大哪有不分枝”这样的谚语（惯Ⅴ66页上段），或者书写分家单时经常写上的“人口繁多，势难伙度，树大分枝，自古皆然”（惯Ⅴ78页中段）等等话语，都是意味着作为人类自然的现象承认分家的。与尽可能想避免的事情例如离婚是病理的现象不同，分家是生理的现象。

〔131〕 关于见证人做什么以及什么样的人被认为是其适任者等等，详见内田第四章。特别是所说的分家“如果有舅父一定会来”（惯Ⅳ443页中段），在分家的时候“请来同族的长辈（族长）、孩子的亲娘舅、本村的两三个街坊”（惯Ⅴ487页上段）等等情况意味深长。舅舅既有作为上辈的权威，又足够亲密，而且作为外姻在财产关系上可以是纯然的第三者这一点，大概是被认为最为适任当见证人的了。正如“没有亲戚为证人另外的证人也没有的话，不能分家”（惯Ⅰ229页下段）所说的那样，见证人原则上是不可缺的人物。但像惯Ⅴ86页中段见到的那样，因为贫穷在以前就已经在事实上分别自己生活的人，为了结此事只是制作了分家单而没有叫来见证人的例子也不是没有。“有没有不设分家人只由父亲来分家的情况？＝有，但实际上很少。”（惯Ⅳ70页上段）

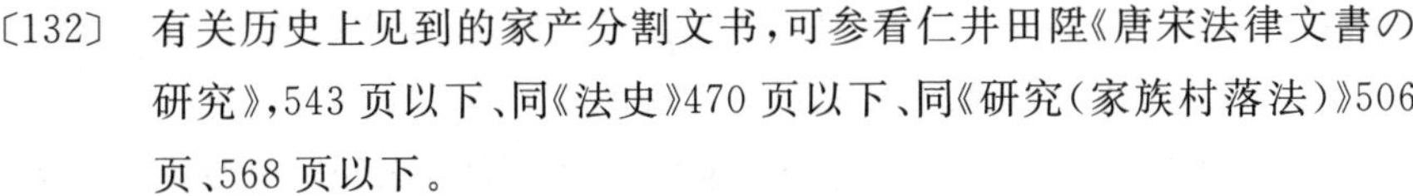

〔132〕 有关历史上见到的家产分割文书，可参看仁井田陞《唐宋法律文書の研究》，543页以下、同《法史》470页以下、同《研究（家族村落法）》506页、568页以下。

〔133〕 “分家单制作几份呢？＝只按分家的人数制作。”（惯Ⅳ81页下段）“分单是五个兄弟各执一张呢？还是长兄一个人拿着呢？＝每人一张。”（惯Ⅲ70页上段）

〔134〕 惯Ⅰ241页中段。其他所谈到的“分家也不制作分家书的时候呢？

＝那不能叫做分家”(惯Ⅰ229 页下段)、“分家的时候，有不制作分单的情况吗？＝在分家的时候一定有分单作为证据。”(惯Ⅲ70 页中段)在《民商事习惯调查报告录》中也只有“凡处分家产，习惯上必立分约，虽无定式可凭，但无不书立者”(录Ⅳ、4、10、八)的报告，而没有
107 不一定制作那种意味的报告。像本节注〔122〕中应答的语气所表现出来的，也可以说书写分家单就是分家。

〔135〕 参照后述 191 页、469 页。

〔136〕 仁井田陞:《法史》，468 页以下；福武直 91 页以下，299 页以下；内田第五章及第六章之一。

〔137〕 详见内田 180 页以下。惯Ⅴ86 页的侯瑞和、侯瑞谦的分家就是让人觉得与资产相比债务更多的例子，因为从以前事实上已经分开自谋生计，这时将各自从各方面的借债全部报出后集中起来计算，大体上使其数额平等来确定尔后每笔的负担者。这样一确定了负担者，以后就不再留下相互的连带关系。债权者可从见证人那里得知或自然地得知确定由谁来负担债务因此也会满意，似乎不会产生其他的问题。

〔138〕 惯Ⅰ276 页下段。

〔139〕 “分家的时候，一个院子里还住着几个家族吗？＝在一个院子里也有住着三个家族的。”“在本村一个院子内住几个家族呢？＝普通两家，多的三家。”(惯Ⅰ233 页下段)“分家后还有同住在一个屋的吗？＝有，比如三间房子，如果分家各分一间半。吃饭的时候不在一起。”“那个时候一直住在一所房子里的算作两家还是一家？＝两家。”(惯Ⅴ65 页下段)

〔140〕 所谓分家就是分财产，不那样做的“比如，像家族的某个人去他乡独立地经营生计的场合呢？＝这种场合不叫做分家。”(惯Ⅰ241 页中段)“不分财产而独立地拥有家的情况称为什么呢？＝没有名称，这种情况是去受雇当了官员去别的地方了。”(惯Ⅳ68 页下段)

〔141〕 “你自己劳动得到的钱给哥哥吗？＝分家以后不给了。”“哥哥有时给你钱吗？＝没有那样的事。”(中略)“在村子里有和分家前同样的于分家后共同耕作的人吗？＝没有。”“分家后还有和分家前同样一起

做饭一起吃饭的人吗？＝没有。”（惯Ⅴ448页中段）其他同类的提问相当多，但差不多常得到明确的否定回答。外出工作的人分家以后 108
也直接把钱送给自己的妻（惯Ⅴ92页上段）。作为例外，在河北省栾城县寺北柴村，提到的“有即使分家也只分财产，做饭还在一起的例子”（惯Ⅲ67页下段）。还可见到在同村分家后父母在世的五六年间，共同炊事耕作的实例（惯Ⅲ121页中下段）。虽然怀疑是否调查技术上有误，但还是想记在此加以注意。还有与此相反的，可以有一面不分割财产地维持着，一面只把做饭分开的生活样式。所说的“同居共爨”、“一门数灶”就是指此（仁井田陞：《文書》，545页；同《法史》，351页）。《袁氏世范》卷一“分给财物务均平”中说到“……此可逐时均给财谷，不可均给田产”。《训俗遗规》卷四所收史搢臣原体集中说到的“莫若酌量各房人口多寡，每年给以衣食之费，令其自置自炊”。“分爨而不分居者为上，即至分居，兄友弟恭，当愈加和好”等等，毋宁说是推奖这一方式的话语。如果依Hsu，Under. pp. 113 f. 上所说的来看的话，在调查地云南省的一个地方城市，与在其他地方不同，这一方式被普遍地实行着。

〔142〕 兄弟根本也不接受父亲的干涉。参照后述271页。

〔143〕 川島武宜：《日本社会の家族的構成》第三节《家族生活における法意識——国家法と民衆法との対立》。因此，在我国民众的意识中婚姻的成立过程也和分家的成立过程并列地采用了渐次性、阶段性的方式。即使在婚姻这一点上，大概也可以说中国人的意识显然不同。（参见第四章第三节二）。

第三节　关于继承

一、承继

在上一节里，通过对中田博士的立论的研讨已经达到了一个目的，即看清了家的法律性的构造的解明很大程度上有赖于探究

109 明白继承的理论。不过在这种意义上成为研究对象的是私法上的继承，封爵、食封的继承或官职的世袭等等公法上的现象必须放在问题之外。[1]与上一节不涉及围绕着公法上的问题同样，本节也只将私法上的继承作为探讨的对象。

历来一说到中国的继承法，往往首先提到在这里作为问题之外的那些公法上的现象，存在不能就私法上的继承加以充分地考察的倾向。[2]这也是有一定的道理的，因为在同居共财一向构成家族生活基本原理的社会，乍一看似乎觉得没有讨论继承问题的余地。[3]在这种社会，正如已经谈到的，像在我国那样的家的继承这一类观念是不能存在的。另一方面，构成遗产继承的东西也是不能以我们通常认为的那样的形式来考虑。原因是，只要同居共财的家一直存续，人的死亡是不产生在普通意义上所称的遗产即离开旧主之手等待确定某种新的归属的那类财产。正像已经弄清的那样，在中国的家族制度上，父亲和儿子们结成了宿命性的同居共财关系。而且同居共财关系不因人的死亡而解消。从而在中国，父亲死亡这件事不过意味着仅仅是从共财集团里消失了一个成员。财产如从前一样地由作为残存成员的儿子们继续保有。父亲的死并没有使人感觉到是另外的法律上的事件。在那里，限定承认或者见于英美法的遗产管理人、遗嘱执行人等等制度说起来并不能构成问题。其原因是这一类制度是为了避免产生因死者的遗产和继承人的固有财产这两个财产无条件地混合在一起的不合理而设定的制度。但在同居共财制下，在父和子之间从一开始就只能存在混合起来的一个财产。而且在那里甚至连选择放弃继承的余地都没有。想必是如果放弃了继承，既然没有继承财产和固有

财产的区别，那就不外乎等于抛弃了全部财产，只有去流亡了。从而在这一过程中也就完全没有国家权力介入的情况。有关继承的 110
申报、申请等等制度在此一概不存在。即便在国库是如何地急于求得财源的时代，也不曾见到研究出继承税等等一类的办法。[4] 给家族生活带来重大变化成为人们关心的焦点的法的事件并不是人的死亡，而是与此在时期上没有直接关系地进行的家产分割。因而即使作为国家的法律也只不过是有家产分割法（唐户令应分条等等）和规定了关于因最后的主体性成员死亡家里绝户的情况下遗产的处理（唐丧葬令户绝条等等——而且在这种场合国库有可能要求得到一份），在普遍的意义上的可以称为遗产继承法的内容却是不曾存在过的。

但是，尽管看来似乎不存在那样的继承的事件，却不可以直接说继承这样的关系也不存在。就算极为常识性地思考一下，也不会怀疑同居共财的集团中通过子的加入父的离去这种过程，进行了从祖先到子孙的财产传承即在实质性的意义上的继承，尽管作为法律上理论构成的问题，把这一过程当作基于家产共有的相互添增权来详尽说明是困难的。这一点如果考虑一下上一节所使用的设例就明白了。在 A、M 兄弟和 A 的儿子 b、c、d 与 M 的儿子 n 所组成的家里，家产以各占二分之一的持分由 A、M 所共有的情况已如所述，但在这里，如果在 M 的死亡之后进行分割的话，由“兄弟亡者，子承父分”一类的唐的应分条的规定也可明确的那样，必然就成了 A 和 n 分成二等份。不能把这种情况解释为 M 的持分是添增给 n 的。如果是添增，A 和 b、c、d 理应都可以均沾。不是由于添增使然，而是在 M 生前是无 n 的，因 M 的死将其一切继承了。同样的事情如果A死亡的话就b、c、d来说也会发生，[5]总之儿子们虽然对各自的父亲来说被置于后继者这样的关系，可是
111 作为全体因同居共财的关系而被联结在一起。也就是说，在同居共财这一现象之中，应该视为内含着属于后继者这类继承范畴的概念。[6]

而在后继者不能通过自然而得到时，必须通过拟制来设立。养子制度就是如此。[7]通过考察养子在什么样的场合以及为了什么而被视为必要，或许能够弄清楚后继者继承了什么，换言之，弄清在中国继承的基本观念是什么。

一组夫妇组成一家，在没有其他同居的亲属，而且没有儿子的场合，希望以养子作为能托付老后及料理后事的人，这种情况在常识上应完全可以理解。但养子并非只在这样的场合被认为是必要的。在维持同居共财生活的众兄弟之中的一个人没有儿子的场合——而且那个人或是长兄或是末弟——为这个人立养子也被视为必要。在前面的设例里，M如果没有n这个儿子的话，是会确定b、c、d之中的一个人成为其养子的。也就是说在同居共财的一家的内部确定养子。[8]由于这种办法，家族的人口数没有增减，在共同劳动一块儿吃饭的日常经济生活上也没有产生什么变化。视养子为必要的经济上的理由是不存在的。而且由于这件事，一面b、c、d同样还是兄弟，另一面其中成为养子的一个人将来取得家产的二分之一，其他两个人自然成为将剩下的二分之一再互相分割为各半份的形式，产生了说是不自然确实也是不自然的结果，尽管如此还是认为养子有必要。[9]还有，在这种场合如果A只有一个儿子，也可以采用让这一个儿子一人兼两方的兼祧（后述319页

以下）这样的简便的方法，不然的话为了 M 必须从同族之中选择养子迎进家。而那样的事情不限于在没有儿子的 M 的生前，就是在他死后也应该进行。即是说，当有亲子、养子都没能留下来的死亡者的时候，除了在未婚幼小时死亡的场合，在可能的情况下通过周围的人的处置必须为这个人——死后不是马上也是即将——立 112
个养子（参见 334 页以下）。被立的养子在围绕家产的权利关系上继承死者曾占有的地位。绝非是死亡者的持分单纯地添加进生存者的持分里而消失掉那样性质的变化。[10]

要而言之，养子不是为了家而是为了人所设立的。大约只要是男性而没有亲儿子以享其福的人，除了在幼小时已死亡者（这被看作作为一个人什么也没有完成地消失而去的事情），不论家族环境如何，又不具有其他任何社会性的事由，仅仅由于是人类但没有儿子这一件事，就把养子这种形式的后继者当作必要。如果这样来看，在不论亲子还是养子作为后继者继承的是什么这一问题上，或许自然而然地就清楚了。这就是继承的对象应该是人。如果在法律上来说就是继承人格。那么，为什么人需要那样的后继人呢？这无非是因为，正如即使人死后也有必要选立养子的事实所显示的，对于人来说死并非为万事的终结，保护没有缺损的身体葬在祖坟，不管通过自然还是拟制无论如何也要被子孙永远不断地祭奠等等，对于人生来讲都是不可或缺的一部分，由此才是人生第一要完成的事情。死后的祭祀是和生前的奉养、死亡时的丧葬一起构成子对父母的义务即“孝”的三样态之一。[11]正像变老了的父母由于儿子的奉养而能感到幸福那样，死了作为鬼由于子孙奉献的祭祀而得到幸福。所说的如果没有给自己祭祀的人，鬼就会馁，就是

认为成了“不祀之鬼”的事情是人的最应悲哀的不幸的命运。[12]还有，不仅是对自己的祭，对自己的父以及父亲以前的各代男系祖先的祭也必须托付给后继者。也就是说，由于人都是以某个人为父
113 亲而生下来的，作为孝的义务的一环负有祭祀父祖的义务。不能有由于自己肉体的死亡使这一职责断绝让父祖之鬼生活无着那样的情况。为了超越自己有限的肉身的生命，永远继续对于父祖的义务，代替自己的生存，再有一个作为自己的人就成为必要。这些只有通过自然或者拟制的儿子来完成。如“不孝有三，无后为大”《孟子·离娄》这句话所表示的，血统到自己为止的断绝，不仅对于自己来说是最大的不幸，而且对于父祖也是最大的不孝。这件事在自己是独子的情况下特别深刻，[13]但即使另外有兄弟的场合，在每个人承担共同责任的一端这样的意义上，情况也是同样的。

正是在这里，我们发现了在前面也注意到的父子是分形同气这一思想构成了中国人继承观念的根柢。父亲和儿子既是在现象上的分开的个体，又是在本源上的一个生命的连续，祖先的生命在子孙之中继续生存、继续扩大的情况是事情的本质性的实体，是应该使其实现的基本性的价值。[14]作为这一价值的法律上的表现，子是父的人格的延长，包括性地继承属于父亲的种种权利义务——除了在事的性质上属于父亲本人的那些事情——就是后继者。也就是说，祖先的积蓄当然由作为其生命之继续的子孙来享受。在另一面，伴随着子孙的发达当然由作为其生命之根源的祖先来享受的这样的关系。这些享受在老了之后是子的奉养在死了之后是子孙的祭祀。人格的继承和祖先的祭祀，是从生命的连续

这样同一的实体产生出来的两个现象上的效果，从而是相互不可分地结合为一体的东西。对儿子来说就是承担像这样意义上的东西的人，在不幸不能通过自然得到这种人的场合，可以说是进行生命的嫁接，想要确保和有儿子存在同样的现象上的效果的就是养子的制度。因此养子不能是异类之人，而必须从连接在同一生命 114
之根的他枝的幼芽即从同族之中，而且如后述（第三章第一节一）那样的从和自己本应生出的儿子同世代的人中取来。养子是作为亲父之子享有生命的人这一自然的事实没有变动，但是在有关从这一自然的事实产生的社会性效果的范围内，和亲父的关系直接被转换为和养父的关系。以后养子成为不祭祀亲父而祭祀养父的人。在与此不可分的关系中成为继承养父的人格的人。祭祀什么人这件事决定了在家族生活上这个人的身份地位。在前面论及的必须考虑就宗的所属关系分为自然性的一面和社会性的一面，其中所提到的在社会性的意义上宗的所属，如果追根问底的话，不外乎是祭祀与被祭祀的关系（21 页）等等，就是在上述那种意义上来说的。而且这一情况在以后考察妇女的地位时自然也具有很大的意义。

如上所述，如果在中国的私法上将继承作为人格的继承来把握，在同居共财制下似乎看来不存在继承这样的事件但不得不承认继承这种关系的存在的这样的现实就能够完全调和性地加以说明了。一般我们考虑由于个人的死这个人的人格消灭了，原先归属于这一人格的财产必须以某种方法转移给其他人格而把这些命名为遗产继承。然而如果按中国人的心中存在的法意识，个人的人格对这个人来说只要有后继者（儿子或养子）就没有因肉体的死消灭掉而继续活在后继者的身上，从而财产以从前那样的形式继续归属于后继者，在这之间不产生任何法律上的事件。只是儿子有复数的场合各自在相互平等的资格上是父的后继者，在这里于后继者之间产生人格的对立，这些早晚要表现为家产分割这样的法律上的事件。

如果再进一步来说，以上作为对应人格的事物使用了财产这
115 一词语的做法，用语未必是完全正确的。的确，一般说来，人如果不拥有任何财产上的权利，就不能过正常的生活。在某个时点属于某个人的权利义务的总体作为一个总合体（universitas juris），可以说形成这个人的财产权（legal clothing）。[15]而一般把这些称为这个人的“财产”这样的用语，在论述中国的事象时，看来即使按照必要姑且将其都称为“财产权”，也是适当的。[16]这是因为，在同居共财制下，必须将我们叫做众人共同财产的事物作为一个的财产（universitas juris）来领会。个人原则上不拥有每个人一个的显在性的财产，因此决定了及于家产这样一个财产总体之上的某种形式的权利形成各个人的财产权（至少是其主要部分）。由于人的死，[17]属于这个人的财产权作为人格连续上的当然的效果，包括性地转移给后继者。换言之，在后继者围绕着家产的权利关系上继任了已故者原来占据的同一个地位。只是这些不采取财产转移这种形式，因而是不能作为事件感受到的。

那么，如果在中国人的心中曾存在着如上所述的继承观念，当然应该有某些表现这些观念的用语，以下想通过语汇的探讨试确认前面的理解是否适当。

意味着相続的文字首先想到的是“继”和“承”两个字，作为现

代中国的法律用语也把“相続”叫做“继承”(译者注:译文其他部分的日文“相続”一词均译为“继承”,但作者要将中日两国不同文字表达法加以比较,所以这里仍需保留相続一词不译)。在清朝以前的固有的中国语中,同样的两个字似乎感到一般更熟悉的与其说是“继承”不如说是“承继”,其他“承”、“继”单独地或与别的文字组合在一起来使用的场合也不少。可是,虽然现代语的“继承”完全和日语的“相続”同义,然而,固有词语的“承继”及其他类似的用 116
语,是意味着某人是某人的后继者这样的关系,或者设定这样的关系的行为的词语(即取得养子或成为养子的行为)。而不是意味着发生在某一个人死亡这样的一个时刻的法律问题。在这一点上,和我们的“相続”这一词语不能严密地吻合。在同居共财制下,继承反映了并不构成作为事件的问题这一现实,词汇也只有意味着作为关系的继承的词语。[18]这些姑且不论,如果探讨一下“承”、“继”这样的动词最普通地大概将什么样的词语当作目的语,那么所谓“承继”是什么的继承也许就弄清楚了。

首先,就继这个字来看,多数以人名为目的语。如“江齐戴无子,论来昭穆相当,则江渊之子名瑞者可继之。而族党之诉则谓,江渊尝以子继齐孟矣,不能尽为人后者之责,故欲以江超之孙名禧者继齐戴”[19]就是这样的例子。此外继这个字还以“继嗣”、“继绝”等等的形式来使用。这里的嗣仍然是某个人的后之意。这一点由“以其子淮孙继兄涂子恭后”[20]、“可以继周德之绝”[21]等等那样继某人之后这类表达方法的存在来看是没有疑问的。通过前后的关系知道是谁的嗣的时候,或者不特定地来说的时候,会略去某人而单纯说“继嗣”等。[22]总之,继的目的语是个人,所继的是人。

其次，就承这个字来看，大略分成两种用法。第一以意味着祭
117 祀的词语为目的语。“其招婿养老者，仍立同宗应继者一人，承奉祭祀”，[23]“继嗣承祧，礼之所重”，[24]“于族中从众选立一人承祀”，[25]“今契勘阿游再立尧蓂遗嘱，止谓庆安病患，恐将来不能承奉如旦香火”[26]等等，就是其例。而且正如在最后一例中所表明那样，所谓祭祀仍然是直接地对特定人物（这个人是祭祀的人通过自然或者拟制而来的父亲）的祭祀，以及带有这个特定人物以前的各代男系祖先的祭祀也在无言之中一并包括在内的性质的用语。[27]

承字的第二种用法，是以意味着财产的用语为目的语。“于是立广闻之子惠孙为怡之后，……适不幸王广闻之长子渊道俱亡，其惠孙只得归所生父家，承绍王广闻之业”等等，就是其例。[28]

从这样的用语法的探讨自然就浮现出了三个关系。第一是继人（人的后）的关系（继嗣），第二是承担祭祀（承祀），第三是继承财产（承业）。这三者绝不是各自分开的事态。例如在“此尚可以继侍郎之后，而奉其香火乎”[29]的一文中，“奉其香火”不过是附带说的与“继侍郎之后”同样的事情。继某个人的事和祭某个人的事是同义的。还有如“惟立继绝之子一人，曰伴哥，以承汝霖之业”[30]一文中所见到的那样，立后继这件事的实际上的意义是存在着让
118 这个人继承故人的财产的意思。这类继承的事情的内容是承担祭祀同时也是继承财产。从而“承祭祀”、“承财产”这样的两种表达还是以另一方为无言的前提的用语。比如，官司判决说到“虞继先为虞丞所立，昭穆既顺，且无显过，自无遣逐之理。合照先来经官除附，承绍虞艾香火”[31]的时候，作为其实际上的效果就是意图使

原属于虞艾的财产权（在这种场合就是对于家产的潜在性的持分以及亡妻的持参财产）为虞继所继承，还包含有在前引的“其惠孙只得归所生父家，承绍王广闻之业”一文中继承亲父的财产这一用语内部的奉亲父之祭——因为这一点才必须回到亲父名下——这样的意味。

总而言之，“继嗣”、“承祀”、“承业”这三种表达指示的实体仅仅是一个，承受祭某个人的义务的同时，在与此不可分的关系上包括性地继承原属于故人的财产这样的关系。将这种关系综合性地来看时就形成了“继嗣”这一用语，从各自一面来看的话就成了“承祀”、“承业”。

以上的事情就“承继”这一熟语来说也是同样的，比如，有像四个兄弟之中只有行二的没有儿子，为此兄弟们商定这一后继者的立继文书“议将长兄之次子永华，承继二兄”〔32〕这种场合那样的以人为目的语的；也有像清律的条例中“……亦准其承继两房宗祧”〔33〕这种场合那样的以祭祀为目的语的；还有像元代的审判例里“断令万佛儿承继万珙家业，立户当差”〔34〕那样的以财产为目的 119
语的。并且如民国时代的惯习调查员一语道破的那样“所以承继宗祧就是承继财产”。〔35〕虽然如此，可是“承继”之词没有目的语地来使用的场合也不少，〔36〕不过，这可以看作在这种场合也是在默默之中意识到形成浑然一体的人、祭祀和财产。

表达继承的动词如上所述，但以继承关系作为名词来表达的用语即作为相当于在最前面所指出的后继者这一概念的用语，有“嗣”、“后”等等文字，根据场合还可以作为“继”字这一意义的名词来使用。使用这样的名词比如像“丁一之无子，生前抱养王安之子为后，……殁后弟用之欲以己子为一之后”，[37]“华老之得为作霖嗣，安如山岳”[38]等等那样，通过“为某人之后”、“为某人之嗣”的行文表达出继承的关系，也是最普遍流行的用语法。而且这种表达方法和使用“承”、“继”等等动词的表达完全是同义，是能相互自由地替换的词语。例如在“遂立堂侄王广闻之子惠孙为男王怡之嗣。今来惠孙既已归宗，只得就本宗内选一昭穆相当人，继承王怡香火”[39]一文里，“为男王怡之嗣”和“继承王怡香火”是同义。也就是说，成为“嗣”、成为“后”等等的确是可以换言为继承人的用语。

这样通过各种用语法的研究弄清的是，在中国人的心中，作为继承的目的而意识到的就是意识到人、祭祀、财产这三者并且这三者是不可分的一体化的事实。于是这些与前面从具体化的法律关系的分析推理得到的结论正确地达成一致。因此在这里如果归纳一下在中国私法上的继承是什么，大概可以表述如下：首先，所继

120 的是人，这是继承的本质。所谓嗣（承继人）是意味着作为故人的人格的连续延长而存续于这个世上的人。其次，通过可见性的例行活动象征那种人格连续关系的事物是祭祀。祭祀某一故人这种事是具有确认公示自己作为这个人的人格延长于此现存这一事实的意义。从而最后，如果说人格连续关系的实际上的效果是什么的话，不言而喻存在原属于故人的财产权包括性地为承继人所继承这样一点。而这些在所有事情的根柢上，就是因为存在着的认为父子是分形同气的思想。对这样所找到的中国固有的继承观念的实体加以命名，在以下本书的内容里想称为“承继”，如果加以定义，所谓承继，作为人格连续的结果，换言之作为祭祀义务的保证，是包括性地继承财产权。

但是在此应该预先说明的，关于“承继”及其他继承的语汇，如直到现在引用的文例也都是那样的，实际上差不多常常是围绕着为没有儿子的人立养子的问题所使用的用语，也正由于这个缘故，就语义上不是像以上所给予的定义那样本质性地来把握，而是具有强烈地感觉性地从迎进养子或成为养子即是“承继”这样来理解的倾向。比如就“后”字来看，“为人后”即“成为养子继他人之后”这类的用语法频频地出现，但“为父后”这样的用语法，即使存在将上代的社会性现实观念化并使之固定下来的古典的礼制及其解释学即在礼学之上，[40]及关联到国家的赐爵等等公法上的问题中加以使用的情况，[41]也没有与庶民的私生活的现实密切相关地表现出来。“嗣”字还是一个原本理应儿子是嗣而实际上意味着养子的语感很强的用语。特别是常见的“嗣子”，这个词已经完全技术性 121
地变成意味着为了承继的养子的用语。[42]有关的承祧、承继等语也是同样，就现代有代表性的辞典类来看，关于“承祧”的有：“宗子奉祀者（这是礼学上的古义——滋贺），今俗亦称嗣子为承祧子”（辞源），“谓承继奉祀祖先之宗庙也（这变成古义），……俗亦称嗣子曰承祧子”（辞海），“（上略）今谓为人后者曰承祧，一子两祧曰兼祧”（中华大辞典）等等；关于“承继”的有：“取宗族之子为后，与为人后者，皆曰承继”（辞源），“以他人之子嗣为己子，及出嗣他人为子者，曰承继”（辞海），“承继，为人后也”（中华大辞典）等等，[43]都是给予了成为养子继他人之后的事既是承祧也是承继这样的解释。拿这些词问一下一般民众也是同样的。在华北农村，调查员想方设法反复仔细地提问想要打听出相当于日本的家督继承那样的观念时的以下问答，在这个意义上意味深长：

> “宗祧是什么意思呢？＝不知道。”“说继承这样的话吗？＝不说。”“作为家长的父亲死后长男成为家长的事情叫做什么？＝(答不明)。”“家长一死大概能当下一个家长吧？＝能。”“能当下一个家长的事叫做什么？＝没有名称。”“家长的代替叫做什么？＝叫家长。”“家长死后可以成为下一个家长的事情，别的家的人把这称作什么？＝不称作什么。”“把继承宗祧的事情叫做什么？＝没有那样说的。”“比如我是家长，任先生作为我的长男，我死后任先生代替成为下一个家长的事情叫做什么？＝叫做料理家务。”“料理家务一般叫做什么呢？＝不叫做什么，叫过日子。”“说承继吗？＝不说。”“说接续吗？＝不说。”“说承祧吗？＝不说。”“说应继、订继、承继吗？＝都是关于过继子的词语，例如兄有两个男孩子，弟弟没有时，兄的次子作为弟弟之子的情况。”“不是过继子，而是自己的儿子在自己死后成为下一个家长的事情叫做什么？＝不知道。”(惯Ⅳ95页中下段)

当被问到继承的事情什么都没有想起来而出现困惑之态的应答者，当然在想起了过继子(为了承继的养子)的事情之后才能够给予实质性的回答。

122 由这样的关于继承的语汇立即联想到养子这一情况，并不是特别不可思议的。“承继”这种用语难于和亲子相联系，并非是因为亲子在实体上不是继承人，反之倒因为过于当然地是继承人而没有成为词汇。作为事件的继承一般说来不构成词语，承继是意味着继承的关系的用语已如前述，但构成这一关系的用语由于在养子上的立嗣这样的法律行为才被设定的。从而与围绕着这一设定行为的诸问题被说成词语，相对的，因为在亲子的问题上不待任何设定行为而存在的关系，这些也没有成为词语。结果成了在任何意义上亲子和继承这一用语都不接近的情况。但是，比如在“涂子恭死无嗣，堂兄涂子仁以次子为之嗣，义也”[44]一文中，像“无嗣”一词由具体地意味着涂子恭没有儿子的事也能明了的那样，儿子当然地而且本来只有儿子才理所当然地应当称为父的嗣（继承人）的。只是一般没有必要说出这些而已。单说“子”的话，当然也含有“嗣”的意思。因而一特别说到“嗣”时，就成了主要意味着并非是子的作为嗣的人即养子。还有，如果存在着正规的继承人只限于一个这样的观念，在儿子有复数的情况下立其中的哪一个便成为问题，从这一点上大概继承就变成用语了。然而，这样的观念——虽然在上代社会性的现实以及反映这些现实的礼制之中曾经存在——在后世庶民的社会性的现实之中也不存在。所有的儿子在天生的、各自完全的资格从而在相互平等的资格上是父亲的继承人，不产生谁成不成为父的继承人这样的问题。“为父后”这样的话语在民众的实际生活之中之所以不存在，是因为大家不言自明地都是“父后”。

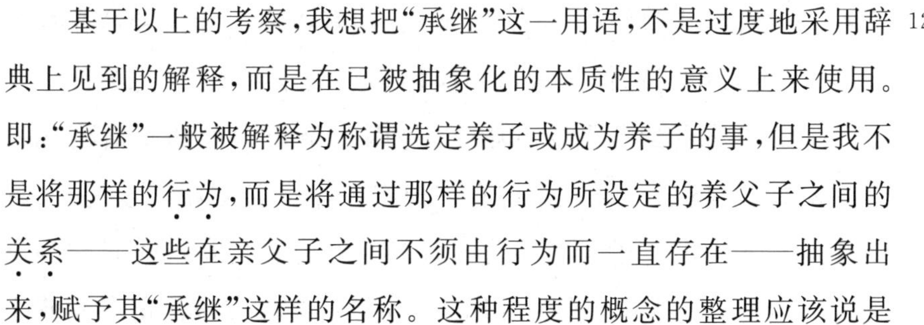

基于以上的考察，我想把“承继”这一用语，不是过度地采用辞典上见到的解释，而是在已被抽象化的本质性的意义上来使用。 123
即：“承继”一般被解释为称谓选定养子或成为养子的事，但是我不是将那样的行为，而是将通过那样的行为所设定的养父子之间的关系——这些在亲父子之间不须由行为而一直存在——抽象出来，赋予其“承继”这样的名称。这种程度的概念的整理应该说是

学问向前继续进行上不可缺少的操作。[45]

通过把“承继”这一概念加以上述那样的整理，什么样的人具有承继资格这类问题当然是自然而然地能够解明了。那就是，具有第一次的承继资格的是儿子，儿子的承继是必然的，有复数的儿子时，相互在平等的资格上成为共同承继人。他们以平等的立场共同祭祀祖先，根据兄弟均分的原则分割家产。在没有儿子的场合，为了承继必须立养子，而且这个养子必须从同宗昭穆相当者即和如果能生下来的儿子属于同世代的同族之中选定。即具有第二次的潜在性的承继资格的是同宗昭穆相当者。而且在异姓不养的原则没有弛缓地被维持的范围内，在上述以外不存在具有承继资格的人。所谓承继，依据自然或者依据拟制，不管怎样都是只在父和子之间存在的关系。其他的人例如女儿不是承继父的人。在前揭的“涂子恭死无嗣”一文里，若看前后的关系，则涂子恭是有一个女儿的，但尽管如此，还是被说成“无嗣”的情况，就是女儿不能是嗣（承继人）的明证。[46]即使在宗谱的写法上与儿子和女儿都没有的场合相区别，将有女儿没有儿子的情况特地表示成“无嗣”的例
124 子也很多。[47]“义子”（恩惠性的养子）、“赘婿”（婿养子）等等异姓的同居者在理论上也不能成为承继人。将这些人“为嗣”的事情恰恰被法律所禁止（后述588页以下）。还有妻由于和夫合体在承继系列之中占有地位，但是这也不能称为夫的承继人（详见第四章）。

承继资格者的范围受到限定，是因为祭祀先人的事情构成承继的要素，而就这一祭祀来说存在鬼神不享非类之祀的限制，并且祭祀的义务和财产的继承不可分地相结合这样的情况也是作为承继的继承样式的特质，作为其结果，财产始终都应该保留在同族之

手(即在广义上的家的内部)这件事成为大原则。[48]一般如果可以将财产继承样式分类成(1)强制保存、(2)强制分割、(3)遗赠自由三个类型[49]并试着套用这一分类时,中国的继承法或许可以说在兄弟均分这一点上是强制分割,在不让同族以外继承这一点上是强制保存,而像后述(194 页以下)那样,遗赠的自由是极为受限制的。在这种意义上也可把财产适当比喻为树汁,这些树汁在必须公平地分配给每个树枝的同时,不能毫无理由地流出树体之外。

二、承受

在前一款已经弄清承继这种关系是在中国的继承的最主要的样式。但如果严密地解释继承这样的用语,也许可以说在承继以外没有私法上的继承。然而另一方面,充分广义地解释词语,若是把财产含有产生于按时代被传承下来的过程中的一切现象叫做继承,那么并非只有承继是在这一过程中产生的唯一的现象。第一,在承继资格者不存在、也没有其他同居的旁系亲、由于人的死亡绝了家的场合,就有一个财产如何被处置的所谓户绝财产的归属问 125
题。而在这一阶段首先是女儿作为遗产的取得者浮现出来。[50]第二,一方面承继的关系能正常地保持,另一方面,在承继系列之外但和家带有某种密切关系的人,在对承继人的权利没有显著损害的范围内分得一部分财产的情况也并不是没有。当女子结婚时由家中支出陪嫁财产、分给长期持续同居的义子、赘婿或者妾等等某种程度的财产就是这种情况。[51]这些和以人格的连续为本质的祭祀义务构成不可分的一体的承继必须加以明确的区别。第一种里

的那些情况没有像承继那样的必然性的性质。就户绝财产的归属来说，故人如果有遗言，那将是第一受重视的，陪嫁财产或财产分予，是依存于父亲、兄弟，或者义父、岳父、丈夫的定夺而并非都作为当然的权利一向确定下来的东西。第二种之中的那些情况，不是像承继那样含有正负两面包括性的财产权的移行。在户绝的场合暂时进行清算，最后在留下的纯财产的场合这些财产就成为处置的对象。陪嫁财产或财产分予是从财产这样的总体之中随时可以分出的特定的小量数额的资产的关系，而不是像由共同继承人分割家产那样的将家产的总体分成为分数式的关系。[52]即使在用语上，就户绝财产来讲，也只用唐的户绝条“余财并与女”、南宋的法律“尽给在室诸女”、清律条例“所有亲女承受”等等的表达方式，不论怎样这种场合绝不会使用“继”、“嗣”等等文字。就对于女儿或义子的财产分予来看，喜欢使用“拨”字（时常习见的为“标拨”），[53]在使用“分”字的场合也说成“酌分给”等等，[54]通过这些和共同承继人之间所进行的“分析（家产分割）”自然而然地加以区别了。

还有值得特别加上一笔的，在中国人的心中传统上被意识到
126 的以上那些区别在清末民初近代化的法典编纂的过程中，终于作出了明确的概念规定。即宣统三年（1911 年）完成的《大清民律草案》（民国成立后被称为第一次民法草案）的继承编，[55]分为“继承”和“承受”两个概念，直系卑属（原本的男系男性子孙之意）或者嗣子为遗产继承人（第 1466 条），没有这样的继承人时，应按（1）夫或妻（2）直系尊属（3）亲兄弟（4）家长（5）亲女的顺序依次成为遗产承受人（第 1468 条），也有养子、赘婿等等共同生活的人时，这些人

“得酌给财产使其承受”(第1469条),而关于分别使用这些词语的理由则给予了以下极为明快的说明:[56]

> 夫继承云者,不惟承接其产业,实即继续其宗祧。故惟所继人之直系卑属为有继承权。若其人并无子孙,则第处置其遗产,与嗣续问题无涉,故不曰继承而曰承受。(第1468条理由)

取来清律条例偶尔使用的“承受”之语,将其作为脱离祭祀关系而所取得的只是财产的各种场合的泛称,即作为继承(在此仍在传统的承继的意义上来使用)的对立概念,当然也赋予其技术上的意义。[57]像这样的继承和承受的概念上的区别,在民国十四年(1925年)完成的第二次民法草案里也得到维持。民国十七年(1928年)在南京成立国民政府,法典编纂的事业也移及其手,作为继承编起草上九点先决问题之中的第一、第二点,决定了“不需要规定宗祧继承”和“遗产继承禁止以宗祧继承为前提”这样的基本方针。只是随着这些之后承受的概念才从草案(第三、第四草案)的字面上消去了。[58]而继承之语和日本语的“相続”同样成为能被自由使用的词语是在现在看到的中华民国民法里。这样一来,草案的立场作为现行法来说没有公布就消去了,但是从法制史学上来看时,可以说将这些极为珍贵的概念整理工作留给了后世。我们可以长久地利用在这一草案上说的“承受”之语作为指应当和
“承继”来区别的财产传承样式的学术用语。在前著《中国家族法 127
论》中为了表达同样的事情而选出“受财”这一用语以作为“承继”的

对立概念，但因为是在法源上没有根据的造语应当尽量加以避免的东西，所以在本书中停止使用此词，决定代而使用根据草案所确定的“承受”之语。[59]不管怎样，通过这样的承受所带有的对立的概念，当然就使以人格的连续为本质的承继的概念规定越加显现出来。

在人格的连续里寻求继承的本质，从而将继承和承受加以区别的思考方法，从比较法制史的角度来看时绝不是新颖的方法。例如就罗马法来说，很早已经有亨利·梅因(Henry. Maine)以极为生动的笔触叙述道：“即使死者的物理性的人身消灭了，他的法上的人格还活着，不能够破坏地为他的继承人或者共同继承人们所继承，死者在继承人之中(在法律上的)继续保有自己同一性的观念。”[60]即“人在他的继承人之中继续活着这样的原理”“构成了(罗马的)遗言继承法以及无遗言继承法的全体构造的中心”。[61]而这样的思考方式在现代的罗马法学中也一直得到维持。[62]特别是因为与楔形文字法的比较研究而被大加采纳的继承人之语的限定性使用法的问题，从我们的立场来说也是意味深长的。即：十二表法只是就直系卑属的自权继承人使用继承人(heres)之语，自权继承人不存在让家族或者氏人继承的场合，仅仅单纯说“应该取得遗产(familiam habe(n)to)，而不使用继承人(heres)”之语的情况，和在苏美尔(sumer)的一个记录里看到的“因为某人不能有继承人(ibila)，所以其(兄)弟取得财产”这样的话语同样，表达了旁
128 系亲即使取得财产也不称为继承的思想，也就是说，继承人(heres，ibila)本来并不仅仅是单纯的遗产取得者的意思，而是作为被继承人的人格代表者——又一个我(alter ego)——带有传下祖名继续祭祀者，并且作为其效果也继承遗产者这样意义的词语，从而说

明了在直系卑属之外是没有符合这些条件的人的。[63]在中国，前面采用的“嗣”这个文字的确是在那种本来的意义上相当于继承人的用语，它还是不论由于自然或由于拟制都限定于子孙来使用的词语。[64]而且民律草案的起草者感觉到要抵制无限定地使用“继承”一语、另外设定了“承受”之语的心理，和十二表法就旁系亲避开继承人之语而使用遗产的表达方式的心理可以说恰恰是相通的吧。并且，这一罗马法中在另一方面，甚至可以看到从当时的法律家之口说出的在自权继承人中只有所有权的继续而不存在构成继承情况的这种意味的话语，[65]也是引起我们兴趣的内容。在人格的继承这种观念的存在上，越要保持这一观念的纯粹，继承作为法生活上的断层当然越不会被感觉到。先要考虑乍一看会认为没有讨论继承的余地的中国的现实、再从在那里应该如何做以构成继承的概念这样的问题出发、到达以人格的连续为本质的“承继”的概念的我们的思考方法并非是无的放矢的，通过这些也能得到证明了吧？

三、父子一体、夫妻一体

在同居共财这样的现象中，承继这一继承关系是内在的情况已如上面那样弄清楚了。围绕着家产的家族每个人的权利关系即家的法律上的构造问题，大概只有通过将这一承继的概念为核心才能加以确实的说明，这无非就是将围绕家产的家族每个人的权 129
利作为在宗上的他们的身份关系的反映来把握(参见 58 页)。因为通过承继的原理结成的祖先子孙的连锁关系——即人格连续关系，而且是祭祀被祭祀的关系——的总体不外乎是宗。可是，在宗上的身份关系还原成父子、夫妻、兄弟的三关系，作为他们的组合能被理解的且这样的三关系都在各自的意义上能够被称为“一体”的情况是已经论述过的了（38 页）。以前是作为直观上的朴素的表达注意到这个一体的词语，但如果进一步在法律上来分析，在这里想改为考察这种一体的语言应该作为含有什么样意义来理解的词汇，通过这样的考察，假如把一体这个词语从朴素的表达提升到法律上的概念，我们大概就能补上仅仅属于伴随相互添增权的合有这一共同所有范畴的概念之不足之处，得到可以全面地解明家的法律的构造那样的新类型的概念。

父子一体的含义，在以前的论述过程中可以说已经被弄清了。即那是一种继承的关系。儿子是父的继承人，父的人格在儿子身上延长。可是这一关系作为其不可分的反面，不能忘记伴随着人格被父所吸收这样的关系（前述 77 页）。在围绕家产的权利关系上，只要父亲生存，儿子的存在就隐在父亲之荫下等于没有。作为其反面，如果父亲死亡，儿子作为不变的代替父亲的存在显现出来。像这样的**儿子**的人格为父亲所吸收、父亲的人格延长到**儿子**的情况意味着在两者之间始终不存在人格的对立而说起来两者倒是同一人格。我想把这种关系命名为在法律的意义上的父子一体
130 的原则。但这是为了说明父子的**财产权**应有的含义而采用的概念构成，应当对那些就**身份权**来说不妥当的部分有所保留。[66]

构成中国家族制度的基本的同居共财这一现象，归根到底，可以说是由以上那样的父子一体的原则所产生的必然性的归结。如果父子是同一人格的话，两者的——而且如果有几个儿子他们的一切——通过劳动所取得的资产不管是什么，不得不完全合流成一个财产。即父子被同居共财关系宿命性地连接起来。而旁系亲

之间的同居共财无非是曾经在同一父亲之下产生的同居共财关系在父亲死后只要不积极地进行家产分割也就惰性地被维持下来的现象。也就是说，在父亲和儿子之间存在人格的吸收和延长这种法律关系的情况，如果从其社会经济的一面来看，意味着在父亲和儿子之间存在着没有插身契机的余地的完全的凑集关系。如果父亲是富豪，决定了儿子生来就享受富的恩惠；如果儿子获得了地位，父亲也享受与此相应的社会上的声望。没有父亲高贵而儿子微贱这样的事，也没有儿子富有而父亲贫穷这样的事。在反映在第三者眼中的社会性经济性的评价上，父子常常是等质者也是一体。这种情况不言而喻，并非意味着在父对子的内部关系上两者是对等的情形，毋宁说是其相反即父和子是两极的关系。正如称“父者子之天也”（前述 23 页）那样，在父和子之间是绝对的权威和服从的秩序在支配。但这也绝非是单纯的单方式的专制、榨取，在另一方面，被以下那样的关系所保证：父亲能够托付其老后和死后的幸福以及完成对祖先的义务的事无非是放在作为自己的延长的儿子身上。在子的命运被握在父之手的反面，父的命运也一直是全都依存于子的，正是因为父子不是对等而是两极这样的情况才 131
使这两者之间形成了不能人为地切断的完全的相互依存关系。

在此，我想特地涉及一下许烺光教授在以云南省一个地方都市的实态调查为基础的社会学方面的著作中通过父与子的认同(father-son identification)这一独自的造语来把握父子关系的内容。[67] 在教授看来，构成中国的亲属关系的中心里面最重要的关系，就是这个父与子的关系，其他一切关系被放在或是其扩大、补充或作为从属于这种关系的位置。男系血统(father-son line)的继续这件事具有胜过一切的基本性的价值，亲属关系完全以此为中心来组织。[68] 作为父子关系应有的形态，正如所说的“父在儿子的事情上有生杀之权，儿子负有敬养父母的义务，而父母死后的丧葬和祭祀构成了儿子责任的不可缺少的一部分”那样，通常只是强调了儿子的义务的一面，[69] 然而这些停留于一个公式化的理念，并不完全是实际生活中的现实。

> 父亲在关于儿子的问题上有极大的权威，但是他的权威是受到在社会性上父和子互相是另一方的部分(part of each other)这样的事实所制约的，**父亲就像不伤害自己自身一样不能滥用他的权力**。儿子负有奉养父亲的义务。但是父亲也始终是为了儿子的关照者(provider)。父亲**对祖先一直负有**应该尽可能地让儿子们得到配偶者的义务。将儿子置于饥饿状态的懒人那样的父亲，在地域社会中不能够占据有名誉的地位。浪费家的资产的懈怠的父亲或许会受到、得到社会上支援的成年儿子的反抗。
>
> 换言之，没有比 identification(认同)这一心理学上的用语更适切地表达父子关系的用语了。不管是什么，一方所有的东西也为另一方所有，一方所得到的东西也为另一方得到(whatever the one is, the other is; and whatever the one has, the other has)。在父子间作为常态被承认的行动之类型，绝不是权威和服从或者榨取和扶养这样的消极性的东西，而是
> 132 通过“父慈子孝”这样积极性的格言能够妥当得多地表达其性质的东西。一到儿子结婚有了孩子的年龄，West Town(成为

调查对象的那个地方都市）的父亲就和他们商量；而且和儿子听从父亲的意见几乎同样程度地父亲常常也听从儿子的意见。[70]

如上所述，"父和子相互是另一方的部分"、"一方所有的东西也为另一方所有，一方所得到的东西也为另一方得到"这样的关系，教授将其命名为"父与子的认同"，在论著中从各种各样的视点解说这种关系的具体化的样相。"富者的儿子和他们的父同样地富，贫者的儿子和他们的父同样地穷。富者的儿子不仅蒙惠于父亲之富，也享受父亲的权力与声望。贫者的儿子不仅分得他们父亲的贫困，也使父亲卑下和微贱的地位成为自己的地位。"贫者的儿子和父亲同样必须为了生存而劳动，与此相对，富者的儿子唯恐有损于父亲的体面——父亲自身为建立现在的地位大概付出很多的劳动——而自己不能去劳动。不让儿子们劳动这种事构成了对于富有的父亲的社会地位来说不可缺少的一部分。[71]儿子没有必要从父亲那里得到每月限量的零用钱。在资力范围内想要时从父亲那儿得到多少都可以。从而中国的富豪的儿子常常比美国的百万富翁的儿子更能将非常大的金额自由地弄没了。儿子派头十足地消费对富有的父亲来说成为一个值得夸耀的事情。[72]另一方面，在中国不存在所谓的成为老人问题的事情。在亲属组织的内部，个人的价值确实地与他的年龄和世代的上升成比例地上升。"儿子由于挣得比父亲更多的钱获得更高的地位也许会凌驾于父亲之上。但是父子的纽带将儿子的功绩与父亲的功绩一视同仁了。并且由于有关世代和年龄的习惯，父亲在任何时候也能享有

比儿子高的地位。”[73]

133 上述的论旨，以美国人的生活方式和中国人的生活方式加以对比来论述，同样地在许氏大著的后面也——父与子的认同这一语言本身已经不出现——被实质性地采用，而且在这里通过与美国人生活基础上存在的自立精神（self-reliance）相对比，想要将中国人生活样式中的诸种特征从相互依存（mutual dependence）这一观点加以统一性的说明并使之发展成为理论。[74]

现在在此深入地介绍充满卓越的立意构思的以上两本著作不是合适的地方。但想唤起读者注意的是关于在这些杰出的著述家那里解释起父和子的关系时也正是通过应该称为父子一体的词语来把握的。许氏提出的父与子的认同和我提出的父子一体，可以说只是有前者主要从社会经济的侧面来看、后者主要从法律的侧面来看的不同，在本质上是指同一个实体来说的用语。[75]

不言而喻，父子一体的原则并非只是在特定的一组父子之间孤立存在的关系。在父的上面必定有祖父，在子的下面可以预定有子孙。在男系血统的连续的所有阶段上存在父子一体的关系，作为这些组合关系的归结，存在着祖父和孙、曾祖和曾孙等等一切在所有祖先和所有子孙之间的一体的关系。如果抽象地说仅有一组的父子是两极，那么，综合性地看现实的话，说父子形成从祖先到子孙不绝的人格连续的各一个环节的方法也许是适当的。

就夫妻一体的含义来说，必须将具体性的论述放在第四章，但如在这里于介绍概念的意味上只谈到结论则是如下所述。

首先，这不是一种承继的关系。在自祖先到子孙的人格连续关系之中，妻并不形成独立的一环，但由于在夫所形成的一环中被合体吸收而在这一关系里占有应有的位置。若是就祭祀来说，妻 134
绝不是祭祀夫的人，而是和夫一起祭祀夫的祖先，以及和夫并列享受夫的子孙（不一定限于自己亲生的子孙）祭祀的人。在这一点上，夫妻和父子有本质上的不同。毋宁说，一眼看上去，可以称之为是超过父子的与一体这种词语很相称的关系。[76]

但是在另一方面，妻成为向夫合体的情况在不是对等的关系而是两极的关系这一点上，夫妻的关系有酷似父子关系的地方。与“父者子之天也”形成对等的，是被说成“夫者妻之天也”（前述23页）。在妻为父所服的服转移到为夫服斩衰这样的事情之中，[77]象征了两者的类似性。在围绕家产的权利关系上，和父的生存期间儿子的存在宛如等于无一样，夫的生存期间妻的存在也隐在夫的阴影中等于没有。即妻的人格被夫所吸收。另一方面，和在父亲死后儿子作为原样代替父亲的存在而显现出来一样，在丈夫死后如果留下来妻子的话，这个变成了寡妇的妻保持原样地代替夫享受其地位。理所当然地，在这个时候，如果有儿子或者养子这些丈夫的承继人，这和寡妻之间稍微产生复杂的关系的原因等等问题放在以后再谈，仅就如果没有承继人的场合来说，原先属于夫的财产权再加上为了自己夫妇而选立养子的权利，包括性地移至寡妻之手。什么人都不能侵害寡妻这一权利。即夫的人格由妻所代表——这种场合与其说延长不如说成代表大概更恰当。像这样的妻的人格被夫所吸收、夫的人格由妻所代表的关系，我想将其称为在法律意义上的夫妻一体的原则。

在内部关系上处在两极地位的人，在第三者的眼中作为等质者来评价，这在夫妻的问题上也是同样的。自古以来，在所说的
135 “妻以夫为天”的反面，还有“妻与夫齐体”的说法，在这个意义上是意味深长的。[78]一般觉得看上去正相反的这样两个表达也可以说是：前者指在**内部关系**上夫是妻的绝对性的归依的对象，后者指**从第三者**角度看妻等于和夫一样应该受到相同尊敬的人，这样说至少是不矛盾的。[79]

另外，父子一体、夫妻一体是在以《仪礼》为代表的典籍中能见到的词语，但在随着把这些词语赋予以上的定义想要作为法律用语来使用的范围内，它们是新的构词。在过去的中国的法律家之中，当然不是完全没有与此类似的用语。在我国古代户令应分条的集解里，父子同财、夫妻同财的用语像格言一样反复被使用的情况，正如中田博士所指出的那样，可以认为是流行于唐的法律家之间的惯用语的基本没加批评地借用。[80]通过这类“父子同财”、“夫妻同财”的词语，我觉得唐代的法律家们或许不正是在心里描画出了这里所说的父子一体、夫妻一体的原则的吗？

还有，将在华北农村流行的下面两个谚语搭配起来考虑一下就会感到意味深长。

> 有父不言子，有男不言女。[81]
> 子承父业，妇承夫财。[82]

“有父不言子”的反面，父如果死了“子承父业”这样的关系正是我所说的父子一体的原则，同样地，在“有男不言女”的反面，“妇

承夫财”这样的事，自然不外乎是夫妻一体的原则。

最后说到兄弟一体，在相互之间互相认定为父的分身这种意义上是一体。既然已经是分身，兄弟是相互对等独立的人格，和父子、夫妻是同一人格的情况也就有本质上的差异。但是，因为对同 136
一个父亲的一体关系，所以在任何人都不能被排除，而且也不能有差别这一点上，可以说存在着兄弟一体的主要含义。〔83〕在法律上这些不称为一体，大概不如称之为兄弟平等的原则更适当一些吧。

本节注释

〔1〕 封爵、食封是唐代的制度用语，然而，事情的实体却是，虽然经过各种各样的变迁但在任何时代都存在。封爵是作为皇族或外戚的待遇法，以及作为对功臣的恩赏所给予的荣典。是在实质上以战国时代秦国为起源、模仿周代的封建制度通过名目上的增加所建立的制度。前汉武帝以前或西晋时期，由于时代不同对于一定的土地封给实权的情况也并不是没有，但是，一般说来，封爵限于伴有税法上、刑法上、官吏任用法上的特典，是不伴有政治权力的单纯的荣典。而在明清时代来说终于与后述的武官世袭制融合。以上是粗略的说法，但如从我国战前的公侯伯子男的爵位的情况来思考一下，大体上也就说中了封爵的制度所具有的社会性的功能。食封作为封爵的经济上的保证所得到的是年金性的（唐制中被分配给一定户数，但如果从实质上来看与年金没有不同）给付。关于这方面的继承法，请参见牧野巽《西漢の封建相続法》（同氏《支那家族研究》所收）、仁井田陞《支那身分法史》506页以下等。封爵单独地被继承但食封（指唐制）在始封者的子孙又是承嫡者和五服以内的同族中以一定的比例（承嫡者二、其他兄弟一）来分配。官职的世袭在明清时代以让世袭某种低级的武官，还有作为极为特殊的例子如让孔子的后裔任曲阜的知县等等形式表现出来。因为封爵或世职在事情的性质上是单独继承，为此产生了从诸子之中立一个嫡子的必要。在唐律里和明律里都存在立嫡子违法条就是这个缘故。即同样的条文

是带有只与封爵或世职关联意义的条文，也是和一般民众没有关系的条文。

〔2〕 例如在仁井田陞博士的《支那身分法史》中，继承的问题主要放在题为“家の继续”一节里(490 页以下)叙述，但在那里所提出的内容，除了前述的封爵、食封之外，只是在“立嫡”的题目下涉及祭祀的主祭者的地位
137 的继承和在“继绝”的题目下涉及了死后开始立养子的问题。前者即作为主祭者的地位的继承，在上代作为社会性的现实一直具有意义，但在帝制时代只不过是作为社会上的讨论或者关联到封爵、世职等等公法上的问题才具有意义。而在这一段里博士的论述中所谓的辈行主义是完全没有根据的立论的问题，已在拙稿《承重について》(《国家学会雑誌》71 卷 8 号)一文中加以论证。后者即继绝也是仅就那些分离来分析的并不具有充分的意义。还有，在此之外同书中有“遗产相続”的一段文字(488 页)，这正是使用私法上的继承来处理的部分，然而是本文和注合在一起不过两页的短文，其论旨大致为在家族共产制下家族里也有特有财产、就此应考虑遗产继承这样的周边性的问题，以及指出家产分割和遗产继承实际上容易混淆，大体上说了这两点也就到头了。对前一点的评论留待以后(第五章 541 页以下)，如果就后一点来说，家产分割和遗产继承是不同种类的概念至少不可能混淆。如在本节后面所述的那样，在同居共财之中内在着继承的关系，表现为共同继承关系的发生和这种关系迟早会变成家产分割这样的事件。在这一家产分割中所分得的财产，既可称为“家产”又可称为“遗产”，这种情况和在父子同居之家的财产既可称为“大家的东西”又可称为“父的东西”(后述 208 页)的情况完全是同一性质的现象。对我们来说是一点儿也没有必要感到有什么障碍的事情。

〔3〕 站在客观地观察农民生活的立场的内田智雄教授也透露出“这是被认为在这样的农民中，所谓的继承的概念之欠如乃至是稀薄的主要理由”(《中国農村の分家制度》406 页)等等看法。

〔4〕 尽管父亲已死，但也没有必要马上把土地的所有名义加以改写。“即使家长死了也不变更名义吗？＝不变更”(惯Ⅲ86 页上段)，据说一换契就需要钱所以便那样保持不变(同 85 页上段)。以亡父的名义卖掉土

地的情况也是可能的(《台湾私法》第二卷下 553 页 3)。但如果父亲死了,要是不以与家的资产相应的充分多的数额的散财办丧事的话,周围的人就会不知晓。谚语说的“穷而不可富葬,富而不可穷葬”(惯Ⅴ139页下段,穷即贫穷之意。)这些也许可以说代行了富的平均化这种继承税所具有的那一面的功能。

〔5〕 上一节在注〔95〕中所引的杨家就是其例。 138

〔6〕 在中田博士的家族共产制的理论出现之前,将承继和共财并列加以朴素的论述的《台湾私法》的态度应该说在基本方面是正确的(同书第 2 卷上 547 页以下)。

〔7〕 在本节使用的作为我们日常用语的养子这一词语,如果正确地来说全部是在第三章中说的嗣子的意思。就以下论述的资料上的根据也请参见第三章。

〔8〕 惯Ⅲ71 页下段、72 页上段所见张乐卿的家是其实例。即:三世单传到了他的世代有三个兄弟,他是三弟又有三个儿子,兄弟没有分家而现在二个哥哥及其妻全都死亡,长兄有三个女儿没有儿子,次兄没有孩子(全都夭折之故)。他的长男成为次兄的养子,次男成为长兄的养子。并说这些都是在哥哥们的生前“在正月召集亲戚决定了制作过继单”。当然,尽管成了养子但不是另外组成户,现在仍然以他为家长继续一家的同居共财生活。还有在别的调查地的以下问答中,也的确设想了在这里当作问题提到的那种情况:“长男有孩子次男没有孩子时,次男取得过继子的情况意味着分家吗?＝不成为分家。”“需要的情况下,取得过继子的事情能由次男先开口说出吗?＝家长对长男说次男要求得到哥哥的三个孩子里的一个人。”(惯Ⅳ68 页中段)

〔9〕 参见后述 341 页、373 页所揭“嫂讼其叔用意立继夺业”。

〔10〕 在关东厅的法庭中鉴定人江蕭先的话里也说到:“共有者之中的一个人没有嗣子而死亡时,他的持分并非归属于其他的共有者,在其他的共有者开始分家的场合,把应该分给死亡者的财产抽出保留而且应该确定其过房子。”(《彙報》2374 页)不能简单地说什么添增权。

〔11〕 对孟懿子的问孝,孔子答曰:“无违。”而对于后来樊迟请求说明什么是“无违”时,孔子的回答是:“生事之以礼,死葬之以礼,祭之以礼。”(《论

语·为政》)如在《清明集》里也能看到的“父之所以生子者,为其生能养己,死能葬己也”(归宗“出继不肖官勒归宗”),“人之无子,而至于立
139 继,不过愿其保全家业,而使祖宗享祀不忒焉耳”(立继“治命不可动摇”)等等,说明养、葬、祭是子的三个重要的义务。特别是丧葬的义务应该说是孝的顶点,“孝衣(丧服)”、“带孝(服丧)”、“孝子(丧主)”、“孝暇(丧假)”等等,孝这个字明显地意味着丧的情况也不少。

〔12〕《左传》宣公四年:“鬼犹求食,若敖氏之鬼,不其馁而。”在判语里也引用这句话说到,“谭氏之鬼不其馁而”(185 页所揭“随母嫁之子谋图亲子之业”),“废其祭祀,馁其鬼神,是可忍也,孰不可忍也”(第三章第一节注〔22〕“叔教其嫂不愿立嗣意在吞并”)。

〔13〕在汪辉祖《续佐治药言》“囚关绝祀者尤宜详审”中可见到以下的话:当想要结审弟殴杀兄的事案时,半夜里一个白发老人的幻影显现出来并且叩头,一研究案情又觉得在犯行上没有疑问,但是发现了“凶手四世单传,其父始生二子,一死非命,一又伏辜,则五世之祀绝矣”的事实,由于怜惜此家情形便作为疑案放置遂使得免死刑。这当然恰好是和树木的枝以前尽管是一个芽但只要有嫩芽也就表明一直活着、而失去全部芽的枝就会从与树干交界的地方枯死一样的关系来考虑的。

〔14〕在中文里把在日语里所说的“自己的一生”说成“我这一辈子”,像这样的辈字的用法大概也是由个人不是一个其自身的完结的生命而是悠久的生命的一个世代这样的意识产生出来的吧。

〔15〕Henry Sumner Maine, *Ancient Law*, Murray, London, 1916, p. 192. (Everyman's Library, p. 105.)

〔16〕以下在本书之中所说到的财产权请理解为是梅因所说的“legal clothing”的译词。原因是时常留意分别使用财产和财产权的事情将不胜其烦,还有分别使用有困难的场合也不少。

〔17〕对于家产拥有的家族每个人的权利绝不只限于持分权,这些权利可以是所有权、持分权、承继期待权等等。

〔18〕但是,“袭”字大概可以说是指特定目的物由前人交割给后人的即在特定的时点上所发生的事件。而且与带有像这样的“袭”字的表达很相
140 称的现象是封爵的“承袭”、官职的“世袭”等等,是只在公法上存在而

在私法上不存在的事情。

〔19〕　第三章第一节注〔23〕所揭《清明集》“命继与立继不同”。

〔20〕　《清明集》、立继、“立继营葬嫁女并行”。

〔21〕　《清明集》、立继、“诸户绝而立继者官司不应没入其业入学”。

〔22〕　例如在331页所揭“当出家长”中说：“李氏之词则曰，已立刘恢继嗣十余年”等等的时候，明显的言外之意是使之继我们夫妇之后。注〔24〕清律总注的“继嗣承祧，礼之所重”等等是不特定的说法之例。

〔23〕　615页所揭清律条例。

〔24〕　清律户役・立嫡子违法条总注。

〔25〕　525页所揭《清明集》“利其田产自为尊长欲以亲孙为人后”。

〔26〕　《清明集》、立继、“后立者不得前立者自置之田”（有关这一事案的内容参见533页）。

〔27〕　所说的“父子俱亡，无人承绍香火，不必为父命继而立孙，则父之香火在其中矣”、“是蜀（次男）有后而怡（长男）无后，蜀之香火不绝，则圣与（父）之香火亦不绝”（下注“父子俱亡立孙为后”）等等。都是很清楚地谈到这一事情的话语。

〔28〕　《清明集》、立继“父子俱亡立孙为后”（参见第三章第一节注〔33〕）。“绍”是继之意。“承绍”理当可以换言为“承继”。

〔29〕　《清明集》、归宗、“出继不肖官勒归宗”（有关事案内容参见596页）。

〔30〕　《清明集》、女承分、“处分孤遗田产”（有关事案内容见第三章第三节注〔14〕）。

〔31〕　347页所揭《清明集》“立昭穆相当人复欲私意遣还”。

〔32〕　惯Ⅳ139页下段。

〔33〕　320页所揭清律条例。

〔34〕　586页所揭《元典章》“异姓承继立户”。还有，通观在元典章上看到的继承事案，从中得出这样的印象：名字登记在户籍上以负担捐税这一 141
公法关系为证实财产的继承这一私法关系的公证的想法，从而想要在某种程度不可分上掌握两者的想法构成其基础。在此处的引文中“承继……家业”的后面添加的“立户当差”之句就是其表现。再有，像所说的“前夫张库使抛下田产，已令乞养子张元平与入籍孙张益孙承继

户名、应当差税”(卷十七承继“妻侄承继以籍为定”)、“其告人王头口系刘通下财招到养老不出舍女婿，承继户门，与男无异”(卷五三首告“婿告丈人造私酒”)等等那样，在元典章中明显地出现了“承继”之语拿“户名”为目的语的例子。作为上述那样的想法及其表达的用语法是在限定于元这样一个时代的特别显著的现象，可以看作有当时那里的支配者蒙古族的思想表达方法的影响的现象，但具体的论述有待于后考。

〔35〕 录Ⅳ、8、3、二。

〔36〕 比如：“无子者，许令同宗昭穆相当之侄承继”(313 页所揭《清律条例》)。

〔37〕 583 页所揭《清明集》“生前乞养”。

〔38〕《清明集》立继“已立昭穆相当人而同宗妄诉”。

〔39〕 和前注〔28〕是同一事案。

〔40〕 唐律名例第六条恶逆的疏中写着：“依礼，嫡子为父后，及不为父后者，并不为出母之党服，即为继母之党服。……又妾子为父后，及不为父后者，嫡母存，为其党服；嫡母亡，不为之服。”

〔41〕 引人注目的特别是在作为汉代的特异现象的赐予一般人民的爵这样的事情上，只以“为父后者”为对象，或者优遇这些人的例子(参见守屋美都雄：《漢代家族の形態に関する考察》，48 页以下；西嶋定生：《中国古代帝国の形成と構造》，東大出版会 1961 年版，263 页以下特别是 269 页)。我觉得这些大概是遗制性的仪礼化的性质的东西，也许不一定限于反映在当时庶民的家族生活的实态里长子处在什么样的特殊地位这类事情。至少没有发现长子拥有财产上特权的证据的情况，说明与上揭两本著作也是一致的。

〔42〕 参见后述 312 页。

142 〔43〕 此外，国语辞典(汉语辞典)也沿袭了辞源、辞海的解释。

〔44〕《清明集》、立继、“立继营葬嫁女并行”(参见后注〔46〕)。

〔45〕 事实上，承继之语就亲子来说也并非绝不被使用。比如见于《金瓶梅》第五十三回的吴月娘(西门庆之妻)的独白中说的：“若吴氏明日壬子日，服了薛姑子药，便得种子，承继西门香火，不使我做无祀的鬼，感谢皇天不尽了。”又如《今古奇观》“杜十娘怒沉百宝箱”里孙富对担心父

亲生气的李甲说："然尊大人所以怒兄者，不过为迷花恋柳，挥金如土，异日必为弃家荡产之人，不堪承继家业耳。"

〔46〕《清明集》、立继、"立继营葬嫁女并行"："涂子恭死无嗣，堂兄涂子仁以次子为之嗣，义也；亲弟涂拱以三丧未葬妹(妹当作侄)女未嫁为忧，亦义也。……照得，涂子仁以其子淮孙继兄涂子恭后，昭穆为顺，于条无碍，……听淮淮孙为子恭后，仍取责涂拱日下同侄淮孙安葬三丧遣嫁侄女状人案，庶几并行而不悖。"

〔47〕大港赵氏族谱凡例："妇人终身不育者，谓之'无出'；有女无子者，谓之'无嗣'；有子先逝而无后者，谓之'无传'"。(多賀 847 页)潜阳吴氏族谱凡例："殁后子女俱无者，不书'绝'而书'止'，不忍斥言之也。无子而有女者，书'无嗣'，盖以嗣虽止，而气类犹未止也。"(多賀 848 页)

〔48〕在惯Ⅲ152 页上段可见到这样的应答："不让外姓的人继承聂姓的财产"，大概就是触及同族意识的本质的话语。作为相当普遍的习惯，一向承认同族有土地的先买权的情况也是与此深有关联的现象。

〔49〕穗积重远：《相続法》第一分册(昭二一)，10 页。

〔50〕详细情况见第三章第三节。

〔51〕详细情况见第四章第二节以及第六章。

〔52〕义子赘婿根据情况取得与亲子对等的应得的份额的事也不是没有，但那是异姓不养原则的弛缓所使然。

〔53〕总结一下"拨"字所使用的各种场合，大约如以下那样：第一，是像"但
北源一项四百五十把，元系标拨与吴革之女"、"荣姐乃在室亲女，已拨 143
之田，宜与充嫁资"一样，把财产分给女儿的场合(参见第四章第二节注〔2〕)。第二，是像"非理殴子孙之妇及乞养异姓子孙、致令废疾者，……乞养子孙，拨付合得财产养赡"那样的，将财产分给义子的场合(参见第六章第二节注〔51〕、〔57〕)。第三，是像"至庶妹之母，奉事吾有年，当足其衣食，拨与赡田，收租以给之"那样的，把财产给与妾的场合(参见 566 页)。第四，像"拨为义庄"(第三章第一节注〔23〕"命继与立继不同")，"拨充蒸尝"(378 页"嫂讼其叔用意立继夺业")那样，留作族有财产的场合。此外还有分财产给出继到他支的儿子的场合(第三章第一节注〔113〕)等等。总之，在财产被分出到承继系列之外

的时候，能够使用“拨”字。不过，也有指兄弟三人分割家产，“将所有房屋钱谷之类，三分拨开，分毫不多”（《今古奇观》第一卷）这样的例子，所以“分”和“拨”的使用方法并非完全那么严密，但是作为大致的区别，“分”是指把家产分开，“拨”是指从家产中分出，存在这种语感上的差别是不能否定的。并且像这样的财产分出，如以上各个例子中所见到的，通常只在根据某些身份关系有相当的理由的场合才适用，而对陌生人或一般公共对象则不适用。“标拨”的“标”大概和说到“标异”（参见丸山真男《日本政治思想史研究》85 页）等等场合的“标”一样，是“特意区别”之意。“四六标分之乱命”（第二章 192 页“宪判黑冤事”）中所说的标，大约基于同样的语感。另外，赐与臣下官有地也叫标拨（频现于《宋会要·食货六一》赐田杂录里）。

〔54〕 588 页所揭清律条例。

〔55〕 民律草案被说成是在松冈义正等日本学者的强烈影响之下完成的东西，总则、债权、物权可以说几乎都是日、德、瑞民法的折衷，但也在其中的亲属、继承两编只让朱献文、高种和两人起草，固有的习惯大都被吸收。参见杨幼炯：《近代中国立法史》（1936 年），73 页。

〔56〕 有关原文如下：

144 第 1466 条　所继承人之直系卑属，关于遗产继承人（人字恐衍），以亲等近者为先。若亲等同，则同为继承人。

前项规定，于直系卑属系嗣子者适用之。

第 1467 条　继承人若在继承前死亡，或失继承之权利者，其直系卑属承其应继之分，为继承人。

妇人夫亡无子守志者，得承其夫应继之分，为继承人。

第 1468 条　无前二条之继承人者，依左列次序，定应承受遗产之人：

一、夫或妻

二、直系尊属

三、亲兄弟

四、家长

五、亲女

直系尊属应承受遗产时，以亲等近者为先。

〈理由〉本条系规定无直系卑属继承时，应由何人承受遗产，夫继承云者，不惟承接其产业，实即继续其宗祧，故惟所继人之直系卑属，为有继承权。若其人并无子孙，则第处置其遗产，与嗣续问题无涉，故不曰继承而曰承受……

第1469条　乞养义子，或收养三岁以下遗弃小儿，或赘婿，素与相为依倚者，得酌给财产，使其承受。

〔57〕 承受之语当然绝不是自古以来就有那样的技术性的含义。例如在立继文书之中以某人为过继子，说到让其“承受”财产等等，是极普通的措辞（惯Ⅳ91页上段，同127页上段，惯Ⅴ73页上段）。

〔58〕 胡长清：《中国民法继承论》第5版，26页、261页。实行这样的变革的最大的理由，不言而喻是存在着维持自古以来承继的观念不能够实现男女同权这一点。还有，作为一边以中华民国民法的亲属编为焦点，一边追寻该法典的形成过程的论述，可参见 Marc van der 145
Valk, *An Outline of Modern Chinese Family Law*, 1939, pp. 25—58, pp. 175—197。

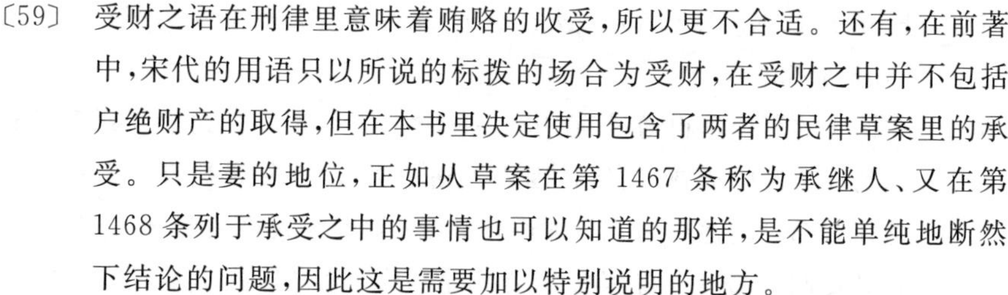

〔59〕 受财之语在刑律里意味着贿赂的收受，所以更不合适。还有，在前著中，宋代的用语只以所说的标拨的场合为受财，在受财之中并不包括户绝财产的取得，但在本书里决定使用包含了两者的民律草案里的承受。只是妻的地位，正如从草案在第1467条称为承继人、又在第1468条列于承受之中的事情也可以知道的那样，是不能单纯地断然下结论的问题，因此这是需要加以特别说明的地方。

〔60〕 Henry. Maine, *Ancient Law*, London, 1916, p. 196. (Everyman's Libary, p. 107.)

〔61〕 ibid. p. 190.

〔62〕 原田慶吉：《ローマ法》下，110页。

〔63〕 原田慶吉：《楔形文字法の研究》，222—225页。

〔64〕 据解释，在楔形文字法中，较古老的时候女儿得到财产性的利益却不是继承人，可是后来随着继承观念的物质化，发展到虽然不如儿子但和儿子成为同一意义上的继承人（原田同上226页）。在中国的女儿绝不会被称为嗣的情况当然和楔形文字法的最古的阶段相对应。

〔65〕 上一节注〔102〕Ehrlich 引 Paulus。

〔66〕 为子女选择配偶的权利属于其父(第四章第三节注〔32〕)。离掉妻子的权利属于夫(第四章第三节注〔100〕)。选立嗣子的权利属于无子者本人(第三章第一节注〔59〕、〔89〕)。而且即使还有父祖在世,这些身份权也不会被吸收进父祖的权限之中。

〔67〕 Francis L. K. Hsu,*Under the Ancestors' Shadow*:*Chinese Culture and Personality*,London,1949. 在以下引用的部分之外,特别请参看一下也可说是一书的结论的 Chapter Ⅸ,Ⅹ。

〔68〕 ibid. pp. 58—59.

146 〔69〕 ibid. p. 58.

〔70〕 ibid. pp. 64—65. 着重号为滋贺所加。

〔71〕 ibid. p. 10. 而且作者想要在这里找出中国的家在几个世代之间不断盛衰情形的一个原因。

〔72〕 ibid. p. 219,p. 273.

〔73〕 ibid. p. 268.

〔74〕 Francis L. K. Hsu,*Americans and Chinese*:*Two Ways of Life*,New York,1953.

〔75〕 在许氏的著作里也通过"在这个一体性之下,儿子直到父亲死都没有达到社会性的成熟(当然是因为人格被吸收)。父亲拥有的财产不管是什么都自动地成为儿子的财产(当然是因为人格的延长)。父亲没有必要制作遗言,盖因没有抛开惯习的意志选择其他办法之道"(*Under the Ancestors' Shadow*,p. 109)等等话语,表达了我要说的父子一体的含义。我在前著《中国家族法論》(1950 年即许氏的著作的翌年出版)执笔的当时,就是从五里云雾中想出父子一体的,但知道了正好作为同时在许氏的头脑里也运思着同样的话语,禁不住感到来了强大的同盟军。

〔76〕 但与父子是自然的关系不能人为地切断的情况相对的,在夫妻是人为的即义的关系因而可以断绝这一点上,应该说父子是基本性质的一体。

〔77〕 唐律名例十恶不义的疏"夫者妻之天也,移父之服而服,为夫斩衰"。

〔78〕 例如在唐的律疏中也出现了“妇人以夫为天”（职制第三十条）、“依礼夫者妇之天”（名例第六条“不睦”）、“夫为妇天”（户婚第三十条）等等，相对的在另一方面，“妻者齐也，秦晋为匹”、（名例第六条不睦）、“妇女虽复非丁，据礼与夫齐体”（名例第二七条）、“妻之言齐，与夫齐体”（斗讼第二四条）等等。以上两个系统的表达之中，前者如同已经提到的来自于仪礼，后者如后述的那样（552 页），出自于《白虎通》等等的典据。

〔79〕 桑原隲蔵：《支那法制史論叢》，318 页。

〔80〕 中田薫：《論集》Ⅲ《唐宋時代の家族共産制》，1356 页。 147

〔81〕 惯Ⅰ283 页上段、298 页上段。

〔82〕 惯Ⅲ87 页下段。还有“子登父业、妻受夫分”（鳥居久靖：《中国俗諺四千首》，112 页）。

〔83〕 许氏使用大家庭观念（big-family ideal）这样的语言作为与长子继承权（primogeniture）的对立概念来表达这一关系。（Hsu，Under. pp. 108f.，p. 238.）

149 # 第二章　家的法律的构造

第一节　父家长型的家——直系亲的同居共财

一、问题之所在

前一章里，已经明确了在中国所指的家（狭义），可以定义为在现实中维持着同居共财关系的同宗者的小集团，并且所谓同居共财指的是家产在经济的功能上为共同的东西这样意义的用语，而绝不是直接意味着家产的共同所有那样的用语。这样一来，便要再次将已经大致还原成白纸的家产的所有关系作为议论的对象，并考察应该构成怎样的一些概念，这些就是本章的课题。但为了论述上的方便，有关妇女的各类问题一总放在第四章，在本章里基本撇开家中通常存在着女性这一事实来进行论述。

首先，根据家族构成，必须考虑到家大致可区别为两种类型：第一种，是对于家族全体成员来说相当于直系尊属的一个家长生存的家（父家长型）；第二种，是上述那样的直系尊属已经死亡，剩下来的子孙（相互属于旁系亲）依然继续同居的家（复合型）。关于以上所说的第二种类型的家需要探讨的问题比较少，所以将在第二节中论述。在本节里认为有必要做最细致的探讨的，是论述第一种类型的家的法律的构造。150

关于应该以什么样的概念构成家产的所有关系，历来的学说中可以举出两个具有代表性的看法：

第一个是《台湾私法》所采用的见解，书中说："家祖在世期间，家产以家祖作为权利主体，换言之，家祖对家产有完全的所有权。"从而，(1)家祖能够自由地处分属于家产的财物；(2)在家产的处分上使用家祖的名义，不需要家族的联署；(3)在家祖把家产分与继承人的场合，即在家产分割上，家祖能够自由地确定各继承人所得的数额；[1](4)由于犯罪导致家产被籍没的场合，若是家祖犯罪的话，籍没就以全部家产为对象；如果是其他家族成员犯罪的话，则并不累及家产。

与此相对，在"家祖死后其继承人有两名以上的场合"，"家产以继承人的共同体为其权利主体，换言之，各继承人共同拥有家产的所有权"。而且"此共同所有权，其性质与罗马法和继受罗马法的我国法中的共有权稍有不同，而恰与德意志法的合有的共有关系(合有权)类似"。从而，(1)共同继承人中的尊长管理家产，但是在重要的处分上需要全体家族成员的合意；(2)各继承人不管尊长卑幼，对于家产都拥有一份权利(房份)；(3)在家产的处分上，以全体家族成员的名义或用已死亡的家祖的名义；(4)不论什么时候，家产开始分割之际，份额需要加以平均；(5)在犯罪的时候，只将当事人拥有的一份作为籍没的对象。

于是同书得出了结论："要之，家产在家祖在世期间属于家祖所有，家祖死后属于继承人，继承人有两名以上时属于其合有的财产。”

另外同书还列举了以下三种异说：

(1) 不论家族构成是如何的形态，家产常常是家长和家族的共有财产说。

(2) 家产通常是家族的合有财产说。

(3) 家产不管家祖在世期间还是死亡之后，一直到家产分割时为止都属于家祖所有。

书中并将不能采用这些异说的理由——但第三说中有若干可
151 以汲取之点——逐一进行了说明。这些异说，大概是直到确定书中统一的见解时，对调查委员之间讨论的过程加以说明的内容。[2]

第二个是中田薰博士的见解。这一见解正如业已见到的那样，可以归纳成：同居共财＝家族共产＝合有的图式(前述 78—79 页)，基本上可以认为和台湾私法书中作为一个异说的家产合有说一致。可是，台湾私法排斥家产合有说的一个主要理由，是指出这一说“不能说明，家祖作为尊长时和家祖死后有两名以上继承人而其中的一名作为尊长时，对于家产的权力有差异的原因”。但中田博士为说明这一点准备了教令权这样的独自的理论。由唐律(明清律同)的规定来看，违犯祖父母父母教令者要受到处罚，而诉祖父母父母者，不管理由如何都给予严厉的处罚，并且诉不被受理。[3]但这是只限于直系尊属的情况。而关于旁系尊长，既没有违犯教令的罚条，也没有诉的提起被绝对地禁止的事。[4]教令权就是由这样的事实归纳出来的概念，以此为中心，中田博士说道：

> 就作为家长的尊长所具有的共产管理权的内容来说，现在尚未完全弄清楚。可是，家长究竟是卑幼的直系尊属还是旁系尊长，大概不得不给其共产管理的实际带来大的影响。盖因直系尊属对子孙有绝大的教令权，故他的共财管理权自然而然地与此教令权混同，二者的区别大概是无法判明的，所以如何管理共产也许完全是他的自由。加之即使存在他恣意地处分共产的情况，子孙对之也不能怀有任何异议。反之，在旁系尊长担当家长的场合，他行使有关共产的权能只到作为单纯的财产管理权为止，原本就不包含任意处分之权利。从而当他管理处分共产时侵害到卑幼利益的场合，后者是能够告他的。[5] 152

也就是说，如果由中田博士所作的说明来看，家产的所有关系自身并不因家族构成如何而变化，家产无非是通常属家族合有而家长具有共产的管理权。但是在直系尊属作为家长的情况下，他依据所谓教令权这样的另一途径的权力，具有就任何问题都能无条件地贯彻自己意志的地位，因此和旁系亲担任家长的情况不同，事实上也能自由地对家产作出处分。

中田博士的见解，通过承袭了其学说的仁井田陞、戴炎辉两位教授的祖述，可以说成为学术界具有支配性的见解。[6] 不过，仁井田教授在战后的著作里展开了如下的论述：一面在只限于认为旧律的原则有问题时采用教令权说，另一面就农民的现实的规范意识，认为不可一律断然地下结论是必要的，必须努力从整体上理解“父家长权威和家族共产这样对立契机的竞合状态，在支配的团体内容易对权力意识的投影置之不理的共有意识”等等。[7]这些议论的当否——即构成立论的基础在有关具体事象方面的事实认识是否是充分实证的——暂且搁置不论，如果从有关这一议论的逻辑构造来看的话，可以说仍和教令权说基本上是同样形式的理论。因为“教令权”和“父家长权威”在概念上有怎样的不同都没有加以定义，故而无从得知，可是不管哪一种，作为直系尊属的家长拥有不限于共产管理权的权能的原因，不是在对于家产的本权自身的构造中，而是在外在的力的要素中求得这一点上，这些见解其实是共通的。

整理了以上论述后大约可以接着归纳出下列几点：

(1) 诸说一致认为，父家长型的家和复合型(旁系亲同居)的家，无论如何也必须考虑应加以区别。

(2) 关于在复合型的家可以规定家产的所有权形态为合有，对此差不多没有异议。

(3) 即使就父家长型的家而言，在家父对家产拥有怎样的权能的事实认识上，《台湾私法》和中田博士之间几乎没有见解上的差异，不论怎样也还是认为家父拥有家产的处分权(但仁井田教授避免提出划一的看法而说到了现实的多样性)。

(4) 对共通地认识到的事实如何加以说明，在这一点上，有解释为家父单独所有的《台湾私法》与解释为教令权的中田博士(作为其亚型解释为父家长权威的仁井田教授)这两种对立的见解。这些从根本上，也可以说是从所有关系自身的构造中求得说明还是从外在的力求得说明的对立。

对于像以上那样大的对立的两个系统的学说，我们必须对哪一个更多地接近真理作出判断。在此有必要首先就关于具体的事实的认识逐一进行符合逻辑的确定，随后在此基础之上作出归纳性的论述。

二、围绕家产处分的父的权能

不动产的卖出　作为最单纯的家族构成，可以看作是由父亲和几个儿子组成的家。这里将探讨不动产的卖出（或典当）的处分行为是依照谁的意思而成立的。

首先，没有父亲的承诺，儿子不能任意地卖掉家里土地的事是不言而喻的。在这里父亲是家长，家里重要的事情必须通过家长之手或是秉承家长的旨意才可以处理，家当然只能是一个团体，以上这些不管家长是父亲还是旁系尊长都是必须遵守的规则。但是，富家的放荡子弟受到帮闲的无赖的挑唆、瞒着家长卖掉土地的事情，事实上往往也是会发生的情况。对这种情况，法律设立了保 154
护家长的规定，即如果家长否认的话，交易将视为无效，责令返还目的物，处罚卑幼和对方以及中介人等等。这些是自中田博士以来多次被说及的事情，例如唐的杂令规定：

> 诸家长在（在谓三百里内非隔关者）而子孙弟侄等不得辄以奴婢六畜田宅及余财物私自质举及卖田宅［田宅二字恐衍］，（无质而举者亦准此）。其有质举卖者，皆得本司文牒，然后听之。若不相本问，违而辄与及买者，物即还主，钱没不追。〔8〕

将以上规定做了部分改正的宋初(《宋刑统》编纂时)的立法详细说道：

臣等参详：应典卖物业，或指名质举，须是家主尊长对钱主或钱主亲信人当面署押契帖，或妇女难于面对者须隔帘幕亲闻商量，方成交易。如家主尊长在外，不计远近，并须依此。若隔在化外，及阻隔兵戈，即须州县相度事理，给与凭由，方许商量交易。如是卑幼骨肉蒙昧尊长，专擅典卖质举倚当[a]，或伪署尊长姓名，其卑幼及牙保引致人等，并当重断，钱业各还两主，其钱已经卑幼破用无可征偿者，不在更于家主尊长处征理之限，应田宅物业，虽是骨肉，不合有分，辄将典卖者，准盗论从律处分。[9]

注(a)典是占有质。质举意味着得到了前面所说的指名质举而没占有质(在近时的惯行中指地借钱。此外关于典和质举可参见仁井田陞《文書》342页)。与以上两者有区别的倚当究竟说的是什么样式的质，因未详只好暂时搁置。

再有，被推定为金的《泰和令》的遗文中，有一条是这样规定的：

诸有尊长，而卑幼不得典卖田宅人口。其尊长在外，若遇阙之须合典卖(疾病官事之类)，于所属陈告，验实给据，即听交易，违者田宅人口各还主，债并不追。若卑幼背尊长、奴婢背主及官户监(监下恐脱户字)不得作债，知而与者，债并不追，财主不知，保人代偿，无保者亦不追。若从征代(伐?)，及在他应当差役，实有关用，听所属官司，告结文凭。[10]

还有在南宋时代，也可以看到对于笼络了儿子让他在父亲不知道的情况下卖掉土地并买下来的对方，由于父亲提起诉讼而命其返 156
还目的物的以下那样的审判实例：

《黄文肃公文集》卷三九“陈会卿诉郭六朝散赎田”：“陈会卿论，郭六朝散干人抑琅其子世隆，辄将田租[a]出卖，更不取其父知委。追到干人，索出干照，却有父陈元亨着押，干人以为其父亲书，陈会卿与男世隆皆以为勒令陈世隆假作父亲押，两家之词未见虚实。然以所交易契字观之，若是父元亨自行卖租，又何必其子亦同书着押，与其子同卖已自可疑，又作其子世隆交领价钱，岂有父卖产不自领钱，乃使其子领钱之理。此是勒其子假作其父着押，以瞒昧其父，而不自知其漏绽，将以欺人而不知其不可欺也。干人无状，乃至于此，且与免断，卖契毁抹附案。知情违法，合监陈世隆，价钱入官，再监干人宋荣，索典契还陈会卿取赎，陈元亨先放。”

注(a)据草野靖氏的解说（见熊本大学《法文論叢》28号，69页），“将田租出卖”一句中的“租”通“祖”，与其他判语中所见的“倒祖”之语相同，均指连出典地业主的回赎权都卖掉而变成绝产的行为。

在以上的案例中，买方使卖方一侧的儿子伪署上父亲的名字，大概也无非是因为，只有儿子署名的字据当然是无效的。 157

随着目的物的取回，应该如何处理已经受取的卖价呢？以上的立法及审判例中，唐令和金令规定价款仍由卖方一侧取得；宋初的立法，是在现存的限度内令其返还；南宋时的处理方法，由审判例推断，价款定是被没收入官了。[11] 像这样由于时代不同而有所变迁，然而卑幼受取并消费掉的部分家长不负偿还的责任以及令交易的对方负担或多或少的损失这两点，是完全共通并被承认的做法。还有，价款之内卑幼业已消费掉的部分，且不说家长不负偿还的责任，此外是不是说在任何意义上也被置之不问了吗？这必须分场合来考虑。详细的正如下一节所述的那样，卑幼是家长的旁系亲时，可能有让其分割家产并从卑幼的得分中征收那部分价款，与此相对，在卑幼是家长的直系卑属的场合，一切被追及的情况是没有的（见 257 页）。这些情况和下述的那样，即儿子擅自借款因父亲否认而单纯地被消灭掉的事情至少在法上是可能的情况，可以说是同样的关系。

其次，父亲作为家长，是可以只根据自己的意思卖掉家里的土地呢？还是有必要得到儿子们的同意呢？对旧中国的实态多少通过体验并考察过的学者中的多数，都表明了父亲的处分行为不需要得到儿子的同意这样的见解。乔治·贾米森（George Jamieson）在论述了关于父亲的债务儿子负有无限定的责任（“父债子还”的法格言）之后继续说道：

> 有些人在生存期间处分和荡尽他的财产可以到什么程度，看起来好像没有什么界限。如果合乎逻辑地考虑一下这
> 158 的确是不公平的。在罗马法里和在中国一样，家父与在他的权力之下的人们一起在某种意义上共同地拥有财产而形成不

可分的一体，在罗马法中，最亲近的亲族由于设立了保护人(curator)，能够抑制浪费者滥费他的家产的事情。我觉得好像可以认为，即使中国今日已经废绝，然而原来也存在某些同样的制度。[12]

虽然对事情的合理性抱有疑问，可是作为眼前的事实，一直认为父亲的处分行为是不受儿子的制约的。佑尼干(T. R. Jernigan)说道：

父亲在他的一生中，拥有在家产上的支配权，能够随心所欲地滥费和荡尽家产。[13]

《台湾私法》也认为家祖有家产的自由处分权，而且正如前述，即使根据教令权说——与其说这是更加实态的观察，不如说是基于从文献资料的推论得出的一说，然而——结论也是同样的(151页)。另外，作为旧满洲国司法部所进行的大规模家族制度习惯调查的综合性的结论，千種達夫氏说：

关于家产的处分是由父祖单独决定还是需要子孙等家族成员的同意，回答是不一致的。……但几乎全都认为，不能以没有家族的同意作为理由而取消。[14]

只有大山彦一氏根据个人在满洲所作的调查加以简要概括的结果是：

> 家产是父祖(家长)管理。家产的处分,在城市地区由父祖单独处分的倾向较强,而在农村,父祖不能单独处分。在农村父祖为了求得家属的同意,必须和家属达成协议,有时也有家属取消家长所作出的独断性的单独行为。家长的处分以家长的名义,不需要家属成员的联署。[15]

大山氏报告给我们的这些内容,作为稍具异色的话语而引人注目。

另外,仁井田陞教授以日中战争期间所进行的华北农村惯行调查的报告为资料表明了下述的看法:即难于在划一性上捕捉到围绕这个问题的农民的规范意识。并说明道,既存在认为家里的人和物都是作为家长的父亲的东西那样强烈地意识到父家长权威

159 的情况;另一面,还存在如果父亲没告诉儿子而处分了家产,将这种行为视作盗买盗卖那样强烈表现出家产共有意识的情况;而且在这样的两极之间,由于地方不同形成了有种种的细微差别的习惯那样的情况。[16]可是,试对此说加以细致周密的审视,就觉得论点是在没有加以整理的情况下得出的,资料的处理方法也有粗漏之点,关于所谓的形成地方细微差别的事情,也几乎没有提出任何事加以实证,因而不能认为这一说是成功的。因为详细的研讨已在另稿中逐一论述,请参见,[17]这里不准备再重复。在此略举一例,比如,提出所谓存在将父亲的处分行为看作盗买盗卖的情况这样的见解,明显是基于不恰当的资料解释所得出的看法,可信的根据是完全没有的。[18]

不言而喻,目前在这里把父子的关系当做研究的对象是从法学的视角,而不是从社会学的视角。父亲以自己的意思和自己的

名义卖掉家里土地的场合，不管其行为有无儿子的同意，看不看作是没有瑕疵的法律行为？换句话说，是这样一个问题，即没有予以同意的儿子，对从父亲手里买下家产的对方，能不能作为一种权利提出某种异议的问题；而不是以下那样的问题，即在有的家，提起了要卖土地的话题，商量这件事直到决定可否的过程，也就是在家的内部于意思形成的过程中，父亲和儿子的发言各有何种程度的影响力之类的问题。如果把这个意思形成的过程当做话题的话，那可是千差万别的，可能依每家的习惯、依家族中每个人的年龄和性格，还有依一件一件的具体事情等等而有所不同。[19]但是，概而言之，在所有事情上与妻子沟通看法，是善良的家父一般的态度，[20]如许烺光氏也说，通常，如果儿子达到了结婚有了孩子那样大的年龄的话，“和儿子听从父亲的意见差不多同样程度的，往往 160
父亲也听从儿子的意见”[21]是常事，他所观察到的大概是对的。说起来，父亲和儿子在社会性上是完全能够结成相互依存关系的社会成员（前述 130 页），而绝不是互相主张自我、存在对抗相克关系的成员。不论父亲对儿子如何具有权威，反过来看，父亲能够托付老了之后和死后的幸福的希望，无非是放在儿子的身上，所以，父亲通常也没有无视这个儿子的意见独断擅行的勇气，这样的情况毋宁可以说是当然的吧？例如，在以下的问答中，也如实地道出了父亲的心情：

“卖粮食时和儿子商量吗？＝不和儿子说就可以卖。”“和太太（妻）说吗？＝需要费用时太太反而建议。”“当卖土地时必须和儿子商量吗？＝必须商谈。”“要是儿子反对的话就不

> 卖了吗？＝那就有点儿不妙了。”“也和太太商量吗？＝太太一般都会同意我的意见。”（惯Ⅴ474页上段）

但是这些事情不是现在这里的问题。在罗马法中，家子的财产能力被否定、家产被当做家父所有这样的事情，绝不是意味着在罗马的社会生活中，家子在家父的权威之前只有沉默。法律关系和社会关系在层次上是不同的。[22]而在这里当做问题的，是关于在中国这个地方的法律关系，像上述的那样，以没有得到儿子的同意为理由，能不能就父亲的处分行为的效力提出争议这样一点，才是抓住了事情的焦点。

当试着整理这样的论点时，只能找出极为有限的有助于弄清这些问题的积极的资料。历代的立法中完全没有规定；这类问题成为直接的争点的那样的审判事例也见不到。对兄弟中的一人私自卖掉家中土地的情况，有使其他兄弟能够要求取消这一交易而制定的立法，而且在实际上也确实存在命令取消的审判实例（参见下一节）。当与此对比来考虑时，看不到有关父亲的处分行为的同
161 样资料这件事本身，消极地来看，不正是能够表明父亲的处分常常是有效的吗？而且，作为证实这样的理解的材料，在判语中可以看到旁证性的、作为当然的前提承认父亲有自由处分权的文字。南宋的黄干曾说道：

> 若是父元亨自行卖租，又何必其子亦同书着押，与其子同卖已自可疑。（见前156页所引）

他以这一理由来判定父亲的署名为伪造的事就是一个显著的例子。民国初期的大理院判决例中也可见到这样的话语：

> 除祖若父就所有家财可自由处分外，其余尊长有所偏向，则卑幼据以请求分析，即不得谓为违法。[23]

这样说来，得出以下的结论大概就很自然了，即：问题之所以没有成为立法的对象，是因为父亲拥有家产处分权是再当然不过的事情，故而对这样的事就没有必要再加以规定，没有由此而出现的诉讼事件，也是因为不存在敢于为此而争讼的缺乏常识的人。

即使从惯行调查资料来看也是同样，就有关兄弟中的一人私自卖掉土地的场合，都说到“卖土地的人和买土地的人要打官司（诉讼）”、主张“因为这是盗卖所以是无效的”、“买卖可以不算”等等（后述239页）。然而，关于父亲的处分行为的同样的语言，完全看不到由农民的口中说出的例子。不但如此，反而能看到如下的问答：

> “家产是家长的财产还是家人全体的财产？＝全体。”“全体的财产家长可以处分吗？＝如果是哥儿一个的话可以，如果有两人以上应该商量。”（惯Ⅰ270页下段）

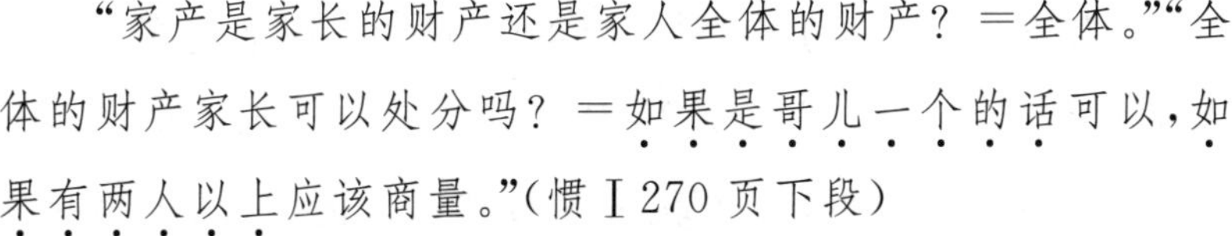

> （在关于借债的会话中）“家长对所有的事都可以按自己的意见去做吗？＝家长如果是父亲的话可以，如果是兄弟就必须商量。”（惯Ⅰ272页上段）

162 像以上所见到的那样，已经清楚地意识到，对于家产方面的有关家长的权能，必须考虑区别一下家长是父母亲还是兄弟。大正年间，在关东厅的法庭陈述有关中国的习惯的鉴定人也说道：

> 家产在父亲在世期间，其子即使拥有共有权，对其家产的处分权及管理权也在父亲的手里。而儿子对家产没有何种权利，所以当父亲处分家产时不需要和儿子商议。（鉴定人刘心田）
>
> 在父子之间，其财产不是共有关系而是全部属于父亲所有，在父亲当家长的场合，当处分其财产时不需要得到其子的同意。（鉴定人文筱候）[24]

鉴定人异口同声地认为父亲拥有自由处分权。

由以上大概可以得出父亲的处分行为即使没有儿子的同意也被视为完全有效的，无疑是正统的，而且大概是相当普遍的中国人的法意识的结论。这一结论和历来多数学者的见解也是一致的。

上述结论，并非含有对于父亲的处分行为儿子通常完全不参与这样的意思，这是不用反复说的，但儿子即便作为买卖的名义人，和父亲同时签署自己的名字的情况也并不是没有。像那样的字据的实例也能看到不少。[25]不过这一事实对前面的结论来说也并不构成妨碍。也有儿子联署的事情这样的情况，绝不是直接意味着儿子联署是必要的——即缺少这一联署将成为契约文书的瑕疵——这种含义。当然因为是广阔的中国的事情，所以不能断言不管哪里都不存在有把父子的联署视为必要的那种习惯的地方，然而，别说具体的可以作为立证的，哪怕能暗示一下的那样的资料在实际上完全没有被发现。[26]不仅如此甚至还有像以上所提的黄干的判语那样，由于对不必要的父子联署感到奇怪从而判定这些 163
是伪造的例子。和同为南宋判语、其中能看到的“如果兄弟没有分割家产，兄弟应该共同订立契约文书”这样的话语一比较（后述236页），兄弟需要联署、父子不需要联署这样的原则性的对照，也是不能否定的，《台湾私法》所发表的“在处分家产时用家祖的名义，不需要继承人及其他家族成员的联署”这样的意见，可以说是真理。

还有想要把儿子的联署这样时常见到的现象，仅仅从对父亲的意志给以制约的一面加以解释的做法，也不是没有问题。一般对土地强烈眷恋着的中国人，照理不会喜欢通过自己的手卖掉土地，从而，比方说父亲已经年老，家计完全由儿子们维持的情况下，即使存在不得已给提议想要卖掉土地的儿子以许可的情况，要父亲亲自说出需要卖掉以前安身的土地等等这样的话，实际上几乎不能被考虑。

> 土地的买卖如果老人家在的话必须商量。因为土地等等是老人家传下来的东西，所以若不声不响地卖掉，以后老人家也许会伤心的。（说好在卖地的时候于文书上写奉父命、奉母命。父母如果没有了就写自己的名字）（惯Ⅴ62页中段）

以上农民所作的应答正好说明了那样的情况。像那样的场合，秉承父亲之意，以及将秉承父亲之意的事情明记在文书之上的做法是必要的，不过，父亲本身大概通常并不亲临文书制作的现场。[27]在江西省新建县，报告了由买方特意为到现场来署名的卖方的老父母，奉上称为“主卖钱”的报酬那样的习惯。[28]这也表明老人不是买卖事务的核心人物。这种场合，担当买卖实务的儿子添上父
164 亲的名字后，也连带着写上作为实质的责任者自己及兄弟的名字，并非是特别不自然的。[29]但是由《台湾私法》来看的话，父亲死亡后儿子们卖土地时，或是用全体兄弟的联名，要不就是用亡父的名义。[30]更何况如果父亲在世，即使买卖事务一切都通过儿子来处理的场合，也必须考虑，名义上单纯地使用父亲的名字的事情当然也是可能有的。并且完全没有听到过以没有儿子的名字这个理由，说这些日后会构成争议这样的话。要而言之，必要的署名是父亲的名字而不是儿子的名字。[31]

借债 作为与不动产的换价处分有并行关系的事物，还要考察一下关于借债的问题。这是因为，在旧时的中国那样的前近代的社会中，卖掉不动产和借债一样，都是为了纳税、诉讼事件、婚礼、葬仪以及其他一般的生活费不足等等当下难以避免的费用筹措，而被迫经常采取的方法；而借债与卖掉不动产一样，不外乎都是坐吃山空地消耗家里的资产积蓄的行为。

有一个关于借债的有名的法谚：

父欠债子当还，子欠债父不知。

这是在江西省萍乡县的惯习报告中所见到的谚语，[32]虽然字句多少有些出入，但同样旨趣的谚语在许多地方报告了它的存在，并且

在历史的文献中也常常能见到，可以认为是具有充分普遍性的谚语。[33]

不言而喻，这一谚语必须以同居共财的家族制度即父亲和儿子不是拥有各自的财产而是一个家产的基础上共同谋生的情况为背景来加以玩味。所谓“父的欠债子当还”，一方面，作为“承继”那样必然的也是包括性的继承样式的逻辑的归结也能加以说明；如果从另一面来看，所说的父亲的负债，无非是父亲使家产之上负下了债务，儿子如欲留住同一家产——其实除了留住也没有别的方 165
途——应该负有偿还的责任。所谓“子欠债父不知”，并非意味着对儿子的债务父亲不负有连带责任，而是带有可以否认儿子造成的负债的存在那种事的这样的意思。原因是，在同居共财制下，儿子原则上不拥有自己的财产一类的东西。负债在原则上除了从家产中支付外没有其他的支付之道。而且父亲一旦对这样的负债说“不知道”的话，在道理上就成了债权人从任何地方也不能要回欠账。也就是说，应该成为负债的抵押的财产，在不是个人财产而是常常作为家产存在的这样的情况下，父亲拥有使这一家产负下债务的全部权能，并且只有父亲拥有这样的权能，这就是那个法谚所要表达的。

在以上的谚语中显示出的原则所带有的实效性大概达到什么程度呢？首先可以认为“父欠债子当还”的原则被人们承认没有问题，而例外则几乎看不到。即使在华北农村的惯行调查中许多的回答，在这一点上也差不多完全一致，如：

“父亲借钱之后死去了的情况下，不管父亲的借款怎么多

> 儿子也有责任还吗？＝有责任还。”“要是父亲留下许多借债的话不论怎么劳动不是都没有指望了吗？＝儿子们不能够说不知这些借债。”“分家的时候借债也均分吗？＝是的。”（惯Ⅴ453页上段；内田180页）

尽管是“父亲暗中借的债”、“因为赌博或嗜酒而欠下的”，儿子负担的情况也被看作是“不得已”。[34]在其他地方的习惯里，还存在没有偿还能力的债务人死亡后，债权人会借对方家道稍有好转之机向债务人的子孙提出清偿债务的情形，这被称为“子孙债”，甚至不仅是其父死后，就连其父老了以后也可以无条件地向儿子要求负债的偿付，诸如此类的例子散见于习惯报告中。[35]父亲在生前进行家产分割的时候，决定将负债完全分给儿子们负担的事情也被认为是常事。

166 “即便借债很多也有分家的吗？＝有，由兄弟分债务。”“父母不分担债务吗？＝父母不分担，因为已是老年，所以兄弟分担。”（中略）“的确存在分家时偿还债务的情况，将分家的事和家长（父）商量，父亲会谈到：你们如果还债就不用卖土地而分家，但如果还不了债，就要卖掉土地还债，等等。如果说兄弟有责任的话，那就改写（另立字据、换字据）为让兄弟承担责任。”（惯Ⅰ273页中段下段）

还有在别的借债比财产还多的分家的实例中，应答者说：父母对借债完全“不承担了”。[36]

尽管与留下来的资产相比负债非常多而将来偿付又难以预料，像继承的限定承认一样的事物，作为法制度也是不被承认的。如：

> “借债五千元、财产留下一千元的场合，能够说只偿还一千元债务，剩下的不还了吗？＝那样的说法不会被同意，但实际上也许不还了。”（惯Ⅳ82页下段）

理所当然地，应有某些适当的人物居中说和，在债权者们预测将来也不可能偿付而答应下来的场合，通过类似破产的手续，对正负两方面的遗产加以清算从而将负债一笔勾销的事，看来也并不是没有。相当详细地谈及这类程序的农民的话语也能看到。[37]

与上述情况相反，“子欠债父不知”的原则在现实中起着怎样的作用就很难简单地说清了。关于这个问题，在关东厅的法庭上由许多鉴定人所作的多多少少有细微差别的陈述中，若举出其中最完整而且在承认“父不知”的原则这一点上最强烈地表达出来的一个鉴定意见，就是如下的内容：

> 在中国的谚语里有父拉子得还（父亲的债务儿子必须还）、子拉父不还（儿子的债务父母不负担）的习惯，以下是为 167
> 区别父子的债务而作的鉴定：
>
> 对于父亲的债务儿子的责任
>
> 1. 对父亲的债务，儿子有绝对负担的义务，但兄弟分家之际，明确记下父亲的若干债务由谁负担，在这种情况下，由

其指定者负担是当然的。

2. 没有前项的规定,并且在分家后由其父亲所引起的债务,应当由现在有扶养父亲义务的人负担。

对于儿子的债务父亲的责任

1. 对儿子的债务,以父亲没有绝对负担的义务为原则,但在以下场合有赔偿的义务。

2. 父子同居的场合,对于儿子得到父亲的同意为了家庭而欠下的债务,父亲有赔偿的义务。

3. 父子同居尚未分家时,且父亲委任几个儿子中一个适当的人管理财产和处理家事、俗称当家的即家事总支配人的场合,对于其当家的儿子所从事的买卖、借贷等,父亲有赔偿的义务。

4. 父子同居尚未分家的场合,父亲以自己的名义经营商业,因生病或事故自己隐退而让其子处理店务,因经营失败连累到他人的场合,其债权人始终可以要求其父亲赔偿同时其父亲不得回避其义务。

5. 作为前述各项的例外,儿子诉讼的结果确定应该偿还债务后,为使其还债,按中国法要受到监禁的时候,也有父亲出于对儿子的爱心代为其子偿付的事情。

其他像父亲出于不得已偿还放荡儿子所欠债务的事情,在世间也有很多,纵令父亲并非有支付的义务,仅仅出于父亲对儿子的溺爱或受到社会道德的牵制,也会出现这样的结果。[38]

关于父亲的负债方面儿子的责任，在此也只限于注意到无条件地加以肯定，而反观儿子的负债时，就父亲的责任而言，虽然作为原则来说视为没有责任，但在下列两事上有所保留，并不是单纯地以“父不知”就能对付过去的。如：

（1）在特定的场合，应认为也有法律上的责任（2、3、4）。

（2）即使在没有法律上的责任的场合，为了把儿子救出苦境以保住做父亲的面子，自发地支付债务的情况也很多。 168

而且，在确定应认为也有法律上的责任的范围时，仅限定于父亲个别的承认或是一般有委任的场合的以上鉴定人的见解，似嫌失之稍狭。例如在有关商业方面：

> 家属以自己的资金经营商业造成损害的场合，其户主或父亲有必须偿付其债务的义务。因基于商业的负债为**正当的负债，不论与其家有无关系**，对此都有应该支付的义务。[39]

如上所说，不限于代管父亲的商店的场合，对一般因儿子经营商业所产生的负债来说，认为父亲（即家产）有责任的看法居多，[40]估计大概是基于以下的认识，即想必因商业是正当的事业，尽管父亲没有承认至少也是在他的默认下经营，其收益成为家产的利益所得，所以其欠损也必须由掌握家产的父亲负责任。因而如果一般来讲：

> 债务有必要考虑分成两种，其一为正当行为所欠的债务，例如由于生活上的必须而负担的债务或为了事业而负担的债

务，在这种场合，家长或尊亲属有支付的义务。其二为基于不正当行为所欠债务，例如因赌博而产生的债务，因游荡的结果所产生的债务等等，在这种场合，家长或尊亲属没有支付的义务。〔41〕

如上所述，父亲应不应负责任，要根据儿子的债务是不是为了**正当的用途**来辨别的。更有把原则和例外颠倒过来的发言，如：

在当地的习惯上，儿子负担了债务时，同居的父亲有必须支付的义务。

但因吸食鸦片、赌博等原因而负债或者放荡费等不正当的债务，则认为没有必须支付的义务。

169 鉴定人没有听到过以下这种事，即：在中国有不必由同居的父亲偿还儿子所欠债务的习惯的地方。〔42〕

而且可以说这些也是在关东厅法庭上所见的鉴定意见书中许多人的看法。〔43〕作为其他地方的习惯，在湖北省诸县提交了大致如下的报告：

郧县：在父子分产以前儿子在外面所造成的负债，不能向其父索讨（要求还债）。

五峰县："子欠父不知"是限于儿子已经长大成人之后在外面所欠下的债务，未成年的儿子在外面负上债务，可以向其父说明后索讨。

> 竹溪·麻城县：限于用途正当的场合，可以向其父索讨。否则的话，如果不是经过父亲的承认之后借的债，不能向父亲求偿。
>
> 兴山县：不管用途正当与否，经其父承认后才能向其父求偿。[44]
>
> 谷城县：父子分产前儿子的负债，须先请人向其父婉商(心平气和地交涉)，经其父承认，才能向其父索讨。
>
> 通山·广济·京山·巴东四县：同前。
>
> 竹山县：如果儿子的负债是由于正当的用途，经其父承认后，就变成有效的了。如不是正当用途，其父不负责任。
>
> 潜江县：儿子的负债如果是由于贸易折本或正项用途，能够向其父索讨，但父亲承认之后才能索讨。[45]
>
> 汉阳县：父子分居前，儿子在外面所欠下的负债，可以直接向其父索讨，不一定需要等待其父的承认。[46]

以上是由各地不同的调查员送交的极为简要的报告，虽然读来觉
得各地的习惯是多样的，但与其说这些直接显示出实体上的差异， 170
不如说更多地可以归因于各个调查员掌握的方法及表达上重点的设立方式的差异。考虑到这一点，若不是试图不适当地作出苛细的分析而是通观其概略，那么在这里仍相当显著地意识到，儿子借款的用途正当与否是作为区别父亲责任的有无的标准，以及还可以看到尽管本来是父亲没有责任的场合，也有不少经婉曲地说明后使父亲承认责任这样的事情，在华北农村也是如此：

> “到北京去的你的儿子在外瞒着你借了一百元钱的场合，你可以说不知道吗？＝如果有字据的话不能这样说。”“你必须偿还吗？＝是的。”（惯Ⅴ457页上段）
>
> “孩子的借款由家长偿付吗？＝孩子不能还债时由家长偿付。”“不偿还不行吗？＝不还对方不会答应。”（惯Ⅰ272页上段）

一般来说，父亲不能说不知道儿子的债务这样的看法，在上述的资料中强烈地表达出来。可是，一旦父亲听说是因为不正当的用途而借的债，事情就显得有些微妙了。

> “家里的人有不和家长说就借钱的事吗？＝有。”“都是在什么情况下？＝赌博一类等使用钱的时候不作声地偷着借钱。”“中林（应答者的儿子）没有和你打招呼就借了五百元钱的话怎么办？＝我的孩子不会去做那样的事情，如果借了的话当然要还。”“家中的人如果借了别人的钱，家长必须为他偿还吗？＝是的，因为是一家子。”“家长不能说‘我不知道吗’？＝谁都不希望自己的孩子变成坏人，责任在家长。”（惯Ⅲ149页上段）

正像在这些应答中所看到的那样，因不正当的用途而借的钱，即使“必须偿还”，也未必是作为法律上的义务，而是从“不希望儿子变坏”来看待的。瞒着父亲借了为了挥霍用的钱等等是不良子弟才做的事，当这样的事暴露出来的时候，父亲如果说不知道的话，大概儿子就会被人称作品质不良，暗中或公开的债权人还会加以迫害。甚至还可以推测这样的事情也是丢了家人的脸，为了避免这 171
种情况出现，父亲只好代为承担替儿子还债。[47] 的确可以说这是“对儿子的溺爱和受到社会道德牵制的结果”（前揭 167 页）。有时，如果是遇上多少有些严厉的父亲的话，将出现以下的情形：

> “孩子瞒着做家长的父亲借了钱的场合，家长必须偿还吗？＝当时不偿还，但结局会偿还。”“所说的当时不偿还是意味着惩戒孩子呢？还是有其他的理由呢？＝为了惩戒孩子。”（惯Ⅳ93 页下段）

像这样暂时让孩子尝到处境困难的滋味，促进其反省之后，推测结局也会变成圆满的解决。

但是另外还有一种把游乐费借给别人家的儿子，而其实贷出方也并非是光明正大的行为的笨办法。元代有这样的弊风：流氓无赖有时引诱富家的子弟，以额面达到实际借款额十倍的借用字据作为交换借给其玩乐费，然后大家簇拥而上一起将这笔钱花光，等到富家子弟的父亲一死，便拿出原先的字据催促其还债。[48] 为了取缔这样的事，曾规定了禁令：

> 尊长在日，卑幼不得私借钱债及典卖田宅人口，财主亦不得与富家通同，借与钱债。如违，其借钱人并借与人、牙保人，一例断罪，及将原借钱物追没入官。[49]

不仅元代有这样明文规定的法，大概可以认为不论在什么时候，官宪都会持取缔的态度。因而，“受社会道德牵制”的父亲也不一定常常被要求全额支付。

172 “儿子想要向他人借钱时，和父母中的任何一位商量后才能借吗？＝是的。”“借的钱用完了而被对方催促返还的场合，可以说由父母替我还吗？＝不能这样说，债权人不会去向父亲收债。”“债权人如果和父亲是同村人或友人呢？＝父亲会替儿子还债并请他们今后不要借给儿子钱。”“金额相当大的场合，父亲自己不知道，孩子可以说等到将来会偿还的话吗？＝债权人若是友人或亲戚的话就不能拒绝。”“如果是不熟悉的人呢？＝债主如果是不认识的人也可以不偿还。”“债主若起诉的话，是告儿子呢还是告作为家长的父亲？＝告儿子。”“即使知道儿子没有还债的能力也要起诉吗？＝是的。”“如果儿子在诉讼中输了，由儿子出钱还是由儿子的父亲、祖父等出钱还债？＝父亲或祖父出一半儿左右的钱。”“剩下的怎么办？＝到此为止，剩下的不还了。”（惯Ⅴ459页上段）

如上所述，债主不能从正面向父亲请求，如果父亲也因贷方是没见过的不了解的人而没有必要担心会丧失友好关系，就会反过来指责对方的不是，到了最多不过是半额程度的妥协时，也就差不多算是最终了结了。

和元代资料中所见到的借给儿子钱而等到父亲死了再要账的同样的弊风，在较近的时期所提出的有关习惯的报告中也能见到。

例如在山西省潞城县就有：

> 富家浪费子弟，因有父母执掌家务，挥霍难于得资，往往在外私借钱债，订明俟其父去世，带上孝帽时节，本利清偿，以带孝帽时为偿债之期，故俗称为“孝帽债”。[50]

这一报告之外，可以看到在若干地方以“孝帽账”、“麻衣债”、“听响还债（如听到葬仪的鼓声就要还钱）”等等一类的名称流行着同样事情的记载。[51]而且不仅限于借钱，还可看到这样的报告：有一个 173
富家的儿子将家里的土地以“除父母管业（暂时仍掌握在父母手中不动）”的附带条件暗中出卖来充当挥霍的费用。[52]这类事情从元代的禁令或华北农民的话中推想，如果发觉的话，资金提供者可能会受到官府的制裁，而且事情也将发展成为具有如下的性质：即使收回已提供的部分资金这件事在某种程度上变成无效化，那也没有办法。[53]像这样亦带有风险性的事，或许原来放荡的儿子与对方之所以能成交，是因为当然答应了付给极高的利息。[54]

将以上内容加以综合，大约可以得出以下认识，即“子欠债父不知”的法谚的确表现为一个有实效的法原则，但是援用这一原则滥用权利的情况是不允许的，如：第一，父亲事先予以承认或得到父亲委任的儿子负上债务的场合；第二，可以认为有父亲的总括性承认的场合，例如儿子经营商业而产生的负债；第三，可以合理地推定父亲不得不予以承认的场合，例如离开家的儿子在所去的地方为了支付生活费而借款等等情况。在上述场合之外，——所谓之外是指儿子为挥霍游乐而借钱的情况——父亲就可以援用“父

不知”的原则而拒绝偿债。而且问题会因种种社会的考虑的交错所达成的妥协而得到解决。由此可以归纳道：儿子的负债被认为是家产上的负债这件事，必须基于父亲的或明显或默许的承认。这些也能够和按照“父欠债子当还”的原则父亲的债务无条件地成为家产上的债务这件事联系起来考虑。一言以蔽之，能使家产上负有债务的仅仅是父亲的意思表示，而且只有以父亲的意思来表示才能算数。

174 三、围绕家产分割的父的权能

实现分割的权利 家父在世时也可以进行家产分割的事前面已经述及，但这种时候的分割这样的法律行为是根据谁的意思表示而成立的这一问题，与换价处分的权能问题一起，或许成为解明家产所有关系的一个重要的关键。

唐、明、清等历代之律以刑罚来禁止子孙在祖父母、父母健在或其死后服丧未满期间别籍、异财的行为。[55]上面所说的别籍就是分立户籍，不管根据谁的意思一概被禁止，这些作为公法上的问题暂时搁置一边，[56]那么，异财即私法上的家产分割，如依祖父母、父母之命而进行则不在禁止之限。即便从唐律里作为公权的注释即律疏的文字内容来看，这些也是很明显的。[57]到了明清时，在律外特设了条文，不容置疑地规定了这方面的内容：

> 祖父母父母在者，子孙不许分财异居，其父母许令分析者听。[58]

在这样父子同居的家里，家产分割视为必须依据父亲的意思（无论是命令还是许可）是立法的一贯态度。而且即便没有立法，人们也认为是当然的事。在关东厅的法庭上鉴定人说：

> 父亲在世期间儿子不得向父亲提出分家的请求。[59]

华北农村的农民也是这样回答的：

> “长子希望分家而次子不希望分家的场合，是否会分家？ 175
> ＝谁一提出要分家，就证明家庭不和睦，所以会分家。”“儿子希望分家而父亲不赞成的时候呢？＝那就不能分家。”（惯Ⅳ 70 页上段）

此外也有说到“父母在世期间儿子如果希望分家的话，带着妻子走了更好”。[60]像这样父亲能够拒绝孩子们所提出的家产分割的要求的事情，与下一节所要表明的父母死后、兄弟作为权利相互可以提出分割的请求相比，成为显著的对照。

不过，即使在这里，法的权利和事实的力有时纠结在一起。孩子们有了合适的理由让适当的亲戚帮自己说话，即使作为父亲也只好站在不能加以拒绝的立场，分家的事有时还成为儿子面对有浪费癖的父亲的唯一的救济手段。[61]但这也不是在制度上受到保障，推断决定分割的最后权利仍在父亲那里的看法，大概是妥当的。

分割的比例　在家产分割上兄弟均分这样固定下来的原则是

众所周知的事情，但是在父亲生前自己主持家产分割的场合，受不受均分原则的制约呢？这个问题必须分两个问题来考察。第一就是，即使在这种场合，也存在有无必要使每个儿子取得分相互均等的问题；第二是父亲本身也存在是否限于作为家的一员受均分原则的支配取得和一个儿子份额同样的数额，或者即使不是和儿子均等也存在是否服从某些定率的得分的规则的问题。这是两个完全不同的问题，不可混同。[62]第一个问题——答案是肯定的——暂且放在后面再谈，而如果说到第二个问题的话，回答显然是否定的。

当家产分割之际，以给父母“养老”、“养赡”等等名义保留一部分财产是自古以来一直实行的办法，[63]多数是将特定的土地指名为养老的土地而称作“养老田”或“养老地”。一般来说或许可以将这样的财产称为养老份。可是关于这一养老份的比率，首先在历代的立法中完全不存在这样的规定。[64]不仅如此，在惯行调查中
176 也写道：

> “分家的场合，兄弟二人的田地和父亲的养老地的比例是怎样的？＝没有一定的比例，如果只有母亲活着母亲也会要求保留一块养老地。”（惯Ⅳ92页中段）

如上所述，没有确定的比率这一点被积极地表达出来。还有：

> “儿子分家的场合，父母通常或者一定保留自己的财产吗？＝不一定。也有把财产全部分给儿子的情况。”（中略）

> “父母保留的财产是多少呢？＝不一定，既有比儿子多的时候，也有少的时候，无论多少都能保留，一般来说保留的不太多。”（中略）“父母可以把全部财产都保留吗？＝（作为权利）可以，但普通情况下不那样做。”“父母保留之后剩余的财产由儿子分吗？＝把剩余的平均分给分家者们。”（惯Ⅰ242页上段）

以上这些回答表明，留还是不留养老份已经是不定的了，[65]而且还有另一种更极端的甚至可以将全部财产作为养老份的情况。[66]也就是说，养老份的比率当然可以从零到百分之百，怎么样都行。

那么，说到在一个个的场合由谁来决定具体的份额，有一个给三个儿子分家的农民是这样应答的：

> “将作为养老地的十五亩分给孩子各五亩是由谁来决定的？＝我自己决定的。”“和谁商量吗？＝不商量。”“和中间人也不商量吗？＝没有商量的必要。”“不问一问孩子的意见吗？＝没有问孩子的意见。”“这样分土地时孩子没说过有什么不服吗？＝因为本来就没有什么，所以他们不能说出不服。”“有没有一点儿也不分给儿子土地而全部作为养老地的事情？＝有。”“在本村有这样的例子吗？＝没有。”（惯Ⅴ101页上中段）

正像以上所说的那样，这是只要父亲单方面决定就可以的事情，不管保留下来的是如何多，最终儿子方面也不能表示不平。[67]而且

作为理由所表示出来的“本来也没有什么”便是一个值得深加玩味
177 的话语，其意思大概是在说：本来就没有什么东西可以说成是儿子的东西。确实，所谓的养老份，无非是使从前扩及全部家产的父亲的权利部分地得到保留的东西，而不是根据某种新的权利设定而初次产生的东西。家产分割中取得新权利的纯粹是儿子们。从而分家单只是根据儿子数制作并由每个人作为证据而保持的一套单据。其中父亲应保持的那些财产的分家单绝不会制作出来，究竟哪块地作为养老地只在儿子们保留的分家单中加以注明和记载。[68]而且这种注记在理论上也单纯是为了更加慎重起见而记下的，即使缺少这些也不影响父亲的权利。

> “父母留养老地吗？＝留。”“分家单中不写上吗？＝没有写上。”“另外写了一份养老单吗？[69]＝没有写过。”“弟弟的分家单上写着吗？＝没写着。”“为何没有写呢？＝没有分给兄弟二人的土地都是养老地，所以没有必要写。”“父母留了多少养老地？＝十亩。”（惯Ⅴ86页中段）

正如从应答中所了解到的那样，[70]可以推想，除了这里明记下来给了儿子的东西以外，其他全都为父亲所保留。

由此而论，关于养老份的比率，是不存在什么理论上的原则的，但作为最大的倾向，若查看普通情况下保留的部分实际达到什么程度时，时常因保留的养老份占有相当大的比率而引人注目。可看到这样的报告，在福建省浦城县相当于所有儿子取得的份额总数的一半左右；[71]在甘肃省古浪县，相当于一个儿子取得份额的两倍左右。[72]此外，在华北农村的惯行调查中，可以见到以下实例，如：亲生子和义子各十九亩，剩下的四十二亩作为养老地；[73]又如：有十九亩土地，作为母亲养老的十亩，二男和三男将其余九亩均分，长男取得家屋；[74]又如：将旱地三亩、菜园二亩作为养老地，四个儿子各分得半亩菜园[75]等等；作为答复假定的设问的内容，得到如下的回答，“如果有五十亩的话，二十亩作为养老地，（两个儿子）各分十五亩”；[76]又如在有十亩地、家中有父母亲和两个儿子的情况下，“父母五亩，两个儿子五亩”；[77]如果田地二十亩，有父母和三个儿子，则为“父母亲五亩，剩下的三人均分”；[78]当田 178
地有二十亩，有父母和两个儿子的情况下，养老地普遍为“十亩左右”；[79]又如田地二十亩，若有父母和三个儿子时“父母分十亩，由兄弟三人分十亩……（或者）……父母五亩，兄弟各五亩”；[80]当有十二亩田地，如有两个兄弟及其父母，“每一个兄弟分到二亩左右，其余的归父母，也有不分的情况”；[81]如果有二十亩地，三个儿子如果分家，父母的养老地为“十四亩”，但如果只剩下单亲的情况下为“十亩或八亩”[82]等等。[83]而且作出最后这个回答的农民还有以下的问答：

“兄弟三人各五亩，父母五亩这样的事情有吗？＝没有。因为儿子年轻能干活所以少一点也没关系，父母因年老不能劳动所以多一些。如果父母死了，三个人能分养老地。”（惯Ⅰ 254页上段）

这一回答中所说的“父母因年老不能劳动所以多一些”的话意味深

长，这些话表明，对于父母来说，可能的话留下土地仅以财产收入就足以过日子，这正是养老地制度的旨趣。从中带有只要留下土地就意味着绝对量不会太少的性质，因而，应分的家产数量小的时候，其中所占的养老份的比率自然而然地就要高了。

> “有两个兄弟、一个妹妹和父母时，养老地的比例大约是多少？＝尽可能留下够父母度日的，剩下的由兄弟平分。”“只有三亩土地的时候怎么办呢？＝三亩土地全部作为父母的养老地，兄弟没有分地的份儿。”（惯Ⅰ295页下段）
>
> “在田地非常少又要分家时究竟怎样分呢？＝一般是尽管少也平均分。怎么也没有办法分的情况下，留给父母作为养老地，自己以其他办法谋生。”（惯Ⅳ70页上段）

像这样应分的土地极端地少的场合，全部当做养老份以致儿子们
179 没有可分的东西的情况，不仅在理论上而且在现实中都是可能存在的。若反过来说，自然也会出现“田地（即家产的总额）越多，养老地所占的比例越少”这样的情况。[84]

要而言之，所谓的养老份，是随父母的心愿、优先留下足够养活父母的财产那种性质的财产。留下了养老份，儿子们分剩下的财产时，为后述的兄弟均分的原则支配，虽有父亲的意思但也不许采用明显不公平的分配方法（190页）。还有父母死亡、支出葬礼的费用后仍剩下的养老财产，还应该再次均分（270页、280页）。兄弟们相互之间存在着难以侵犯的权利的对立。然而这些兄弟作为儿子，在相对于父亲的关系上，是不拥有从权利来说所能够主张之权。

儿子的逐出　正如前面的论述所表明的，父亲自己可以保留任意数额的养老份。能够令儿子们分家意味着，当家庭出现不和或有这种兆头时，父亲为使自己的立场不被侵犯，以全都转嫁到孩子们一方的形式来作为解决这些矛盾的手段。但是还有父亲在这样的场合也可不必诉诸分家的手段，而只将导致不和原因的那个成问题的儿子（如果是儿媳的话就与儿媳一同）单纯地从家里驱逐出去。[85]在惯行调查的报告中见到的以“赶出去”、“扦出去”、“打出去”、“哄出去”、“轰出去”等等一类的用语所表达的，就是指的这件事。在报告中还能见到与这些有关联的“另过”、“单过”的词语。与“赶出去”相比较，“另过”不仅限于被断然赶走，还包含有在父子协议的基础上出去，或者由儿子一方所表示的要跑出去的意思，可以说是一种留有余地的用语。[86]然而这只不过是语感上的差异，结合事情的性质如果直截了当地说，被“赶出去”的儿子的生活状态无非是“另过”。[87]关于这样的“赶出去”、“另过”的法律上的性质，特别是和分家的不同之处，是这里想集中论述的问题。[88] 180

所谓分家，是指断绝了同居共财这样的法律关系的行为，而明显不是指住居的分离问题，这是在前面刚刚论述过的（84 页）。与此恰恰相反，“另过”则是表示一面存在与从前一样的法律关系，一面又明显能看到居住、吃饭等日常生活处于分离状态的用语。

“如果不分财产就不叫做分居（在此处与分家同义）吗？＝是的。”“住在同一所房屋分财产的时候叫做什么？＝叫做

分家。"(惯Ⅰ229页上段)

这样说来,即便仍在同一套房屋住着分家也可以成立。与此相对,

"分家和另过有什么不同?=另过是指没有分家住在别的地方。""住同一个院子时也叫另过吗?=不,在同一个院子不叫另过。"(惯Ⅰ269页上段)

如上所述,围在同一个院落继续过日常生活是不能称作"另过"的。[89]还有:

"如果赶出去的话,还能在那个村里住吗?=住也可以,但是不能去父亲那里。"(惯Ⅲ149页中段)

由此看来,不能跨进所谓家的阈这样的关系,成为"赶出去"的本质性的要素。从而,与分家必须兄弟同时进行、其中一人不论如何幼小也无妨的情况相对(前述82页),如所说的"幼小的儿子不会被逐出"、"尚未结婚的人没有另过的"等等,[90]对于那些如果不是达到离开家也能够自己生活的年龄的儿子,是不会被赶出去的。而且兄弟应同时被逐出那样的制约不用说是不存在的。[91]

逐出儿子之际,父亲没有必要给与儿子什么财产,[92]不过,也不是没有那种恩惠性的、让他带走若干为了自己生活的资本的情形。可以见到如下的实例:"因为也许无法生活,所以让其干一些放脚(去找运输一类的营生兼有流浪之意)的活计以维持生活"而

给与驴马一头，[93]或是“父亲借给七分(0.7 亩)的土地”，[94]或作为“被逐出后得到家长送给的一点东西”而得到“一二亩左右”的土 181
地，[95]等等。像这样分与的财产其法律性质如何？说起来，这些当然是“借给”的东西，并非为儿子所有。[96]一如既往，这些要留作同居共财的家产，与分家时必须要有分家单的情况不同，此时是根本不制作文书之类的字据的。[97]因而

“在卖掉那块土地(逐出时分与的土地)时，必须和原来的家长商量吗？＝不能卖那块地。”(惯Ⅳ111 页下段)

“另过的时候分给的财产没有比例吗？＝同样的(兄弟同时另过的时候，分的方法和分家同样之意)，还允许佃耕，但不许卖。”(惯Ⅰ272 页下段)

由这些应答可以看出，被逐出的儿子对分给的财产只能用益而不能处分。其次，不仅家里给与的财产而且如果被逐出的儿子幸运地在外面赚得了财产的话，这些财富在理论上仍不属于他本人所有而算作家的财产。如下面的问答：

“他(被逐出的儿子)用在其他地方赚来的钱买了土地时算作谁的财产？＝当然算作父亲家的财产。”(惯Ⅳ70 页上段)

同居共财的法律关系只是一时停止，基本上不是被切断。因而，一旦被逐出者适当地赔礼道歉的话，不论什么时候都可以再回到家

里。[98]不仅如此，如果父亲死亡，正被驱逐的儿子也可以为了参加葬礼回到家中，然后或是和家里留下的弟兄们恢复同居生活，或是和他们一起进行家产分割，而且此时的分割方法仍是均等的，不会因为被逐出的事而受到不利的影响。

> “哥哥分给另过的弟弟财产，还是不分给？＝如果父母没有了，就回到原来的家参加父母的葬礼，为父母送葬的仪式结
> 182 束后均分家产。”（惯Ⅰ269页中段）

多数的回答在这一点上完全一致。[99]而且，即使假设父亲死后的继母拒绝曾经被逐出去的非亲生子回来并参与均分财产时，也回答“不能做那样的事情，村里人也不容许”。[100]以及说到被逐出的哥哥和在父亲身边过日子的弟弟时，“必须兄弟二人来分”父亲死后家里的土地[101]等等。在这些极为肯定的话语中，可以看出关于这一点的法意识的坚定。

要而言之，所谓“赶出去”，可以说指的是法律关系和从前一样，但又只限于涉及当前的日常生活与家产切断了联系、强制其在外自己生活的行为，作为其结果的“另过”是不准马上回家——从而既不能使用家里的收入相应地也不能期待家里的支援——的在外闯荡的状态，在不是从法的角度由家中排除或和家里绝缘这一点上，与我国的勘当*有本质上的差异。在罗马法中，让家子从家里独立的行为有弃权（abdicatio）和脱离父权（emancipatio）两种，

---

* 意为断绝父子关系。——译者

前者是实现单纯的事实上的独立，后者是实现法律关系上的独立（即从家父权下解放），以前都是制裁的意味很强的行为，但据说后一种脱离父权成了带有恩惠性意义的做法。[102]中国的“赶出去”恰好相当于这里的弃权，而父亲生存期间的分家也许可以说与脱离父权多少有些类似。[103]

另外，这个“赶出去”只能是由父祖对子孙采取的行为，在父祖死后，兄长对弟弟、叔父对侄子不能用“赶出去”的方式叫他从家里离开，下述问答中均表明了这一点：

> “另过是在父子之间还是在兄弟之间采取的行为？＝父子。”（惯Ⅰ269页中段）
>
> “轰出去指的是什么意思？＝指的是父亲将做了坏事的儿子驱逐出去。”（惯Ⅰ283页中段）

除了这些问答，即使看那些报告的实例也没有例外。这也是兄弟 183
相互有家产分割的请求权而父亲独掌分割之权的当然的归结。

> （作为分家的理由）“是由于婆媳不和吗？＝很少。假如孩子很听父母的话就不分家，但如果听妻子的话就要哄出去（赶出去）。”“有这样的例子吗？＝有。禹宽的儿子禹国祥（43岁）因妻子与婆婆不和而要求分家，但父亲不允许，结果给哄出去了。……”（惯Ⅴ486页中段）

正如在这些话语要所见到的，只有掌握拒绝分家的权利的父亲才能够把不听话的人从家里哄出去。同居的旁系亲之间如果难以忍耐不和的话，是应当进行家产分割而不能采用逐出的方式的。[104]

一个儿子的场合　以上场合考察的是在父亲有几个儿子的情况下，但是在儿子只有一个没有其他兄弟的场合又是如何呢？说起来在这种情况下不能分割家产。这不是所谓的由谁的意思表示来决定的问题，父亲和一个儿子之间的家产分割是概念上不存在的东西。如人们所认为的：

> “有一个儿子，父母和一个儿子的家族有分家的吗？＝没有。”“父母掌握养老地和儿子的家庭分开时那不是分家吗？＝不是分家。一个儿子的情况下全部都是父母的土地（没有例外全部都是养老地之意），如果分开住的话就是把儿子赶出去了。”（惯Ⅰ298页上段）[105]

当然，如同以上的问答中也提到的那样，逐出儿子的事情，即前述的赶出去或者另过等事情，在这种场合也是可能有的。在河北省良乡县吴店村也能见到那样的实例，即：

> “本家（同族）最近有分家的例子吗？＝去年有一件父子分家的事。但是这件事分家和不分家都一样。因为是一个父亲一个儿子的分家，父亲如果死了的话，儿子就会得到这些财
> 184 产的全部。”“即使一个儿子的场合也有和父亲分家的吗？＝有，分家的原因是父子感情不好，所以有分居的情况。”（惯Ⅴ472页下段）

在这里，答话者大都说成分家，但是，作为其实体，是一种连见证人都没有的"由父子二人商量后就分家了"、分家的字据也"不制作"的分家，并且当话题偶尔转到户数的问题时：

> "现在你的本家（同族）一共有几家？＝三家。""这三家是指去年分家的两户和你的家吗？＝去年分家的只能算作一家。""为什么算作一家呢？＝像这样的分家不是真正的分家，不过是由于感情上的问题做饭都分开了。"（惯Ⅴ473页上段）

应答者也在否认这是真正意义上的分家，即如果正确地说，这无非是另过。费孝通氏在长江下游流域的一个村落所作的调查中叙述道：

> 一个儿子的场合，大概只是在有严重争吵的情况下，他才会要求同父母亲分离，这种场合不过是意味着要求经济上的独立，这个儿子得到的份额不过是一时性的分配比例，所以并不重要。[106]

以上的内容也可以说表述了同样的事情，而且还有一个铁的规则：即使看到有关自古以来的家产分割文书的实例，也是关于几个兄弟之间的而找不到父亲和一个儿子的。

上述的事实表明，家产分割这件事，在它的本质上，是兄弟们相互之间的问题，而不是父亲和儿子之间的问题，换言之，父亲即使处在家产分割这样一种相克现象的漩涡中，也绝不是站在竞争的一个当事人的立场。

四、父的权能的制约

185 就以上见到的范围来讲，可以认为父亲的权利是全部而儿子的权利为零。但这只不过是事情的一面，在其他层面，存在着虽有父亲的意思但也不得为那样的情况。在此不要忘记，对于父亲的恣意来说儿子的权利是受到保障的。历来的学说中往往容易忽视这一面。

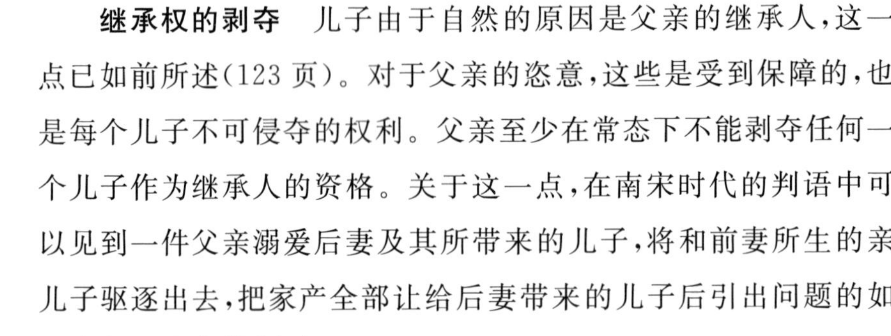

继承权的剥夺 儿子由于自然的原因是父亲的继承人，这一点已如前所述(123 页)。对于父亲的恣意，这些是受到保障的，也是每个儿子不可侵夺的权利。父亲至少在常态下不能剥夺任何一个儿子作为继承人的资格。关于这一点，在南宋时代的判语中可以见到一件父亲溺爱后妻及其所带来的儿子，将和前妻所生的亲儿子驱逐出去，把家产全部让给后妻带来的儿子后引出问题的如下应加以注意的例子：

> 《清明集》、争业、“随母嫁之子图谋亲子之业”中写道：“李子钦甫数岁，即随其母嫁于谭念华之家，受其长育之恩，凡三十年矣，其与嫡亲父子何异？而李子钦背德忘义，与其母造计
> 187 设谋，以离间谭念华之亲子，图占谭念华之家业。谭念华愚蠢无知，昵于后妻之爱，堕于李子钦之奸，遂屏逐其前妻所生之子，勒令虚写契字，尽以田产归之于李子钦，……据邻保所供，究实状，李子钦系戊辰年随母嫁谭念华，随身并无财本，前父

> 亦无田业。李子钦长成之后，亦不曾作是何生事，并系谭念华与之衣食，与之嫁娶，其母阿魏憎恶谭友吉兄弟，谗于谭念华，而逐之，止存李子钦在旁。凡谭念华之财物，则搬传与李子钦，田业则假卖与李子钦，至于屋宇之类，皆一并为李子钦所有，而谭友吉兄弟并不染指焉，此岂近于人情也哉。……揆之法意，无一可者，而李子钦乃欲以口舌争之，其可得乎？李子钦虽一村夫，而其奸狡为特甚，三十年包藏祸心，以毒害谭友吉兄弟，苟可以遂其兼并之图者，无所不用，其至使谭友吉兄弟不少知礼，则以不肖之心应之久矣，安肯逐之出外则安心于出外，勒之书契则俛首以书契，隐忍以至今日，而后与争哉？其意盖恐重伤父之心耳。及其父已死，然后有词于官，盖其势有不容已者矣。官司若不与之从公定夺，惑于李子钦之奸谋，以成谭念华之私志，则谭友吉之兄弟必将饥饿而死，谭氏之鬼不其馁而。……所合，将李子钦赍到契书十道，并当厅毁抹，送县行下本保，唤集谭氏族长，将谭念华所管田业，及将李子钦姓名买置者，并照条作诸子均分。李子钦罪状如此，本不预均分之数，且以同居日久，又谭念华之所钟爱，特给一分，所有离间人父子图占人家产之罪，却难尽恕，从轻杖一百。”

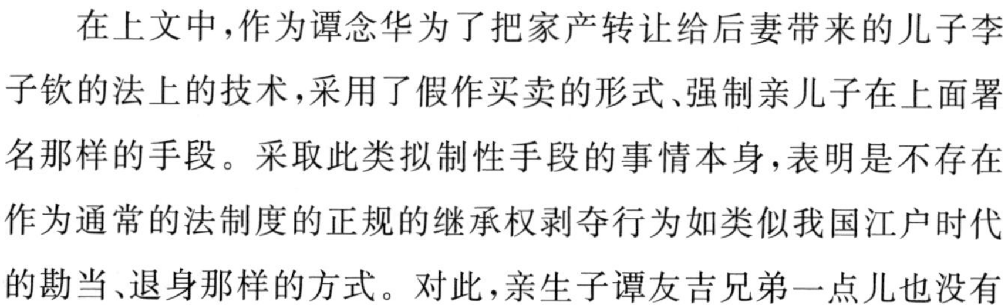

在上文中，作为谭念华为了把家产转让给后妻带来的儿子李子钦的法上的技术，采用了假作买卖的形式、强制亲儿子在上面署名那样的手段。采取此类拟制性手段的事情本身，表明是不存在作为通常的法制度的正规的继承权剥夺行为如类似我国江户时代的勘当、退身那样的方式。对此，亲生子谭友吉兄弟一点儿也没有抗争，这样做正如判语里也说到的，无非是因为他们懂得礼“恐重伤父之心耳”。如果从另外一面来说的话，法律承认父亲有极大的教令权，所以用严罚禁止儿子到法庭起诉父亲的事。随着这类诉讼的禁止，在父亲的教令权面前，像儿子一方难道就丝毫没有救济的手段了吗？这样的问题是历来容易被考虑到的，但事实不是那样。谭友吉兄弟等到父亲死亡后才到法庭起诉。而判决将父亲的
188 生前的处置斥为“谭念华之私志”，命令毁抹了视为无效的假托的卖契，改为在三个儿子之间应均分家产，也就是说，应该恢复谭友吉兄弟的继承权。[107]这一判决理由被详彻地加以说明，但归根到底，是以“谭氏之鬼不其馁”这一句作为结束的。即：有祭祀父亲以及直到父亲为止的各代祖先的资格的人，在这种场合只能是亲子，而异姓的带来的儿子没有这一资格。在与这些不可分的关系中，父亲的财产不管怎么少也不能少到不合理的那一部分，必须留给作为祭祀资格者的亲生子，这些是自古以来的习惯，与这一习惯相反的那些父亲个人的意思（私志）被认为应是无效的，这就是判决的论旨。[108]

以上的事例并非基于仅仅为某个时代某个审判官所抱有的特殊的见解，由出现在华北农村的惯行调查中的下面的问答也可以得到证实。

“家长的妻子和别的男人一起逃亡的场合怎么办呢？＝起诉不要了（离异之意）。”“一般来说，家长除出家族成员的场合必须通过诉讼吗？＝只有除出妻子时才这样，若是孩子的场合，不管做了多少坏事也是一家人，不能通过诉讼的办法除

出孩子。""假如孩子是盗匪做了坏事的情况下呢？＝通过报纸公开宣布'脱离父子关系'，或者由村长以书面的形式呈报（文书由父亲写，村长写的意见附在这份文书上，向县里报告），然后完全断绝关系。""其他家族成员的场合，也采用像'脱离父子关系'那样的方法吗？＝是的。""在这一方法以外还有其他除出家族成员的方法吗？＝没有。"（中略）"对于浪费者怎么办呢？＝没有适当的处置、没有办法。虽训斥但无论如何也不听话的情况下，仍是没有办法。"（惯Ⅰ244页上中段）

（后日，在对同一个人所提的问题中）

"家族成员触犯了家长权的场合会怎样呢？＝家长给以忠告并加以斥责，最后一次的场合是从家里驱逐出去。""这一方法是针对谁的？＝户长对其家族成员的。""被逐出者呢？＝仍然是家族成员。""仅仅是赶出去吗？＝是的。""能不能'除籍'呢？＝不能，即使是审判也不能。"（惯Ⅰ247页上段）

妻子如果有不良行为可以通过诉讼离异，但是，虽说孩子做了 189
坏事，在这里却没有除籍的方法，可以从家中的建筑物里逐出即"赶出去"，可是，这种办法正如已经弄清楚的那样，并不是招致法律关系上的变动的行为，尽管逐出去也"仍然是家族成员"。即使提起诉讼，也不能剥夺儿子作为家族成员的地位，换句话说就是父亲的继承人的地位。这些就是农民的法意识。另外在上述材料

中，也曾谈到存在“脱离父子关系”的手段，但可以认为，这是担心由于一个成员的犯罪使刑事责任波及家庭全体而采取的做法，带有较强的对外性的预防措施的性质。被宣告“脱离”的人，或许在家的内部关系上也并非失去了作为家族成员的地位。[109]许烺光氏在云南省的一个地方都市所作的调查中也曾报告说，作为对没有悔改希望的孩子的制裁，在理论上有剥夺继承权，而在实际上也有失去贞操的少女吃到这样苦头的例子，然而，“少年被剥夺继承权的例子，可信的证据至今没有在调查地找到”。[110]不过对做了违反名教的极端的坏事的儿子，父亲经过同族的议决加以永久性地驱逐，甚而至于加以杀害的事情并不是没有。[111]但是这些已经不是单纯的继承法上的问题而是应理解为动用私的刑罚权的问题，是非常事件，而不是以作为常态的如单纯的不和睦，或是不听吩咐或是担心荡尽家产等理由能够引发的事情。[112]还有由清朝的法来看，如果祖父母、父母因触犯（对长辈）把子孙扭送到官府请求处罚，官员是可以不必审理而仅仅采纳父母的意见，便决定将这个子孙判处发遣（这里的发遣指的是流配到中国内部的其他省）。[113]但是赶上恩赦的机会（这种机会不到数年必定会有）父母希望赦免的话将被允许回来，[114]还有就是规定当父母死亡时，如果在配所表现出真实的悲痛的话，可以赦免回家。[115]这些不管怎么说也未必是与继承权的剥夺相关联的事情。中国的这些情况，
190 与不存在我国那样的家继承的观念有较深的关联。继承并不带有委托守住家业维持家名的责任那样的性质，因而胜任还是不胜任某些责任，并不构成继承资格的问题。

均分原则的变更　与家父死亡后子孙在相互之间分割家产的

时候、各自的得分严格地依照法来确定、兄弟均分的原则得到遵守等等相反，家父自己在生前进行家产分割的时候，其分割比例按照家父的意思自由地决定这样的看法，曾经是学术界通说性的见解。[116]然而，通过华北农村的惯行调查，结果与以上见解不同的社会现实的情形被介绍给学术界。[117]在这里，问题必须分成两个来考虑(前述175页)。在父亲能够随心所欲地保留为自己的养老份这一点上，历来的见解完全正确。另一方面，历来的见解在有一点上应该订正，就是解释说父亲能够决定与兄弟均分的原则相反的分割方法。

> “有在家长生前分家的吗？＝有。”“这类场合，分家的人分祖业吗？＝分。”“这种分家的方法是怎样分呢？＝除了养老地外二人均分。”(中略)“家长给弟弟分家的场合，能够分的比哥哥少一些吗？＝不能。”“必须分的一样吗？＝以前大家都一直同居，所以只要没有特别的理由就得平分。”“即使土地非常少的情况下也是那样平分吗？＝即便五个人三亩地也要均分。”(惯Ⅲ86页上段)

如上所述，保留养老份之后余下的应该由孩子们兄弟均分，被人们认为是当然的做法。[118]不仅如此，对于父亲想要采取兄弟不均分的方法将变成怎么样这一类立即就会遇上的问题，说得不能那样明确但还是可以得到如下的回答：

> “将土地按兄三亩、次兄四亩、末弟五亩这样的方式分割，

> 即便兄表示不服也可以对此完全无视而分地吗？＝那样做不行，土地不可以这样分。因为土地价值也许会上升，是重要的东西，分家的时候见证的中人不会同意，也不会负责任，所以
> 191 不行。钱稍微少点儿的话还可以，如果是鸡呀家鸭啊一类的东西纵然有表示不服的人也没有妨碍，但马啊猪啊就不能无视那些表示出不服的人来分配，如果硬要干这样的事情中人将表示对此不负责任。”“写分家单的时候，如果分家的人中间即便有一个人不满也不能书写吗？＝是的。”“写分家单时必须有中人这件事是必要的吗？＝是的。”“分家者的父亲又是家长作为中人没有妨碍吗？＝不可，家里的人不能做中人。”（惯Ⅰ297页中下段）

以上所说的采用不公平的分割方法中人不会同意的情况，和前面所回答的决定养老地为十五亩的事跟谁“也不用商量”与中人“没有必要商量”的农民的话语联系起来考虑（前揭176页），事情的差别极富对照性地浮现出来。正如所说的“嫁娶有媒，买卖有保”那样，[119]自古以来中国人在做出重要的法律行为的时候，必定邀请第三者作为见证人，两当事人和见证人“三面协议”[120]来确定事情已成常事。这些可以说是在国家的司法制度往往靠不住的情况之下，决定通过自己的手实现法生活的安定与圆满的民众的智慧所产生出来的不成文的规范。中人既担当着提出妥当的条件将当事人的要求加以折衷使商谈得以议定的角色，又是看到了法律行为成立的证人，还是被预定为将来产生纠纷的时候居中调停的仲裁人那样的兼有多种作用的存在。在分家之际也必须从家

的外面请来中人。而且不难想象，这个中人表示对兄弟不均分的分割方式不想承担责任的态度，对于想要作出那种尝试的具有极为有效的抑制作用。也就是说，兄弟相互间的均分作为他们的权利当然得到制度上的保障。

还有在分家的事情上，常常采用抽签来决定谁取得分为几组的财产中的哪一份儿。这在父亲活着时进行分割的场合也是同样的。

> “分家的时候，兄弟必须抓阄来分吗？＝是的。”“没有其
> 他的方法吗？＝没有。”“有没有父亲下命令的财产分割方法？
> ＝没有。”“为什么呢？＝因为不是平等的所以不行。”“如果父 192
> 亲平等地分配也不可以吗？＝如果儿子孝顺的话就会服从，
> 但不是那样的就不会服从。”“有父亲来分的例子吗？＝没
> 有。”（惯Ⅳ446页上段）

连这样的应答都可以看到。或许说是到了必须的程度也非夸张，[121]但通常如果采用了抽签的办法，在这种形式里无论父亲还是任何其他人的意思都没有介入的余地。不单在华北农村，从全国范围来看也可以见到这类报告：

> 其分产，不论家资厚薄，先抽出父母养赡，再抽长子长孙产业，[122]……其余财产诸子均分。[123]

虽然如此，可是完全看不到父母能自由地改变均分原则那样

的报告。不仅在近代，由过去来看也是一样的，这种看法已经被仁井田教授作为家产分割文书的雏形样式等等之中的推论所说明。[124]

父亲如果生前在亲自分割家产时都不能违反兄弟均分的原则的话，那么恐怕通过遗嘱也不得违反这一原则就是当然的了。也可以找到将父亲的不公平的遗言视为无效的以下那样明末清初时期的审判的实例：

> 《资治新书》卷一四"宪判黑冤事"说道，"姚五聚、姚五纬
> 193 相争一案，皆因死父之胎祸，来生子之操戈者也。五聚为已故姚大化嫡子，五纬则其庶子耳，此子虽小，后自能得，岂大化真有知子之明，何厚嫡薄庶者，竟有四六标分之乱命乎？若为五聚者，果明而熟于计，当付是言于飘风，而兄弟相忘，自作止水之平可耳。及父命为尊一语，伯夷以此议（让？）国[a]，五聚以此争家可乎？且食果取小，弟分固然，而非曰兄之必宜取大也。乃前府审断时，忽于五聚名下追银二千两给五纬，是反瘦兄而肥其弟矣。况系五聚于狱，以致身箠楚，于五纬安乎？争皮毛而伤骨肉，无乃太不祥欤？该县斟酌其间，令五纬吐银五百，还楚弓[b]而完赵璧[c]，可谓两得其平矣。合照县拟，以杜争端。……"
>
> (a) 伯夷和叔齐曾互相让国，《史记·伯夷列传》："父欲立叔齐。及父卒，叔齐让伯夷。伯夷曰：父命也，遂逃去。叔齐亦不肯立而逃之。"
>
> (b)《孔子家语》好生篇："楚恭王出游，亡乌皡之弓，左右请求之。王曰已之，楚王失弓，楚人得之，又何求之。"

(c) 蔺相如的故事，见《史记》卷八一。

本想给予兄六弟四的父亲的遗言被斥作乱命，以这一遗言为盾牌占取了六分家产的哥哥，不论经历了什么样的诉讼过程，最终还是让他将超过的份额即一千五百两银子返还给了弟弟。在惯行调查中也得到下述异口同声的回答：

> “父亲死时的遗言中即使留下长男三亩、次男五亩、妻四亩这样的遗言也要遵守吗？＝不遵守。”“为什么？＝长男会表示不满的。应该平均分配。”(惯Ⅰ273页上段)
>
> “家长通过遗言一边指定次男为家长，一边在遗言中写下 194
> 分家时给次男比长男更多的财产，并预先约定送给了家族之外的人的时候，一定按这个遗言来实行吗？＝不这样做，一般认为不会按遗言实行。”(惯Ⅳ83页上段)
>
> “父亲留有在分家的时候多给末弟财产的遗言的情况下，要遵守这个遗言吗？＝不遵守。分家要均分。”“没有一定遵守遗言的必要吗？＝没有必要。”(惯Ⅴ457页上段)

这些回答说明违反均分原则的父亲的遗言没有约束力。

遗赠　不仅违反均分原则的遗言，而且带有那些尽管有儿子、可是却将超过适当限度的一部分家产遗赠给其他人的内容的遗言也被当做没有约束力的遗嘱。在南宋时期的判语中，可以看到如下一个事例，父亲临终时因为给自己的妻和孩子留下每年应给予自己兄弟的孩子们一定数额的钱的遗言而产生了日后的争端：

> 195 《清明集》、遗嘱、“诸侄论索遗嘱钱”里说道：“柳璟兄弟四人，久矣分析，各占分籍，素无词诉，三兄俱亡、有侄凡四。璟死之日，家业独厚，生子独幼，遂以四侄贫乏，各助十千，书之于纸，岁以为常。今才五七年，而璟之妻子乃渝元约，诸侄陈论，意欲取索。就其族长，索到批贴，系璟亲书，律以干照，按续支付，似可无辞。第探其本情，实有深意。昔人有子幼而婿壮，临终之日，属其家业，婿居其子之二。既而渝盟，有词到官。先正乖崖以其善保身后之子，而遂识乃翁之智，从而反之，九原之志卒获以伸。柳璟之死，子在襁褓，知诸侄非可任托孤之责，而以利诱之。……此与古人分付家业之事，意实一同，其所措虑，可谓甚远。诸侄不体厥叔之本意，历年既远，执券索偿，若果固有，不知璟之子受年日以多，璟之妻更事日以熟，门户之托既有所恃，则以利啖人，无嫌诺责，合当仿乖崖之意行之。元约毁抹，自今以始，各照受分为业。如有侵欺，当行惩断。”

像那样的遗赠，哪怕存在真正的亲笔写的遗嘱，也会认为在妻儿方面已经自发性地履行了的部分就那样了，再要比那样更多，自然会被判决不是可以强制让其履行的证据。在明末清初时期的判语里也可以看到围绕着遗赠的下述事件：

> 《资治新书》卷一四“群凶劫杀事”说的是：在叶必鉴和妻李氏之间因只有一女而没有男孩子，便将女儿嫁给余志汶，以弟弟的次男德继作为养子。后来妾许氏怀胎，在必鉴死后生

> 下了遗腹子。妻李氏和女婿余志汶无视遗腹的男孩想要夺取
> 财产，同族的叶德崇等人对此感到愤慨而提起诉讼……“比对 196
> 薄，而志汶复捏契一纸，上开腴田四亩，云岳之遗赠，无论契之真伪难凭，即曰果真，当日必鉴、兰玉尚艰产，或可遗之半子。今已现存一嫡一继，区区数亩，糊口尚忧不给，志汶岂得过而问焉？原契涂抹，鉴遗家产，着宗族注薄，赴县请照，为二子成立之需。敢有别端觊觎，定以三尺从事。”

在这里也对养子和亲子两个继承人的存在加以考虑以及对照多到不合理的数额的遗赠，难怪不必深入研究契据的真伪，单从内容当然就可以视为无效。惯行调查要所显示的内容也是同样：

> “父母可以通过遗言自由地决定将其中（养老地的）一半送给嫁到别人家的女儿吗？＝不可以。”（惯Ⅰ302页下段）

这是直接就养老地来提问的，但不用说就分家前的家产来看也是同样的情况。杨懋春氏也就山东省的一个小村庄谈道：

> 儿子们对父亲留下来的东西具有排他性的确定性的请求权……尽管新政府的法律有承认通过遗言的财产处分权利的规定，可是现在不论什么样的父亲或儿子，仍然都不持儿子对父亲的财产具有绝对的权利这种观点以外的看法。〔125〕

由以上那些情况来看，等于说在中国的继承法上遗言发生效 197

力的余地极其有限，因而制作遗嘱的事情本身在通常的情况下也是极为稀少的。

> “留‘遗言’的实际例子都是什么样的？＝任何人都可以留遗言。”“一般什么样的遗言比较多？＝‘要好的朋友’之间的、有关土地的事情（如耕作的场所等等）。没有留关于分家时指定财产比例一类遗言的。”（惯Ⅰ243页下段）
>
> “有用遗言来确定财产分割办法的情况吗？＝这样的事情极为罕见，事先已分好，临死的时候说的是‘大家要处好关系别闹意见’、‘要好好干’这一类的遗言。”（惯Ⅰ297页下段）
>
> “所谓遗言说了些什么样的事情呢？＝父亲临死的时候，说一些要孩儿们兄弟和睦不要分家为好，或是说到借出的钱啦借别人的钱啦等等事情，或是嘱咐一些女儿出嫁时的事情等等。”“没有采用写遗嘱一类方式的吗？＝没有。”（惯Ⅳ96页中段）

正如这些问答中所看到的那样，人们由遗言这样的词语联想到的是类似于道德性的教训或事务的继续等方面的留言——这叫做“嘱咐”，[126]而设定某种权利义务的性质的法律意义上的遗言，几乎是没有进入人们的意识中的事情。许烺光氏也曾指出：“法律性的遗言这样的观念对于中国人的思考来说是异质的。”[127]

当然在中国也并不是完全没有在法律意义上的遗言。这些无论在法源上还是判例要都以“遗嘱”这样的名称表现出来。遗言能够具有的功能，第一，是在没有儿子存在的场合。关于嗣子的人选如果故人的遗志已很明确，那么就要对此给以充分的尊重。[128]儿子和妻都没有由于本人的死亡形成户绝的时候，如果关于遗产的处分有本人的遗言，这一遗言就具有优先于法中规定的分配方式的效力。[129]第二，在想要多少分给女儿或妾一些财产的时候利用遗言的例子比较多。[130]就女儿来看，如是通常情况下使用遗言的 198
办法是很少见的，但是有时在并非亲儿子的养子继承为后、女儿出嫁那样的场合会采用。[131]对妾或女儿等不是承继人但和家有某种密切关系的人的遗赠，如果是常识性的没有达到显著损害承继人的得分那种程度的遗赠，就被视为有效。

一言以蔽之，在上一章已加以定义的意义上的“承受”的范围内，遗言可以说能够具有某些功能。与此相对的“承继”，是具有超越死者个人性意思的难于动摇的法则的继承方式。

生前的赠与　将以上三个项目的系列加以逻辑上的推进，当然就会想到还有父亲生前的赠与。如果说由于儿子的存在父亲赠与的自由受到很强的限制的话，那么不论遗赠还是赠与行为，一般来说不就都是受到同类制约的行为吗？即便同样说到家产的处分，也应该把为了充分利用由目的物转化而来的交换价值的换价处分和使家庭的价值总量减少的无偿处分，当作性质截然不同的事物加以区别和考察。[132]作为从这样的观点而来的富有暗示性的资料，以下唐令的规定引起人们注意：

> 诸放部曲、客女、奴婢为良及部曲、客女者，并听之，皆由家长给手书，长子以下连署，仍经本属申牒除附。[133]

奴婢、部曲是属于私人的不自由的人——但部曲是比奴婢稍稍解放一些的身份(的人)——被看作财产的一种,构成家产的一部分。[134]将他们加以解放,在家产上便蒙受了减少一个奴婢或部曲的损失,在这一损失中给奴婢、部曲本人带来自由这样的利益的行为,是一种也可以称之为自由的赠与的无偿处分行为。就买卖、
199 典当等等来看,不要说在父亲制作的字据中要求儿子的联署那样的法律,就是把联署当做契约成立的要件那样的习惯也不存在(见本节二)。反之,就属于赠与类型的行为来说,至少存在一个法律要求那样做的实例,这一情况应该加以注意。再有在近时的惯行调查中谈道:

"家长可以自由地处置家里的财产吗?=**可以**。""白送给其他人也可以吗?=**不可以**,儿子们会反对。"(惯Ⅰ297页中段)

"你家里的东西是谁的东西?=我的东西。""你怎么处理它们都可以吗?=**可以**。""送给人也可以吗?=**不可以**。因为是从父亲那里继承的财产,所以必须留给儿子[a]。"(惯Ⅴ453页上段)

(a)这个应答者和从兄弟在各自父亲那一代就分家了,现在家里只有妻儿没有旁系亲。

如上所述,出现谈到了家父能够自由处分家中的财产的农民,那么当一被反问到**无偿送给**别人也可以吗的时候,马上就对此加以否定的例子。由此也可以认为,对换价处分和无偿处分,人们的

感受的确有所不同，也就是说已经意识到家父在前者的情况下是自由的，而在后者的情况下受到了制约这样的原则上的区别。像这样的意识很难认为只是近代才产生的。前面提到的围绕着奴婢的解放这类特殊问题的唐令的规定，或许应当看成在当时人们的心中也同样怀有的一般对于无偿处分行为的法意识的片鳞性的表现。

可是，即使无疑存在着家父也不可以自由地赠与财产这种原则性的法意识，基于这一法意识，家父的赠与受到什么样的**实定性**的规制，比如儿子以后能否取消没有儿子的同意所实施的赠与，一提到这一点，这些也就不一定是明了的了。但概括性地来看，赠与和买卖比较，只能说是往往容易产生纠纷的不安定的法律行为。
由于赠与有没能完全切断旧的所有者对目的物的留恋的倾向。是 200
作为法的权利呢？还是作为事实上的恋恋不舍呢？或许根据情况而有所不同，但不管怎样，对于已经赠与的目的物，赠与者以及其妻或子孙的发言力有以某种形式残存到将来的倾向。在南宋时期的判语里，可以看到丈夫在生前给予婢女少量的土地，丈夫死后其妻起诉要求收回土地的如下一件案例：

> 《清明集》、争业、“罗柄女使来安诉主母夺去所拨田产”
> 云：“罗柄户计税钱伍拾余贯，正室无孕，有婢来安，生子一人， 201
> 尝以批帖付之，谓‘吾年六十，不为继室所容，逼逐在外，女使来安有子护郎，寄在田舍，将及一岁，今以平心庵处之，拨龙凿田三千把[a]，以充口食’。未几护郎身故，缴还此田，仍归罗氏。继而来安遣还父母，罗柄以典到杨从户田，并上手契要，

付与为业，顿立阿邹（即来安）户，以杨从户头杨照税钱四百五十三文归之，事在嘉定九年，有省薄可考。时罗柄无恙，未尝有词。次年杨从复以此田立契倒租（把已经典当的目的物改写成卖掉），就卖于阿邹，亦有印契。至十一年阿邹又以自己钱会（现钱和纸币），典杨从邓家坪等田六号，计价钱五十一贯，再收税九十七文。阿邹本户两项税钱，共计五百五十有一，当职到官，从条不许起立女户，而以父邹明替之。十四年秋，已差邹明，充应苗长一次，是所入产业不为不明，所收苗利不为不久。罗柄去年才死，其干人黄蕴辄入状于官，归并邹明税钱（纳税名义即土地所有名义），攘夺阿邹产业，非惟罗柄所与者，欲行规图，而阿邹自置者亦肆兼并，以此存心，岂复更有天理。且罗柄以五十余千之税，晚年无聊，发遣一婢，虽尝生子而不育，以典田之税四百文与之，夫岂为过？今一旦悉行归并，且与倒租之钱、自典之产，并为乌有，夫岂近情？……罗栖之妻赵氏（是曾经离异后又回来的人）……乘罗柄之老且病，据其生业，逐其孽子（赵氏要谋杀这个庶子，由于这个原因才一度离婚的），而自主家事，使罗柄虽有大厦而不得安居，虽有
202 庶子而不得就养，行路之人闻而哀之，咸为不平。今其婢已去，其夫已死，而犹滋毒不已，甚矣。雌之不才，未有加于斯人者。……仰乡司，仍旧顿立邹明户，以元税苗（即土地）还之，候阿邹嫁人，却听自随”。

(a) 所谓“把”，由近时的习惯所看到的情况推想，是测量水田面积的单位并意味着只播种手中一把稻种或者只栽下一把秧苗那么大的范围。（参照录Ⅱ·10·2，录Ⅲ·11·19·三，同11·16）

大概也可能有在父亲死后儿子提起同样的诉讼的情况。而在以上这一案例中，妻子的主张本身根据婢女曾经怀过丈夫的儿子的关系、所给予的土地和全部家产相比又很少等等其他理由被驳回。但是由于事情的不同，可以认为也并非不能有接受那样的主张的情况。

作为赠与的一种，实际时常成为问题的有向寺庙捐施土地的事，关于这方面的清代以下那样一件上谕中可以看到的情况意味深长：

> 查雍正十二年十一月二十八日奉上谕，直省向来各处丛林寺院有斋田者，皆系历代住持优僧募化所置，或系地方信所施，永常存住为香灯斋僧之会，至历年久远，或为本寺之不肖僧徒，施主之不孝子孙，私行变价，以致败缺善缘，毁损常住，闻本地之人亦多以为恨。着地方官留心清查，其已经出卖者，若一概令还，则滋烦扰，至于典出者，应令设法募化，给价赎回，归于本寺。其各丛林寺院，即今现有之斋田，俱着查明登记档册，永为常住之产业，不许赎卖，将来有续置者，亦报明地方官，申明上司，载入册内，该督抚等留心访查保护。倘有仍踏前辙，私相授受者，将卖田及买田之人，一同治罪。或不安分僧人，因朕此旨藉端假捏生事，亦一并严惩。特谕，钦此。[135]

已被施舍给寺院的土地是归属于寺院这种营造物的永恒性的 203
财产，是应该将其收益永远供寺院使用的东西，又是不可以将土地本身进行换价处分性质的东西，但因为年深日久证据变得不分明，

这样就会产生被私自处分这样的弊害，因此，今后要明确地加以记录以防止弊害。这就是前引上谕的旨意。但在这件事例里，引人注目的是谈到不仅本寺的不肖僧徒，而且施主的不孝子孙也有私自处分这些土地的人。不用说这些不是作为子孙的权利被承认的，然而作为弊害之所以事实上能够实施那样的行为，是因为由于施舍致使施主和目的物之间的关系没有被明确地切断，直到后来还常常留有对目的物的施主方面的影响力，因此是以这些为前提才能理解的事情。民国初期大理院的判决例，也是一方面判决捐施的财产是公产又是不得由住持的任意来处分的东西，[136]以及所有权通过施入归属于寺庙，和施主之间不产生任何共有关系，[137]另一方面又说：

204 山主[a]或施主处分庙产，如有正当理由，而住持僧道无故拒绝同意，或有特别习惯法则，认许施主、山主得独立为处分者，则仅得行政长官许可亦得为之。[138]

(a) 所谓山主，大概是指提供自己所有的山之中的土地让人建造寺庙的地主。

承认存在施主能与寺僧的意愿相反处分庙产的场合，这大概也不外乎是吸收了由于施入使目的物和施主之间的关系没能完全断离这一社会实情的判断。

再有，虽然在实质上意图赠与，但在形式上事先制作买卖的字据这样的风俗习惯可以相当广泛地看到，在此可以将这件事一起考察。在南宋的判语“随母嫁之子图谋亲子之业”（185 页前揭）

中，谭念华为了想把家产转让给后妻带来的孩子而装成买卖的形式。以及同样在南宋的其他的判语里记载的将作为陪嫁的土地"断根卖与"义女等等，[139]都是想要借买卖的形式实现赠与的实例。作为近时的习惯，在山东省上汶县也报告说：

> 父母赠与亲女田地，必立卖约，与其婿或外孙。[140]

调查员在这一报告中附上按语说道：

> 乡俗不谙赠与契约，立给卖契较为坚固，出诸本人之意思，自是有效。

同样地，在山西省山阴县也提到： 205

> 民间因土地硗瘠，粮银为累，往往出推与人，其推约，虽略载价钱，其实并未受价，以为无价不成约也。[141]

任何一个都不外乎是即便形式上也要避开赠与这一将来容易产生纠纷的不安定的法律行为的做法。特别在报告要看到的"乡俗不谙赠与契约"、"无价不成约"等等话语，既表明就当地说来赠与作为有约束力的正规的契约尚未形成的情况，也是颇为意味深长的现象。清朝末期，为那些想要在中国经营事业的外国人解答财产法上技术性问题的皮埃尔·黄(Pierre Hoang)的著述里也指点说，接受赠与之际尽管"捐据"即赠与字据是有效的，但形式先作成绝卖契而事实上让其抛弃代价的方法就是为了以后的安全。[142]

以上从家父能够单独地将家产的一部分赠与他人的问题出发，言及了赠与行为及赠与物的不安定性。这些也是合乎道理的事情。对于赠与的不安定性来说，有没有儿子的同意只不过使之产生程度上的差别。这是因为在儿子的身后还预定了将来应该出生的无数的子孙，所以如果表示同意的话，道理上就必须得到所有这些子孙的同意。总之赠与是和应该把祖先的财产传给男系子孙后代的继承的原则相抵触的那种性质的行为，因此大概可以理解成是往往不能避免这样或那样的不安定的行为。[143]

206

五、理论的总括

通过本节以上三个部分，谈到了诸种具体化的一个一个的法律关系，并努力整理了只限于从有关各自的资料里所能得到的知识。根据所给与的这样确定下来的事实，从中探讨应能归纳出什么样的理论，特别是探讨一下教令权说或者父家长权威和家族共产意识的竞合说果真会对所得到的这些事实给与充分的说明吗？这些就是留到最后要做的工作。

作为所得到的第一个事实，就是已经弄清，无论不动产的卖出还是以家产作为抵押的借债等一般带有对家产进行换价处分性质的法律行为，都是只根据父亲的意思就可以成立。这个事实如果从儿子们的角度来说的话，他们除了秉承父亲的意愿之外，不仅不能独自处分家产，而且也不被承认拥有制约父亲想要实施的处分的权能。也就是说，结论应该是这样的：只要涉及家产的换价处分，儿子们的法律上的发言权就等于没有。

将这一事实当作共财管理权和教令权混同的结果来加以说明的做法则包含了较大的难点。正如我们反复论证的那样，在这里的问题的核心，是在于将父子作为一方、交易的对手作为另一方时，能够使他们之间法律关系成立的是父亲的意思还是父子的共同意思，而不是在于将父亲作为一方、儿子作为另一方的家的内部关系中，围绕着家政上的决定究竟由谁的意思来支配。教令权说对这一点的认识是模糊不清的。教令权和父家长权威都不是以和交易对方的关系为重点的概念。假使交易本身是作为父子的共同行为而进行的，只要父亲说卖了吧，儿子就不能对此拒不赞同或拒绝参加，如果是这样的事情，或许教令权说的确是妥当的。然而事实却不是那样，如果有父亲的意思表示那么交易便毫无瑕疵地成立，交易对手的地位就是安定稳固的。父亲也没有必要教令让表 207
示不愿意的儿子在契约上联合署名，并且没有联署，儿子以后——只要父亲死亡也就免去了教令权之后——提出争议那样的情况也完全没有。还有“父卖子绝”那样的成语，[144]就是表示父亲卖掉的物也从儿子的手中永久地离开了。如罗马法格言要也说到的那样，谁都不能把比自己所有的更多的权利让渡给他人。大概自然的说明是认为：父亲的处分行为之所以能无条件地有效，无非是因为全部家产对父亲来说是自己的东西。

以上的说明和所获得的第二个事实的部分内容的父子同居之家的家产分割这一事物的性格合起来一并考虑时，或许越发成为不可动摇的事实了，只有父亲拥有实现家产分割的权利，儿子对父亲不拥有分割请求权。从而父亲也可以拒绝希望分割家产的儿子的请求而单纯地将其从家里驱逐出去。即使答应了儿子的请求决定进行分割，父亲也能够尽量将所想要的财产作为养老份为自己保留下来。并且养老份是像字面所表示的那样的保留，即从前将全部家产当作自己的东西的父亲，分给孩子们一部分，继续留着其他部分的一如既往的权利关系。通过分割，被赋予了新权利的是孩子们而不是父亲。因而父亲的应该保留持有的分家单这样的东西也是不能想象的。总之，父亲在世期间的家产分割是指父亲单方面地把家产的全部或一部分给儿子们的行为，并且同时是指解放儿子们的人格、赋予他们以后每个人能够将自己的勤劳所得作为自己的东西的独立性的行为，[145]而不是父子每个人想要从共同体中取回自己的份额的行为。而且正如在一个儿子和父亲之间不可能有家产分割这一事实所表明的那样，父子是彻头彻尾不熟悉持分这种观念的关系。

由此看来，父亲能够自由地处分家产也就是当然的，好像感到
208 没有特别产生问题的余地。可是，尝试以教令权和共财管理权的混同这种迂回的方式所要说明的，无非是从将同居共财这样的用语简单地和共同所有等置的前提出发的结果。上一章已经明确的是这一前提本身必须加以反省（76 页以下）。

只要父子组成一家，父子等全体成员的劳动所得就全部与单一的家产合流，全体成员以这一家产为资来营造共同生活。家产如果从形成来看是全体成员辛勤劳动成果的结晶，如果从目的来看是为了养活全体成员的资产。当着眼于这样的**形成与目的**，换言之，当着眼于其**经济上的功能**的时候，家产不言而喻是**大家的财产**。但是在另一方面，如果着眼于谁是这一家产的**权利主体**这一家产的**法的归属**问题的话，家产就明显地是**父亲的财产**。这在理论上至少是不矛盾的，而事实上即使在人们的措词中，两种表达也没有妨碍地被自由使用。唐律疏议和明律的注释书称家的财产叫做“当家财产”、“己家财物”、“本家财物”，并且还提到“盖本家财物，卑幼亦所应有者”等等，通过其他很多类似的表达述及家产是包括尊长卑幼的大家的财产，这些情况都是中田薰博士所注意到的，但这些不过是事情的一个方面。[146] 如果不限于律的注释而广泛地查阅文献的话，也能找出不少“父财”、“父产”这样的表达，“发肤以上，皆亲之体也，岂敢许友以死；粒粟缕丝以上，皆亲之物也，岂敢私有其财”等等，明言家的财产全部是父亲的物这类话也非稀见，这些都是已经被仁井田陞博士所指出来的情况。[147] 即使看那些回答惯行调查的提问的农民的话语也是同样：

> “有家产这样的词语吗？＝有，但一般说我们的财产，这和家产的意思相同。”“家产不是指家的财产吗？＝不是指家的财产。我们这个词是指家族，所以叫家财。”“任先生，你的孩子好像是 32 岁，那么用孩子得到的钱买下的土地是谁的土地呢？＝这些全部是我们的财产，也就是家产。”（惯Ⅳ76 页下段）

如上所述，如果家产一向也可以被称为是就家族全体成员来 209
说的“我们的财产”的话，[148] 那么在另一面来说，家产也可以称为是“父亲的东西”，如：

> “家里的财产是谁的东西？＝到分家为止是当家长的父

亲的东西。”“怎么会是家长的东西呢？不是一般都认为是家族全体的东西吗？＝不是那样，是家长的东西。”（惯Ⅰ298页下段）

像这样相反的两样的表达所反应的不同，都是从谈话的脉络自然地定向下来的，归因于说话者的观点所处角度的差异。在两样的表达的深处，绝不是存在着实体上的法意识的差异。以那样的表达的对比为线索，谈到诸如父家长权威的强弱云云那样的问题，应该说是完全脱靶的研究方法。[149]这一点，像以下那样通过从一个人的口中所做出的两种表达的情况也会明白过来：

“房产、地产是家长的东西还是家的东西？＝父母生存期间是父母的东西。”“如果父母死了会怎样呢？＝是儿子的东西。”“如果有三个儿子是谁的东西呢？＝共同的财产。（下略）”（中略七个问答）“去北京干活得到的钱是本人的东西还是家里的东西？＝如果送交给父母，就成为共同财产。”（惯Ⅰ254页下段、255页上段）

在上面的前三个问答中，应答者的观点——是在无意识之中说出的——基本被置于法的归属问题上，而且在这个范围内的回答完全正确并尽量将要点阐述无余。[150]而当这个应答者的观点——这还是在无意识之中——如果移向经济的功能一面时，就像后一个问答那样，没有任何犹豫地表述说，由父亲之手统一核算的家族每个人的收入即家产是“共同财产”。还有在应答者本身注意到有二个侧面并多少能开动脑筋作分析性的思考的场合，也出现了如下的回答：

> “这些（家产）不是你一个人的东西而是家族全体的东西吧？＝不是那样。因为我是家长（实际上他也是家父），所以 210
> 名义上是我的东西，但也是有为了养活全体家人的东西。”（惯Ⅴ453页上段）

这是一种朴素的表达，又的确能够说到妙处。

如以上那样，在论述法的归属的范围内，虽然父亲一方是家产的单独所有者，但是存在只凭这个父亲的意思还不能自由地处分的情况。这是所得到的第三个事实。而且这一事实使教令权说的成立出现决定性的困难。原因是，如果说父亲由于有教令权事实上能自由地实施本来属于父子共同体的权能而非属于父亲个人的家产处分行为，那么靠同样的教令权，父亲理应能够自由地实施所有的行为，可是由于事情的性质不同，存在着父亲能做的事和不能做的事的区别，由教令权是得不出这样的说明的。这一点，把教令权试着换说成父家长权威也完全是一样的。在此我们就不得不考虑将某些事委之于父亲的权能，某些事不许可父亲做的超越父亲的法的存在，家父所拥有的，并非是在所谓父家长权威那样的名义下往往容易被简单地想定为无拘束的**量化**的力——只在受到其他力抵抗的场合由于力和力的竞合不得已受到某种程度的制止那样的力，而应该认为是受到法的规制并在这一规制下被承认的**质化**的权利。

那么，如果把这个连父亲都超越了的法称作什么的话，无非是“承继”的原则，即与儿子而且只有儿子（以及拟制这一身份的养子）具有祭祀父亲及祖先的资格，相应的父亲的财产必须留给儿子的原则。是父亲的承继人的事实，对于儿子来说是不可动摇的权利，不要说父亲全面地夺走这一权利的事情，就是超越常识性的范围通过遗赠或赠与对这一权利造成部分侵害也都是不能容许的。而且如果有复数的儿子的话，因为各自都是具有完全资格的承继
211 人的缘故，加以区别对待是不能允许的。一言以蔽之，就是儿子对家产拥有承继期待权。

与父亲的所有权及于家产的全体一样，儿子的承继期待权也及于家产的全体，即使相当于法兰克时代的日耳曼诸部落里发生的自由份（Freiteil）那样的事物，不单作为制度就是作为一种思想，在中国始终也不曾产生。[151] 在父亲生前进行家产分割保留养老份的情况下，这些养老份在父亲死后反正都是应该在儿子们之间均分的财产，而仍然不是脱离儿子们的承继期待权拘束的财产。[152] 事情若果然如此，那么关于父亲应该留下多大份额的养老份，儿子们是没有特地争一下的必要的。前面所谈到的家产分割对父亲来说并不意味着新权利的设定的观点，即使在这一意味上也是真理。

还有，区别祖先传来财产和自己取得的财产，承认对后者多多少少有较大的处分自由这样的思想，在各民族的法制里常常表现出来，可是在中国，像这一类思想是比较微弱的。的确，中国也有“祖遗”及“自置”这样的为了区别两者的惯用语，在土地的买卖字据等上面，当特地确定目的物之际，记下坐落、四至、面积等等的同

时还要写上是“祖遗”还是“自置”的例子有很多。但是，在字据上记入这种区别的主要意义是在于通过明示目的物的由来以便弄清卖主之权原没有疑义这一点，而几乎没有承认这种区别在法律行为的效果上具有实质性影响这一类现象。至少可以说完全不认为与儿子的承继期待权有什么关联。〔153〕给子孙留下财产是人们对祖先及子孙负有的义务，看来杨懋春氏所说的如下的话确实言中了事情的真实：“某男从父母那里什么财产都没有继承下来，他现在所拥有的全部财产都是通过他和他的妻子的努力所积蓄下来的 212
东西，在这样的情况下，他对祖先和子孙所感觉到的义务也没有改变。……这种情况也并非赋予他对现在拥有的财产处分的自由。”〔154〕

父亲的意思被及于全部家产的儿子的承继期待权所制约的情况，在实际上应该说也是合乎道理的事情。因为只要父子构成一家，儿子辛勤劳动的成果就被全部吸收进掌握在父亲之手的家产之中，儿子除了这一家产，在其他方面没有自己生活的依靠。然而，如果这些家产由父亲的一个意思表示就被转让给家庭之外的人，那么这等于是从儿子那儿夺去他们的劳动成果、威胁到他们的唯一生活基础的事情。由形成和目的来说应当作为共同财产的东西而由权利主体来说是父亲的东西，仅凭这一情形听起来似有暴君性质的感觉，可是在另一方面，由于伴有承继期待权这种对儿子地位的保障，因此作为获得均衡的合理的制度而得以成立。

若再进一步来说，在父子同居的家中，父亲是家产的权利主体这样的情况，最初正是依据承继的原则为父亲所指定的地位。父亲在祖父之下生活的时候，不能在自己的名下拥有财产，他的劳动成果悉数被吸收进当时掌握在祖父之手的家产之中。由于祖父之死继承了这些家产的——如果另外有兄弟的话，那么这些家产是在均分之后取得的——就是现在的父亲的地位。目前在父亲之手的财产究竟是由谁的劳动得来的财产常常是不清楚的，在祖父的时代买下来的土地之中，也许就有当时已经是年轻力壮的父亲的收入转化而来的部分，在父亲建立的家中也许还有儿子的节约所做出的贡献。由于同居共财，不仅在现存世代之间收入消费可以
213 统一核算，而且由于承继，在祖先和子孙之间收入消费也能够统一核算。并且这一统一核算的关系在观念上能够扩大到遥远的祖先和现存的世代以及将来应当生下来的无数的子孙之间，在现时点担负着这一观念上的共同会计的无非是父亲的地位。从而，作为人们的日常心理，如果提到“财产”这样的词汇时，就像对暗号回答口令一样，很容易会联想到“由祖先所传下来的东西”这样的事情上去。正如在以下问答中见到的那样：

“你的两个儿子正在耕作的土地是你的土地吗？＝是我的土地。因为是族宗留下来的东西，所以是我的东西。”（惯Ⅴ114页中段）

“（家的财产）送给别人也可以吗？＝不可以，因为是父亲所给的财产，所以必须留给儿子。”（惯Ⅴ453页上段）

并且在两个问答中特别需要注意的，“是我的东西”这样的父亲的所有权和“必须留给儿子”这样的儿子的承继期待权，两个都能奇妙地以“因为是族宗留下来的东西”、“因为是父亲所给的财

产”这种祖先传来意识作为基础。在这里，应答者的话并不是着眼于现实中由父亲的时代就存在的这块土地、那座家屋——将它们和自己这一代开始形成的东西相区别——来说的，不管在哪一世有什么样的家运的盛衰，现在确实正存在的作为家的财产的一个总体，既是祖先传下来的财产，从而也是自己的财产，同时还被当作是将来应该留给子孙的财产。如前面曾引述过的杨氏的话那样，即便在现实中父亲什么都没有给自己留下来这样的情况下，也并不能打消财产是祖先的余德必须留给子孙这种意识。哪怕没有留下财产，给予自己生命的也仍然是父亲，正因为在有了这一生命之后才能构筑现在的财产。这种心理从以下的问答中大概也能够从言外之意领会到：

> “祖先对正活在世上的家族什么用处都没有吗？＝人一 214
> 死就完了。但**把财产留给**现在的子孙是值得感谢的。”（中略）“……如果父母什么都没有留下来，葬礼就不必搞得很隆重了吗？＝仍会操办得很隆重。”“那是什么道理呢？＝因为尽管没有留下财产也曾**生养了自己**。”（惯Ⅴ461页下段）

祖先和子孙是同一个生命的连续，财产当然完全是这一生命的不常增减的活力的蓄积。

父子同居之家的法律上的构造，应该作为这种祖先和子孙连锁关系之中的一环来理解。父亲是作为包含无数世代的观念上的共同会计现在被委托于一身进行家产运营的人。在这个意义上他是家产的权利主体，规制家族的劳动和消费，必要的话把土地换成钱、把钱换成房子的做法都属于他的权能。但是，由于现在作为家产的权利主体的缘故便做出有违于委托给他这一地位的祖先子孙的连锁关系——即承继的原则——的事情是不能允许的。在他这一代，家产由于他运营的好坏无论增多还是减少了，至少应该把大部分传给儿子。单从这一点来看，就完全明了父亲有自由的一面和不自由的一面的原因。对父亲行为的制约是从联结祖先和子孙的承继关系而来的，而不是从父亲和儿子的共同所有关系而来的。父亲的自由的权能同样是从承继来看本来属于委托给他的地位的权能，而不是依据所谓父家长权威所僭取的权能。[155]

要而言之，父亲和儿子围绕家产的权利是以全面的所有权和全面的承继期待权这类样式来平衡的。这一承继期待权也是一种物权化的权利，儿子如果有不止一个的话，把这种权利看作产生一种持分的关系并非不可能。或许可以暂且称其为潜在性的持分
215 吧？比如，假设有父亲和两个儿子，可以说全部家产为父亲所有，儿子各以全部家产的二分之一作为潜在的持分。在父子同居之家就这一范围谈到持分才是妥当的，而以上父子三人以什么样的比例三分家产形式的持分关系是绝不存在的。[156]

上述已经弄清楚的情况是和前一章确定的父子一体的原则极为吻合的东西，这一点现在大概无须再加以说明。儿子的人格能被父亲所吸收，从而作为家产的权利主体所显现出来的是父亲一人，在“所有”这一层面上父亲的权利并不受儿子的存在的制约。另一方面，父亲的人格延长到儿子，家产在父亲死后也应该继续归属于作为这一人格延长的儿子。这正是承继期待权。父子一体这种一般性的原则在父子同居之家这样的特定环境下，就表现成本

节逐一论述到的诸种具体化的法律关系。

以上谈到的父子同居之家的法律上的构造，即使由于在儿子的下面生了孙子和曾孙，基本上也是不变化的，这件事大概也不需要再特别加以说明。因为如果儿子们的人格已经被家父所吸收，就不能认为正是这些儿子的延长的孙子们的存在构成制约家父权能的新要素。看了以下的问答也会弄清这一点：

> “家长（祖父）反对分家而父母赞成分家时能分家吗？＝祖父已经年老所以不干涉，但是应该和他商量，这样的情况比较少。”“如果祖父反对呢？＝那就不能分家，要等到祖父死了之后。”（惯Ⅰ253页上段）

以上提到的父亲是祖父的独子，因而没有经历过家产分割，在这个父亲下面生出的几个孙子之间初次形成分家问题的情况自然是假设的。但即使这些孙子们达到将分家提到议事日程的年龄且一般各自已经有了妻子儿女那样的状态，只要祖父还活着，哪怕默 216
示性地不按照他的意愿，家产的分割也不成立。于是，将父子同居之家的法律上的构造照原样扩展后可以理解为是父家长型之家一般的法律上的构造，在这种构造中，家父是家产的单独所有者，而作为其子孙的其他家族成员只拥有各自的承继期待权。

本节注释

〔1〕 正如逐渐开始明确的，我是站在认为《台湾私法》的看法中掌握更多的真理的立场。不过，对这里的第三点的理解有所不同（见190页以下所

述)。对于接下来的第四点,果真能够那样断然地下结论还是不可以那样下结论,也不能不有所保留。

〔2〕 以上参见《台湾私法》第二卷下,549—560 页。

〔3〕 唐律斗讼第四七条“诸子孙违犯教令及供养有阙者,徒二年”,明清律诉讼・子孙违犯教令条同,但处刑为杖一百。唐律斗讼第四四条“诸告祖父母父母者,绞”,明清律诉讼・干名犯义条“凡子孙告祖父母父母、妻妾告夫及告夫之祖父母父母者,杖一百徒三年,但诬告者绞”。

〔4〕 告近亲的旁系尊长,一般也被禁止和处罚,可是当受到来自尊长的侵夺财物、殴伤人身等等侵害时,允许卑幼“得自理诉”(唐律斗讼四五条、明清律・干名犯义条)。

〔5〕 中田薫:《論集》Ⅲ,1331 页。

〔6〕 仁井田陞:《法史》,450 页。戴炎辉:《近世支那及び台湾の家族共産制》(《法学協会雑誌》52 卷 10 号),70 页以下、同氏《中国法制史》,215 页。福武直:《中国農村社会の構造》290 页亦同。特别是通过戴教授所说的“惟有这一个差异”的话语,最为简洁地论断了将父家长型的家的特异性仅仅归之于家父的教令权。

〔7〕 仁井田陞:《家族》第五章、同氏《研究(家族村落法)》,369 页、376 页等。

217 〔8〕 中田薫:《論集》Ⅲ,1332 页,仁井田陞:《唐令拾遺》,853 页(脱“违而辄与”的“辄”字)、同氏《法史》,451 页。

〔9〕 中田薫:同上 1334 页。《宋刑统》卷一三。

〔10〕 原文在《重编群书类要事林广记》壬集“至元杂令”之中。仁井田陞:《法史》,453 页;关于这一条被推定为《泰和令》的情况,可参见同《研究(刑法)》,461 页注〔6〕。

〔11〕 本文所引用的审判例之外,在《黄文肃公文集》卷四〇“陈希点帅文先争田”中也可看到:“……勾木陂田,乃是陈希点与帅文先之子帅文胜通同,**不敢取其父知委,忌作其父着押**。知情违法,**钱当没官**,业当还主,……。”

〔12〕 George Jamieson, *Chinese Family and Commercial Law*, p. 29. 还有这里作为疑问而提出来的有关对浪费者的抑制问题,我觉得,儿子们通过亲戚的斡旋请求家产分割的情况,尽管这不是受法的保障的做

法，但不是也可以看作构成了事实上的一种救济手段吗？参见后述175页。

〔13〕 T. R. Jernigan, *China in Law and Commerce*, 1905, p. 95.

〔14〕 千種達夫：《滿洲家族制度の慣習》Ⅱ，176—177页。

〔15〕 大山彦一：《中国人の家族制度の研究》，17页。还有关于联署的问题，千種氏提到，仅以祖父的名义订立契约书的回答很多，不过其中也有人回答在买主担心将来会出现纠纷的时候有时会要求父子的联署（同氏Ⅱ177页）。

〔16〕 仁井田陞：《家族》第五章、同《研究（家族村落法）》第三章。而且这些资料并非是实地调查的报告，而是以所报告的问答体资料作为基础的关起门来伏案写就的报告，所以由资料引出命题的逻辑推理过程必然会受到外界的批评。

〔17〕 拙稿《中国家族法補考（三）》（《国家学会雜誌》67卷11号）。

〔18〕 构成这一立论基础的资料只有以下一个这样的问答：“当家的卖土地时可以和谁都不商量吗？＝不可以，如果默不作声地卖掉土地的话是盗买盗卖，必须采取公开的方式。”“应该和谁商量呢？＝如果有兄弟的话，就和兄弟商量，如果没有，就要公开。”“所谓的公开是什么意思
呢？＝让大家知道并且一起商量。”“大家指的是谁？＝家里所有的 218
人。”（惯Ⅴ71页下段）。（在仁井田陞《家族》224页里，当引用这些材料时，插有“中略”两字而且还把两个问答前置。然而，就资料集来看，这一中略竟然是跨越131个问答的长长的中略。前后会话的脉络完全没有联系）。在以上的问答中只出现了“兄弟”的词语，而完全没有出现说到父亲或儿子的词语。即使以这一事例来说，当被问道“当家……”的时候，浮现在回答者的脑海里的，也应当是当家的兄弟。倘若问的不是“当家……”而是“父亲……如何如何的话，回答一定是完全不同的。详细的分析请见上注的拙稿115页注〔89〕。

可叹的是，仁井田陞博士此说为西洋的学术界几乎不加批评地接受，并且舍弃了博士自己附加的保留之后，所看到的是这样一种倾向，即形成凡是土地的处分上都要求有儿子参加这样的单纯的命题而予以再现，例如 Maurice Freedman, *Lineage Organization in Southeastern*

China, 1958, p. 14. 还有同书所引的 Hsu, Americans. p. 290 是就另外的主题的论述中提出来的旁论性的话语,让人觉得不是有点儿不加思考地发议论吗?同样,Johnston, *Lion and Dragon in Northern China*, pp. 243 f. 是论及同族的先买权的,和这里没有什么关系。

〔19〕 一切事情既有儿子处理父亲只是听一听的情况,也有父亲同儿子"没有商量过,只是说了一下"(惯Ⅴ114 页下段)的情况。前面引述的大山彦一氏的话语里(158 页)也在这一层面上观察到都市地区和农村有倾向的不同,这或许应当视为珍贵的报告。

〔20〕 Olga Lang, *Chinese Family and Society*, p. 164.

〔21〕 Francis L. K. Hsu, *Under the Ancestors'Sadow*, p. 65

〔22〕 "商量之后家族反对的场合呢?=要看理由而定。根据家计上的理由,户长即使遭到其他人的反对也有卖的权利。没有理由卖掉的场
219 合,如果遭到其他人的反对就不能卖。""绝对不能卖吗?=一般自然就不卖了。但是若表示一定要卖掉的话也没有办法,家族的人什么都不能做,因为户长拥有权利。"(惯Ⅰ246 页中段;仁井田陞:《家族》,235 页)"即便大家都反对也可以卖吗?=如果是一两个人反对还是可以卖的,但大家都反对的话就不能卖。""如果卖的话,将会如何呢?=家长有卖的权利"(惯Ⅰ299 页中段;仁井田陞:《家族》,232 页)。这些问答大概也应该从这一观点来看吧。"自然就不卖了"、"大家都反对的话就不能卖"这些情况是社会关系,"拥有卖的权利"这样的情况是法律关系。

〔23〕 三年上字第 616 号(郭卫 207 页)。

〔24〕 《彙報》420 页以下。

〔25〕 在仁井田陞《研究(家族村落法)》468—506 页里收集了许多这样的实例。

〔26〕 在仁井田陞《研究(家族村落法)》502 页注Ⅰ中所引清末杨守敬说的"亦如今人买卖田宅,父子皆署名也"是珍贵的资料,但这一资料无论如何也不是在说父子的联署是必要的。

〔27〕 也可见到按照惯例是在各种契据中写上"年迈者则委长男代押"这样的报告。(录Ⅲ10、17、二,江西省乐安县)

〔28〕 录Ⅲ、10、15、二："凡出卖产业者，如有父母在堂，须于契后写'主卖父'或'主卖母'，由父或母签字，然后双方议定，于契价之外，买主须出主卖钱数串或数十串不等，以业价之大小定之。"

〔29〕 前揭的黄干大概看了当事人的年龄及其他具体的情况才对联署感到怀疑。

〔30〕 《台湾私法》第二卷下，553 页(3)。

〔31〕 另外，有在典契上儿子作为当事人、父亲作为"知见"而具名的以及在借债字据上儿子作为债务人、父亲作为"保人"而具名的例子。儿子作为实质上的责任者采取行动的情况下，如果不是卖掉土地那样的终局性的处分行为，这类的形式当然也是可能的。

〔32〕 录Ⅳ、10、12、四。 220

〔33〕 "父债子还，子债父不问"(录Ⅲ、7、5、一，山西省汾阳县)、"父欠子当还，子欠父不知"(录Ⅲ、13、9，湖北省郧县)、"父债子还"(录Ⅲ、7、46、一，山西省荣河县)、"父拉子必还，子拉父不还"、"子拉父不关，父拉子应关"等(《彙報》484 页、451 页、497 页、1985 页)。Jamieson, p. 29; Moellendorff , *Le droit de famille chinois*, 1896, p. 79 等也引用了。关于历史上的文献可参见仁井田陞《研究(家族村落法)》380 页补注1、同(取引法)615 页。

〔34〕 惯Ⅰ273 页上段、同 297 页上段(内田 181 页)。

〔35〕 录Ⅲ、7、22(山西省平定县)："债权人于债务人故后，俟债务人家境稍裕，始行讨债者，谓之子孙债"(录Ⅲ15、13(陕西省渭南县)调查的习惯与此类似)。录Ⅲ、12、5(福建省连城县)："连俗，父负债而无力自偿，为子者不问因何负债，皆当为之照约清偿，故虽其父尚存，债权人亦得迳向其子追讨。"

〔36〕 惯Ⅴ86 页下段。

〔37〕 惯Ⅲ86 页中下段。

〔38〕 《彙報》484 页鉴定人谷信近鉴定书。

〔39〕 《彙報》423 页鉴定人刘心田讯问调书——十二。

〔40〕 《彙報》425 页鉴定人文筱候讯问调书——十二、同 1243 页鉴定人陶云山讯问调书——一、六，同 1245 页鉴定人江肅先讯问调书——一，

等等。佑尼干也在述及中国的合股经营(partnership)中,通常只有合股主管人(managing partner)负有无限责任的情况之后,提到在其负有用手头的资金不能偿还的债务的情况下,能不能让债务的抵偿及于他家庭的家产的问题时说到:"如果在合股主管人的合股中的持分是由家产所提供的,而且从合股经营得到的收益交给家里,则债务人应以家产作为抵偿至其家产中所具有的持分的限度为止,作出这样的判断大概是确实的。"不过,由于强制执行法的不完备,因而附有以下的保留:"家产是在共同这一点上为主的所有,所以要服从家族会议的决
221 定。即使共同所有者中的一个人负下债务,只要其父健在,也不能让其卖掉一部分家产,这样来认识大概是比较保险的。"(Jernigan, pp. 95—98.)

〔41〕《彙報》1182 页(1987 页再出)鉴定人徐瑞兰讯问调书。

〔42〕《彙報》498 页(1984 页再出)鉴定人李鸿绿讯问调书——一、四。

〔43〕《彙報》497 页(1985 页再出)鉴定人江薾先讯问调书第一项也和上一注释中的李鸿绿讯问调书大体文字相同,在第六项说到:"在中国还有'子于(拉?)父不关,父于(拉)子应关'的俗谚……在当地,儿子正当的负债可以让其父偿还。"同 1992 页鉴定人徐瑞兰讯问调书认为:"子、孙、侄负下的债务,当然要由父、祖父、叔父从一家的财产中偿付。"比如孙子在别人的店里打工期间私吞了这个店的钱的话,也因为"这样的债务是由孙子不正当行为而产生的,在孙子被雇佣之际,还预先让家长以一家的财产来负应承担的打工期间由身份所产生的一切责任的保证之责",所以认为当家长的祖父有偿还之责。但在另一方面,认为"家属不是为了家计,不论根据其他什么理由所产生的债务,家长都没有偿还之责"。同 1988 页鉴定人李文权讯问调书认为:"本来在中国,家属的财产无条件地成为家的财产,反过来说即使在户主不知道的情况下出现的家属的债务,户主也有支付的义务",不过,认为对"在中国话里叫做'悖逆'相当于日本的禁治产者的人所欠债务"没有支付的义务。同 453 页(1982 页再出)鉴定人董鉴泉讯问调书认为原则上父母没有支付义务,这一点类似于前面所引的(本文 167 页)谷信近见解的说法,但将"家属为了获得其家的生活资料而负下债务的情况"视

为例外。

〔44〕　录Ⅲ、13、9。

〔45〕　录Ⅲ、13、17、一。

〔46〕　录Ⅲ、13、32、二。

〔47〕　《今古奇观》"看财奴刁买冤家主"的开场白里的小故事中写道："福僧（放荡的次子）每日有人来讨债。多是瞒着家里，外边借来花费的。张 222
善友（父）要做好汉的人，怎肯教儿子被人逼迫，门户不清的，只得一注一注填还了"，其中也完全讲了同样的事情。

〔48〕　《元典章》卷二七、私债、"禁借卑幼钱爷死后取"中提到："如今大都南北两城，并外路，有一等泼皮歹人，每般弄着人家卑幼子弟，私借钱债。借一定钞，文书里写做十定；借一百定，写做一千定。众人破使，等他爷死了之后，图谋产业归还。"

〔49〕　《元典章》卷二七、私债、"卑幼不得私借债"。

〔50〕　录Ⅲ、7、16、三。

〔51〕　录Ⅲ、5、8（河南省巩县——在南方各省有把这个叫做"麻衣债"的附言），录Ⅲ、7、7、二（山西省怀仁县）等。

〔52〕　录Ⅲ、11、8（浙江省义乌县）："例如某甲平素挥霍金钱，毫不顾惜，以致私债累累，无计清偿，而家产颇富，但其父母尚在，势不能由某甲将家产变卖与人，又恐其父母出而干涉，必至买卖契约不能成立。故一方不使其父母知情，他方与买主订立契约，将某产出卖，归其所有。其价格较通常时价，尚无其半，契内载明'除父母管业'（父母俱在载'除父母管业'，如父死母在则载'除母管业'，母死父在则载'除父管业'）。而买主必于其父母死亡后，始得管有其产。即其投税过粮，亦必于管产时为之，且于父母生存时，负有秘密之义务。"（录Ⅲ、16、13、一里面的甘肃省平凉县的报告与此旨趣相同）

〔53〕　在前注浙江省义乌县的习惯中，调查员附了以下见解，即按现行法的解释这样的契约从最初就是无效的，不应承认父母死亡后产生效力。

〔54〕　参见前注〔48〕（将字据的面额写成十倍）、注〔52〕（以不足时价一半的价格买下）等等。费孝通氏也在江苏省所作的社会调查中说到："如果有谁私下借钱给被村民们视为声名狼藉的不良子弟，其父在有生之年

也许拒绝偿还此债。这个儿子只有到获得继承的份额时才能够返还借款。因而这一借款的利息通常极高。”（Fei, *Peasant Life in China*, p. 62. 日文译本 86 页）

〔55〕 唐律户婚第六条“诸祖父母父母在，而子孙别籍异财者，徒三年（别籍异财不相须……）；若祖父母父母令别籍……者，徒二年，子孙不坐”，
223 同第七条“诸居父母丧生子，及兄弟别籍异财者，徒一年”。明清律户役·别籍异财条“凡祖父母父母在，子孙别立户籍分异财产者，杖一百。若居父母丧，而兄弟别立户籍分异财产者，杖八十”。

〔56〕 户籍是具有公法上意义的总账，有关这方面情况可参见前述 51 页。绝对不允许别籍，或许是除了那会使掌握户口变得困难之外，很大程度上还出于名教方面的理由。

〔57〕 为解释前注〔55〕户婚第六条的“若祖父母父母令别籍……者”，疏中说道：“但云别籍，不云令其异财，令异财者明其无罪。”

〔58〕 明户令。清律户役·别籍异财条、条例一。

〔59〕 《彙報》425 页鉴定人文筱候讯问调书——十一。

〔60〕 惯Ⅰ254 页中段。

〔61〕 “家长既是挥霍者又很横暴时，有没有村长或同族的人不让家长处理金钱，以便对做家长的权力加以限制的事吗？＝没有。”“遇到这种情况家族的人如何做为好呢？＝除了分家之外没有办法。”“只有一个儿子时如何办呢？＝没法子。”“当家长的父亲反对分家……的时候怎么办呢？＝兄弟二人去请求同族或亲戚友人帮忙。”（中略）“……尽管家长没有承诺也可以分家吗？＝得到同族、亲戚等的同意就可以。”（惯Ⅰ301 页上段）或许这也说的是事实上连父亲也无法抗拒的强大的说服力的情况。还可见到以下的问答：“家长有浪费恶行时，能由家里人予以制止吗？＝不能够。”“那怎么办呢？＝孩子们想别的办法，如去经商或学手艺。”“土地怎么办呢？＝那就随父亲的便了。”（惯Ⅰ271 页上段。以上内容在仁井田陞：《家族》，231 页以下引用）仁井田陞：《研究（取引法）》352 页注 18 里所引的，在儿子建议不以卖土地的办法偿还债务的时候，“尽管这样，如果作为家长的父亲还是主张卖土地将会怎么样呢？＝儿子大概会主张分家。因为孩子们担心如果卖地

的话，到分家时自己所取得的份额会变少。”（惯Ⅴ614页上段）这些应答大概也应看作与此有关联。

〔62〕 历来也有把这两个问题加以混同的议论，有关情况可参见拙稿《中国家族法補考（二）》（《国家学会雜誌》67卷9号）63页注11。

〔63〕 作为古代的例子，在仁井田陞教授介绍的吴中叶氏族谱所载的宋世分 224
书里有以下的事例：叶廿八夫妇和长男叶椿、次男叶柏（出赘）、三男叶桂（本人和妻都死亡留下孤儿叶苦）、四男叶槐、五男叶榆、六男叶梅（没有生子便死亡，有一寡居之妻）、七男叶枢等在家产分割时把家产分成十份，长男叶椿二份，除了出赘的次男外，四男叶槐、五男叶榆、七男叶枢各一份，三男的孤儿叶苦和六男的寡妻某氏合起来也得一份（这一点我和仁井田陞教授解说有不同的看法。大概是做寡妇的将孤儿收养作为养子而算作一房）。剩下的三份作为“老身养赡”（仁井田陞：《文書》，603页）。

〔64〕 在唐律中，规定谋反大逆的犯人斩，其父子绞，并将母、女、妻妾、祖父、孙、兄弟姐妹的人身和全部家产收没入官。以上人员中老龄者可免人身的收没，而依照家产分割法（245页所引的应分条）让其保留只应属于他的财产。在此之际，祖父免去人身收没时能够保留“准一子分法”的财产。其含义据疏议说是：假如有三男十孙，其中一孙犯反逆罪，祖父免于被没官时，三个儿子中只要有一个在世，祖父也要和三个儿子一起计算保留四分之一的财产；如果是三个儿子都死亡了，将祖父和孙子一起计算人数让其保留十一分之一（唐律贼盗第一条、第二条）。这也绝不是确定养老份比率的规定，正因为一般没有比率的规定，所以在这种特殊的情况下才有必要注释特别的规定。

〔65〕 仁井田陞：《文書》604页上引用的吴中叶氏族谱所载元世分书，确定将全部家产两分给两个儿子、“老身同妻，两分轮供”。“有没有父母不留养老地分家的？＝有，变成轮流管饭。”（惯Ⅳ105页中段）这里农民的话是个和古代一模一样的实例。惯Ⅲ94页中段里见到的郝国仁兄弟的分家也是母亲没留养老地的实例。

〔66〕 参见下面引用的这方面资料和178页的问答。

〔67〕 在别的调查地也提到同样的情况，“有二十亩田地，将十五亩作为养老

地，五亩分给三个兄弟也可以吗？＝可以。”“兄弟不能表示不平吗？
225 ＝因为养老地少的话，父母的生活费会有问题。”“三个人分五亩地能生活下去吗？＝干一些帮工的活等等以维持生活。”“分田地的方法可以由父母和亲戚随意来分吗？＝可以。”“孩子不能说不平吗？＝不能说。”（惯Ⅰ278页上段）

〔68〕 “当家长的父亲下面有三个男孩子，全部分家的时候，只在长男那立分家单吗？＝三人全部制作分家单，但红契仍用父亲的名义，把它放在哪儿保管都可以。”（中略）“把十亩土地分给三人各三亩，剩下一亩留作养老地时，要另外写这一亩的分家单吗？＝将这块土地写进三个人的分家单。”（惯Ⅳ69页中段）“父亲和三个兄弟中的长男同居时，写分家单吗？＝写三份分家单。”（惯Ⅰ269页下段）另外还可参见第一章第二节注〔133〕。

〔69〕 养老单是为了让亡父留下的妾度过生涯而给与其一定数量的土地时所书写的字据，并非是为了父亲所写的那种性质的字据。参见后述565页以下。

〔70〕 显然，这一应答者的分家是以连证人也没有叫来的简略的方式进行的特殊的例子，因此大概在分家单的记载上也做了那样的省略。应答者的话在理论上或许这样也讲得通，但即便是这样，在实际上也不是时常省略养老地记载的原因。

〔71〕 录Ⅳ、12、20：“（上略）浦邑通俗，父母赡养，约占诸子分产之半数，……。”

〔72〕 录Ⅳ、16、15、三：“例如某甲有兄弟五人，至分居时，凡一切财产，其父母应得二分，五子各得一分……。”

〔73〕 惯Ⅲ157页中下段。

〔74〕 惯Ⅰ251页中段。

〔75〕 惯Ⅰ283页上段。

〔76〕 惯Ⅴ74页中段。

〔77〕 惯Ⅴ486页下段。

〔78〕 惯Ⅳ105页中段。

〔79〕 惯Ⅳ445页下段，惯Ⅰ269页上段相同。

〔80〕 惯Ⅲ150页上段。

〔81〕 惯Ⅰ251 页上段。

〔82〕 惯Ⅰ254 页上段、同 255 页上段。

〔83〕 以上资料见内田智雄:《中国農村の分家制度》,286 页以下。

〔84〕 惯Ⅰ315 页中段。内田 283 页。

〔85〕 "分家的时候,父母无论要求多么多的养老地都可以吗? =可以。""父 226
母和儿媳关系不好,可以只给儿子非常少的土地吗? =不可以,与其这样父母还不如掌握全部财产不分家。可以采取把孩子赶出去的办法。""被赶出去的孩子,如果父母死了就能分得全部土地了吗? =是的。"(惯Ⅳ92 页下段)如上所述,如果和儿媳不和睦的话,与其特意进行家产分割并采取惩罚性的超出常识的分家方法,不如单纯地将儿媳和作为其丈夫的儿子赶出去就把问题解决了。

〔86〕 "从儿子(被赶出去的本人)方面来说是另过了,但别人会说是赶出去了。"(惯Ⅳ92 页上段)正如此例那样,另过从语言角度听起来好听一些。还有,另过也有后注 91 那样的情况。

〔87〕 "将不听父母话的儿子逐出的事叫做什么? =赶出去了。""不称为另过吗? =把这个时候的生活叫做另过。"(惯Ⅳ108 页上段)"有没有父母把一个人赶出去的事? =有。""有没有名称呢? =叫做单过、另过。"(惯Ⅰ276 页下段)

〔88〕 参见内田智雄《中国農村の家族と信仰》78 页以下"赶出去——中国の勘当——"。

〔89〕 也有和继母不和睦而被逐出的例子,"房子是借的吗? =和继母在同一个院子,但在自己住的这边垒了墙。"(惯Ⅳ92 页下段,内田:《家族と信仰》,83 页)

〔90〕 惯Ⅰ283 页中段、惯Ⅰ269 页下段。

〔91〕 但是,据说兄弟三人也有"三个人都另过的事",在那样的另过的情况下,大概意图在事实上实现类似于分家的效果,而赶出去那样的情绪确实不很强。不过在这种时候也很清楚地带着"没有明确分财产的时候叫另过,财产已经明确地分割了的叫分家"这样的差异(即在另过的时候,尽管存在为了每个人的用益适当地分给财产的情况,也与分家有所不同,在所有关系方面,存在着没有引起变动的这样的差别)。如

果是另过，在“父亲死后”才改成为分家，两者绝不能混同（惯Ⅰ272页中下段）。

〔92〕“赶走说想要分家的儿子称为‘轰出去’吗？＝分家是分家，轰出去是
227 指什么也不给地驱逐出去。”（惯Ⅰ283页中段）

〔93〕惯Ⅴ486页下段；内田：《家族と信仰》，93页。

〔94〕惯Ⅳ92页下段；内田：《家族と信仰》，82页。

〔95〕惯Ⅳ111页下段看到的杨公修。

〔96〕“另过是把土地给他呢？还是把土地借给他？＝借给。”（惯Ⅰ269页中段）

〔97〕在“父子不和而被父亲逐出”的时候，“写不写分家单？＝什么也不写。”（惯Ⅲ108页上段）

〔98〕说是“托村里人或亲戚和父亲讲一下”，因为是作为一时性的惩戒，所以“不是不能回家”（惯Ⅲ149页中段）。内田：《家族と信仰》，93页以下（惯Ⅴ486页中下段）的禹国祥是这方面的实例。

〔99〕“在被逐出的人没有回家的期间，其他的人进行分家时，那个人会怎么样？＝被赶出去的人的份额（财产）仍平等地保留着。”（惯Ⅰ241页下段）“即便是被轰出去的儿子，当父亲死了分家时也分得两份中的一份吗？＝在举行葬仪时回到家以后分为两份。”（惯Ⅴ486页下段）“（被逐出的人）分家时能分得土地吗？＝分家时要给与同样的一份。”“不能不分给土地吗？＝不能。”“不能比其他人少给一些吗？＝没有那样的情况。”（惯Ⅳ111页中段）

〔100〕惯Ⅳ92页中段；内田：《家族と信仰》，81页。

〔101〕惯Ⅲ108页上段。

〔102〕原田慶吉：《厳格市民法に於ける羅馬家族法の研究》，（《国家学会雑誌》43卷1号），67页。

〔103〕受到脱离父权的是个人，这个人的儿子拥有留在祖父的家父权之下的世袭继承权，与此相反，分家在分成以房为单位包括妻子儿女的这一点上和上述情况有本质方面的差异。

〔104〕惯Ⅲ74页上段里说到：“哥哥是家长时叫分出去，父亲为家长时叫打出去。”与前后一系列应答的风格稍有别样的不同，真实含义未必是

清楚的。但所谓分出去，恐怕说的是大致进行家产分割的计算，让其 228
带走持分而只将一个人驱赶出去(指分家)的情况。参见仁井田陞：《家族》,199 页。

〔105〕 同一个应答者还联系买土地时的名义说到:“有一个儿子的情况下怎么样？＝将来绝不会分家。”(惯Ⅰ 298 页中段)还可以参见以下内容:“你很年轻的时候就和父母分家了吗？＝自己是一个人所以没分家”(惯Ⅴ 245 页下段),以及前注 61 的问答里的“儿子只有一个时怎么办呢？＝没法子”。

〔106〕 Fei, *Peasant Life in China*，p. 68(仙波，塩谷译 92 页)。

〔107〕 关于李子钦也算作家产均分的一股的情况，将作为继子的地位问题放在第六章第二节考察(参见同节注〔57〕)。

〔108〕 清代李钧(梦韶)的《判语录存》卷三“私嫁子妻事”也是极为类似的事案,“……审得，洛阳县民马和尚控王长发等抢占发妻等情一案。缘马和尚父马焕，继娶王马氏为室，带子营虎。惑于谗构，将和尚及其两兄永良、永升析出。溺床第之私，薄庭闱之爱，妇有长舌，维厉之 229
阶，可为痛恨。和尚经伊伯马炳抚养成人，娶王发合女为室，嗣于道光九年二月，赴山西潞安府卖药营生，其妻时寄母家，然双鱼有信，屡报平安，共知游人无恙也。讵老子昏悖，忽生奇计，捏称和尚已故，并未谋之王发合，托胡禄为媒，将王氏改醮王全贵为室，得财礼钱四十五千。全贵亦知其情暧昧，特以主婚有人，恃而不恐，遂于十年十二月初三日夜，随焕潜赴发合家，诱出该氏，负之而归。一则情同略卖，贪财而贼父子之恩；一则迹类行强，慕色而蔑婚姻之礼。伤风败俗，厥罪维均。发合于初四日禀县，马炳、马永升则舍焕而专讼全贵，且以王长发率抢为词，为亲者讳，情有可原。该县未及传讯，而方外人已行脚归矣，于是亦以前词具控，案经本府提讯。复有族邻三十余人，公词为和尚呼冤。乃庭讯之下，马焕、王全贵犹狡展不承。和尚等惟痛自怨艾，不置一词。而马炳勃发天良，以上各情，俱为本府垂涕而道。子诚不可证父，兄何不可讦弟耶？马焕、王全贵俱有应得之罪，徒以事关天性，不欲穷治其狱，但将王氏判归原夫，免追财礼。既于马焕曲从宽典，不得不干王全贵有恕辞矣。王长发等既未率抢，从

宽勿论。和尚夫妇仍从马炳过活。王营虎着即归宗,如敢刻延,准马氏族众,扭赴本府从严究治。一干省释,取结附卷。行县知照,此判”。

在以上事例中,马焕分给和尚、永良、永升三个亲儿子一点财产让他们分了家,大概是想要把自己保留的财产传给后妻带来的继子营虎。当然加上有连亲儿子也算计的恶劣行为因此才造成事件。但不管怎样,继子被追返本宗,马焕的恣意受到了遏制。

〔109〕 在《水浒传》二十二回里写道:成为胥吏在官府任职的人犯了法又不想连累父母,往往“教爹娘告了忤逆,出了籍册,各户另居,官给执凭公文存照,不相来往,却做家私在屋里。宋时多有这般算的”。还说到宋江也曾那样弄虚作假。这里的脱离父子关系也能感觉出那样的意味。

〔110〕 Francis L. K. Hsu, *Under the Ancestor'Shadow*, pp. 223—224.

〔111〕 桑原隲蔵:《支那法制史論叢》,7 页;胡朴安:《中华全国风俗志》第四册,4 页;等等。在埃得加·斯诺著、宇佐美诚次郎译的《中国の赤い星》209 页上,也可见到彭德怀(湖南省生人)的小时候,祖母以其不孝的缘故征求同族的意见想要溺死他的话。

230 〔112〕 在南宋的判语中出现如下事例,家有不具备正常判断能力的儿子的父母亲,会采取将财产不给儿子而直接给与孙子的措施。《黄文肃公文集》卷三九“郝神保论曾运干赎田”云:“郝神保论,曾运干占据田
231 产,欲备钱取赎,索出干照。郝神保之父茂成,因病风颠,祖父忠义遂将田产拨与诸孙,则是知其子不可付托也。今郝茂成乃以祖所分与孙之物业,与曾运干交易。岂有风颠之人,能与人为交易者乎?曾运干典人田产,亦须索出人家干照,既知关书(分割文书)所载,系是祖父拨与诸孙,又称其子风颠,岂得辄与风颠之人为交易乎?……况已交易之当月,出业人郝茂成便经官陈词,以为被曾运干家干人(管家)宋六一诱引抑勒,不曾得钱。其子神保亦经官陈论词诉,官司虽为追人,更不曾根究,则知其非出于郝茂成之意。乃曾运干与其干人诱引逼胁,白夺田产也。官司不敢追究者,非畏曾运干之形势(势力之意),则受曾运干之请嘱也。郝神保既无以自伸,遂甘心纳其租课。

至于备钱取赎，则曾运干又假为进典五年(是否为如经过五年即为死典之意?)契字，以图诬赖，其着押又与前契不同矣(由这一点知道这些是伪造的)。形势之家，食图人家物产则有之矣，未有若此无状之甚者也。两契并毁抹，给还郝神保管业，仍各给断由。余人放。”

这是适合作为一种禁治产来加以注意的事例(禁治产是指规定精神不正常的人必须有保护人代管其财产的制度——译者注)，仍然不是剥夺继承权那种性质的事例。

〔113〕　清律断狱・有司决囚等第条・条例一二。但嫡母、继母、嗣父母诉义理之子的时候，要进行对审。

〔114〕　清律名例・常赦所不原条・条例一一。

〔115〕　清律名例・常赦所不原条・条例一二。涉及这方面的具体事例也很多，《刑案汇览》卷一“常赦所不原”之部占了大部分的内容都是围绕这一触犯发遣的事例。

〔116〕　中田薫:《論集》Ⅲ，1337 页;仁井田陞:《法史》，459 页;《台湾私法》Ⅱ下，551 页(本书 150 页上有其第三点的概要)。

〔117〕　福武直:《中国農村社会の構造》，297 页。仁井田陞:《華北農に於ける家族分裂の実態》(《東洋文化研究》4 号，1947 年)，17 页以下。

〔118〕　还可参见在前一部分引用的各问答中所说的“尽可能留下够父母度日的，剩下的由兄弟平分”(178 页)，“剩下的平均分给分家的人”(176 页)等等。

〔119〕　唐律名例第三五条(略和诱人)疏。

〔120〕　在契约文书里时常出现的惯用语。

〔121〕　参见内田智雄:《中国農村の分家制度》，96—113 页。

〔122〕　有关这方面的内容可参见本章第二节 250 页以下。　232

〔123〕　录Ⅳ、12、20(福建省浦城县)。

〔124〕　仁井田陞:《家族》，116—118 页。

〔125〕　Martin C. Yang, *A Chinese Village*, p. 82.

〔126〕　惯Ⅴ65 页下段。

〔127〕　参见 Francis L. K. Hsu, *Americans and Chinese*, p. 99 以及 Jamieson, pp. 30—31.

〔128〕 在《清明集》、立继、“后立者不得前立者自置之田”(后533页所引)中所说的就是这方面的一个例子,“……其长男如旦亦早世,妻阿周奉阿姑游氏之命,及其夫如旦存日遗嘱,将如珪之子庆安与如旦为嗣”。

〔129〕 参见第三章第三节。

〔130〕 有关妾的内容可参见后述566页以下。

〔131〕 在第四章441页以下所引的两件判语均为这方面的实例,在惯行调查里也可看见这样的问答:“关于财产的分割方法有遗言或遗嘱吗?=有。”“是什么情况下?=如果全部是自己的儿子则很少采用,但在家庭里有过继的儿子或分给女子财产时会采用。”(惯Ⅰ317页上段)由于这个应答者是个知识分子,因此看来并非只是就农村的实际情况来说的(参见同304页中段)。

〔132〕 在现代各国的夫妇财产制中也将换价处分和无偿处分区别处理的情况,可以和这里所说的联系起来考虑,即在某些范围的夫妇共产制中,虽然有关共产的管理、处分之权看作是丈夫的,但另一面通常规定由共财之中作出赠与时需要妻子的同意。见法国民法第1421条并对照1422条。

〔133〕 仁井田陞:《唐令拾遗》,261页。下划线处为仁井田氏意补。

〔134〕 在户令应分条(见后245页所引)中,也是将部曲、奴婢和田宅、邸店、碾硙放在一起列举。

233 〔135〕 《湖南省例成案》卷四、盗卖田宅、“僧人私行典卖庵田照盗卖官田律计亩加等科罪”。

〔136〕 三年上字第33号(郭卫36页)。

〔137〕 三年上字第161号(郭卫37页)。

〔138〕 三年上字第595号(同前)。

〔139〕 《清明集》、违法交易、“伪已死人生前契包占”(在后注〔144〕也引用):“……两契牙人各为所主,不伏从实供吐。所幸吴友暹义女吴四娘供:‘上件田十八坵……其一坵系吴友暹于绍定六年断根卖与吴氏,系其夫金百二秀管佃’,以此考之……”

〔140〕 录Ⅱ、6、12、一。

〔141〕 录Ⅱ、7、51、二。另外在录Ⅱ、7、10、一(山西省洪洞县),录Ⅱ、7、22、

八（高平县）等等资料中也能看到由于为税金所苦，有将土地以白送的方式让给他人的情况。

〔142〕 Pierre Hoang, *Notions techniques sur la propriété en Chine*, 1897, p. 10 §31.

〔143〕 在清代光绪年间的判语里，可看到一件子孙要将其祖先在宋代施舍给寺院的土地收回而引起争端的如下事情。《汝东判语》卷一“李作义等呈词判”云：“一代有一代之制。生长本朝即当恪遵今制，不能援前朝已革之例，贸贸然告争也。宋世大臣乞庵观以为香火院，此在宋制则然耳，元明以来其事久废。所谓香火院者，已与十方常住毫无区别。**尔祖侍郎公，当时陈乞此院，割舍己田一入佛门，即非子孙世业可比，何能于六七百年之后，妄认祖遗**。自来好义之家，每有助田之举，或助神庙，或助学宫，或助善堂，或助书院，既经割舍，虽本身现在，亦不得再请发还，况在后裔。尔等蹈强占之实，假归祀之名，冒昧渎呈，希冀官断，亦可谓奇思异想，自取笑端矣。……总之，寺以供佛，断不能再作坟，庄田以资僧，断不能再称祖业。狐埋之而狐搰之，昔人所讥，况遥遥之末胄耶？尔等身为宦裔，务宜勤教子弟，奋迹诗书，克迪前光，益恢堂构，毋耽耽于先人之唾余，而贻佛面刮金之诮也。免之戒之。原呈发还，并论寺僧知照。”上文提到的香火院大概是指菩提寺，先祖在宋代施给土地建起来的菩提寺已经衰微，失去了特为一族的寺院之实——这也是元明以后一般的社会现实——这样的情况来看，其子孙大概是想要收回土地改为与佛教无关的一般的祖坟、族田。虽然这一主张最终受到斥责否定，但是为收回六七百年 234
前施舍的土地而提起诉讼，只能说让人感到惊异。

〔144〕 《清明集》、违法交易、“伪已死人生前契包占”说的是黄明之、李日益两人的对同一块土地的权原之争。黄明之有由吴友暹（作为典）转让的契据，李日益有由吴梦龄转让的契据。于是官员作为一般的论断，论说到“吴友暹，父也，吴梦龄，子也，以理论之，**父卖子绝**，黄明之交关为正，李日益交关为不正”。不过，黄明之拿着的契据，最后被判断是伪造的。第三章第一节注〔113〕“侄与出继叔争业”里看到的“父不声诉，子可以诉乎？”在此也可作为参考。

〔145〕 在这一点上使人联想到罗马法的脱离父权，参见前注 103。

〔146〕 中田薫:《論集》Ⅲ，1323—1327 页。可是必须注意，这些文字都是在论述在同居的家族之间盗罪不成立的段落里表现出来的东西，如果变更一下观点，则充分地包含有能够使用其他方式表现的可能性。

〔147〕 仁井田陞:《法史》，441—442 页；同《家族》，221 页。

〔148〕 “我们的财产”这样的话语，在惯Ⅳ107 页下段等处也可以见到。

〔149〕 父家长权威和家产共有意识的竞合，说是因地区不一而出现不同习惯的微妙差异，这些仁井田陞教授的立论（前述 152 页、159 页），实际恐怕是设立在这种脱靶的方法论之上的。

〔150〕 这不正是与《台湾私法》所下的结论（前 150 页所引）十分相似的话语吗？

〔151〕 关于自由份，可参见久保正幡:《西洋法制史研究》，第一章“フランク時代の家産共同体と自由分権の発展”。

〔152〕 本章第三节 269 页以下。

〔153〕 （围绕家产分割之际的分割方法）“这么说，不管是不是祖遗财产都一样吗？＝一样。”（惯Ⅴ488 页上段）。（围绕着家长的换价处分权）“如果父亲主张卖掉土地，全部是自己买下的土地的情况和是‘祖遗’的土地的情况，父亲所主张的权利有无强弱之分呢？＝‘祖遗地’也是通过分家取得的土地，所以是当然的权利，和自己购置的土地没有什么不同，因而就卖掉还是不卖掉来说都没有什么强弱之分。”（惯Ⅴ614 页上中段）这些作为论述祖遗和自置在权利上不存在差异的说法而引人注目。不过，看来好像由于地区不同，在卖掉土地的时候，存在祖遗地比自置地更强烈地受到同族先买权的制约这样的差别（参见惯Ⅰ301 页中段，录Ⅱ、12、9、三福建省闽清县）。惯Ⅲ297 页中段里，围绕着先买权也说到“祖遗”和“自置”没有区别。

235

〔154〕 Martin C. Yang, pp. 81—82.

〔155〕 正如许烺光氏恰当地指出的那样，如果说到权威，也应当看作不是父家长个人的权威而是为祖先们的权威所支配（Hsu, Under. p. 258）。

〔156〕 在中国没有发生“家父的权利和子的权利”的“均质化”（见久保正幡:《西洋法制史研究》，9 页）。

第二节　复合型的家——旁系亲的同居共财

一、兄弟同居之家的家产的处分

在父母死亡，其儿子们兄弟之间继续维持同居共财形式的家里，家产属于兄弟联手性的共有（Miteigentum zur gesamten Hand），这是历来的定说，而且是没有持新异议的余地的说法。下面在依据资料具体地将诸种法律关系弄清楚的同时，对以上的定说作出结论上的再确认。

一家之中有家长，家的重要事务必须通过家长之手或者至少 236
秉承家长之意才能处理，这在兄弟同居之家也是一样的，此时长兄是家长，所以不言而喻，弟弟们不告诉哥哥就不能对家产加以处分。在前一节曾引用了原文的唐宋时代的立法（154—155 页），将没有告诉家长由卑幼之手所采取的处分行为视为无效，规定应该返还目的物，就是意图不仅在父子同居之家，而且在兄弟同居、叔侄同居之家也全都能适用。由唐的杂令中明确规定的“诸家长在，而子孙弟侄等……”来看，这一点也是很清楚的。不过，禁止无论是子孙还是弟侄等家长以外的人单独作出处分，并非意味着反过来家长拥有经常单独进行处分的权能。虽然家长确实有家产的处分权，但这应该看作因为他是父亲而并非因为他是家长。就兄弟同居之家来说，在着眼于以上那样的家长对卑幼这种关系的法的规制之外，存在着着眼于兄弟——即由同一个父亲所生的平等的伙伴——这种关系的另一种法的规制，不应忘记在那样的家庭里，

即使当上家长的长兄作为兄弟之中的一个人也能使其服从相互性的制约。

关于进行不动产换价处分时的字据的形式，南宋时代的法律规定了“兄弟未分析，则合令兄弟同共成契”，如果有兄弟五人，应该“兄弟五人同时着押”。[1]而且在这种形式里全体兄弟的合意是处分行为的成立要件。也就是说，南宋时代的法律同样认定，兄弟之中的一个人擅自典卖家里的不动产的时候，其他的兄弟通过诉讼可以(至少部分地)取消这一处分行为。以下的规定就是这样：

237

> 诸祖父母父母亡，而典卖众分田宅，私辄费用者，准分法追还，令元典卖人还价；即典卖满十年者免追，止偿其价；过十年典卖人死，或已二十年，各不在论理之限；若墓田，虽在限外，听有分人理认，钱业各还主；典卖人已死，价钱不追。[2]

兄弟之中的一个人暗中处分了土地这种事实，大概也有在家产分割后才发现的场合，或纵然是在继续同居的期间里发觉的，也会发展到诉讼而使事情变复杂了，建立在相互信赖基础之上而形成的同居共财的生活已经难以维持，所以当然由于此事要开始进行家产分割了。因而，上面的条文还是以处分本身在同居期间进行，但在现时点兄弟已经分家、各自有自己的家计的情况为前提而制定的。在这一前提之下，将目的物暂且返还至家产，就这些家产进行追加性的分割，只就应该归于暗中处分之人的份额来说承认其处分行为有效，就应该归于其他兄弟的份额来说视这一处分为无效。在要求返还现物的同时，这部分份额的代价要让领受私吞这些价款的处分行为者掏出来，这就是第一段的旨趣。

而在第二段，也周到地以诉讼期间的限制这样的形式作出一种时效规定的情况大概表明，这一立法是充分地意识到了实效性的实在的东西。而在第三段里规定的墓田是对子孙来说特别重要 238
的土地，在分家的时候通常也排除在分割对象之外，是永远作为共有财产来维持的财产，所以关系者的权利格外受到保护。[3]

可以看作以上立法的适用的具体的事例也能在南宋的黄干的判语之内见到：

> 《黄文肃公文集》卷四〇“陈安节论陈安国盗卖田地事”（母亲阿江有长男陈安国、次男陈安节两个儿子，安国擅自将家里的土地卖给陈德远、曾金紫、曾司法等三人，所以阿江及安节提起诉讼，但阿江在诉讼系属中死亡。在买卖证文上有和安国并列的阿江及安节的署名，但书体、字迹的鉴定结果断定都是成于安国之手的伪书）“……则是瞒昧其母与弟，盗卖田产无疑。陈德远、曾金紫、曾司法三契所得田业，各合析为二分，以陈安国一分，还得业之主，以一分还陈安节，契字批凿还陈安节收执，别给据付陈德远、曾金紫、曾司法照管一分物业，仍监陈安国备一分钱，还陈曾三家。陈安国勘杖六十，引监钱，陈安节放。”

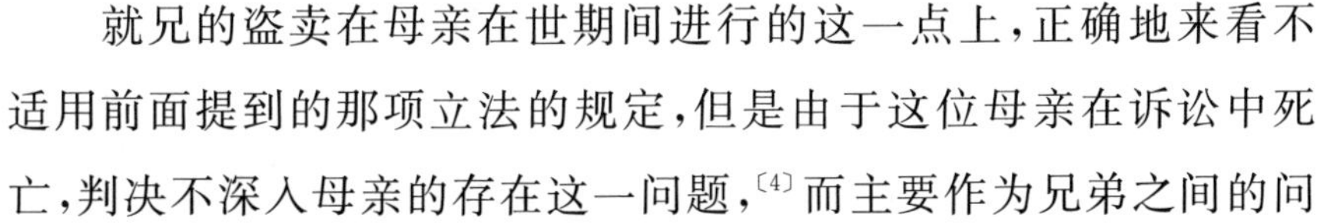

就兄的盗卖在母亲在世期间进行的这一点上，正确地来看不适用前面提到的那项立法的规定，但是由于这位母亲在诉讼中死亡，判决不深入母亲的存在这一问题，[4]而主要作为兄弟之间的问

题来处理这一事件，恰好如同前揭立法的规定那样作出了裁断。

以上是家里的不动产的换价处分通过兄弟全体的合意而成立的这样的法意识在立法、判例上的表现。同样的法意识在近代的惯行调查资料里也清楚地显现出来：

239 “三个兄弟里三弟当家时，当家能不能不和哥哥（兄）商量卖掉土地呢？＝不能。如果不做声卖掉了的话就是有罪（盗卖）。也许会出现打官司、分家的情形。”“大哥当家的时候呢？＝这时候也必须和弟弟商量，但是稍微有点儿不同，因为有父从父，无父从兄（兄如果说卖，有时要服从，比如借债比较多的情况下，如果不卖掉土地就不能偿还，所以没有办法只有服从）。”“大哥随便花钱而卖了地的情况下，弟弟不从也可以吗？＝那种时候不从，会吵起架来。”（惯Ⅴ62页中段）

如上所述，兄弟之中不管在谁是当家（家计出纳责任者）的情况下，也不能以他一个人的意思卖掉土地。“无父从兄”的格言所表示的是长幼之序，只是承认在家的内部性质的意思形成过程要年长者某种程度的指导性地位，而并非给予他对外性的让其通过单独行为完成交易的权能。交易的权能是从家产的所有关系产生的效果，在这里，虽然说长幼有序，但兄弟仍都是平等资格上的家产的共同所有者。从而弟弟也是可以依场合根据这一共同所有权和兄长“吵架”。此外，同一应答者还有如下的陈述：

“有三个兄弟，当家不商量就卖掉土地的话会怎么样呢？

＝不知道的话就不许。”“如果在不知道的情况下卖掉并收取了钱呢？＝与卖的人和买的人打官司，然后分家。”“打官司可以取消这桩买卖吗？＝因为这是盗卖，所以说是无效的。得到的那些钱正在使用时由兄弟拿出不足部分把钱还给买主后可以取消。”“知道你所说的那样的例子吗？＝曾经听上年纪的人说过。”（惯Ⅴ62页下段，内田402页）

以上说的“由兄弟拿出不足部分把钱还给买主后可以取消”，大概意味着如果其他的兄弟宽恕了卖掉土地的人，买主也是宽容 240
的话，继续同居不变从家产里返还价款以后可以全面地取消这一买卖。否则，正如所说的要“打官司”，然后会“分家”那样，看来会采取和前面南宋的法律或判例里见到的恰好是同样的解决方法。像兄弟之中的某个人远隔在外地那样的情况下，事情也并非在基本方面有什么变化。例如，四个兄弟之中末弟带着妻子去满洲干活，在当地得到固定职业，自己生活，在有这种情况的家里，[5]作为家长的长兄作出了如下回答：

“父亲没有了之后曾经卖过土地吗？＝这二、三年来卖的最多。”（中略）“这是谁卖掉的呢？＝自己卖掉的。”“和母亲商量吗？＝商量过。”（中略）“和二弟以下的弟弟们也商量了吗？＝当然要商量。”“也和去满洲的弟弟商量吗？＝没有商量，回来的话再和他讲。不管怎样，没有母亲的同意，什么事也不能做。”“连写封信通知一下去满洲的弟弟也没有吗？＝在卖之前没有通知，得便的时候写信告诉他。”“如果母亲没有了，卖

> 掉土地的时候一定要和弟弟商量吗？＝是的。”“如果不和弟弟商量就不能卖土地吗？＝不能卖。那也过于不讲道理了。”（中略）“没有母亲之后你要卖土地的时候也必须和去满洲的弟弟商量吗？＝必须事先通过写信商量。”（惯Ⅴ108页上中段）

目前母亲健在，在“没有母亲的同意，什么事也不能做”的背面，由于远在外地的弟弟也信赖其母亲，因此事后告知就足够了。即使有这样的事情，但如果母亲没有了，也就必须事先征得这个弟弟的同意，不照这种办法做的情况被视为“过于不讲道理”。

在以上引用的南宋的判语或农民的应答之中，值得注意的是使用“盗卖”这样的表达方式称兄弟中的一个人没告诉其他兄弟就卖掉家里的土地的行为。兄弟只是作为共同所有者中的一人对家
241 产拥有持分，而不是像家父那样拥有全面性的所有权。可是如果他单独地处分家产的话，那就是硬要试一试“把比自己拥有的更多的权利出让给他人”的“对谁来说都是不可能”事情的违法的行为，即无非是“盗卖”的行为。那么，就构成家产的特定的财物来说，如果问到他有没有只对在其中存在的他的持分加以出让之道，一般这也被认为是不可能的事情。如同关东厅法庭中鉴定人的话里所说的：

> 各共有者对共有物的全部具有互相均等的持分，并且共有者才能分割共有物，将其卖给别人就成为特别分割，而习惯上不得将自己的持分卖给他人。

> 比方说，甲把某块土地出典给乙，其后甲的直系卑属丙、丁戊三人之中的丁把该地卖给了典得人乙，该买卖视为无效。[6]

从根本上来说，如南宋的法律或判语中见到的，对目的物进行追加性的分割，只就应该归处分行为者的份额承认原来的单独处分行为的效力，在采取这样的解决办法的情况下，其结果变成承认只就持分的处分之有效性，但是这到底不过是作为**违法行为之后的处理**，而且以**已经进行了家产分割**的情况为前提所作出的补救意义上的处置，而绝不是意味着把持分的出让能在同居共财**继续期间**进行作为**正常的**现象来认可。也就是说，作为家产的共同所有者的兄弟各自的持分是在家产这样的一个总合体之上存在的持分，而不是都直接地存在于构成家产的一个一个财物上的持分。从而，首先启动这一持分权分割家产，然后才能各自处分确定为自己所有的东西，不然的话，就通过全体成员的共同行为进行处分，在此之外没有处分家产之道。总手性的共有（合有）确实是指称这种形式的共同所有的用语。这一名称本身无非是从日耳曼古法之 242
中在共同继承人们处分财产的时候互相联手作出的意思表示所产生的用语。在中国的情况也与此同出一辙。

如果顺便说一下关于借钱的情况，那么这时在证文中兄弟联署的做法既不是必要的，也不是普遍的。还有，由兄弟之中的某一个人的名义的借款常成为家产上的负债，而由其他兄弟之名的借款不成为家产上的负债，这样的区别并非是本质上的。不过，因家计的出纳事务应该集中到被定为“当家”的一个人之手，以这一当家的名义去借钱，原则上是正常的，从而可以看作家的负债。与此相对，其他的兄弟不经过当家以自己的名义借钱的事情是困难的，或者即使能借到钱大概也被当作个人债务的情况比较多。[7]但这也不是绝对的。例如像在前一章引用的问答里也可以看到的那样（73 页），远在外地的兄弟要一个人为了在当地的正常的生活费而借钱的那种场合，其他的兄弟也不加任何限制地将这种借钱承认为家产上的负债。另一面，即使是当家所借的借款，当把其作为不正当的个人性质的费用时，其他兄弟可能会拒绝负这一还债的责任。在关东厅的法庭上鉴定人的话中说道：

> 作为支那的习惯，假定有兄弟五人，在其中一人从别处借了钱的情况下，其借款是为了全体兄弟或者为了自己的家有益地使用，不问分家以前还是以后的其他兄弟们应该有平等地分担应偿还的借款的义务，而这些借款如为了用于借主自身上的**游乐等其他消费**，则不论分家前后，**其他的兄弟们对其不负有任何责任**。[8]

林惠海教授在江苏省苏州地区所作调查的报告里也可见到这样的实例：在三兄弟之家，作为当家的长兄为当保长的活动使用钱财，由于借债增多，弟弟们提议进行家产分割，虽然一般的债务为
243 三股分担，但与保长之职相关联所产生的债务确定为由长兄一个人负担。[9]

总之，由于借款的使用方法从家庭全体的立场来看是正常的还是属于个人性的玩乐或填补失策的亏损而使事情有所区别。那么，说起来以什么为基准而又由谁来判定呢？这些最终是兄弟相

互的信赖和度量的问题。倘若就借款的使用之途正常与否在兄弟之间产生争执而没有解决的话，几乎必然地发展到分家。这正是以上所引的苏州地区的实例所显示的。还有，在以下的应答中可以看到这样的事情，从债权人一侧来看的话，无论是从家产之中还是从债务人通过家产分割分得的财产之中，以任何办法要回借款自然都是可能的。

"家长的弟弟不和家长商量可以借钱吗？＝如果是努力劳动的人就可以。""这个弟弟应当将存下来的钱交给家长，但怎么样偿还借款呢？＝首先用存下来的钱偿还借款，家长偿还剩余的部分。""如果这个弟弟不能偿还借款又是没和家长商量而借钱的场合，家长也要负责任吗？＝是的。但紧跟着引起来的问题就是开始提起分家。"（惯Ⅰ300页下段）

二、兄弟同居之家的家产的分割

分割请求权　父母死亡之后，兄弟作为权利不论是谁不论何时都可以请求家产分割。[10]不过，关于这一点，即关于在兄弟同居之家实现家产分割的权利存在于何人之手，在历代法律中什么规定都没有。但是在大理院判决例中说道：

除祖若父就所有家财可自由处分外，其余尊长有所偏向，则卑幼据以请求分析，即不得谓为违法。（见前161页所引）

244 在关东厅的法庭中鉴定人叙述道：

> 兄弟要分家的时候，没有其中一方的承诺也可以为之，在这一场合，财产当然和负债一起等分。[11]

虽然以上两个说法稍稍缺少一些直截了当的表达，但都承认旁系亲相互之间的分割请求权。在惯行调查要得到的应答所说的情况也是同样：

> "兄弟四人中的一个人希望分家，其他人全部反对的时候呢？＝分家。"(惯Ⅰ276页中段)
>
> "……兄弟之中的一个人请求分家的时候，余下的人也必须分家。"(惯Ⅰ241页下段)[12]

而且正如已看到的，围绕着家产的处分或借债在兄弟之间如果产生了争吵，最终的结局不外通过分家来解决这样的事情，也表明谁都没有强制抱有不平的兄弟凑合维持住同居共财关系的权利。[13]如果是这样的话，法律上之所以没有规定，一定是因为实在是太不言自明的事情，丝毫没有必要设立规定。应通过兄弟全体的合意或者通过年长者的意思这类的规定说来什么都没有，这一事实反过来应当看作是表明兄弟各自被承认有分割请求权，而且这被当作自古以来自明的大原则。

并且，如前一章已明确的那样，因为是兄弟一定要全体同时分家(82页)，所以以上的情况完全是一种兄弟各自并非有从同居共财的共同体退出的权利，而通常有让共同体解散的权利。这里使人想起来的是在罗马法中，组合（societas）的构成人员拥有发布不是脱离通告而是解散通告之权，这些有时被看作组合终了的原因之一。[14]罗马法的组合的起源如果存在于家父死亡之后的兄弟共产制（consortium），[15]可以认为解散通告之权也是在这个制度里形成胚胎的，由此深感彼与此是如出一辙。 245

分割的比例　如果根据某个人的请求进行家产分割，这种时候兄弟各自的得分应该完全均等，这是古代至少是汉代以来延续到最近被稳固维持的一个大原则。唐的户令应分条所规定的“诸应分者，田宅及财物，兄弟均分”，无非是对中国人的意识之中所谓作为自然法存在的规范也给以实定法上的承认这种意义的规定。此外这一应分条涉及各种内容，又必须与本书之中的种种观点反复参照，为了方便，在此全文录出：

> 诸应分者，田宅及财物，兄弟均分。（其父祖亡后，各自异居，又不同爨，经三载以上，逃亡经六载以上，若无父祖旧田宅、邸店、碾硙、部曲、奴婢，见在可分者，不得辄更论分）。[16]妻家所得之财，不在分限，（妻虽亡没，所有资财及奴婢，妻家并不得追理）。兄弟亡者，子承父分，（继绝亦同）。兄弟俱亡，则诸子均分，（其父祖永业田及赐田亦均分，口分田即准丁中老小法，若田少者，亦依此法为分）。其未娶妻者，别与聘财，姑姐妹在室者，减男聘财之半，寡妻妾（?）无男者，承夫分，若夫兄弟皆亡，同一子之分，（有男者，不别得分，谓在夫家守志者，若改适，其见在部曲、奴婢、田宅，不得费用，皆应分人

均分)。[17]

246　说来这一兄弟均分的原则已经在许多著述中论及,可以说成为学术界周知的事实。在这里,我想谈一谈两三个与其说就原则的存在本身,不如说就围绕着这一原则的稍稍细小的问题点。再有,这里论述的内容也包含父亲生前进行的场合而且家产分割一般也比较妥当的情况下。

首先,在异母兄弟之间,母亲的身份如何给兄弟的得分能否带来影响?关于这一点,明清时代的立法有如下的规定:

> 嫡庶子男,除有官荫袭,先尽嫡长子孙,其分析家财田产,不问妻妾婢生,止以子数均分,奸生之子,依子数[(a)]量与半分,如别无子,立应继之人为嗣,与奸生子均分,无应继之人,方许承继[(b)]全分。[18]
>
> (a) 清条例无"数"字。(b) 明户令作"承绍"。

247　中国古来的婚姻制度简要来说是一夫一妻多妾制,正妻只限于一人,但在此之外如果经济上的情况允许,不论蓄多少妾在法律上和道德上都被承认是正当的事情。还有关于和属于自家的婢(奴隶身份的女性或用钱买来的下女)的肉体关系,也完全不被认作或只极为轻微地被认作有违法性,并且主人在任何时候都能够把自己宠爱的婢改作妾,在这个意义上婢也可以说是以准妾而存在的。妾或婢是作为家庭的一员公开被养起来的女性,从而就所生的子来说也不会引起父亲不明这样的问题,母子都不会缺少生活的保障。只有在这种条件下男性和正妻以外的女性结合才被视为合法。在此之外，和家庭以外的女性结成事实上的关系的行为包括在双方都是没有配偶者的身份的情况下，中国法的基本的立场是将这样的行为全部作为奸罪来处罚的。[19]因而，子的类别大约可以分为三种，第一种是正妻所生之子，这是嫡子。第二种由不是正妻但相应地在正常关系的范围的妾、婢所生之子，这是庶子。第三种由违法关系所生的子，也就是“奸生之子”。将以上作为预备知识来看前引的法律，姑且不说官荫的享受、官职的世袭这些公法上的问题，有关私法上的家产分割，引人注目的是确定了嫡子和庶子应当完全平等。“奸生子”在或是父亲被证明并被要求对此负责、[20]或是父亲自发地认领下来的情况下开始成为本条的问题。并且还不被承认为正规的继承人，财产只不过分给相当于半个人的份额，另外，在没有其他儿子的场合，必须特地从同族里迎进嗣子。可以认为，或许立法者要把他放在类似于后述的义子（第六章第二节）那样的位置。

家产分割上的嫡庶子的平等，不只是一个时代的法的规定，也是民众的传统性的法意识，也就是说，兄弟均分这种古来的大原则，可以看成甚至于包括了嫡庶子均分这样的含义。在宋代的家 248
产分割文书中也出现这类实例，[21]在宋以及明清的判语里也能发现不少包括判定命以嫡子六、庶子四的比例来分割的遗嘱为“乱命”的这个已经述及的事案在内，作为当然的前提承认嫡庶子平等的情况。[22]近年的惯行调查中，在华北农村得到以下的应答：

“以上财产分割的场合，家长正妻的子、妾的子、婢的子，此外私通之子、养子、家长的妻妾的随嫁子等，全都可以平等地分割吗？＝我想正妻之子、妾之子、婢之子有均分继承的资格，但没有实例所以不清楚，私通之子、妻妾带来的儿子等没有参与分割的资格，但这样的例子也没有所以不清楚。”（惯Ⅳ 82页上段）[23]

再看一下《民商事习惯调查报告录》，比如在河南省西平等各县所报告的：

凡亲子不分嫡庶，于遗产上之权利，概属均等。惟父亡以后，未析产以前，遗产之管理权专属于长兄。[24]

此外，即便不是没有一点点例外，也可以概括地说，报告是嫡庶平等的地方很多。[25]这些可以看作是在前一章弄清楚的父子同气思想的逻辑上的归结。因为，人在本质上是什么人，如果是由父亲那里接受的作为无形生命的“气”所规定，母亲只参与作为这一个体的“形”的形成，那么因为母亲如何便认为在接受同一个气的人们之间就会有差别的说法于理不合。

与以上情况相反，作为明显异质性的现象，在金元时代的法律里作出下述嫡庶子有差别的规定：

诸应争田产及财物者，妻之子各肆分，妾之子各参分，奸良人及幸婢子各壹分。[26]

而且元代的判例也确实以这个法作为准据。[27]或许这是当时的支 249
配者女真、蒙古这些异民族的异质性的传统表现在立法上的内容。

还有，有关前引明清时代的立法中“奸生之子”的规定含有立法者人为的因素，未必也可以原封不动地看成是习惯上的规范。习惯上私生子得到认领的事情一般来说是困难的，因为是暗中的事所以很多便被暗中遗弃掉了，但若是一旦不论以什么样的方法被认领的话，可以认为一般的倾向是和其他的儿子没有任何差别地来对待。[28]也许可以说民众比立法者更忠实于父子同气的思想。

其次，想谈一下均分原则的修正或者应该称作例外的现象，即存在兄弟之中的某个人在一般的得分之外，根据某种理由被给与特别份额的情况。

第一种，如在唐的户令应分条要所说的：“其未娶妻者，别与聘财”，兄弟之中未婚之人被视为应该给与特别分以作为将来结婚之用。而这些不只作为法的规定也是普遍性的习惯。[29]关于这类制度具有的功能上的意义在后面将稍加深入地论述，但是要而言之，这当然是一种为了使已经由家产中的支出娶了妻子的人和还未得到这一好处的人之间不产生不公平情形的规定。也就是说是想要更正确地体现兄弟均分精神的规定，而并不含有使兄弟产生实质性差别的要素。因此只能说是在纯形式的意义上的一个修正。

第二种，在法律上完全没有显现，也绝非是充分普遍性的习
惯——比如在华北农村或满洲的调查报告里几乎没有显现出 250
来——话虽如此，但在相当多的地区，根据长子应该是主持祖先祭祀的人这样的理由，有给与其若干的特别分的习惯。在河南省开

封县报告说：

> 同父兄弟，对于遗产上之权利，盖属平等，而每持长子主祭之说，于兄弟分析家产时，先为长子除地若干亩，再行平分，其所除之地，名为“奉祀地”。[30]

此外，在安徽省来安县、[31]福建省顺昌县、政和县、建阳县、晋江县，[32]湖北省汉阳、竹溪、麻城、竹山、京山、通山、巴东、潜江等县，[33]陕西省华阴县[34]等等，可以看到以“香火田”、“祀田”、“长房田”、“居长”、“贴长”等等名称采行同样习惯的报告，为了方便或许可以将此命名为长子分。还有，作为与此类似的情况，以“长孙地”、“长孙田”（如果给的是钱就叫“长孙钱”）等等名称，给与长孙若干的特别分（长孙分），有这样习惯的地区也不少。这种时候的长孙依地区而有不同意思，存在意味着长子之长子的情况和意味着不管是长子之子还是次子以下之子的最早生下来的孙子的情况。比如在福建省浦城县所报告的是前者之例：

> 251 浦城俗尚，重视长子，其分产，不论家资厚薄，先抽出父母养赡，再抽长子长孙产业，名曰“手泽”，大约除抽养赡外，视家资厚薄，抽十分之一，（其所谓长孙，**即长子所生长子**，若长子无出，或次子三子先生有子，均不得谓之长孙，其抽长孙产业，则悬俟长子生子享有，若长子终不生子，则此项仍归长子领享，而次子三子不与焉），其余财产，诸子均分。[35]

而在江西省萍乡县所报告的是后者之例：

> 萍乡民间惯例，恒优待长孙。如某甲有子数人，当分析家产时，除平均分配于诸子外，并酌量其财产之多少，提出若干，给子**诸子中最先所生之长孙**，以示重爱初见三代之意。其给予之田产，称曰“长孙田”。其余各孙不得争论。此项办法或用遗嘱为之亦可；将来某甲夫妇死后之安葬，其木主恒亦由长孙报之。[36]

此外，作为山东省无棣县、新泰县，[37]山西省临县，安徽省贵池县，[38]浙江省嘉兴县、长兴县，[39]陕西省西乡县，[40]湖南、甘肃全省[41]等等的习惯，报告了各种意义上的长孙分的情况，在江苏省苏州地区的调查中也认为存在同样的习惯。[42]还有在台湾提到给与大约相当于一个兄弟的得分左右的额度作为长孙分的例子。[43]家产分割是从兄弟各自为首按房为单位进行的，尽管给与了长孙分，但是长孙并非带着长孙分离开自己所属的房而独立。从而，不论说是长子分还是说成长孙分终究是表达的差异，在实质上当然都是给与长房（有的场合指举初孙之房）的特别分。其数额按地区所报告的有：全部家产的十分之一（福建省浦城县），百分之 252
五、六（福建省建阳县），百分之一二（福建省顺昌县）等等。通常绝不是多额的。所看见的在福建省晋江县（泉州）报告的给与长房相当他房一倍数额及台湾也引用了这一系统的情况属于显著的例外。而这些是最高限，给与长子超过这些——即他子的双倍以上——这样的例子，不仅在近代的习惯上，就是在往昔的资料之中

也不能找出。[44]

即便在有长子分、长孙分习惯的地区，也找不到长子、长孙像在日本的家族制度中的本家那样，表示负有统辖同族的特别的责任义务而保持权威的情形。“长子主祭”这样的话语也并非应被解释成只有他拥有祭祀父亲的特权这样的意思，所有的儿子作为具备十全的资格的承继人祭祀父亲和继承父亲。但因为兄弟同样地祭祀应该祭的父亲，所以祭祀活动成了共同操办的事情。处在这一共同祭祀活动中心的是主祭，长子分、长孙分不外是为了此事的必要经费。的确，在儒教的经书里显著地出现了根据嫡长子孙的宗庙主祭权的单独继承的观念，主祭权人应该拥有统辖同族的权威的内容（所谓宗法）被当作同族组织的根本。[45]这些无非是在**上代**对应当时社会上的现实而发达起来的原理在儒教的经书中间固定下来的东西。在经过战国的激动期出现根本性变化的**秦汉以后的社会体制**中，特别应当尊重嫡长一系的实质性的条件一般来说已经不存在。尽管如此，古代典籍中所记载的原理仍继续具有一种观念上的影响力，在这方面，即使作为实际数额来看对长子长孙通常是微不足道的东西，不管怎样还是体现了给与财产上若干的特别分这样的习惯。也就是说，长子分、长孙分可以理解为上代的原理以极其微弱的形态遗留到后世的痕迹式的现象。

253 第三种，同样是法律上没有规定的而实际也时常是不会发生的情况，但是根据具体事情上的特殊性而作为例外的，就是兄弟之中的一个人分家前在家之外凭独力变成大富翁的时候，可能像后述的那样承认这些财富作为他的特有财产（第五章一），或者是另一种情况，即虽然把这些财富归于家产里，可是在分家的时候，有

时也要考虑作为其功劳的报酬给与相应的特别份额。在关东厅的法庭上，鉴定人述说道：

> 分家前其一家没有财产，因此各家庭走出家门所去的地点各异。其后经过十几年之久的岁月，即使家族的某个人获得财产而某个人空手归来的情况下，不管其得来的财产在什么地方得到的，也应该全部作为整个家族共有的财产。但是正如以上所说的在有财产的情况下分家时的那些财产的分割方法，与游手好闲而空手归来的人或在家里游手好闲的人不能得到某些财产的情形相对的，在亲属故旧协议的基础上确定其应该分配的比例，按惯例应当分给几成的财产，而并非应当平等分割。[46]

在华北农村的惯行调查中，持在分家的时候应当评价又寸于增加财产的功劳的见解的应答者也不是没有。[47]还有，在《台湾私法》附录参考书之中，也可以找到增加一个兄弟的功劳额的家产分割的实例。[48]

就算必须保留以上那样的若干例外的现象，在大局上来看也不能否定均分原则的坚定性。[49]因此简要来说，在兄弟同居的家，家产就是由兄弟全体成员在相互均等的持分上总手性地共有。作为这一持分权的效果，兄弟无论何时都能够请求家产的分割，而于另一面在家产的换价处分上是相互制约着的。我想把这种兄弟相互的关系在对应父子一体原则的意义上称之为兄弟平等的原则。但两个原则绝不是无关系的事物。毋宁可以说后者是前者的归 254

结。因为，如果儿子是父亲人格的延长这一原理不带某些夹杂物——比如在我国的家继承的观念——而纯粹地得以贯彻的话，是不存在承认应在作为同一个父亲的儿子而生下来的兄弟相互之间有差别的原理的。

三、叔侄、堂兄弟同居之家

前两项论述的兄弟同居之家的法律上的构造，一概不问兄弟各自有没有儿子或有几个儿子是比较妥当的。根据父子一体的原则，兄弟的儿子们的人格被吸收到各自的父亲那里，他们的存在不会在家产的所有关系之上产生任何特别的问题。没有必要另行实证这一见解。仅由几个兄弟组成的保持未婚状态聚在一起的家这样的情况，理应是极为稀少的事情，虽然前面处理各种资料，但没有感到任何不便，通常完全可以撇开本该有的兄弟之妻子、儿女的存在来进行论述的这种做法本身，应当说就是很好的证明。另一方面，如果根据父子一体的原则，兄弟之中的一个人死亡的时候，其人格延长到他的儿子，从前的兄弟共同所有的关系应当原封不动地转换成叔侄的共同所有关系。让我们检证一下有关这方面的资料。

首先，围绕家产的处分，可以看到如下农民的应答：

> “亡兄的长男和弟弟住在一起时，如果哥哥的长男是当家，在卖掉家里的土地时，即使弟弟反对也可以卖吗？＝如果弟弟不同意就不能卖。”“在以上的场合，弟弟是当家的时候，即使已死亡的哥哥的长男不同意也可以卖吗？＝不和哥哥的

儿子商量就不能卖。”（惯Ⅲ10 页上段）

不论死了父亲的侄子或现在活着的叔叔，哪一个都不能没得到对方的同意就单独地卖掉土地。问答只涉及单数，如果这里的 255
叔叔侄子各自是复数的话，他们全体成员的合意当然是有必要的。也就是说，在兄弟之中有死亡者时，这个人原来拥有的发言权就由儿子们来行使。“诸祖父母父母已亡，而典卖众分田宅，私辄费用者，准分法追还，令原典卖人还价”（见 236 页）这一南宋的立法——先前为避免繁杂大致都以兄弟作为典卖的主体来说明和解读的，但是——也可以适用于叔伯不告诉侄子就典卖了财产的场合大概是不用说的了。另外，在南宋时期还可以看到如下的裁判例：

《清明集》、违法交易、“业未分而私立契盗卖”云：“方文亮生 256
三男，长彦德，次彦诚，前妻黄氏生；幼云老，妾李氏生。彦诚已死，有男仲乙。云老年方二岁。家业尽系长男彦德主掌。……[a]胡元十、祝方五之徒，乘间贪谋，啜诱仲乙赌博，输钱至七百余贯，私立田契及生钱文约。今已索到白契三纸在官，验系仲乙等押字分明。仲乙固不容无罪，亦乃伯彦德有以激之。契勘方文亮服尚未满，云老所生李氏尚存。合照淳祐七年敕令所看详到平江府陈师仁分法，拨田与李氏膳（赡?）养，自余田产物业，作三分均分，各自立户，庶几下合人情，上合法意，可以永远无所争竞。所有仲乙违法典过三契，使仲乙果是彦德亲子，未有承分，则当用钱不追，业还主。今仲乙乃是彦诚之子，

自有应分，若违法典卖，致自尊长觉发，而又不追钱得业，则卑幼不肖者何所不可为？似反为不义之劝。方仲乙照条勘杖一百，追钱没官。”

(a) 引用中省略的部分，是开头彦德称仲乙是自己的儿子，发现其形迹不良而告官，官府受理等等文字。

这是个侄子不告诉叔叔便卖掉了土地的例子，但没有适用前述的目的物追加性的分割、交易部分性地取消（准分法追还，令原典卖人还价）这样的说来比较温和的规定，而是采取了目的物全部收回、代价为官所没收这样的对交易双方来说都比较苛酷的制裁性的处置方法。这无非是因为，在本例中的作为处分行为者的侄子与叔叔一起为家产的共同所有者，同时也是以叔叔为家长的卑幼，所以不是从前者的立场而是从后者的立场处理事件。着眼于共同所有关系在法的规制之外，而着眼于家长对卑幼的关系则有法的规制，对卑幼的盗卖，代价没收入官是南宋的法律规定，这个情况已经谈到过（153—157 页）。想必是因为由卑幼盗卖比由家长盗卖——即使就家长来说在与作为旁系亲的卑幼的关系上，盗卖这一概念也是成立的（240 页）——其违法性更明了，也可以当然推定交易对手是恶意，所以才给予如上那样的制裁性的处置。
257 但尽管同样是卑幼，在是家长的直系卑属的时候和是旁系亲的时候，正如以上的判语侧面述及的那样，产生了微妙的差别。如果儿子做了盗卖的事，代价只是在尚存的范围内加以没收，已经被消费掉的部分可以置之不问，与此相对，在侄子盗卖时，认为应该由卑幼全额承担并加以没收。之所以说到这些是因为不管怎样，以卑

幼的行为累及家长为前提，在是否可能从卑幼个人那里征收这一点上，两者之间有差别。直系卑属对于家产不拥有持分，对消费掉的金钱已经没有支付能力，如果强行追款，等于从父亲所拥有的家产里征收，那样就变成累及当家长的父亲，所以不是应该采取的办法。与此对照，旁系卑属对家产拥有自己的持分，所以从这一持分中，即让其分割家产之后从其分得的财产之中追缴的做法是可能的，正是这一原因才不得免去全额没收的处分。

其次，关于家产分割的请求权，下述农民的回答引人注目：

> “在以下图示的，如果担当家长的哥哥死亡，多数情况下谁来说出分家的话？＝一般是叔父。”
>
> “如果哥哥的儿子说出来会怎么样呢？＝可以分家。”
>
> “如果是弟弟的儿子提出来呢？＝因为有父亲在，所以不行。”（惯Ⅰ276页上段）

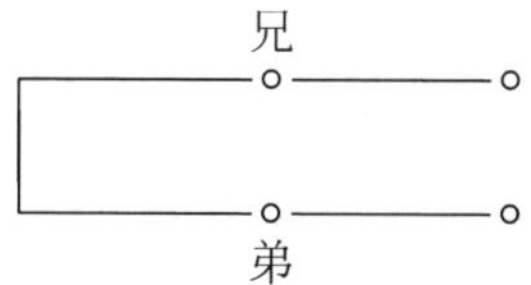

死去父亲的侄子和现存在世的叔父，和在兄弟之间同样地相互拥有分割请求权。与此相反，这个叔父的儿子没有发言权，这是因为他的人格被吸收进他的父亲之中了。

最后，关于在家产分割中的得分，如唐的应分条规定的“兄弟 258
亡者，子承父分”，死亡的兄弟应该取得的份儿为其儿子所取得——而且如果儿子是复数的话在他们之间再次进行均分——这样的办法对于每个人来说是没有怀疑余地的自然的惯例。在农民的应答中也说道：

> “家长有两个儿子，家长的弟弟有一个儿子，家长死后有四亩地，如果分家的话怎样分呢？＝如果在家长的两个儿子和家长的弟弟等三个人之间进行分家，将作为家长和家长的弟弟首先要分家的东西四亩地的半份分给家长的弟弟，将剩下的半份（如家长个人分家可以得到的部分）再分给家长的两个儿子各一半。”“如果是家长的弟弟的儿子和家长的两个儿子分家呢？＝按以上标准家长弟弟的儿子取得四亩的一半（原样继承父亲在分家时应该得到的部分），家长的儿子各得到一亩。”（惯Ⅳ81页下段）

其他同样旨趣的答话可以看到许多。[50]

如上所述，对于原属于某个兄弟的家产的权利，由于这个人的死亡，无论怎样都原封不动地转移给这个人的儿子。而且儿子代替父亲成为家产的待分权人。正好是父亲的人格为儿子所延长这样相称的关系。

由此一来，就不论怎样复杂的家族构成的家都可以通过将父子一体的原则和兄弟平等的原则加以多重组合来正确地断定每个男性家族成员对于家产拥有什么样的权利。要而言之，只有在自己的上面已经没有活着的直系尊属的人才是现在的家产之权利主体，其他人只限于在各种各样的阶段上所拥有的承继期待权。家里作为权利主体的人只存在一个人时，全部家产属于他所有。前

一节论述到的父家长型的家就是如此。当权利主体有两个人的时
候，在他们之间产生了持分的关系，本节论述的复合型的家就是这 259
样。家在时光流逝期间自然出现从父家长型通过承继到复合型、从复合型通过家产分割到父家长型的变化。

还有，作为最后剩下的一个小问题，想谈一下关于同居共财状态下兄弟全部死亡，在他们的孩子们之间即在从兄弟之间初次进行家产分割的问题。比如在A、B两兄弟死亡、A有M、N两个儿子、B有O一个儿子时，大概会采取M，N各为四分之一、O为二分之一的股分主义和M、N、O各三分之一的头分主义这两种之中的哪一种呢？[51]

在历代的立法之中涉及这一问题的只有唐的户令应分条，在这一条里采取了“兄弟俱亡，则诸子均分”的头分主义。但是这一规定和也是在同一应分条之中的“兄弟均分”、“子承父分”等等规定有异，不是对人们心中作为自然的习惯所确立的规范，立法时只是通过明文给予确认这种性质的规定。实际的惯行未必是这样的。如果举出在这一问题的范围内所找到的资料，那就是如下的资料。首先，在宋代袁采的《袁氏世范》中写着：

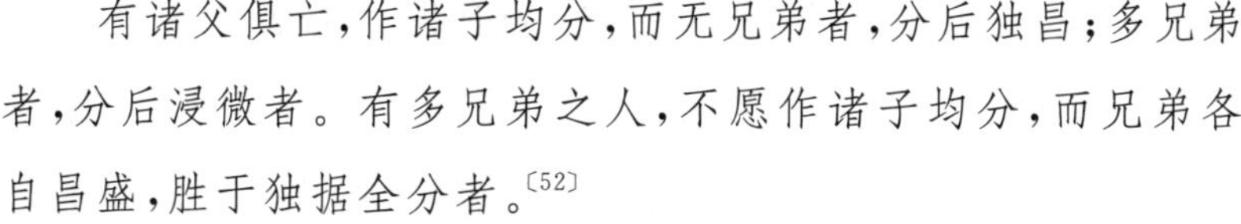

有诸父俱亡，作诸子均分，而无兄弟者，分后独昌；多兄弟者，分后浸微者。有多兄弟之人，不愿作诸子均分，而兄弟各自昌盛，胜于独据全分者。[52]

由此可以认为，当时作为习惯来说不是一定的，在每一个事例上通过协商后成为怎么样做都可以那样的情况。其次，在仁井田

陆博士的著述中所收录的明代安阳阳氏的家产分割文书的资料，是与现在这里的问题相符的事例，研究一下这些内容，就看出那里
260 明显实行的是股分分割。[53]再有，在后面引述的清朝道光年间的审判例要(343页以下)，在县里依据头分主义所裁决的案子，被上诉后在府里依据股分主义加以改判。另一方面，在清代人士所说的话中，可以看到“子无轻重，则兄弟均产可也；子之子亦无轻重，则诸孙均产亦可也”等肯定头分主义的话语。[54]在近时的华北农村惯行调查中看到的农民的应答，以前面已经引述的资料为代表(258页第二问答)，一致谈到实行股分分割之旨，[55]在关东厅的法庭中鉴定人的见解也完全是同样的。[56]但是，在近时的《台湾私法附录参考书》之中也可以看见按照头分原则所定的分割文书的实例，[57]所以不能一概而论。

资料就如以上所见，看来从中引出某些清楚的结论很困难。像已经看出来的那样，中国家族法可以说是以父子一体的原则为经、以兄弟平等的原则为纬而形成的，但如果组合以上情况中的父子一体的原则而推行的话，会导向股分分割；如果将兄弟平等的原则之中所包含的平等精神普遍扩张到同一世代者的时候，就会归结到头分分割。不论哪一种都是从一般原理之中导出的思考方法。可以认为，对于自古以来中国的有识之士来说，断言必须按哪一种或者哪一个为正统是比较困难的事情。还有，于理来说应是哪一种都可以，而事情频繁反复的结果，大都偶然性地在某一种上固定下来的这样的情况，在法或习惯的世界也是经常可以看到的现象。就头分和股分来看在这种意义上的惯例的固定化没有充分的进展，之所以这样说也是因为，兄弟已经死亡，到了他们的下一

世代之后才进行家产分割的事情实际上是极为罕见的现象，事情的反复在促进惯例的固定化方面并没有达到足够频繁的程度。总之，就这一问题来说，看成中国人的普遍性的法意识一直没能形成是比较妥当的。[58]

本节注释

〔1〕《清明集》、违法交易、“母在与兄弟有分”（第四章427页大致引录了事 261
案的全文）。

〔2〕《清明集》、争业、“清司送许德裕等争田事”，同、坟墓、“禁步内如非己业只不得再安坟墓起造垦种听从其便”，这两处各引用了一部分。并本文所引的那样加以复原。判语本身的内容，前者是因为天长日久事实关系不明而援用本条的起诉期间限制的规定，后者是在有关墓田的案子中指出前审中引用本条时的错误。两者从事件来看对本节的议题都不是特别需要参考的案例。

〔3〕关于卑幼单独的处分行为，从前面所述的家长对卑幼的观点所作出的规制（153—157页）来看，和本法在理论上出现竞合，而且在实际上，如在后揭“业未分而私立契盗卖”的事案（本书255页）中所见到的，可以认为这些常常是从家长对卑幼的观点所作出的处理。从而本法主要是具有以下意义的规定，即关于家长或有代行这一职务的地位的人的独断处分行为的规定。

〔4〕一以母亲的存在来处理问题，在这一情况下似乎就觉得价款理应被没收入官。参见后揭“母在与兄弟有分”（427页）。

〔5〕第一章第二节注〔79〕、〔86〕里提到的刘斌奎。

〔6〕《彙報》2375页鉴定人江鬴先讯问调书——一、二。

〔7〕“不是当家的人写下借据的时候会怎么样呢？＝写家长的名字或者当家的名字，以家族成员之名不能借。家族成员借钱的情况家长不负责任。当家的借钱只借生活费或肥料费。”（中略）“在弟弟借钱而哥哥不知道的场合呢？＝哥哥不知道的场合只能算个人的借钱。”（惯Ⅳ504页下段505页上段）

〔8〕《彙報》1215页鉴定人刘树董讯问调书。虽然以兄弟中的一个人这样一般性的话语来表达，但接着看鉴定人杉本的陈述，就可以知道在法庭上提到的是兄弟之中处在当家地位的人借了钱的事案。

〔9〕林惠海12—14页。

262 〔10〕戴炎辉：《近世支那および台湾の家族共産制》(《法学協会雑誌》52卷11号)107页。

〔11〕《彙報》554页鉴定人文筱候讯问调书。

〔12〕第一章第二节注〔120〕所引。

〔13〕“大哥不能当家这样的事由谁来决定？＝兄弟商谈后决定。”“那时候，如果大哥说不成为当家就不答应呢？＝那时就会分家。例如有兄弟四人时，不要大哥一个人而分家，三个人同居下去(不希望同居的人就分家)。”(惯Ⅴ59页上段)如上所述，在关于谁来掌管家计的出纳的事情上不能妥协的场合，最后的解决也不得不变成分家。

〔14〕原田慶吉：《ローマ法》上，197—198页。同《日本民法典の史的素描》，第678条、第679条。

〔15〕原田慶吉：《ローマ法》上，196页。

〔16〕在未经正规的家产分割而处于事实上的一家离散状态时，承认某种程度的时效性效果的规定。以祖父传给的财产为限，例如逃亡者即使在剩下的兄弟们进行了分割以后大概也可以要求财产分割的更改。关于在法律上暂时从家里出去的人因故再次回来时，南宋时代有如下的法，“诸僧道犯罪还俗，而本家已分者，止据祖父财产众分见在者均分”(《清明集》、争业、“僧归俗承分”所引)。参见仁井田陞：《文書》，591页；同《法史》，447页、449页注9、10。

〔17〕仁井田陞：《唐令拾遺》，245页。开头的两句，经仁井田氏改定复原。《唐律疏议》户婚一三条疏云：“应分田宅及财物者”，但《宋刑统》(天一阁本影印)将同疏写做“应分者宅及财物”。还有同书独自引述应分条全文时作“诸应分田宅者及财物”，“者”的位置诸本不一致。考虑语气和语言脉络，并参考了养老令应分条，相信把“者”放在“分”字之下是正确的。还有，《宋刑统》里写着的“寡妻妾无男者”一句中的妾这个字，中田薫博士考证为衍字(《論集》Ⅲ，1343页)。我并非同意博士提

出的全部论据，不过觉得结论不是很妥当的吗？只是对改定了的原文不能确信。

〔18〕　明户令·清律户役·卑幼私擅用财条、条例一。 263

〔19〕　以上关于和妾与婢违法的肉体关系，参见第六章第一节特别是551—557页。

〔20〕　明清律规定了“奸生男女，责付奸夫收养”。但是接下来所说的“其非奸所捕获，及指奸者，勿论。若奸妇有孕，罪坐本妇”，除了在奸的现场被抓住的场合以外，成了男子作为父亲不受追及的情况，所以大概奸生之子被父亲收养的情况事实上是极为困难的（刑律犯奸、犯奸条）。

〔21〕　在前一节注〔63〕中所引的叶氏的宋世分书里，记载了长男、次男、三男、七男是正室之子，四男、五男、六男是侧室之子，从分书所反映的观点来看并不构成差别。

〔22〕　《资治新书》卷十四“惨斩孤命事”说的是围绕着亡父留下的养老地四十七亩的盗卖，嫡出二人庶出二人共兄弟四人之争。以一部分卖地钱充作嫡母的丧葬费、其余均分而了结。在《清明集》、违法交易、“业未分而私立契盗卖”（见255页所引）一文中，云老是妾的子但没有被差别对待。

〔23〕　也有说到“正妻的子当然比妾的子先有成为家长的资格吗？＝没有这样的事情，正妻之子和妾之子在资格上完全没有差异。”（惯Ⅳ78页上段）不过，询问成为家长的顺序这一提问本身不是适当的（在第四节中后述）。对于同样的提问，在惯Ⅲ72页下段回答的是“正妻之子为先”，与这一回答比起来，就会感到“在资格上没有差异”这样的话语脱离了提问而具有的真实含义。

〔24〕　录Ⅳ、5、1。

〔25〕　录Ⅳ第四章诸节（黑龙江省诸县），录Ⅳ、5、21（河南省偃师县——说私生子也和嫡子庶子平等），录Ⅳ、12、8、四（福建省顺昌县），录Ⅳ、12、20（福建省浦城县——说到如果私生子被认领的话没有差别，但在分家后老父与年轻的妾生了儿子时，从养老份里给与比其他儿子稍微少一些的财产），录Ⅳ、13、36、四（湖北省竹山、谷城、京山县——但在巴东、潜江县有时有不可平分的情况）等等，报告的是嫡庶平等。作为例外，

264 在录Ⅳ、13、24(湖北省汉阳、麻城县)说嫡子一定比庶子得到的更多。在录Ⅳ、12、4(福建省连城县)说到庶子的得份往往不及嫡子的三分之一,但父母在生前自己来分的时候不一定如此。听说在台湾有"嫡全庶半"的法谚,不过实际上普通是嫡庶均分,但若干有差别的分割实例也不是没有(戴炎辉:《近世支那および台湾の家族共産制》,《法学協会雑誌》52卷11号,95页)。

〔26〕《通制条格》卷四"亲属分财"所引"旧例"。《元典章》卷十九、家财、"吴震告争家财"所引的文字略同。后者是一个叫吴彦礼的人,奸自己之子吴震的妾而生有一子叫寿孙,围绕着这个寿孙的处理而出现的争议。根据本文中所引的旧例所作出的裁决,确认了寿孙为吴彦礼的奸良人之子。

〔27〕在《通制条格》卷四"亲属分财"里所见至元三十一年卢提举之子的分产之争中,判决妻之子卢山驴为四、妾之子卢顽驴、卢吉祥分别是三的比例,以及在《元典章》卷十九、家财、"嫡庶分家财例"里,判决妻之子孙成十分之八、婢之子孙伴哥十分之二的案例等等。

〔28〕查看《民商事习惯调查报告录》,没有认领私生子的习惯这样的地区比较多。录Ⅳ、12、8、五(福建省顺昌县——私生子多弃而不养)。同、12、11、一(福建省南平县——不过有婚约的男女之间所生的孩子多被收养),同、13、11、七(湖北省郧县、汉阳县。在兴山县有时只是在另外没有儿子的情况下才认领),同、13、37、三(湖北省谷城县、通山县),同、14、5(湖南省长沙等诸县),都是如此。另一方面,录Ⅳ、11、10、五(浙江省宣平县),同、13、11、七(湖北省竹溪、麻城、五峰县),同、13、37、三(湖北省京山、巴东、潜江、竹山县)提到有认领私生子的情况。而录Ⅳ、11、10、五(浙江省宣平县),同、5、21(河南省偃师县),同、12、20(福建省浦城县)等等,都谈到私生子没有财产上的差别。在录Ⅳ、5、2(河南省嵩、济源、镇平、辉、襄城等诸县),分别报告了完全不让私生子参与分割财产的各县和私生子完全平等地算进均分之数的各县,我想这是否实质上是区别了不许可认领私生子的县和可以认领私生子的县。总之,完全没能看到像明清的立法那样私生子算作半人份这一类的报告。在华北农村也提到:"第一夫人之子和第二夫人之子当

家长的顺序是怎样的？＝按照年龄的顺序。妾之子不能成为家长，因 265
为不是男方的家属。妾是未婚的姑娘的场合，她所生的孩子叫‘私孩子’，为人妻的场合是这个人妻的孩子。私孩多数在同意后杀掉了，或者送人，在自己家里养着的情况完全没有。男的将妾之子暗地里领回自己家的情况有时有，但很少。男的不能公开地认领为自己的儿子，说是拾来的而当作自己家的孩子。这种情况下和正妻的儿子仍按年龄的顺序。雇女产子的时候，和私孩子同样，仍然按年龄的顺序。”（惯Ⅰ243页上中段）即使是避开法律性质的在被父亲收养后也会和正妻之子没有差别地对待。还有这一问答中所提到的“妾”一定是翻译中所使用的译词，原来的词语大概是指“靠人”一类的某些家庭外的秘密的男女关系的词语。

〔29〕“兄弟应得的份儿一样吗？＝一般是一样的，如果有已经结婚的人和没有结婚的人就一定不一样。这种时候已经结婚的人份额少而未婚的人份额多。”“为什么呢？＝作为结婚的费用。”（惯Ⅰ252页上段）“实际上有亩数不同的这种情况大概又该怎么讲呢？＝因为房子的关系正房少的时候多给厢房，……还有长男已经有媳妇，次男还没有时，因为需要钱就给次男一方多一些，……”（惯Ⅴ74页中段）“有兄弟三人，每人都有妻子时，如果分家财产会怎样来分？＝三等分来分。如果有没娶妻的兄弟就多给二三百元作为结婚费。”（惯Ⅳ68页下段）还有作为分割文书的实例，惯Ⅲ93页上段，录Ⅳ、11、17、一（浙江省嘉兴县）等等所揭的内容中写着为未婚者的“定亲之费”、“亲事用款”。

〔30〕录Ⅱ、5、1、七。

〔31〕录Ⅲ、9、28、六。

〔32〕录Ⅳ、12、8、四。

〔33〕录Ⅳ、13、25，同、13、47。

〔34〕录Ⅳ、15、63、四。

〔35〕录Ⅳ、12、20。

〔36〕录Ⅳ、10、12、三。

〔37〕录Ⅱ、6、6。 266

〔38〕录Ⅳ、7、49、二，录Ⅳ、9、22、六。

〔39〕 录Ⅳ、11、17、二，同、11、26、二。

〔40〕 录Ⅳ、15、49、二。

〔41〕 录Ⅳ、14、1、四，录Ⅳ、16、1、十八。

〔42〕 林惠海3页、10页、22页、28页。

〔43〕 戴炎辉:《近世支那および台湾の家族共產制》(《法学協会雜誌》52卷11号)，92—94页。

〔44〕 上一节注〔63〕叶氏的宋世分书有给与长男倍额的实例，限度就到这了。

〔45〕 杉浦嘉三郎:《支那古代の长子相続制度》，《東方学報》(京都)第一册；拙稿《承重について》，《国家学会雜誌》71卷8号。

〔46〕 《彙報》2086页鉴定人刘逢明讯问调书——一。但这个鉴定人也强调了原则是在分家时对现存的财产不问其由来全都加以平等的分割(同调书——三)。

〔47〕 在河北省栾城县寺北柴村张乐卿的应答中，说道哥哥在外面干活得来的钱在分家的时候不分给弟弟，或说道因为哥哥有过甚的浪费癖，父亲分家的时候就多给弟弟若干财产等等，总之一直显露出想缓和地解释同居共财原则的话语(惯83页中段、85页上段、87页下段)。大概这些与其说是当地的习惯，不如说是他个人的见解。还有，据担当调查的内田智雄教授的提示，曾说到需要注意的是这个应答者有往往迎合提问者来回答的毛病。

〔48〕 戴炎辉《近世支那および台湾の家族共產制》(《法学協会雜誌》52卷11号)95页所引，《台湾私法》附录参考书第二卷下313页的阄书。在苏州地区的调查中，也可以看到相反地兄弟之中不改邪归正的人受到若干不利处置的实例(林惠海21页)。

267 〔49〕 不言而喻，如果兄弟之中的一个人完全自发地把自己的持分让给其他兄弟的话，这是自由的而且被认为是好事(惯Ⅰ297页上段、惯Ⅴ74页中段)。但在实际上大概是很稀有的事情。

〔50〕 惯Ⅰ276页上段，惯Ⅲ87页下段，同149页下段等。还有，当死亡者有两个以上的儿子时，分家单首先在死者与其兄弟之间，其次在分割死者的得分的儿子们之间这样分成两段来做。当然只和叔叔分家而侄

子兄弟们继续同居的情况也是可能的(惯Ⅲ7页中段)。

〔51〕 同样的问题在战后的日本民法中也成为解释上的疑点,结局是从立法上来解决,关于这件事见加藤一郎:《民法の一部改正の解説》(ジユリスト250号),11页。作为比较法制史方面的研究,见中田薰:《代位相続法沿革一斑》(《論集》Ⅰ所收)。

〔52〕 《袁氏世范》卷一"分业不必计较",西田太一郎译,32页。仁井田陞:《法史》465页、同《家族》125页里将这些单独作为头分主义的资料来引用的做法是不合适的。

〔53〕 仁井田陞《法史》470页所揭安阳杨氏的分割文书。(拙著《中国家族法論》144页注26)

〔54〕 仁井田陞《研究(家族村落法)》437页注11、清代李文耕《孝弟录》中文耕的按语。

〔55〕 作为最明了的应答,见惯Ⅰ281页下段。没有发现述及头分主义的应答。

〔56〕 《彙報》512页鉴定人刘心田讯问调书——五。

〔57〕 《台湾私法》附录参考书第二卷下,342页以下张合春等的分割文书。

〔58〕 仁井田陞教授作为对父子一体原则这样的理论体系提出论驳的一点就是指出这一理论体系不能说明这一头分主义的现象(仁井田陞:《研究(家族村落法)》,430页)。这些作为对拙稿《中国家族法補考》再论驳之中新提示出来的问题点,差不多也是唯一的问题点。看头分主义具有多大程度的支配性这个话题,姑且不论在事实认识上就存在问题的情况,在理论上来看怎么说也是琐事,并不是由此能够追问一个理论体系成立与否那样性质的论据。所谓头分主义,说起来无非是在子的世代全部死亡之后,孙子们直接继承祖父的人格那样的分得财产的主义。而且孙子们之中如果有死亡者,这个人的儿子们一同分得死者之股。不论走到哪一个阶段人格的延长这一原理也不会不发生作用。

第三节　生前进行家产分割的父与子的关系 268

一、法律关系

家是从父家长型到复合型、从复合型到父家长型的交互变形的家，可是，当家父在生存期间进行家产分割的时候，便开始出现也可说是两种类型的中间形态的状态。

父母在生前进行家产分割的情况绝不是稀见的事情。家产分割过早或过迟都不好这样的说法，是在有产阶级之中从现实主义的立场提出来的处世训之一。过早的话，会担心年轻人还不知道处世之困难而花光分得的财产；另一方面，若是过迟则会出现以下情况：即使子孙繁衍、眷属众多，也要由父祖一人之手将家务继续掌管下去，其结果是，家族中的人们都贪恋追求自己目前的快乐而不顾全体的家计，相互怀着不平不满之心而招致家里规范的松弛等等。[1]在农民中间，比如在华北农村的惯行调查中，对于父母生前的分家和死后的分家哪一种更多的提问，也一定回答为后者。可是，由资料全体所获得的印象，似乎也很难说哪一种情况更普遍。[2]

通过家父生前的家产分割开始出现的法律关系基本如下：首
269 先，父子兄弟的收入消费全都包括在内的共同计算关系被切断，分立为以父亲为首包括母亲及未婚女子的一个家计和以儿子各自为首包含其妻子、儿女的几个家计。每个人的劳动成果——不过几乎不能指望年老的父亲有此类成果——归属于各自的家计，相互被混同的情况没有了。正如后面所述，父亲也可以选择和分家后的儿子之中的一个同居之道，但这种情况在理论上是将一度分开的东西直接又合在一起的关系，而并非是在家产分割的本质上有了变化。

家的财产通常采取父亲保留相当数量的养老地、[3]剩余的由儿子们以均分这样的形式来分割。养老地在法的意义上是和从前的状态相同的留下来的土地。父亲的所有权和儿子们的承继期待权这两种权利都在养老地上照旧存续下来，因而对养老地进行换价处分是父亲的自由。

> “父亲可以不声不响地卖了养老地吗？＝那就由父亲随意了，我们不能阻止这种做法。”“即使卖了养老地也仍然要养活父亲吗？＝是的。”“卖地的钱还存在的期间，不是不赡养也可以吗？＝因人而异，即使有钱也仍然是父亲，所以必须养活。”（惯Ⅴ98页上段）
>
> “你可以卖掉十五亩的养老地吗？＝想卖的话就卖。”“那个时候不和孩子商量也可以吗？＝要商量。”“如果孩子反对就不能卖了吗？＝孩子不能反对。”“如果卖掉这块土地的话，你的吃饭问题将怎么办呢？＝用这些钱来吃饭，如果花光了还可以到孩子们的家里吃饭。”“这种情况下孩子方面有时会不会说不让再来吃了呢？＝不会，即使没有土地也必须赡养。”“有没有父亲卖掉自己的养老地的例子呢？＝不会没有，有。”（惯Ⅴ101页中段）

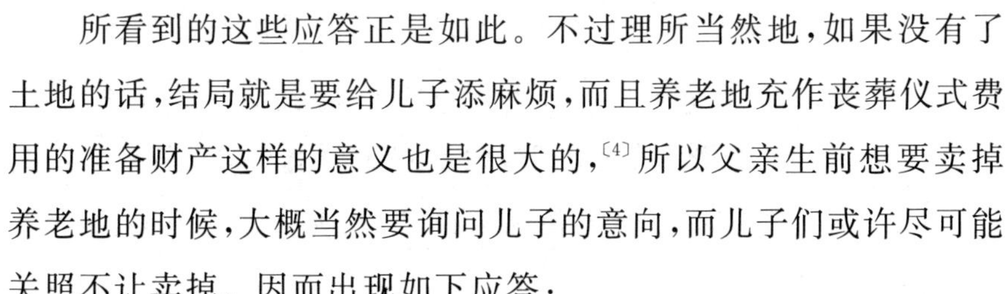

所看到的这些应答正是如此。不过理所当然地，如果没有了土地的话，结局就是要给儿子添麻烦，而且养老地充作丧葬仪式费用的准备财产这样的意义也是很大的，[4]所以父亲生前想要卖掉养老地的时候，大概当然要询问儿子的意向，而儿子们或许尽可能关照不让卖掉。因而出现如下应答：

270 “父母在生前能自由地卖掉养老地吗？＝不能卖，如果做了你说的那种事，就必须有某个人来养活他们。”“那么，养老地不是父母的财产而是已经分家的儿子们的财产吗？＝不是这个意思，但儿子们一直监督着。”（惯Ⅰ302 页下段）

由此看来，即使在法的意义上卖养老地是自由的，在实际上大概卖掉的情况也是罕见的事情。

在父亲死后留下来的养老地，如果有母亲的话，归属于母亲（见后述 430 页），父母都死了之后就归属于儿子们。在这种情况下，全部或者一部分作为丧葬费用消耗掉的情况也不少，但只要有剩余就成为儿子们的东西。他们有时也为了拿其收益维持祭祀费用，将这些土地作为“祀田”而保持共有的形态，但多数情况是将这些土地进行再分割。[5]

对这些养老地的儿子们的期待权仍是排他性的，而且是相互平等的。如果分割的话必须严格地加以均分。

“你可不可以说长子花费钱，所以留下给洪沌（次子）更多的养老地这样的遗言？＝不可以。”（惯Ⅳ446 页上段）

“就五亩的养老地来说，有没有作出死后分给兄三亩、弟二亩这样的遗言的？＝同是自己的儿子，不可以不平等。”“哥哥勤劳、弟弟懒惰的情况下，如果留下哥哥三亩、弟弟二亩的遗言将会怎样呢？＝**即使那样说了，也要平等地分割**。”（惯Ⅳ96 页中段）

正如以上应答中看到的，就养老地来说，也不能依照父亲的意思改变兄弟均分的原则。同样地，即使父亲想要把养老地遗赠给
儿子以外的人（比如女儿），儿子也没有必要服从这一类遗言。在 271
农民的应答中也说道：

> “如果父母死了留下养老地，卖了这些地支出了葬仪费用后还有剩余的怎么处理呢？＝如果有三个已经分了家的兄弟就由三个人来分。”“在这种情况下，互相拿出葬仪费用，而养老地就那样由三个人分的事情有没有？＝经常这样做。”（中略）“父母可以通过遗言的方式自由地决定将其中半份送给嫁到别人家的女儿吗？＝不可以。”“身后留下来的儿子不遵从这类遗言吗？＝是的，俗话说‘儿受家产女受柜’。”（惯Ⅰ302页下段）

在后面将要引用的南宋时代的判语（见431页）中也出现了同样的看法。

另一方面，在分家之际分给儿子们的土地，脱离从前的法律关系而转为儿子所有。即就这一部分来说，父亲的所有权消灭、儿子的“承继期待权”实现而改变了所有权。不仅从中得到的收益归于儿子，对其加以处分也是这个儿子的自由，既不受父亲也不受兄弟的制约。虽然因为长男失踪、事实上把土地分给了其他的儿子们、但不算正规的分家的一个老人的答话中说道：〔6〕

> “儿子可以不和你商量卖掉那块土地吗？＝只要我还活

着就不能随便卖。""分家以后会怎么样呢？＝写了分家单之后儿子可以随便卖。"（惯Ⅴ114页中段）

其他人的应答中也有类似的话：

"分家以后儿子要卖掉分家的时候得到的土地，这时和你商量不商量？＝没有商量的必要，和我本身没有关系。"（惯Ⅴ101页下段）

如此说来，分家单具有赋予包括其中所记载着的财产的自由处分权的完全的所有权的效果。确实不错，这种效果正是告诫人们为了不使年轻的儿子荡尽分得的家产而不要过早地分割家产。[7]

272 如上所述，通过家产分割，父子兄弟各自分开了会计和资产，所以由最初所给予的家的定义来看，似乎觉得应该说从前的家分成了各自以父亲和儿子们为首的几个父家长型的家。但是，还存在不能只是这样断言的要素。的确，兄弟的家计成了相互完全独立的东西，但在父亲和儿子们之间还留有共同关系。

其中第一个是父母的扶养问题。对于年老的父亲来说，不能期待通过劳动获得收入，自然他的生计主要变成依赖资产收入，为此当然要保留比较大的比例的养老地，但是保留仅靠资产收入就能维持生活的土地，如果不是相当的资产家就是不可能的。[8]于是，让父亲的会计只孤立地核算则其生计不能维持这样的情况是很多的，这种时候儿子们必须以某种形式提供补助。又比如即使会计上只靠父亲也能维持生计，也还是有年老的父母不可能自己亲自动手处理每天以做饭为主的身边各种各样杂事的情况，至少处理得不是很像样子。儿子以及他们的妻子负有与会计的问题无关的时常在父母身边照看的义务。再有，作为例外情况如果父母完全没有保留养老地的话，父母的生计全部成为儿子们的负担。这些都是儿子对父母所负有的孝的义务的要求。任凭财产上的关系出现什么样的变化，对儿子们来说，侍奉在父母身边，让父母享受到自己及妻子享受的同样程度以上的生活水平是终身不变的义务。父子保持同居共财期间，这一义务说来自动地尽到了，但是由于分家儿子各自拥有了独立的家计之后，这些成为对各自的家计所课的负担。儿子们的这些负担还是根据兄弟平等的原则共同来 273
负担。父子间残存的第二个联系，正如已经看到的，是儿子们对于父亲的养老份有共同且平等的承继期待权，可以说与上述的扶养的义务互为表里。要而言之，父亲和儿子们为了方便而分开家计，可是由这件事却不会消灭构成父子这种身份关系核心的孝的义务和承继的权利，在这一范围内，父子兄弟之间继续存在难以割断的联系。[9]这就是应当把作为家族形态的此类情况看作是一种中间性的形态的理由。

二、日常生活的样式

通过父亲生前的家产分割所开始出现的家族形态，从法律上的角度来分析基本如同上面所述。那么，在实际上，父母怎么样利用养老地的用益，怎么样过日常生活，而儿子们以怎样的形式尽到扶养的义务等等这些事情，必须作为另一种类型的问题。但对这一问题的考察，从资料方面几乎不得不成了全部依靠华北农村惯行调查的结果。并且，业已通过福武直、仁井田陞特别是还有内田智雄等诸位教授介绍了许多情况，[10]不过，在以出版物的形式拿到手容易使用全部资料的现在，没有遗漏、没有混乱地将可能存在的各种类型加以一览性的整理的工作或许也并非是徒劳的。

首先，居住的问题似乎像以下那样来解决。即在分家的时候，一部分土地作为养老地被保留下来，与此相对，家屋通常在法律的意义上分配给儿子们，一般不再保留属父母所有的居室。说来这是因为，如果一旦留下为父母所有的房间，这些房间在以后进行分割时，无论是现物分割还是折价分割都有技术性的困难，所以在父母死后会产生麻烦。而且看来也有不少以下的例子：父母在法上
274 的已由儿子们分完了的财产之中，按照自己的愿望指定一间作为自己生活的居室，并且据说多半在从来一直住着的房间——现在这个房间归儿子之中的某一个人所有——里继续住着，[11]也常有不少把指定的居室明确记载在分家单上的例子。[12]当然，父母并非被限制在这一房间里，特别是没有了父亲后母亲一个人的时候等等，轻松地来回住到这儿那儿的儿子的家里的情况大概也是有的。[13]但是在比较的意义上，通常还是确定了生活的主要场所。[14]因而就成了兄弟中的某一个人必须从自己的得分之中腾出一部分作为提供给父母生活的居室。不过，没能发现其他兄弟对这个人补偿住房费一类的现象，即成了如下这种性质的事情，对儿子来说，让父母住在自己的家，原则上不认为是什么特别的负担，如果从父母一方来说，理论上，在哪个儿子的家都可以不客气地住着。这样一来，父母住到某一个儿子的家里，而到这时就像以下所

讲的那样，存在只让儿子家提供居室而衣食各自分开的情况和也包括衣食在内的与这个儿子同为一个家庭的情况。

其次，父母的衣食问题，用以下分类那样的多种方式来解决。

（一）不留养老地的场合

> “有没有父母不拿养老费的分家？＝有养老粮和轮流管饭。”“养老粮指的是什么？＝儿子一同拿出粮食给父母。”“轮流管饭是什么意思？＝以三个儿子各五天这样的方法依次轮流到孩子那里吃饭。”（惯Ⅲ150页上段）

像这种没有养老地的必须通过以下的两个方法中的任何一个来养活父母。

1. 轮流管饭　是轮换着负责提供饮食之意，也可以称为“轮流养活”。是儿子们交替为父母提供自家饮食的方法，当值的家把做好的饭送到父母的房间或将父母请到自家的饭桌上。从一日一交替到五日一交替，以一回的当值定为极短的时间最常见。据说 275
因为时间一长往往就容易变得粗略，所以是为了避免这种情况的出现。[15]提供饮食之外的衣服、零用钱等等也就当然应该兄弟平等地分担。[16]采用这一方法时就成了衣食费这类会计上的问题和做饭等等家务劳力的问题按未分化的形态来解决，父母虽然不具有生活的独立性，却相应地可以依赖儿子享受着最无为安乐的生活。

2. 养老粮　指根据分家之时的约定，兄弟平等地提供每年一定数量的谷物作为父母的衣食之费的方法。[17]这种约定有时以口头来形成，有时也明确记载在分家单中。父母依靠养老粮来生活的场合，详细说来又可以分为以下两种样式。

(1) 父母拥有自己的家庭门户的场合　作为这方面的适例，可以举出河北省良乡县吴店村赵权等兄弟四人的分家。[18]在这一例子中口头决定了“分家时分得的土地之中每个人拿出各十亩的收获物给父母”。这一办法具体来说是，就一亩五斗而言，也就是每个人每年向父母交出五石的谷物(据说高粱、小米、玉米、豆子什么都可以)的意思。而且这一数额在父亲死亡变成母亲一个人之后可以减半。父母一直住在赵权分得的家屋内，但有另外的灶，“决定另外”开伙。所提供的谷物之中吃去多少、卖掉多少或去换其他的食物和衣物等等都依照父母(现在是母亲)个人的意见，但母亲并不是自己做饭，而是采取“兄弟四人(实际是四个人的媳妇)轮流”去“做饭或者做一些衣着等日常的照料”。据说每一回的当值时间最初是十天，但赵权搬家到城里之后变成一个月一回，城内的赵权的家也要在当值的月份里出一个人回到村里担当照料母亲的事。这种日常的照顾要“穿的东西和吃的东西都和我们这边没有关系，只是做做饭缝缝衣服。食物或者衣物是母亲自己买”。像这种虽然同样是“轮流”，也并非是轮流管饭。[19]轮流并不是提供
276 **自家做的饭菜**，而是使用父母保有的材料制作父母想吃的菜谱中的饭菜。仅仅以轮流的方式提供这种**劳务**。若是采取这种方法，就变成父母一边具有生计的独立性，一边也不欠缺身边的照顾。[20]

(2) 父母和一个儿子的家庭合在一起的场合　分家之际，兄弟决定养老粮的数额的做法当然具有确保以后父母固定收入的意

义，但如果这些父母讨厌拥有自己的会计所带来的辛劳的话，也可以选择和自己一向喜欢的一个儿子合为一个家庭、得来的养老粮全部给这个儿子、同时由这个儿子给与衣食住所有方面的照顾的方法。这种情况下兄弟之中的一个人奉养父母，其他的兄弟就变成以送生活费的形式补偿这个人。在河北省昌黎县侯家营的侯元镇等四个兄弟的分家单上记载着：

> "自己夫妇养赡，长子元镇每年帐给东钱壹百吊，次子元锐每年帐给秫米五斗，四子元练每年帐给秫米五斗，现与三子元钧同渡。如不与同渡时，元钧亦帐给一分……。"（惯Ⅴ92页下段）
>
> "由分家单来看，一石米、钱壹百吊为父母的养赡，一年只有这些就足够了吗？＝是的。""这样一来，既然在三儿子家里同居，三儿子也可以什么都不拿出来吗？＝因为每年不足的由三儿子出了。由兄弟拿来的谷物和三儿子家的秫米放在一起了，所以不清楚有多少不足。"（惯Ⅴ91页下段）[21]

这时在观念上，三男元钧仍然负有秫米五斗的养老粮的负担，因而分家单上明确记载着将来如果父母停止与其同居他必须拿出这些养老粮，但是目前正在养活父母的时候，实际上没有必要将这些分开来计算，反之，倒将其他兄弟拿出来的东西吸收进自己的家计之中。

（二）留了养老地的场合

如果有养老地，父母的生计原则上大致用这一养老地的收益

277 来维持，但是这一养老地的用益方法可以有各种各样的方式。

> “耕种养老地的是谁呢？＝既有父母自己耕作的，也有赁给儿子的，还有出租给他人的（给儿子种的情况较多）。”（惯Ⅴ74页中段）

如上所述，大体可以认为有三种情况，但同样是租给儿子这样的情况之中，也有平均分给他们租种的场合和租给其中的一个儿子并且和这个人的家庭合在一起的场合，因此，分成四种来考察比较合适。

1. 自作　由于到了进行家产分割阶段的父母多数已经是老龄，可以说选择自己耕作之道的实际上大概是比较罕见的。但这样的实例也并非完全没有。在十几年前让三个儿子分家自己保留了十二亩养老地的七十五岁的老人所说的话，就反映了这方面的一个例子：

> “从分家的时候开始，你一直耕作十二亩地吗？＝是的。”“让分家以后的儿子们耕作的情况有没有呢？＝没有。”“有没有出租给他人来耕作呢？＝没有。”“分家后，是从儿子那儿得到吃的东西吗？＝不是，一直吃的是从自己的土地得到的东西。”“没有从儿子们那里得到一些零用钱吗？＝没有。因为儿子们自己也不富裕。”（惯Ⅴ102页中段）

他的儿子中有一个人死亡，有的出去到外面打工，老夫妇收养了死去的儿子留下来的孙女一直自己生活。像这样的老夫妇完全自己生活或许的确是例外，不过，另外还有在其他地方提到的：

> “在这一带养老地自己耕作的情况多吗？分家以后孩子
> 们来耕种呢还是租给他人呢？＝自己耕种的比较多，这时孩
> 子给我们帮帮忙。”“给孩子每天的报酬吗？＝不给。”“如果这
> 样的话会怎么样呢？＝只白帮一下忙。”“自己耕作的父母的 278
> 饮食和孩子分开吗？＝完全分开。”（惯Ⅰ282页上段）

如果根据这些来看，一面随时得到儿子们的帮忙，一面大致采取自己耕作自己生活的方针的情况，也许并不是什么罕见的情况。[22]

2. 租给他人　把养老地拿出去给他人耕种，依靠这些地租父母自己养活自己这种方式，大概对拥有大量的资产住在外地的地主来说是自然而然的事情，但是在农村的小农中间，只要不是万不得已的特殊的情况，就不会见到这种现象。一般认为，如果父母不自己耕作的话就租给儿子来耕种的做法是一种常识。[23]想必是因为在小农民中间如果从本来就已经不足的土地之中拿出养老地租给他人，分了家的儿子们将不得不苦于耕地的不足，另一方面，养老地从比率来看即使再大，无论如何也绝对不会大到父母只用这些地租就能过日子的程度。[24]但是，说到留有养老地的方式为好是“因为即便儿子没有孝行也能把自己的土地出租”，[25]像在“如果是好儿子就让自己的儿子租种，如果是坏儿子就出租给他人”[26]这类应答中所见到的，经常有在万一的场合夺取过来交给

他人租种的可能性这样的情况，大概具有牵制儿子使自己老了之后的保障更加坚实的效果。

3. 儿子均分耕种——轮流管饭、养老粮 养老地的自己耕作或他人租种的方式不管怎样都是例外，父母只要选择了下一段谈到的和一个儿子的家庭合在一起的生活之道，一般养老地就会均分给儿子们让其耕作。也有这时的地租和出租给他人的场合相同这样的回答，[27]不过这些是观念性的话语，实际很多场合采取的是儿子们无偿耕作养老地并取得收获，然后代之以已经述及那样的轮流管饭的方法奉养父母的方式。

> “父母健在，分家的时候采取什么样的方法呢？＝父母取部分养老地，让孩子均分其他田地后分别生活。”“在此之外
> 279 呢？＝没有了。”“什么是轮流养活？＝**把养老地分给孩子们让其耕种，自己轮流去孩子的家吃饭**。还有就是从孩子那里(轮流地)得到零用钱。”“这些地租会怎么样呢？＝**不收取**。”(中略)“养老地的地租无论是孩子还是他人都一样吗？＝如果是孩子的话，收获物全部变成孩子的东西，如果是他人的话，预先将地租确定下来。”“之所以不从孩子那里收取地租是因为轮流养活吗？＝是的。”“是自己耕作的情况多还是轮流养活的情况多？＝轮流养活的情况比较多。”“那是为什么呢？＝是因为父母年老所以不能做饭什么的。轮流养活有利于孝顺，如果让他们单独生活的话，孩子会被当作坏人一类。”(惯Ⅴ139页上中段)

上述的方式也能在各地见到许多实例。[28]如果由这一方式来看的话，就成了父母既可以依靠养老地来保障万一的情况，又能享受日常轮流管饭的轻松安乐，对“有利于孝顺父母”这样的话自然也就颔首赞同了。

不管是否采取轮流管饭的方法，耕种养老地的儿子们每年拿出一定谷物的情况也并不是没有。在这种场合也将这些谷物叫做养老粮。例如山东省历城县冷水沟庄的李永章等两兄弟，将祖母和母亲的五亩养老地分开耕作，每个人每年拿出麦子二百斤、米四斗、豆一斗，说是“放在两个老人住的房间里”，但是却作出了如下回答：“给祖母和母亲的米和麦叫做什么？＝叫做养老粮”，[29]由这一名称推测，这一数额不一定作为地租的时价所提取出来的，可以认为和没有养老地的场合同样，大概是由衡量一家的生活水平所确定的适当的数额。

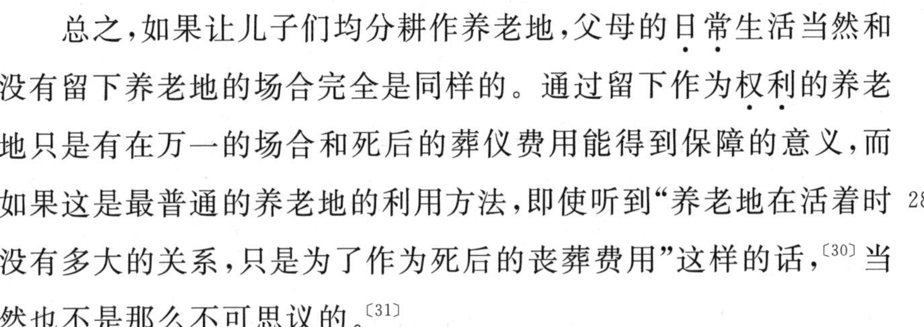

总之，如果让儿子们均分耕作养老地，父母的日常生活当然和没有留下养老地的场合完全是同样的。通过留下作为权利的养老地只是有在万一的场合和死后的葬仪费用能得到保障的意义，而如果这是最普通的养老地的利用方法，即使听到“养老地在活着时 280
没有多大的关系，只是为了作为死后的丧葬费用”这样的话，[30]当然也不是那么不可思议的。[31]

4. 和一个儿子同居　和依靠养老粮来保证固定收入的父母的情况同样的（前述276页(2)），拥有养老地的父母和一个儿子的家庭合起来的情况也是可能的。并且决不是罕见的现象。这时对于与父母的家庭合起来的儿子的家来说，本人自身分得的地和养老地合起来的土地变成了现实中的自家保有地，尽管由一个人来耕种,但根据情况父母也当然担当耕作或家务的指导。同时维持着一个家计。一眼看上去,也可以说变成了父亲留下儿子之中的一个人而让其他的儿子分家那样的形态。选择哪一个儿子作为同居的对象完全是父母的自由,实例也是各种各样的,不过据说通常喜欢选择老儿子。这不单是华北农村也是普遍性的现象。[32]大概对在膝下留到最后的儿子比早就娶了媳妇的年长的儿子更能不断保持亲近感也是人之常情,还有父母特别是母亲对于让年轻的老儿子一个人自立的事情感到不安,再有还可以通过对其暂时照看而感到生存的意义。特别是在只有末子未婚的场合,父母几乎常常选择和这个儿子合起来过的方法。[33]不管怎么样,通过父母和一个儿子的门户合起来,这个儿子分得的土地和养老地不是在法律上也混同起来那种意思的土地。父母死亡之后,养老地并不归同居的那个儿子,仍然必须兄弟均分。

> “如果父母和末弟一起生活,有没有这块留作养老地的土地全部给末弟这样的情况? =没有。”“不能稍微多给末弟一些吗? =没有这样的事。”(惯 Ⅰ 297 页上段)

281 此外也有同样意思的回答。[34]的确,这大概可以说是最合理的想法。但是与此相反的,必须注意也存在判定这种时候养老地归和父母同居之人的这类相当有力的发言。[35]

本节注释

〔1〕《训俗遗规》卷四史搢臣愿体集云:“分析之事,不宜太早,亦不宜太迟。

太早，恐少年不知物力艰难，浮荡轻废，以致速败。若太迟，则变幻多端，如子孙繁衍，眷属众多，家务统于祖父一人掌管，一切食用衣服，个个取盈，人人要足，全无体贴之心，或有取而私畜不用，谁肯足用即不取？稍有低昂，即比例陈情，甚有明知家道渐衰，而取用如常，目击婢仆暗窃，视为公中之物，不以为意，漠然不顾。且衣服什物，取索不已，稍不遂意，即怀不满之心。莫若酌量各房人口多寡，每年给以衣食之费，令其自置自炊。”

〔2〕 若据杨懋春氏所说，在山东省的一个小村庄里，儿子们各自一有了儿子就分家的情况比较多，直到父母死亡还没有分家的毋宁说是很稀少的。（Martin C. Yang, *A Chinese Village*, p. 63, p. 236.）

〔3〕 看来有时不留养老地，但留养老地的情况更为通常。“有父母在世不留养老地的分家吗？＝非常少。”（惯Ⅴ139 页上段）“分家后，养活父母的方式哪一种最多？＝养老地的方法最多。”（惯Ⅳ105 页中段、同 70 页下段）还有，祖父母之中至少有一方和父母之中至少有一方这样的两个世代的老人在世，第三代分家的时候，为两个世代各自拨出养老地（其实例见惯Ⅴ93 页的分家单）。这种情况下，祖父母死后其养老地为父母的养老地所合并（惯Ⅴ94 页中段）。

〔4〕 这些就是所说的为了“生养死葬”的东西（惯Ⅰ282 页上段、惯Ⅲ79 页上段）。参见内田智雄：《中国農村の分家制度》，298 页以下；Fei and Chang, *Earthbound China*, p. 125.

〔5〕 录Ⅳ、10、16、二（江西省横峰县）：“往往因子女众多，将其子分居各度。有产业者，自己约留财产，名曰赡养产，父故由母管理之，其子不能主张均分或变卖。如父母均故，则拨作父母祀产者居多，然此时亦有经协议均分或变卖者。”同、15、46、四（陕西省扶风县、乾县）：“兄弟析产，多由家产内，先为其父母提出若干地亩，以作生养死葬之资，其父母故后，其 282
地多归长房耕种，每年所有出息，作为祭扫之费，名曰‘香火地’。”以上两个报告谈到作为祀田的场合比较多，但是在华北农村的调查之中全都说是再分割。

〔6〕 第一章第二节注〔122〕中所引河北省昌黎县侯家营的侯定义。

〔7〕 作为事实，在 431 页所引的“继母将养老田遗嘱与亲生女”里，蒋汝霖把

分得的土地"节次卖破",在《清明集》、分析、"母在不应以亲生子与抱养子析产"中写道:"陈文卿吴氏昨来抱养陈厚为子,继而亲生二子,陈谦、陈寅是也。吴氏夫妇若贤,则于有子之后,政当调护均一,使三子雍睦,无间言可也。无故自以产业析而三之,文卿既死之后,吴氏又以未分之业析之,陈厚自鬻已产,固为不是,然使吴氏初无偏私之意,未即分开产业,至令同爨而食,母为之主,则陈厚欲出卖而无从……"。由上文来看,可知随便卖掉分得的土地即使在道德上不令人满意,在法律上却是可以的。在惯行调查资料里,可以看到这类应答:即便是已经给了儿子的土地,在卖掉时要和父亲商量,买方也到父亲那里打听是否给与了承诺,如果父亲表示不予承诺的话,买方既不敢造次,充当中间人的也没有了(惯 102 页中下段、同 139 页上段),可是同时也有"实际上说不可以的例子……=没有"的回答。大概作为买方,想要从父亲的口中确认那块土地是不是确实分给儿子了即其权原的正当性的心情更强一些吧。

〔8〕 参见后注〔24〕。

〔9〕 在这里,大概会出现关于分家后父亲借下的债务儿子是否负有偿还义务的问题。对于这一问题,在湖北省有以下报告:"在京山、竹山、潜江、广济四县等地区,认为即使父和子进行家产分割之后,父的债务儿子仍然应该偿还。在谷城县,儿子一个人的场合,可以向这一个儿子请求偿付,但是有时如果不是这种情况儿子们常常不肯偿还。在巴东县,如果父亲的债务确实是在分家后产生的话,严格地说很多场合不让这个儿子负责任。"(录Ⅲ、13、13、三)如果贯彻儿子是父亲的包括性的继承人
283 这一原理,大概本来是视儿子为有责任的,可是或许实际状况是某种程度要考虑已经把家计分开了这件事情。还有父亲和一个儿子同居的场合,这个儿子有责任是不言而喻的(参见 167 页前揭鉴定书前段二项)。

〔10〕 福武直:《中国農村の構造》,297 页;仁井田陞:《中国の農村家族》,127 页;内田智雄:《中国農村の分家制度》第八章"养老地"。

〔11〕 内田 264 页、313—317 页。这本书中所引的主要应答的出处见惯Ⅴ66 页中段、惯Ⅰ296 页上段、惯Ⅴ101 页上段。

〔12〕 例如惯Ⅴ93 页上段侯家(元章、元文、元功)的分家单。当时祖父母和

母亲在世。单中写着:“自己夫妇养赡地……房位次孙元文西正房屋,待夫妇百年后,始准元文承住”,“儿妇冯氏养赡地……房位长孙元章西正房屋,待儿妇百年后,始准元章承住”,分别指定了祖父母和母的居室,规定作为其分得者的长孙和次孙在老人死亡之前各自不得自己使用这些房间。还有惯Ⅳ99页下段100页上段李家(永章、永祥)的分家单里也说到:“再者无论何人,批得两院北屋三间,为余永远居住,所有屋内一切木器家具,不准移动,余死后始得永章、永祥二人均分之”,根据抽签无论是谁取得老人(这时是祖母和母亲)一向住着的居室,那个人也应该提供这些房间作为老人的居室,家具也不准移动,但规定家具在老人死后可以均分。

〔13〕 例如前注〔12〕的李家兄弟的母亲,在祖母去世后的状态是“现在去了长子永章的家,但不时去次子永祥的家小住”(惯Ⅳ105页中段,另见内田264页)。

〔14〕 在内田263页记载着:“作为父母住居的家屋也在分家的时候分给了孩子,父母的住处和吃饭都由孩子通过轮流的方式来提供的场合以及……只管吃饭,孩子们轮流来照顾的场合”,然而这是颇有疑问的,可以看到明确否定这种情况的应答:“分家后父母在孩子们的家轮流转吗?像一个月住在哥哥那儿接着又住到弟弟那儿这样的形式?＝没有这样的情况。”(惯Ⅴ448页上段)

〔15〕 内田260—262页。

〔16〕 “父母辗转被赡养在孩子们的家的场合,父母的零用钱怎么办呢? 284
＝每月商定零花钱由三个人负担。”(惯Ⅳ70页下段)

〔17〕 内田266页。不过,养老粮的用语好像也有这样的意思,即如果在分家之时还将现存的谷物(这些也作为家财的一种在兄弟均分之际)分给父母的话,那么这些谷物亦叫做养老粮(惯Ⅴ139页上段)。这种养老粮和我们这里所说的没有关系。

〔18〕 见惯Ⅴ476页下段—477页中段。在内田271页上解说这一事例所说的好像父母已经取得了养老地。可是,这样说或许是不合适的。即使有一些含含糊糊的应答,但一经前后对照,也可以看到并没有留下养老地(保留给父母所有的土地)。

〔19〕 这一点，在内田262页上被混同了。同书271页的说明是正确的。如果轮流管饭大概不可能有一个月一交替这样的情况吧。

〔20〕 惯Ⅳ456页中段王金銮的分单里写着："每年奉养母亲麦子（豆子、小米）各五十斤，每股奉养母亲做饭五天，烧柴薪五天"（五天是各五日之意），也的确是将这种方式明记在分家单上。

〔21〕 据说之所以和三男同居是因为最中意他的媳妇。

〔22〕 也有像河北省昌黎县侯家营的侯元章兄弟之母冯氏那样的例子：拿出养老地的大部分给他人佃耕，一部分雇短工自己耕作，通过这种方式完全维持了自己的生计和儿子们的结婚费用（但是后来出现麻烦而把养老地再分割给儿子了，见惯Ⅴ93页下段）。

〔23〕 "养老地的租佃是给孩子呢还是给他人？＝给孩子。"（惯Ⅰ282页上段）"在父母不耕种养老地的时候拿给他人佃耕呢还是让孩子佃耕？＝给孩子。"（惯Ⅳ70页下段）将这样做视为当然的回答比较多。作为给他人佃耕的实例仅有比较显眼的前注〔22〕的侯家之例，这大概是因为所有地数量相当大的缘故。

285 〔24〕 从让儿子提供饮食相应地让儿子耕种养老地的人的口中，可以听到以下异口同声的回答："可不可以不在孩子的家吃饭，而用出租给他人得到的地租来解决吃饭的问题呢？＝即使租出去，只靠这些地租也不够吃的。"（惯Ⅴ101页上段）"让他人耕作这块养老地代之以收取典钱的方法不好吗？＝如果典给他人，这些典钱连吃饭都不够。因为土地贫瘠。"（惯Ⅴ121页下段）

〔25〕 惯Ⅳ445页下段。

〔26〕 惯Ⅴ139页上段。

〔27〕 惯Ⅳ70页下段、惯Ⅴ74页中段。

〔28〕 "父母只留下多少养老地？＝十亩。""分家后谁耕种这十亩地呢？＝两个人各五亩。""给父母多少？＝只是让我们耕作，然后由两个人扶养双亲。""怎么样扶养呢？＝每两天轮流一次。""父亲和母亲一起轮流吗？＝是的。""从五亩养老地中出产的作物都成了自己的东西了吗？＝是的。"（惯Ⅴ86页中下段）此外可参见惯Ⅴ97页下段、同121页中下段、同101页上段等等。

〔29〕 惯Ⅳ123 页上段(内田 289 页)。

〔30〕 惯Ⅰ281 页下段。

〔31〕 因而,对留下养老地的方式好还是不留养老地的方式好这样的提问,认为前一种方式好的人说:“如果留下养老地的话,父母的生活能得到保证。不留的时候不能得到充分的保证,以后有时会变得不方便”(惯Ⅳ70 页下段),“即便儿子不孝顺也可以将自己的土地出租”(惯Ⅳ445 页下段)。而认为后者好的人说到:“如果全部分割,死后就不需要再分割,若是养老费就要再添一次麻烦。”(惯Ⅲ150 页上段)这都是只从法的一面来谈论问题的,不是指出眼前日常生活中的差异。

〔32〕 详见内田 276—279 页。在关东厅的法庭上,两个鉴定人也都异口同声地说“一般去小儿子家”(《彙報》,540—541 页)。在 Martin C. Yang, *A Chinese Village*, p. 83 里说到:“通常选择和小儿子一起生 286
活,有时这样做是由于认为小儿子还需要监护和保护。这种时候双亲一定要在分家的契约书之中,明记上在他们死后,他们的财产应该给予曾经服侍过他们的儿子。”费孝通氏也在云南省的调查中详细报告了母亲和两个儿子之中年纪小的儿子的家庭在一起生活的实例(Fei and Chang. *Earthbound China*, p. 116)。

〔33〕 “有兄弟三人,当末弟十岁时,末弟也分家吗?＝同样会分家。不过,将末弟的份儿和父母的养老地合在一起,与父母一块儿生活。”(惯Ⅰ295 页下段)惯Ⅰ254 页上中段与此意思相同。

〔34〕 惯Ⅰ254 页中段(父母和三男同居时):“三男始终没有分家吗?＝是的。如果三男长大父母死了,三个人均分十四亩(养老地)。”

〔35〕 前注〔32〕所引 Yang, p. 83. 另外在关东厅的法庭上鉴定人的话中也说:“父母在让孩子们分家的时候已经给自己留下来的作为养老财产的土地,在父母死亡以后,如果分家时父母跟着孩子过,地就由这个孩子取得;如果父母分家后是独立生活的,死亡以后就由孩子们平等地取得。”(《彙報》,1194 页)还有在惯Ⅰ240 页下段所说的“夫和妻离婚,他和妻之间有长男,娶了新妻又生了个男孩子,接着夫(户长)死去了。这种情况下,分财产的时候怎么分?＝**不可把财产折半分配**,次子一方要多给财产。这是由于有亲母,所以还需要给其养老费”。“父和母

之间有长子、次子、三男、四男，父亲死了以后，母亲不一定由长子养活吗？＝一般母亲和四男一起住的情况比较多，因此在分家的时候稍微多给四男一些土地。”根据所说的这些情况来看，最初都不称为养老地，有时也采取对和父母同居之人直接多给与若干财产的办法。而且大概是当然的，这与父母的葬仪费用要不要由同居的人一个人来负担成为互为表里的事情。

287 ## 第四节　家务的管理——“家长”和“当家”

通过到上一节为止的论述，已经弄清了构成中国家族关系的无非是父子、兄弟、叔侄等个人和个人之间的相对性的身份关系的复合。围绕家产的每个人的权利都是由作为父、作为子、作为兄弟的立场来决定的。可是，我们日本人将家这样的集团设为思考的出发点，习惯于从集团之长和集团成员的关系，即户主对家族的关系中，来分析家这种事物的构造的思考方法。即使看一下华北农村的惯行调查也可以发现这种日本式的思考方法在提问题的设定方法之中所起的作用——虽然随着调查的进行得到反省但直到最后也没有消除掉。而且在应答者时常表示为难的时候，没想到这倒变成了凸显出彼此基本思考方法不同的结果。当现在尝试作出中国家族法的体系化的论述之际，必须彻底地抛弃掉日本式的户主对家族的观念。

将以上情况加以充分强调之后，关于中国的家，如果追问在某种意义上的“家的主人”这一概念，那么就要弄清是什么。就处在“家的主人”的地位的某一个个人来考虑，他同时是父亲或是兄长。从归属于他的诸多的权利、权限和责任等等之中，如果撇开由于当父亲当哥哥的立场这些原因所归属的要素，那些只是由于“家的主人”而属于他的要素还会留下些什么呢？换句话说，不管父家长型和复合型这些基本的类型方面的差异，如果凡是作为“家的主人”的人具有共通被承认的某种属性，那么，这种属性大概是什么呢？这些就是这里所要说明的问题。就惯行调查资料来看： 288

> “把家的头、家的长叫做什么？＝户长，或者叫家长。”“哪一种叫法使用的比较多呢？＝在一般的家庭中叫家长的比较多，而在户口册上就成了户长。”（惯Ⅰ243页上段）
>
> “一个家的主人叫做什么？＝当家的。”“没有其他的称呼吗？＝没有（文词叫家长，但是不那样叫）。”（惯Ⅴ75页下段）
>
> “成为一家之中的中心的人叫什么呢？＝当家或者当家人。”（惯Ⅴ59页上段）
>
> “当家是什么意思？＝代替家长处理家务的人。”“什么样的情况下设立当家？＝如果有家庭就有当家。”（中略）“多数情况下家长和当家指的是一回事吗？＝意思相同。”（惯Ⅳ93页上中段）

像以上那样，在某种意义上所指的“家的主人”的用语，出现了“户长”、“家长”以及“当家”（当家的、当家人）等三个词语。这些并非是在近期产生的词汇，如唐的户令中写着“诸户主以家长为之”（前揭51页），表明“家长”一词自古以来就没有变化地出现于法源之中，并且不用说同一个条文中见到的“户主”一词是和“户长”属于同一系统的用语。“当家”一词在法源上倒是没有找到其用例，但在其他一般性文献，特别是戏曲小说等等中间自古以来就频频地出现。[1]不论哪一个都是从古老的过去直到最近被长久使用着的历史性的词语。以下将依次弄清这三个用语各自的语义和相互的关系。

家长 首先，就"家长"一词来说，在《唐律疏议》里可以找出解释这个词意味着什么的关键。即在卫禁律的疏中写着的：

> 若冒度私度越度，事由家长处分，家长虽不行，亦独坐家长。此是家人共犯，止坐尊长之例。[2]

289 在这里，"独坐家长"和"止坐尊长"这两句被置于同义。可是其中所说的"家人共犯，止坐尊长"，不用说是由名例律所规定的"诸共犯罪者，以造意为首，随从者减一等。若家人共犯，止坐尊长（于法不坐者，归罪于其次尊长，尊长谓男夫）"等等内容沿用过来的语句。正如以下名例律的疏中"家人共犯者，谓祖父伯叔子孙弟侄共犯，唯同居尊长独坐，卑幼无罪"[3]的规定那样，律中所规定的"尊长"是指"同居的尊长"之意。同居，即同居共财，是划出家的范围的标示，因此所谓"同居尊长"换句话说就是"家的尊长"，而所谓"家长"，自然不外乎是"家的尊长"经过简化后表达出来的用语。尊长如同已述的那样，是意味和长上相似的词语（27 页），原来是一种相对性的概念，但在同居共财的家这种被限定的范围内，要说由谁的角度来看都相当于尊长的人，那么自然而然地就会被限定于一个人，这个人即是"家长"。[4]

由此来说，家长只是指家里首要的长上这一含义的词语，而不是意味着应该谁来就任的职位的词语，因而想要在中国的家族制度之中找到我国明治民法的家督继承那样的家长的地位继承这样的观念也是徒劳的。在惯行调查中，即便设定了含有上述意图的提问，这些问题也如已经见到的那样令应答者感到为难（121 页），不然就像以下那样，简单地搪塞过去了：

> “成为家长的含义是受继家的财产的意思还是受继祖先
> 的祭祀的意思？＝就是辈分高的人成为家长，没有受继这类 290
> 含义。”（惯Ⅳ106 页上段）
>
> “成为家长的意思是继承管理祖先的财产还是受继祖先的祭祀呢？＝因为是长辈。”（惯Ⅳ107 页上段）[5]

如果进一步来看，以上所回答的“辈分高的人成为家长”这一句还多少有些被提问者的话牵着走的感觉，在别的调查地的问答中也写着：

> “母亲不会成为实质上的家长吧？＝母亲也可以成为家长，将其称呼为家长。”（惯Ⅰ273 页中段）

看了这样的回答，会发现说到“成为家长”的话时，在仍感到不是那么稳妥而可改口说“称呼为”的情形中，大概能感受到农民对家长这一用语所怀有的最为真实的语感。在提问者感悟到这一点的时候，以下这样的问答就出现了。

“所谓家长是指在家族中辈分最高的吗？＝指的既是上辈同时是最年长的。”（惯Ⅳ93页中段）

农民想到的家长究竟是什么，在这一问答中可以说已达到极限。[6]

如果家长的语义是如上那样，限于像前几节已论述的以家产的所有关系为问题的范围内，可以说不存在附随在家长之名上的任何特权一类的东西是很明显的。在兄弟同居的家里，长兄被称为家长，但他的持分和弟弟们是平等的。在父子同居的家中，虽然家长（即父亲）拥有全部家产的所有权，然而拥有这种权利只是因为他是父亲，而并非因为是家长的缘故。如果说处在被称呼为家长的地位的人有特有的并且共通的某种权利、权能或职责的话，那么这些就家产的所有关系来说是在另外的层面上的。

291 首先，处于被称为家长的位置的人，在公法上，可以作为家的责任者来看待。例如申报户口的义务原则上由这个人来担负。[7]虽然户籍、黄册、户口册等等由于时代变化而在名称和样式上也有变化，但在任何时代都以某种形式存在的官府的户口登记簿上，作为一户的第一人被记载下来的也是这个人。根据这个名字可以识别一户。像这样的指称作为公法上的家即“户”的代表名义人登录在官的人的用语，就是“户主”、“户长”。前揭唐令的“诸户主皆以家长为之”的规定，不外是将户内最高尊长的一个人的名字记在户籍的第一位、记在“户主”的栏目之下的意思。同样在近时的惯行调查中，也明显地表现出如下想法：在户口册的户长栏和各户的门牌上必须写上一家的最高尊长，哪怕这个人不担当家庭实务的情况下，也并不应当改变名义。

“只要有父亲，父亲没有死，他的儿子就绝对不能担任户长吗？＝是的。”“父亲年老、有废疾时，儿子也不能成为户长吗？＝只要父亲活着就由父亲当户长。”（惯Ⅰ233页下段）[8]

“长男聋，或是哑或是盲等等，什么也不能干的时候也可以成为家长吗？＝**在门牌上必须写兄的名字**，家里的一切事务由弟弟来做。”（惯Ⅲ74页下段）

“家长当烦了能不能让儿子或弟弟当家长并去其他地方吗？＝有这样的事……”“那种情况下，门牌改成弟弟的名义吗？＝**不能改门牌**。”“为什么不能改门牌呢？＝有年岁的关系，**一家的家长必须让年岁大的人担当**。”（惯Ⅲ84页上段）

在这一点上，许多应答者所说的都是一致的。唐令的精神当然还活在近时农民的意识中。

以上，姑且不谈属于家的公法方面的事情，在作为本书主要课题的私法性的一面，大概可以期待家长起什么样的作用呢？ 292

我们已经说过，在唐宋的立法中，禁止没有秉承家长之意处分家产行为的规定，是以和来源于家产的共同所有关系的处分的制约不同的形式而存在的（154页、236页）。再加上律里有这样的规定：

（唐律）诸同居卑幼私辄用财者，十匹笞十，十匹加一等，罪止杖一百。即同居应分，不均平者，计所侵，坐赃论减三等。

> (明清律)凡同居卑幼,不由尊长私擅用本家财物者,十两(明律二十贯)笞二十,每十两(明律二十贯)加一等,罪止杖一百。若同居尊长应分家财,不均平者,罪亦如之。[9]

所谓“私擅用本家财物”,指的是或将衣服典当,或把现金拿出去乱花等情况,而不仅是指典卖土地这样重大的事情,法当然要求日常性的消费或支出也通过尊长即家长的裁夺来决定。另一方面,构成和基于家长对卑幼的关系之制约不一样的形式而存在的基于共同所有关系的制约——只要是作为旁系亲,家长也受到约束的制约——的,是有关土地的典卖等等重大的事情,而不是以日常的支出行为作为对象的事情。[10]这样看来,就等于把日常性支出之权赋予家长——不管是作为父亲还是作为旁系尊长的凡是被称为家长的人——是立法者的意图。

在此,我们有必要提出与**家产的处分**相区别的**家务的管理**这
293 样的概念。所谓家是使会计成为一个的生产消费的共同体,所谓家产不外乎是指称这一共同会计的资产方面的词语,正像已经述及的,是一种作为总体带有增减无常性质的事物(75页),但是对于这一会计来说,通过日常性的收入支出在增减的幅度上也有其限度,在其底面通常存在着没有消耗掉的蓄积的部分。作为这些蓄积部分保持和运用的方法,最好而且最普遍的就是将其转化为不动产。使用这一蓄积部分的行为直截了当地来说称作换价不动产的行为,可以说是家产的处分。家产的处分必须直接根据家产的所有权。如果是单独所有的,有必要以本人的行为或至少以其名义,如果是共同所有的话,就需要持分权者的共同行为。这些是

构成弄清家的法律的构造上的关键的事情，从而自然不论在前几节的论述中还是在这里都占有较大的比重。另一方面，不消耗恒常的资产，而是将从这些资产得到的收益和家族每个人的劳动所得作为眼下的财源，供给衣食住或交际、教育等等家族一切生活的运营，只要家在存续就不能有片时的止息。我想称像这样的处理日常性收支事务的活动叫做家务的管理。将家产的处分和家务的管理这两者的范围界限分明地加以区分是困难的，但是至少卖掉土地，无疑属于家产的处分，而卖出农产品换得现金、日用品的购入、礼物的赠答等等明显属于家务的管理，应当作出这种程度的仅仅是粗略的区分。[11]家务的管理直接依据家产的所有权来进行的看法不仅不是必要的，而且不适合的场合也有不少。特别是在复合型的家之中，将日常出纳的事务通过一个个家产持分权者的共同行为来处理这样的情况是完全不可能的，而必然会确定某一个主要的担当家务管理的人。卑幼私擅用财的律条，可以视为规定了在这种意义上的家务管理权之所在。[12]在《民商事习惯调查报告录》里也有许多“父死之后，未析产前，遗产之管理权专属于长兄”（前揭248页）这种含义的报告。[13]在谚语中，也有把长兄代替 294
父亲担当家政比喻为国之大臣的“家有长子，国有大臣”这样的说法。[14]在华北农村：

“一般家长拥有什么样的权力呢？＝把家的财产掌握在自己一个人手里来指挥家属。”（惯Ⅳ109页中段）

“家的会计由谁来做？＝一年中家的收入由家长保管，日常的支出也由家长处理。”（惯Ⅳ63页中段）

所得到的这些应答的内容也同样地表明了上面定义的意义上的家务管理的权能及职责属于家长。不仅如此，

> “以上三个(财产的管理和筹措款项、祖先的祭祀、家族的统制)之中，对家长来说哪一个更重要？＝有关财产的最重要。钱不够的时候必须想点什么办法。”“大概也存在没有财产的家长吧？＝没有只有其名什么都不拥有的情况。”(惯Ⅳ 97页中段)

通过这些说法，归属于家长之名的机能可以说尽在其中了。[15]

家长有家务的管理权的情况，在直系尊属作为家长(即家父)时，是家产所有权的直接的效果，而不存在另外的问题。在旁系亲为家长时，因为家长也不过是家产持分者之要的一个，所以其管理权是受共同体的委托的权力，必须作为一种来源于虽说可通过立法以及习惯所确定但仍然是一种委任——或许也可以说是一种法定委任——来把握的权力。从而为了全体的利益，其管理权应该以公平为原则来行使。在处世训中还把和幼者盗取家财一样的长者的专擅使用看作是扰乱家里和平的行为而引以为戒。[16]如果家长的处置失当或不正当的话，家族对此会提出抗议，作为最后的手段可以动用家产的持分权这种本权来要求分家。而且如果有与家产的分割相关联的不正当行为，卑幼告家长的情况也是有可能的，[17]试图作出不正当行为的家长就会被依照卑幼擅用财条后一段规定加以处罚。

另外还有，即使无须什么委任当然是家务的管理权者的家父，295
在实际上也没有理由必须通过自己之手处理事务直到年纪很老。他是全部家产的所有者这种事实，只要不让儿子们分家就终生不会变化，可是，就算不通过分家这一手段，[18]当然也可以委任一个儿子管理家务，自己事实上快乐地过上隐退的生活。在农民的应答中便说道：

“家长年老，儿子也到四五十岁的时候，可以让儿子当家长吗？＝可以让儿子管理家里的事务，不能让出家长的名义。”（惯Ⅲ73页下段）

《六谕衍义》里也写道：

就是父母年高，把家事托与儿子掌管，也要一钱一物交父母看见，一出一入听父母吩咐。自古道，父在没子财，那有儿子拘管父母的理。[19]

由受到这类委托的儿子的心得的指点，可知这些是自古以来作为世间的常情而实行的。同样，在复合型的家中，虽然大致上一直确定了家务的管理权掌握在最高尊长之手，如果他执掌实务的能力有所欠缺的话，当然由其他的人来代行，而他和家族商量后——即便门牌的名字不会变更——可以将作为家长的工作让给另外的人。[20]这自然是可以将自身依据法定委任的管理权再次加以委任的情况。总之，关于家务的管理一向广开着委任之道。

当家　不论通过本权还是通过委任，一般把担当家务管理的
296 实务的叫做“当家”。[21] 所谓的“当家的”、“当家人”无非是当了家的即现在正在管理家务的人之意，还可以略称为“当家”。与“家长”是着眼于名分的用语相对，“当家”是着眼于实务的用语。而且一般在实际上家长和当家是同一个人物——处在被叫做家长地位的人作为当家——来处理实务，但是在另一方面，并不一定限定于必须是这样的情况。[22]

“家长”和“当家”这样两种用语的关系像以上那样来理解大体是没错的。我想就作出这样定义的“当家”，稍微再具体地整理一下资料所说明的地方。结果就是从另一面重新认识围绕“家长”一词的上述情况。

作为“当家”的职务简言之就是掌管家里的钱袋。同居共财如果打个比方来说是使钱袋成为一个的生活。并且，这种情形是使中国的家成其为家的本质性的要素。既然让钱袋成为一个，就必须有某个人成为掌管这一钱袋的人。所谓的“有家庭就有当家”（前揭 288 页）也就是当然的了。家族在外边挣来的钱都交给当家，衣食的经费每一次都从当家之手支出。[23]

> “当家的都做一些什么样的事呢？＝（一）若是没有食物时，要考虑或是买或是借。（二）没有现金的时候如果有货物的话就去集市卖掉以得到钱。（三）去随人情（礼物的赠答）等等。”（惯Ⅴ62 页上段）

像这样的情况，当家必须一手承担和考虑一家的供应，因此才

会有谚语里所说的“当家方知柴米贵，养儿方知父母恩”。[24]

> “给儿子娶媳妇的事是当家的责任吗？＝这些都是当家要做的事，如果没有当家的参与就不能，因为娶媳妇时必然需要钱。”“嫁女儿的情况大概也一样吧？＝这要由母亲决定，但当家也有责任。”“因为那时也需要钱，所以如果当家说不可以大概就不行了吧？＝那时和对方商谈，或许这样也可以不要 297
> 钱（对方是有钱人的时候有时会这样说）。”（惯Ⅴ62页中段）

如上所述，当家在婚嫁等等事情上当然应该参与，但是我们必须注意这些都是从经费的一面，而在“当家”（或“家长”）的概念本身之要完全不含有身份权性质的要素。[25]

就谁可以成为当家这个问题，由于下面的一些问答差不多没有保留并且极为朴实地说出来了，以下为了方便，试以这些材料为基础，并以分析这些内容的形式展开论述。

> “一个家的主人叫做什么？＝当家的。”“有没有其他的称呼？＝没有（文词叫家长，但是不那样叫）。”“当家的如果死了，接下来谁成为当家的？＝在一家之中通例一向是父亲作为当家的。如果死了，就由母亲或者长子来担当。”“父亲死了以后，由母亲担任当家的和由长子担任当家的哪一种情况更多呢？＝哪一种情况都有，因人而异。母亲如果能办事的就由母亲担任，不能办事或不喜欢做的时候就由长子担任。”“有长子、二子、三子，长子的儿子已经长大的情况下，如果长子先

> 死了，继而父亲也死了，谁成为当家呢？＝叔叔(二子)成为当家。即使父亲活着，也会在由于年老不能做事或不喜欢办事的时候让儿子来做。”“父亲在世期间让儿子做当家的事叫做什么？＝没有什么别的称呼，只是说成年老了不爱管事。”“如果当家死了的话，他的儿子和他的弟弟哪一个成为当家？＝普通情况下老大如果死了老二成为当家。但是老二不爱管事的时候就由老三来当家。这两个人是百姓什么都不大能做而侄儿很能干的时候，有时大家商量之后也可以让侄儿当家。”(惯Ⅴ75 页下段)

首先，“在一家之中通例一向是父亲作为当家的”，“即使父亲活着，有时也会由于年老不能做事或不喜欢办事的时候让儿子来做”，这样的两个应答说的是在父家长型的家的事情。家父依据对于家产的本权当然会管理家务，也就是当家。但是如果年纪大了
298 把实务委任给儿子，受到委任的儿子就成为当家。只要有父亲，就不能称儿子为家长，然而由于在当家一词上不含有名义这种要素，所以将儿子称为当家也就没有什么大碍。另一方面，就这样隐退下来的父亲称作什么的问题，可以看到已经不再称作当家这样的回答[26]和将他称为“老当家”，将受到委任的儿子称为“小当家”[27]这样的回答等等两种应答。不管怎样，父亲如果老了儿子来当家的情况是极为普通的现象。有下述的例子：三十岁的应答者[28]述及“因为父亲年老感到麻烦”，所以“从三四年前”被委托为家的会计，反过来处在给父母零花钱的地位。

> “在这一带父亲年纪一大就让孩子当家吗？＝可以说全都这样。”（惯Ⅳ448页上段）[29]

在其他的村子也提到：

> “有没有父亲年纪大了所以把当家让给孩子的事情吗？＝有，很多。说是年老了不能办事让给儿子的情况很多。”（惯Ⅴ65页下段）

可是，应该注意，叫儿子为当家的事情和我国家族制度要的隐居有本质上的差异。隐居意味着户主名义的交替，但是当家一词一向不含有名义这种要素。进一步从实质上来说，隐居是本权的让渡即继承的一种样式，但是叫儿子做当家的事情最多不过是家务的委任，在本权上并不产生变动，从而

> “老当家和小当家意见不同的时候呢？＝服从老当家的意见。”“实际负责家的事务的不是小当家吗？＝对了。”“即使处理实际的事务老当家的也有权吗？＝重大的问题是这样的。”（惯Ⅰ270页上段）

如上所述，家父在其隐退后如果有必要的话。任何时候都可以动用其本权来否定作为受任者的儿子的意见。[30]并且委任的范 299
围只限于家务的管理，家产的处分——至少卖掉土地的事——必须每一次都要秉承家父之意并以他的名义来进行。[31]也就是说，

在实质上家父并没有失去历来的地位。因而在形式上，为了给人以深刻的印象将事情的区别披露出来的做法也就被认为完全没有必要，也不必采取。据说不论同族或四邻或同村人都只是有机会顺便说一下，郑重其事地去通知的情况是没有的。[32]在有几个儿子的情况下由其中的谁作为当家的事情也顺应其自然的趋势，而并没有当作什么深刻的问题被意识到。[33]还有不存在相当于原来日语中的隐居那样的指称家父隐退的特别的用语。正如前面在基本资料中的问答里也说到的，“没有别的什么说法，只说是年老了不爱管事”，在其他调查资料中也散见到“没有特别的用语”、“没有特指年老变得不能做事的词语”等等的应答。[34]还有“交代”或“经管家务事”这类的应答，[35]可是在另一面，和提到“说是交给当家”那样，虽然大致给出了一个用语，但这些并不是明确的用语而据说有增添了意思的应答，[36]所以推测在这里提到的用语都不是明确地被特定的用语。总之，这些并非是对家的法律上的构造加以变更的行为，从而便不是引起人们关心的重大的事件。当原本就没有继承家这样的观念时，不存在作为家继承一个样式的隐居的制度也就是理所当然的了。[37]

其次，关于家父死亡以后的问题在前面基本资料中的问答里提到“母亲或长子”成为当家，“母亲能办事的话母亲来担任，不能办事或不喜欢办事的时候由长子担任”。母亲及其他一般女性地位的问题尽可能汇总在第四章论述，在这里，仅就在家父死亡后的
300 母子同居的家中“家的主人”的问题顺便谈一下。如果首先要问在母子同居的家里谁是家长，似乎觉得回答母亲是家长应为人们的常识。

> “你家的家长是谁？＝是母亲。”“你不是家长吗？＝如果有事的话由我来办，但家长是母亲。”（惯Ⅳ109页中段）

可以找到许多诸如此类的将母亲称作家长的回答。[38] 在往古的立法之中也能看到预先规定“家主尊长”可以是女性的条文（前揭154页）。可是从这一条文本身只是得知家长这一用语是一个具有那样的语感的词语，而母亲在家族生活上起到什么样的作用并非能弄清楚。被称作家长的母亲是否起到了通常归属于家长的实际上的作用，对此应该另行并且要分成两方面来考察。第一，在公法上作为家的代表的功能，只要有儿子，这一功能就不会归属于母亲。不论在唐的户籍还是在近时的户口册上，女性之名作为“户主”、“户长”被登录的情况只限于户内没有男性的场合。[39] 唐律的“家人共犯，止坐尊长”（前揭289页）的规定也附有“尊长谓男夫”这样的限定。第二，在私法上家务管理的功能。这一功能常常归属于母亲。即母亲成为当家的情况绝不是罕见的现象。作为这方面的适例，如在河北省栾城县寺北柴村徐黑旦（20岁）的家里。一年前父亲死亡，由本人、45岁的母、弟弟和兄弟俩各自的妻子合计五个人组成一个家族，但家里的地契仍是母亲来保管，并且还提到：

> “如果存钱是自己来保管还是交给母亲？＝交给母亲。”“你从母亲那里拿钱给太太（妻）吗？＝家里的人无论是谁都到母亲那里拿钱。”（惯Ⅲ107页上段）[40]

此外，还可以找到如下所述的母亲和长男商量所有的事情来处理家务的事例：

> “在你的家里谁是当家的？＝大概是我和母亲吧。”“仅是你一个就不算当家的吗？＝可是母亲还在，大体上互相商量
> 301 来处理家事。”（惯Ⅴ105页下段）[41]

最后，关于母亲不喜欢办事或者母亲也不在世的纯粹的复合型的家里的情况可以概括如下：在前面基本资料中所见到的回答里，普通是叔叔比侄子在先，哥哥比弟弟在先，即循着尊卑长幼的顺序确定当家，但是当顺序在先的人缺乏能力或者不喜欢做事那样的情况下，让其他的适任者来当家的情形也并不是罕见的现象。由于当家不是名义而是实务，在其选定上能力比任何其他问题更被重视，说是“也有所谓的‘能者多劳’这类让什么都能做的人成为当家的俗语”。[42]大概还可以认为，通常之所以尊长成为当家，也是因为年长者自然而然地经验丰富，尊辈作为首要人物处在容易管理一家的地位，这一点相应地被作为在更广的意义上的能力的一个要素来予以评价。[43]不过，在卑幼担任当家的场合，在名目上的最高尊长还是家长，其地位相应地受到尊重。从而，作为卑幼的当家比起家长自身担任当家的场合，多多少少都容易变得比较谦让。也有如下那样的应答，三弟当家的时候，尽量做到“在外面担起当家的责任，在家中由大嫂指挥”，钱也尽量让大嫂来保管，这样的话“始终会保持和睦，如果一交给自己的媳妇（妻），情况就不妙了”。[44]还可以看到这样的例子：四个兄弟之中的三弟负责钱的收

支，长兄也将存下来的钱交给他，但土地的地契由长兄保管，三弟本身也一直称自己是“代理当家的”。[45]总之，不论谁成为当家，对于家产的每个人的持分并不会被这件事所左右，所以当家的选定并不含有深刻的要素。[46]从而当然也就不用履行为了这件事的郑重其事的手续。与在家产分割的时候必定要从外部招请见证人的情况相对，当家只通过家中商量就可以决定。[47]根据情况有时对 302
家产不具有正规的本权的人例如义子等等也可以管理家务。[48]像那样的场合，既然一直执掌实务，大概也都是可以称为当家的人。[49]

可以说，关联到“家长”、“户长”和“当家”这三个词的情况以上大致论述净尽。就中国的家族制度中在什么样的含义上“家的主人”这种概念具有意义来看，那就是在家的公法上的一面或者在家务的管理这样的领域里才有意义。应该铭记，在除此之外的领域即使尝试采用家长对家族这样的问题的设定方法，那也是毫无意义的事情。而且这些当然也可以归结为是从前一章已经弄清楚的日本和中国的家观念之不同所产生出来的。

本节注释

〔1〕 在仁井田陞《中国の農村家族》第六章“中国の主婦の地位と鍵の権”里收集了许多资料(特别是其第二节注 11、12、22、24，第四节注 3、16、17、18 等)。

〔2〕 卫禁律第二六条(不应度关)疏。

〔3〕 名例律第四二条。还有在同条后段“侵损于人者，以凡人首从论(侵害人的财产、身体的罪，不以家族关系论而依照共犯的一般原则)”，所以“家人共犯，止坐尊长”这样的规定实际发生效力的主要限于行政犯。

〔4〕 随着“家”字有广狭二义(见前述52页),“家长”之语也有意味着“族长”的场合。在《棘听草》卷七“分守道一件为污吏事”中,可以看到由于寡妇潘氏撇下三岁的幼儿再婚,家长郑祠常居间决定将孤儿托付到已经出嫁的他的姐姐家。这里的“家长”一词就是其适例。在《中国農村慣行調查》之中也可以找到不少这样的例子。像这一词语的多义性在此想放在问题之外。

〔5〕 内田智雄:《中国農村の分家制度》,344页。

303 〔6〕 现在的家长如果有儿子和弟弟,在他死后的下一个家长不是儿子而是弟弟(在惯Ⅲ73页中段引用的“同居弟承兄职”之谚里所说的就是这种情况)。对中国人来说,所谓家不是超出人的集团的事物,所以形成集团的人们之中席次最上的人无非是家长。在日本传统性的家族制度里,之所以户主死后不是其弟弟而是儿子成为户主,是因为家在观念上被视为通过户主保持所有的如同一个植株的东西,这在中国人的眼里一定作为完全奇异的现象来看待的。“有兄弟三人,大儿子在父亲之前死了而有儿子的情况下,如果父亲死了,谁成为当家呢?=那时叔叔成为当家,大概还是二叔。”“大儿子的儿子不会成为当家吗?=不会(满洲旗户的习惯是大儿子成为当家,其次是他的儿子成为当家)。”(惯72页上段)当然这些由于他们的好奇心所看到的满洲旗户的习惯,一模一样地也是日本的习惯。

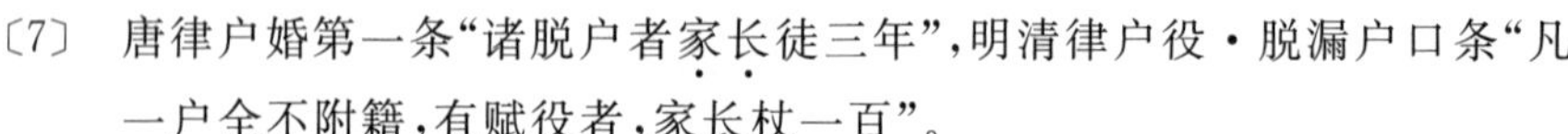

〔7〕 唐律户婚第一条“诸脱户者家长徒三年”,明清律户役・脱漏户口条“凡一户全不附籍,有赋役者,家长杖一百”。

〔8〕 同234页中段里也有同样意思的答话。

〔9〕 唐律户婚第一三条,明清律户役・卑幼私擅用财条。

〔10〕 参见在236—237页里所引的南宋法。

〔11〕 关于这一点,稍微详细的内容请参见后注〔31〕。

〔12〕 在清律同条的总注里写着的“卑幼与尊长同居共财,其财总摄于尊长,而卑幼不得自专也”中的“总摄”,可以说恰好是意味着家务管理权的词语。在谚语里也说到:“家有千口,主事一人。”

〔13〕 其他的例子,请见录Ⅳ、5、21(河南省偃师县),同15、47、八(陕西省长安县)等。

〔14〕　录Ⅳ、5、8、二(河南省河北各县)。但调查员作了“按此项习惯,充其弊之所至,必右长兄把持家产,而凌其弱弟者,法不可不防也”的附言。在河北省顺义县沙井村的调查(惯Ⅰ237 页下段),或是在清的范寅《越谚》(绍兴地区的谚语集)卷上,也可以看见同样的民谚。在中国,“家督”之语也是在这种关联上来使用。《史记·越王勾践世家》里“长男曰‘家有长子曰家督,今弟有罪,大人不遣,乃遣少弟,是吾不肖。’欲 304
自杀”;《汝东判语》卷三“桂如禄呈词判”中写道:“一门之内,兄为家督,苟非违犯功令(国法),畴敢不尊”等等,在家督之语里都与继承这样的要素没有关联。

〔15〕　家计是通过统一核算家族每个人的劳动力而形成的,所以并不仅是单纯承担金钱会计,可能应当考虑管理劳动力分派每个人劳动的事情也包含在家务管理的概念之中。还可以看到“家里的活儿由家族的人各自分担来做吗?=……所有的事都由家长指派。”(惯Ⅳ63 页上段)“每天的工作计划如何来定呢?=户长把大家召集起来商量,多数是在早饭的时候”(惯Ⅰ236 页中段)等等应答。但是,作业的分担特别是谁都不指挥也大部分带有自然地进行的性质,与此相对,由于财物会计必须明确是谁来掌握,在这一点上作为家长的职分还是被显著地意识到了。

〔16〕　《袁氏世范》卷一“同居长幼贵和”云:“兄弟子侄同居,长者或恃长,凌轹卑幼,专用其财,自取温饱,簿书出入,不令幼者知,幼者至不免饥寒,必启争端;或长者处事至公,幼者不能承顺,盗取其财,以为不肖之资,尤不能和。若长者总提大纲,幼者分干细务,长必幼谋,幼必长听,各尽公心,自然无争。”(西田译 27 页)

〔17〕　本章第一节注〔4〕。

〔18〕　的确,父亲生前的家产分割还应该从是为了满足老人隐退的欲求的一个手段这方面加以评价。但是,隐退的方式不只限于这一种。特别在只有一个儿子的时候,分家并不构成问题,采取其他的方法是必要的。

〔19〕　《六谕衍义》“孝顺父母”。

〔20〕　参见 291 页所引的问答。

〔21〕　有关这方面的用例可参见前注〔1〕仁井田陞的著作。

〔22〕 “作为家长的资格或地位可以自由地抛弃吗？＝不能，而且也没有必要抛弃这种地位。因为家长由于生病等其他理由不能履行作为家长
305 的职务时，当家就由别人代替，而家长处在作为年长者或尊长在受尊敬的意义上被家族成员所承认的地位的人。”（惯Ⅳ79页中段）正如上述，所谓“家长”无非是个名，应伴随着这一名的实是家务的管理即成为“当家”，并且这些差不多就是全部。其根据是以下所说的“在家长之外有当家的情况下，家长的职责是什么？＝只是名义。”（惯Ⅳ93页中段）

〔23〕 参见前一章71页以及该章注〔78〕。

〔24〕 惯Ⅴ75页上段。

〔25〕 在千種達夫《滿洲家族制度の慣習》Ⅱ228页里也报告了“有关家族中的结婚事宜是父母作主来决定的，只是从这类费用的支出等等关系上要事先和当家的商量”。“把担任当家的这个人叫做什么？＝这个人负责钱的支出和收入，叫做当家，没有名称。”（惯Ⅰ244页下段）正像在这一问答中看到的那样，人们从当家这个词最先联想到的是钱的收支。“尽管有家长在，有时可不可以不与家长商量就自由地处理有关自己儿子的事情？……＝入学、让其到北京当学徒去打工挣钱、结婚（嫁出女儿的事和给儿子娶媳妇的事）、让儿子去买东西，还有农活等等。”（中略）“关于儿子结婚的问题，即使家长反对作为父母也可以答应吗？＝可以。”（惯Ⅰ300页中段）像这样在配偶的人选上，亲权在发挥作用而家长权不构成问题。即使在父家长型的家里，为孙子选配偶的直接的责任和权限，不是在作为家长的祖父而是在父母那里，关于这方面的情况可参见第四章第三节注〔32〕。这与我国战前的民法的户主权专门是身份权的情况恰好构成一个对照。

〔26〕 惯Ⅴ60页上段。

〔27〕 惯Ⅳ448页上段、惯Ⅰ269页下段。

〔28〕 在调查资料里记下了作为应答者的李盛堂（42岁）和魏鸿钧（30岁）两个人的名字，但是从内容来看好像主要是后者接受提问。

〔29〕 还有同地区的洪毓秀、杨永清（都是70岁左右）两个人也说到这样的意思，即从本人50岁左右、儿子达到25岁左右“把家的事情几乎都交

给了孩子”，连零花钱也由孩子给(惯Ⅳ452页下段)。像这样在年龄 306
上从还比较年轻的时候就把家计委托给儿子的情况比较引人注目。在惯Ⅰ270页上段也可以看到“七十岁以上的人”让儿子做当家的应答，但这大概是硬扯到《礼记·曲礼》的“七十曰老而传”的成句的多少有些形式主义的回答，让人觉得不是有点远离实际情况的吗？

〔30〕 惯Ⅳ93页下段也可看到同样意思的应答。

〔31〕 具体地什么样的行为被认为不能按当家的儿子的个人意见而要得到家父的同意，这是个一般要通过家产处分和家务管理这样两个概念中的某一个来分析的问题。在此，想总括一下这些问题来考察。关于卖掉土地需要得到家父的同意的问题，见前面163页所述，还可以看一下以下的应答：“修理房屋建造房屋的事是当家的工作吗？＝是的。”“卖掉土地的事呢？＝这些也是。但土地的买卖如果老人家还在的话必须商量一下……。”(惯Ⅴ62页中段)所以这方面差不多没有问题。关于在此之外有没有需要家父同意的行为，可以看到以下那样的问答：“借进许多钱的场合，可以不用家长(这里的家长假定是父亲)的名而用当家的名吗？＝不行。”“如果是家长的名就可以吗？＝是的。”“在卖掉家中的田地时，可以不用家长的名而用当家的名义来卖吗？＝需要家长的名义和家长的许可。”“即便家长由于中风差不多不能动脑子了，也需要家长之名和得到家长许可吗？＝如果这样的话就不需要家长的许可但是需要家长的名义。”(中略)“如果是当家就不能做，作为家长就可以做的事情是什么？＝只有土地的买卖。”“结婚的事情呢？＝也是如此。”“数额很多的金钱的借贷呢？＝同样，以上三类事情都是这样。”(惯Ⅳ93页下段)“儿子当家的时候借钱的事也必须与老人商量吗？＝商量，不商量也可以。”“借进或借出土地的事情呢？＝哪一种都可以，但要告诉老人一声。”“当地(土地的典当)的时候呢？＝仍然是同样的。”“卖地的时候呢？＝必须商量。”“娶媳妇的时候呢？＝需要商量。”(惯Ⅴ71页中段)

再有，与以上第二个问答是同一个应答者所回答的以下的问题也由于事情不同，仍作为追寻处分和管理的区别的资料而引人注目：“丈 307
夫去满洲干活的情况下，在家里的媳妇(妻)做当家吗？＝如果没有其

他的人是那样的。""那么，媳妇从别人那里借钱也可以吗？＝可以，丈夫回来以后再还账。""有借钱给媳妇个人的人吗？＝有，亲戚会借给，娘家会借给。""媳妇自己不能耕种土地所以租给别人种可不可以？＝可以。""这种事和谁都不商量也可以吗？＝可以。""那么，因为困难卖掉土地也可以吗？＝不可以。必须写信和丈夫联系商量一下。当地（典当土地）是可以的。"（惯Ⅴ71页上中段）

由以上所见，如果说由于结婚涉及身份权姑且放在问题之外，那么人们的法意识无疑比较一致地是围绕着卖地的问题。卖地的事情必须依据本权来行使，其他方面以此为准的事有第一应答者举出来的大量借钱的事，但第二个应答者认为典当土地（这也多少是借钱的一种样式）没有什么妨碍，所以在见解上不大一致。不过，往昔的立法中，在处分的限制上典和卖并称的例子很多（如在236页、417页分别引述的宋代法等）。总之，大量数额的借钱或土地的典当等等，大概任何一个都可以看作是介于处分和管理中间的不靠近界限上的领域。当然，如果将这样得来的钱不是用在家庭的正当用途而私自用来消费的话，那是另外的问题。

〔32〕"做小当家的时候公开宣布吗？＝不宣布。""在同族里宣布吗？＝不宣布。""在四邻里呢？＝不宣布。"（惯Ⅰ270页上段）"一能当家就告知同族或四邻吗？＝不告知。"（惯Ⅳ93页中段）对村里的人也"不另外通知，有什么事来打招呼时告诉他们。说自己已经不当家了，因为让第几号的儿子做当家所以有事和他去说吧。"对同族的人也不专门通知，"比如一个人去本家（同族）那儿去串门时顺便告诉他们，并非把同族请到家里来说明这件事。"（惯Ⅴ60页上中段）

〔33〕"当家是由家长让当的还是自然地变成由长男来干呢？＝既有家长让当的时候，也有自己成为当家的时候。还有长男如果是太普通的人，家长也不让他成为当家。"（惯Ⅳ93页上段）"这样的情况下（家长年老的时候），实际上的家长由谁来当？＝一家之中机灵有经验的人来当。不只限于年长的人担当，有时女的也会成为当家。""一那样，三男成为
308 家长代理，长男、次男接受这一吩咐吗？＝长男、次男不会说不服，如果是说不服的那样的长男、次男，自己就当家长代理了。"（惯Ⅳ63页

上段)正如以上所说的,似乎自然地决定了谁来干的问题。

〔34〕 惯Ⅴ459页中段、惯Ⅰ237页下段。

〔35〕 惯Ⅴ65页下段、惯Ⅴ60页上段。

〔36〕 惯Ⅴ59页下段。

〔37〕 大山彦一:《中国人の家族制度の研究》,15页里断言“在满洲的汉族里没有隐居制”的说法,可以认为普遍地适用于不限于满洲的汉民族。

〔38〕 参见惯Ⅰ273页中段、惯Ⅲ107页上段、惯Ⅳ72页上段、同93页中段等。

〔39〕 就西域出土的有关唐的户籍的实例来看,也记载有母亲为大家的户主的家族(参照仁井田陞:《唐宋法律文書の研究》,668页以下)。在成为惯行调查对象的近时的户口册里也是同样的,例如接下来本文里述及的徐黑旦的家里,家务也是母亲来处理,但“户长”为长男徐黑旦。还有在其他调查地能看到这样的应答:“母亲当家的时候(门牌上)写着母亲的名字吗?=不对,写着儿子的名字。”“那样谁是当家?=母亲。”“儿子只是名义的当家吗?=老娘儿们的名字不能写在门牌上。所以只从名义上来说是儿子当家。”(惯Ⅴ71页中段)有关户内没有男性而将女性担当户主的情况称为“女户”的资料,可参见仁井田陞:《法史》,400页。

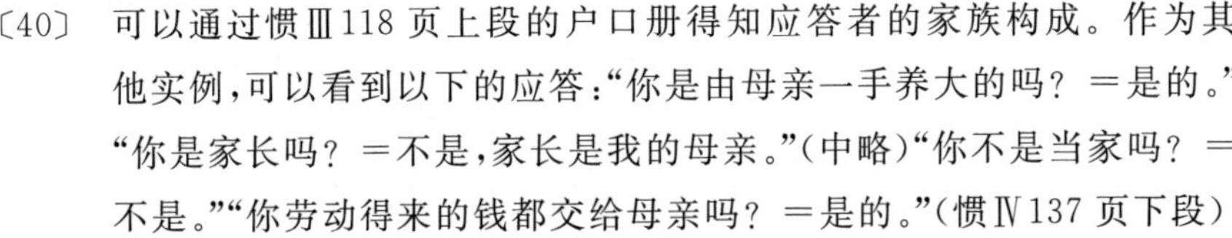

〔40〕 可以通过惯Ⅲ118页上段的户口册得知应答者的家族构成。作为其他实例,可以看到以下的应答:“你是由母亲一手养大的吗?=是的。”“你是家长吗?=不是,家长是我的母亲。”(中略)“你不是当家吗?=不是。”“你劳动得来的钱都交给母亲吗?=是的。”(惯Ⅳ137页下段)

〔41〕 这个应答者的话,在前面240页已经引用过。是说到“反正没有母亲的同意什么事都不能做”的那个应答者。还说到钱“自己放进母亲的 309
箱子里来保管”,箱子的钥匙“母亲一直拿着”。

〔42〕 惯Ⅴ71页下段。但是这个应答者也谈到兄弟里“大致由大哥(长兄)来担当的比较多”。“能者多劳”的谚语在《红楼梦》里也可以看到(仁井田陞:《家族》,277页)。

〔43〕 特别在比较稀见的累世同居的大家族里,并非是老年的最高尊长。不如说推举最能干的年龄层之要的适任者担任当家的情况或许更普遍。

参见千種達夫Ⅱ228页。

〔44〕 惯Ⅴ62页下段。不只限于这样的情况,包括担任当家的男子其妻指挥家里所做的一般性的主妇之职,也可以被称作“当家”,关于这类情况参见惯Ⅴ59页中段以及前注1所揭仁井田陞的论著。

〔45〕 惯Ⅳ119页中段—120页上段,谢保臣和保清的关系。

〔46〕 关于当家也不能单独卖掉土地的情况见前揭239页的问答。

〔47〕 惯Ⅴ71页下段“兄弟商量之后”,“只在家之中就可以了”。惯Ⅴ60页上段“分家之时请来中人。确定当家的时候,只是兄弟。”

〔48〕 比如在598页所揭“子随母嫁而归宗”里的随母之子薛龙孙。

〔49〕 但不是义子那样的同居之人,在已经分了家的同族监护性地照看家务那样的场合,叫做“代办家务人”等等(惯Ⅲ73页上中段)。

第三章　围绕无亲生子者的诸问题 311

第一节　由拟制而来的承继人——“嗣子”

一、可做嗣子的适格者

在前一章里，我们选取从一个家父走向逐渐兴盛子孙众多繁荣下去的家族生活通常的场面，考察了其中产生的种种法律关系。本章则是想要反过来，考察在子孙之枝走向断绝这样的家族生活异变的场面中将有什么样的事态发生。

通过前一章的论述已经弄清，“承继”这种继承样式——这种样式就是规定了对于同居共财的家产的每个人的权利——以必然性的性质即几乎没有留下无论是谁的某种个人创意或选择余地的性质作为其最大的特色（继承权剥夺的困难、均分原则的坚定等等）。同样的性质即使围绕本章要分析的事态来看也是妥当的。也就是说，如果由于自然的原因没有承继人（儿子）的话，在可能的限度内应该谋求通过拟制来立个承继人。尽管不立承继人是可能的，可是以承继以外的方式处分掉财产的情况，由于意味着祭祀的断绝而绝不愿认可。并且通过拟制而来的承继人必须从具备了以下那样的适格要件——特别是同宗昭穆相当的要件——的人之中 312

选择。换言之,可以说不存在儿子这样的作为第一顺序的必然的承继人的时候,作为第二顺序的同宗昭穆相当的人拥有潜在性的某种程度的承继期待权。[1]这样一来,当然就成了设立可以阻止财产由于个人的一时高兴传承给同族之外的人的机制。在能够被拟制成儿子的适格者也不存在的时候,才变成遗产的处分听由个人的意思,但是那是谁都不希望出现的异变中的异变。

如以上所说的那样,没有亲生子者的承继人要从同族之内选择,在比较新的时代,就书面语来说最普通的用语,是将被拟制为儿子的人称作"嗣子"、"继子",与此相对的,将被拟制为父母的人称作"嗣父母"、"继父母",把设定两者关系的行为称作"立嗣"、"立继"。[2]稍微口语化的叫做"过继(子)"、"过房(子)"等等。[3]"养子"、"养父母"这样的用语当然也并不是不能使用,但是,在这个用语里伴有某种程度的含义模糊。也就是说,用日语可以称为养子的,在中国的社会性的现实之中,除上述的"嗣子"之外,还存在称为"义子"的不一定以承继为目的的恩养性质的养子(见后面第六章第二节)。通过"养子"这一词语不能表达这两个种类的区别。而且,姑不论比较早的时代,随着时代的推移,说起来似乎觉得"养子"之语,已发展到了较强地具有与其说是"嗣子"、毋宁说意味着"义子"的语感。不仅如此,如果叫"养子"的话,养父母在生存期间自己收养是不言的前提,可是,在"嗣子"一词上没有像这样被限定的语感。被承继人死亡之后,经过一段时间才立承继人的情况实际上也是常常有的事情,这种人也完全一样地被称为"嗣子"。在前两章里为了方便将相当于"嗣子"的地方用日语表达成养子,但在以下决定作为两个术语来分别使用"嗣子"和"义子"。

同宗昭穆相当　在历代的立法里，规定了嗣子必须从同宗昭穆相当者之中来选择。唐代的户令之中规定了： 313

> 无子者，听养同宗于昭穆相当者。[4]

在律中确定了对违反这一规定的制裁，如果将异姓男子作为养子，养父徒一年，亲父笞五十；[5]如果将昭穆不相当的人作为养子，以违令之罪科以笞五十，所有结成的关系都视为无效并令其“改正”。[6]在宋、金、元时代也有同类的规定：

> 无子者，听养同宗之子昭穆合者（北宋天圣令）。
>
> 诸无子孙，听养同宗昭穆相当者为子孙（南宋的令）。
>
> 诸人无子，听养同宗昭穆相当者为子，如无，听养同姓，皆经本属官司，告给公据，于各户籍内一附一除，养异姓子者有罪（金代法，在元代也指令应遵守这一金法）。[7]

在明清时代规定了：

> 无子者，许令同宗昭穆相当之侄承继，先尽同父周亲，次及大功小功缌麻，如俱无，方许择立远房及同姓为嗣，若立嗣之后却生子，其家产与原立子均分。[8]

对于违反这一规定的通过律来处罚，让违法的嗣子归宗，改为应该立的适格者。[9]

314 关于同宗的语义，还有关于嗣子限于同宗的事情，无须有待于立法，对于中国人来说一直作为自然的规范被意识到的情况，已经没有必要反复论述（参见第一章第一节二）。但是从族谱之中，似可举出一个较好阐明这些规范的意义的文章：

> 继子之设，所以绍先世，续后嗣也。古人继嗣，大宗无子，则以族人之子续之，取其一气脉，相为感通，可以嗣续无间，此至正大公之举，圣人所以不讳。后世理义不明，人家以无嗣为讳，不显立同宗之子，乃潜养异姓之儿，阳若有继，而阴已绝矣。故立嗣必须择近亲有来历分明者立之，则一气所感，伦序不失。[10]

认为异姓不能使气脉连续，在表面上看是继嗣，实际上等于是绝了后。

所谓昭穆相当，说的是在由共同祖先延续下来的世代数上，嗣父的下一世代即和没能生出的儿子属于同一世代的。昭穆原本是从古代的庙制而来的词语，如《周礼·春官》小宗伯“辨庙祧之昭穆”的郑玄注说的“自始祖之后，父曰昭，子曰穆”那样，以始祖为起点，二世曰昭，三世曰穆，四世还曰昭的表达方式，通过世代将历代的祖先交互放在昭或穆的位置。在合在一起祭祀远祖的袷祭上，将始祖的牌位安置在中心，二世以下的牌位按昭在左、穆在右地对
315 面安置成二列。为父祖等等离自己最近的几个世代的祖先的牌位所设立的各自独立的庙（亲庙）也是被建成以始祖庙为中心、左为昭、右为穆的两列。[11] 在后世庶民中间，既无法维持像那样的庙

制，对于不具有封建上的地位的庶民来说也是和被特定的始祖（始封者）这一类观念无缘的人，论起哪个世代是昭、哪个世代是穆实际上当然是没有意义的，不过在假定父亲为昭、儿子就是穆这样相对性的意义上，昭穆这种俗语被惯用到后世。正如宋代的程伊川的话中说到的："谱之要，明一本而濬其源，以尊祖敬宗也。究万派清其流，以别亲疏之远近也。**辨昭穆等降之殊**，**以识尊卑之次第也**。"[12]在各个家族里仔细地制作庞大的族谱的一个原因，也是为了防止昭穆即世代的序列变得不明。而且，"尊卑失序，不可立继"是时常明文规定在族谱的规约中的词语。[13]属于同一世代的族人两个字的名字之中的一个字全都使用共通的文字，如果是一个字的名字，就通过选择**偏旁**或**部首**含有共通要素的文字，即所谓的排行字，只要一见到名字就知道是属于哪个世代的人，采用这种办法的同族也不少。[14]

对可以作为嗣子的资格所要求的不单是同宗而且是昭穆相当的这一点，意味着中国人的想法是对自然——不用说是依照中国式的看法所认识的自然——的忠实。如果某个人从共同祖先来算比方说是曾孙，那就是不可变动的自然上所给与的，将他通过拟制变成孙子或变成玄孙的情况，在中国人来看会感到甚为背理。这些还和通过尊卑长幼规定上下的次序作为社会生活的基础发挥了很大的作用的情况相关联。昭穆相当这样的要件，具有阻止由于拟制打乱这一上下的定位方法的作用。还有，在不许可日本所说 316
的顺养子即以弟弟为养子这一点上，与我国的一系性质的家族观恰好形成对照的逐渐扩展开来的家族观结合起来，也可以看作是具有维持这种家族观效果的制度。

然而，同宗昭穆相当的要件虽然作为原则性的规范常常被意识到，但在实际上，也并非严格遵守到什么样的例外都不允许的地步。即便在以上所引的历代立法上如金、元、明、清时“同姓”也可以补充性地列举为嗣子适格者。单就同姓来说，在姓氏已经混同的后世，实质上难保是同祖而气脉一直相连，更不用说当然连昭穆也不能论了。可是在没有同宗昭穆相当者的时候，法律也承认这些同姓之人为正规的适格者。[15]实际像那样的场合，与其勉强寻找同姓者，不如说倒是比较自由地实行着从异姓者特别是从女系血族或妻的亲属里迎立嗣子的做法。在《民商事习惯调查报告录》里可以看到不少这一类的报告：

> “无子者，因族中无可承继，得以外甥(即姐妹之子)为嗣，但须得族中同意”(山西省忻县、稷山县)。“无子者，因族中无可继承之人，则以妻侄(妻的兄弟之子)或姨侄(妻的姐妹之子)为嗣”(甘肃省靖远县、固原县)。
>
> “无子而族无可继之人，其出嫁亲女生有二子者，得商取女婿同意，以其次子入继舅家为嗣”(山西省新绛县)。[16]

在华北农村也提到：

> “亲戚里没有过继的情况下，即使领来他人的儿子也必须立为过继吗？＝必须过继，那时从不是血族(同族之意)的亲
> 317 戚(姻亲)里也可以迎进，即使是血族之中如果比较远的话有时也不给过继，这时从亲戚(姻戚)过继。”“以妻的亲戚为先，

还是以母亲的亲戚为先？＝以妻的血族为先。”（惯Ⅲ72页中段）[17]

在宋元时代的审判例中也出现这样的实例，并且官府对此采取同情的态度，驳回了将这种做法视为违法而争议的族人的起诉。[18]还有，甚至以下这类的报告也不是没有，作为特定地区的习惯，即便有疏远的同宗昭穆相当的人，也仍然以近亲的外姻优先立为嗣子的情况毋宁被认为是当然的。[19]应该看到，宗的理念之严格在承认女系也有血缘关系的自然的人情面前，好像某种程度上有被缓和的倾向。

立嗣异姓者的情况实际上被视为某种程度不得已的事情，与此相对的，立嗣是同宗者但昭穆不相当的人的事情实际上却颇为严格地加以避免，如果这样立嗣似乎觉得容易招来物议。在南宋的判语中，出现了几个围绕着立与被承继人同世代的年轻人为嗣子的行为（以弟为子）的审判例。说道：“世俗以弟为子，古亦有之。必须宗族无间言而后可”，[20]立昭穆不相当的嗣子，只要被族人默认后没有事也就过去了，也非官方想要干涉的事，可是一旦产生纷争引发诉讼，官方的态度大体是严格的。为了不绝死者之祀，也并不是没有劝谕有利害关系的人容忍并承认根据他的遗志所立的昭穆不相当的嗣子之例，[21]但是在另一方面，可以看到废除昭穆不相当的嗣子寻找其他相当者，如果没有的话即使绝了后也视为不得已的例子，[22]或者由于存在仅仅只有一个不受欢迎的昭穆相当者的情况，想要撇开这个人立昭穆不相当的别人、大多数族人也一致希望这样，结果被官府否决的例子等等。[23]在近时的华北农村

中，谈到可以从姻亲过继的事情的同一应答者（见前面）作了如下的回答：

318 “有让弟弟过继的事情吗？＝那样做不合道理。”（惯72页上段）

立相当于自己的孙子世代的人为后嗣的事叫做“无子抚孙”、“无子过孙”。这也是昭穆不相当，可以认为一般性的习惯是至少在另外有昭穆相当的适格者的情况下就难于实行。在《民商事习惯调查报告录》里看到的诸如可以自由地采取这样的做法的报告；[24]采取撇开昭穆相当者立中意的孙辈，为此引起纷争的情况有很多的报告；[25]以及有给远支的昭穆相当者若干金钱让其作为名义上的嗣子，而在实质上让近支的孙辈继承为后的报告等等，[26]或许可以看作都是作为稍稍罕见的风习因而引起调查员的兴趣而提出来的报告。[27]清代很多族谱之内，在不得已的情况下承认“无子继孙”，不少族谱将其记载方法规定在凡例里，由这些来看，孙辈的人如果被立嗣的话，就将他称作嗣孙记在孙的一栏。子的一栏采取或空格，或用“承祧”二字填补，或用长线占上空处的方法。[28]根据情况好像也有采取整理成在子的一栏记上虚构之名的形式。[29]总之，绝不是通过无子过孙让孙辈的人在族谱的记载上升为子辈那样来计算。惟其如此，看起来大概比以同辈之人为嗣子的“以弟为子”较少地受到抵制而得以实行。[30]

还有一般来说，绝对不许无子抚孙，或者如果没有得到亲属会议大多数的同意便视为无效，而在另一面，同样叫做无子，但如果

是一度生过儿子在幼小的时候死亡而没有养大的情况，也能够用为这个幼小死亡的儿子立嗣的形式，自由地立嗣孙辈的人，从黑龙江省的各县就汇集来这方面的报告。[31]关于幼小死亡者和立嗣的关系在后面还要详细地论述。

独子的除外与兼祧　嗣子放弃了作为亲父之子的地位后取得 319
了作为嗣父之子的地位。已经成为不祭祀亲父而祭祀嗣父的人。在亲父只有一个儿子的情况下，如果将其作为别人的嗣子送出去的话，就变成绝了亲父自己的祭。因而，作为能够成为他人的嗣子的适格者，纵然是昭穆相当，独子原则上也必须除外，这样的事情在判语中时常被谈到。[32]也可以看到当初因为有兄弟而出继给他人的，由于亲生之家留下来的兄弟死亡而变成独子，不能不放弃嗣父的遗产而回到亲父身边的事案。[33]在宗谱之内也有不少规定了“长子独子，俱不得过继”的。[34]作为立法，可以看到在清朝的户部则例中所作的如下规定：

> 民人无子……凡继立不以同姓，及尊卑失序者；贪图财产，将独子出继与人者；独子藉称已经出继，不顾本生者；本生父母有子，所后之亲无子，而舍去者；均照律治罪（下略）。[35]

在另一方面，也存在独子不能出继这种原则不妥当那样特殊的场合。由什么时候开始有这种情况不可得知，但是在民间有“绝次不绝长”的谚语，一般说的是长兄没有子、弟弟有一子时，弟弟即使绝了自己的后也应该让出这一个儿子继兄的后。由这一思想来看，在特定的场合，让独子出继的事毋宁说完全成为一种义务。[36]

还有，和以上密切相关的，称作“兼祧”、“一子两不绝”的便利
320 的方法被设计出来。所谓兼祧，是说甲乙兄弟之中，甲无子乙有一子时，在让这一个儿子作为嗣子承继甲的同时还让其承继乙的措施。这一个儿子就成了祭祀甲乙两者并继承两者的财产。在清律条例中规定：

> 如可继之人亦系独子，而情属同父周亲，两情相愿者，取具阖族甘结，亦准其承继两房宗祧。[37]

这一规定用明文承认了兄弟两房之间的兼祧。兼祧也可以说本来只是作为长兄无子、弟弟有子的场合，为了补救依照“绝次不绝长”之理以致绝了弟弟之后的折衷方法被认可的，[38]但是，一旦产生了这样的折衷方法，结果自然之势是达到了不论兄弟哪一个没有儿子的场合都能适用的情况。在以上条文的字面上，也没有提到由长房还是由次房承继的限制。

作为民间的习惯，常常亲父和嗣父两方各为兼祧之子娶一个妻子。在《民商事习惯调查报告录》里，比如在安徽省（今湖北省）英山县就报告了：

> 同父兄弟间，仅有一子，以其子兼祧两房时，彼为之娶妻，此亦为之娶妻，并无大小之分。所生之子，各承宗祧，各继各产。如甲房所娶之妻生有三子，乙房所娶之妻仅生一子，其三子均为甲房后裔，仅能就甲房所有财产三股均分，不能将乙房财产合并与乙房之子作为四股分配。虽一人而娶二妻，不无

重婚之嫌，而积习相沿，仍不改移。[39]

此外在直隶、河南、山东、山西、安徽、湖北、陕西、甘肃、热河、 321
绥远等各省可以看到许多同类的报告。[40]

在中国的法律以及习惯上，一夫一妻是原则，安置了复数的女性的场合，一个妻子之外理应全都是妾，但是只有这种兼祧的两妻，习惯上可以一同承认是完全的正妻，被视为相互处于娣姒（妯娌）的关系。[41]甲的嗣子、乙的亲子这样两个资格没有混同地被兼祧之子化于一身，当然是在这两个资格上各自娶妻生子。因而正如以上两个报告中也能看到的那样，由两个妻子所生的儿子各自形成有别的团体，甲房之妻的子继承甲房的财产，乙房之妻的子继承乙房的财产，并不相互混同。用明文对兼祧的习惯给与承认的清朝的法律都没有达到承认这种两妻的习惯的程度。大概在法律上不得不认为某一方为妾。[42]事实上，就有民国初期大理院判示将兼祧的两妻之中后娶的一个确认为妾。[43]但是作为民众的意识，对兼祧的两妻完全是正妻的事并不抱有疑问。据说已经有妻的人甚至可以用作为兼祧的两妻来娶这样的口实当作为了说服不肯嫁为妾的女子的欺瞒之策。[44]当然娶妻是需要资力的，所以说是兼祧并不一定说能够娶两妻。[45]如果是一妻的话，就变成嗣父和亲父互相分别将她生下来的孩子当作孙子。[46]

另外还有，清律条例采取了认可在族中的昭穆相当者都是独子的情况下并且只限于在兄弟之间的兼祧这种谨慎的态度，然而，就民间的实际情况来说这样的限制几乎没有被意识到。在远支中有作为嗣子并且什么障碍都不存在的适格者的场合，也采取在近

支之间以兼祧来将就的情况。[47]特别是亲兄弟的情况下在某一个
322 人有一子的场合，甚至让人觉得，好像比较普遍的是没有儿子的另一个兄弟比从疏远的同族得到嗣子更先考虑让这一个儿子来兼祧。[48]在兄弟同时没有儿子的场合，也采取不各自分别立嗣子而立一个人的嗣子、大家都将其托付为后这种形式的兼祧。[49]不论哪一种都是和家里资产的多寡相关联的事情。如果资产颇丰，各自得到承继人的事就比较容易，而如果资产匮乏，大概容易变成尽可能不从外部引进人的将就的方式。[50]还有，承认只限于兄弟之间的兼祧这一法律限制在实际上也被无视，远房之间采取兼祧的实例也不少。[51]再有，不限于“一子两不绝”，在实际上还采取“一子三不绝”、“一子四不绝”等等多个人只让一个嗣子兼为后的做法。[52]像那样的情况下，也并不是不能有可以娶三个或四个妻子的事情。[53]

兼祧这种折衷方法在民间是从什么时候产生的已难知其详。因为前面引用的立法是乾隆年间制定的，看来在那个时候已经成为相当普遍的习惯。另一方面，在南宋的判语里有这样的例子，兄弟中的一方有子另一方无子，虽然恰好处理的是能够通过兼祧来解决的适当的判例，却连一言半语也没有言及这类折衷办法，考虑到这个情况，[54]就似乎觉得当时兼祧这种做法尚在意想之外，即推定这些是比较近期产生的习惯好像是没有错的。[55]

凶手的除外　族人中的一个人被其他的族人杀害而绝了后时，杀人的犯人以及其子孙假如是被害者的很近的近亲，也不允许成为其嗣子或者以其他任何方式从被害人的遗产中得利，清代通过判例使这些成为法。此事具体来说围绕兄弟的一方杀了另一方

的情况而论及的。在中国，负担养活老龄的父母的一个儿子犯了当处死刑的罪时，怜悯到父母生活困难和祭祀的断绝，作为特别的恩惠常常免除其死刑。在清代还把“存留养亲”略称为“留养”并使 323
之某种程度制度化。两个兄弟一个杀害了另一个，家有老龄的父母，除犯人一个人之外已经不存在父母的子孙，在这种情况下，当然也应该给与“留养”的恩典。但是这种时候如果只是简单地认可留养的话，不一定不出现依仗有恩典故意杀害兄弟想要一个人占有家产的人。就算能认可“留养”，也有必要考虑不使其从犯罪中得利便成为问题的焦点。在雍正二年所发生的以下一件案例就是如此：

> 刑部为请酌留养之法，以重人伦事，会议得，刑部左侍郎马尔齐哈条奏，安徽巡抚李乘龙题，刘果误扎胞兄刘伯林，但刘果母老丁单，宗嗣斩绝，照例题明一案。奉旨：九卿议奏，钦此。查，弟杀胞兄，人伦异变，若因产谋命，更属凶残，只因父母年老，家无次丁，准其存留养亲，原系法外施仁，诚恐将来悖逆之人，恃有留养之条，谋命占产，亦未可定。嗣后，如有弟杀胞兄、并兄杀胞弟者，其父母年老，别无子嗣，恩准存留，延其一脉。着地方官，查明死者亲支，许其立嗣承祧，日后凶手生子，不得与之争继。如本宗无应嗣之人，应如侍郎马尔齐哈所请，俟其父母身后，将死者所遗之产变卖籴谷，存贮义仓，以备赈济。若死者遗有妻女，将财产给与养赡，俟其妻死女嫁之后，始行入官。若兄弟未分居者，亦酌量少存养廉(赡?)，余尽入官。总不使丝毫得归行凶之手。如是则凶恶之徒无所希

冀，残忍之心亦可少绝，非独生者得以矜全，即死者亦可无遗憾矣。俟命下之日通行直隶各省，一体遵行可也等因，雍正二年四月十四日奉旨：依议。[56]

324 如果概括一下以上九卿会议的立案，可以归纳为：

(1) 通过在被害人之后从与犯罪没有关系的族人之中立即选立嗣子的做法，根绝了日后加害人的儿子成为被害人的嗣子的可能性(不论被害人、加害人是否在家产分割前，用这一办法仍解决了问题，加害人财产上的地位停止在和从前同一的状态，不会产生得利)。

(2) 不能立嗣的时候。

a. 如果是被害人、加害人家产分割之后，被害人的财产在父母死后没收入官，但如果被害人有妻子或女儿，妻子一生的生活、女儿直到结婚，允许其财产的用益。

b. 如果被害人、加害人仍处于同居共财的状态，在父母死后家产的大半——于理来说大概也可以正确地定为二分之一，但作为惩罚性的办法是大半——要没收。

(3)总之要落实到丝毫也不能让犯人因此得利这一点。而且这一立案被皇帝裁可，成为通行于全国的法规。

除了父母老龄而另外没有子孙的时候所认可的“存留养亲”之
325 外，还有父母已经死亡另外没有子孙的时候所认可的“存留承祀”——但是只限于犯罪不是有计划的行为的情况，在这一点上比“存留养亲”的条件更严——的制度。已经收进会典事例的雍正四年遵旨议准的以下的文书就是确认了这一制度的例子，尽管在这里作为不能让犯人得利的原理有若干表达上的变化，但在内容上几乎以同样的形式被重复：

> 除有父母之人、弟杀胞兄、家无次丁、照律存留养亲外，其无父母，或因争夺财产，或另有情由致死，并家有承祀之人者，仍照律定拟；如非争夺财产，并无别情，或系一时争角互殴，将胞兄致死，而父母已故，别无兄弟，又家无承祀之人，应令该地方官据实查明，取具邻佑阖族保长，并地方官印甘各结，将该犯情罪，于疏内声明请旨。如蒙圣恩，准其承祀，将该犯免死减等，枷号三月，责四十板，存留承祀。若死者与凶手已经分家，各有产业，令地方官查明死者应嗣亲支，令其立嗣，日后凶手生子，不得与立嗣之人争产；如无应嗣之人，死者遗有妻女，即给予妻女养赡，俟死者之妻死女嫁之后，将产业给与族中公祠主祭之人，留作祭祀公用。若死者与凶手尚未分居，将产业酌量以十分之二给予凶手，……[57]

正如西洋也有“血染的手不能取得遗产”的法格谚那样，以杀 326
害被继承人作为没有继承资格的事由的情况是各国法中普遍的现象。但是这里需要注意的是，同样的理念在中国的家族制度之下会采取如上的形式来表现。此外还有，在清律的条例里有下述的规定：

> 因争继酿成人命者，凡争产谋继及扶同争继之房分，均不准其继嗣，应听户族另行公议承立。[58]

由于围绕着没有儿子便死亡的族人的遗产的争夺而引发了杀人事件，在这种时候，也确定应该将与纷争有关系的支派排除在嗣子选定的范围之外。

二、嗣子的选定——“立嗣”

生前的立嗣　从能作为嗣子的适格者之中，现实地选定特定人为嗣子的权限，不言而喻第一要属于被承继人(嗣父)本人。[59]也就是说，感到没有希望得到亲生子的人，以同族之子为嗣子而领受和养育，把自己老了以后的生活和死了以后的葬祭寄托在他的身上，这些是嗣子最正常的用途。

这一人选以亲等近者为先，认为在同亲等的人中间可以任凭作为嗣父的人自由选择等等，是一般所认可的原则。因而，最近的
327 近亲中昭穆相当者自然处在应该成为第一人选的对象的地位。作为表达这种地位的惯用语可使用“应继”(可以活用为“应继之人”、“应继之子”等等)这样的词汇。[60]但是以上只不过作为大致的原则，超越这一制约不管亲等地选择人品令人满意的人的情况并非绝对有什么妨碍。这叫做“择贤择爱”，这样立的嗣子相对于“应继”叫做“爱继”。在明清的法律里，正如已经看到的，有要求嗣子的人选以期亲优先，接着按照大功、小功、缌麻的顺序扩大人选的范围的规定(见313页前引)，不过在清律条例里还有这样的规定：

> 无子立嗣，若应继之人，平日先有嫌隙。则于昭穆相当亲族内，择贤择爱，听从其便。如族中希图财产，勒令承继，或怂恿择继，以致涉讼者，地方官立即惩治，仍将所择贤择爱之人，

断令立继。[61]

与应继之人有不和的时候，采取了保护想要撇开这个人自由地选择人选的被继承人的立场。作为民间的实情，似乎感到应继和爱继的关系通过某种程度的妥协来解决的情况比较多。想要立爱继之子的时候，或从应继的人之中选一个人立为共同继承人，[62]或分给应继的人们若干财产以表示慰谢，不少这样的习惯被各地所报告。[63]但是，由于地区的不同，嗣子的人选不受亲疏的拘束这类报告也不是没有。[64]

在一般情况下可以说如以上那样。然而只有兄弟之子稍微有些特别，似乎觉得无视兄弟之子而从其他的族人里寻求嗣子的做法通常是不会考虑的事情。在华北农村惯行调查中能见到下述应答：

> “兄弟不和睦时，能不能不从兄弟那儿而从同族之中选立 328
> 嗣子呢？＝不能。兄弟即便只有一个儿子，也要让他为过继子。”（惯Ⅲ105页中段）

在农民的意识里，同时认为在兄弟之间，被要求过继嗣子的一方不能对此加以拒绝。

> “有没有较近的血族（同族之意）不给过继的事情？＝兄弟的场合不能拒绝，但如果在此之外可以拒绝。”（中略）“兄弟拒绝了的情况下怎么办？＝即使提起诉讼也可以过继，所以贫

> 穷的情况下如果生前没有过继死后也可以。”(惯Ⅲ72页中段)

一般来说同宗昭穆相当者只是具有成为嗣子的资格而并非有义务。因而通常没有人去没有财产的家(后述336页),但唯有在兄弟之间被认为“没有钱也仍然想让弟弟们过继子”、“如果有哥们儿弟兄的话,即使没有财产也要过子”、“必须过继”。[65]说起来,当兄弟中的一个人没有儿子其他的兄弟有一个儿子那样的时候,比另外立嗣子更普遍的是让这一个儿子兼祧(见321页前述)。更不用说如果兄弟有两个儿子以上时让其成为嗣子的做法从任何方面来看都差不多是必然的事情。从而,尽管兄弟确实有可过继的儿子,但关系不和睦,或由于其他某些情况现在马上把其立为嗣子有所妨碍的时候,也不能考虑提出因对此感到绝望而从其他的族人中求得继嗣,结果一直生活到晚年依旧没有儿子。惯行调查里也出现不少那样的实例。并且像那样的场合,据说如果不久已经老了的本人死了的话,都是兄弟的儿子扛着丧葬仪式的幡,这个侄子当然也就成为嗣子继承财产。[66]其中还可看见说到两个兄弟一直同居拥有相当的财产,而由于在伯父家没有儿子但也没有财产,兄
329 弟俩谁都不想成为伯父的嗣子,如果伯父死了其财产由两个人来分的例子。[67]大概任何一个兄弟在名义上都成了伯父的嗣子继承其祭,或许正是出于唯有财产关系要保持公平的想法。许烺光氏在云南省的一个地方都市的实态调查中谈道:

> 民国的法律规定了人们拥有对他的财产作出遗嘱处分的完全的自由。但是习惯认为没有儿子的人的财产应该归属于

> 他的兄弟的特定的儿子(已经成为养子的情况下)或者兄弟的所有儿子(没有过继为正规的养子关系的情况下)。而且在调查地的人们的行为样式上,目前习惯还是构成决定性的要素。[68]

和上述相同的情况在华北当然也可以看到。但是以上只是以社会的常态为前提来说的情况,到了处于和兄弟之子形成怨恨的关系这样的特殊情况下,撇开这个人从远族中寻求嗣子的事在法律上并不是不可能的。[69]

还有作为兄弟之间的问题,在民间有"以长继长(以长男继承长兄)"、"长房无子次房长子,次房无子长房次子(如长房无子就让次房的长子过继,如次房无子就让长房的次子过继)"等等民谚。[70]一般认为出于"长男让他家(弟弟们的家之意)的长男为过继子,次男给次男当过继子"的惯例。[71]但这些也不是绝对性的习惯。[72]尽管原则上长男一般留在亲父身边不成为他人的嗣子,但只有为父亲的长兄即伯父做嗣子时是个例外,或者说被认为是当然的事情,换言之,长兄只是在**拥有**谋求让弟弟的长男为嗣子的权利这种事上是个应该特别记下来的事实。[73]是和"绝次不绝长"(前述 319 页)的思想密切关联也是和长子分长孙分的习惯一并考虑的现象,作为长子很少的特权之一需要加以注意。

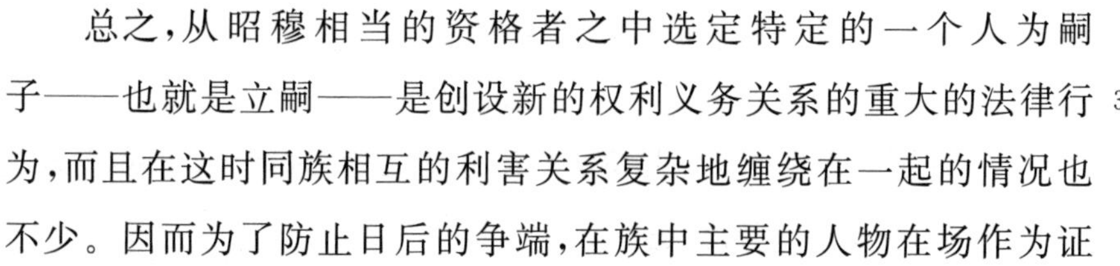

总之,从昭穆相当的资格者之中选定特定的一个人为嗣子——也就是立嗣——是创设新的权利义务关系的重大的法律行 330
为,而且在这时同族相互的利害关系复杂地缠绕在一起的情况也不少。因而为了防止日后的争端,在族中主要的人物在场作为证

人的情况下，有很多履行制作称为“继书”、“继单”、“嗣单”等等证据文书的手续的事情。[74]特别在所谓择贤择爱的场合，大概认为有必要得到族中充分的理解，但是和在家产分割上分书可以说是必须制作的性质的东西不同，在比如像两个兄弟之中一方无子另一方有二子那种应该立嗣的事情实在是太当然的时候，认为继书即使省略也没有什么妨碍。[75]不管怎样，嗣子在嗣父的葬仪上持幡等等履行了作为儿子的礼，并且这件事情具有公示作为嗣子的地位从而应该有继承遗产的权利的作用。据说在若干地区继单不一定制作，都拿这种仪礼的履行当作立嗣的证据。[76]进而还有日后如果嗣子死亡就要葬在挨着嗣父墓的正好相当其足下的位置。而且这件事成为难以动摇他是嗣子以及他的子孙是嗣父财产的正当继承人的地位的证据。[77]还有如向官府申报立嗣的话，就可以从亲父的户籍上除名，而附在嗣父的户籍上。这叫做“除附”，也具有某种程度的证据力。[78]

由寡妇立嗣 在没有亲儿子的人生前自己没有选定嗣子便死亡了的情况下，如果这个人有妻子并在丈夫死后没有再婚而守节，那么嗣子选定之权归属于作为这个寡妇的妻子。这就成了根据夫妻一体的原则丈夫的人格处于被妻子所代表并继续存在的状态，与丈夫的财产权原封不动地为妻子所保持的同时，丈夫生前可以做的嗣子的选定也能委之于妻子。南宋时期的令里有这样的规定：[79]

> 夫亡妻在者，从其妻[夫死亡妻在家的时候，(嗣子的选定)按照这个妻的意思]。

当时的判语引用了这一规定并做了“尊长与官司，亦无抑勒之 331
理”的附言解说。[80]尤其是以下的事案，亡夫的夙愿也成为一大要因，不过作为以上述规定为主要法律依据所裁定之事的一个实例而引人注意：

《黄文肃公文集》卷四〇“谢文学诉嫂黎氏立继”：是一个关于谢骖之妻黎氏在丈夫死后立嗣堂兄谢鹏的儿子五八孜的时候，丈夫的弟弟谢文学（名骏）争议撇开自己的儿子五六冬郎立了远族有所不当的事件。判语说到，“黎氏出官供责，称是其夫谢骖在日，与弟谢骏时常争闹，有同冤家。又称其夫病重，称欲立谢鹏之子五八孜。又追到族长数人，并称谢骖不愿立谢骏之子，而愿立谢鹏之子。在法，夫亡妻在，从其妻，便使谢骖元无意立谢鹏之子，尚听黎氏所立，况又出于谢骖之本意乎”。因此驳回文学的起诉并斥责其为健讼。

还有以下一件案例，在表面上没有引用以上的法，但是在实质上也可以看作根据了同样的逻辑：

《清明集》、立继、“当出家长”：对于刘某的寡妻李氏选定了刘恢为嗣子一事，同族的刘宾以自己的儿子明孙是通过众议所立之人而提起争议的事件。判语说到，“立继之法，必由所由。李氏既是家长，则立继必由李氏。李氏之词则曰，已立 332
刘恢继嗣十余年，而刘宾暗作据照谋夺。刘宾之词，一则曰，众尊长立宾男明孙为继，二则曰，李氏老病昏昧等语。则明孙

> 之立，乃出于群党之私计，而非出于李氏之本意，明矣”。判语提出这些以说明事理，又在事实审理完之后指示要这样结审。

上文中李氏的地位用家长这一词语来形容，在这一点上不免有表达不正确之憾，但将称为众尊长的合议的决定斥为群党的私计的见解，在实质上大概不容置疑地是出自于“夫亡妻在从其妻”的法理。〔81〕

到了明清时期，作出了以下规定，承认了寡妻的立嗣权：

> 妇人夫亡无子守志者，合承夫分。须凭族长择昭穆相当之人继嗣，〔82〕其改嫁者，夫家财产，及原有妆奁，并听前夫之家为主。〔83〕

作为清代道光年间的审判例还有如下一件：

> 333 《判语录存》卷一“改继事”云：“审得，巩县监生赵瑞龙，控赵合龙等谋继图产等情一案。缘赵瑞龙与赵元龙本同胞兄弟，因瑞龙出继，降服大功，元龙元配康氏身故乏嗣，命瑞龙次子荣清服孝成丧，继娶刘氏身故，亦系荣清披麻，但未立约定继。元龙复娶焦氏，亦未生子。元龙病故。焦氏因曾与瑞龙涉讼，不欲荣清承继，议取元龙小功服弟合龙子二创为嗣。瑞龙控府，提讯得悉前情。查，荣清虽行嗣子之礼，究无嗣子之名。焦氏因有讼嫌，别择贤爱，查例载嗣子不得于所后之亲，准于昭穆相当者另行取继。是取定者尚准更易，矧未经取定

者乎。焦氏此举难保不出于私，然而其辞甚正。赵二创姑准承继。惟荣清虽无嗣子之名，究行嗣子之礼，况不得于焦氏，非不得于元龙也。例本人情，酌于瑞龙昔年置给本生母养赡地内，拨出十亩，给荣清管业。焦氏家务，专归二创主持，不准焦氏父兄焦廷贵、焦黑干预。县库所存钱文，着赵瑞龙、赵二创公同领出，殡葬瑞龙嗣父母、生父母并元龙夫妇各柩勿延，取结附卷，此判。”

上面的事情里寡妻的处置是相当自私的，但是仍然以同意这一处置后的若干的修正这种形式来谋求解决。如果是正常的事态的话，大概寡妻的选择会受到全面的支持。[84]

寡妻拥有立嗣权是已经确立的法原则，然而在另一方面，父子相继是承继的正道，寡妻的地位是连接亡夫和应该被立的嗣子的中继性的地位也是不能否定的事实，寡妻在其权限行使之际，有必 334
要充分考虑亡夫的遗志或公婆的意向，[85]期于达到没有受到族中非难的余地那样的公正。明清时期的立法，在只限于寡妻的场合特地以明文要求应该请族中的主要人物为证人的意义可以认为就在于此。寡妻的态度有可疑之点而同族不认可的时候，官府也会干涉，还可能有让族人公议立嗣问题的情况（后述 418 页）。

夫妇死亡后的立嗣　没有留下承继人，夫妻全都死亡或者夫死亡后妻子改嫁了的情况下，还有在未婚时便死亡自始就没有妻子的情况下，这个人的人格就等于消灭了。为了这些人，由其父母兄弟等一般说来由族人的安排，通过立嗣子的办法，能够使暂时绝了的命脉复活。这叫做“继绝”。[86]继绝之语在唐的户令应分条

(245 页前揭)里也可以看到,在南宋的令中也设立了这样的规定:

其欲继绝,而得绝家近亲尊长命继者,听之。[87]

被承继人的直系尊属还活着时继绝的嗣子的选定依据他们的意愿。在南宋的判语中提到:

在法,立继由族长,为其皆无亲人也。若父母存,当由父母之命。[88]

即使在上引的令的规定中写着的"近亲尊长"之内也明言直系
335 尊属的意思应该优先于其他。在被承继人或他的寡妻立嗣的时候,如果父母公婆在世至少也要重视他们的意愿。[89]但是这些到底都是在事实上的发言的分量,与此相反,在本人夫妻全都死了之后的立嗣一事上,权限当然归之于直系尊属。直系尊属也不在世时,嗣子的选定就会根据族中主要人物的合议。不过,在被承继人和兄弟等旁系亲保持同居共财期间死亡的场合,大概因为家里的旁系亲做主来采取善后策(也有可能以兼祧来解决),所以外部的族人插嘴的情况是比较少见的。

已经没有直系尊属、和旁系亲分割了家产、单独组成了家的夫妻没有留下承继人就死了的情况下(女儿不是承继人,其存在与否与这里的问题没有关系),其财产就会一朝失去了权利人而没有着落,法律用语把这种状态称作"户绝"。这个时候必须谋求立即选定嗣子以让其继承绝户。而且如果有相当数量的遗产,那么围绕这些遗产在能作为嗣子的资格者之间很容易引起激烈的争端。因而同族的合议必须以客观公平为宗旨。正如也有“生前择爱，死后论派”这种谚语那样，[90]在这个时候已经没有择贤择爱的余地，必须严密地论亲等立嗣最近亲的人。在同亲等的人有许多的场合的调停上可以说是煞费苦心，据说采取的措置有从同亲等的各房各出一人让他们共同继承的；[91]有立一个嗣子，而后分给其他同亲等的人几分财产的等等。[92]在华北农村的调查中，也可以看到这样的例子：在围绕着绝了后的长兄的遗产的诉讼里，由于排行第三的弟弟有两个儿子，让其中的一个人作为长兄的嗣子，但财产只给与一半，另外的一半给与排行第二的弟弟的一个儿子，用这样的方法来解决纠纷。[93]

值此之际，在死者的葬仪里扮好打幡、顶盆（顶着烧纸盆投到
地上打碎）等等儿子应该做的角色，也是被立嗣者的重要的义务，336
而且带有公示被立嗣这一情况的意味。[94]据说在葬仪之日，尚未确定嗣子的时候，各个有资格的人抢先去争做这一角色，成功的人在他日同族的合议中占据有利的地位。[95]据说还有担心这样一来会在葬仪上产生混乱的亲属们，采取不将关键的烧纸盆拿出去便在家里破坏掉的做法来防止这一场争夺。[96]

死者有相当财产的时候，有资格的人们要争这一继承，可是死者没有财产或者负债很多的时候，谁也不想继承的情况是人世间的常情。在那种时候也通过亲属之手破坏掉烧纸盆来公示没有承继人的情况。也就是说在烧纸盆的破坏上有两种意义。[97]不管生前的立嗣还是死后的立嗣，一般来讲只是同宗昭穆相当者有被选为嗣子的资格，并非有被求到就必须答应的义务。换言之，他们拥有潜在性的承继期待权，但是与亲子不同，承继的抛弃是自由的。

> “兄弟都没有儿子的场合作为家长的哥哥怎么办呢？＝如果没有财产的话当然不会有人来做过继子。”“如果有财产的话会怎么样？＝有人来做过继子。”“如果没有财产就不会来当过继子吗？＝如果来了会饿死。”“打短工或者当长工不是也能生活吗？＝如果干你说的那些活的话，那在自己家里干也可以，吃亏了。”“不管有无家产到没有后嗣之家做过继子难道不是作为同族的义务吗？＝没有那样的义务。”（惯Ⅳ97页下段）

> “那一家（父母死了只留下女儿的家）太穷没有人愿意来过继的话怎么办呢？＝母亲死时，连买棺材的钱都没有的话就由邻居和亲戚出钱买棺材办丧事。若是姑娘确定了婆家，让她去那里并且不立后嗣。”“这种情况下这一家不就变成没有了吗？＝了结，完了。但是如果有哥们儿弟兄的话，即使没有财产也会过子。”（惯Ⅴ61页下段）

正如以上所讲的，既然说要过继子，对方得有相当的财产也就成为常识。[98]对于没有那样的财产的人来说，得到嗣子的事是困难的，如果没有亲子，祭祀想照原样继续也就成为不可能的了。的
337 确，财产可以说具有作为祭祀的保证的意义。但是前面也说到，就像以上最后的问答中也说到的那样，在亲兄弟之间，看来有儿子的人往往就算让儿子带走财产也要给一个儿子让兄弟立为后。还可以看到这样的报告：有时亲属清算遗产之后履行立嗣子这样一种

类似限定承认的手续，或者如果有感情深厚的亲属的话就出捐凑集相当的财产之后立嗣子。[99]

总括——大理院判决例　如果归纳一下以上的情况就是，立嗣权第一属于被承继人本人，本人死亡后属于他的寡妻，如果没有妻子的话属于直系尊属，直系尊属也不在世的时候归属同族的公议。在民国初期的大理院判例之中，值得注意的是这种自古以来的原则被极其准确地表达出来，并首尾一贯地得到维持。[100]首先作为一般性地谈到以上四个顺序的内容有下述判决：

> 被承继人生存中，自有立继专权；若已亡故，应由守志之妇立嗣；若守志之妇俱亡，或其时于法不能行使立继之权，而其家尚有直系尊亲属者，则立继之权，自应由该尊亲属行使；如俱无，则由亲属会行使之。[101]

进一步还可以看到许多将四者之中的特定两者加以比较，个别性地宣布哪一个先有立嗣权的判决。

第一，被继承人本人在立嗣的时候不需要妻的同意：

> 被承继人生前自行择继，并毋庸经嫡妻之同意。[102]

第二，有寡妻和直系尊属的场合，立嗣权属于寡妻，但认为直系尊属有同意权。因而直系尊属与寡妻之意相反，即便为自己早逝的儿子立嗣也被视为无效：

338 子亡而有守志之妇者，立继须由守志之妇为主，其翁仅有同意之权。故凡由翁作主立嗣，而守志之妇并未对之表示情愿之意者，当然不生效力。[103]

另一方面，如果寡妻无视直系尊属的意见而立嗣的话，直系尊属可以请求取消这一立嗣：

> 无子守志之妇，固有为夫立嗣之权，惟依家务统于一尊之义，被承继人如尚有直系尊亲属存在者，非得该尊亲之同意，则该尊亲自得主张撤销。[104]

但若是直系尊属抱有偏心没有正当的理由而拒绝给予同意的话，寡妻可以用法院的许可来代替直系尊属的同意：

> 守志之妇为其夫立继之时，如尚有翁姑在堂，固应秉承翁姑得其同意。但翁姑意存偏向，不予同意，而无正当理由者，审判衙门得以裁判允许，以为之代。[105]

有寡妻没有直系尊属时，立嗣权属于寡妻，只是寡妻需要请族中的长老做证人，只要嗣子是昭穆相当的就不允许同族的干涉，如果族人不适当地拒绝承认的话，可以用审判来代替这一作证。

> 例载，妇人夫亡无子守志，应凭族长，择昭穆相当之人继嗣云者，系以族长为凭证之谓，而择立之权，则固属之守志之

> 妇。故族长即因故不与闻，而其所立之人，苟于昭穆伦序不紊，立继事实又有确切之凭证者，则亦不得以未凭族长之故，即谓为无效。[106]律文所谓须凭族长云者，本不过谓妇人择嗣，须凭族长之证明，以昭大公。故所择何人，苟于昭穆伦序无失即族长不得横加干涉。而族长意存偏向，不为凭证者，尤得请求审判衙门，以裁判代之。[107]

第三，夫妻都没有了之后，如果有直系尊属，立嗣权就专属于他们，不需要征询亲属会议的同意。

> 被承继人及守志之妇均已亡故，而有直系尊属者，立继之权应专属于该尊属，毋庸谘询亲族会议之同意。[108]

第四，直系尊属也没有的时候，立嗣权归之于亲属会议，在这 339
时必须从有资格的人中严格地按亲等的顺序选择嗣子。如果亲属会议有不公正的情况，第一顺序的资格者得向法院起诉，以判决代替亲属会的决议。

> 立继次序，原以服制之远近为先后，至择贤择爱之例外，则惟被承继人及其守志之妇，或直系尊亲属，始有此权。若由亲族会议公同立继之时，则除有特别情形外，自应依据一定次序，择立位次最先之人，无须其择贤择爱之余地。[109]
>
> 如果亲属中有故意不为择立者，虽得由应继人首告，即由审判衙门，以判决代亲属会议之决议，而在未经亲族会议以

前，审判衙门究不能遽以判决代为择立。[110]

三、嗣子的地位

不论以上述的什么样的方法来选定，嗣子——除了兼祧的场合——都失去作为亲父的儿子的身份而取得作为嗣父的儿子的身份。变成了不是对亲父而是对嗣父负有生养死葬等一切义务的情况。在服制上也和亲父以及其近亲之间降了一等，和嗣父以及其近亲之间产生亲子一样的服的关系。在宗谱里也于嗣父之下记上嗣子的名字，即使在墓的排列方面也变成葬于嗣父的足下。在日常的称呼上也成了称嗣父母为父母、称亲生父母为伯父母或叔父母。[111]总之，虽然作为亲父的儿子生下来这种自然的事实没有变动，[112]但在社会性的意义上，宗的系图之中所占有的地位完全发生了变动。

作为以上那样的身份变动的归结，嗣子对于家产的权利也自然而然确定下来。作为嗣子送给他支的人，通常不是一家的家父，
340 即仍是在父母之下或者和兄弟一起继续同居共财、尚未达到通过自己单独之名拥有财产的人。这个时候的嗣子对亲生之家的财产失去了承继期待权和持分权。如果成为他支的嗣子继续占有生身之家的一部分土地的话，大概会变成纷争的火种，[113]若是卖掉了生身之家的土地，如以下事例中看到的那样，这种行为明确地被断定为盗卖：

《清明集》、违法交易、“出继子卖本生位业”中写道：“余自

> 强出继余端礼，系是绍定五年，经县经提刑司除附，张皇如此，谁不知之。李宅买自强田业，印契乃在绍定六年正月，则是自强于出继一年之后，盗卖本生家田。李宅明知违法，而明与交易也。设使余自强不曾出继别位，而瞒昧母亲出卖，犹合钱归官业还主，而况为他位之子，乃盗卖本生位之业，违法悖理，莫此为甚”。令将土地返还给自强的生身之家的母亲许氏。

另一方面，嗣子成为嗣父的完全的承继人。在万一后来嗣父生了亲儿子的时候其地位也不能动摇，嗣子和亲子完全作为兄弟，将来要均分财产。明清时期的立法以明文将这件事加以规定：

> “若立嗣之后却生子，其家产与原立子均分。”(313 页前揭)

还有，嗣子常常不只限于从同居共财的家出去到他家，在同居中的兄弟一方有数子另一方没有儿子的情况下，就变成在一个家的内部从一房送给另一房的形式。这种时候嗣子也在失去对亲父 341
的持分的承继期待权的同时独占性地取得了对嗣父的持分的承继期待权。以下农民的应答明确地说出这中间的情况。在此，应答者的家现在由伯母、父、母、本人(长男)、两个弟弟、本人的三个儿子、本人的妻、两个妹妹组成。即伯父(父亲的哥哥)和父亲没有分割家产便死亡了，并且没有亲儿子，处于留下的妻(应答者的伯母)来代表其人格的状态。将来立嗣子的事自然被视为必要，但应答者回答说：

> “知道过继子这样的事情吗？＝知道。”“是什么样的事情呢？＝比如伯母没有孩子，因此要用选自己兄弟中的某个人作为伯母的儿子的事。”（中略）“伯母将你的一个弟弟作为过继子之后，在以后分家的时候怎么分土地呢？＝将财产全部分成二等份，**成为过继子的弟弟取半份，其他两个人各得四分之一**。”“如不选定过继子就不能分家吗？＝可以父亲和伯母首先分家，尔后再定过继子，还有父亲的儿子有四个人时，也可以让两个人作为伯母的过继子之后分家。”（惯Ⅳ115页下段）

三个兄弟之中的一个人由于成为伯母的嗣子的缘故——尽管通过这件事在同吃同劳动的同居共财的生活上没有产生变化——在将来的家产分割上就该取得其他兄弟的一倍数额，这种情况看上去似乎感到不合理，但是，人格的延长并且祭祀的义务和财产权的继承不可分的结合，总之在第一章所定义的意义上的“承继”这种财产传承方式的支配下这是不得已的情况。为了在可能的范围内避免像那样的不合理，如农民也谈到的，如果有四个兄弟的话，就采取让两个人成为嗣子的方法。

由于情况的不同，和兄弟已经分割了家产当了一家的家父的人变成他家的嗣子的情况也不是没有。如同在罗马法中相当于自权者结成的养子关系（adrogatio）的现象那样，不过就这件事来说，
342 没有如罗马法一样的视特别严格的要件为必要那样的制约。[114]
而且在这种情况下，不仅不会失去已经分得的财产，还由于当了嗣子，反而进一步承继了嗣父的财产。华北农村的农民的应答中说道：

"你已成了刘合(应答者的叔父)的过继子了吗? =只说过成为过继子的话,还没有成为过继子。父亲是兄弟二人,叔父没有儿子,所以自己必须过去。但是还没有约定。""你成为刘合的过继子时,你现在的土地仍然作为你的土地带过去吗? =因为已经分家了,所以带过去,如果没有分家的话不能带过去。"(惯Ⅴ99页中段)[115]

如上所述,依在生身之家的家产分割前成为嗣子出去还是在分割之后出去等情况的不同,对生身之家的财产的关系明显有所不同,在后者的情况下,当然变成了如同双重继承的情形。

某个人通过成为人家的嗣子的事,围绕家产的权利关系产生上述那样的变动,但是,虽说原则始终都是如上那样,而在实际上并非没有对此加以若干修正的情况。

首先,原则是嗣子从生身之家的家产中什么东西都不继承,然而在与生身之家相比嗣父的家穷得要命的时候,拿出若干财产给嗣子的事也不是不存在。作为近时的习惯,在山东省东阿县报告道:

年老无子者,以近支侄辈承嗣,谓之"过继",若应继人本支财产,富于所过继之家,则往往不愿出继。若本支父兄许以相当之田宅,带之出继,俗谓之"带产过继"。[116]

在同省历城县的调查中也得到以下的应答: 343

"有没有过继子带来财产的情况＝有。""是怎样的情况下？＝领受过继子的人没有土地时。""那么不是吃亏了吗？＝是吃亏了。因为关系亲密。"（惯Ⅳ139页中下段）[117]

在南宋的判语里也可以看到，嗣子将在嗣父那一代所出典的土地通过亲父的援助赎回来的这样的实例。[118]特别是在清朝道光年间的以下判语里，就是一件在继承亲父的长男和成为他支的嗣子的次男（大概是嗣父母死亡后的出继即继绝）之间，命将两家的财产合起来计算进行二等分的父亲的遗言与头份分割还是股份分割的问题纠缠到一起的很有意思的事案。在上诉进行的过程中，官府方面的见解也分成两种，然而唯独认为父亲的这个遗言有效的事一直没有被争议。

344 《判语录存》卷二"争产事"云："审得，偃师县民王月丹控王长庚灭祖背据等情一案。缘王月丹父林升，与王长庚父允升为同胞兄弟，允升居长，林升居次。林升出继堂伯为嗣，继产仅有地六亩、庄基一所，其父以林升继产淡薄，仍令与允升同居，并令日后析箸，将继产并入本门产业，两股均劈，立有遗嘱为据。其父暨允升兄弟相继而亡，允升有子长庚等三人，林升有子月丹一人，九年三月，邀同亲谊李文俊等，公议析居。合计两门房产，除长庚生母刘氏私积，应得地八亩不计外，其余共庄五处地一顷五十五亩，查照遗嘱，按两股均劈，已立分单，内有地数亩互争未决，因而成讼。该县以长庚等人丁较繁，仅得一股，未免偏枯，乃祖虽有遗嘱，亦不过欲子若孙同享

温饱，既无外待次子之心，讵有歧视诸孙之意。月丹诚能恪守
遗言，自当善承先志，除月丹应得继产地六亩不计外，所有本
门遗产，断令四股均劈，以昭平允。讵月丹情有不甘，叠次由
府上控道辕，奉批提讯。查：子孙既经出嗣，自不得于本门财
产，再生觊觎，月丹所以尚得瓜分者，徒恃有乃祖之命耳。既
以其祖之言而许其分，即当从其祖之议而许其平分。该县所 345
断，固属教民兴让，然而以君子之心，测小人之腹，割宅让产，
正难望之椎鲁愚氓也。既不能喻之以情，自不得不折之以理。
查其祖停柩未葬，着公除地二十亩，交长庚变卖为营葬之费，
再除地十五亩，为长庚继母史氏养老之资，余庄五处，地一顷
二十亩，并家具、粮食等物，着邀同原中，均按两股公劈，以靖
嚣争。一干省释，取结附卷，行县知照，并详复道宪可也。
此判。”

特别在亲父和嗣父是兄弟那样的亲密关系中，嗣子大概也容易分到生身之家的财产。在兄弟的关系上，一个人没有儿子时，尽管这个人没有财产，其他的兄弟们也是不能默视其绝后的（前述328页），这样一来，由于让一个儿子单是作为嗣子去到没有财产的地方，便和留在家里的其他的儿子们之间产生显著的不公平。在那样的情况下就要给与某种照顾。

还有，嗣子独占性地取得嗣父的财产是个原则，但是特别在继绝的时候，这一原则像已经看到的那样，以分给其他的资格者适当的财产这种形式加以修正的情况也不少（335页）。另外绝户有女儿的时候，就像后面见到的那样（本章第三节），从对她的照顾出发

对继绝的嗣子的权利也要加以制约。前面所谈到的，一家的家父成为人家的嗣子时，说起来他就成了双重继承，由于看法的不同会视为不合理的现象，在实际上多数都是在继绝的情况下才可能发生，因而看来受到某种修正的情况不是会有很多的吗？

一朝结成的嗣父嗣子的关系由任何一方加以割断的情况是否有可能呢？

首先就嗣子根据自己的情况想要回到生身之家的行为来看，唐、明、清的律作为原则对此都加以禁止，但嗣父生了亲儿子或者亲父的后绝了的时候，便会任凭他的自由。

346 （唐律）诸养子所养父母无子而舍去者，徒二年。若自生子，及本生无子欲还者，听之。[119]

（明清律）若养同宗之子为子，所养父母无子而舍去者，杖一百，发付所养父母收管。若有亲生子，及本生父母无子，欲还者听。[120]

以上的规定中，亲父的后断绝的事也构成足够充分的理由，在历代的判语里，正如已经看到的那样，出现了认为这样的嗣子即便忍受这种不利也必须归宗的见解。[121]可是，想要提起注意的是，在华北农村的惯行调查中，与立法或判语的见解不同，在那样的情况下嗣子也要等到生了二个儿子后让其中的一个儿子回到亲生之家，或者只能另外从同族中选择嗣子作为亲父之后，一旦成为人家的嗣子的人不能再返回这种意识强烈地表现出来。[122]

就嗣父方面能不能废掉嗣子来看，历代的法的规定有如下所述，首先，在唐代律条文之中没有特别的规定，但在前引养子舍去条的疏中写道：

> 若养处自生子，及虽无子，不愿留养，欲遣还本生者，任其所养父母。

养父根据自己的理由在任何时候都可以自由地和养子脱离关系。像这样不稳定的养子的地位，就明清时期来说，不是关于嗣子而是关于义子方面的倒是比较适合。最初在唐律中只有作为意味着通过拟制而来的儿子这种用语的“养子”一词和意味着在死后立嗣的“继绝”之语。而且养子除了三岁以下的弃婴之外全部要求同 347
宗昭穆相当的条件。在这一点上，以后世的语言来说，相当于嗣子的人确实可以用养子这种用语来对应，并且这一养子的地位在完全作为恩养性的这一点上，具有类似于后世的义子这一面。也就是说，在唐律里嗣子和义子这两个概念应是尚未分化的。到了南宋时期的法作出了以下规定：

> 所养子孙破荡家产，不能侍养，实有显过，官司审验得实，即听遣还。〔123〕

嗣子有显著的行为不端的情形在官府当面被证实的时候就让断绝关系。在当时的判语中也可以看到判示如具备同宗昭穆相当的要件只要没有显过就不让断绝关系的如下事案：

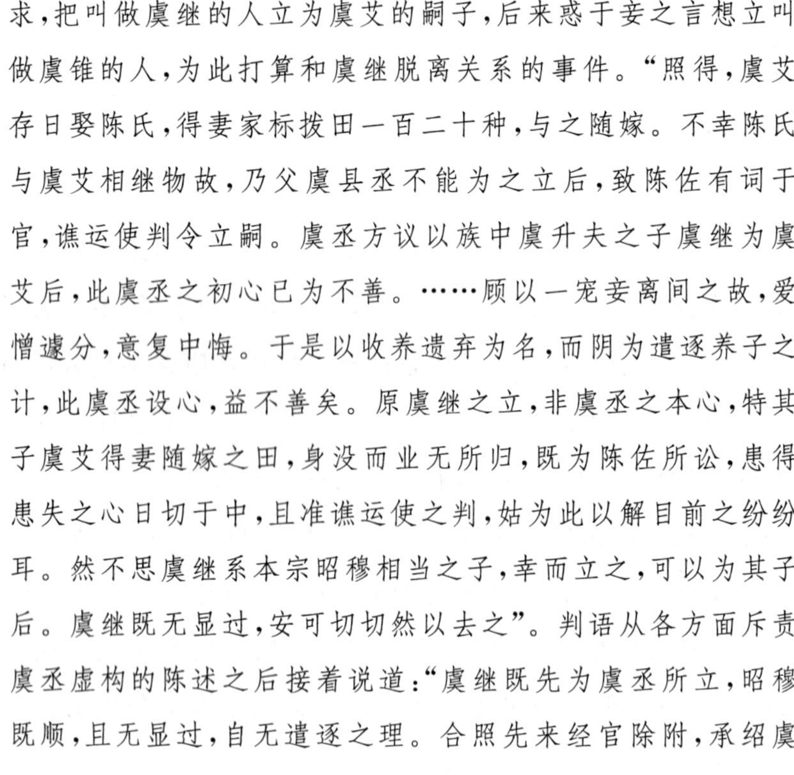

《清明集》、立继、“立昭穆相当人复欲私意遣还”，说的是虞艾、陈氏夫妇死亡无子，父亲虞县丞迫于陈氏的娘家的要求，把叫做虞继的人立为虞艾的嗣子，后来惑于妾之言想立叫
348 做虞锥的人，为此打算和虞继脱离关系的事件。“照得，虞艾存日娶陈氏，得妻家标拨田一百二十种，与之随嫁。不幸陈氏与虞艾相继物故，乃父虞县丞不能为之立后，致陈佐有词于官，谯运使判令立嗣。虞丞方议以族中虞升夫之子虞继为虞艾后，此虞丞之初心已为不善。……顾以一宠妾离间之故，爱憎遽分，意复中悔。于是以收养遗弃为名，而阴为遣逐养子之计，此虞丞设心，益不善矣。原虞继之立，非虞丞之本心，特其子虞艾得妻随嫁之田，身没而业无所归，既为陈佐所讼，患得患失之心日切于中，且准谯运使之判，姑为此以解目前之纷纷耳。然不思虞继系本宗昭穆相当之子，幸而立之，可以为其子后。虞继既无显过，安可切切然以去之”。判语从各方面斥责虞丞虚构的陈述之后接着说道：“虞继既先为虞丞所立，昭穆既顺，且无显过，自无遣逐之理。合照先来经官除附，承绍虞艾香火。刘氏不得妄生事惹词，虞锥不得妄谋搀立。”不许没有理由地换立嗣子。

明清时期立法也规定：

无子立嗣，除依律外，若继子不得于所后之亲，听其告官别立。其或择立贤能，及所亲爱者，若于昭穆伦序不失，不许宗族指以次序告争，并官司受理。[124]（下略）

这一规定没有明确地用显过这一限度的语言来确定要件，不 349
过仍然还是认为需要将相应的事情告官并得到其承认。唐的律疏作为断绝关系的动机例示性地所举出来的后来生了亲生子这样的事情，已经不再认作断绝关系的正当理由，这种时候应该让其和亲子均分财产（见前述 340 页）。

丈夫在生前所立的嗣子，丈夫死后妻子能不能与之断绝关系呢？在南宋的判语里可以找到以下的内容：

> 盖见行条令，虽有夫亡从妻之法，亦有父在日所立，不得遣逐之文。[125]
>
> 夫所立之子，妻不应遣逐，夫所有之产，寡妇不应出卖，二者皆是违法。[126]

乍看上去似乎觉得这是不可能的。可是，要说到以上所言及的禁止由妻遣逐条文的原文，就会看到同样在判语里所引用的这样的内容：

> 诸养子孙，而所养祖父、父亡，其祖母、母不许非理遣还。[127]

由此来看，这里仍然不过是要禁止非理的遣逐。另外，关于这方面的有以下事实，南宋淳熙四年知蜀州名叫吴扩的人所申奏的：

> 自今，养同宗昭穆相当之子，夫死之后，不许其妻非理遣

> 还。若所养子破荡家产,不能侍养,实有显过,即听所养母诉官,近亲尊长证验得实,依条遣还,仍公共继嗣。[128]

350 可以认为这些在被立法化之后成为在判语里引用的法。由以上来看,如果有显过的话断绝关系就是可能的,比起嗣父自己来断绝关系时——除加上近亲尊长的证验这一手续外——要件的内容本身并非被加重了。嗣父母都死亡,在尽了给他们丧葬的义务之后,嗣子的地位已经不会受到威胁。[129]还有在宋代法中,嗣子为嗣父母事先留下了孙子而死亡的情况下,一般认为已经不能和这个孙子断绝关系。[130]即义理的关系都由于当事人的死亡而确定下来。同样的情况如后面要涉及的,就婚姻而言也适用。

被断绝关系的嗣子回到生身之家——这种情况称为归宗——而恢复了对这个家的家产的权利。如果是在生身之家完全分割了家产之后回来的,大概要按多年不在的人归来或成为僧道出家之人还俗的情况下的待遇来对待。[131]

本节注释

〔1〕 也许可以说是和罗马的十二表法里列举的排在自权继承人(sui heredes)之后作为第二顺序法定继承人的最近亲的宗族(proximus agnatus)稍微相似的关系。但是,如乔治·贾米森也说到的那样,应该指出中国的制度的特异之点是"财产绝不是去继承人那里,继承人必须到财产这边来"。(George Jamieson, *Chinese Family and Commercial Law*, p. 28)

〔2〕 嗣子、继子、嗣父母、继父母等等用语之例除了在宗谱里可以看到很多之外(见多賀 846 页、853 页、860 页、861 页、864 页等),在清律户役·立嫡子违法条·条例三(继子之语),同断狱·有司决囚等第条·条例

一二(嗣父母之语),民律草案第1320条(嗣子、嗣父、嗣母)等法源上都出现了。

在日语里称呼儿子们之中作为继承人的一个人为嗣子是一般的用语法,但是像在中文里所说的“生子所以承祭祀,凡无子以兄弟之子为子者,曰嗣子”(多賀873页南昌方氏支谱)那样,与此明显有语义上的不同。总之,在中国处理上代事象的文献之中,可以找到应视为日本式用语法源流的材料。比如在《左传》桓公元年的杜注所说的“嗣子位定于初丧,而改元必须逾年者,继父之业,成父之志,不忍有变于中年也”一段中的嗣子,不外乎是王侯位继承者之意。还有《汉书》、《后汉书》中也可以看见在继承人儿子的含义上的嗣子的用语例(守屋美都雄:《漢代家族の形態に関する考察》,48页),仍和也可以说是上代的遗制的爵制密切相关。在中国,随着社会现实的变迁(单独继承观念的社会性基础的消灭),语义也逐渐发生了变化。

〔3〕 参见第六章第二节注1。

〔4〕 仁井田陞:《唐令拾遺》,233页。

〔5〕 户婚第八条。

〔6〕 参见名例第三六条注疏。

〔7〕 仁井田陞:《支那身分法史》,785页。 351

〔8〕 明户令。清律户役·立嫡子违法条·条例一。明户令里在这段规定之后有“并不许乞养异姓为嗣,以乱宗族。立同姓者,亦不得尊卑失序,以乱昭穆”等28个字。但在清朝乾隆五年以与律本文重复而不需要的理由删去了。

〔9〕 明清律户役·立嫡子违法条:“其乞养异姓义子,以乱宗族者,杖六十。若以子与异姓人为嗣者,罪同,其子归宗。(中略)若立嗣虽系同宗,而尊卑失序者,罪亦如之,其子亦归宗,改立应继之人。”

〔10〕 新安休宁岭南张氏会通谱的凡例(多賀841页)。螺江陈氏家谱里也谈到“盖气脉不联,馨香弗飨”来作为禁止立嗣异姓的理由(多賀878页)。

〔11〕 諸橋轍次:《支那の家族制》,251页以下。 352

〔12〕 潜阳李氏重修族谱“十统谱说”(多賀879页)。

〔13〕 潜阳吴氏宗谱“凡例”、皖桐南湾张氏重修宗谱“张氏家谱凡例”(多賀848页、874页)等。

〔14〕 仁井田陞:《法史》,115页、281页注6、796页。参见郭明昆《中国の家族制及び言語の研究》317页以下“称呼と命名の排行制について”。

〔15〕 但是,同姓在法律上也只是补充性地被列举出来,即使从判例里所显示的来看,其地位也往往是不安定的。《刑案汇览》卷七、立嫡子违法、“同宗及已告逐之人均不准继”是关于以下情况的事件:一个叫李会白的人因为没有儿子,便以哥哥的儿子李玉振为嗣子,但由于嗣子品行不端而将其废掉,改为以同姓的李嗣业为嗣子。嗣业和会白之妻李王氏之间有些不和,会白死亡时李王氏以嗣业为嗣子构成违法,不让其做丧主,因为想要立以前废掉的玉振(当时已故)之子为嗣子而引起诉讼。“李王氏系李会白之妻,李会白……因年老无子,即立伊胞兄李能白次子李玉振为嗣。后李会白因玉振不务正业,恐日后荡费财产,不愿玉振为嗣,在县具呈告逐,另继同姓李自洁之第四子李嗣业为子。……迨会白病故,惟时玉振已死,王氏欲将玉振之子龙见为承重孙,以嗣业系同姓不宗,不准成服,遂互相呈控。……查,李龙见系玉振之子,但玉振不得于所后之亲,曾经会白当堂告逐,龙见未便复为其孙,应照例归宗。李嗣业虽系会白在日过继,但……李嗣业既讯明同姓不宗,并无昭穆,未便仍立为嗣,应将李嗣业亦照律归宗。……查李会白服内侄辈三人,均系独子,并无昭穆相当应继之侄,应将会白已故胞侄师尹作为继子,其子元良承继为孙,以接宗祧”。由于龙见是曾经被剥夺作为嗣子身份之人的儿子,又由于嗣业为同姓但非同宗,结果判决是哪一个都不许承继,而是立了别的人。

在汪辉祖《佐治药言》“读书”里提到:“后在乌程,有冯氏子,因本宗无可序继,自抚姑孙为后。及其卒也,同姓不宗之冯氏,出而争继,太守
353 允焉。余佐令君持议,据宋儒陈氏北溪字义,系重同宗,同姓不宗,即与异姓无殊之说,绝其争端。”也是不承认单纯为同姓者比女系血族有优先权的一个例子。

〔16〕 录Ⅳ、7、5,同、16、9,同、7、18、二(以上在本文里引用)。此外,在以下资料中可以看到同一性质的报告,如:录Ⅳ、13、21(湖北省竹溪、兴山、

五峰、郧县)，同、13、43(湖北省潜江、谷城等六县)，同、13、57、五(湖北省郧县)，同、15、69、二(陕西省醴泉县——但需要同族的承认)，同、16、1、十一(甘肃全省)，同、7、57、三(山西省高平县)，同、12、8、五(福建省顺昌县)，同、15、39、二(陕西省蓝田县)等。

〔17〕　惯Ⅰ252页中段也说到："过继子从哪里得到呢？＝从本家(同族)。""如果本家没有呢？＝即使不是同族的异姓也可以。""由异姓立继的没有别的名称吗？＝叫做过继。"在同页下段最末一行说到"从姐姐家过继"的实例。在惯Ⅲ153页下段可以看到对是否可以过继到舅舅(母亲的兄弟)家的事实认识的差异成为日后争端原因的事件。

〔18〕　《清明集》、立继、"治命不可动摇"是一个关于下述情况的事件：吴坦、曾氏夫妇曾有一个叫吴镇的儿子但短命夭亡而无后，由于同宗里也没有人，按父亲吴元佐之命从妻的亲属里立了嗣子，并将其改姓为吴镗。吴镗生有吴深、吴岩护及另外的第三个儿子，一家太平无事。吴坦死了之后，他的从弟吴崇争讼吴坦的立嗣构成违法，要求以自己的儿子锜(大概在吴坦立嗣之后出生的儿子)做吴坦的嗣子。但官府以这已经是经过了三十年的事，而且在吴镗立嗣的时候，吴崇也没有提出异议等理由，没有认可这一要求。吴崇再没提起诉讼(大概是因为想劈开吴镗家的财产以泄愤)，主张应该为早死的吴镇立他支的昭穆相当者为嗣。而判语则认为："今吴崇之与吴元宝迭为词首，而为吴坦申诉继后事，虽谓之义举可也，然拖照案祖(牍?)，得见吴镗之立为吴坦之子，吴深之立为吴坦之孙皆出于祖父母父母之治命，由子及孙，第第相承，已见于再世矣。……设使吴崇真有意于爱念骨肉当伯父吴元佐议立之初，自合从事于几谏，胡为不于彼时曲尽忠款，及至吴镗兄弟析户之日，又同伯吴元宝联名知押？今吴镗立继已经三十余年，遽兴词诉，与昨来知押关书之意，大段矛盾，岂能厌服公论也哉？当职顾为之深思熟惟，方吴坦与其父吴元佐之议立也，想其环视本宗无人可立，不得已，取诸其妻家之裔，亦曰关于九族之一，庶几亲亲以睦，而相依以生，其较诸绝无瓜葛者，良有间矣。……是则，吴镗之继立也，虽出于一时之权要，亦不害其为正。既又与之参稽族谱，吴崇之祖(于?)吴坦乃其堂弟也，以堂弟之亲，而与殁故堂兄议及后事，其谁曰不可？然初词欲

以己之子锜立继于吴坦，嗣事已定之余，知县陈宣教窥见其私，亦既不直之矣。今复欲以众房之子立继于吴坦之男镇之后，未为不公，然亦安知非以己私之不遂，姑托公以自文，而重为曾氏困乎？缘曾氏之于吴镇，乃其亲生之子也，岂有其子早逝，母氏忍使之无继者？今据曾氏所供，昨已将第三孙男岩护，继之吴镇，此外更不愿他立。自从其夫吴坦下世，每事皆系曾氏处分，则议立吴镇亦须听从其愿，他人何预焉。”在有关吴镗的立嗣事情上，判决认为这不是正常的情况也不是特别不正当的做法而再次确认了他的地位，并在有关为吴镇立嗣的问题上，以立嗣权在有直系尊属时归直系尊属的理由（参见本文 334 页以下），尊重曾氏的意思而不允许吴崇的干涉。

《元典章》卷十七、承继、“妻侄承继以籍为定”，是围绕着名叫萧千八的人没有儿子的问题，他的寡妻萧阿谢和弟弟萧念七的寡妻萧阿周
354 的诉讼事件。原告阿周说：“夫萧念七存日，将男许真过房与伯萧千八为男，伯母萧阿谢将伊兄谢五四男谢颜孙私立为嗣”，尽管自己的儿子许真是被承继人的亲侄并已经通过正当方式立嗣，可是后来阿谢立嗣自己哥哥的儿子对被承继人来说是异姓人的谢颜孙，认为这构成违法。被告阿谢说到：“至元二十年与夫萧千八商议，将兄谢五四次男颜孙乞养为男，改名萧福九。在后夫萧千八并婆阿曾身故，萧福九承服持孝。至元二十七年，官司抄户，萧福九为户头供报，别不曾养萧许真为嗣”，主张谢颜孙为夫萧千八生前所立嗣，名字也改为萧福九，现在作为户主登在户籍上，以及未曾有过萧许真立嗣的事实。案子由江西行省向礼部咨问，礼部指示，如果事实是被继承人萧千八在生前立谢颜孙为嗣，以及弟弟萧念七在生前对这一立嗣没有提出异议的话，那么应该像以前那样让是妻侄的谢颜孙作为嗣子。

〔19〕 录Ⅳ、9、8（安徽省当涂、贵池等县）：“民间乏嗣者，如同父周亲内，无相
355 当承继者，即以外甥承祧，不于族中再择其他承祧之人。盖以外甥为其胞姐妹所生，血统较为亲密之故。”同、14、6（湖南省沅陵等诸县）：“承继不限于同宗，凡外甥及女子娘家姐妹或兄弟之子，纵系异姓，均可承继为嗣，正式列入族谱。宗族□除最亲者外，亦无有反对者。此系取其与夫或妻有血统关系之故。”此外，录Ⅳ、10、1、三（江西省江西

各县)，同、15、9(陕西省蓝田、扶风等县)，同、15、50、三(陕西省渭南县)，同、16、17、三(甘肃省皋兰县)等，全都说到由于外甥即便是女系也是较近的血族，看上去与通常的异姓者不同，把外甥立为嗣子后，远支的同族不敢来争。

〔20〕 《清明集》、立继、“继绝子孙止得财产四分之一”(第四章第二节注 15)。

〔21〕 前注 20 的事案。

〔22〕 《清明集》、立继、“叔教其嫂不愿立嗣意在吞并”，说的是一个叫李学文的人由于无子而死亡，祖父在其后立了嗣子，但后来学文的母亲阿张和学文的弟弟学礼认为嗣子是学文的从弟，成了昭穆不相当，因此而提起诉讼的事件。判语说道：“李学文既娶而亡，其祖父又尝为立嗣，则非未成丁之子矣。阿张昨以所命继子是李学文亲堂弟、昭穆不顺为词，本府遂与勒令归宗，别令命继。而今此所陈，乃称‘学文自亲弟下，不愿更与之立嗣’，如此则是绝学文之后矣。阿张一愚妇耳，无所识，此必是李学礼志在吞并乃兄之家业，遂教其母以入词，忘同气之恩，弃继绝之谊，废其祭祀，馁其鬼神，是可忍也，孰不可忍也。……同本宗尊长，供具昭穆相当之人，以凭命继。”官方废除了昭穆不相当的嗣子，命另外立相当的嗣子，对阿张提出的在废除之后没有必要立另外的嗣子的要求，斥之为是受到想要一个人占有财产的李学礼教唆的愚妇之言。命应当通过同族长老的公议来立嗣。

《清明集》、立继、“又唤到尊长供无昭穆相当之人乞立异姓”是以上事件的继续。族里的长老们因为李学文没有昭穆相当的人，所以陈述想立嗣异姓人的想法，官府对此作出的裁定。“后世立法，虽有许立异姓三岁以下之条，盖亦曲询人情，使鳏夫寡妇有所恃而生耳。初未尝令官司于其人已死其嗣已绝而自为命继异姓者。今李学文既无昭穆相当之子，而其母阿张又常有不愿命继之词，在官司岂可强令求之异姓，但与之分，定一户田业，一分还李惟贤，一分还阿张与李学礼。母子同共掌管，候李学礼将来如有两子，令将一子以继学文之后。如 356
亦无之，则听阿张区处”，决定等到弟弟学礼生有两个儿子，让其中一个儿子继学礼之兄学文之后，并认为如果弟弟不能生两个儿子，则哥哥绝了后也是不得已的。

※可以想象文中出现的李惟贤和阿张等大概是如下图那样的情况：

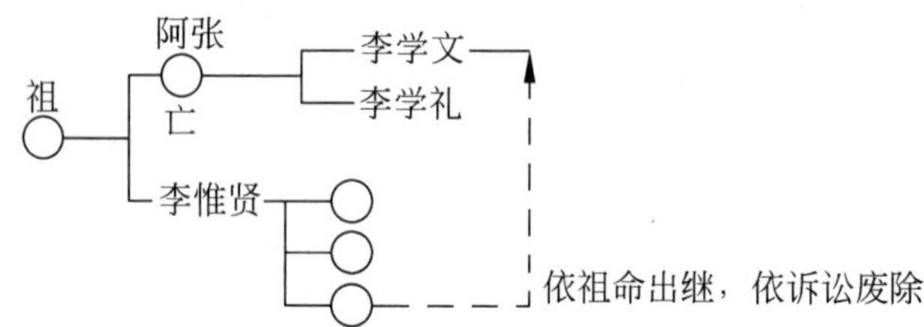

〔23〕《清明集》、立继、“命继与立继不同”写道：“江齐戴无子，论来昭穆相当，则江渊之子名瑞者可继之。而族党之诉，则谓‘江渊尝以子继齐孟矣，不能尽为人后者之责，故欲以江超之孙名禧者继齐戴’。今契勘，禧乃超之子，非孙也，非孙则昭穆不顺，有司虽欲从之，不可得也，……。”这是一个这样的事件：江刘员、江齐孟、江齐戴三兄弟之中，齐孟、齐戴无子并先后死亡，曾经让自己的儿子立嗣为齐孟之后的江渊，又想要再立自己的一个儿子为齐戴之后，而且事实上在此之外没有昭穆相当者。对此长兄刘员嫌这样就变成已经分成三股的父亲的遗产之中的二股归于人品不让人喜欢的江渊之子，族人和外姻也对他表示同情。判决结果，认可了江瑞的立嗣，但因为他不是立继而是命继（关于立继、命继参见后述398页），只将齐戴财产中的三分之一给与江瑞以让其奉承祭祀，另外三分之一附与诸女法，将其“拨为义庄”，剩下的三分之一没官（最后部分的原文在本节注〔83〕里引用）。

〔24〕录Ⅳ、3、1、三：“查，无子继孙，本为法所不许，惟吉林全省习惯，多有无子过孙，而亲属视为当然，不出争议者。”

〔25〕录Ⅳ、9、12（安徽省天长县）：“天长习惯，无子者，往往不论房族有昭穆
357 相当之侄可继，随其所爱，继立族孙或族曾孙，为承重孙或承重曾孙
者。又蒙城县，无子之人，亦往往迳行立孙，因此构讼者颇多。”

〔26〕录Ⅳ、9、36（安徽省铜陵县）：“如甲无子，拟将遗产付与近支之乙，而乙论序不能承继，则于远房中，择一昭穆相当之丙，凭亲族给钱若干，将丙名登入谱牒，注明为甲嗣子，实不负祀葬义务，亦无继承财产权利。”

〔27〕在华北农村也提到：（郝顺成、郝宝成兄弟之中顺成无子）“宝成的儿子香群如果有儿子的话，能将这个儿子作为过继子吗？＝由于辈分不同

所以不可以，还成了没有父亲的墓却建造儿子的墓也不行。”（惯Ⅲ105页中段）

〔28〕 定兴鹿氏家谱凡例：“本无子又无嗣子，而以孙为嗣，若从心公之嗣善言公是也。传中既明其故，图内但以长线系之，不得虚立子名，并揭为例。”（多賀853页）海宁花园朱氏宗谱凡例：“……其前谱十五世下有注‘以某某为孙’处，悉为补填‘承祧’字样于空格，庶非以孙祢祖。”（多賀856页）山东黄县的丁氏族谱凡例“……无子继孙者，当空其子位，曰‘以侄某之子为孙’，……。”（多賀857页）安徽桐城的洪氏宗谱：“无嗣而无侄可立者，仿沈眉山孙草亭徐健庵诸公遗意，立侄孙以为后，本纪书‘立侄某儿子某为嗣孙’，于下一层书‘嗣孙，注下层’，于下二层书嗣孙之系，以绍其传。”（多賀872页）

〔29〕 前注〔28〕的定兴鹿氏家谱禁止“虚立子名”，大概也因为在社会上往往可能有这样做的情况。

〔30〕 清代董沛：《吴平赘言》卷三“梅士升等控案判”中说的是，有个叫梅士升的人没有亲儿子，由于族丁稀少而子侄的世代全都死亡了，就立了缌麻的侄孙昭德为嗣孙，妻丁氏的兄弟丁兆以梅士升长期抚养自己的儿子丁喜官为义子，并私下也了解最终可以继为后，因此提出争议的事件。解决的办法为，三十亩土地之中拨出五亩给喜官，并认可了昭德的承继。

〔31〕 录Ⅳ、4、15、四：“凡本无子嗣之人，而欲抚孙为嗣者，普通皆以为有乱宗系，绝对不许，因之并无先例。但曾经生子之人，虽其子少年殂谢，或幼时夭亡者，如欲为子择继，又所不禁。盖以其无断于宗系，不妨从权也。”此外，录Ⅳ、4、13、五，同、4、18、四，同、4、3、五。 358

〔32〕 如在本节注〔15〕里所引《刑案汇览》“同宗及已告逐之人均不准继”中，“李会白服内侄辈三人，均系独子”，第四章第一节注〔11〕“检校嫠幼财产”里“方天福之子既是单丁”，都是被视为不在嗣子的候补者之内；本章第二节注〔28〕“所立又亡再立亲房之子”里，王广汉最初没有两个儿子，不得不容忍立嗣远支之人为从兄弟之后，但后来在这个嗣子死亡时，由于自己的次子已经出生，可以将其立为后，等等。

〔33〕 《清明集》、立继、“父子俱亡立孙为后”说的是这样的事件：一个名叫王

惠孙的人，做了相当于父亲的从兄弟王怡的嗣子，但因为后来留在生身之家的哥哥死亡而不得不归生身之家继为父后，尽管这样却继续占有王怡的遗产，由此而出现问题。族长王圣沐提起诉讼。判决结果说道："王圣与有子二人，长怡次蜀，皆不幸早逝。于是立广闻之子惠孙为怡之后，立广祚之子衡孙为蜀之后。适不幸王广闻之长子渊道俱死，其惠孙只得归所生父家，承绍王广闻之业，而王怡之香火绝矣。……族长王圣沐经本司陈乞，照条择昭穆相当人，为王怡命继，义当然也。……惠孙虽归所生父家，尚欲包占王怡一位绝业，此圣沐所以有词，……今来惠孙既已归宗，只得就本宗内选一昭穆相当人，继承王怡香火，其理甚明白。"认为另外选人继为王怡之后是事理之当然。

《资治新书》卷十三"究抄事"是如下的事件。在下图那样的关系里的陈氏一族之中，世茂成为应宗的嗣子，但因为后来兄弟世彩、世英都死亡了，归而继承生父，作为代替的是立嗣四九为应宗之后，对此世茂表示不满。审理结果说道："审得，陈世茂者，以长房应时之子继次房应宗之后，而今后复归本宗者也，元因应时兄弟五人，而应宗绝，故以世茂继，且因应时有子三，长世彩，次世英，而世茂其中子耳。今世彩以溺海死，而出继别房之世英亦绝无后，返果羸于螟蛉之宫，非曰中变。盖未有他家之蒸尝永奉，而本宗之血食可斩者。时三房已绝，四房止生一子，惟五房应昌子三人，则以应昌次子陈四九出继应宗后，此情也理也。今天救之控胡为乎？不过谓出继二十年，且有披麻执杖之劳耳。夫世茂本应时子也，今仍以世茂继应宗，则应时当以何人继，将
359 又易四九以继应时，而为此蓬转蝶翻之举乎？何见金不见父也。惟继已二十年，而今忽以驯笼之鸡，驱之户外，未免怅然于遗簪敝屣，不得不割一脔以酬之。合无于陈四九名下，断银若干两与之，酬其生奉死葬之劳可耳。如喋喋于继之可再，则请起世彩于海底，召世英于泉下，而后徐议之。"判决责备对出继之家的财产恋恋不舍的世茂"何见金不见父也"，斥责为维持世茂的地位不变代之以要让四九继承世茂的亲父的想法是过于烦琐的"蓬转蝶翻之举"。但是酌量到世茂出继经过了二十年，而且是为嗣父母的丧葬尽了义务之身，提出让四九赠以银两若干以作为酬谢。

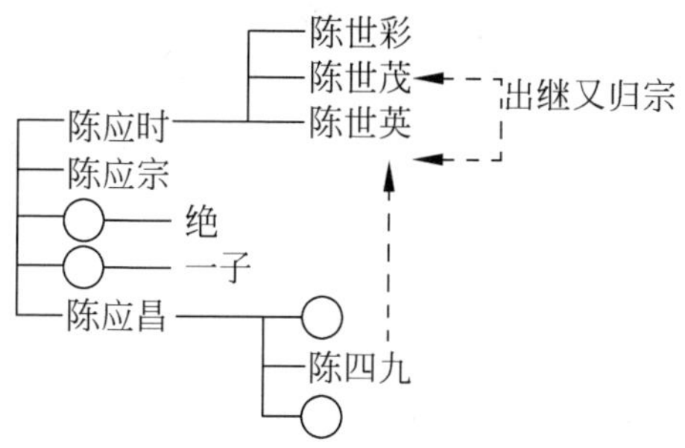

〔34〕 散见于多賀秋五郎《宗譜の研究(資料編)》846页、848页、874页等。

〔35〕 见《户部则例》卷三“民人继嗣”。但是在下述的兼祧渐趋于一般化的清代，这些究竟是打算取得多大实效的规定很值得怀疑。在乾隆四十年的上谕中已经说到“独子不准出继，本非定例”(《户部则例》卷一“继嗣”、《光绪会典事例》卷七五三)，还有即使说是“照律治罪”但在律里也没有与此对应的规定。另外比较早一些的版本的《户部则例》中，卷一“继嗣”中的“旗人无嗣……”的规定里也放进了同样的内容，但这些在咸丰元年的版本以后删掉了我们所谈到的这一部分。

〔36〕 录Ⅳ、7、58、一(山西省定让县)：“如兄弟二人，兄于死时无子，其弟仅生一子，须先将此子与兄继承，俗名曰‘绝次不绝长’。”此外，可参见录 360
Ⅳ、7、26、三(山西省潞城县)，同、17、8、一(热河省滦平县)等。再有这些还包含了在长房、次房都没有儿子时，次房不得先于长房立嗣的意思(录Ⅳ、4、3、六，同、4、12、四等等)。在华北农村也说到：“听说过绝弟不绝兄的话吗？＝听说过这样的话。”“说的是怎样的意思呢？＝如果哥哥上年纪没有儿子，弟弟年轻有儿子的话，将他的儿子送给哥哥”等等(惯Ⅳ96页下段。此外，还可参见惯Ⅰ294页上段、惯Ⅲ72页上段、105页下段等)。文言上将同样的事说成“小宗可绝，大宗不可绝”(清律户役·立嫡子违法条·上栏辑注)。

〔37〕 清律户役·立嫡子违法条·条例五之中的最后一段。

〔38〕 清律同前上栏里引的全纂中说到：“然则承继两房，专为长房无子次房止有一子者曲为两全，俟其子复生子，则以其次者还继次房，是又法外之意、脗合典礼者也。若次房无子而以长房之子两承，虽同父周亲两相情愿，然大小宗之别，究应斟酌轻重于其间，不可以一例论。”录Ⅳ、

1、5、六(直隶省清苑县)里，与其说是报告不如说是作为调查员的个人见解所谈到的：“一门两不绝之称，即是兼祧之本旨，按世俗大宗不可绝之义，次房虽独子，必先承继长房，既承继长房，又欲兼承次房，兼祧名义，于兹乃著。”

〔39〕 录Ⅳ、9、16。

〔40〕 录Ⅳ、1、6、一，同、5、7，同、6、18，同、7、39、一，同、7、52、三，同、9、27、二，同、9、30，同、13、52、二，同、13、61、一，同、15、8，同、15、59、二，同、16、6、二，同、16、12，同、17、1、五，同、18、2、二。

〔41〕 录Ⅳ、16、6、二。

〔42〕 清代董沛：《汝东判语》卷二“王桀等呈词判”是姐妹成为兼祧的两妻的稀见之例。姐姐生了两个儿子，妹妹没有生儿子就死了。关于让姐姐的一个儿子为妹妹一方的嗣子后，应该如何履行葬礼征求知县的意见。“王景曾以独子兼祧两房，两房各为娶妇，次房所娶李氏即长房之妹也。长李氏生二子，曰惟忠，曰惟恕，少李氏生一女。现在景曾已故，少李氏亦殁，其兼祧之母洪氏高年在堂，欲立惟恕为继孙，以所后母之服服少李氏，而议称长李氏为本生母，众论不谐，联名请示。”董沛

 361 首先叙述了兼祧制度的由来：“案古者，兄弟同居异财，有余则归之宗。洪氏为次房之妻，既无所出，当以其财归于长房。长房使其子主次房养祭之事，本无所谓兼祧也。然家庭之际，曲折难言，礼贵从时，非可泥古。乾隆四十年钦遵高宗特旨，准以独子兼祧两房宗祧，所以济人道之穷，而补古礼之阙，历经大部议定服章，颁为令甲。”认为这些不是古礼，可是已经成为现在公认的制度。但就如何看待两妻一事，说道：“两妻并嫡，律所不许，先娶为妻后至为妾，古今通义也。……少李氏既属后娶，不得为王景曾之正妻，即不得为王惟恕之嗣母。”认为只好将后娶的妹妹看作是妾。作为结论，劝告惟恕对少李氏行古典中所见的慈母之礼为好。

〔43〕 大理院判决八年上字第177号：“兼祧后娶之妻，法律上应认为妾。惟订婚之时，不知有妻，又不自愿为妾者，许其请求离异。”(郭卫236页)

〔44〕 录Ⅳ、13、61、一(湖北省利川县)：“利川县人民，常有娶人处女为妾，预料女族龃龉，伪作一子双祧，以占地步者。”同、16、12，(甘肃省中流以

下之社会习惯）："……即令夫家已有妻妾，亦不细较，惟须姑言，系一子双祧，便欣然乐嫁……。"

〔45〕　在华北农村甚至可以看到虽然兼祧却连一个妻子都娶不起的例子（惯Ⅴ136页中段）。

〔46〕　"有没有一子两不绝的事？＝一门两不绝。在本村没有。在一门两不绝时儿子娶两个妻子。""有没有一个妻子的一门两不绝的呢？＝有，那样的情况下以先出生的儿子作为自己家的儿子，将后出生的儿子作为另外一家的儿子。"（惯Ⅴ489页上段）在前注38里所引全纂中也提到相同的情况。

〔47〕　录Ⅳ、16、15、二（甘肃省古浪县）："古浪立嗣，以房属远近为准。房属近者，往往一子数嗣，如房属疏远，虽有多子，亦不得应继。"

〔48〕　比如，"你没有儿子时怎么办呢？＝过继（过子）。例如有兄弟三人，如果弟弟有儿子就把这个儿子过继过来。即使弟弟只有一个儿子也要过继。必须那样。如果二弟。有一个，三弟有两个就从三弟那里过继。""二弟和三弟都各只有一个儿子时怎么办呢？＝那时将二弟的儿子过继过来。一子两不绝。""兄弟三个都没有男孩子的时候呢？＝由其他的近门过继儿子。"（惯Ⅴ70页下段）在这样的问答中问到兄弟全都没有儿子的情况之后，"其他的近门"才进入应答者的意识里。但 362
是，也可以看到这样的应答：（在哥哥无子、弟弟有一个儿子时），"只有兼祧。如果弟弟的儿子不是好孩子哥哥不想过继的话，就从其他同族人里过继"（惯Ⅳ96页下段）。也有弟弟的寡妻不让哥哥的一个儿子兼祧而将从兄的儿子作为嗣子的以下那样的清代后期的具体例子。《判语录存》卷三"改继事"记载道："审得，偃师县民妇张郭氏控嗣子张自振孝养有缺，欲行改继等情一案。缘氏夫张琬早亡乏嗣，兄瑛仅有一子三聘，因取堂兄珅次子自振为嗣。该氏有地四十亩，房一所，携与

嗣子并其兄自新同居，初无间言，……"

〔49〕　惯Ⅳ91页上段看到的杜凤山、杜凤和兄弟就是这样的实例。

〔50〕　"兄和弟都能够得到过继子吗？＝如果土地多的话可以，如果少的话不行。""如果兼祧的话，孩子把两方都叫做父亲吗？＝是的。"（惯Ⅳ106页下段）

〔51〕 录Ⅳ、13、61、二(湖北省利川县):"……其一子兼祧,多出自立继者之情愿,亦不以是否同父周亲及均系独子为限。……"。仁井田陞《法史》794 页中有远支之间的兼祧的实例。

〔52〕 惯Ⅴ61 页中段,同 137 页下段,都是一子四不绝的实例。录Ⅳ、15、30(陕西省南郑等诸县——一门有子九门不绝)。仁井田陞:《法史》,505 页、797 页。

〔53〕 在惯Ⅳ95 页下段、同 99 页上段里,虽说也有提问者诱导的味道,但所得到的回答是"有"。惯Ⅰ268 页上中段里说到在别的村有"一个男的有三个妻子"的例子。

〔54〕 第四章第一节注〔11〕"检校孳幼财产"里,尽管方天福、方天禄是兄弟的关系,可还是说,"方天福之子既是单丁,亦不应立。若以方天福之子为子,则天禄之业并归天福位下,与绝支均矣",等等。

〔55〕 这些不是古礼的看法在前注〔42〕董沛的判语中也被谈到。

〔56〕 《例案全集》卷三十五"兄弟相杀存留养亲毋将死者遗产归凶手"。

〔57〕 《光绪会典事例》卷七三三。

〔58〕 清律户役・立嫡子违法条・条例六。

363 〔59〕 即使处在还在世的祖父母之权下的时候也同样是本人。参见后注〔89〕《吴平赘言》。

〔60〕 但是,"应继"也有指全部具有能作为嗣子的资格者(同宗昭穆相当者)的意思。

〔61〕 清律户役・立嫡子违法条・条例五、第一段。参见同、条例三(见后 348 页所引)。

〔62〕 录Ⅳ、11、16(浙江省丽水县):"凡无子者,择立所亲爱者为嗣子时,并于宗亲中,再立亲等最近者一人,以为嗣子,俾得与所亲爱者,同享继承遗产权。"同、16、35、二(甘肃省固原县):"固原承祧,有'爱继'、'应继'之分。爱继者,于宗族中辈分相合者,独爱此子而立继书,谓之爱继;应继者,论其亲疏次序,应以此子为嗣,而立继书也。如有应继之子,而又有爱继之子,此二子可同时承继,不得弃一取一。"录Ⅳ、15、76(陕西省吴堡县)同旨(分别称作"挨子"、"爱子")。

〔63〕 录Ⅳ、14、13(湖南省长沙等各县):"无子立嗣,自以立亲支最近昭穆相

当之人为原则，若舍近亲而立疏族之子，立嗣之人须分给动产若干，与近亲昭穆相当之人，以免争继。”录Ⅳ、14、20（湖南省益阳县）也有类似报告，将这种慰谢费叫做“过房礼”。

〔64〕　录Ⅳ、13、61、二（湖北省利川县）：“凡立继者，多任意择其素所钟爱之房族子侄，并不以亲疏次第为限。”录Ⅳ、17、7（热河省平县）同旨。

〔65〕　惯Ⅳ139页上段、惯Ⅴ61页下段。而且像那样的时候，也会有让其分些财产带过去的情况。参见后述345页。

〔66〕　惯Ⅴ479页中段：“文仲没有孩子，打算怎么办？＝最后大概会让启华（次兄文魁之子）做过继子。”……（文仲没有钱，文魁有不想失去一个劳动力的想法而一直拖延）……“那样的话什么时候开始过继呢？到文仲死的时候吗？＝如果文仲死了的话，启华就算没有成为文仲的过继子，在送殡的时候也应该打幡。这样一来自然就成为过继子了。”惯Ⅲ105页中段：“在村里有过了四十、五十没有儿子却一直没得到过继子的人是由于什么原因呢？＝兄弟的关系不好所以不能过继兄弟之子。例如郝顺成（长兄）和太太已是六十岁以上却没有过继。”“郝顺成如果死了的话怎么办？＝结局是狗成（末弟）的长男俊小处在应当成为顺成的过继子的地位。”

〔67〕　惯Ⅳ453页中下段。 364

〔68〕　Francis L. K. Hsu, *Under the Ancestors' Shadow*, p. 77.

〔69〕　因为也有认可寡妇排斥丈夫兄弟的儿子、立了从兄弟的儿子的例子，何况根据被承继人本人的意思理应可以做同样的事情。

〔70〕　录Ⅳ、12、8、四（福建省顺昌县），Jamieson，p. 19。

〔71〕　惯Ⅰ293页中段。并且这些是没有用诱导而是自发性地说出来的。还有“哥哥没有儿子，弟弟有两个儿子时，哥哥的后嗣呢？＝把弟弟的长男给哥哥。”“哥哥有两个儿子，弟弟没有的时候呢？＝过继哥哥的次男。”（惯Ⅳ71页中段）

〔72〕　“得到过继子的人如果是长男就一定过继次弟或三弟的长男吗？＝没有那样的事情。”（惯Ⅴ452页下段）“（长兄对弟弟们的儿子之中的）任何一个长男都不喜欢时，也可以得到次男吗？＝也可以那样。”（惯Ⅳ139页上段）

〔73〕“选择元德的儿子金祥、盛金中的哪一个呢？＝因为我是哥哥，所以随意挑选。”“不管元德怎样想都可以自由地挑选两个人之中的一个人吗？＝是的。”（惯Ⅲ118页下段）

〔74〕关于旧时代的继书的实例，可参见仁井田陞：《唐宋法律文書の研究》，532页以下。在华北农村的调查中采录的也不在少数。（惯Ⅲ105页上段；惯Ⅳ91页上段、100页中段、126页下段，139页下段；惯Ⅴ73页上段、140页下段等。）通过这些例子来看，可以站在两个当事人以外公平的立场的族中的适当人物作为“主继人”起草文书，大多书写为得到族众的赞同的当事人等等经商定一类的文字，而且很多采用骑缝合同即将同一文书制作两份后割开，两个当事人各保管一份的形式，还有常见的是在文书上有族人、街坊、亲友等等相当多的人的署名，等等诸如此类的都很引人注目。正如所说的“同族会商量的事都有哪些？＝过继、葬事、祭祖，就是这些”（惯Ⅲ76页上段），嗣子的选定也可以说是同族全体关心的第一号大事。在《民商事习惯调查报告录》里也

365 有许多立嗣时制作证据文书的报告［录Ⅳ、1、3、二，同、1、5、一，同、2、1、二（在僻乡据说有不做文书的情况），同、4、3、十二，同、8、3、二，同、12、7、三，同、14、16、二，同、15、34，同、15、47、五，同、19、7、二等］。看了这些报告，还给人以不管在哪里共通的现象是大都使用骑缝合同由许多族人署名等等这样的印象（据说在湖南省临澧县把亲父拿的“嗣关”和嗣父拿的“付约”相互交换）。继单使用红纸或者红布这样的报告也不少（直隶省临榆县、清苑县，陕西省长安县等）。惯Ⅴ73页的继单还记上用红布的意思。因为立后的事情属于吉事。

〔75〕“在这个村子里有几个过继子？＝写过继单而披露出来的过继子有三四个，没有采用这种方式而以口头约定为过继子的好像也有几个。”（惯Ⅲ104页下段）“做了过继单吗？＝没有做。”“为什么不做呢？＝因为是兄弟之间，当然应该过继。”（惯Ⅲ118页下段）录Ⅳ、1、3、二“……如胞侄辈，亦有不用继单合同者，……。”

〔76〕录Ⅳ、7、47、二（山西省临晋县）：“父母出殡时，孝子必头顶烧纸瓦盆，请戚族中长者，以棍击破。故嗣子承祧，有不立继书，即以顶盆为证。”同、1、5、九（直隶省清苑县）把执幡，同、8、11（江苏省盐城县）把披麻挽

发等等作为立嗣的证据。

〔77〕“是否不让自己的儿子过继过去也可以呢？＝那样也可以，在活着的时候没有过继也可以在哥哥的墓的下面排上过继之墓，生前没有过继死后也可以过继。”（惯Ⅲ72页上段）在录Ⅳ、5、13（河南省郾城县）中举出了诉讼时这些被当作证据的实例。

〔78〕参见第一章第二节注〔5〕。

〔79〕南宋时代的主要法源是唐以来的律和由于时代的要求理所当然在每个时期都有所改订的具有敕、令、格、式这种独特构造的法典。

〔80〕《清明集》、立继、“已立昭穆相当人而同宗妄诉”说到：“谨按令曰：诸无子孙，听养同宗昭穆相当者为子孙。又曰：其欲继绝，而得绝家近亲尊长命继者，听之。又曰：夫亡妻在，从其妻。”同、立继、“父在立异姓父亡无遣还之条”说到：“在法，夫亡妻在者，从其妻。尊长与官司，亦无抑勒之理。”“夫亡妻在，从其妻”是令的一个条文之中的一句，条文的 366
前后关系不知道，但是，由引用这一句的上引的判语的前后关系无疑可以知道是关于嗣子选定方面的规定。

〔81〕李氏的确是家长（参见前述300页），但当然不是由于成为家长就拥有立嗣之权这种性质的权力。

〔82〕原文“族长”之词，不一定意味着独任制的首长（我觉得一般来看可能在中国的同族组织中不如说不存在这样的人物）。《清明集》、立继、“命继与立继不同”（本节注〔23〕）里说是：“将江齐戴见在应干田地屋业浮财等物，从公检校抄札，作三分均分，将一分命江瑞以继齐戴后，奉承祭祀，官司再为检校，置立簿历，择族长主其出入，官为稽考，候出幼日给，江渊不得干预；将一分附与诸女法，拨为义庄，以赡宗族之孤寡贫困者，仍择族长主其收支，官为考核；余一分没官”，为了江瑞的继承财产的监护性的管理和为了义庄的管理，各自分别择定了族长。本文331页所揭“谢文学诉嫂黎氏立继”里所写的“又追到族长数人”等等，显然完全是族的长老们之意。本条的族长无疑也是同样的意思。大理院判决例也解释这里的族长明言道：“其所谓族长，依判例解释，应为亲族会，族长不过其代称。”（七年上字第250号郭卫276页）同样，大理院的判决例把这里的“凭”字解释成“系以族长为凭证之谓”

(四年上字第687号郭卫266页)。

〔83〕 明户令,清律户役·立嫡子违法条·条例三。

〔84〕 《吴平赘言》卷一"彭大受呈词判"、"彭余氏呈词判"说的是叫彭余氏的寡妇,丈夫是读书人,因为嫌丈夫的哥哥彭大受的三个儿子都是农夫不能继承书香,便选定丈夫的从兄弟之子春林为嗣子,由此而引起纷争的事案。在判语中,余氏的立场得到全面性的支持。

〔85〕 作为这方面的实例,见本文331页所揭"谢文学诉嫂黎氏立继",以及533页所揭"后立者不得前立者自置之田"等等。

〔86〕 类似于我国的绝家再兴的制度。但是与我国的问题是家的再兴这一点相对的,在中国,构成问题的是人的命脉的复活。

367 〔87〕 本节注〔80〕所引《清明集》"已立昭穆相当人而同宗妄诉"。

〔88〕 《清明集》、立继、"嫂讼其叔用意立继夺业"。

〔89〕 《清明集》、立继、"已立昭穆相当人而同宗妄诉"里所说的:"王学正思中娶江氏为妻,无子,立弟学录次男为子,名作霖,娶两妻俱无子。王思中夫妻又为立侄宗二秀次男为子",写的是其嗣父母为了作霖立嗣的事。还有本节注18"治命不可动摇"里也说到"吴镗之立为吴坦之子,吴深之立为吴坦之孙,皆出于祖父母父母之治命"。但是,立嗣的权限并非归直系尊属。《吴平赘言》卷一"彭大受呈词判"里明言道:"凡无子立嗣,虽有祖父母在堂,亦不能代为选择,以其分之相隔也,更何论于宗族耶?"

〔90〕 录Ⅳ、7、39、三(山西省虞乡县)。

〔91〕 录Ⅳ、9、35、二(安徽省天长县):"无子之人死亡,有两房或数房,皆为应继之人,争执不下,往往各房各出一人承继,谓之'关继'。"录Ⅳ、7、61、三(山西省芮县):"兄弟三人,如一人无子,余两人各有一子,无子之人身死,即由该两房之子,一人顶盆,一人搭幡,均分死者遗产;若一房有数子,一房仅一子,则顶盆搭幡,均由多子之房,择一子照办,承受遗产,仅有一子者,不得妄争。"[同、13、58、六(湖北省恩施县)同旨]

〔92〕 录Ⅳ、15、68、二(陕西省盩厔县,译者注:今周至县,读音同):"如同父周亲甲乙丙丁四人,分析家产,各居有年,一旦甲乏后嗣,于甲夫妇生前恒不立继,迨死后由亲族协议立继。若系乙之子承继,则丙丁之子

必得遗念田若干；若以丙或丁之子承继时，则乙丁或乙丙之子亦必得遗念田若干，谓之‘应得遗念田’。因田为死者遗留，略分此田，以为同父周亲之纪念也。”录Ⅳ、12、19、七（福建省漳平县）：“……若于死后立嗣，必于承继人以外亲等相同各人，酌给财产，……。”

〔93〕　惯Ⅲ88页上段。

〔94〕　录Ⅳ、15、29（陕西省渭南等各县）：“生前继嗣未定，追至身故，主丧无人，亲族协议，就族中房分亲者，择昭穆相当可继之人，顶纸灰盆，于出殡时，将盆摔碎，送殡出门，族中即认其为死者继嗣，所有死者遗产，即归顶盆之人承受，他人不得竞争。”

〔95〕　录Ⅳ、6、23（山东省临朐县）：“无子者未及立嗣而死，其近支子辈，皆争 368
先指路送浆，并焚化香纸，及出殡之日，谁将柩前烧纸之盆顶出（俗名‘劳盆’），亲友即认为其人有承继权。如日后亲族会议，顶盆者不获承继宗祧，亦得承继死者遗产十分之二三。”此外还有，录Ⅳ、5、12、一、二、三（河南省开封县），同、6、9、二（山东省东阿县），同、7、21（山西省神池县），同、15、11（陕西省兴平、咸阳等诸县），同、16、1、七（甘肃全省）等。Martin C. Yang, *A Chinese Village*, p. 84. 满洲国司法部编《满洲家族制度惯习调查》第一卷，502页。

〔96〕　录Ⅳ、15、50、四（陕西省渭南县）：“无子者家道富厚，族中同等应继之侄甚多，竞争不决，至生前未将继嗣立定，死后势必争执。亲族恐于出殡时，因夺盆细故致酿事端，往往将纸灰盆置于棺盖，至灵柩出发时，带出摔毁，事后或亲族公议，或法庭公判，再行定立嗣子。”

〔97〕　同前（陕西省渭南县）五：“无子者家道寒微，兼负外债，族中无人愿为承继，因于出殡时，亦将纸灰盆，置于棺盖摔毁，以为无承继人之表示。”

〔98〕　（收养过继时，那个儿子）“如果不同意会怎么样呢？＝在父母想要这样办的情况下，几乎没有孩子不同意的，如果去做过继子的话，对方会有相当的遗产。”（惯Ⅳ139页上段）“过继子可以尽可能早地得到吗？＝急着叫他去维持生活的家得不到，但如果是有钱的家就高高兴兴地来了。”（惯Ⅳ60页中段）

〔99〕　录Ⅳ、8、3、二（江苏省高淳县）：“承继宗祧，即所以承继遗产，有遗产者，继赀用费，悉由支付，余则全归承继所有。亦有遗产无几者，近支

亲族公同管理，俟有继赀用费，再行支付承继。又有并无遗产者，或亲族或戚族，心欲为之承继，先由亲族解囊，代为积赀而后行。”

369 〔100〕 胡长清《中国民法继承论》15 页上也作出意思完全相同的归纳。

〔101〕 四年上字第 2331 号郭卫 268 页。此外，四年上字第 148 号、四年上字第 537 号、五年上字第 990 号、七年上字第 131 号（郭卫 265 页、266 页、271 页、276 页）同旨。

〔102〕 七年上字第 24 号（郭卫 275 页）。

〔103〕 五年上字第 850 号（郭卫 271 页）。还有，在六年上字第 1383 号（郭卫 275 页）上说直系尊属亲自立嗣而寡妻也同意的为有效。

〔104〕 四年上字第 2433 号（郭卫 269 页）。

〔105〕 七年上字第 535 号（郭卫 277 页）。

〔106〕 四年上字第 687 号（郭卫 266 页）。还有，五年上字第 566 号（郭卫 270 页）里也说到“……乃以族长为凭证之谓，非认族长有代守志之妇择继之权”。

〔107〕 四年上字第 1211 号（郭卫 266 页）。此外，三年上字第 1160 号（郭卫 264 页）、五年上字第 1132 号（郭卫 271 页）、八年上字第 389 号（郭卫 279 页）等同旨。

〔108〕 七年上字第 490 号（郭卫 277 页）。

〔109〕 七年上字第 746 号（郭卫 277 页）。

〔110〕 七年上字第 724 号（郭卫 277 页）。

〔111〕 惯Ⅰ294 页中段。

〔112〕 因此如果对亲生父母加以危害，刑法上仍然作为对父母的犯罪来问罪（唐律名例第五二条“称袒免以上亲者，各依本服论，不以尊压及出降，义服同正服”）。清律条例规定将嗣子本人除外，他的子孙和生身之家的亲属之间的刑事案件，通过降一等的服制来论处，这一点与唐律不同（后述 577 页）。

〔113〕 《清明集》、争业、“侄与出继叔争业”，说的是杨提举训武的儿子叫杨
370 天常的人，出继到伯父杨统领之下以后，还不法占据着生身之家的田一千三百硕，被留在生身之家的哥哥监税（亡）的儿子师尧等所诉的事件。天常一方提出，自己曾经借钱给亲父，亲父在临终前遗言将这

些田作为与借款相抵的东西给了自己,并拿出来证据文书。事情的真伪不是很清楚,但官府用已经时间太久超过了法定起诉期间为理由,承认现状并规劝和解来了结此案。“杨天常乃杨提举之幼子,出为伯统领后,本不当再得杨提举下物业。今其亲侄杨师尧等所谓,天常占提举位一千三百硕谷田,今索到干照,得见提举训武妻夏氏立为关约,称训武在日借天常金银钱会五千余贯,训武临终遗言,拨此田归还。果有是事耶?抑托为此辞耶?拨田干约在嘉定十六年,夏氏之死在嘉定十七年,天常管业盖二十三年矣,关约投印在嘉熙四年,及今六年。夏氏始谋无所复考,只据干照而论,则词人师尧之父监税已曾预押,父不声诉,子可以诉乎?在法‘分财产满三年而诉不平,又遗嘱满十年而诉者,不得受理’,杨天常得业正与未正,未暇论,其历年已深,管佃已久矣,委是难以追理。请天常师尧叔侄,各照元管,存睦族之谊,不必生事交争,使亡者姓名徒挂讼牒,实一美事。如不伏所断,请自经向上官司。”

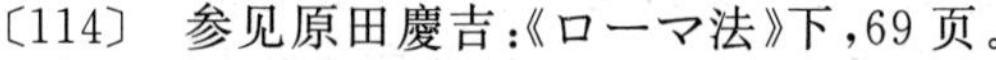

〔114〕　参见原田慶吉:《ローマ法》下,69 页。

〔115〕　问答还继续说到,“你分家的时候你的土地分给已是刘银的过继孙的你的亲儿子吗?＝不分给。”“刘银的土地眼下由我代替儿子收获庄稼,过了 4 年以后就交给他,但因为借了丧葬费,所以卖掉了几分。”自己的儿子出继已经是一个事实,由于是在让儿子们分家前令其出继的,所以“不分给”土地。

〔116〕　录Ⅳ、6、9、三。

〔117〕　前揭 328 页(注〔65〕)的事例(惯Ⅳ139 页上段)也可以和这里的情况合在一起考虑。

〔118〕　533 页所揭“后立者不得前立者自置之田”。前注〔113〕的“侄与出继叔争业”里给天常的遗赠也是以返还借款这样的事为借口,也许实际上是意图调整贫富的做法。

〔119〕　唐律户婚第八条(养子舍去条)。

〔120〕　明清户律户役・立嫡子违法条。

〔121〕　本节注〔33〕。

〔122〕　(如果长兄死了生身之家断绝了的话)“去做养子的弟弟将自己的儿

子送给生身之家让其继承家。”(中略)“去他家做养子的次男本身呢?＝不能归来。”(惯Ⅰ293 页中下段)“你的长男死了,因为没有后继人能不能叫回到他家做养子的次男呢?＝因为已经做了养子,所以不能叫回来。”“那怎么办呢?＝即使没有儿子还有三个孙子。”“如果连三个孙子都没有的话怎么办?＝那时叫排行第四的弟弟元德的一个儿子来过继。”(惯Ⅲ118 页下段)

〔123〕 《清明集》、孤幼、“叔父谋吞并幼侄财产”所引。

〔124〕 明清律户役·立嫡子违法条·条例。全文见后 588 页。

〔125〕 《后村先生大全集》卷一九二“德兴县董党诉立继事”。

〔126〕 《黄文肃公文集》卷三九“张凯夫诉谢知府宅贪并田产”(仁井田陞:《法史》,811 页)。

〔127〕 《清明集》、立继、“父在立异姓父亡无遗还之条”所引。

〔128〕 《宋史·礼志》卷一二五。仁井田陞:《法史》,811 页所引。但也请注意没有被同书引用的后半部分。

〔129〕 参见 584 页所引“父在立异姓父亡无遗还之条”中“虽使其母欲以非理遣还,亦不可得,况伯叔乎”的表述。但是没有具备作为嗣子的实质的人,尤其怠于嗣父母的葬仪的人大概今后也可以被废掉。在 596 页所引的“出继不肖官勒归宗”里卢应申就是以“生不养公达,死不葬公达”的理由被废掉了。

〔130〕 仁井田陞《法史》813 页注〔7〕里引《宋会要》“其子既已遣,即无留孙之理,其子若死,即难以遣孙”。

〔131〕 参见第二章第二节注〔17〕。

第二节　未成年死亡者

由周围的人事后为没有留下儿子便死亡的人立嗣子,以在宗
372 的系图内占有不会消失的地位,在继续被逐渐兴盛繁荣起来的子孙所祭祀之中,视为人生的完满结束,这可以说的确体现出中国人的人生观。人们并非只是关心不要绝了作为经济单位的一个家,

他们关心的是不想把凡在这个世上生活过的族人中的任何人作为不祀之鬼而抛弃不管。但这也是就达到某一程度的年龄而死亡的人来说比较妥当,至于为在婴儿阶段就死亡的人立后的事,并不认为有什么必要。

在死亡者的身后要不要立嗣子,对于一家一族来说是很值得关心的事。是否为没有留下妻儿就死亡的兄弟立后,不言而喻会影响在将来的家产分割中其他兄弟的得分。还有独子没有留下妻儿先于父母死亡的情况下,是在这个儿子的后面立嗣子呢,还是无视这个问题在父母的后面立嗣子呢?依这些不同做法也会造成昭穆相当的世代有所不同,结果变成和一族全体的利害关系纠缠不清的问题。那么,大概在达到什么样的年龄而死亡的时候,在这个人之后立嗣子才被认为是妥当的呢?

在中国,人的发育过程的阶段划分,就古典式的来看,是依照与其说在法律上不如说在礼制上,而且与其说围绕着生存中的行为能力,不如说围绕着死后的处遇而论的。在服制上把未成年死亡的人称为“殇”,为这个人所办的丧事便被简略化。在殇之中再分成几个阶段:从十六岁到十九岁之间死亡的人称作长殇(俗亦称为上殇),从十二岁到十五岁称为中殇,从八岁到十一岁称作下殇,随着阶段的降低而增加了简略化的程度。不满八岁称作“无服之丧”,不产生丧的问题。更有认为三月未满“不为殇”,即连殇的名称都不值得使用的。[1]即使处在像那样的阶段,一般还是认为十九岁以下为殇。就是说在丧礼上二十岁被视为成年。与此相照应,作为男子成人式的冠礼,从古典意义来说原则上也应该在二十岁 373
举行。[2]但是如果男子有特殊的情况在早期行了冠礼或者女子行

了笄礼，在服制上都已经不是殇，不管年龄如何都按成人来对待。[3]因为男子在成冠后娶妻就是礼的要求，[4]女子若许嫁要及笄，[5]所以结了婚的男女，在服制上当然也会经常作为成人来看待。总之，承认达到二十岁的人或者即便是这一年龄以下但举行过冠、笄之礼的人为成人，并且结了婚的人不能说是未成年人，可以说这就是古典式的礼制的规定。还有，所提到的这些年龄，以及在以下言及的年龄，只要没有预先说明，都是所谓的虚岁。[6]

经书中所示的以上那样的思想，作为人们判断的基准直到后世继续具有很大的意义。但是实际上，是以若干被修正的形式在起作用。即作为后世社会方面的现实，与其说是经书所示的二十岁，毋宁可以看成更具支配性的是把到了十六岁（或十五岁）当作成年人的思想、如果用服制来说的话是把长殇和中殇的交界作为划分成年和未成年的分界线的思想。比如宗谱的记载方法，就未成年死亡者来看，注记了“殇”、“夭殇”等等文字，或附在父亲后只显示他的名字而不给与独立的空间，有时甚至完全省略了记载等等，时常采取和成人不同的简略的处置方法，而将成了这种措置的对象的年龄确定为中殇以下即十五岁以下的例子非常多。在同治四年安徽桐城的齐氏宗谱里说道：

> 《礼记》注曰，生三月不为殇，七岁以下无服之殇，八岁至十一岁为下殇，十二岁至十五岁为中殇，十六岁至十九岁为上殇。凡未成殇、无服之殇，俱不书，未成人也。否则下殇中殇，于其父世序下，只书“子某”，下书一小“殇”字，后不复序。若上殇及二十岁已成人者，俱如常书之。

这种写法是其典型。[7]似乎觉得在后世占支配地位的想法是认为 374
冠礼如果到十五六岁时举行比较适宜。[8]其实在后世举行冠这一成人仪式的情况实际上是比较少见的，[9]围绕这一年龄的议论大都不过是观念性的东西。因此，不管年龄如何只要举行了冠礼的人就认为是成人的这些经书上的话语，在后世照字面来解释已缺乏实际的意义，莫如说把已经结了婚的人作为成人来看待这一想法成了支配性的思想。[10]还有，在古典意义上的服制里，上辈下辈都以哪个为哪个服丧来确定，但是作为后世的社会现实，原则是上辈不为下辈服丧。[11]因此在经书中确定的丧的服，就其本身也几乎不构成实际上的问题。因为对夭殇者来说，上辈本来不给其服丧，下辈都是幼童没有履行丧之礼的能力。在后世的现实中，夭殇者的处遇成为问题的不是围绕着丧，而是围绕着除了上述那样的宗谱的记载方式之外特别是他的埋葬方式。

对于中国人来说，坟墓是具有极为重要意义的存在。明显象征着视祖先和子孙为一个“气”之展开的中国人的世界观的就是坟墓。祖先不是作为个人而生作为个人死去，而是作为无形之“气”的一个环节曾生存过。如果这个“气”成为许多子孙目前正在繁荣着的话，祖先也就继续活在他的子孙之中。像这样的死了而又继
续活着的祖先的住处便是坟墓。在把坟墓称作“阴宅”、与此相对 375
的把活着的人们的住宅称为“阳宅”的用词方法之内也明显地表达出了对坟墓的人们的意识。[12]和阳宅要慎重地选择地形方位来建设一样，比其更强烈得多的是关心坟墓要卜到吉地来营造。这一地相的吉凶或管理的良否被认为左右着子孙的命脉。

各代的土坟按顺序正确地相接来筑造，自然而然地聚集的土

坟形成一片。这就是祖坟，在祖坟里以夫妇共同葬入为原则，换言之，原则上只有已婚者才具备葬入祖坟的资格的这种观点广泛地流行着。[13]在华北农村也习惯于说“少亡无妻者，不能入坟”，[14]还有：

> “未婚的人如果死了怎么办？＝不入坟。如果是女的，埋在叫做地头的田地的边上，如果是男的就埋在义地里，这些是根据祖坟不入孤坟（独身者之坟）的习惯……。”（惯Ⅴ483页下段）
>
> “未婚的男女不葬在家坟里吗？＝不能葬，葬在别的地方。”（惯Ⅳ99页中段）

结婚意味着人的完成，只有具备那样的完成状态的人，才能够成为构成同族生命根源的祖坟的居民。

但是，以上只不过作为重要的原则之一，而非唯一的绝对的原则。也就是说，即使是未婚但已经达到被看作成人的年龄而死亡的男子也葬入祖坟。

> “未婚便死了的人不能埋到祖坟里吗？＝如果是二十岁以上即使未婚也可以埋到坟里。”“如果二十岁以下会怎么样？＝不能埋在祖坟里，埋在别的地里。”“为什么如是二十岁以上就可以埋在祖坟里呢？＝因为被看作是成人，即便没有孩子也可以得到过继子。”（惯Ⅴ134页上段）
>
> “年轻的孩子如果未婚就死了埋在哪里呢？二十五岁以

> 上埋在老坟，十五叫做成丁。”“女的未婚者怎么处置呢？＝如
> 果已经定婚的话，就埋在定婚方的坟地里。”“未定婚的时候 376
> 呢？＝茔地以外。”（惯Ⅳ444 页中段）

如上所述，关于在具体情况下确认几岁为成年，有或认为二十岁或认为十五岁的不一致的说法，不过，被承认为成年的死亡者要葬入祖坟，在这一点上多数的应答比较一致。因而前面见到的“未婚者不入祖坟”这句农民的话语，准确地说不如倒过来，大概应当理解为已婚者一定入祖坟这种意思。在此之外即使独身的成年人也同样是要入祖坟的。概而言之，入祖坟的也可以说只限于已婚者和成年人，或者当然还可以说入祖坟的只限于成年者，但是要承认“婚姻便为成年”。

这样即使独身的成年男子也入祖坟，不过在这种时候，还为了想要尽可能具备夫妇一同被葬于同一个坟里这一形式，常常采取结成死者同伴的婚姻的办法。不仅如此，按道理说没有入祖坟资格的未婚夭亡的儿子，通过让其结成死人同伴的婚姻，人为地把他当作成年，由此使其得以有幸入祖坟的这样的办法也常常实行。这种死人同伴的婚姻用“冥婚”、“阴亲”、“死夫妇”、“娶尸骨”、“娶鬼妻”、“死后成亲”、“配死婚”等等各式各样的名称来称呼。最古老的已在《周礼》里以“嫁殇”之名出现过，〔15〕以后历代有这方面的记录，〔16〕在近时的惯行调查中也是都被各地所报告的风俗习惯。〔17〕在分家单之中，甚至还可以看到为在未婚状态下便死亡的兄弟姐妹一直保留将来应该需要的冥婚的费用的例子。〔18〕某种程度上这是人们熟习喜好的惯行。有未婚死亡的男女的家各自寻找

适当的对象，一旦谈妥了，到这时候就掘出已临时埋葬的女儿的遗骸，模仿通常出嫁时的仪式来打扮后过门到男家的祖坟，通过一并埋葬在那里的形式，冥婚的仪式便完成了。[19]在此之际，亲属朋友都聚集起来道喜，在这样结成的两家之间也变成长期继续着的亲
377 戚交往。[20]未婚而且在未成年时死亡的人——女性则是指所有未婚死亡者——就那样是不能入祖坟的，可是，由于有以上那种冥婚的可能性，这个人的遗体不管是男是女，就会在并非祖坟的土地边角等等适宜的地里临时埋葬后再寻找冥婚的对象。[21]

可是，预定了这种冥婚的临时埋葬这种处遇，也并不是到了以一生下来马上就死亡的婴儿为对象的程度。由于人和地区的不同作出八岁以上、十岁以上、十二岁以上等等多少有些不吻合的回答，然而不管怎样，据说如果不是达到某种程度年龄的死亡的人就不能举行冥婚。[22]也就是说，对于在服制上相当于无服之丧的人——根据场合更可以到下殇之人——连冥婚的问题都不会产生。

> “女子在几岁以上死了就可以结阴亲呢？＝八岁以上。”“男子呢？＝有六七岁的儿子也结阴亲的家。”“一般是几岁左右呢？＝七八岁以上。”“在七八岁以下死了的人埋在哪里呢？＝不需要。”“姑且建个坟呢？＝建了还是会耕掉。”“鬼节等日子不去上坟吗？＝不去。”“为什么会那样呢？＝因为太小。”“就算小也是人也是自己的儿子，却为何不立坟呢？＝因为小不需要葬。”“如果孩子死了，父母大概也要哭吧？＝哭。”“即使哭了也只限于这种情况下，以后不祭祀吧？＝如果死了就

和扔掉一样。"（惯Ⅳ87 页上段）

如上所述，对这些人来说，只有在适宜的土地里处理遗骸才是问题，后来就如同没有生下来的人那样，当然是听任其消失而去。[23] 也有在祖坟的周围保有埋葬婴儿用的荒地的情况，据说在这种情况下八岁以下的死亡者葬在这块荒地里，谁也不去参拜；八岁以上的未婚死亡者在另外的地里"寄埋"即进行临时埋葬而等待日后的正式葬礼。[24]

如以上那样，相应于人的成长阶段死后的处遇有所不同。如果只限于男子概括地来说的话，大致是这样的：已婚者以及二十岁（经书所指的成年）以上的人无条件地当作成人来对待，相当于古代典籍所说的无服之殇大体上是八岁以下通常当作幼儿而被无 378
视。处在这一中间层之内的相当于古代典籍中的长殇的十五六岁以上的，在后世有很强的当作成人来对待的倾向，相当于中殇下殇的年龄层具有通过冥婚人为地被当作成人的可能性。

那么，死亡者的身后要不要立嗣子，也像上述的那样，可以理解为大致对应人的发育过程的阶段划分来辨别的。

首先，为了理应入祖坟的已婚者及成年死亡者，应该尽可能地立嗣子。在南宋的判语里，出现了对没有儿子的夫妻全死亡的人，其还在世的父或母都想不立嗣子就那样算了的如下的事例，而且不论在哪一个事例里，都不认可那样的直系尊长的意向。

《清明集》、立继、"叔教其嫂不愿立嗣意在吞并"说到：寡妇阿张以昭穆不相当的理由废掉了"既娶而亡"的长子李学文在生前所立的嗣子之后，称是故人的遗志而不再立嗣别人，想要让次子学礼独占家产，但这一主张为“阿张一愚妇耳，无所识”一句所斥，命应通过本宗尊长的合议来立嗣。[25]

《清明集》、立继、“嫂讼其叔用意立继夺业”云：“范通一有子四人，长曰熙甫，次二曰子敬，次三曰遇，次四曰述。熙甫已娶妻生子，未几夫妻与子俱亡。以理言之，当为立继。在法，立继由族长，为其皆无亲人也。若父母存，当由父母之命。当熙甫死时，其父母俱存，皆无立继之意，非不爱其子也，盖谓蕞尔田业，分与现存三子，则其力均，立一孙为熙甫后，则一房独
379 分之业已割其半矣，割其一半使二子分受之，则三子中立有厚薄之分，此通一之本意也。故宁均与三子，而以熙甫私置之田为蒸尝田，使三房轮收，以奉其祭祀。三房之子，皆其犹子，虽不立嗣，而祭祀不绝矣。故绍定二年十月立砧基簿，簿首言，长男熙甫既亡，不愿分产，其存日将妻妆奁置到田业等，拨充蒸尝。”然而父母死后，三男范遇将自己的儿子文孙立嗣为熙甫之后，既主张要将家产改为分成四份，又不讲道理地提起诉讼。官府以“如必欲立继，则范遇设计吞并，其子文孙亦不当立，……难动其已分之业，只当蒸尝田内，于无碍房分中推立”的判语，虽然驳回了范遇的主张，但就立嗣子的事情本身来看，不如说是在劝说立嗣。

由于儿子的结婚在父亲的家中便形成儿子的房，一旦形成了房就成为难以消除掉的存在。尤其儿子的妻子有相当的陪嫁财产的时候，由于这些财产不和家产混同只限于当作夫妻的特有财产

（参见第五章二），夫妻死亡后在确定这些财产归属的意义上也有必要立嗣子。如果不及时立嗣，很有可能还会变成妻的娘家提起诉讼的情况。[26]在近时的惯行调查中也谈道：

> “自己有一个男孩子，其他都是女孩子的情况下，如果男孩子死了的话，过继子是过继自己兄弟的儿子还是过继兄弟的孙子？＝过继兄弟的儿子。”“在这种情况下，死了的儿子的墓得到了旁姓的女儿的墓，将他们当作夫妇埋在一起，能够把兄弟的孙子给他们吗？＝可以。”“这叫做什么呢？＝还是叫做过继，没有特别的名称。”“自己的男孩子有太太的情况下，一定会让自己兄弟的孙子作为过继吗？＝是那样。”（惯Ⅲ105页下段）

提问者一方稍有过于设计问话之嫌，但是在这里也可以看到这样的意识：不能无视已婚者以致绝了他的后。此外还有：

> “如是二十岁以上，为什么埋进祖坟呢？＝因为一般认为是成年人。没有孩子也可以立过继子。”（惯Ⅴ134页上段）
>
> “如果凤喈二十岁没有太太就死了的时候，在立过继子方 380
> 面要怎么说？＝因为是二十岁，即使没有太太就死了也能立过继子。”（惯Ⅳ139页上段）

由以上所说的来看，可知对虽然未婚但到了成年而死亡的人来说，立嗣子被视为是一种常识。在宗谱的凡例里也有如下的规定：

> 上殇者书“早卒”，明可继也。中殇、下殇书“夭”，不可继也。[27]

这里也是认为应该为成年——但根据后世的一般倾向，认为上殇以上为成年——死亡者立嗣。

其次，对于大致相当于服制上所说的无服之殇那样的通常也不能成为冥婚的对象的幼小死亡者来说，原则上是不立嗣子。在南宋时期，可以看到这样的审判例：为无后之人所立嗣的幼儿，在三岁时死亡，再在这个幼小死亡者之后立嗣，不久又死亡了，围绕着这样的事态，判例里把为三岁就死亡的人立嗣的事视为违法，忽视已经死亡的两个世代的嗣子，命令应该直接为无后者另行立嗣。[28]在近时的惯行调查里说道：

> “如果李永华为过继子不久便死了，有没有李永华不立过继子而给凤喈（永华的嗣父）立第二个过继子的情形？＝这要根据永华死的时候的年龄来决定。**如果永华是十岁以下的话**，凤喈会立第二个过继子而不给永华立过继子。”（惯Ⅳ139页中段）

381 这里所说的也是同一个意义上的情况，十岁以下当然和没有生存过的人一样对待就可以了。并且这个十岁的年龄和产生冥婚的可能性的年龄（前述377页）大体上是一致的。不过正如前一节所述，在另一方面，也有这样的事实而不得不有所保留，即无子的人想要把孙子的世代的人立为嗣子的时候，如果有过儿子则不管在如何幼小时死亡总算一时有过，这将成为无子抚孙的充分的口实，给幼儿立嗣并非绝对地视为违法。

最后，就成人和幼儿中间的年龄段来看，当然不是要求无论如何必须立嗣子，不如说倒是认为不立嗣比较合适，[29]但父母或近亲出于亲情谋求立嗣的事情也绝非被看作逸出常规的行为，事实上，立嗣的情况却有不少。从南宋的判语里的“下殇不当立嗣，初无此条”这一句来看，[30]恰好是就这里作为问题的年龄层来说的，虽然在什么样的文章前后关系上说得还不太明了，但是表示了不奖励立嗣可也并非要禁止的意思。在惯行调查里也有不少这样的报告，未婚夭亡的儿子也要立嗣的情况一般比较多，福建省连城县所报告的就是其中最显著的例子：

> 连俗，凡三四岁至十数岁未婚之男子夭亡，无论独子与否，父母大都择定亲等相当者，登载图谱，以嗣该男名下。如父母先已物故，立嗣之事，则由兄弟或亲房作主，如或家产稍厚，该兄弟亲房恒至争继。[31]

在此处所说的下自三四岁的情况，应当看作是当地稍微特殊的风俗，和在浙江省东阳县报告了将为在十二岁死亡的人立嗣子 382
看作不当的诉讼的实例——据说当地的老人回答习惯上应认为这样做是有效的——等等情况联系起来考虑，[32]可以认为通常的情况是从十岁左右才考虑立嗣。还有在这种时候作为立嗣的前提，一般认为是已经举行过冥婚的。盖因在这一年龄段结过冥婚之后才能葬进祖坟。没有结过冥婚的即便立了嗣子，也会产生嗣子既不能祭扫嗣父之墓，死了也不能被葬在嗣父之足下的不合理。浙江省平湖县的调查员指出了这种立嗣和冥婚的关系：

> 凡子弟未婚夭亡，类多择一门户相当、年龄相若之亡女，为之订婚，迎接木主，过门礼节如生人嫁娶，名曰“冥配”。盖以不如是则灵魂将无所依归，不能入祠祭祀，且不能立后。一经冥配，即取得被继承人之资格，得为之立后也。[33]

在华北农村也说道：

> “结了阴亲以后立过继子的和没有结阴亲立过继子的哪一种比较多？＝没结过阴亲的不能立过继子。”“如果结了阴亲一定会立过继子吗？＝是的。”（惯Ⅳ139页中段）

不过，很难认可上面第二个问答中提到的“一定”的话是事实。同一地区的另外的应答者有以下回答：

> “认为立过继子的事没有必要时也要和其他未婚的年幼者的墓（未婚死亡的女子）合葬吗？＝过继子和阴亲没有关系。”（惯Ⅳ75页下段）

383 还有在家产分割的文书中，有在保留未婚死亡的兄弟的冥婚费用的同时，将家产在活在世上的兄弟之间均分掉的例子。在这种情况里，将来冥婚预定了但是立嗣没有被预定是很明显的。[34]也就是说，可以理解为冥婚并不一定伴有立嗣、但为未成年者立嗣必须先行结过冥婚这样的关系。

对以上那样的问题，清朝的立法设立了一个相当详细的规定。清律的条例里规定的内容是这样的：

> （上略）其有子婚而故，妇能孀守；已聘未娶媳能以女身守志；及已婚而故，妇虽未能孀守，但所故之人业已成立；或子虽未娶，而因出兵阵亡者；俱应为其子立后。若支属内实无昭穆相当可为其子立后之人，而其父又无别子者，应为其父立继，待生孙以嗣应为立后之子。其寻常夭亡未婚之人，不得概为立后，若独子夭亡而族中实无昭穆相当可为其父立继者，亦准为未婚之子立继。（下略）[35]

同类的规定在《户部则例》之内也可以看到。而《户部则例》的规定在道光和咸丰之际被加以改订。以下引用改订后的全文并将咸丰期所附加的重要的字句放进括号内：

> 立继承祧，如子已婚而故，无论其媳能否孀守；或子未婚 384
> 而故，其已聘未娶之媳能以女身守志；或子虽未婚娶，因出兵阵亡，揆以勿殇之义；均准予立继。（又子虽未娶业已成立当差，年逾二十岁身故者，亦准予立继。）若支属内实无昭穆相当为其子可继之人，应仍为其父立继，凡未婚而（年在二十岁以

下)夭亡者,无后在父,自当先尽故子同辈中,按照服制次序,为其父立继。如阖族中实无故子同辈可继之人,亦只得为未婚(夭亡)之子立继。不得重复议继,致滋讼端。[36]

以上的规定中,如果把婚约女守志(有关这方面的情况请见后述第四章)理解为按已婚者的妻子守志的情况来对待、战死的情况作为从国家的立场作出的特殊的规定都姑且放在考虑之外的话,在这里区分应不应该立嗣的基准也仍然要从结婚和年龄上来寻找。据清律条例所讲,已婚者之中,妻子守志者和本人已达成年者应为立嗣。《户部则例》说给所有的已婚者和所有二十岁以上者立
385 嗣。乍一看两个规定似乎有很大的不同。然而,仔细地看一下,清律条例作为应该立嗣的情况所提出的确实如同上述。而在另一面,作为不应当立嗣的情况所举出来的只是夭亡未婚者,关于成年而未婚的人哪一个都没有谈及。并且条例认为即便是已婚者如果妻子改嫁而去一般应当排除出应立嗣的范围。这不外乎认为如果妻子不守志也就等于没有结婚,在这种情况下如死亡者本人达到成年就让立嗣,那么即使根本就没结婚的人如达到成年的话也认为应该立嗣,似乎觉得这样来解释法的旨趣也成立。另一方面,《户部则例》在改订前的内容里,极为简单明了地以已婚、未婚来区别是否应当立嗣。看来由于这样过于划一而不够合理,便加以即使是未婚在二十岁以上的人也应予立嗣的改订。结果,两个条文在主要方面都一致起来,变成了定向于已婚或者成年的人应当立嗣这样原理的规范。只是冥婚的问题没有被提到,但是,就总体来讲,可以看作是正确地增添了自古以来习惯上的法意识的

立法。[37]

可是，上述条例中看到的所谓“成立（达到成年）”具体意味着达到几岁呢？在明清两朝的法制里，一般把十六岁以上作为成丁，因为正是把成为成丁叫做“成立”，[38]所以这里的“成立”也就应该看作意味着十六岁。《户部则例》在咸丰年间的改订中提出的二十岁这一年龄，从清朝法制的整体来看是极为异质性的，究竟根据什么样的理由很难理解。民国初期的大理院以作为《大清律例》的后身《现行刑律》为准据，确立了以虚岁十六岁作为民事上的成年的判例，言明不可以援用所看到的以二十岁为成年的《户部则例》的规定。[39]

另外在此作为余论，不限于立嗣的问题，而是还想汇集旧中国 386
的法制中的成年的问题来考察一下。在这个时候，有必要分开考察公法上的成年和民刑事法上的成年。

公法上的成年主要构成围绕着赋役里负担能力的问题。“成丁”或“正丁”以及单称作“丁”，原来是意味着公法上的成年者即具有成人的赋役负担能力的人的用语。从而不仅是幼者，连老者或残废者都被从丁的概念中除外。沈家本的著作里有“丁年考”一编，就以多少岁以上为成丁的问题考证了历代法制的变迁，弄清了依时代不同低则为十六岁以上、高则为二十五岁以上的各种各样的变化。[40]而且沈氏评论说二十岁与经典也一致，是得其中庸的年龄。正如已经弄清楚的，围绕着服制或冠礼的经书所示的成年是二十岁，看来这些在后世的社会现实中，在确定公法上的成年的时候，起到了作为标准值的作用。

另一方面，作为民刑事法上的成年，不只围绕着立嗣，一般十六岁（或十五岁）这样的线具有重要的意义。南宋法规定，儿子在十六岁以下时，依无子的情况来看待，禁止作为寡妇的母亲处分家产的行为，[41]在元代规定“如已娶或年十五以上”，应该结束官方对于孤儿财产的管理，[42]如此等等在此可以结合起来考虑。《论语·泰伯》篇“可以托六尺之孤”的郑玄注所说的“六尺之孤，年十五以下”，就是直接由周礼推论而来的解释，汉代的实情也是把有监护必要的年龄定为十五岁以下认为这并不过分的情况，也许多少考虑到了以上的一些理论。[43]近时由浙江省云和县的报告里也说道：

387 云和县，向以年满十六之男子为成年（俗名“出幼”），关于财产上之典卖，及其他处分，均认为有效。[44]

在华北农村也有这样的回答：

“在村里男子从多少岁作为大人来看待呢？＝十六岁以上。”（惯Ⅴ456页下段）

“男的在几岁为成年？＝十五岁。”“十四岁即使结了婚也是未成年吗？＝如果结婚就看作成年。”“女的在几岁为成年？＝如果结了婚就是成年。”（惯Ⅳ79页下段）

而且在刑法上，唐、明、清律都是一致的，以十六岁以上（并且是五十九岁以下）作为完全的受刑能力者。[45]

这样看来，以十六岁作为民事上的成年的大理院的判例，在形式上是从作为公法上的成年的“成丁”的年龄——在清律和作为其后身的现行刑律中已经变成十六岁了——所导出的年龄，而在实质上来看，可以说是对自古以来的传统给以近代化的表达的规定。

正如《韩诗外传》所写的“三月而微的，然后能见，七月而齿生，然后能食，期年而髑就，然后能行，三年而脑合，然后能言，十六而精通，然后能施化”那样，虚岁十六岁还被认为是男子具有生殖能力的标准年龄。这些和在罗马法里由于成熟而结束监护的情况结合起来考虑，也有颇为耐人寻味之处。[46]

本节注释

〔1〕《仪礼·丧服》传：“年十九至十六为长殇，十五至十二为中殇，十一至八岁为下殇，不满八岁以下，皆为无服之殇。无服之殇，以日易月，以日易月之殇，丧而无服。故子生三月则父名之，死则哭之，未名则不哭也。”《礼记·檀弓上》：“周人以殷人之棺椁葬长殇，以夏后氏之塈周葬中殇下殇，以有虞氏之瓦棺葬无服之殇。注：十六至十九为长殇，十二至十五为中殇，八岁至十一为下殇，七岁已下为无服之丧，生未三月不为殇。”

〔2〕《礼记·曲礼上》：“人生十年曰幼、学，二十曰弱、冠，三十曰壮、有室。”同上：“男女异长，男子二十冠而字，父前子名，君前臣名，女子许嫁笄而字。”《礼记·内则》：“十有三年学乐颂诗舞勺，成童舞象学射御，二十而冠，始学礼。”《穀梁传》文公十二年：“男子二十而冠，冠而列丈夫，三十而娶。女子十五而许嫁，二十而嫁。”经书上的词语都以二十岁为举行冠礼的年龄。但经书之中作为实例也存在和以上相矛盾的记事，鲁襄公由于晋悼公的劝诱在满十二岁时举行了冠礼(《左传》襄公九年)。经学者的立场是认为经书上的话全都是真的而且具有作为规范的意义，可以给予相互不产生矛盾那样的解释。汉代的郑玄根据当事人的阶级的区别来求得以上矛盾的解决之道，作出了天子、诸侯及天子的儿子十二岁而冠，卿大夫在十五岁以上的适当时期而冠，其他人即诸侯之子，

卿大夫之子以及士、庶人都是二十岁而冠的这样的解释(礼记冠义郑目录,以及取义于此的曲礼上“二十曰弱冠”的疏)。

〔3〕《礼记·丧服小记》:“丈夫冠而不为殇,妇人笄而不为殇。”

〔4〕《左传》襄公九年。晋悼公说,“国君十五而生子。冠而生子,礼也。君可以冠矣”,劝十二岁的鲁襄公举行冠礼。

〔5〕《礼记·曲礼上》“女子许嫁笄而字”。

〔6〕和我国一样,在中国作为自古以来日常的年龄计算方法也采取以出生为一岁,以后每迎来正月就加一岁的所谓的虚岁的方法,这是周知的事实,但是就法律上的年龄通常亦以这种方法来计算的情况也存在若干的证据。《清明集》立继“已有亲子不应命继”里,就庚申出生的方森而指出的“以丁丑考之,方森年始十八”这句话就是一个明证,说明像判语那样相当法律化的文献中出现的年龄也是虚岁。还有在唐律名例第五五条中说到的“称人年者,以籍为定”,人的年龄只要没有反证就可以依据户籍的记载来确定,但从现存的断简里所了解的范围内来说,唐代的户籍在造籍之年只是记上每个人的年龄为几岁,而不记出生年、月、日。从而,虚岁以外的计算方法以户籍为基础理应是不可能的。继受唐制的我国律令时代的户籍里所记载的年龄是虚岁的情况,也可以举出更直接的证据(参见虎尾俊哉:《大宝養老令に於ける口分田の收受規定》,《法制史研究》7 号,46 页注〔3〕)。

389

不过,即便在中国也并非绝对没有从出生年、月、日起算、以生存的年数作为年龄的所谓的满年龄的思考方法,在清朝的文献里不常见的“整岁”的词语恰恰与此相符。而且在乾隆年间,甚至把律里规定的刑事责任年龄“核扣生年”来计算,即在审判中实际采用要按年满的意思来加以解释的事例也出现了。从此产生了判例的不统一,但嘉庆十六年借争论特别加重处罚杀了“未至十岁”幼儿的人这一规定的解释的机会,大约法律中所记的年龄全都应当解释为虚岁的事情上进行了判例的统一(《台湾私法》第二卷上,141 页,同附录参考书第二卷上,27 页。资料的出处见清律名例老小废疾收赎条上栏,以及《刑案汇览》卷四“计岁定罪之案不扣生年、月、日”)。

到了民国,不久作为最高法院的大理院确立了法律条文有“满”或者“未满”的字样时由出生年、月、日起算，没有这些文字时视为虚岁的判例（五年上字第833号，郭卫32页）。当时主要的法源在刑事方面是暂行刑律、在民事方面是现行刑律中的民事有效部分。前者原来是以大清刑律草案之名由日本人岡田朝太郎等人所起草的，在年龄上全都加上“满”、“未满”。后者是沈家本等人略微润饰了大清律例而成，没有附以“满”字。因而大理院的判例从结果看，成了刑事上定为满年龄，民事上定为虚岁数。

到了民国十八年的中华民国民法中所设置的明文，法律上的年龄统一都用满来计算，年龄换算表的一览表也由政府加以刊行。

〔7〕 多賀秋五郎：《宗譜の研究（資料編）》，862页。此外，定兴鹿氏家谱凡例“年在十五以内而夭，皆书‘殇’，其已命名者谱之，否则略之”（多賀 390
853页），皖桐南湾张氏重修宗谱“（下殇、中殇）俱于父传下书‘某子丧’，十六岁至十九岁为上殇，有配婚者非殇也，及二十岁以上，皆明系立传，以成人也”（多賀874页），饶氏宗谱、龙舒余氏宗谱“八岁至十五岁为殇夭者，不书”（多賀885页），等等，都将十五以下和十六以上区别对待。大阜潘氏支谱“今谱中，凡年未至十六者称殇，于父名下见其名，侧书‘殇’字，……二十以内未婚无后者，仍不列入行次”（多賀859页），对二十岁的界线也赋予了意义，但是称作殇的为十六岁未满。还可以看到代替十六岁在十五岁和未满之间划线的。重修杨氏小宗祠谱“年已二十岁上下，既娶而卒，书‘早世’，具字号行次、夫妇生卒年月及有无承继；如年未至十五岁者，直书‘夭殇’，单具其名，不载字号、生卒年月、有无聘娶”（多賀860页），晋陵爱氏宗谱“今世表内，凡七岁以下者注‘殇’，八岁以上者注‘早卒’，不系线，至成童以上者，注‘早生’，可系可不系”（多賀866页）等等就是这样。成童之语在《礼记·内则》（前注2所引）中可以看到，注中认为“成童十五以上”，这个十五岁的年龄也具有自古以来在确定年龄阶段上的某种程度的含义。如洪氏族谱“男自七岁以下书‘夭’，以上至十九岁书‘殇’，俱书于父纪，遇提不另提，以其下无续也”（多賀871页），照古代典籍那样以十九岁以下为殇的例子也不是没有，但那是少数。

〔8〕 参见仁井田陞：《支那身分法史》，850页。胡朴安编：《中华全国风俗

志》,(民国十一年)所引的各种县志的记事也都把举行冠礼的年龄定为十六岁(同书上编卷三,8 页、17 页、31 页、38 页、44 页、57 页)。

〔9〕 参见《台湾私法》第二卷上,144 页以下。

〔10〕 在宗谱的凡例里有所谓的“男子已娶,女子许嫁,皆不为殇”(大阜潘氏支谱,多賀 859 页),“有配婚者非殇也”(皖桐南湾张氏重修宗谱,多賀 874 页)等等,这样的词语似乎不能在经书里见到。

〔11〕 参见第一章第一节注〔17〕。

〔12〕 参见 Francis L. K. Hsu,*Under the Ancestors'Shadow*,Chapter Ⅱ“Yin Chai(阴宅)and Yang Chai(阳宅)”。在华北也提到“人的住处是阳宅,
391 墓地是阴宅”。关于阴阳宅的风水,见惯Ⅰ30 页上中段。

〔13〕 Martin C. Yang, p. 103; Arthur Smith, *Village Life in China*, pp. 298f.(译 374—375 页)。

〔14〕 惯Ⅰ263 页下段。

〔15〕 《周礼·地官·媒氏》:“禁迁葬者与嫁殇者。(郑司农注:)嫁殇者,谓嫁死人也。”

〔16〕 諸橋轍次:《支那の家族制》,47 页以下。

〔17〕 录Ⅳ、5、8、三(河南省河北各县),同、6、5(山东省东阿堂邑等诸县),同、7、2,同、7、23、二(山西省汾城怀仁等诸县,广灵县),同、11、21、二(浙江省平湖县),同、15、4、四(陕西省清涧县)等等里有这类报告,在华北农村调查资料中也有许多问答,福武直在《中国農村社会の構造》320 页里做了出色的归纳。还可参见内田:《家族と信仰》再版,3—53 页“冥婚考”。

〔18〕 惯Ⅳ127 页上段所引的分家单里写道:“立分册人李长顺,系兄弟三人。余居长。次长仕。三长耐,亡时仅十余岁,未曾完婚,除海流圈东西地大分九分五厘七毫六丝五忽,为三弟结婚之费。二弟长仕业已亡故。惟与弟妹朱氏度日,与其同居生衅,何若各炊自立。……除海流圈外,凡伙中所有宅基田产器皿,俱按二份平批,……。”在长兄和二弟的寡妻之间分割家产的时候,为十几岁死亡的三弟(说是他还没有订婚,见 128 页中段),保留了不足一亩的土地作为将来的冥婚费。录Ⅳ、11、17、一(浙江省嘉兴县)中所引的家产分割文书里写着:“立合同

分授据冯祝春，今因年老力衰，不能清理家事，所亲生三子一女，螟蛉一子，惟一女去年病故矣。螟蛉子士贤早经完姻，亲生子（士良、士俊、士杰）三子均未成婚，……家产总计五千二十元……提出做坟墓洋五百元，提出太太传老洋三百元，提出老房传老洋一千元，提出三子亲事用款洋一千二百元，提出小宝仙缘用洋一百元。除提出外，尚剩洋一千九百廿元，今邀集公亲长，秉公酌派，并无偏袒，四子平分……。”其中提到的小宝仙是死亡的女儿之名，说到的“缘用洋一百元”就是考虑保留冥婚费用。

〔19〕　还提到冥婚也“有媒人”（惯Ⅳ75 页下段），“由男的一方送给女的一方财礼（一、二元到五元左右）。女的一方在娶骨尸之日到女的坟上烧用纸做的柜、被格（放寝具的家具）。然后掘出棺材挪到男的坟墓处埋进 392
去”。“男方（的棺）由男的家掘出，姑娘一方由娘家掘出。”“举行冥婚的情况和结婚仪式一样，村里的人来祝贺。”“带去的幡是用红纸做的”（惯Ⅴ134 页中段）等等。如果有女的牌位就用轿迎这个牌位（后注〔33〕）。

〔20〕　在华北农村调查的调查地，河北省栾城县寺北柴村说到死夫妇之后，两家“不走动”（惯Ⅲ143 页中段），但在其他地方却得到亲属相互交往的回答（惯Ⅳ67 页中段、75 页下段、452 页上段，惯Ⅴ134 页上段）。还有在河北省顺义县沙井村回答“没有阴亲的习惯”（惯Ⅰ259 页上段）。在录Ⅳ、7、23、二的资料里则说“两造即以亲戚往来”。

〔21〕　“未婚的男孩子埋在哪里？＝不埋在正式的坟里，埋在其他的地方。”“未婚的女子也一样吗？＝埋在别处。”（中略）“如果结了阴亲会挪到家坟里吗？＝是的。”（惯Ⅳ87 页上段）“婚约中的男的死了的情况下会怎么样呢？＝只是会退婚，男的葬入自家的地边，此后求阴亲。”（惯Ⅳ67 页中段）像这样的临时埋葬的墓，如果始终不能结成冥婚的话，大概只怕会在什么时候被忘记而逐渐消失了吧。

〔22〕　冥婚的年龄据说在七八岁以上（惯Ⅳ87 页上段），准确说出年龄的有八岁以上（惯Ⅲ143 页中段—144 页上段），十岁以上（惯Ⅳ99 页中段、444 页中段、452 页上段，惯Ⅴ134 页上段），十二岁以上（录Ⅳ、7、2 山西省汾城怀仁等县）等等。

〔23〕　还说到“孩子的墓较小。三岁以下的儿子的墓把土填平就完了”（惯Ⅳ

75 页中段),“十岁以下不当作人来对待,不埋在家坟里”(惯Ⅳ139 页上段)。“在十岁以下死去时怎么办?=不会娶骨尸但会埋在地里。”“起坟吗?=做坟头。一直留着坟,父母等在清明节或十月一日给烧纸。”(惯Ⅴ134 页中段)对像这样的幼儿之墓给与某种程度重视的情况也并非没有,但这到底还是出于父母私情的行为,而非正规的礼。

〔24〕 惯Ⅲ143 页中段—144 页中段。在当地,由于有父亲健在时不能为儿子举行正规的葬礼的习惯,寄埋除了等待冥婚外也有等待父亲去世这种意思,问答的内容错综在一起,不过如果整理之后,也可以说如本文所讲的那样。

393 〔25〕 详细情况见本章第一节注〔22〕。

〔26〕 参见 347 页前揭“立昭穆相当人复欲私意遣还”。

〔27〕 考亭朱氏文献全谱(多賀 845 页)。

〔28〕 《清明集》、立继、“所立又亡再立亲房之子”(接续前节注〔33〕所引“父子俱亡立孙为后”的事件):说到王怡死了无子,因为没有其他的有资格的人,便立嗣远支的幼儿王渊海,但不久在年三岁时死去了。尽管这时王怡的从兄弟王广汉家生了第二个儿子(对王怡来说是昭穆相当者),但县里让叫做王奇的人立嗣作为渊海的后。广汉为此而争诉的期间,这个王奇也死了。于是,应该为王奇之后立嗣还是无视王渊海、王奇而应该以王广汉的儿子为王怡立嗣便成为问题。判例接着说道:“王怡不在,只合于近亲中,择昭穆相当人,与之继后。王广汉从兄弟也,使其是时已有两子,则以近亲而言,固不当舍其子而立远族。只缘此时,王广汉次子未生,族人以王怡不可绝嗣,共同商议,立广炳之三岁子渊海。其渊海虽是远房,昭穆既顺,诸房则未有子,所以无可争。……岂料渊海得立未几,忽而身故,当是时王广汉亦有次子,官司立为王怡后,族人夫谁得而争也。县道有失契勘,乃又立王奇为渊海子。夫以三岁幼亡子,违法越次与之立嗣,安能弥争者之词。其王广汉争诉在官,尚未予决,而所立王奇又尔不在,……王广汉之子王椿,既是王朝散直下子孙,立为王怡后,名正言顺,昭穆相当,考之本条,皆无一毫可疵。”认为给三岁夭亡的渊海立嗣的事属于违法,同意广汉的主张,让他的儿子直接立为王怡的嗣。

〔29〕 本文 380 页前揭宗谱凡例里也说“中殇下殇书夭，不可继也”。

〔30〕 《清明集》、立继、“诸户绝而立继者官司不应没入其业入学”。

〔31〕 录Ⅳ、12、6、四。

〔32〕 录Ⅳ、11、20。其他同类的报告见同书、13、18。

〔33〕 录Ⅳ、11、21、二。

〔34〕 本节注〔18〕所引李长顺等的分家单。 394

〔35〕 清律户役・立嫡子违法条・条例五。上略部分见 327 页、下略部分见 320 页所引。

〔36〕 《户部则例》咸丰元年版卷一(旧年度的版中为卷二)“继嗣”。不触及法的实质性内容的没有影响的表达上的字句改订。

〔37〕 两个条文是以乾隆三十八年的议准和乾隆四十年的谕这两件单行的指令为共通的素材，由刑部和户部分别删定所产生的结果。关于条例的来源可参见《大清律例通考》卷八，《光绪会典事例》卷七五三。《户部则例》中作为问题的条文，也没有出现在乾隆四十一年版，而出现在乾隆五十六年版。比较一下后可以说条例是忠实于原文件的。

〔38〕 清律名例・犯罪存留养亲条“家无以次成丁者”，以及户役・脱漏户口条“若隐漏自己成丁人口，不附籍”的“成丁”一词分别有夹注(夹注构成律本文的一部分)，注释成“十六岁以上”。而且通过犯罪存留养亲条上栏见到的“部议，夫殴妻致死，如父母老疾，而次丁尚未成立者，准其留养”，可以得知“成立”表示的就是“成丁”之意。

〔39〕 大理院判决三年上字第 797 号(郭卫 32 页)，六年上字第 1189 号(郭卫 33 页)。

〔40〕 《沈寄簃先生遗书甲编》所收。具体来说，汉二十三岁，魏晋南北朝十七、十八岁，隋唐宋二十、二十一岁，明清十六岁。二十五岁一类的是极为短期性质的例外。

〔41〕 参见第四章 417 页。

〔42〕 本章第三节注〔16〕“户绝卑幼产业”。

〔43〕 仁井田陞:《法史》，852 页注〔19〕。

〔44〕 录Ⅰ第三章。

〔45〕 唐律名例第三十条(老小废疾)，明清律名例・老小废疾收赎条。

〔46〕 参见原田慶吉:《ローマ法》上,62 页。

395 ## 第三节 承继人的不存在——“户绝”

某个男子没有留下妻子、儿子便死亡的时候,或者留下的妻子还没有立嗣就死亡了或改嫁了的时候,尽管是暂时的,这个人也是绝了后,像已经见到的那样,如果在其身后立嗣的话就叫做“继绝”。可是,某个人的后断绝的事情,并不一定直接涉及影响到家这样一个经济单位的存立。家里如果另外有直系尊属或同居的旁系亲,他或他的妻子的死亡只是意味着从同居共财的集团里少了一员,家计通过直系尊属或旁系亲之手没有间断地维持着。在家里既没有直系亲属又没有旁系亲的时候,即和兄弟已经分割了家产,或者没有兄弟而独占性地继承了亡父的财产,单独拥有家计的男子死亡而绝后的这样的场合,就开始产生了新性质的问题。因为这时由于绝后在财产的归属关系上即使是一时性的也还是产生了空白。这种状态用法律用语来说就叫做“户绝”。换言之,户绝说的是在一户之中男性以及他的妻子一个都不存在的状态。在这个时候,家里也许还存在未婚的女子,不过她们是早晚应该嫁到别人家的人,由于不是维持一家命脉的存在,所以不论她们的有无都被视为已经户绝。

即便在由于同居共财的家族制度一般来说并不把遗产继承法当作必要的(参见前述 109 页以下),对于因户绝而出现的遗产的处理,也认为有必要加以特别的规定。作为其代表性的规范,唐的丧葬令户绝条规定了:

> 诸身丧户绝者，所有部曲客女奴婢店宅资财，并令近亲 396
> （亲依本服，不以出降）转易货卖，将营葬事，及量营功德之外，余财并与女。（户虽同，资财先别者，亦准此）。无女均入以次近亲，无亲戚者，[1]官为检校。若亡人在日自有遗嘱处分、证验分明者，不用此令。[2]

明清时期的立法规定了：

> 户绝财产，果无同宗应继之人，所有亲女承受。无女者，听地方官详明上司，酌拨充公。[3]

下面以这两个条文为中心考察一下有关户绝财产的处理问题。不管怎样，正如唐令“并令近亲转易货卖，将营葬事，及量营功德之外，余财……”等等词语所表明的，如果成了户绝，作为一个有机体的家产就要停止其机能，采取清算的措置，清算后留下来的剩余财产的归属就是这里要谈的问题。

继绝和遗嘱　作为残余财产的取得者，不论在唐代还是明清时代，都将女儿列在第一顺序。但在此之前，两个条文都分别附有条件。即，在唐令中以死者生前没有留下明确的遗嘱为条件，在明
清的立法里是以同族之中不存在能够作为嗣子的有资格者（应继 397
之人）为条件。首先必须考虑，就这两个条文分别提出的完全不同的地方进行怎样的调整来理解比较好。

正像已经谈到的，嗣子即使在被继承人死亡后也可以立。从而在某人死亡形成户绝时，如果在葬仪中聚集的亲属经过合议后

选定了嗣子，户绝便变成了可以避免的事情。想要尽可能这样运作也是世之常情。在法律上也明确记有这一事情的是在明清的立法中看到的“果无同宗应继之人”这一句。也就是说，这一句的意思是：即使在暂时成为户绝之后，也应该尽可能立个嗣子以谋求家的继续存在，在没有适格者致使这件事成为不可能的时候才应该采取清算家产、授与女儿这样的措置。[4]尽管在唐令里没有这类含义的字句，但是很难认为立法者持反对的意见。大概是视为当然的事情以至于没有写上。总之，在这一点上，唐和明清或许没有实质性的法内容的差异。

但在这里附带应该说一句的就是宋代的立法在这一点上是极为特异的。在南宋时期的判语中写道：

> 淳熙指挥内臣僚奏请谓，案祖宗之法，立继者谓夫亡而妻在，其绝（二字衍？）则其立也，当从其妻，命继者谓夫妻俱亡，则其命也，当惟近亲尊长，立继者与子承父分法同，当尽举其产以与之，命继者于诸无在室归宗诸女，止得家产三分之一。[5]

398 如上所讲，当时的立法，即便同样是在被继承人死亡之后的立嗣，也区分成由他的寡妻来立嗣称为“立继”、在连妻子也没有之后通过亲属的合议的立嗣称为“命继”这两种，就后者来说，嗣子最大限度不过取得家产的三分之一，其他家产——正如在后面要弄清的那样——规定为如果家里没有女儿的话，应该被没收入官。说到底，户绝的财产是应当收归国库的东西这种观点起到较强的作用。由于妻子是代表丈夫人格的人，就算丈夫死亡而无子，只要有妻子，一家的命脉就没有断绝。即不是户绝。通过妻子选定嗣子，家的命脉没有中断而得以继续。因而在立继的情况下，就全部财产应该被嗣子包括性地承继来说是毫无置疑的余地的。与此相反，就命继来说，纵使是瞬间也是想要复活曾经一时断绝了的命脉的尝试。对此给与多大程度的方便是国家的自由。在理论上，是从成为户绝的一瞬间已经归于国库的继承人不存在的财产之内，作为对命继这一措置的恩惠，反过来只给与三分之一。这可以看作是这一规定的立法理由。[6]不过，就实际例子来看，这个法并非常常像字面那样被强行执行。[7]但是一般还是可以说，国库对户绝财产极富积极性地表示了关心是宋代法的一个显著的特征。

其次，唐令户绝条说的，“若亡人在日自有遗嘱处分，证验分明者，不用此令”，如果故人有遗言的话，在法的规定中一向确定遗嘱应该优先的做法，可以说显示了户绝现象的本质。也就是说，这种情况下，祭祀的断绝只在财产的处置上构成问题。作为规制财产传承的超个人的原理的“承继”停止了其作用，到了这时开始有了个人自由选择的余地。宋代也设立了性质完全相同的规定：

> 诸财产无承分人，愿遗嘱与内外缌麻以上亲者听，自陈官 399
> 给公凭。[8]

但是，在国库对户绝财产表示强烈关心的宋代，北宋中期以后设立了限制应算作户绝财产的遗赠，允许财产的评估额未满三百贯(后改定为五百贯)时可以遗赠全额，不满一千贯(后为一千五百贯)可遗赠至三百贯(后为五百贯),一千贯(后为一千五百贯)以上时可遗赠到总额的三分之一,而且最高只到三千贯,余下的要收归国库。[9]

在明清时期的立法中,没有关于这类遗言的规定。由此就产生了两个疑问。第一,明清时期甚至在户绝的情况下是不是也不承认遗言的效力呢?第二,尽管法里没有规定,如果从道理上承认遗言的效力,那么法中所见的"果无同宗应继之人"这一句确立了什么样的关系呢?也就是说,存在能作为继绝的嗣子的同宗昭穆相当者的时候,他的潜在性的承继期待权和故去之人的遗言哪一个要优先呢?作为将这些疑问两方面都解决的情况,以下清初的判语引起人们的注意:

> 400 《棘听草》卷七"分守道一件为屠抄事"云:"审得,徐悦顺乃诸生徐铠之侄也,铠因妻之无嗣,娶杨氏为小星,已育一女。有侄徐泱,罔顾墙茨之讥,乱其闱簿,复逞毒拳之饱,血溅衣襟,随以远遁。致铠控县具详,照提未结,此铠之所为伤心于骨肉也。及得病乘危,有同学吕日昌、田一泰,素与铠友善,故以五岁之女,许日昌为媳,而预送之以衣环,现拨之以奁田。举妾杨氏,付之一泰,使其善待杨生,抚养遗女,俟长成而嫁之。并将遗产处分已毕。哀哀遗嘱,皆其手书。当是时铠岂不知有侄在,顾其平昔率皆兽行,罔知长上,乱彼人伦。故临诀之顷,绿衣在侧,黄口在抱,宁付托于友生而他不之问者,抑何慷慨之甚,怨愤之深乎。及今阅其零星剩墨,断落残书,恍若风雨暗窗,不堪多读者矣。若之何,悦顺至今尚复呶呶欲

> 为立继，而垂涎其产也。夫镗之不欲继，既已决之于生前，安能强之于泉下。徐镗之产。徐镗得而主之。若悦顺者，可绝此觊觎之心矣，况架词屠抄，妄称险药，刺谬已极，杖不为枉。其徐泱一案，仍听该县照提另给（结？）。”

如上所见，即使在法的字面上没有设立关于遗嘱的规定的明清时代，在法的实务上也并不是否认遗嘱的效力。不仅如此，在有 401
侄儿这样的最亲的近亲应继人的情况下，如果有适当的理由，也仍然承认根据遗嘱等另一种途径处分财产。前面已经述及同宗昭穆相当者有潜在性的承继期待权（312 页），不过，这些到底还是应该作为某种程度的东西来加以理解。

女儿的承受　未能立继绝的嗣子而成为决定性的户绝时，历代法的规定是，如果有女儿便将遗产归属于她。当然，如果已故之人通过遗言作出其他决定就不在此限。和儿子们的承继期待权是一种即便由父亲的遗言也不能动摇的情况不同，女儿取得户绝财产并未被承认为不可动摇的权利。不过，从实质上来看时，女儿的利益和遗言的内容处在相克关系的情况是稀有的现象。如前揭清初的判语（399 页）中也能见到的那样，人会担心在自己死后没有亲人留下来的女儿的未来，许多都留下遗言想为女儿确保财产。在围绕着遗言的诉讼事件中如果女儿作为关系人出现的话，——事实上往往就会出现——可以说常常作为遗言的受益者而出现。[10] 即便没有这样的遗言，也要相应地保护女儿的利益，这些就是法的规定的功能。

另外，在唐的户绝条里规定了“余财并与女”。这里所说的女这一文字可以解释为含有不管出嫁（已婚）、在室（未婚）之别的所有女儿的意思。几个女儿之中有的人出嫁、有的人在室的时候，还不清楚其宗旨是不是两者没有差别地分配遗产，但至少没有在室女只有出嫁女的时候，无疑宗旨是将全部财产给与出嫁女。到了宋代，就对这一点加以修正。北宋初年，在《宋刑统》编纂时的立法中所写的以下内容就是如此：

402 臣等参详请，今后户绝者，所有店宅畜产资财，营葬功德之外，有出嫁女者，三分给与一分，其余并入官。如有庄田，均与近亲承佃，[11]如有出嫁亲女，被出及夫亡无子，并不曾分割得夫家财产入己，还归父母家，后户绝者，并同在室女例。余准令敕处分。[12]

没有在室女只有出嫁女的时候，只给与她们三分之一的财产（如果有数名出嫁女，就变成按人数分割这三分之一），其他三分之二没收入国库。因此在此后宋代的立法中规定：

诸户绝财产，尽给在室诸女。[13]

像所说的那样，不再如唐令单提到“女”，而是明确写上“在室”的要件。在此处，可以看作一并包括尽给财产的只限于在室女（出嫁女不给与财产的全额）的意思和有在室女便“尽给”其财产即就算有出嫁女也无视其存在的意思。但是，虽说这里写着的是“尽”，实际上却有在限度方面不能超过一定的绝对额这样的限制。这一点看了即便是次要性地被谈及的本条的适用的以下那样的事案就都清楚了：

> 《清明集》、争业、“熊邦兄弟与阿甘争财产”云：“熊赈元生三子，长曰邦，次曰贤，幼曰资。熊资身死，其妻阿甘已行改嫁，惟存在室女一人，户有田三百五十把。当元以其价钱不满三百贯，从条尽给付女承分。未及毕姻，女复身故。今二兄争以其子立嗣，而阿甘又谓，内田百把系自置买，亦欲求分。立嗣之说，名虽为弟，志在得田，后来续买，亦非阿甘可以自随。律之以法，尽合没官，纵是立嗣，不出生前，亦于绝家财产，只应给四分之一。今官司不欲例行籍没，仰除见钱十贯足，埋葬女外，余田均作三分，各给其一。此非法意，但官司从厚，听自抛拈。如有互争，却当照条施行。” 403

在上文中，熊资没有留下儿子便死亡了，由于其妻改嫁而成户绝。因而财产依照“诸户绝财产，尽给在室诸女”的法归于他的独生女。所谓“从条尽给付女承分”就是这个意思。并且一看到关于这种做法有“当元以其价钱不满三百贯”这种预先说明的部分，就一定是规定财产在一定限度以上数额较多时不能全额给付（我还觉得“不满三百贯”是不是把本来应该说的“三千贯”误认而成的数额，参见次页以下）。

再有，宋初的立法（402 页前揭）中，虽然已经出嫁但和丈夫生别或死别而回到娘家的女儿也变成按在室女来对待，而后来将其 404
特地称为归宗女，就是从通常的在室女里区别出来，摆在出嫁女和在室女的中间的地位。即,当有在室女和归宗女的时候,既不是将两者同等看待也不是像出嫁女那样将其排除在遗产的分配之外,而是以比在室女略差的一定的比率——没有了解这一数值的线索,不过,比方说以一个在室女的得分为二的话,一个归宗女的得分就是一——来参与分配;又如,与没有在室女而只有出嫁女的时候只给与其三分之一余下的没官的情况相对的,如果有归宗女的话,就会把虽比三分之一要多但也不是全额的一定的份额比——大概是二分之一——给与她并把余下的没官。还有宋代法在立了继绝的嗣子(命继)的时候,将这个嗣子的得分最高限控制在三分之一,这些已如前述,如果这时有在室女的话,嗣子的得分就会更为缩小。可以看到像这样按照情况逐一规定了女儿、嗣子和国库以各自的比率一同分割户绝财产的关系的当时的立法,在判语里时常被引用。倘若缀合这些引用而加以复原,就是如下那样:

> 诸已绝之家,而立继绝子孙。谓近亲尊长命继者,于绝家财产,若只有在室诸女,即以全户四分之一给之;若又有归宗诸女给五分之一,其在室并归宗女,即以所得四分,依户绝法给之;止有归宗诸女,依户绝法给外,即以其余减半给之,余没官;止有出嫁诸女者,即以全户三分为率,以二分与出嫁女均给,一分没官;若无在室归宗出嫁诸女,以全户三分给一,余将没官。并至三千贯止。即及二万贯,增给二千贯。[14]

关于最后的“并至三千贯止。即及二万贯，增给二千贯”的含 405
义，并不是没有疑问，但或许看成嗣子以及诸女取得分**总额**的限制是比较自然的。[15]若综合以上情况用图表来表示的话，可以整理成以下那样：

		归女儿们的份额	归嗣子的份额	归国库的份额	
有在室女无归宗女时	有命继时	3/4	1/4	0	无视出嫁女
		（女儿为复数时均分）			
	无命继时	1	—	0	
有在室女及归宗女时	有命继时	4/5	1/5	0	
	（在室女以比归宗女优遇的比率分配）				
	无命继时	1	—	0	
有归宗女无在室女时	有命继时	1/2?	1/4?	1/4?	
		（女儿如是复数则均分）			
	无命继时	1/2?	—	1/2?	
只有出嫁女时	有命继时	1/3	1/3	1/3	
		（女儿如是复数则均分）			
	无命继时	1/3	—	2/3	
无女时	有命继时	—	1/3	2/3	
	无命继时	—	—	1	

但是归女儿及嗣子的份额截止在总额三千贯（家产二万贯以上时为五千贯），超过这一限额的数额全部归国库。

存在上述那样极为详细的立法是宋代的特殊现象。在元代也 406

仅仅知道只给出嫁女三分之一的财产其余没官这样的法，而其他方面则不清楚。[16]到了明清时期只是再设立一个“所有亲女承受”这样极其简单的规定就完了。

不管怎样，作为户绝财产的取得者首先举出女儿的做法是历代不变的法的规定。但是，至少作为清朝以后社会上的实际情况，在这时应该注意不一定给与女儿财产。例如在乾隆二十二年发生的刑事事件的记录中，可以看到以下那样事件的原委：

> 《例案续增全集》卷四一“戳伤服兄冒风身死不准末减”写道：“刑部为夫命惨亡事，该臣等会看得，王宝舟戳伤王奇舟冒风身死一案，据安抚高疏称，缘王宝舟系王奇舟大功堂弟，素好无嫌。王盛舟物故无子，遗妻陈氏并幼女，兼有田产遗存。后陈氏再醮，经族中众议，将王盛舟田二亩一分，并房屋什物，分给王子卜、王洪舟、王奇舟管业，抚养幼女。王奇舟因须轮养幼女，不愿分产，归与王宝舟收管。乾隆二十年春间，王盛舟幼女为夫家领去，王奇舟遂生翻悔复欲分田”……并且在路上遇见王宝舟时，因为开口提出那样只顾自己私利的话而发生争吵，发展成为伤害行为。……

丈夫死亡妻子改嫁形成的户绝，在留下幼女和一点儿财产的
407 情况下，这种时候不是让财产归在幼女的名义下，而是决定分给同族的几个人，作为抵偿这些同族承担幼女在结婚前的抚养。[17]还有，在本章第一节所论及的，就应将凶手的子孙从具有能够成为被害者的嗣子的资格者中排除在外的立法来看（323页前揭），其结

果如使立嗣的事成为不可能时，就会变卖死者的财产充作赈济之用等。在规定了采取作为户绝的清算的措置之后继续说道，“若死者遗有妻女，将财产给与养赡，俟其妻死女嫁之后，始行入官”，这些内容在此也可以联系起来考虑。如果有妻的话，就不是户绝，妻子死亡之后才成为户绝，死后如果没有人了将财产入官就是很自然的了，但是没有妻只有女儿时是户绝。按照“所有亲女承受”的规定，财产给与了女儿，似乎觉得也可以在出嫁时能够作为陪嫁，可是在这里说的是让在未婚期间作为生活之资来保有财产，结婚的同时必须入官。虽然也可以看成立法相互矛盾，但这一方法也许可以看作是更接近世间的实际情况的思考方法。在《民商事习惯调查报告录》里，黑龙江省的各县一律对所提出的设问作出了相近的回答，不过户绝财产给女儿的回答和归宗祠亲属等而女儿没有优先权的回答混合在一起。[18]在直隶省清苑县报告道：

户绝财产，只有充公办法，而无亲女分析遗产之权。谚语所谓“儿承家，女吃饭”者是。[19]

在华北农村的调查中也说道：

“父母死了留下一个女儿的情况下，女儿是家长吗？＝是的。”“这种情况下大概不可以出嫁吧？＝可以。”“财产怎么处理呢？＝如果没有同族就全部带走。”“如果有同族，这些财产就成为同族之中最近的亲属的东西了吗？＝是的。”“兄弟三人分家，末弟夫妻死了，末弟的一个女儿出嫁了，在末弟的家

408 里没有儿子的情况下，分家时末弟得到的十亩地分给两个哥哥吗？＝是的。有时会都给了兄弟之中穷困的那个人。”（惯Ⅴ456页上段）

如上所述，户绝的财产在女儿未婚期间暂且不管，在出嫁之际，只要同族中有人就被视为应该留在他的手中的东西。因而在女儿出嫁之后，生身之家成为户绝时还提到：

“女儿出嫁之后，就生身之家的财产来说没有关系了吗？＝是的。”“那么，你没有同族，儿子也死了，剩下的人只有出嫁的女儿时，如你死了的话，财产会怎么样呢？＝不论多远的关系，如果有同族就成为这一同族的财产，但这样的人也没有时，村里的人商量之后将这些财产全部作为葬仪的费用以举行一个隆重的丧礼。”“只有出嫁的女儿留下来时，不分给这个女儿吗？＝不分给。”（惯Ⅲ124页下段）

像上面说的那样，看来全然没有分给女儿（宋代立法里所说的出嫁女）财产的事情。还有，在湖北省的各县所得到的以下习惯方面的报告，也可以见到叙述继绝的嗣子和女儿的关系：

竹山、京山、通山、谷城四县，无子有产有女者，其女除将酌提嫁奁田地，或遗爱田地外，不能承受全部遗产。潜江县，女子虽可承受全部财产，然有另提纸笔费与亲侄之习惯。[20]

以上所说的潜江县的纸笔费，可以看作名目上给成为嗣子的承认费，或者给应为嗣子的资格者的赔偿费，使人感到和只给与继绝的嗣子四分之一财产的南宋法有近似性。但是这种情况只限于一县，在其他四县，说来是相反地不过以嫁奁、遗爱之名分给女儿一方若干财产。大半归给了继绝的嗣子。

归属于国库以及其他　作为宋代法的特色，国库对取得户绝财产颇富积极性的情况已如所述，而且作为实际情况在宋代也可 409
以看到不少申报户绝的事实把田地献给官府，或他人告发户绝的事实要求加以没收的例子。看来大概是因为有这样的制度：成为申报人或告发人就可以承租归于官有的土地或者取得官府拍卖物的优先权。[21]不只宋代，像唐令中规定的“无女均人以次近亲，无亲戚者，官为检校”、明清的立法中“无女者，听地方官详明上司，酌拨充公”那样，在连女儿都不存在的时候，户绝财产最终确定为归于国库。但是在这种时候也像唐令的“官为检校”、清代法的“酌拨充公”的文字所显示的，[22]看来一般并非划进国有财产，而是应该采用适当的通过官府之手充作公益的方法。也可以看到将户绝财产充作社学的基本财产之例。[23]除了宋代，官方的态度可以看作大致是比较谨慎保守的。[24]在唐令里规定了没有女儿时给亲戚，明清的立法中没有这一规定，然而没有必要重视这一差异。可以认为，即使在明清时期，如果由有关系的人采取把户绝财产归于宗族的宗祠或亲戚、亲友的处置，官府大概也不会强行介入的。[25]

本节注释

〔1〕“亲戚”一词在现代的口语里意味着外姻，可古代不如说是相反，有以下

两种情况：①只意味着父母兄弟等的场合；②一并意味着同族和外姻的场合。这里的亲戚大概是上述第二种的意思，而在其上的“近亲”之语无疑主要意味着同族近亲。

〔2〕 仁井田陞：《唐令拾遗》，835 页。

〔3〕 清律户役·卑幼私擅用财条·条例三。明户令中说的“凡户绝财产，果无同宗应继者，所生亲女承分，无女者入官”等内容，在清代成为附属于律的条例，乾隆五年时作出本文所引的那样的改订。参见本节注〔22〕。

410 〔4〕 作为社会的实际情况，若没有同宗昭穆相当的人，也采取从姻亲里求得嗣子或让义子承继的办法。在安徽省来安县报告了“来俗无子之人死亡，如有遗产，先尽同族昭穆相当之人承继。若系单门，归外甥或内侄承继，亦有以螟蛉子承继者”（录Ⅳ、9、25、三）。在华北农村也说道：“后继者谁都不存在时，有没有村里的人商量让异姓之人继承家业呢？＝也有这样的情况。”“在本村有这样的例子吗？＝在本村以前没有，但是这样的例子在世上是常有的。”“在那样的风俗中，异姓继承家业时，这个人称作什么？＝称作义子。”（惯Ⅲ124 页下段）通过这样的方法户绝得以避免。本节注〔14〕的“处分孤遗田产”中伴哥也是同一性质的人，但根据宋代法的一般原则，其得分受到限制。

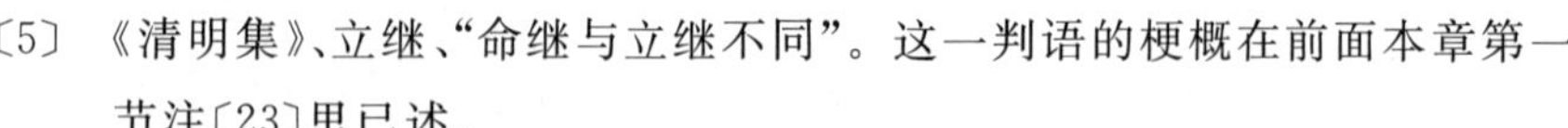

〔5〕 《清明集》、立继、“命继与立继不同”。这一判语的梗概在前面本章第一节注〔23〕里已述。

〔6〕 仁井田陞：《法史》，485 页、487 页注〔25〕中，提到这个法大概是于绍兴二年订立的。指出这一点是很珍贵的见解，但认为在这个时间之前继绝的嗣子丝毫不能取得绝家的财产则是有疑问的，大概看作既没有另外的规定也没有争议地与通常的嗣子同样对待才是比较自然的。

〔7〕 525 页所揭“利其田产自为尊长欲以亲孙为人后”、本章第二节注〔28〕“所立又亡再立亲房之子”等等，都是这里说到的命继的情况，但三分之二没官的事一点儿也没有言及。

〔8〕 在《清明集》、违法交易、“鼓诱寡妇盗卖夫家业”（事案内容在 579 页后述），同、争业、“继母将养老田遗嘱与亲生女”（事案内容在 431 页后述）等两个地方可以看到所引用的这些规定。以上两件都显示出女儿作为受遗者。因而，在本条的“承分人”之中包括女儿这样的解释（仁井田

陞:《研究(家族村落法)》,383 页)没有成立的余地。参见拙稿《中国家族法補考(四)》(《国家学会雜誌》68 卷 7 号,47—49 页)。

〔9〕 仁井田陞:《法史》,480 页、749—750 页。这些恐怕是由王安石等新法党所设立、曾被旧法党一时废止、不知不觉中又复活了的规定。

〔10〕 前注〔7〕的二件都是这样的。

〔11〕 如果在应该入官的三分之二里面包含了土地的话,这些可以解释成让 411
近亲租种(官有地的租种)之意。可以看作是反映均田法废颓的现实一类的规定所表现出来的东西。

〔12〕 《宋刑统》卷十二“户绝资产”。还有在此之前,可以看到“准唐开成元年七月五日敕节文,自今后,如百姓及诸色人,死绝无男,空有女已出嫁者,令文合得资产。其间如有心怀觊望、孝道不全、与夫合谋、有所侵夺者,委所在长吏,严加纠察。如有此色,不在给与之限”的第一次补正法。

〔13〕 《清明集》、立继、“继绝子孙止得财产四分之一”所引。这一事案的内容在后面第四章第二节注〔15〕里将会述及。

〔14〕 《清明集》、女承分、“处分孤遗田产”所引。还部分引用了《清明集》、立继、“继绝子孙止得财产四分之一”,同“命继与立继不同”,同、争业、“罗柀乞将妻前夫田产没官”(参见 594 页)。将近条文末尾的“余将没官”四个字根据最后一个事案引用的法补上的。还有,“处分孤遗田产”的事案内容大略如下:解汝霖一家被入侵的外夷强行带走,夫妇一起死亡。留下来的土地事实上为侄子解勋用益,但被一个叫余荣祖的人告发为户绝。官府没收了这块地,决定改为征收田租(大概让余荣祖耕作)。几年后,汝霖的女儿(不过,是一个出生于异姓在汝霖生前成为养女的女儿)七姑以及孙女秀娘生还,由于寄身于解勋处,官府决定解除了土地的没收,托付给解勋来管理。(也就是说,根据“诸户绝财产,尽给在室诸女”之法,土地成为七姑、秀娘两人的财产。)可是由于余荣祖仍然不停地争,又看到解勋也借二女之名作出一副田地是我的东西的样子,不关心二女的婚事,而且称已立异姓的幼儿伴哥作为汝霖的继绝之子而在事实上想要将田地当作自己的东西等等不明朗的态度。官府便引用本文所揭的法作出了以下判决:将汝霖的遗产分

成四份，给与伴哥、七姑、秀娘各一份，剩下的一份由官府管理充作七姑、秀娘的婚礼的费用。

〔15〕 仁井田陞《法史》，484 页同说。在上注 14“处分孤遗财产”里，引用这一条文后接着说到的“今解汝霖只有幼女、孙女，并系在室，照户绝法均分，各不在三千贯以上。伴哥继绝，合给四分之一，其余三分，均与二室女为业”。由此来看，就会产生限制不是到三千贯吗这样的疑问，
412 但是这一判语的作者怎样计算的姑且不论，似乎觉得那样解释立法的旨趣仍是不自然的。还有，条文的表达也可以理解为以继绝的嗣子的得分作为直接的对象来确定最高限，不过无疑在户绝财产尽归在室女的场合也会作出最高数额的限制（前述 403 页）。

〔16〕 《元典章》卷十九、家财、“户绝家产断例”是关于刘涉川死后成为户绝，阿刘、刘二娘等两个出嫁女争遗产的事件。就阿刘的丈夫张士安是不是养老女婿的问题作出了否定的判定。从而“将刘涉川抛下应有财产躯婢，依例以三分为率，内一分与刘涉川二女，作三分内二分与张士安妻阿刘，一分与次女赵忠信妻刘二娘，令各人依籍应当差役外，二分官为拘收”，将三分之一分配给二女三分之二没官。而且说这是“依例”即按法的规定作出的处置。在二女中间给与长女超过次女一倍的数额，根据的是什么法理不是很明确。还有《通制条格》卷三（《元典章》同前“绝户卑幼产业”）里面记载着：“中统五年八月钦奉圣旨条画内一款，随处若有身丧户绝，别无应继之人（谓子侄兄弟之类），其田宅浮财人口头疋，尽数拘收入官，召人立租承佃，所获子粒等物，通行明置文簿，报本管上司，转申中书省。若抛下男女十岁以下者，付亲属可托者抚养，度其所须季给，虽有母招后夫，或携而适人者，其财产亦官知数，如已娶或年十五以上，尽数给还。若母寡子幼，其母不得非理典卖田宅人口放贱为良，若有须合典卖者，经所属陈告，勘当是实，方许交易。”根据其中第一段，可知一般规定户绝财产为官府所没收。

〔17〕 要注意的是，虽然与 402 页前揭“熊邦兄弟与阿甘争财产”是同样的情况，但处理的方式却不同。

〔18〕 录Ⅳ、4、6、六：“处分绝产，先尽亲女，次尽祠族，再次则亲友承受。但

本人生前有遗嘱者，即依遗嘱办理，与上例无关。”等等此类的回答有不少，反之也可以看到同、4、8、二的“处分绝产方法，有归亲属者，有归亲友等，并无先尽亲女之习惯”等等的回答。

〔19〕 录Ⅳ、1、5、十一。

〔20〕 录Ⅳ、13、48。

〔21〕 如在594页“罗棫乞将妻前夫田产没官”之中，改嫁带来的幼儿死亡 413
时，由幼儿母亲的后夫将他的遗产申报为户绝；在本节注〔14〕里“处分孤遗田产”之中，余荣祖告发解勋；第六章第三节注〔30〕“夫亡而有养子不得谓之户绝”中，朱先告发阿甘为户绝，县官也作出错误的判断，将其土地没收以二百十四贯的价格拍卖给朱先，等等。

〔22〕 清代将明令上写的“入官”做了这样的改订（在注〔2〕已述），说明其理由曰：“以人亡户绝，非有罪可比，不宜言入官，因改定此条。”（《光绪会典事例》卷七五三）

〔23〕 《棘听草》卷一“分守道一件为报明绝田租谷等事”云：“看得，王之道自城陷之后，噍类无遗，所有田产多被侵射。向蒙前守道王清查出实田共七十七石四斗、楼屋九间、园地一片，遂将绝产，议为社学之举。收其租息，以资馆谷，集群弟子而教训之，甚盛意也。……”

〔24〕 因而也有在被村里的有势力的人的管理的过程中，不清不白地弄没了的弊风。录Ⅱ、9、13、二（安徽省宣城县）：“宣邑各团（图?）内，绝户田产多由董保执管，从不报告官厅，始则托名保管，历时久远，往往私行 414
变卖。买主出价购买，亦惟董保是赖，虽明知其为绝产，亦不为怪。此种不良习惯，宣境内各团（?），大都有之。”

〔25〕 还有，如果在家里有义子等等就让其保有财产。参见第六章第二节注〔49〕。

415 # 第四章　妇女的地位

第一节　妻

一、无子寡妻的地位

正如第一章的结论所述(134 页)的,并仍在第一章所述的意义上,妻与夫被结成为一体关系。围绕夫家家产,妻本人的持分是不存在的。因此,只要夫活着,妻就隐藏在夫之背后,其存在就如同等于零。另一方面,夫死亡后,妻变成了寡妇时,妻就取代夫的地位,继续保持着包括原来属于夫的东西,妻存在的极其重要的意义被表现出来。在围绕家产分析权利关系时所产生的问题,都是关于诸如此类寡妻的地位。以下,首先,拟就夫死亡而无子、仅留下妻的情况进行考察;其次,拟谈谈母子同居的关系。

唐户令应分条规定:“寡妻妾(?)无男者,承夫分。”(前揭 245 页)明清时代的立法规定:“妇人夫亡无子守志者,合承夫分,须凭族长择昭穆相当之人继嗣。”(前揭 332 页)谚语也说:“子承父业,妇承夫财。”(前揭 135 页)如此,若夫死亡而无子,则属于夫的东西无论如何都要移交于妻之手,这一点是通行于任何时代和地区的中国人普遍性的法意识。此时财产权的转移,在必然性、包括性这

点上类似于“承继”，但并非“承继”本身。在祖先子孙的连锁关系 416
之中，妻本身没有形成独自的一个环节，无非是寡妻代替夫之一环节并守护到底。立嗣是为亡夫立嗣，出于为嗣子考虑的目的，财产权应该立即被明确并委托给妻亲手保持，以便将来作为夫之后继者所立的嗣子继承该财产。在此意义上，寡妻的地位带有中继的性质。作为不可侵犯的权利，一方面将属于夫的东西全都保持于自己的手中，另一方面关于其处分必然受到制约。以下拟区分不同的情况和场合，尝试对如此的寡妻权利及其受到的制约进行具体的考证。

一对夫妇可能与兄弟分割完家产，或者没有兄弟而父母亦死亡，一家子只剩下夫妇两个人。在这种情况下，夫对于全部的家产有着单独的所有权。若夫死亡，则该所有权原封不动地归属于妻。这一含义至少被间接地包含在唐、明、清立法之“承夫分”一词中，在惯行调查中所得到的完全的、直接的应答说：

> “某夫妻无子，夫死时家之财产归谁所有？＝变成妻之财产。”“若有女儿则如何？＝变成妻之财产。”（惯Ⅰ240页上段）

不限于有体的财产，例如同族共有的祀田，如果每年轮流收益的话，夫轮值年的收益权——亦即筹措祭祀费用的义务——在其死后归于妻。同族不让该寡妻轮班是不可能的。[1]由夫至妻的权利的转移就是如此总括性的。这种关系在妻方面就如同夫仍活着时一样，因此即使没有其他的人，家里只有寡妻，也绝不能称为户绝。[2]

但是，寡妻因其中继的性质，故其处分从夫那里继承的财产要受到制约。南宋时代有这样的法律规定：

417 诸寡妇无子孙，擅典卖田宅者，杖一百，业还主。钱主牙保知情，与同罪。[3]

禁止无子寡妻擅自处分财产。在当时的判语中也可见到这样的话："夫所立之子，妻不应遣逐。夫所有之产，寡妇不应出卖。二者皆是违法。"(前揭 349 页)在让寡妇胜诉并将争执的土地返还于她的判决中，也有特别叮嘱"却不许非理典卖"的例子。[4]此外，在判语中可见：

在法：寡妇无子孙，年十六以下，并不许典卖田宅。[5]

这被视为对前揭立法之断章取义。若据此，则可以知道该法所说的无子孙的情况，如果严格地说，就是无成年子孙情况的意思。[6]即使有儿子，如果幼小，交易就不得不以作为母亲的寡妇之个人意见来进行。因此，这也与无子的情况一样要受到制约。元代的立法中也可见到同一旨趣的规定：

若母寡子幼，其母不得非理典卖田宅人口，放贱为良。若有须合典卖者，经所属陈告，勘当得实，方许交易。[7]

民间的习惯也是一样的，在关东厅法庭，鉴定人说：

> 作为寡妇或过房子，其过房子未成年时，寡妇对其财产有管理权而无处分权，若要处分则不能不得到族长或家长的同意。……在过房子已达到十六七岁时，因其有相当的意思表示能力，当寡妇要处分财产时须得到过房子同意。[8] 418

在费孝通氏的云南省实况调查中也报告了同样的事情。[9]《民商事习惯调查报告录》中也可见到如下的报道：[10]

> 凡孀妇绝卖田亩，除出卖人于契内署名签押外，另须相当之亲族，以见卖人地位，同在契内列名画押。缘孀妇单独卖田，族人横加干涉，易生纠葛，买主不肯轻予买受，于买卖上颇有窒碍。

总之，寡妇单独维持家产之事，若从夫之同族的立场来看，则有必要监视异常的情况。

对无子寡妇来说，由于是从亡夫同族之中选定嗣子，因此使其中继性异变的状况取消，不仅是权利而且是义务。寡妻虽然拥有亡夫的遗产，但是若未正当地立嗣且人品有疑点时，则因夫族的控告，官府介入并由官府管理财产，并命令族中的主要人物公议并使之立嗣，这种措施也曾被采取。[11]妻妨碍为无子之夫立嗣，因为妻作为相对于夫来说的异族企图把财产只传给自己家里的人。在这种情况下，根据夫的遗言，也可以将遗产传给妻以外的亲族。[12]作为夫之代位者，保持其遗产丝毫不受侵犯，虽然这是妻的权利，但也是附带立嗣义务的权利；若不及时立嗣的意图非常明显，则妻的权利被忽视也是没有办法的事情。如果寡妻重视其义务而立嗣，
419 此时就必然会产生母子同居之家。关于其法律的构造，将在后边另行考察（本节三）。

其次，在兄弟同居的家中，若就一对夫妇来看，则夫健在期间对于家产有持分权。在未留下儿子时，若夫死亡，则该持分权原封不动地转移于妻之手；寡妇与夫之兄弟就会建立家产共有关系。因此，在处分家产之际，也必须求得该寡妇的同意。作为证实此事的资料，也可以列举出来寡妇与亡夫之兄弟联名签署画押契据之实例。[13]根据历代立法“应承夫之分”这一词语，正好直接地规定：分割家产之际，像这样的寡妇必须作为一支来计算。在惯行调查中，也可看到如下应答：

> “在家长死亡，只留下长男夫妻与次男的太太（次男死）、三男的场合，祖业如何分割？＝平分。”“即使次男的太太无子也均分吗？＝因‘妇承夫分’，故也平分。”（惯Ⅲ87页下段）

也收录了兄与弟媳妇之间分割家产之文书的实例。[14]若根据宋代的判语，则在家产分割之际发生违法之事时，寡妻也可以代亡夫起诉。[15]

但是，即使在此处，寡妻权利的行使也要受到一定的制约。即，一般认为，既然要分割家产，寡妻就有取得应归属于亡夫之得分的不可动摇的权利，但是其本人主动请求分割家产是不应该做

的事情。在关东厅法庭，鉴定人陈述道：

> 兄弟之中，在其兄已亡的情况下，正当其寡妇进行分家之时，在没有男孩只有女孩的场合，只有从亲属中收养养子后，才可以为分家之事。[16]

如上所述，寡妇单独保持财产之事，如果从同族来看，就是处于需要监视的异变状态。寡妇本人主张分家就被视为该异变状态的开始，这种事情当然宁可被认为是悖理的。立嗣这一本来的义务是 420
要求寡妇首先履行完毕的。

最后，在夫妇一直都处于夫之父亲之下生活着的场合，夫对于家产有着承继期待权。夫死亡后，妻代替其位。但是妻本人绝不能变成承继人。因此，由寡妻所保持的所谓承继期待权就成为这样的内容：要求一定为本夫妇立嗣子的权利，且家产不得非法传给其他人，要求为应立嗣子牢牢地保持住家产的权利。独生子死在父之前、其妻守志时，只要有可能，规定不是给父亲立嗣而是为已死亡之子立嗣的清朝立法（前揭 383 页），在此被联系起来考虑。下面的一件就是违背该原理的父亲之行为引起儿媳妇自杀的案件。

> 《资治新书》卷十三“虐节奇冤事”* 云：“审得。已故妇王氏系已故民吴应凤妻也。氏适应凤，以青年寡，其苦有三：无夫苦，无子苦，无愍（怜？）生惜死之亲姑又苦。所存止一翁，又不近人情之吴学礼也。姑亲犹可以衷诉，翁尊独难以言传，凄

凄复凄凄，有泫然饮泣耳。况学礼不为亡儿立后，反为己立后，以壮年有室之犹子应龙当之。夫使翁远于情，而叔近于义，犹相安也；讵意又不然，是此妇昔苦无夫无子无姑者，而今又增一苦，为有叔矣。应龙欺其伶俜，朝夕诟谇不已。夫寡妇孤儿之受欺惨矣，况又无孤儿之寡妇乎？起龙以虐节告情也。然周（王?）氏处此则甚难：咎翁不孝，咎叔不义，咎兄又不弟。而况一室之内，或疑氏授意于兄，或诬兄有私于妹，不独翁嗔叔嗔，即妯娌亦嗔，皆促氏殒命之罗刹也；乌能免于自缢？伤
421 哉！此妇无殉夫之高名，亦无从人之卑行，而独以节苦数奇，致鼠思泣血，而不得其死，此论者悲其遭痛其志，而亟欲代白其情也。彼学礼应龙不怆然悔恨，而反以唆死图诈为起龙诬，无乃更不情乎！呜呼此氏所以死也。合杖治应龙，仍以应龙子子应凤，奉王氏祀。若有儿矣，灵其享诸。”

* 同文也收录于《凭山阁增定留青全集》卷三。

由上文可见，无视儿媳的父亲被评价为“不近人情”。不过在此处，父亲为自己迎立成年嗣子本身是为了维持家庭生活，也许是必要的，不应该受到那种程度的指责吧。问题是，为了儿媳妇而不去立嗣，存在将之排除在外处理的疑点。判决命令为已故的儿子夫妇立嗣，因为是在已自杀而无法挽救的事件发生之后施与的，所以无非是救济这一点。

二、寡妇的改嫁

422 如前款所述，寡妻享有的权利只限于不使之再婚而留在婆家

(“守志”、“守节”)的范围之内,若再婚(改嫁),则须放弃这一切。唐户令应分条“寡妻妾无男者,承夫分”的规定之后所附的注释说:

> 谓在夫家守志者,若改适,其见在部曲奴婢田宅不得费用,皆应分人均分。

明清时代的立法规定:

> 其改嫁者,夫家财产及原有妆奁,并听前夫之家为主。(前揭 332 页)

那曾是自古以来的重要原则。

与前夫的兄弟等有同居共财关系的寡妇,由于改嫁而失去持分权,这容易被人们理解吧。但是,不仅如此,单身一人保持着亡夫遗产的寡妇,也由于改嫁而失去其遗产的所有权。将之带走而改嫁给后夫,这是不被允许的。遗产一旦变成无主物,就作为户绝财产,以前章第三节所述的方法来处理。在那里所引用的“熊邦兄弟与阿甘争财产”(402 页)及“戳伤服兄冒风身死不准末减”(406 页)两件事,正是其实例。在前夫有幼子、寡妇带之改嫁来的场合,财产以该子之名被保持,但是如果后来该子死亡,就仍须作为户绝来处理。[17]在清朝初期的判语中也发现这样一件案例,即:从已改嫁的寡妇手中没收财产,并将之归于亡夫之侄。

> 《棘听草》卷七“兵巡道一件为天讨事”记载:陈卿注意到

> 不坚守贞操的寡妇诸氏有相当的财产，而与之再婚。诸氏与
> 前夫所生之子周士林客死异乡。前夫之侄周士选起诉。判决
> 曰："诸氏改弦再醮，则义绝于周，所有田十四亩、屋二间，俱退
> 423 还士选管业，诸氏再不许觊觎其间。"

上文的士选，作为周家应继之人，当然实现了对于遗产的权利。

总之，由于夫之死亡而总括性地归于妻的权利，实际上根据夫妻一体的原则，是归属于妻内心中仍继续活着的夫之人格的权利。换言之，是附着于作为一体的夫妇在夫之宗中占据地位的权利，不应该变成妻个人固有的权利。改嫁是妻在自己内心中放弃活着的夫之人格并脱离夫之宗的行为，与此同时必须放弃一切权利。

产生如此重大效果的改嫁，一般认为必须且一定要根据寡妇本人的意思来进行，这既是自古以来的法，也是习惯。历代的律都特设一条即处罚强制寡妇改嫁。[18]夫同族的人，将享有夫之遗产份额的寡妇的存在视为障碍并强迫寡妇改嫁，这种事在社会上是可能发生的。其结果，寡妇以自杀相抵抗并酿成重大的刑事案件的事例也发现不少。[19]与人们所认为的女儿的初婚全部应由父母或代父母保护者决定相比（后述 468 页），这形成极其显著的对比。自古以来的谚语也说道"初嫁从亲，再婚繇身"、[20]"先嫁由爹娘，后嫁由自己"。[21]寡妇守节是从道德的角度给以的高度评价，另一方面，从保障妇女地位这一角度来看，那也确是寡妇不可侵犯的权利。

与寡妇的改嫁相反，在婚约中遭遇未婚夫死亡的女性，断了另嫁的念头，作为寡妇选择在未婚夫的家中终生守节之路，这种情况

也时有发生。称之为“望门寡”，其实例除散见于史书及西洋人的见闻录中之外，[22]在华北农村的惯行调查中，人们也说： 424

> “在订婚期间，若男子死亡，怎么办？＝有称为‘望门寡’并守节的。”“一般会发生什么情况？＝不守节的多。有举行葬礼时来男家送殡然后就不回家的。”“这样的少吧？＝是的。”（惯Ⅳ452页上段）

在类似这样的事中，有的意思可能已被人谈到了。夫家接受她，必须保障带有如上所述权利寡妇的地位。在清律条例中可以见到，作为已故之子应该且一定要立嗣的场合之一，列举着“已聘未娶之媳能以女身守志”的场合即是（前揭383页）。婚约女如果作为望门寡守志，就不喜欢将来家产被细分开之事发生，而夫家策划将她赶出家门之事也时有发生。下文的一件就是。

> 《资治新书》卷十三“恩批全节事”云：“张氏以未字之女，闻夫故而守贞，此人情之最难者。本县且敬之畏之，不敢以寻常节妇相待。姑舅之恩斯勤斯，所以曲成其志者，当无所不至，奈何动加诟詈，每以遣嫁为词。节有余而孝不足，岂其然乎？此妇人偏爱少（小）子，虑其有守必有继，不若逐妇以杜立嗣之源，令小子独承其业耳。前案已定，孰敢更张。”

于是，判定拒绝婚约女之守志是不为社会公认的行为。

在此，我们不得不感兴趣的是：在中国的家族制度方面，妻的

425 地位的保护与财产在族内的确保这两个要求，都被巧妙地满足。夫的东西均成为妻的东西的方法，在继承法上作为妻之优遇策略大概在能够设想到的之中是最高的。另一方面，妻只有在守节的范围内才能享有其优遇。因为只要守节就不打算生亲子孙，所以在托后的问题上只有收养养子。并且养子必须从满足同宗昭穆相当之必要条件的亡夫同族之中来选择。这样，一旦夫之财产全数归于妻，结果就断绝了落入夫之同族以外者之手的可能性。

正统的原则虽然如上所述要坚持到底，但是另一方面其松弛的现象也并非没有，即：寡妇既保持前夫的遗产，又以招入后夫的形式再婚；虽然作为不合于礼的事被人看不起，但是也在某种程度上得到默认，这些如后所述（第六章第三节）。

三、母子同居之家

唐户令应分条规定："寡妻妾无男者，承夫分"，又如其注释明言："有男者不别得分"，在分割家产的时候，寡妇代位于亡夫之得分的情况被限定于没有儿子的场合。如果有儿子（或者代替儿子的嗣子），就根据同一应分条"兄弟亡者，子承父分（继绝亦同）"的规定，亡夫之得分全部归于儿子们。于是就成了寡妇没有得分。那绝不意味着寡妇被排斥于家产的经济功能之外。作为寡妇，母亲以当然的权利与分得家产并已独立的儿子继续过同居共财的生活。儿子也不能拒绝母亲同居，所以在有两个以上儿子的情况下，未经母亲同意，也不允许发生儿子相互之间分割家产之事。名义上归于儿子的得分，实质上带有作为母子共同体的得分的性质；在
426 此，以母亲为顶点、一个或数个儿子过同居共财的生活的一个家庭

就会成立。

一般地，关于母子同居之家的家产所有关系，如果从判语之类汇集的毫不在意的表达如“母子同共掌管”、[23]“所生母与所生子女各听为主”、[24]“母子管业”[25]等等来看，所表现出的家产处于母子共同所有之下是常事。可是，提起共同所有马上就会联想到持分。如前所述，亡夫的遗产都归于儿子们，母与子不分开。因此母与子之间的持分关系是不成立的。并且再者，如果认为两者处于一种共同所有的关系的话，那么这是怎样的关系呢？

首先，具体地说，如果就家产的处分看，母子同居之家的家产经母子二人的同意后才能被有效地处分，一般认为这既是自古以来的法律，也是习惯。[26]儿子已经达到成年，在类似维持着一家之家计的场合，只要有同居之母亲，未得其同意就不能为卖掉土地等有关家产处分的行为。在南宋时代的判语之中，可以见到这样的事例：[27]唆使富家青年（名叫孙某者）将家里的土地典当，并将该典钱一部分消费于玩乐而一部分私吞掉的六个痞子，各自被问罪，结果：

> 孙某有母在，而私以田业倚当，亦合照瞒昧条，从杖一百。

那个青年本人也被问罪。同时代的其他的判语也说道：

> 瞒昧母亲出卖，犹合钱归官，业还主。[28]

若据此则可以知道，当时的法律规定：儿子不经母亲的允许而处分 427

家产时，其处分行为由于母亲之起诉而被取消，儿子应受到杖一百、买主应受到没收价金的处罚。

此外，如果母亲之下有数个儿子，那么因为儿子们兄弟各自都是有份额的家产共有者，所以对家产的处分就有必要征得其全体人员的一致同意，更有必要征得在其上的母亲之同意。下文就是南宋时代处理在那种情况下发生事件的判语。

> 《清明集》、违法交易、“母在与兄弟有分”云：“交易田宅，自有正条，母在则合令其母为契首，兄弟未分析则合令兄弟同共成契，未有母在堂，兄弟五人俱存，而一人自可典田者。魏峻母李氏尚存，有兄魏岘魏峡弟峤，若欲典卖田宅，合从其母
> 428 立契，兄弟五人同时着押可也。魏峻不肖饮博，要得钱物使用，遂将众分田业，就丘汝砺处典钱。豪民不仁，知有兼并而不知有条令，公然与之交易。危文谟为牙，实同谋助成其事。……照违法交易条，钱没官业还主，契且附案，候催追魏峻监钱足日毁抹。丘汝砺危文谟犯在赦前，自合免罪，但危文谟妄词抵执，欺罔官司，败坏人家不肖子弟，不容不惩，勘杖六十，仍旧召保。如魏峻监钱不足，照条监牙保人均备。张五十契内无名，并丘汝砺放。”

擅自进行的处分被取消，被处以返还标的物、没收价金。因此，强调与兄弟并存之母亲的存在，并明确说在字据上母亲的名字作为排名时的第一名是必要的，这点笔者想提醒人们注意。《袁氏世范》也见有：

> 子之鬻产，必同其母，而伪书契字者有之。[29]

若据此则可以知道，作为宋代当时的常识，只有儿子之名的字据是不完备的。想背着母亲出卖的不讲理的儿子有必要以伪造母亲之名的形式备齐字据。近来的惯行调查也发现有同样的事，据说：

> “家长是男子吗？＝男子。虽然家长是男子，但是例如出卖土地时等等要听从母亲之命令。”“如何称呼这样的母亲呢？＝没有名词。出卖土地时等等写上‘奉母命’。”（惯Ⅰ251页上段）
>
> “家之财产，家长可以任意处分吗？＝可以。家长如果有母亲，就要得到其许可。”“假设杨泽有二十亩地，随便卖掉十亩也可以吗？＝可以。”“若其母亲反对？＝就做不成。”（惯Ⅰ270页下段）

民国初期的大理院判决也说：

> 凡成年之子，未得其母之同意，私擅处分家财者，仅其母有撤销之权，其本人及第三人，均不得主张撤销。[30]

可见，承认不干预家产之处分的母亲在事后有取消权，也以传统的 429
法律意识为准则。

另一方面，母亲也不能单独处分家产。因为最初家产从唐户令应分条等字面看的话，名义上是儿子的，所以一般认为母亲是不能单独将之处分的。如前所见，最好是寡妇无子或者即使有子也未成年的场合，寡妇的处分行为得到官府的许可及同族的同意被认为是必要的；如果儿子达到成年的话，他作为本来的权利人，对母亲之意图处分行为，无非是因为可以表明同意或不同意。总之，由于儿子达到成年，家恢复正常状态，没有必要从外部给以特别的监视。

大理院的判决例也说：

> 凡父亡遗产，由亲子或嗣子承受。子未成年者，由其母管理，并代为必要之处分。若子已成年，**则应由子得母之同意。处分遗产，仅母自己独断之处分，不为有效**。惟父有遗言，命为财产上之处分，而母嗣后执行遗命者，则与父自为之处分无异，即非母自己独断之处分可比。[31]

判示母亲单独之处分行为无效。在惯行调查之中，在携妻子出门去北京打工的儿子与在家乡处理一切家务的母亲的关系上，大家认为：

> “母亲什么事情都不与广全（儿子）商量吗？＝没必要通知。”“土地名义上如何？母亲不经广全同意可以出卖土地吗？＝如此的场合要商量。**即使母亲打算卖，买主也不买**。大事情要与居住在北京的广全商量。”（惯Ⅰ231页中段）

430 总之，母亲和儿子都不能单独处分家产。因而在母子同居的家族，根据土地典卖等字据中“某某氏同子某某”的写法，作为行为主体母子排名的顺序是习惯，[32]这样的字据的实例也被发现很多。[33]

其次，就家产的分割来看，历代的法律都禁止“祖父母父母在”时，未经其许可分割家产（前述 174 页）。即：父亲已亡故后，只要母亲还在，家产分割得到其许可被认为是必要的。在母亲与独生子之间的关系上，家产分割被认为当然是不可能的。但是，母亲不是生母时，问题就很微妙。继母非法虐待同父异母之子时，族长、邻人们对之劝谕，如果不听就对家产进行分割。这样的法令在清朝雍正年间被颁布。[34]即使在独生子与继母之间——尤其是继母有亲生女儿时等等——人们认为家产分割是可能的。[35]

分割的时候，通常为母亲保留相当多的养老分，并且其份额并不按一定的比率计算出来，父母都活着期间家产分割之时是同样的。在父亲生前保留养老分并且也让儿子们分家的场合，如果父亲死亡后母亲仍在世，那么养老分全额归于母亲，儿子们不能对之进行干涉。[36]于是，对于自己的养老财产，母亲的立场类似于单身一人保持亡夫遗产的无子寡妻的地位。正如下文南宋时代判语之中已极其明了地说明的，母亲擅自处分养老财产，保持养老财产并任意改嫁，同时将养老财产遗赠给儿子以外的人，都是不被允许的事。

《清明集》、争业、“继母将养老田遗嘱与亲生女”云：“叶氏 431
乃蒋森后娶之妻，蒋汝霖乃蒋森原养之子……蒋森家业有田谷二百九十硕，蒋森在时自出卖三十二硕，蒋森死后叶氏与其

> 兄叶十乙秀合谋，擅割其田业为三：汝霖得谷一百七十硕，叶氏亲生女归娘得谷三十三硕随嫁，叶氏自收谷五十七硕养老。”……叶氏企图将来把养老财产给女儿，汝霖也品行不善，于是酿成诉讼。其判决曰：“已分之业，已卖之田，官司难以更与釐正。只据见在，则归娘三十三硕谷田自合还归娘随身，汝霖不得干预。叶氏五十七硕谷田，叶氏尚在，岂外人敢过而
> 432 问。但叶氏此田，以为养老之资则可，私自典卖固不可，随嫁亦不可，遗嘱与女亦不可。何者？在法：寡妇无子孙，年十六以下，并不许典卖田宅。盖夫死从子之义，妇人无承分田产，此岂可以私自典卖乎？妇人随嫁奁田乃是父母给与，夫家田业自有夫家承分之人，岂容卷以自随乎？寡妇以夫家财产遗嘱者虽所许，但户令曰：诸财产无承分人，愿遗嘱与内外缌麻以上亲者听。自陈，则是有承分人，不合遗嘱也。今既有蒋汝霖承分，岂可私意遗嘱，又专以肥其亲生之女乎。”

上揭判语所呈现的意见，在近代的习惯之中也被原封不动地维持着。在关东厅的法庭，两个鉴定人异口同声地说：

> 当处分养老地时，如果是父亲就可以自由地处分；**母亲在时，允许其儿子根据母亲之命令并以母亲之名义处分**；儿子以外的亲属不能任意地处分。（鉴定人刘心田）
>
> 养老地为老人所有，如果是男子就可以自由地处分；**女子经儿子同意**才可以处分。（鉴定人文筱候）[37]

认为母亲处分养老财产时需要儿子的同意。在华北农村所得到的回答是：

> “养老地在母亲生前可以出典买卖吗？＝若发生特别的事件，则母亲经族长同意而处分；若非如此，则母亲生活困难，就先向本门家长提出，仍谈不妥时就去族长那儿。”（惯Ⅲ79页中段）

不同之处是，不必经儿子同意但是要经族长许可；在不可能由母亲单独处分这点上是一致的。关于母亲改嫁与养老财产的关系，在关东厅的法庭，鉴定人陈述说：

> 有养老财产的父母去其子处居住期间，在因父亲已死亡而母亲又改嫁的场合，不能将养老财产带走。
>
> 母亲留下养老财产改嫁时，其养老财产全部归属于孩子。[38]

其表明的意见与南宋判语所呈现的完全一致。

以上这样的母子关系可以说明，父子一体的原则与夫妻一体 433
的原则是平衡的。儿子延长父亲之人格，在整个财产之上——若有两个以上的儿子则兄弟享有平等的份额——有最当然的权利。另一方面，母亲作为父亲之人格的代位者，不同于儿子的立场，仍在整个财产之上享有权利。只要儿子有父亲之代位者母亲，就仍不从父亲之人格的支配下被解放出来。虽然由于父亲死亡而将财产列于自己的名下，但是关于其处分，仍须受到来自母亲的、与在父亲之下同样的制约。另一方面，母亲之权利有当然的中继性的性质、在没有儿子而单身保持遗产的场合，关于其处分应受到来自丈夫同族的制约，如果有儿子当然就会受到来自儿子的同样的制约。

同时，在母子同居之家日常家务的管理上，母亲之意向常常得到尊重；母亲本人扮演当家人的角色也并不是稀奇之事，正如前第二章所述（300 页）。

本节注释

〔1〕《资治新书》卷十四“灭案废祀事”记载这样一起事件：有个叫陈之乙的人，打算私吞一部分祀田，与次番的寡妇陈阿黄争讼。“审得。陈氏祭田七十亩，轮收管祀，历有年所，祖训昭然，虽逆子顽孙，百世不能变也。顾有老悖生员陈之乙，必欲私踞二十亩，以厌贪饕……陈阿黄虽未亡人，一日为陈氏妇，则一日执大义，以伸宗祀之不可泯，照旧轮管办祭。佃户人等，不得以私租交纳。”

〔2〕仁井田陞：《支那身分法史》，479 页。

〔3〕《清明集》、违法交易、“鼓诱寡妇盗卖夫家业”所引。

〔4〕《清明集》、争业、“从兄盗卖已死弟田业”。

〔5〕《清明集》、争业、“继母将养老田遗嘱与亲生女”。

434 〔6〕《清明集》、立继、“继绝子孙止得财产四分之一”亦云：“所生母与所生子女各听为主，……但儿女各幼，不许所生母典卖。”其中可以见到儿子幼小期间禁止母亲处分的言辞。

〔7〕《元典章》卷十九家财“绝户卑幼产业”、《通制条格》卷三。第三章第三节注〔16〕所揭之第三段。

〔8〕《彙報》，240 页，鉴定人刘心田询问调查记录（九）、（十一）。同，2114 页，可见同一人之言亦同。

〔9〕Fei and Chang, *Earthbound China*, 1948, p. 66.

〔10〕 录Ⅱ、8、2、二(江苏省江北各县)。同、12、9、四(福建省闽清县)亦云:“闽清习惯,孀妇与人缔结契约,典卖祖遗业产,须经亲族同意,署名签字。若本夫手置业产,订约典卖,亦必经房内一二人,在见签字,方生效力。”

〔11〕 《清明集》、检校、“检校嫠幼财产”记载如下事件:在方天禄、方天福兄弟同居期间,天禄死而无子,只留下一个 18 岁的妻,该寡妇与王思诚通奸,并打算分得亡夫的那份遗产后改嫁给王思诚。因王思诚也垂涎似地干涉,故天福起诉,将自己的儿子(但是独子)立嗣为天禄之后,封闭族外人王思诚干涉的余地。其云:“方天禄死而无子,妻方十八而孀居,未必能守志,但未去一日,则可以一日承夫之分,朝嫁则暮义绝矣。妻虽得以承夫分,然非王思诚所得干预。子固当立,夫亡从妻,方天福之子既是单丁,亦不应立,若以方天福之子为子,则天禄之业并归天福位下,与绝支均矣。先责王思诚不得干预状,违从不应为杖断。仍将天福押下县,唤上族长,从公将但干户下物业,均分为二。其合归天禄位下者,官为置籍,仍择本宗昭穆相当者,立为天禄后。妻在者不待检校,但事有经权,十八孀妇既无固志,加以王思诚从旁垂涎,不检校不可。”判示嗣子选定之权本来在于寡妻,独子不得出继,并拒绝天福的主张;另一方面,因为寡妻改嫁而失去一切权利,所以判示王思诚没有干预方家财产的资格,并让他立下不再干预云云的誓约书,召唤族里的长老,委托他们公议天禄、天福两支的家产分割及为天禄立嗣之事,直到事情定下来,天禄一支的财产经官检校。《清明集》、争业、“争田合作三等定夺”(本书 466 页所揭)中,对正式婚姻成立与否值得怀疑的寡妇,若婚姻的事实得到证实,则将亡夫的财产给她,同时又说:“然但可食其苗利,于契书合寄官库,不许典卖”,那样做是为了不使之受到随 435
意处分而采取将权利证寄存在官府的措施,在此也可一并作为参考。

〔12〕 597 页所揭“鼓诱寡妇盗卖夫家业”。

〔13〕 例如,《台湾私法》附录参考书第二卷上 55 页、(九)家族共有的永佃地之卖契字。允许母亲曾门刘氏、长男之寡妻曾门王氏、次男曾屋三人联名签署。

〔14〕 惯Ⅳ127 页上段。

〔15〕 在 527 页所揭“郭氏刘拱礼诉刘仁谦等冒占田产”之中,刘拱武之寡妻

郭氏成为原告之一。

〔16〕《彙報》，554 页，鉴定人文筱候询问调查记录(二)。同，555 页，鉴定人董作思询问调查记录(一)亦旨趣相同。

〔17〕参见 594 页所揭“罗棫乞将妻前夫田产没官”。

〔18〕唐律户婚第 35 条：“诸夫丧服除而守志，非女之祖父母父母，而强嫁之者，徒一年，期亲嫁者减二等，各离之。女追归前家，娶者不坐。”明律婚姻·居丧嫁娶条：“其夫丧服满，愿守志，非女之祖父母父母，而强嫁之者，杖八十，期亲强嫁者减二等，妇人不坐。追归前夫之家，听从守志，娶者亦不坐，追还财礼。”清律同上；“其夫丧服满，果愿守志，而女之祖父母父母及夫家之祖父母父母强嫁之者，杖八十，期亲加一等，大功以下又加一等，妇人及娶者俱不坐。未成婚者，追归前夫之家，听从守志，追还财礼。已成婚者，给与完聚，财礼入官。”唐律、明律只限于妇人之娘家祖父母父母强制改嫁不构成犯罪，而在清律中这种情况却构成犯罪。而且在清律中规定逼迫该寡妇自杀场合的罪等等，后面附着长篇的条例。

〔19〕散见于《刑案汇览》卷七“居丧嫁娶”、卷九“强占良家妻女”。若据王符《潜夫论》卷五“断讼”所云：“又贞洁寡妇，或男女备具，财货富饶，欲守一醮之礼，成同穴之义，……遭值不仁世叔，无义兄弟，或利其聘币，或贪其财贿，或私其儿子，则强中欺嫁，处迫胁遣送人，有自缢房中，饮药车上，绝命丧躯，孤捐童孩。此犹迫胁人命自杀也。”则可以知道，自汉代后的古代社会曾有过同样之事。因此，在辨别廉耻的家庭，儿媳妇
436 的改嫁被认为是“无法说出口的”事(惯Ⅴ103 页上段)。

〔20〕《水浒传》第二十五回，吉川幸次郎译。

〔21〕惯Ⅰ293 页中段。又，在朱介凡《谚话》(台北 1957 年)甲编 57 页收存的湖北省的谚语：“芝麻不开口，谁个敢拷(若芝麻不开口，则似乎谁也不会强行剥取出种子)。”其解释曰：“寡妇再嫁，本人不决定，别人不得主张。取喻于芝麻未晒干开壳以前，是不可能用强力来剥取的。”

〔22〕《清史稿·列女传二》：“陈霞池聘妻钱，相城人，居东乡。未行而霞池卒，钱请奔丧。东乡俗以为，子死妇奔丧，于家凶，辞之。钱毁容矢不嫁。久之，陈氏之族迎以归，为立后……”等等。John H. Gray，*China*，

1878, p. 197; Wells S. Williams, *The Middle Kingdom*, vol. 1, 1883, p. 793。

〔23〕《清明集》、立继、“又唤到尊长供无昭穆相当之人乞立异姓”。

〔24〕《清明集》、立继、“继绝子孙止得财产四分之一”。

〔25〕《资治新书》卷十四“倚势占产事”。

〔26〕参见 George Jamieson, *Chinese Family and Commercial Law*, pp. 25f.

〔27〕《清明集》、孤幼、“鼓诱卑幼取财”。

〔28〕《清明集》、违法交易、“出继子卖本生位业”(前揭 340 页)。

〔29〕《袁氏世范》卷一“妇人不必预外事”。

〔30〕四年上字第 2385 号(郭卫 54 页)。

〔31〕三年上字第 669 号(郭卫 52 页)。

〔32〕录Ⅳ、11、15、一(浙江省临海县):“(上略)其有父亡母在,其子并已成年(继母、嗣母、庶母均包在内),在习惯上,亦视其母完全有财产之所有权。……遇有典卖情事,非直接与其所有权人(即其母)交接,不能得买主之信用,故该项典卖契约上,往往载有‘某某氏同子某某情愿典卖’字样,此实例也。”惯Ⅰ243 页中段:“写作王李氏同子□□□。”

〔33〕可见于录Ⅱ、15、2、十二(陕西省长安县)当契之“杨张氏同子杨堃”, 437
同、15、30(陕西省洵阳县)挑换字据之“康罗氏同子勤业”及《台湾私法》附录参考书第二卷 30 页“蔡黄氏暨子蔡永定、丙丁”等等。

〔34〕由于继母的虐待而企图与妻子结伴自杀的男子,未断气而得救。与这一事件的审判相关联,由皇帝提议、九卿审议所制定的对于悍恶的继母加强处罚的法律中的一节规定:“嗣后,凡遇父死之后,继母与前子不合,其族长户长邻佑人等,当预为劝解,使之相安。如遇凶悍不可化解之继母,即量其家产,为之分晰另居,免生事端。如继母图占家资,不容分居者,许族长人等,禀官剖断。倘族长人等坐视不问,听其继母任意凌虐致死前母之子者,事发之日,并将坐视之族长户长,各杖八十。”(《例案全集》卷四十“继母凌虐前母之子致死”)

〔35〕将揭于下文的“继母将养老田遗嘱与亲生女”是其实例。

〔36〕惯Ⅳ71 页上段:“‘父母死时,养老地如何处分呢? =均分。’‘养老地在父死而母在的场合,减半吗? =不。二人都死后均分。’”录Ⅳ、1、5、

四（直隶省清苑县）：“父母使其子各居另爨，自己酌留财产，以为养赡之需。**父殁母有管理之权**，自不容其子主张均分。”同、10、16、二（前揭于第二章第三节注〔5〕）同一旨意。

〔37〕《彙報》，1848 页以下。

〔38〕《彙報》，586 页，鉴定人徐瑞兰询问调查记录。

第二节　未婚女子

截止到上节所提起的家之构成人员，即家父及其自然的或拟制的男系子孙，与他们的妻子，是一同被结合于父子一体或者夫妻一体二者之中任何之一的一体关系中者。其结论是，他们对于家产曾有所有权、持分权、承继期待权或者属于丈夫的这些权利的代

438 位权。即有以任何形式体现的必然的、总括性的权利。可以称其为家之**主体的**成员。所谓户绝，无非是现在家中主体的成员一个也不存在了的状态。相对于此，对未婚女子说来，只要是女性就不形成父子一体的关系，只要是未婚就更不产生夫妻一体的关系，总之也不存在与什么人结成一体关系的问题。因而未婚女子在娘家享受家庭生活，同时对于其家产没有施与任何形式的必然的、总括性的权利，即直至嫁往别人家为止，此期间可以说未婚女子只不过是暂时被娘家养着。从这个意义上，可以将其称为家之**附从的**成员。

如果从另一方面来说，那么即使是出生于同一家者，儿子与女儿的地位也正好相反。相对于儿子不待作为就当然地是父亲的承继人，女儿绝不能作为父亲的承继人。这一点正如下文所见，通过家族构成转变的各个阶段，儿子与女儿地位的不同也会表现出来。

首先，在家父之下有若干个男孩、女孩的家，如前所述，儿子们有不得侵犯的承继期待权，除了特殊情况如受到刑事制裁之外，即便父亲也不能在法律上将之从家中排除。让儿子们分家是可能的，但那时必须诸子均分财产并使其各自独立。与此完全相反，若女儿达到相当的年龄，则每人因随时嫁往别人家而离开娘家。不违反婚期并使之出嫁后，才能让她离开家，也是父亲的义务。并且因出嫁而断绝了与娘家家产的关系，即使后来父亲死亡，对于已出嫁的女儿来说，虽然在某种程度上分得父母的遗物，但其本意并非分配遗产。据说，农民的应答有：

> （父母死亡之际）“妹嫁到别人家时，她什么都得不到吗？＝得不到。”“不分给父母所有的衣服吗？＝不分给土地与财产，分给衣服。”“除此之外，不分给什么吗？＝分给装饰品。”“除此之外再没有什么了吗？＝**瞒着兄弟**，悄悄给钱的也 439
> 有。”[(a)]“父母通过遗言，可以自由地决定将其一半财产给已嫁到别人家的女儿吗？＝不可以。”“那样的遗言，余下的儿子不遵守吗？＝是的，俗话说‘儿受家产女受柜’。”（惯Ⅰ302页下段）
>
> (a) 这部分问答，从父母死亡之际这样的设问，应该视为离题吧。

因而关于女儿，在广泛的意义上，如果要求某些相当于继承部分的财产的话，那么结婚离家之际所得到的随嫁财产（妆奁）就成为主要的问题。

即使说起随嫁财产，大多数的场合也只限于普通的嫁妆。据认为：

“一般的情况下，媳妇带来什么？＝带来土地的几乎没有，带来钱的也少。例如餐具、镜子、衣服、寝具等等。箱子有的有，有的也没有。应该是那样的。”（惯Ⅴ65页下段）

其筹办费只不过有仪式、会餐等等的费用，总之作为女儿的结婚费用，对家产来说只不过有不定期的稍微巨额的支出的意义。而且：

“出嫁的费用占家之财产的比例大约是多少？＝没有特别的标准。”“关于出嫁费用与家之财产不相称的费用等等，别人不议论吗？＝别人不议论。”“那么人们认为女儿没有财产的应得份额吗？＝女儿与财产没有关系。”（惯Ⅳ70页中段）

正如大家所认为的，为女儿出嫁的花费由父亲酌情定夺。让儿子们分家就一定要聘请见证人，此举具有防止出现不公平之事的监视功能；但是相对于此，关于将女儿从家里打发走，保障其出嫁的准备不至于变得太寒碜的机构并不存在。一般说来，人们认为给女儿的结婚费用通常都比给儿子的少很多。[1]

作为随嫁财产，很少给土地或相当多的钱，既然说只是出嫁的
440 准备，也并不是没有分与财产的性质。在南宋的判语之中，也可以发现很多给女儿土地的例子，作为像这样的意味着分给财产的惯用语，所用的是“标拨”一词或者省略标字仅是“拨”（留出之意）一词。[2]在近来的惯行调查中，从农民口中所说出的“胭粉地”等名称可知，可能有带来土地的情况。但是，据认为那是无子的父母迎立

嗣子并使之为后、出嫁女儿的场合；[3]即使家里有儿子，但作为农民是个别的相当富裕且女儿的人数也不多的场合，[4]还有出嫁身体有缺陷的女儿的场合等等，[5]仅适用于这样的特别情况。一般的情况“非常少”。那不限于近代，即使所谓的远古时代也是同样的吧。

在南宋判语中所出现的当事人很多都是有产者，因为其中可以见到很多分给女儿土地的事例，所以也很难看见当时农民大众之间一般的风俗习惯吧；另外，像这样的财产分与不一定只在出嫁时进行；如果出嫁以前作为嫁资预先指定特定的目的物，[6]那么出嫁后经过一段时间，在确定夫妇和睦之后获赠的也不少。[7]

总之，家里有儿子或者有嗣子（若在女儿看来则为兄弟），其对于父亲有承继期待权。如前所述，该承继期待权对父亲之遗赠、赠与的自由有很强的制约作用。一般认为，这仅与向完全没有关系的家外部人员的遗赠、赠与不同，如果限于不明显地损害承继人（即兄弟）的应得份儿的范围，就应该得到承认，不能让承继人说出不满意。与承继人应得的份儿比较，实际上进行何种程度的分与会获得同意呢？关于这个问题，以下的两个实例可供大致参考吧。

(1)《清明集》、遗嘱、“女合承分”云：“郑应辰无嗣，亲生 441
二女，曰孝纯孝德；过房一子，曰孝先。家有田三千亩，库一十座，非不厚也。应辰存日，二女各遗嘱，田一百三十亩库一座与之，殊不为过。应辰死后，养子乃欲掩有，观其所供，无非刻薄之论。假使父无遗嘱，亦自当得，若以他郡均分之例处之，二女与养子各合受其半。今只人与田百三十亩，犹且固执，可谓不义之甚，……照元遗嘱，各拨田一百三十亩、日下管业。”

（2）《清明集》、争业、“继母将养老田遗嘱与亲生女”记载：蒋森之后妻叶氏与蒋森生前的养子蒋汝霖、叶氏的亲生女儿归娘，由叶氏定夺分割蒋森遗留下来的财产即二百五十八硕谷田，采用的分割方法即：给汝霖一百七十硕谷田，三十三硕谷田作为归娘的随嫁，五十七硕作为叶氏的养老。（详见431页）

在上述第一例中，女儿一人得到的份儿与作为承继人的养子取得份儿相比较，土地是二十分之一弱，库是八分之一；在第二例中，女儿得到的份儿与不久应归于养子之母的养老分之合相比较，就变成七分之一强。从比例来讲，引人注目的是数额相当小。于是，判决也认可这些都是妥当的数额，并分毫不差地予以认可。

总之，相对于儿子继承家产本身并且不久又分配，女儿得到由
442 家产中分与的随嫁财产。随嫁财产的数额依赖于父亲之适宜判断，但是在小额——通常比儿子一人花费的结婚费用还少，无论怎样多但比儿子一人应得的份儿更少——的范围内可以被承认。这正是第一章中在作为“承继”的对立概念定义的意义上属于“承受”的情况。给女儿的赠与，只要是在习惯上大略被承认的限度内，就和给与无关系者的遗赠、赠与不同，在不妨碍儿子的承继期待权这样消极的意义上，确实可以说女儿应该得到随嫁财产。但是应该看到，积极地期待不是女儿的权利，适当地为女儿做准备并打发其出嫁，是父亲——因此也是家产的——应该担负的正当的义务。

其次，直至父亲死亡后有女儿未婚照旧待在家里时，即在兄弟姐妹同居的家中，兄弟有相互均等的持分权即“股份”。作为其效果，处分家产时需要得到兄弟全体的同意；如果兄弟之一人要求分家，那么全体成员同时进行家产分割。相对于此，根本没有听说过这样的话题：处分家产时需要得到姐妹的同意，或者根据姐妹的要求实施家产的分割。岂止与父亲活着、姐妹各自都得到适当且少量的随嫁财产并嫁往他人家有所不同。如上的情况可以说明这样的兄弟与姐妹之地位的差异吧。即，女儿的地位没有由于父亲之死亡而发生变化，只是发生了这样的事件：儿子们承继父亲——一直属于父亲的一切权利义务。因此，父亲之全部财产归于儿子们共有，与此同时适当地给女儿（若从儿子们来看则为姐妹）做准备并应打发其出嫁，即父亲之负担也就成了儿子们（若从女儿来看则为兄弟）的共同负担。就是说产生如下的关系：姐妹期待从作为父亲之承继人的兄弟那里享受与如同父亲在世时应享受的同样的待遇。应该说，家产的权利主体是兄弟，姐妹只不过是作为来自家产的受益者。 443

最后，若分割家产，则兄弟成为所分得的财产的独立所有者并有其各自的家。相对于此，即使当时仍有未婚的姐妹，那也不构成一家。父母在世时分割家产，未婚的女儿跟随父母。其衣、食、住，被视为父母之衣、食、住的一部分，如果轮流管饭，就与父母一起依次转着在兄弟家享受其提供的饭食。

> “分家时，如果有妹妹就不分给她吗？＝未婚的妹妹与母亲一起住。例如，若轮流养活就与母亲一起转着家吃饭。不给妹妹产业。”（惯Ⅴ66页上段）

> “姐妹呢？＝与父母一起住。”（惯Ⅰ294页中段）
>
> “未婚的女儿经常与父母同居吗？＝是的。”（惯Ⅳ82页上段）

等等。在华北农村，关于这点一直可以得到一致的应答。将来出嫁女儿的费用通常被计算在父母的养老地中，即分家后再打发女儿出嫁，也是遗留给父母的事儿。父母保留着将出嫁费用计算在内的若干的稍微多一些的养老地，并将其一部分变卖换成现金，以支出出嫁费用。父母不留养老地时，以另一途径即“胭粉地”等名义为女儿保留结婚费用。除了分家之际做这样的准备之外，根据实际情况，在结婚之际兄弟一同拿出钱的也不是没有。总之，对于兄弟，姐妹的结婚费用是父母的生养死葬费的一部分，兄弟只能暂且不坚持已被制定的法律上的区别，根据自己的生活水准提供于心无愧的足够的钱。

> “如果父母有三个儿子的话，那么如何分配二十亩地呢？＝给父母五亩，余下的分三份。”“同样的田地，如果父母有三个儿子、一个女儿的话，那么如何分配呢？＝养老地稍微多分点，作为女儿的出嫁费用。”（惯Ⅳ105页中段）
>
> 444 “在家长死亡前分割家产之事存在吗？＝在家长生前允许分家时分割。此时作为家长的父母保留养老地并给未婚的女儿胭脂钱。”“胭脂钱是现金吗？＝也有给现金的，但一般不这样，只能将女儿出嫁准备的土地附加于养老地，父母为女儿管理。”（惯Ⅳ82页上段）

“父母持有养老地并有女儿时，出嫁费用由谁负担？＝从养老地中负担。”“没有养老地时？＝由养老粮负担。在养老粮之中也包含着女儿的费用。”“养老粮（地）不富裕时呢？＝分家时预先留出女儿的钱。”“称之为何？＝称之为‘胭粉钱’。”“数额大约多少？＝二百元——二百五、六十元左右。有养老地时就没有‘胭粉钱’。”（惯Ⅳ70页下段）

“分家时，也不分给女子什么吗？＝不分给。”“父亲去世、弟分家之后，女子出嫁时给以帮助吗？＝分家时不分给妹财产。用出典或者卖母亲之养老地的那笔钱，在这种场合，兄弟不能干涉。”“兄一点也不给以帮助吗？＝若兄弟有钱则仅给点钱，‘嫁妆’从母之养老地拨给。”“即使兄弟有钱也可以不给妹钱（嫁妆）吗？＝兄弟四人之中，在二人富、二人穷的情况下，若养老地少则不从养老地出。本门家长让有钱的两个兄弟中的一人买嫁妆，让另一人买衣服。”（惯Ⅲ86页上中段）

等等，如是可见到很多的应答。〔8〕

在父母死亡后家产分割之中，本质上情况也有所不同。只是此时，因为养老地已经不存在了，所以为姐妹准备的结婚费用只能——常常以将来须变卖换成现钱的土地形式——被保留。在华北农村，可以得到如下的应答：

“父母死亡时，财产平等地分配吗？对于未出嫁的女儿也平等地分配吗？＝女儿不取得土地、财产。但只取得结婚时的必要费用。例如，若父亲遗留十亩，则取得一亩土地作为结

婚费用专款。某些场合取得金钱。”(惯Ⅰ232页中段)

445 也摘录了分家单的实例:兄弟三人、姐妹二人分割家产时,相对于兄弟每人的应得份儿土地约十二亩及动产若干,作为姐妹二人的份儿保留了土地四亩半。[9] 如此,姐妹被分给土地之事是存在的,但是始终也是作为结婚准备款项的,并不是作为生计之资。直至结婚之前的这一期间,姐妹的衣、食、住,也被认为仍由分家后的兄弟共同负担。

“假设十二亩的田地,有兄弟二人与妹一人,如果这三人分家的话,该田地的分法如何?=兄六亩、弟六亩。妹也可以去到兄弟任何一方的家。出嫁费用由兄弟二人出资。”“有十二亩田地,分家时不留出妹的结婚费用吗?=分家时,亲戚开会商量。如果妹去兄一方家的话,作为结婚费用需要一、二亩,就给兄一方六、七亩,余下的给弟。”(惯Ⅰ251页上段)

“父母去世,有儿子兄弟三人,如果又有一个女儿的话,女儿出嫁的费用大约是多少?=二十亩中大约三亩作为出嫁费,其余的三人分。”(中略)“有大约二十亩的田地,出嫁的费用大约是多少钱?=大约二百元。”“卖三亩的田地大约是多少钱?=大约三百元,余下的一百元作为女儿的饭钱,兄取得。”(a)(惯Ⅰ255页上中段)

(a) 应该可以见到直至结婚为止由兄长之家养活为前提的应答吧。

等等，如上所说，作为其扶养方法，通常的情况是，不搞类似父母在时所谓的轮流管饭，而由兄弟之中的一人收养，分家之际也预先留出那部分费用。

总之，所谓家产分割是兄弟一同将各自一股组成的家产分开的行为，由此按兄弟之人数分别成立其新家。姐妹绝不被算作一股，依然作为靠兄弟扶养者留下来。〔10〕即使有时为姐妹保留若干土地，那也不外乎是作为为留待兄弟将来共同的支出而留起来的，在严格的意义上很难说是归之于姐妹所有的。分家单仅仅按兄弟的人数来制作，姐妹应保持分家单等等说法是出乎意外的。而在
上述的实例中（445 页），作为姐妹二人应得份儿的土地被指定，但 446
并没有特定每人的土地，这说明不意味着委托她们支配该土地。而且其数额没有一定的比率，是酌情确定下来的。总的说来，比兄弟应得的份儿少很多。〔11〕

如上所述，可以看到：在家族形态变化的任何阶段，女儿与儿子对于家产的地位有本质上的区别。谚语亦云：〔12〕

> 儿承家，女吃饭。
> 儿受家产，女受柜。

相对于儿子总括性的承继家产，女儿对于家产可期待的是："吃饭"即养育到结婚为止，"受柜"即限于所谓的随嫁财产。用不着期待特别的立法，中国人传统的法意识无疑就是以自然之理为原则的。

作为国家的立法，围绕上述各种情况中的最后阶段，即在直系尊亲属死亡后分割家产之际，家中仍有未婚的旁系女子时，关于为

她保留财产的问题，在目前所知的范围内，仅在唐代与宋代的立法之中发现了有关的规定。第一，唐户令应分条（前揭 245 页）之中规定：

> 其未娶者，别与聘财。**姑姐妹在室者，减男聘财之半**。

在这里，首先，我想提醒大家注意一下关于将姑姑与姐妹相提并论的问题，如果是男性，那么也绝没有异世代者被并列在一起的。家产分割着眼于兄弟或者从兄弟或者一个世代来进行，属于该世代的男性每人被算作一股。如果其中某人已经死亡，就由其儿子代位。因为是代位，所以如果有两个以上的儿子，就会数人一起分割
447 父亲之一股。他们不能与其伯叔父们相提并论。然而女性，从认为实行分割的是世代的男性来看，有的是姑姑（父亲之姐妹。其含义一般包括父亲之从姐妹等在家出生的上辈的女性），有的是姐妹（其含义一般包括从姐妹等平辈的女性），并且即使世代不同，在应得的份儿上也被一同对待，女性作为个人得到的是出嫁准备，都在这个范围内且性质相同，这无非是因为与股的概念没有关系。[13]

其次规定：该女子应得的份儿本身是给与男子中未婚者作为结婚费用的特别部分的一半。与男子无论既婚还是已婚作为一股取得本来应得的份儿（即股份）之间没有任何的比例关系。在这点上，从女子的应得份儿即所谓保留的结婚费用可以清楚地看出，不存在以上的意义。总之可以说，在此规定之中，立法者思考的，与民众以“儿受家产，女受柜”的谚语所表现的，是完全相同的原理。

作为立法方面，第二，在南宋时代的判语中可见如下的说明：

在法：父母已亡，儿女分产，女合得男之半。[14]

引人注目的是，除此之外也有一二件言及同一情况的判语。[15]

若据此则在南宋时代的法律中就成了：父母死亡后分割家产时，即使按照给儿子的二分之一的比率给女儿，无论如何相对于家产的总体一定比率的应得份儿——说起来，难道应该称之为“半股”的——得到承认。从上述中国人传统的法意识中看到，必须注意作为异质内容的立法。这点，我也在前著中刚刚指出过。[16]后
来，仁井田陞教授明确提出了特异的学说，即过度重视该南宋立法 448
所具有的意义。[17]

若根据教授的观点，则引人注目的南宋法律反映了中华南方民间的习惯，不要视之为国家法律上的及南宋一代的例外。即，在扬子江以南的地带，从南北朝以来一直到唐宋，承认女子份额的习惯一直存在着，隋唐、北宋等以华北为基础的王朝的法律未曾除去这种考虑。偶尔，在失去华北之地而不得不以南方为基础为国的南宋朝，该地区的习惯逐渐上升到了国家法律的层面上。如果这种情况属实的话，那么即使同样是中国人，北方人与南方人，近千年间围绕女子的地位，明显地抱有不同的法意识，未婚女子不是构成家之主体的成员这一本节的基本命题，必须被大幅度地修改、限定吧。

但是，上文之说作为一个构想是新奇的，却几乎未被证实。不仅未被证实，反过来可证明其可能性极低。这些我已有另文详细论述。[18]在此仅谈一点，即拟回过头看看前揭分给女子财产的两件实例（441 页）。与男孩子应得的份额相比，分别是二十分之一

弱、七分之一强的财产，根据父亲之遗言、母亲之做主被分给女孩儿。这两件实例——而且不管怎样男孩子反正是容易被疏远的养子，女孩子是亲生的女儿——就是发生在南宋时代南宋的版图中，是民间自发实施的——即习惯上的——分与女孩子财产的实例。在南北朝以来的唐宋时期，无须乎介入高度假说的话题，在该南宋时代的习惯上，分给女子的财产也是适宜的、少额的。换言之，必须承认的是，引人注目的立法仅脱离习惯而存在。[19]

449 作为这种习惯反映说的题外话，即使只看国家的法律，也有必要充分注意不要错误地评价。如果以一般的语言说，即：南宋法律承认，即使给女子半份股份，但不管怎样这是与男子相比仅在量上不及而在质上并无差异的权利；那么这样说显然有点过分了。原因是，引人注目的条文仅仅是针对处于直至父母死亡分割家产因未婚留在家的特定境遇的女子的规定，并不是一般性地规定女子的地位。大多数的女子不待父母死亡、分割家产就结婚离开各自的娘家而去。在这样的情况下，对于女性通常的处境，南宋的立法者也未表示任何特别的关注。必须看到，兄弟最后留在家，在某一时刻全体同时均分家产；相对于此，姐妹随时接受适宜的费用嫁往他人家，南宋的法制也作为当然的前提，承认男女两性地位的决定性的差异。不仅如此，引人注目的条文在法庭上对于应该适用的案件，实际上也并没有被适用。例如，屡屡提及的分与女子财产的两件实例之中，第一例虽然据认为明显地符合“父母已亡、儿女分产”的条件，但是判决却只承认父亲之遗言即给与女孩子相当于男孩子应得份额的二十分之一弱，根据“女合得男之半”的法律规定所承认的女子可以拥有的这些权利，并未得以实现。又，说起来所

谓“父母已亡，儿女分产，女合得男之半”，从其文体来看，某些条文的字句没有被原封不动地引用，一定是断章取义之文。条文本身如何，上下文的文理是怎样的，现在没有搞清楚；即使关于法的内容本身下充分正确的论断也是困难之事。[20] 留心这种情况，避免过急地发表意见，注意到这些问题是高明的。至少可以说仅这点大体搞清楚了：据此彻底推翻本节的基本命题的可能性几乎没有。450

综上所述，未婚女子没有像男性及其妻作为主体者那样的对家产所拥有的权利，同时不承担主体者负担家产的责任。“父欠债子当还”之谚语所说的“子”是指儿子，女儿不承担关于家之负债的责任。正如见到的应答所说的：

> “父母、兄弟、妹在时，作为借款有六百元，分家之际怎么分担？＝兄弟每人负担三百元，妹与此无关。父母仅在得到很多的养老地时稍微负担点。”（惯Ⅰ297 页上段）

即使在将形成同居共财制核心的将各自工资收入纳入到家之账目的义务中，女儿也被宽大地对待，如果做手工活等副业稍微挣点钱的话，就可以将之归为己有。详情正好要在下一章阐述。即使在这点上，女儿对家的责任也被免掉。总之，从权利与义务两方面来看，可以规定：未婚女子在其娘家不是主体的权利者，而是附从的受益者。

如上所述，未婚女子的地位即：女儿不是“承继”父亲者，即联结祖先与子孙的人格延长的关系与从父亲到女儿是没有关联的，不外乎是这样的归结。再者，此事从父亲无儿子仅有女儿时的法律关系来看，就变得更明了吧。

此时女儿与有亲生儿子的情况——如果也有若干个儿子的话那就更不用说了——相比，确实曾有财产上往往被给以优厚待遇的倾向吧。如安徽省天长县所报告的：

> 无子者择立继子后，即于继产内，提田若干，或钱若干，给与亲女，或族间卑幼，生则谓之“遗念”，死则谓之“帛孝”。[21]

451 此时容易被分给上述的通常为出嫁准备的财产。[22]但是，那是对于从别处招入嗣子完全继承财产的慰藉，家产的大半不过是以归属于嗣子为前提分与若干。像这样的实例，在华北农村的调查中，也收录了这样内容的主继合同（过继合同），即：夫先死亡，寡妇将遗留下的一女养育了十多年；因此，相当于其夫之父亲从兄弟者成为主继者，将在他看来为族叔的曾孙这样的相当疏远的远亲同族年仅五岁的男孩立为嗣子；对一个女孩子来说，可与之一亩六分的土地。[23]在我国，这样的场合，按照养老女婿问题来解决。而在中国，关于养子存在同宗昭穆相当的要件；另一方面，因存在同姓不婚的铁的规则，故只要忠实于原则就不可将养老女婿作为正规的承继人。

再次，父母既无子也没有立嗣就死亡并只留下女儿时，如上所述财产作为“户绝”来处理（第三章第三节）。在既不实行继绝而死者也无遗言时，历代法律曾规定：户绝财产可以给女儿。此时父亲之遗产的确就会全部归于女儿，但那是已被清算的纯财产的处分问题。在这点上必须理解，女儿与作为父亲之人格延长的总括性地继承包括债权债务在内的全部财产关系有本质的区别。根据第一章已给出的定义，这仍是“承受”而不是“承继”。作为显示两者差异的有趣的一例，是在南宋的赋役令之中所出现的如下规定：

> 诸田宅以恩赐，有专降指挥，减免税祖，而典卖、遗嘱、户绝者，依常法。……即已典而复赎，归本户者，还依减免法。[24]

该规定的旨趣即：已有租税减免之特权的恩赐地，只要存在于受恩 452
赐者本人之手中，就承认其特权；若离开其本人之手，就应失去特权。在此，作为离开其本人之手的理由，列举了典卖、遗赠和户绝，同时未列举出本人之死亡。因此，即使本人死亡，若儿子作为承继人保持标的物，则那又与在本人自己的手中一样不丧失特权。就是说，儿子无非是本人的延长。如果没有儿子而有女儿，那么若根据同一南宋法之规定即“诸户绝财产，尽给在室诸女”，则标的物归于女儿；因为这确实符合所列举的理由户绝，所以就发生特权被停止之事。相对于儿子的承继是根据来自父亲之人格的**连续**而产生的现象，户绝财产归属于女儿则是根据父亲之人格**灭绝**而产生的现象——一旦变成无主就被抛出的财产处分问题。对比起来，这两者在此可以清楚地看出。而且关于户绝财产的处分，按道理各种各样的方法都是可能的。作为其中之一，通常首先限于将女儿作为其取得者来考虑，在女儿这方面应全额取得该财产的天赋权利并没有被承认。若父亲有遗言，则接受其规定；同时，也服从国

家立法的限制。南宋法之“诸户绝财产，尽给在室诸女”的规定，也是在总额三千贯至五千贯的范围内发生效力的规定，并规定：超出以上数额的部分，全部归属于国库。清朝以降的资料中也有所发现的是，户绝财产应该给与女儿的，在习惯上也不一定这样做。但与儿子继承作为必然的不言自明之理已确立的内容有所不同。

将女儿取得户绝财产的现象解释为生存者权的实现，曾是在
453 学界占统治地位的学说。[25]但是，我感到在此使用生存者权一词有双重意义的疑问。第一，无须乎说生存者权是附带于共有理论的概念，在中国的家，家族每个人的权利应该根据整齐完备的继承理论才能准确地解释，在中国家族法研究上共有理论几乎无效。因此，可以说没有必要特意地使用生存者权的概念。第二，如上已搞清楚的，由女儿取得户绝财产作为不可侵犯的权利，并没有得到承认。生存者权之词在最不合时宜的场合，特别喜欢被人使用，不能不被认为是不可思议的。

本节注释

〔1〕 千種達夫氏说，在其所调查的北满之累世同居家族中，为男女结婚而从家产支出的费用，相对来说，为男子结婚的为六七百元，为女子的则为二三十元(参见后述515页)。

〔2〕 “得妻家标拨田一百二十种，与之随嫁”(《清明集》、立继、“立昭穆相当人复欲私意遣还”)，“妄作妻父妻母标拨”(《清明集》、分析、“女婿不应中分妻家财产”)，“但北源一项四百五十把，元系标拨吴革之女”(《清明集》、争业、“吴盟诉吴锡卖田”)，“身为养子，承受田亩三千，而所拨不过二百六十”(《清明集》、遗嘱、“女合承分”)，“荣姐乃在室亲女，已拨之田，宜与充嫁资”(《清明集》、接脚夫、“已嫁妻欲据前夫屋业”)，“拨与女江氏儿，随嫁黄主簿”(《清明集》、取赎、“妄赎同姓亡殁田业”)，“已拨与

女，作随嫁资”（《清明集》、坟墓、“禁步内如非己业云云”）等等。在近代的分家单上可以见到的“除井家坟上地贰亩，东沟地二亩五分，拨归永志、明头，侯俊成婚费用外”（惯Ⅴ78页中段），也是同样的用语之例。

〔3〕 惯Ⅰ269页中段：“何时出现私产？＝妻有钱的时候。将钱给夫，夫买土地就成为自己的财产。”（中略）“作为娘家有三十亩，怎么办？＝娘家没有孩子时给娘的亲属。”

〔4〕 惯Ⅰ271页上段：“胭粉地限于富人之家吗？＝限于富人家。”“若富人家有男孩，则胭粉地就不出现吗？＝即使有男孩也给女儿土地。”“多富裕的家才让女儿带走土地？＝至少是有三、四顷土地的家，只有一个女儿时给土地。”

〔5〕 惯Ⅴ448页下段：“知道‘私放地’这个词吗？＝知道。曾经听老人说 454
起，富人的女儿出嫁时，在该新娘子因体弱多病或者残废不能劳动的场合带走土地。”惯Ⅴ463页上段：“结婚时，新娘带来土地之事有吗？＝非常少。但是有钱人家的丑女随身携带钱去穷人家的事有。”

〔6〕 本文马上在下文揭示南宋的两个实例等等。

〔7〕 惯Ⅰ270页下段：“何时带来土地呢？＝大多在结婚后，过一段时间后带来。”自生有外孙始转移所有权，这样的报告也不少。录Ⅱ、8、9、四（江苏省松江县）：“松江县奁田习惯，须出嫁之女生有外孙，方将田单，交与过户。”录Ⅲ、12、9、二（福建省建阳县）的养膳田也是一样的。

〔8〕 除养老地之外为女儿保留土地的分家单的实例也不是没有（惯Ⅴ93页上段），因该土地有将来变卖充作结婚费用的意义，故在那以前与养老地一起由父母来管理吧。只有明确计算的意义吧。

〔9〕 惯Ⅴ78页中段。

〔10〕 戴炎辉教授也说，“家产以‘房’为标准来分配”、“而将女子称为房的事是没有的”（《法学協会雜誌》52卷11号，94页、99页、103页）。见于林惠海8页分家单上有：“立合同分拨据杨培福同妻陆氏、念吾所生三子二女……将吾祖遗田房屋产……搭配平均，作三股均分，……欲后有凭，立此合同分拨据一式三纸，各执一纸存照”，是女子无股的实例。

〔11〕 福建省建阳县的报告说，扣除的长子份额、未婚子女的结婚费等，通常只有整个家产的5％、6％。“建阳富家分产，除由父母自抽赡养费外，

长子须抽贴长费，未婚子女须抽贴婚费。如父母已故，由族长公亲代分遗产，亦应另抽贴长贴婚等费，此费恒不过就全产百分中抽其五六而已。”（录Ⅳ、12、4）

〔12〕 录Ⅳ、1、5、十一，惯Ⅰ302页下段。

455 〔13〕 关于下辈的孤女，必须与户绝的问题联系起来考虑，例如在第三章第三节注〔14〕所解释的“处分孤遗田产”中的秀娘，也作为不从股之观点的个人，受到与伯母的七姑性质相同的待遇。见于惯Ⅲ155页上段的郝白子与侄女香芝的诉讼事件也是同样的。香芝的父亲（白子之弟）死亡，母亲改嫁，她一个人留在白子的身边。受母亲后夫的唆使，香芝要求自己应得的份额，并与白子诉讼。将大洋六百元、谷子三百石等（如果按土地作价相当于十亩）财产进行分割并有着落，大家认为：“这就成了分家吗？＝不是分家，是嫁妆费。”“若是男人们则怎样分割呢？＝均分五十亩。”可以知道，在南宋及其他时代，户绝财产给女儿的规定并不包含让失去旁系亲和同居中丧父母的孤女继承其父亲股份的意义。

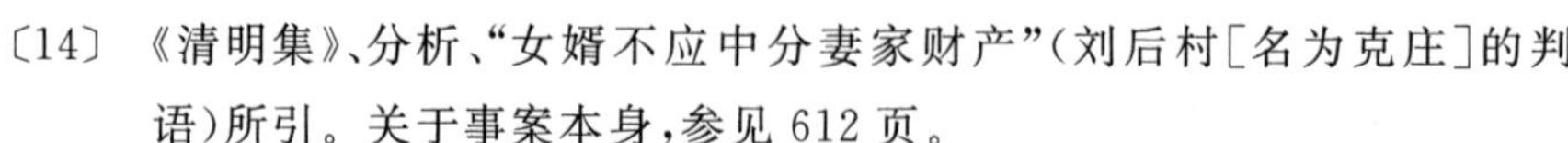

〔14〕 《清明集》、分析、“女婿不应中分妻家财产”（刘后村[名为克庄]的判语）所引。关于事案本身，参见612页。

〔15〕 《后村先生大全集》卷一九三“建昌县刘氏诉立嗣事”（其前半部分以“继绝子孙止得财产四分之一”收录于《清明集》、立继）记载如下事件：在由田县丞（故人）之妾其所生的男孩珍珍及女孩两个人，和县丞的养子世光、其宠爱的女使秋菊及其所生的两个女儿构成的复杂且异常的家（县丞、世光都未娶妻）中，世光也死亡，其时发生了财产争议。虽然县丞之弟通仕不顾自己之儿子世德昭穆不相当，但仍企图将之立为世光的嗣子并使之继承其十分之一的财产；刘氏企图带着珍珍独占家产，秋菊有受两者排挤的倾向，三者的利害关系复杂而平衡。这是经过数次写成的判语的摘录集录，长文颇为复杂且难解之点也不少，其梗概如下文。首先，世德立嗣之事，即使昭穆不相当，但因没有其他的人，故刘氏、秋菊建议承认此事[但因是死后立嗣故应得的份额为四分之一（参见前述405页）]。关于刘氏、秋菊的关系，当初官府不知道刘氏有两个女儿之事，以刘氏与珍珍、秋菊与其两个女儿这两对母子为

基础将家产分作两份，判决想使秋菊母子应得份儿的四分之一归于世德（县丞财产，合从条令，检校一番，析为二分，所生母与所生子女各听为主。内世光二女，且给四分之三，但儿女各幼，不许所生母典卖。……合存四分之一，为登仕香火之奉），后来因刘氏本人提出有两 456
个女儿之事，故改判说："刘氏亦有二女。此二女既是县丞亲女，使登仕尚存，合与珍郎均分，二女各合得男之半，今登仕既死，止得依诸子均分之法，县丞二女合与珍郎，共承父分，十分之中，珍郎得五分，以五分均给二女。登仕二女合与所立之子，共承登仕之分，男子系死后所立，合以四分之三给二女，以一分与所立之子。如此区处，方合法意。但刘氏必谓，登仕二女所分，反多于二姑，兼登仕见未安葬，所有秋菊二女，照二姑例，各得一分，于内以一分充登仕安葬之费，庶几事体均 457
一。"又曰："以法言之，合将县丞浮财田产，并作三大分均分，登仕、珍郎各得一分，二女共得一分。但县丞一生浮财笼箧，既是刘氏收掌，若官司逐一根索检校，恐刘氏母子不肯赍出，两诉纷拿，必至破家而后已，所以今来所断，止用诸子均分之法，而浮财一项，并不在检校分张之数。"如果归纳该改判的内容，就变成如图表所示。

若依据法则实际的裁判

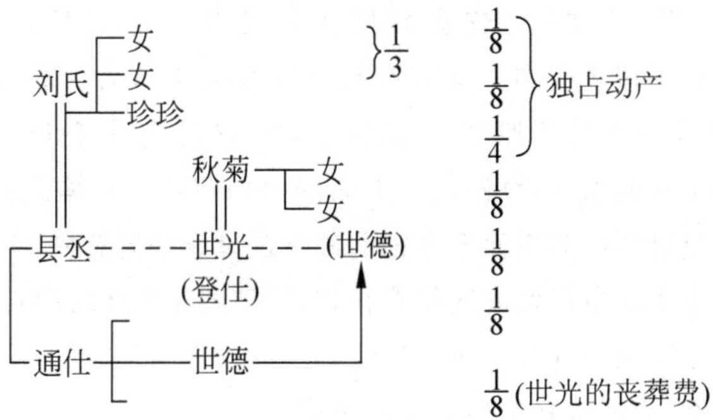

《清明集》、遗嘱、"女合承分"（441 页所揭，范应铃）云："若以他郡均分之例处之，二女与养子各合受其半"，可以认为是上文刘后村所言：即使根据如上所述法的内容来裁判的法官，也知道社会上所发生的事情。

〔16〕　滋賀秀三：《中国家族法論》，97 页。

〔17〕 仁井田陞:《宋代の家産法における女子の地位》(《研究(家族村落法)》所收)。

〔18〕 拙作:《中国家族法補考》(一)(《国家学会雑誌》67 卷 5 号)。

〔19〕 仁井田陞教授在对前注[18]所揭拙作的再论中,基于“法是一定历史时期社会的产物。即使国家机关成为法产生的必经之路,法也不会简单地产生于官僚的头脑之中,更不会产生于官僚的意识世界之中。法是产生于历史之中的。女子分法也不例外”。在这样的一般见解之上,如果说引人注目的立法是脱离习惯的任意的法律,就反驳说:“说明从当时国王,或者当时的统治体制……之中如何任意地推论出的是必要的吧。”(《研究(家族村落法)》,425—426 页)但是,某项立法是否是习惯的反映,通过调查习惯曾是怎样的并与之比较,就可以**直接**判明。这样,关于已判明不是习惯反映的立法,首要的问题是追问它是如何地表现出来的,并回答这个问题,因为**证实**“不是习惯的反映”的理解并不是**必要**的工作。不但如此,在前面被教授作为前提的一般见解也不是无限定的妥当。尤其是在各种事物变化不定的宋代,有一般认为相当荒唐的立法朝令夕改的表现同时消失了的地方。例如,《朱

458 子语类》卷一二八云:“因言。律极好(律即刑统)。后来敕令格式,罪皆太重,不如律。乾道、淳熙新书,更是杂乱,一时法官不识制法本意,不合于理者甚多。又或有是计嘱妄立条例者。如母已出嫁,欲卖产业,必须出母著押之类,此皆非理。必是当时有计嘱而创此条也。孝宗不喜此书,当今修之。不知修得如何?”若根据此,则在家产处分中直至母亲已改嫁而不在家前都承认母亲的同意权(参见前述 426 页),谁也不知道可疑的法律曾在乾道、淳熙年间暂时存在着。于是说那是由于官僚的计嘱。所谓计嘱,大概指的是只考虑为了便于处理目前的事案,而请求轻率地制定新法律吧。

〔20〕 所谓“女合得男之半”,是否在原来一男一女之家为女儿招婿时的分产法,也不得而知。而该法和已明确说明的判语(前注〔14〕、〔15〕),都是刘后村本人一家之言,对此也必须注意。或者那是否是他自己的解释,也不得而知。

〔21〕 录Ⅲ、9、43、三。

〔22〕　参见前述440页、441页所揭两件事例，也是其实例。

〔23〕　惯Ⅳ100页中下段。

〔24〕　《庆元条法事类》卷四七，赋役门阁免税租。

〔25〕　中田薰：《論集》Ⅲ，1347页注23；仁井田陞：《法史》，479页；同：《研究（家族村落法）》，381、383页。

第三节　与宗之所属关系 459

一、女性与祭祀

在前两节的论述中，我们已经搞得很清楚，所谓围绕家产之女性的权利，也必须以"承继"的概念为中心来讨论。问妇女是否也被视为家这一共产团体之一员？问题的提法本身就不妥当。毫无疑问，妇女，无论是在丈夫家的已婚者；还是在娘家的未婚者，都曾是同居共财之一员。但是，同居共财绝不意味着直接的共有家产。如果将家产在法律上的归属作为问题，那么妻子本身并不是什么承继人，但是由于根据夫妻一体原则被纳入夫家的继承系列之中，因此，对丈夫家的家产，妻有不可侵犯的权利（应该归于夫的所有权、持分权、承继期待权等的代位权利）；相对于此，未婚女子在承继系列之中从来没有任何的地位，因此仅限于被承认的作为对娘家家产之附从的受益者的地位。由于将这样的"承继"的概念置于中心，男性与女性，即使是女性之中，已婚与未婚女子在所具有的权利方面，也有本质的不同，也能够正确地表达。

可是，"承继"之继承样式的特点是财产的总括继承与祭祀义务密切相关。因此，通过具体分析围绕家产的权利关系，女性以如

上所述的办法于“承继”系列之中被固定位置——未婚女子也以从来没有任何地位的方法被固定位置——如果这样来归纳的话，即
460 使在祭祀被祭祀的关系中，女性也一定以与上文对应的方法被固定位置。通过讲明这一点，所谓女性的地位才会被完结地把握。而通过这点，就会全面地弄清楚，围绕家产的家族每个人的权利，无非是每个人在宗之中地位的反映，这种看法的妥当性是也包括女性吧。

女性没有祭祀自己父亲的资格。假如女儿祭祀父亲，也就不称其为祭祀。正因为如此，如果有女儿而无儿子的话，就必须从同族之中择立嗣子。即使在惯行调查中，人们也清楚地回答说：[1]

> “祭祖时，祭祀的场所定在长子的家还是次子的家？＝轮流搞。”“有兄弟姐妹，姐嫁往他人家时，也去祭祀吗？＝**姐若在他人家则不必去**。”“妹尚未出嫁的场合，怎么办？＝**女子不被纳入到祭祀的序列**。”（惯Ⅰ231页下段）

女性结婚后也有祭祀其夫之祖先的义务，未婚期间当然不存在这样的关系。就是说未婚女子尚未被置于应该祭祀什么人的地位。

女性在娘家也没有被祭祀的资格。正如已经见到的，男性未婚、未成年而死亡者，没有被埋入祖坟的；而女性不问年龄如何，绝无被埋葬于娘家祖坟的。对于未婚死亡的女子来说，如果她曾有婚约，就采取死后追认完婚，然后埋葬于其夫家之祖坟的措施。即使在惯行调查中也可以看到如下的答复：

“婚约中的女子死亡时？＝将该女子埋于男家的墓地。”
“男子再次结婚？＝男子又结婚，结局是三人合葬。”“婚约中
的男子死亡的场合？＝只退亲，男子葬于其家的地界，其后征
求阴亲。（男女都用退亲这一用语）”“婚约中的女子死亡而未
葬于男家之坟的情况有吗？＝没有。一定埋于男家之坟。”
“女子死亡的场合，与男家的关系是？＝退亲以后该女儿家与 461
男家以亲戚相待。男子死亡的场合没有这种关系。”（惯Ⅳ67
页中段）

“女的未婚者怎么办？＝若定婚则埋葬于定婚目的地的坟。”“未定婚时呢？＝坟地以外。……”（惯Ⅳ444页中段）

等等。又，在清代族谱的凡例之中，可见设定之例：

聘室早卒，迎柩归乃载，女未嫁而卒，柩归婿家，书“字某早卒，归葬某氏”，否则但称“殇”或“早卒”而已。[2]

这样的措施以作为社会之常情而实施为前提，不外乎是预定当时往族谱中记载的方式。在婚约前已死亡的女儿，与男子的情况同样，若达到某一程度的年龄，则会临时埋葬并征求阴亲关系。据说：[3]

“未婚之女的尸体，不让埋入家坟而埋在哪里？＝临时埋葬，但不埋入家坟，以阴亲埋入男之家坟。”（中略）“未婚之女不埋入家坟而埋在哪里？＝埋在别的地方。若没有别的土地

则征求阴亲。""那是根据什么理由呢？＝那是即使死亡也结婚。即原因是应该变成为他姓之人。"（惯Ⅳ75页下段、76页上段）

如果也不实行阴亲，正好有的地方又没有实行阴亲的习惯，未婚女子始终也不进入祖坟，因此不被作为祭祖的对象，其命运是注定要为人所忘掉。例如：在河北省顺义县沙井村，大家认为：

"不知道阴亲之事吗？＝不知道。""山东流行阴亲之事，这里不流行吗？＝女儿不埋入祖坟地，埋往别的地方。但是
462 没有实行阴亲的习惯。"（惯Ⅰ259页上段）

若是男性，则达到成年而已死亡者即使仍未婚也进入祖坟，但是同样的情况对女性就不妥当。因为是女性所以与娘家的祖坟不存在关系，除去作为现实生活中的妻子，即使按照死后追认完婚、征求阴亲等拟制的方法，无论如何作为既婚者，也被葬于夫家的祖坟以外，没有女性进入祖坟之道理。若换言之，则未婚女子是未被置于以未婚的身份来祭祀什么人的地位的。说起来，相对于男性由于结婚或由于达到一定的年龄而被认为成年，女性仅由于结婚而被认为成年，未婚即被认为未成年，这种倾向曾经很强。[4]尤其是以下的回答很有趣：

"有女儿未婚就不得埋于家坟的看法吗？＝是那样。""对于阴亲来说也不埋于家坟吗？＝是那样。**女子要是没有结婚**

就没有长大成人。”（惯Ⅳ87 页上段）

综上所述，未婚女子在祭祀和被祭祀的关系中，从未占有任何地位。如果换句话来说，那么未婚女子在自然意义上只是父宗之人，在社会意义上不外乎是与宗根本没有什么所属关系之存在的。因此，相对于男性的养子要受同宗昭穆相当要件的制约，关于养女立法上与习惯上的制约都不曾存在。《唐律疏议》也明言“养女者不坐”。[5]因为养女只是意味着女子被抚养至结婚的场所的变更，这是与宗之秩序没有密切关系的事情。[6]另外，父亲留下幼子而死亡、母亲正要改嫁之时，孩子们尤其是男孩常常被父亲之同族领回抚养，有不许轻而易举地将男孩作为母亲后夫之家随母子的倾向。463
相对于此，将女孩作为随母子是比较从宽地被允许的。[7]于是，关于被作为随母子的女子将来结婚，一般认为其生母应成为主婚。[8]未婚女子既不属于生父之宗也不属于母亲后夫之宗，正如人们所认为的，在此可看出存在属于生母私人的观念。

如此看来，在围绕家产的权利关系中，只承认未婚女子其作为附从的受益者的地位，作为其不存在与宗之所属关系的合乎逻辑的结论，极其自然地得到理解。

在中国人的人生观中，任何人都必须以某种方式被纳入到祭祀被祭祀的关系之中。在曾对于超自然持冷淡、怀疑态度的中国人的思维中，所谓祖先子孙之祭祀被祭祀的关系只在自然的、可见的之中，是人生永远追求的，任何人都不可被排除于这种关系之外。男性因出生而当然被保证给予祭祀被祭祀关系之中坚定的地位，相对来说女性不因出生而因结婚被纳入这种关系之中。

妻与夫一起负有祭祀夫之祖先的义务。《礼记》云:“夫祭也者,必夫妇亲之”(祭统),《唐律疏议》也可见“妻者传家事,承祭祀”(《户婚》第29条疏)。又,若根据《礼记》所云“昏礼者,将合二姓之好,上以事宗庙,而下以继后世也”(昏义),则为宗庙服务也是结婚的重要目的之一。妻之恶疾(癞病)也被算作“七出”(七个离婚理由)之一,所以若身上有这样的病,则不得与夫一起捧圣人的供物
464 (“不可与粢盛”)。[9]在近来的习惯之中,甚至也可以见到,在某些地方,清明节时母亲、妻子等妇人被分派在祖坟捧供物。[10]

同时,妻与夫共同接受夫之子孙的祭祀。已婚者一定要被埋葬于祖坟而且是夫妇合葬于同一坟墓。这就是自古以来《诗经》所咏唱的“穀则异室,死则同穴”,直至近来的惯行调查所发现的,一点也没有改变。[11]根本不问是否有出于自己之腹的子孙。夫作为考(死去的父亲)被祭祀,妻必须作为妣(死去的母亲)被祭祀。如果附有牌位的话,就将考妣对照的两个牌位作为一对。这不仅被知识分子们记载于礼书中,[12]而且也从农民的口中说出:

“你家有几个牌位?=曾祖、祖父、父、叔父夫妇四对。”(惯Ⅳ122页中段)

正如人们所说的,牌位当然是以夫妇组成对的。[13]在内田智雄教授著作的照片中,可以见到的牌位实物,也仍然是同一形状的两个牌位组成一对。[14]即使作为宗谱的书写格式,夫之名与妻之名也被平等地大书。凡例云:

> 祖宗讳大书于册者尊之也，妣亦大书者并尊也。子孙名目俱大书于册者，以其继祖承祧重之也。妇亦大书者，以其与夫敌体也。[15]

也可见到特别地将之明文规定之例。

总之，在祭祀被祭祀的关系中，夫妻构成一体。在围绕家产的权利关系中，夫妻一体的原则——在寡妇则明显的是妻之不可侵犯的权利——无非是其结论。[16]

对女性来说，结婚绝不单单是与夫个人的结合，而是与在宗之秩序之中夫所占据着的地位的合并；于是通过结婚，就意味着开始取得对人生之完结来说是不可缺少的要素即与宗之所属的关系。465
正如将男女各自互为配偶称为“男有室，女有家”，[17]女性因结婚才开始找到自己生死期间承认为其一成员的家。并且根据同宗不婚的铁的原则，夫之宗必定与父之宗有别。女性虽然长大成人但应该归于他宗，而且仅根据此就应看到所规定的人生之完结的存在。《白虎通》云：

> 嫁者家也，妇人外成，以出适人为家。（卷四“嫁娶”）

“女子不结婚就没有长大成人”，农民的这一句话正宛如该“妇人外成”一语，能够明显地表现出女性所处的立场吧。[18]

二、结婚与离婚

婚姻对女性来说，在开始使之产生与宗之所属关系这点上，有与女性的地位相关联的特别重要的意义。在此大致阐述一下关于其成立与解除，并拟指出其在中国的特征。[19]

首先，在中国不曾存在这样的想法：使婚姻的成立受到宗教的（即教会）或者世俗的（即国家）总之是公共权威的见证、认证。所谓法律婚主义与旧中国是无缘的。这就是，作为婚姻之成立要件，因为要求申报等等的立法未被发现，所以不仅被消极地推定，而且被例如可见于南宋判语的如下之一节积极地证实：

> 466 《清明集》、争业、“争田合作三等定夺”记载：一个名叫翁泰的人死亡并成为户绝。但是有一个叫胡五姐的女人主张与翁泰生前有婚姻关系。如果真是这样的话，那么翁泰的所有财产照理都应该归于她。可是官吏说：“至于胡五姐，则当究问，昨来是何人主婚，是何人行媒，是何财帛定聘，是何财帛回答，是何人写婚书，是何时成礼，成亲之夕会何亲戚，请何邻里宴饮，用何人庖厨？如果是礼婚，则翁泰死后鬻不尽之业，合令管绍。然但可食其苗利，至于契书，合寄官库，不许典卖。”

如此，逐一并综合地考察主婚、媒人、聘财、其回礼、婚书、成婚之仪式与披露宴等等社会的事实和现象，“礼婚”即认定正规的婚姻成立与否。类似国家的户籍记载是怎样的，在此作为辅助认定的一个要素，甚至也未被谈及。[20]总之，法律采取的立场与通常以契约为秩序基本上是一样的，即在法律上也承认并保护作为社会的现实的婚姻之成立。于是在取缔背信行为、对于若干违反良风美俗的行为强行地干涉（禁婚亲的规定等等）、处罚有关人员的同时，根据情况也否定行为的效力。以上所述是旧律中婚姻关系法规的主要内容。《中华民国民法》以公开的仪式与两个以上的证人的存在作为婚姻成立的要件，就是遵循了传统；[21]《中华人民共和国婚姻法》以男女本人亲自出面到所在地人民政府登记并取得发给的结婚证作为婚姻成立的要件，应该说这确实是革命的立法。[22]

就这样，中国人传统的想法与法律婚主义无缘；另一方面也并不是事实婚主义。如果男女有永续的意志而且甚至同居就认为这 467
是婚姻，像这样的事情是过去的中国人未曾想到的；假设某人有这样的想法的话，作为不堪入耳的令人讨厌的思想一定会遭到排斥。如法律从一件事所表明的：[23]拟将婚外男女肉体关系都作为奸罪处罚的对象——有夫之妇人的通奸只不过变成了奸罪的加重原因——许可的关系与不许可的关系的区别是极其严格的。[24]使这种区别成为可能的，就是中国社会存在的极有特点的“礼”观念。按照礼的要求所迎娶的女子被认为是妻，不遵循礼的要求就被领回家的女子则为妾；除此之外的肉体关系都作为奸，既要遭到社会的谴责，也要受到法律的处罚。

婚礼最古典的样式被规定于作为经书之一的《仪礼》(士婚礼)之中，一般认为由纳采(男家向女家提出正规的结婚请求)、问名(为了卜得吉凶而问女方的名字)、纳吉(卜得吉后的报告。据此成立婚约)、纳征(男家向女家交纳聘财)、请期(商定结婚的日期)、亲迎(迎娶女子。即结婚仪式)之“六礼”组成。经书所记载的礼制虽然后世在民间并没有按照文字原封不动地得以履行，但是经书记载的并非全都是一纸空文，在细节上可以说，根据时代、地区以及当事者的身份高低与贫富之差距，容许无限的变形、省略与附加，作为事物发展方向的基本线索，“六礼”的精神被充分地固定于习俗之中，其影响一直及于近代。[25]

如果说仅仅领会最核心之点的话，那么婚姻经定婚（婚约）与成婚两个阶段完毕。若将之比喻为交易，则通过定婚契约成立，成婚有履行契约的性质。作为契约之主体的当事人即男女两家，各自都有“主婚”、“媒人”在两者之间斡旋，并且也成为契约成立的证人。“父母之命，媒妁之言”（《孟子·滕文公下》）对正当的婚姻来说是决定性的要素，男女本人在很多场合被置于契约客体的地位。在应该处罚走上缔结违法婚姻道路的有关人员时，关于谁应该承
468 担刑事责任，唐律（明清律大致同文）有如下内容的规定：[26]

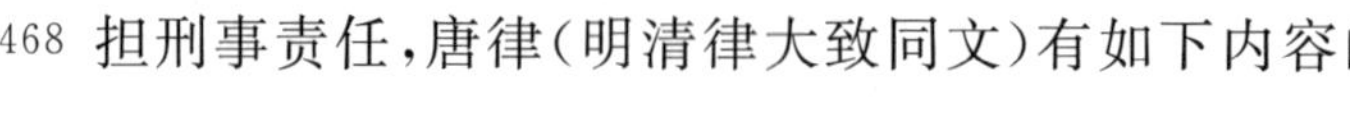

(1) 男十八岁以下（明清律二十岁以下）、女初婚的场合，仅主婚负有责任，男女无罪。

(2) 其他的场合，即男十九岁（二十一岁）以上，或者寡妇再婚之时：

① 祖父母父母主婚的场合，仅主婚负有责任，男女无罪。

② 期亲之尊长主婚的场合，主婚为首犯，男女为从犯（明清律：期亲之尊长或者外祖父母主婚时，写前项①同。）

③ 其他的亲属主婚的场合，根据谁想出来的：

a. 由主婚想出来时，主婚为首犯，男女为从犯。

b. 由男女想出来时，男女为首犯，主婚为从犯。

(3) 无论任何场合，男女被强迫且实际上未曾有发言的余地时，仅主婚负有责任，男女无罪。

(4) 媒人往往被减首犯二等（明清律一等）问罪。

引人注目的是，此处将责任归于主婚的案件比将责任归于男女本人的案件更多。即，符合上述(1)与(2)之①的双方或一方的条件的是社会所流行的结婚的通常形式，其他的不过是例外。而在这种通常的场合，男女被认定无罪。总之，立法者看到婚姻通常都是根据主婚的意思来缔结的，男女本人的意思能发挥作用的只是限定于例外的场合。又，一看到上文的(2)之③的条件等等，就可以知道这样的情况即实质上在男女本人必须自主地行动的场合，就是在形式上也认为主婚仍是必要的。不过，男子成为官吏、商人并离开家乡生活时，在到达的地点后，自己想要娶妻之事也有可能发生。律对此有所预料，规定：其时在家的祖父母、父母、期亲之尊长
等等已为该男子定了婚，只要未在到达的地点成婚，就应该优先考 469
虑在家之定婚。[27] 如果已经定婚的男子外出并在到达的地点自己娶了别的女人，那么当然无论到哪儿，其在家的定婚都有效，在到达的地点娶的女人就只会处于妾之地位。

什么样的人应该成为主婚即关于谁有为男女选择配偶的优先权，历代的法律规定：首先祖父母、父母应该成为主婚，没有祖父母、父母时其他的亲属应该成为主婚。[28] 在元代也可见到判示母亲比兄更优先的审判例。[29] 在祖父母、父母相互之间，祖父应该比祖母、父应该比母更优先。这是毫无疑问的。[30] 据认为，在祖父与父亲之间，虽然在形式上确立祖父的地位，而且充分地尊重其意向；[31] 但是，当时的人们却认为实质的且直接的责任与权限属于父亲。[32]

媒人既有男子也有妇女，虽然也起着介绍陌生的两家的作用，但也是定婚这一重要的法律行为之成立与细节的内容（例如聘财

的数额等等)的证人,调整两家的立场同时斡旋直至成婚,成婚后起很大的作用并成为夫妇身份之合法的证人。[33]与分家、买卖方面的中人一样,在重要的法律行为的场合必然要求第三者列席,这不外乎是深深地透入中国人骨髓的生活态度的表现之一。[34]

作为定婚成立的要件,唐律、明律列举婚书、私约、聘财(财礼)三者,根据其中任何一个都可以认定定婚成立。[35]关于私约是什么意思,律虽然有不明确之处,但是恐怕即使不具备类似正式的婚书的形式,假设因履行了习惯上所认可的某些手续,也能够认定互有实质上的约束。即使在接受聘财以前已经有"私约"的,据认为这也就意味着承认定婚的成立。如果是那样的话,律就采取这样

470 的立场,即:除了以婚书或者聘财作为最确实的证据来认定定婚成立之外,不仅限于此还承认一般所认可的习惯。[36]元代以来,出现训示尽可能立婚书的立法;[37]民国初期也曾颁布印刷了固定格式文字的官制的婚书。[38]可是,这并没有作为不可缺少的要件来要求。关于习惯上履行什么样的手续,在《民商事习惯调查报告录》之中,可以见到各地各种各样的极其多的报告。概观起来,以婚书、媒柬、庚书、庚帖、八字、定帖、红帖、龙凤大启、龙凤帖、乾坤书等等各种各样的名字来称呼,以某种交换作为定婚之证据。这种习惯可以相当广泛地见到。[39]所谓婚书的格式随着时代发展或许曾有变迁,但是近来的习惯中所出现的上述的文件,都以干支分别表示男女出生的年、月、日、时,并将合计八字作为主要内容(由此产生八字、庚帖等等之名),充其量补写上主婚人及媒人的姓名与两三句的贺词。据认为似乎就曾是这样的简单。[40]不管怎样,婚书是属于礼的范畴,至少通常没有形成契约书的体裁。其名也被

称为“启”、“柬”、“帖”(都是书信之意)而不被称为“契”。[41]定婚的初始就交换预备的文件(草启、小柬),男家缴齐了所商定的聘财后,在成婚前先交换正式的装饰豪华的文件(大启、大柬),这种习惯可以相当广泛地见到。[42]但是另一方面,也有根本不用婚书而以送聘财作为定婚成立条件的地方;[43]另外,交换媒人的酒宴,由于送礼物(除聘财之外,暂时送象征性的礼物)而定婚成立,以后双方全都不反悔,这样的地方也多数被报告。[44]绝不能说交换婚书曾是普遍的习惯。聘财具有作为巩固婚约的经济价值的转移即付款的意义。因此以现金形式来交付的也不少。就是说,聘财与其带有定婚成立之证明的性质,恐怕莫如带有基于成立了定婚的契约作为男方之履行的性质,这种情况也不少。不过这点,据报告有聘财极高的地方;另一方面,据报告也有将没有聘财、没有现金的接受作为耻辱的地方,人们承认地区差别很大。[45]一般说,女子的年龄越大,聘财就越高;[46]在新开辟的地区,聘财高;[47]富户比穷户之间——起码相对的——更吝啬地要求高额的聘财,这种倾向也可以见到。[48]聘财的数额高时,以分期付款缴纳之后才娶妻的,也不稀奇。[49]定婚期间一方已死亡的场合,女方死亡时不返还已被交付的聘财,男方死亡时返还一半,这样的习惯也可以相当广泛地见到。[50]但是,这也主要在贫户之间吵吵闹闹地争论。[51]

作为定婚的不合常规的形式,是为幼男、幼女定婚,而且在定婚的同时有将未婚女——暂时作为养女——领回家的,称之为“童养媳”。作为夫家的话,回避娶长大成人的女子需要高额的聘财;作为女家的话,免去了养育女孩的负担,主要是基于经济理由的捷径，当然大多流行于中等以下的家庭。而且关于其频率，地区差距很大，据认为似乎有局部地区特别盛行该风俗的地方。[52]

一旦定了婚，就可以认为有强制力来保证其履行即成婚，这有力地约束着男女双方尤其是女方。它有着不能与近代社会的婚约相比较的重要性。

根据唐律，给女儿定了婚之后“辄悔者”，即无正当的理由而支吾搪塞成婚的主婚人，杖六十；若将女儿许配给别的男子，则杖一百；若已经使之与别的男子成婚，则处一年半的徒刑；女子即使已嫁给了第二个男子，也应该返回第一个许婚者的身旁；只是若第一个许婚者不喜欢她，则后婚保持原样，并使之返还聘财。即认为第

472 一个许婚者有收回该女或者抛弃该女，并收回聘财的选择权。男方悔婚的，唐律认定仅失去聘财而无罪。明清律也有大致相同的规定，只是处刑稍微减轻。唯女家悔婚时，女子不想返回男家的，应该双倍返还聘财；男家悔婚的，也全都有罪，与第二个女子定婚——若是成婚以前——也认定为无效，并且认为应该履行原来的婚约。这点与唐律不同。[53]不仅法律且习惯上也明显地有一旦定了婚就不得取消的法律意识。[54]因此，围绕此容易引起诉讼事件。据认为，“户婚田土之案”就是作为民事案件举例说明的总称而被人们惯称的词语，[55]婚姻是与继承、不动产并列的，被算作代表性的民事案件之一，围绕不履行婚约的纠纷很多。

事案到法庭时，虽然在后婚已完成了多年、也已生子这样的万不得已的既成事实面前，官吏的审判也迫切希望达成某种程度的妥协，但是作为法理的话，始终被贯彻的立场即第一个定婚是有效的，并且是有强制力的。[56]

另外，女家出现悔婚的兆头时，男家聚众抢婚的情况也曾举出不少。[57]而法律认为，对于如此的自力救济，因未告诉官府故只科以极其轻微的刑罚，婚姻本身据此完全有效地成立。[58]

定婚最早缔结于10岁前后的，也不少见。因此，婚约期间屡屡经过相当长的时期。虽然经过这么长的时间，但是订婚的拘束力并没有改变。这就是说，对于强制成婚事实上处于困难处境的女家来说，有时成为过重的拘束。于是法律规定，男家无故不娶或者男子逃亡不归达到一定期限时，女子告诉官府之后就可以嫁给其他男子。但是此期限，在南宋规定为无故不娶三年（逃亡一年？），在元代都规定为五年，[59]在明清规定各自为五年、三年，[60]
这也是相当长的。[61]其他，作为一方可以撕毁婚约的正当理由，元 473
代以后的法律只不过列举对方犯了盗窃或者奸淫之罪的场合，[62]并解释道：家境贫困、身体稍微的损伤等后起的理由，不使婚约的撕毁合法化。[63]

这样，定婚有约束力被认为是基于这样的看法：据此，夫妻之名分即使尚未完成，也难以动摇已确定的夫妻名分。在《今古奇观》之中可见，为处于病危状态的儿子着急而决定让未婚之妻出嫁的老太婆顺口说出："他受了我家的聘、便是我家的人了。"[64]可以说，这才是旧中国社会人们共同的想法吧。如上所述，在定婚期间男人已死亡时，女人成为望门寡（423页）；女子也死亡时，以埋入男家祖坟的形式（460页），可以形成婚姻的追认就是这个原因。元明清时代，将定婚期间男女的肉体关系问以违犯父母教令罪而不问以奸罪的判例也成立。[65]即使在语言上，正如所见的"聘定未婚之妻"、"定婚夫"等的用语例子，[66]定婚的男女已被称为夫妻。[67]所谓婚书，并不是因成婚而成为用完的婚约证书，而曾是意图成婚后一辈子可以有助于身份证明并被交换的性质，[68]作为定婚的证人媒人（也有所谓“媒证”之成语）的功能也曾是同样的（上述469页）。总之，夫妻之身份是通过定婚来设立的，可以说成婚不外乎是其自然趋势的完成。[69]因为不用说在定婚期间夫妻之身份也是未完成的，所以围绕伤害事件等适用刑法时，原则上也以“凡人”来讨论。但是，即使在此也应看到若干已经被以夫妻之名分来考虑的现象。[70]

成婚，正如“亲迎”之名所表示的，是通过由男家派交通工
474 具——老式的是婿亲自前往——迎接女子的仪式而成立。女家与男家各自特地——尤其是男家盛大地——邀请自家的亲戚朋友并摆酒宴。迎接女子之后，行拜天地礼，拜祖灵，及向夫之父母以及尊长行礼，两人端坐于寝室床上行交杯酒的合卺之礼等等，结婚的主要仪式都在男家举行。宗教上的神职人员、国家的官吏根本不参与，也不会发生男女双方赴第三场所相会并举行结婚仪式之事。[71]最重要的是列队迎来新娘，此时新娘的交通工具一定是传统的花轿——施以红色的装饰并有四个或八个轿夫所抬的肩舆。[72]如此，众人一看就知道，新娘被用花轿接来并进入夫家之门。这曾成为已取得合法的妻子身份的最好的公证手段。若据杨懋春氏说，则：[73]

> 花轿（bridal chair），自古以来一直是社会公认的把新娘接到她丈夫家的唯一合法的运载工具。如果她是由其他工具接去的话，那么她就不被视为合法的妻，在家人及亲戚眼中的

地位极不体面。

在惯行调查中，农民的应答也说：

> ［结婚费用］“大体上是多少？＝富人是二百元左右，穷人是七、八十元。其中一点也不花钱的也有。”“不花钱的是？＝只**雇轿子**将女子接来。”（惯Ⅳ448页中段）

如此，即使无论怎样简化结婚的仪式，花轿也是绝对不能缺少的。[74]正因为借口这种仪式的核心部分的样式在习惯上定下来——在那里变成“礼”[75]的功能存在——可以说法律只能限于承认这样的社会的现实并加以保护。

由于具备定婚与成婚之礼而被娶，妻之名分确定并完成。妻之名分是独占的、排他的，不允许一个男人同时有两个以上的妻。475
自古以来，夫与妻被一对一地对应比喻为日与月、天与地。法律也处罚有妻而又娶妻者，并且认为后婚无效。[76]如《唐律疏议》所说是“一夫一妇，不刊之制”。[77]男子在妻之外可以自由地置妾，但是妻与妾之名分确实有别，乱此名分的行为即以妻为妾、以妾为妻，都要依法被处罚，并被认为是无效的。[78]

父子、夫妻、兄弟各自可被称为一体关系，如前所述（38页），父子、兄弟是“天合”，即先天的、自然的结合，绝没有人为的；相对于此，夫妻是“人合”、“义合”，即是后天的、社会的结合，因此认为也可能因后天的理由而解除，这曾是中国人的传统的人伦观。《唐律疏议》说：“夫妻义合，义绝则离”，[79]宋之陈振孙说：“父子天合，夫妇人合,人合者恩义有亏则已矣”,[80]清之钱大昕说:“夫父子兄弟以天合者也,夫妇以人合者也,以天合者无所逃于天地之间,而以人合者可制以去就之义。”[81]所谓“[通过审判可以离婚的]只是妻的场合,孩子的情况是,无论做多少坏事,也是家族的。不能因诉讼而将孩子除外”(前揭 188 页),表明的是同样的观念。在惯行调查中所出现的农民的应答也确实与此相对应。而自古以来就将君臣、父子、夫妇视为人伦之三纲。其中,夫妇是根据义结合的,在这点上也恰恰类似于君臣。与所谓的“君臣有义则合,无义则离”
476 (《礼记·曲礼下》郑注)相提并论,夫妇也被解释为“夫妇之道,有义则合,无义则离”(《汉书·孔光传》)。[82]再次,若在同一家族关系之中选定先例,则在作为人为的结合这点上,妻的地位与嗣子的地位类似。都被纳入以“礼”为准则的宗之秩序之中存在,因此其地位不可擅自变动,并且只要处于其地位就对家产享有不可侵犯的权利,若有适当的理由则义绝之事即废除、离婚是可能的。[83]

关于离婚,历代法律规定的要点如下:

(1) 协议离婚

夫妇或者男家与女家根据协议可以自由离婚,法律根本不干涉。这曾是从古至今不变的中国法一贯采取的立场。[84]

(2) 根据夫之一方的意思离婚

有适当的理由时,法律许可夫单方面与妻离婚(“弃”、“放”、“出”、“休”)。作为判断如此离婚当否的依据,自古以来,就有来源于礼制的“七出”、“三不去”的民间惯用语,法律也援用这些惯用语。所谓“七出”是七个条件:①无子,②淫佚,③不事舅姑,④口舌,⑤盗窃,⑥妒忌,⑦恶疾。妻符合其中之一时,夫可以与之离婚。所谓“三不去”是三个条件：①经持舅姑之丧（妻为公婆服完丧的场合），②娶时贱后贵（贫贱时娶妻、现在变富的场合），③有所受无所归（应归妻之娘家、但已无处可归的场合）。若符合其中之一，则即使有“七出”的理由也不许离婚。只是即使在“七出”之中尤其是妻犯了奸淫（唐律为奸淫与恶疾，元以后仅奸淫）时，也不在“三不去”之限。这就是所谓“七出”、“三不去”的内容。法律依此处罚敢于非法离婚的夫，并认为离婚无效。[85]如此的“七出”甚至被法律援用，实际上不过是作为某种程度上不自觉地被历代传说的惯用语，并没有考虑所有七个离婚理由的真正价值。除去淫佚、不事舅姑两条，其他的实际上几乎不成其为问题。这更接近于现实。[86] 477

协议离婚与根据“七出”单方面的离婚，实际上只不过两者之间曾有无限微妙差异的浓淡差距。总之，难以区分的场合很多吧。作为法律上的手续，都通过夫写离婚书（“放妻书”、“休书”）而妻——有各种各样的原委吧，但毕竟——领受之并未提异议而成立。[87]即使妻坚持提出异议并且也诉至法庭时，也根据“七出”、“三不去”判定其是否正确。这些是法律的宗旨吧。

明清律有如下规定，妻殴打了夫时，承认夫有离婚的自由；妻背夫逃亡时，或者妻通奸时，承认夫有嫁卖其妻的自由等等。[88]据解释，这些是作为附带刑罚的一种惩罚性的离婚。当然，经审判确定之后，夫的这种权利才产生。

(3) 根据妻之一方的意思离婚

这根本不被承认。若妻没有向夫表示离婚的意思，就逃走并又改嫁给别的男人，则法律要严厉处罚并使之回到夫的身边。[89]

（4）根据审判离婚

唐律规定，夫殴妻之祖父母、父母，或者杀妻之外祖父母、伯叔父母、兄弟姐妹时，夫妻之祖父母、外祖父母、伯叔父母、兄弟姐妹相互之间杀对方时，妻殴或詈夫之祖父母、父母或者杀伤夫之外祖父母、伯叔父母、兄弟姐妹时，妻与夫缌麻以上的亲属奸淫或者夫与妻之母奸淫时，以及妻欲害夫时，称之为“义绝”。夫妻应被命令强制离婚，不受命离婚时应受处罚。[90]与其说离婚重视夫妻个人的关系，莫如说更重视男女两家的关系，明显有这样意义的规定是引人注目的。[91]这是唐律特有的，并不是经久不变的原则。虽然
478 在明清律中“义绝”之词被沿袭，但是如唐律所见的法律技术意义已完全失去了。[92]直截了当地说，即在明清律中相当于唐律“义绝”的规定，实质上已经不存在；代之而出现的是散见的为直接保护妻而做的若干个别的审判上的离婚规定，即：夫将其妻卖给别的男子时，处罚本夫及第二个男子之后，其妻应疏远两者并变成自由之身。这也已为唐律所规定。[93]在明清律中，除了将之专称为买休、卖休（离婚买卖之意）并同样地处置之外，还规定在夫典雇其妻（典当、出租）的场合、强迫妻或者默认并使之与别的男人奸淫的场合等，其妻也应该与本夫及别的男人离异并回娘家。[94]据认为，元代的审判例之中也发现不少这样的实例，明律已将之条文化。在那些元代的审判例中，妻被夫之父亲强奸时，夫与妻之随母子（夫之养女）或者与随母子（夫之义男）之妻奸淫时，都会被命令离婚。[95]

其他，夫已失踪的场合，经过一定的期间之后，告于官府以为可以改嫁给第二个男人的规定，出现于宋以后的立法（据推定，唐

代有一些规定，但内容不得而知）。该法定期间，根据时代被认为有六年、五年、三年等。[96]

概括说来，允许妻离婚的情况，主要是限于因为事关夫或者夫家的人、贞操受侵害的场合与夫失踪的场合，并一定要通过审判。在夫加害于妻的场合等等，通过审判也可以离婚。但是，在妻这一方并没有产生明确的离婚请求权。[97]

综上所述，离婚原则上根据夫之意思成立（但是，若妻对此不服并争讼，则可以根据审判来阻止）；在特殊的场合，也可以根据官府的审判成立。可以说，这曾是旧中国社会围绕离婚的法。据认为，作为夫是妻之天的结论，即使夫单方可以绝夫妻之义，妻也不能单方绝义。而且此时，所谓夫单方是指夫本人，而不是指夫之父母等。若夫有祖父母、父母，则关于离婚需要其同意的法律是存在的；[98]曾有这样的思想，即认为：即使夫本人仍爱妻，若父母讨厌她则夫也必须与之离婚。这也是事实。[99]形成法律上的意思决定者，直截了当地说，离婚书的名义人始终都是夫；除了由于行使公共权力的场合，夫以外的任何人无视夫直接的实现离婚的效力，也是不被允许的。[100]

结婚对女性来说，与其说是与夫个人结合，莫如说具有取得作为夫之宗成员之一的地位的重要意义。与此相应，离婚的本质效果，对妻来说也曾有从夫之宗脱离的意义。妻因离婚全部失去在夫之宗被祭祀的权利，和对于夫家财产的权利。作为离婚时引起的财产上的问题，如下一章所述只有围绕妻之随嫁财产的归属问题，围绕家产不引起什么问题，妻无条件地远离夫家的家产。女性完全是只因结婚才可能取得在社会意义上与夫宗之所属关系，既然这是“义”的关系，当然这不足以避免不安定性。这种不安定性因作为唯一的离婚权者夫之死亡而消灭。妻变成了寡妇时，其在夫之宗所占据的地位就坚固得谁都无法动摇（禁止强制改嫁。前述 432 页）。那是与嗣子的地位在嗣父母死亡后不被任何人动摇相对应的关系（参见前述 350 页）。同样，即使对于夫先死亡的妻来说，在夫之宗所享有的永久祭祀的地位应该被确定下来。[101] 如此看来，配偶者的死亡，与其说是解除婚约，倒不如说是缔结婚姻。一看就知道，反论式的命题也可能成立。

只是，夫死亡后，从已成寡妇的妻一方断绝与夫之“义”并离开
480 夫之宗成为可能。这就是改嫁。在自古以来中国人的头脑之中，离婚与改嫁作为产生类似效果的行为，常常被有意识地并列。[102] 如果勉强说的话，那么相对于离婚是夫妻之义完全的破灭，改嫁是由于为其夫服完了丧暂且脱离夫妻所保全的义；如果讨论是非的话，就有这样的不同即后者大概也有合乎情理之处。[103] 从这点考虑，在刑事事件中，已离婚之妻与前夫及夫之亲属的关系，均以凡人论；另一方面，已改嫁的寡妇与亡夫之祖父母、父母之间的关系，应按照从前的标准以亲属关系论。[104] 姑且不论像这样的刑法上的问题，在围绕祭祀与家产私法上诸权利的丧失这点上，改嫁与离婚也没有不同之处。改嫁只要忍受法律上在夫之宗诸权利的丧失就是自由的。[105] 在道德上也并没有被视为罪恶，但是却作为不合理想的行为而被人们蔑视。另一方面，失去了夫的寡妇若一辈子守节，则会受到极高的评价，守节的年数、其他的诸条件达到一定的标准时，朝廷要对之旌表。[106]

最后，在古代中国社会，关于实际生活中离婚率达到何种程度

的问题，进行统计学上的论述几乎是不可能的，但是作为一般的印象来看，离婚率远比近代社会低。这是学者们几乎一致的见解，恐怕是真实可靠的吧。[107]协议离婚、以“七出”为理由的离婚等等，虽然作为制度本身，应该是在牺牲妻的同时很容易变成承认夫之恣意；但是，因不正当的离婚而伤心的女性，可以说作为一般化的现象并没有出现。[108]这也有一定的理由，绝非奇异之事。第一，在富人之间，存在纳妾制度但不必与妻子离婚。对于不能被妻子满足欲望而打算由其他的女性满足欲望的男子来说，妻之存在一点也不碍事。不但如此，在以财产与家族人口数同时增加即为家之繁荣的观念之下，纳妾对富人来说是一种荣誉，反之，离婚绝不 481
是体面之事。[109]第二，在穷人之间，为娶妻，作为聘财及结婚仪式的费用，需要巨额的开支，历经困苦储蓄的结果总算娶得了妻子，轻率的离婚在经济上也不被允许。[110]无论富人还是穷人，离婚的都稀少，当然各有各的理由。

对于中国的女性尤其是年轻的媳妇来说，离婚的可能性绝不是现实的威胁。作为日本的前近代社会的一个方面被视为重大的问题的是，将所谓不合于家风的儿媳妇送回去。这样的现象在中国是稀有的，说起来也是在中国人的语言之中不存在的情况。[111]宁可倒过来，根据父母的意思一旦缔结了婚姻，只有离婚困难才能封锁脱离婚姻之道路。这成为屡屡给女性带来不幸的原因。一旦已经出嫁，就是确定的夫家之成员。这一原理，一方面意味着媳妇地位的安定，同时另一方面在夫家遭受不幸、关系恶劣并受到虐待的场合，社会一般（当然媳妇的娘家也）不可能从援救媳妇的立场，尝试有效的干涉。结婚后也适度地——若有孩子则带孩子——访问娘家并住宿相当的日子，这也被认为是媳妇的一种权利（不用说那要得到夫、公婆的许可，只要是一般的合乎常识的愿望，他们也就应该许可的）；作为娘家父母，这时尽量慰劳并使她休息，这还算是可能的保护手段。因同情女儿的窘境而去其夫家稳妥地商洽离婚，也不是根本不可能的；但是，作为必需巨额的当然开支，在穷人家是不被允许的，是浪费。社会一般也蔑视女性的再婚，即使赎回女儿，追求比第一次婚姻更好的第二次结婚也几乎是无望的。如果按照本人的自由意思并且建立在男女平等的原则上来缔结婚
482 姻，那么离婚的可能性不存在才是理想吧；但是，男子对于自己的父母兄弟都照旧维持以往的对别人的关系，可是对于作为已从属的一个关系接纳妻，女子单方面被强迫适应在夫家中的新的人际关系，而且唯夫有排他的独占对方的权利，而妻子则没有这种权利，这是在不平等的婚姻制度之下离婚的困难，看情况它可能成为女性的桎梏。于是，处于困境的年轻媳妇就好像商量过了一样，想出来的最后抵抗的手段就是自杀。自杀不仅是逃避，同时也是复仇。在中国法中，一般 A 之行为成为原因而 B 自杀时，按照行为的状态与因果关系的紧密程度来追究 A 的或大或小的责任。[112]即使没有被法庭提起，身边出现了自杀者的人在社会舆论面前往往处于极其弱势的处境。媳妇的生活被全面地委托给其夫家，不许其余的人干涉。正因为这种委托是全面的，因此一旦她死亡了，在此时关于其死因，夫家必极度的光明正大，其娘家会非常的神经质。妇人死亡之时只有娘家来人之后才能入殓，这也曾是非常普遍的习惯。[113]因此，虐待媳妇即使在某种程度上也是其夫家的自由，若过度的话万一媳妇自杀了，则这点事已经不能轻易被娘家放

过；平素曾是无力的娘家人们，这时也会一个劲地、盛气凌人地蜂拥至夫家，要求举办盛大的葬礼并强索巨额的费用。如果拒绝，那么至何时才能使之终了，就不得而知了；同时，很有可能发生难以对付的诉讼。富裕之家因这种事儿落魄了的，也并不少见。[114] 于是，可见是否会自杀的悬念有力地起到使夫家人打消过度虐待儿媳妇的念头的重要作用，在此维持着一种力的平衡。

综上所述，在中国的婚姻制度中，男女本人之个性的、情爱的要素被极端地忽视，尤其是女性在这方面一直处于被压迫的地位。另一方面可以看到，女性因婚礼之举行而被列入确定的夫家之秩
序之中，因为名分已确定，所以只要女性忍受压迫，在社会的、功利 483
的意义上，妻的地位就是充分安定的。

本节注释

〔1〕 女子没有参加春季清明节、秋季送寒衣等与同族人一起上坟的机会，这似乎是通常的情况。参见惯Ⅲ133 页下段、同 137 页下段等等。关于其理由，在同 138 页上段，据认为“女孩子若出嫁就成为没有自己的家者”。Lin Yueh-hwa，*The Golden Wing*，第 63 页也说，像那样的机会，就十岁以下的少女而言只有来玩的，而一般的女性不参加。如本节注〔10〕所见，认为堆土、修补坟墓是男人的事儿而带供品上坟是女人的事儿；这样的地区也不是没有。此处所谓的女人如大家认为的“母亲带着自己的太太及弟弟的太太上坟”，专门指嫁到该家的妇人的意思，不是出生在该家的女儿的意思。

〔2〕 江苏省元和县大阜潘氏支谱，咸丰三年之凡例（多賀 859 页）。

〔3〕 作为同一意思的应答有：“若未婚之人死亡则怎么办？＝不入坟。若是女子则埋于所谓地头儿的田地之疆界。云云。”（惯Ⅴ483 页下段）“女性未婚者怎么办？＝若定婚则埋入定婚前之坟地。”“未定婚之时怎么办？＝埋入坟地之外。”（中略）“何为坵子？＝未婚之女死亡时，埋在祖

坟以外之地等待男人。”(惯Ⅳ444页中段)等等。

〔4〕 “女孩几岁成年？＝如果结婚就成年。”“十三四岁结婚也算成年吗？＝是的。但是因为女孩嫁到他人家应该劳动干活，所以如果不达十六岁以上的话就不结婚。”(惯Ⅳ79页下段)“如果女孩即使二十岁以上仍不结婚的话，就不作为大人对待吗？＝是的。”“如果男孩十六岁结婚就被作为大人对待，如果女孩没有结婚的话即使二十岁以上也不被作为大人对待吗？＝是的。”“如果女孩即使十五岁结婚的话就被作为大人对待吗？＝是的。”(惯Ⅴ456页下段)等等。可以见到诸如此类的问答。

〔5〕 唐律户婚第8条(“养子舍去”条)疏：“异姓之男，本非族类，违法收养，故徒一年，违法与者得笞五十，**养女者不坐**。”

484 〔6〕 寡妇的改嫁——与宗之所属关系产生变动——这与作为重大问题来对待形成鲜明的对照。

〔7〕 George Jamieson, *Chinese Family and Commercial Law*, p. 55.

〔8〕 后揭本节注〔28〕之明户令(清律条例)一节云：“若夫亡携女适人者，其女从母主婚”，《清明集》、婚嫁、“诸定婚无故三年不成婚者听离”围绕刘有光(贡元)后妻赵氏之随母子(即有光之义女)魏荣姐，也可见：“设或有人执伐，**亲母主婚，名正言顺**，有何窒碍。”

〔9〕 仁井田陞：《法史》，672页引《大戴礼》。

〔10〕 例如，在河北省良乡县吴店村，关于清明节之上坟，大家认为：“你的家人都上坟吗？＝母亲带着自己的太太与弟弟的太太上坟。”“你还有父亲等人，不参拜吗？＝不参拜。”(中略)“你还有父亲等人为何不参拜老坟地、新坟地？＝按照这里的习惯，男人不参拜。”“男人不要参拜吗？＝男人只在清明节的数日前在墓地添坟(添土)。”清明节当天“按这里的习惯，只有女人去。男人去，丢脸”。“在别人家是女人去，可是只有自己家的男人去，会被人嘲笑。”(惯Ⅴ469页下段、470页上段)

〔11〕 “埋葬夫妇的尸体时怎样埋？＝将两个棺材并列埋在一穴。……”(惯Ⅰ259页上段)据说此时“夫左、妻右”，若有妾则“正妻在夫之左、妾在夫之右。三人以上并列于右。”(惯Ⅳ75页中段)死在夫之前的妻临时埋葬，夫死后重新合葬于祖坟的风俗习惯也可以见到(惯Ⅳ449页下段)。

〔12〕 例如，《文公家礼》卷Ⅰ《通礼图》，等等。

〔13〕 在惯Ⅳ122页也可以见到连续灵牌的格式。惯Ⅰ257页中段也可以一并参考。

〔14〕 内田智雄：《中国農村の分家制度》卷头插图。

〔15〕 潜阳吴氏宗谱（多賀848页）。

〔16〕 西洋的学者们也注意到，在中国，妻子的地位作为异教世界是非常高
的且稳定的，究其理由就是妻与夫并列成为祖先崇拜的对象。485
（Jamieson，p. 26；Williams，*The Middle Kingdom*，Vol. Ⅱ. pp. 238f.）

〔17〕 前揭第一章57页。

〔18〕 谚语也说："女性外向"（伍稼青：《武进礼俗谣谚集》，台北1963年，86页）。在《今古奇观》卷三十"念亲恩孝女藏儿"，也可以见到："女生外向，虽系吾所生，到底是别家的人。"

〔19〕 一般地，关于中国婚姻法，参考陈顾远：《中国婚姻史》，仁井田陞：《法史》第五章，同：《家族》第七章等。

〔20〕 如明律注释书论述背夫改嫁之罪的构成要件所述："凡言改嫁，须有主婚媒人财礼方是。若淫奔野合，不可谓嫁，但当以和诱科罪。"（《读律琐言》卷六"出妻"条）已婚女子的重婚与仅仅私奔的不同，要看与别的男人之间是否具备主婚、媒人、财礼这样的要件。

〔21〕 《中华民国民法》第982条："结婚，应有公开之仪式及二人以上之证人。"

〔22〕 《中华人民共和国婚姻法》第6条："结婚应男女双方亲到所在地（区、乡）人民政府登记。凡合于本法规定的结婚，所在地人民政府应即发给结婚证。凡不合于本法规定的结婚，不予登记。"其解释说："婚姻法规定结婚只要男女双方亲到所在地、区、乡政府登记，即发生法律效力。离婚如果男女双方自愿就可离婚"（中央人民政府法制委员会编《婚姻法及其有关文件》100页，1950年5月12日，最高人民法院院长沈钧儒氏的无线电广播播送）该立法的主要意义是保留了这点，即：只要在地区政府登记，没有繁杂的习惯上的仪式，婚姻也被认为是成立的。相反，举行习惯上的仪式而同时没有登记者，即应该必然地从这种立法产生"姘居"问题，如何处理这一问题，其意图并不明确。

〔23〕 唐律杂律第22条:“诸奸者徒一年半,有夫者徒二年。……”,明清律犯奸·犯奸条:“凡和奸杖八十,有夫者杖九十……”。无论有夫无夫,和奸则男女同罪;强奸则男加重处刑(在唐律,比和奸加重一等;在明
486 清律,强奸绞),女无罪。但是,家主与自家之婢(奴隶身份之女子)私通几乎不构成犯罪(后述556页),并且以卖淫为业的行为不被问以奸罪。

〔24〕 根据所禁止的男女婚外性关系均被判定为奸,根据其事后追认的可能性,不仅断绝了转为婚姻的可能性,而且对日后经正规手续结为婚姻起到障碍作用。即,先奸后娶曾是历代立法所禁止的事情。关于唐、宋、元的立法,参见仁井田陞:《法史》,576页。清律条例之中也有:“凡嫁娶违律,应行离异者,与其夫及夫之亲属有犯,如系先奸后娶,或私自苟合,或知情买休,虽有媒妁婚书,均依凡人科断(下略)。”(嫁娶违律主婚媒人罪条·条例四)将先奸后娶绝不产生夫妻之名分作为绝对的婚姻障碍之一列举出来。

〔25〕 关于按照“六礼”及其基本精神固定下来的习俗,参见諸橋轍次:《支那の家族制》,34—44页。

〔26〕 唐律户婚第46条(嫁娶违律),明清律婚姻·嫁娶违律主婚媒人罪条。

〔27〕 唐律户婚第39条(卑幼在外),明清律婚姻·男女婚姻条末节。

〔28〕 唐令应该有规定,但已佚失(仁井田陞:《唐令拾遺》户令29)。元代曾有“嫁女皆由祖父母父母,父亡随母婚嫁”、“嫁女弃妻皆由所由,若不由所由,皆不成婚,亦不成弃。若所由后知,满三月不理者,不在告论之限”(《通制条格》卷三“嫁娶所由”所引。该法是作为未附特定的制定日期而出现的。恐怕是将金《泰和令》的规定原封不动地援用过来的吧)的法。明户令规定:“凡嫁娶皆由祖父母父母主婚,祖父母父母俱无者,从余亲主婚。若夫亡携女适人者,其女从母主婚。若已定婚,未及成亲,而男女或有身故者,不追财礼,其定婚夫作盗,及犯徒流移乡者,女家愿弃,听还聘财。其定婚女犯奸经断,夫家愿弃者,追还聘财。五年无故不娶,及夫逃亡过三年不还者,并听经官告给执照,别行改嫁,亦不追财礼。”上文明初户令之中,第一段在清朝成为户律婚姻·男女婚姻条、条例1,第三段成为同一出妻条·条例2。那么一般

认为，现在见到的明清律婚姻条保留的“其未成婚，男女有犯奸盗者，不用此律”一节，恐怕是在洪武七年律改定之际，上文户令的第二段被简化后纳入律的。 487

〔29〕《元典章》卷十八“母在子不得主婚”：“赵速儿既有母在，其兄在外吃肯酒，为子之道，礼无自专，难议从兄许亲为定。据赵速儿母阿王，称受讫王秀才聘定，许伊男王二为妻，合行为婚。”

〔30〕《通制条格》卷三“嫁娶所由”至元六年十一月的一件，将前注〔28〕所引之法作为根据云：“其田阿贾不曾由问夫田总管，将女素英定与高忽赛因男为妻，田总管自西京还家，将定物回付了当，以此参详，田总管女素英与高忽赛因男，不合成婚。”关于在父亲外出期间，母亲擅自为女儿缔结的婚约，承认父亲之取消权。

〔31〕例如，在惯Ⅲ127页中段，关于孙女的结婚，据说本村的习惯是：“祖父是家长没有直接的关系，可是关于孙女的结婚，孙女的父母作为儿子一定与其父（祖父、家长）商量。”于是定婚大帖、小帖的名义是“若有祖父则用祖父之名”。

〔32〕因此，祖父为孙女订婚，如果父亲知道后不同意，就可能发生解除婚约之事。《判语录存》卷一“离婚事”说的“……缘牛添财于道光二年十月，倩媒刘明问贾孟川父全仁说合，将孟川女群姐许配其子牛林为妻，换有庚帖，添财并给群姐见面钱一百文。时孟川外出，迨十二月回家，始知其事，因闻牛林左臂残废，又未通启受聘，随将庚帖钱文，交刘明退还寝事……”，就是其实例。在惯行调查中，人们回答说祖父不能缔结父母反对的婚约（惯Ⅳ109页下段、惯Ⅲ127页中段等）。又，可以见到这样的问答：“你弟的孩子结婚时由谁来决定？＝大体上由这孩子的父母来决定。”“即使母亲在时也一样吗？＝钱的事由母亲决定，而对象的人选由父母决定。”“所以大家认为，即使对象很好，若没有钱也可以。”（惯Ⅴ108页上段）其意味也非常深远。该应答说的是，兄弟四人尚未分家而母亲健在，“反正没有母亲的同意什么事也不可能”。是母亲在家里掌握着家之会计。在此，子女的祖母与其是作为祖母不如说是作为当家的（关于“当”字的概念不包括身份权的要素，见前述297页）就成了问题。

〔33〕 因为有“明媒正娶”的成语，所以作为其相对概念可以用“私自苟合”来
488 对比。即使作为诉讼实例，亦如《元典章》卷十八嫁娶“娶逃妇为妻”所记载的事件；高唤奴娶了逃出家门的女子胡闰，一个名叫李伴姊的男子起诉说她是自己的妻子并要求恢复夫妻关系，原告与被告都引用证人的证言以及已交付聘财的事实，企图证实自己的主张。另一方面，媒人与我国的介绍人是不同的，没有一种替父母看守年轻夫妇生活的功能。据说：“在夫妇之间或者妻妾之间产生纠纷时，正妻去谁家商量？＝去族长、四邻家商量，但不去媒人家，若已结婚则与媒人没有关系了。”（惯Ⅳ66页上段）不是作为身份的而是作为契约的（契约之证人）。

〔34〕 参见前述84页、191页。

〔35〕 唐律户婚第26条（许嫁女报婚书）：“①诸许嫁女，已报婚书，及有私约（约谓先知夫身老幼疾残养庶之类）而辄悔者，杖六十（男家自悔者不坐，不追聘财）。虽无许婚之书，但受聘财亦是（聘财无多少之限，酒食者非。以财物为酒食者，亦同聘财）。②若更许他人者，杖一百；已成者徒一年半，后娶者知情减一等。女追归前夫，前夫不娶，还聘财，后夫婚如法。”明清律婚姻·男女婚姻条：“①凡男女定婚之初，若有残疾老幼庶出过房乞养者，务要两家明白通知，各从所愿写立婚书，依礼聘嫁。②若许嫁女，已报婚书，及有私约（谓先已知夫身残疾老幼庶养之类），而辄悔者，笞五十。虽无婚书，但曾受聘财者亦是。③若再许他人未成婚者，杖七十；已成婚者杖八十。后定娶者知情，与同罪，财礼入官；不知者不坐，追还财礼。女归前夫，前夫不愿者，倍追财礼给还。其女仍从后夫，男家悔者罪亦如之，不追财礼。”“及有私约”之“及”是“和”之意还是“或者”之意，不是没有疑义的，暂且如本文所解释的。

〔36〕 据说，唐以前的晋《泰始律》规定：“一以下娉为正，不理私约。”（《晋书·刑法志》）

〔37〕 参见613页。

〔38〕 在录Ⅳ、2、3，同、4、7、一，同、4、13、一，同、4、18、八等，可以见到关于颁定婚书在民间被何等程度地利用着的报告。

489 〔39〕 在同书第四编之中，涉及此的报告不胜枚举，所以特别省略不举出。

〔40〕 龙凤大启之名，据说来源于在男子之名的八字上大书“龙飞”，在女子之名的八字上大书“凤舞”二字（录Ⅳ、5、12、四）。关于以往文献所见婚书的格式，参见仁井田陞：《法史》，625页以下。

〔41〕 关于近时的所谓婚书格式，参见录Ⅳ、6、24，同、10、6、二，同、10、15，同、15、16，惯Ⅳ109页下段等。在录Ⅳ、2、3，可以见到关于契约书式的婚书格式，但是应该看作是例外吧。在录Ⅳ、13、57、一，据说在中等以下的家庭制作契约书式的婚书。不过，在产生类似招婿这样复杂的法律关系的场合，在婚书（赘书）上约定各种条件的很多；另，在寡妇改嫁上，礼的因素被减弱而交易的因素露骨地表现出来，聘财被认为是身价，婚书的形式与人身买卖契约无异的情况不少（参见录Ⅳ、5、16，同、7、45、三，同、12，24、一，同、15、47、二，同、18、3、一、二等）。

〔42〕 录Ⅳ、12、21、二（福建省平潭县），同、6、25（山东省齐东县）等。这与聘财的分期付款相关联。

〔43〕 录Ⅳ、12、19、一（福建省漳平县）：“闽中下游一带，中流以下人家，多半抱养童媳，间有聘媳者，并不适用婚约庚帖。大抵于媒人约定后，由男家致送聘金，及礼物若干，女家报以手巾荷包之类，即为定婚之证云云”等。

〔44〕 作为最典型的例子，录Ⅳ、13、52、一（湖北省黄安县）：“黄安县，男女定婚，不用庚帖（即婚书），亦无聘财，由两姓媒妁说合。如已得男女两家父母同意，媒妁先至女家会饮，复至男家通信允许，则再各备酒馔以款之，名曰‘准酌’。（若女家系赤贫，或不置酒）。自媒妁一饮之后，即认为婚姻予约成立，嗣后嫁娶，彼此均无反悔（下略）。”此外，婚书没有任何形式的文件的报告也不胜枚举。

〔45〕 录Ⅳ、4、27、一（黑龙江省萝北县），同、5、18（河北省灵保县），同、7、8（山西省荣河等诸县），同、7、45、一（同上黎城县），同、10、2、三（江西省赣南各县）等说，聘财极其高。录Ⅳ、5、16（河南省西平县），同、6、15（山东省平原县），同、7、50、二（山西省右玉县），同、13、55（湖北省秭归县）等说，没有金钱的聘财，以接受之为耻。

〔46〕 因为也有在婚约上有女子的年龄比实际夸大的倾向的报告（录Ⅳ、15、 490
70、一）。但是反之，女子谎称年龄小的报告也并非没有（录Ⅳ、7、32、

二）。

〔47〕 例如，在录Ⅳ、2、7，奉天省东丰县的报告说："东丰开辟较晚，土地膏腴，生产日富，而人民生齿尚未殷繁，以故婚姻一事，财礼之多，重于内地。举凡待字之女，再醮之妇，思聘订者，非出最巨之财礼，婚姻不能成立云云。"

〔48〕 录Ⅳ、15、42（陕西省澄城县）："澄属男女婚姻，由父母作主，凭媒说合。缙绅之家订婚，听由男家备送礼物为定，多寡不计其数。编户婚姻之成立，必以践送预订之财礼为衡，或先议定财礼之数，而不能如数践送者，婚姻即不成立，往往致起争讼。"

〔49〕 录Ⅳ、12、19、一（福建省漳平县），同、15、45、一（陕西省郦县）等有其报告。也参见前注〔42〕。

〔50〕 录Ⅳ、2、3（奉天省通化县），同、3、2（吉林省农安县），同、4、1、二，同、4、4、二，同、4、15、二，同、4、18、二（以上黑龙江省），同、7、8（山西省荣河县）、同、7、16、一（同上平陆县），同、9、9（安徽省歙县），同、9、28、一（同上黟县），同、11、25、二（浙江省孝丰县），同、18、3、三（绥远省归绥县）等。谚语说："男死退一半，女死全不还。"其理由是：人们认为女人由于男人的不幸而另嫁并得到的双重聘礼，有不当得利之嫌的缘故（录Ⅳ、7、8）。很少见男人死亡时不返还半额而返还全额的，这样的地方也有[录Ⅳ、4、2、二（黑龙江省布西县），同、10、10、一（浙江省宣平县）]。但是另一方面，男人死亡时不返还财礼，女人死亡时返还半额，这样完全相反的报告，也可以见到[录Ⅳ、7、31（山西省襄阳县），同、15、50、一（陕西省渭南县），同、16、18、一（甘肃省平淳县）]。所以，不能将"男死退一半，女死全不还"视为十分普遍的习惯。在法律上，在元代的判例中所判定的是：男人死亡的场合（《元典章》卷十八"婿死不回财例"）、女人死亡的场合（《通制条格》卷四、至元二十一年）都不要返还财礼。在明清，同样的事情被条文化[前注〔28〕所引明户令清律条例第一段]。

〔51〕 录Ⅳ、2、3（奉天省通化县）的报告说："男死退财礼一半，女死财礼全没"，同时按语说："……若大户皆购用官婚书，定婚后无论男女死亡，并无退还彩礼之说，其因追彩礼告争者，小户居多。"

〔52〕　参见施绮云:《吾国近代童媳之法律学的研究》(台湾大学法学院社会科学论丛第六辑,1955 年);Fei,*Peasant Life in China*,pp. 53—55 页(译 76—78 页)等。在江西省赣南地区,称通常的嫁娶为“大娶”、童养媳为“小娶”;据说,大娶限于富人家,十之八九是小娶(录Ⅳ、10、2、六)。据说,福建省的报告也很多,尤其是在顺昌县同样十之八九是这种情况(录Ⅳ、12、8、一)。像这样的频率绝不是全国性的。 491

〔53〕　参见前注〔35〕。

〔54〕　录Ⅳ、8、1、一(江苏省江北各县)说:“……一经双方主婚者交换婚书,即发生婚姻效力,纵他日配偶者之一方有因事悔婚,亦难撤销婚约。盖退婚之举,一般社会认为丑事,故宁可牺牲夫妇一生幸福,不肯轻率请求离婚……”等等,在同书各处可以见到不少悔婚的报告;在华北农村,也说:“因定婚后交往太少故毁约之事没有吗?＝没有。除非是特别的原因。”(中略)“因一方沦落、意见冲突等等而毁约的没有吗?＝即使变成贫困的也不毁约。因意见冲突而毁约的有。”“没有男人希望得到别的女人之类的事吗?＝没有。”(惯Ⅴ127 页中段)

〔55〕　法制史学会编:《刑罰と国家権力》所收拙作《清朝時代の刑事裁判》,229 页。

〔56〕　《元典章》卷十八嫁娶“定婚女再嫁”记载如下的事件:名叫李仲和者,于至元六年八月,将女儿李丑哥许配给郭伯成之子郭驴儿,得到财礼钱三十五两(约定的是五十两,但只有十五两似乎被认为仍未交);次年至元七年,从名叫石驴儿者的手中得到财礼钱十五两,将之招婿并使之与丑哥结为夫妇。石驴儿被判决离异,返还因不知情而交付的财礼钱十五两;丑哥被判决交还给郭驴儿,郭家未缴纳的十五两不需要再补齐。

《元典章》卷十八嫁娶“领讫财礼改嫁事理”说的是如下事件:黄三七于至元二十五年将女儿鹤姐许配给许惠,因许惠离开家乡外出挣钱,至元二十八年(1291 年)无视前约,又将鹤姐嫁给朱阿老作妻;至大德四年(1300 年),许惠起诉,此时鹤姐已经结婚生活 9 年并有了一个 6 岁的儿子。作为同一种类的事件有:杨千六于至元二十二年将女儿杨福一娘许配给陆细一之子陆千五,并接受财礼,因两家都贫困未成婚；至元二十四年(1287 年)，杨家移居外地，在移居之前已将许配给陆氏之事隐秘起来，又将福一娘嫁给陈千十二作妻；至大德元年
492 (1297 年)，陆细一在路上偶然碰见福一娘，将之强行领回并向官府起诉。官府判定“照理当断付于先夫”，但考虑到陆细一方十年之间从未控告过，而且福一娘已有一男一女两个孩子，若福一娘有尚未许配的妹妹则应许给陆细一，如果没有那么必须以陈千十二等所给的财礼赔偿，并以之作为另娶之资，并且要避免让福一娘母子离散。并指示将黄三七、许惠这两个事件作为审判的先例。

《刑案汇览》卷七男女婚姻“定婚改嫁虽已生子应归前夫”及其续集《续增刑案汇览》卷三男女婚姻“定婚改嫁前夫不愿完娶”发端于如下的事件：屈全经将其女儿屈氏许配给王运之子王杜儿，嘉庆二十三年(1818 年)王杜儿去新疆省哈密打工挣钱，曾寄信来，但人并未回来，所以道光七年(1827 年)向县衙起诉，在“夫逃亡三年不还者、听经官告给执照，别行改嫁”条例(参见后注〔96〕)的基础上得到官府许可，将屈氏改嫁给王万春，并立即让他们成了婚。王运不服而上诉，在上级官厅审理的结果，得到“依律，判定以屈氏归于前夫王杜儿并应使之完娶”的判决，但王万春诈称因已使屈氏怀孕故待其分娩完毕等等，以等待时机。道光九年十一月，就一子确实诞生的既成事实完成的问题，申辩“母子事实上难以分离”的客观原因。陕西巡抚将之转达，并向刑部询问并请指示：如果判定屈氏应归于前夫就会成为一女再醮，屈氏是否守节并企图自杀也不得知，就成为律无明文的事案。刑部说：“官给执照别行改嫁之例，系专指逃亡不还者而言。若系在外贸易
493 访亲，却有定处，虽婚嫁偶致愆期，而恩义岂能遽绝。”“王杜儿在其伯毡房习艺，有信寄家，迥非逃亡可比。屈全经即欲催娶，不过令王运信嘱其子回归，何至遽行控官”，并指示全面地支持前府之判断，即便自杀也将之顶回去，屈氏应归于王杜儿。但是后来，因王杜儿本人表示了不想娶已失身的屈氏的意思，让屈全经返还原先的聘礼银六十两，让王万春再赔偿六十两(即加倍返还财礼)，事件才平息了。

《棘听草》卷八“分守道一件为强占民妻事”记载如下事件：陈奇经请妻兄朱百九作为媒人，将女儿陈氏聘给朱应冬之子朱日嵩，但是后

来违约让女儿嫁给了有很多土地的何克登。……“然婚姻所藉为信者，惟凭媒妁。今朱百九称系朱聘在先，确然可据，顾问克登之蹇修安在，云作媒之齐安邦王信，现在江西。夫以金属之人，何以合卺于远地 494
天涯，谐偶即缘之奇，亦奇不至此。斯言诚不足信。彼陈氏者，方且见金夫，而忘故剑也。前府谳已洞悉其情状，第因水性之妇眷恋情重，故断归克登。而令克登倍偿朱聘，今应冬不愿得银，复有此控耳。男女婚媾，实为人道之大，律例昭然。若女子之嫁，而可以豪富易心，则单寒之子，皆不得有其室矣。前奇经于府审时，即已逸逃，亦足征其虚惧，数比缉而今始出，诚法所难贷，应与何克登按律杖拟，陈氏仍归前夫朱日嵩完聚。”在此，始终拒绝赔偿并要求交还人身的前夫（前约者）的主张，被全面地采纳。

通过上文诸例，引人注目的是，一旦聘妻，男方对之的请求权是如何被固执地主张并得支持的呢？

〔57〕《刑案汇览》卷八“诱令为从仍系聚众但未伙谋”记载如下的事件：罗九因被郭久铭之女儿郭氏拒绝已定婚约而聚众抢夺了该女子。云：“并向素识之汤一罗六季一，捏称伊原聘郭氏为妻，氏父悔婚，伊欲抢娶，嘱令用轿帮抬，汤一等误信各允，同至郭久铭屋后，……将郭氏抱出捆放轿内。”如此，若谎称因已聘妻悔婚故抢夺之，则可能因此打动大家的侠义之心。

〔58〕清律婚姻·男女婚姻条·条例4：“凡女家悔盟另许，男家不告官司强抢者，照强娶律减二等。其告官断归前夫，而女家与后夫夺回者，照抢夺律杖一百徒三年。”上文前段说的强娶律是指“其应为婚者，虽已纳聘财，期约未至而男家强娶，及期约已至而女家故违期者，并笞五十”这一段。因为比照此减二等，所以只不过被科以笞三十这一完全名义上的刑罚。另，条例后段之抢夺律是指《贼盗》“白昼抢夺”条。

〔59〕仁井田陞：《法史》，622—625页。

〔60〕本节注〔28〕。

〔61〕另，此处所说的逃亡是指不知去向的场合（参见前注〔56〕《刑案汇览》）。若知道住处，则作为女家必须催促。在元代，定婚后十一年间不娶，因女子已达到24岁，故女家向官府起诉，得到了“限三十日下财 495

来娶，如违限不娶，另行改嫁”的判决。这样的例子也可以见到(《元典章》卷十八嫁娶“定妻不娶改嫁”)。

〔62〕 在《通制条格》卷四嫁娶“至元十一年六月”之条，可见：“凡女定婚未嫁，其夫作盗，拟合听离，归还聘财。”在《元典章》卷十八“定妇犯奸弃娶”(至元九年)，可见：“定婚妻犯奸经断，弃则追还聘财，不弃则男家减半出财，求娶成婚。”这些在明初的户令中被条文化、更加简约化，并成为明清律中之一节(前注〔28〕)。本来说的是男犯盗、女犯奸的场合，但在明清律的注释中，则认为意味着不管男女只要犯了奸、盗任何一罪的场合。

〔63〕 与奸、盗相关联，清律男女婚姻条总注云：“盖奸盗系不齿于人之事，非残疾等项之比也。”即残疾等并不成为解约的理由。

〔64〕 《今古奇观》卷二十八“乔太守乱点鸳鸯谱”。

〔65〕 《元典章》卷十八“定婚奸逃已婚为定”是带着未婚妻私奔的事件。处以笞二十七，使其父亲交齐未交纳的聘财，并承认婚姻有效地成立了。在清代，“男女定婚，未曾过门，私下通奸，比依子孙违犯教令律，杖一百”(《大清律例增修统纂集成》卷四十比引律条。《刑案汇览》卷七“男女婚姻”有两件其具体的事案)的判例法形成了。

〔66〕 清律人命·杀死奸夫条·条例12。唐律名例第6条恶逆疏、问答。

〔67〕 同种的用语法，也可见于《汉穆拉比法典》。“若自由民强奸尚未接触其夫而仍居其父家的自由民之妻子而被获者，则此自由民应处死，……”(原田慶吉：《楔形文字法の研究》，320页)。

〔68〕 录Ⅳ、5、12、四(河南省开封县)说：“……无此启(凤龙大启)者，于婚姻予约上及成婚后妇之身分，往往发生疑问，故龙凤启在婚姻予约及身分上，实有重大之效力”，在商孔氏、商谭氏两位女性争(恐怕是哪一个作妻哪一个作妾的)身份的诉讼中，列举出援用了婚启的形式作为身份证明资料的实例。

496 〔69〕 George Jamieson，*Chinese Family and Commercial Law*，p. 136说：“因媒人的帮助与家长的同意，一旦正当地签订婚约，该两人也等于结了婚。……中国在婚姻上，随着婚约通常所举行的诸多仪式，只要在给与有效性上成问题就是多余的，为了婚姻完全地成立，也许可以说只有两家的家长之间的契约与女子实际的交付这两件事是必要的。”这应该是至理名言吧。

《中华民国民法》也专门制定“婚约”一节，并且有 8 条规定，以重视婚约的传统作为背景，其意义开始被理解。同法规定婚约不得强制其履行(第 975 条)，作为必须通过损害赔偿解决问题这点上，应该是近代的修正了传统的。

〔70〕 明清律规定：夫在妻通奸的现场杀了奸夫或者奸夫、奸妇两人时被认定为无罪(人命・杀死奸夫条)；清律条例在某种程度上将之稍微降低——即并非无罪儿作为减轻的理由——也推及婚约女通奸的场合(同条、条例 12)等。

〔71〕 Olga Lang, *Chinese Family and Society*, p. 130(译Ⅰ，169 页)所记载的在 1935 年当时的新式婚姻之中，男女两家各自都找不同的西餐馆，新娘子被从一个地方迎往另一个地方。这样的惯例仍被遵循着。

〔72〕 J. G. Cormack, *Chinese Birthday, Wedding, Funeral, and Other Customs*, 1922, p. 36；李景汉：《定县社会概况调查》(北京 1933 年)，378 页等，可见到其照片。

〔73〕 Martin C. Yang, *A Chinese Village*, p. 113.

〔74〕 在老舍著，铃木、鱼返、实藤、桑岛合译的《四世同堂》第四册，257 页，可以见到：即使贫穷的寡妇嫁给其邻居的再婚的祝贺活动，也要雇一个轿子及 4、5 个吹鼓手，在街上游行之后出嫁到邻家。在此，轿子有着作为专门的公证手段的意义。满洲地区的民谣也说：“我来到这儿，不是被偷来的，也不是逃出来的，是用大红轿抬着，包着四两金和银，敲着四个大鼓四面锣，从正门进来的。”(谷山つゐ枝：《滿洲の習俗と伝説 497
民谣》，松山房 1938 年，246 页)。红轿子是妻子合法身份的象征。

〔75〕 《礼记・礼器》：“大明生于东，月生于西，此阴阳之分，夫妇之位也。”(《礼记・祭义》也有类似的话)《唐律疏议》取其意，说：“依礼，日见于甲，月见于庚，象夫妇之义。”(户婚第 28 条疏)另，《礼记・郊特牲》说：“天地合，而后万物兴焉。夫昏礼，万世之始也。”《唐律疏议》也说：“妻者传家事，承祭祀，既具六礼，取则二仪[取则于二仪(即天地)]。”(户婚第 29 条疏问答)

〔76〕 唐律户婚第28条,明清律婚姻·妻妾失序条。

〔77〕 户婚第28条疏。

〔78〕 唐律户婚第29条,明清律婚姻·妻妾失序条。

〔79〕 户婚第41条疏。

〔80〕 《齐东野语》卷八“义绝合离”。桑原隲蔵:《支那法制史論叢》,128页。

〔81〕 《潜研堂文集》卷八《礼经问答》、薛允升《唐明律合编》卷十四、陈顾远《中国婚姻史》239页、仁井田陞《家族》319页等引用。

〔82〕 Fung Yu-Lan, *in Northrop*, p. 27,尖锐地指出像这样的君臣与夫妻的类似性。

〔83〕 陈顾远《中国婚姻史》233页、仁井田陞《家族》317页引用见于《诗经·大雅·文王之什·大明》的“天作之合”之句,虽然与《圣经》之“神配合的,人不可分开”(马太19·6)比较议论纷纷,但是应该说这是错误的估计。《诗经》之“天作之合”是歌颂文王与大姒这一特定的两人为摄理的配偶的句子,绝没有一般地规定婚姻制度的本质的意义。《今古奇观》卷二十“庄子休鼓盆成大道”说的:“况他乃是王孙之贵,奴家亦是田宗之女,门地相当,今日到此,姻缘天合。”此“天合”等等也完全一样,只不过是良缘的意思。不仅如此,“天作之合”之句不仅限于夫妇,也被用于关于朋友的摄理的相遇等等(《儒林外史》第七回“范学道视学报师恩”)。

498 谚语云:“夫妻本是同林鸟,大限来时各自飞”、“……巴到天明各自飞”(《今古奇观》卷十五、二十、二十三)。虽然这应该是稍微夸张的表现,但是无论如何,夫妻绝不能无缘分的思想在中国不存在。

〔84〕 唐律户婚第41条(义绝离之):“若夫妻不相安谐,而和离者不坐。”《元史·刑法志》:“诸夫妇不相睦,卖休买休者禁之,违者罪之,和离者不坐。”明清律婚姻·出妻条:“若夫妻不相和谐,而两愿离者不坐。”《中华民国民法》第1049条:“夫妻两愿离婚者,得自行离婚。”《中华人民共和国婚姻法》第17条:“男女双方自愿离婚的,准予离婚。”

〔85〕 唐律户婚第40条,明清律婚姻·出妻条。

〔86〕 桑原隲蔵,326—345页;仁井田陞:《家族》,317—326页。

〔87〕 关于离婚书的形式,仁井田陞:《法史》,685页以下;同:《家族》,335页

以下。

〔88〕 刑律斗殴·妻妾殴夫条:"凡妻殴夫者,杖一百,夫愿离者听(须夫自告乃坐)。"户律婚姻·出妻条:"若妻背夫在逃者,杖一百;从夫嫁卖,因而改嫁者绞。"刑律人命·杀死奸夫条:"凡妻妾与人奸通,而于奸所亲获奸夫奸妇,登时杀死者勿论。若止杀死奸夫者,奸妇依律断罪,当官嫁卖,身价入官。"同犯奸·犯奸条:"其和奸刁奸者,男女同罪。奸生男女责付奸夫收养,奸妇从夫嫁卖,其夫愿留者听。"同、纵容妻妾犯奸条:"若买休人与妇人,用计逼勒本夫休弃,其夫别无卖休之情者,不坐。买休人及本妇,各杖六十徒一年,妇人余罪收赎,给付本夫从其嫁卖。"

〔89〕 唐律户婚第 41 条("逃去徒二年,改嫁徒三年"),明清律婚姻·出妻条("逃去杖一百,改嫁绞")。

〔90〕 户婚第 41 条律及疏。所谓"欲害夫",若根据律令义解释,则可以为:使夫陷于罪,不包括殴夫等。

〔91〕 桑原隲藏:347 页以下。

〔92〕 明清律婚姻·出妻条一节,与唐律几乎是同样的句法结构,并设置若有"义绝"之状则使之离异的规定。关于该"义绝"的意思,在明律多数 499
的注释书中作了与唐制完全相同的解释,这也是不言而喻的。周某撰、董裕序《大明律例祥刑冰鉴》(万历二十七年刊)等就是这类。但是,这是毫无考虑地照抄《唐律疏议》,没有现实意义。原因是,在唐代"义绝"的效果是由律来规定的。何为"义绝"?即其构成要件不是在律中而是在令之中规定的;律令相辅相成的"义绝"这一法律制度成立了。《律疏》举出的"义绝"的要件只不过是引用自令。可是唐律成为明律编纂之际(洪武七年)的重要的基础资料,义绝的律条也几乎被以同样的形式纳入明律;但是,唐令在北宋中期已经失去了作为现行法的意义,并且其原文也散佚失传,未曾对明代的法典编纂产生影响。明初之令(洪武元年后的前几年。以后没有修订令之事)中,虽然有"七出"、"三不去",但是义绝之名未见有。《唐律疏议》只不过为了供唐律的读者参考而引用了当时所见的令这一法源。在其法源已被废止的明制之下,尝试照抄《唐律疏议》的语词是没有现实意义的。

总之,如果说明律“义绝”的规定是客观的,那么就是不全面的。但是经过认真思考而完成的注释书将会作出相应的比较妥当的解释。例如,王肯堂《笺释》云:“义绝据律中,未曾备言何事系该义绝。今止据律中所有,如妻殴夫者杖一百,夫愿离者听,夫殴妻非折伤勿论,折伤以上减凡人二等,先行审问,夫妇如愿离异者,断罪离异,此等之类皆是也。”关于“义绝”指的是何,坦率地承认律中无明文的事实,并解释那无非是散见于律中的命“离异”或者听“离异”规定的总称。不但如此,云:“或以,义绝之故,谓妻殴骂夫及殴骂夫之祖父母、父母,若夫与妻之祖父母、父母、伯叔父母、姑兄姊两下相杀,或夫殴妻之父母,若妻与夫之缌麻以上亲奸,及夫与妻母奸之类,殊不知妇犯舅姑,在法论死。与人淫奸,已属七出,亲族仇杀,揆之夫义无乖,姻婿乱伦,非缘妻道有歉,此当自其所得罪者而求之。如和诱背逃,殴夫至折伤以上之类,皆是也。”对于以《唐律疏议》所作的解释来解释明律“义绝”的观点,明确表示反对。在《明律集解附例》之中也说:“义绝谓绝夫妇之义,专自得罪于夫言,如殴夫及欲告害夫之类,非谓殴舅姑等项也。”表明了完全相同的见解。可以推断,夫妻非因自己等相互间的问题,而
500 是因对各自亲属的情义必须离婚,像这样的事情,明代的法律家几乎不能理解。又,参见506页。

另,在明清律中,“义绝”一词不仅被用于夫妻之间,而且也被用于赘婿与岳父母的关系等(诉讼·干名犯义条)。就是说,它一般地是指:若缔结了后天的恩义关系,由于当事人的背信行为,则应视为客观的已经被取消状态的词语。

〔93〕 唐律户婚第38条。

〔94〕 明清律犯奸·纵容妻妾犯奸条,同婚姻·典雇妻女条。

〔95〕 《元典章》卷十八“夫自嫁妻”、“离异买休妻例”,都是买休、卖休的实例。在前者,因关系人包括买休者(后婚之夫)本人是善意的,因而认为婚姻有效;在后者,因是恶意的,虽然后婚已经有子,但仍命离异归宗。《元典章》卷十八“嫁妻听离改嫁”、“夫嫁妻财钱革拨”、“受财将妻转嫁”,是与姐妹或弟媳欺骗自己的妻子并将之另嫁的事件。均命妻离异归宗。《元典章》卷四一“将妻沿身雕青”,是将妻的全身文身以作

为玩物赚钱的事件。罪被恩赦，而妻被断为离异归宗。同卷四五“逼令妻妾为娼”，是逼迫妻妾为娼妇并使之接客的事件。罪恩赦，妻妾离异。同卷四一“强奸男妇未成”、“翁奸男妇已成”、“翁戏男妇断离”，是公公强奸儿媳的事件。均是儿媳被断离异。同卷四一“妻告夫奸男妇断离”，是妻之随母子为男孩、夫强奸了为其所娶之媳妇的事件。随母子之母与其夫被判决离异。《元史・刑法志》也说：“诸强奸妻前夫男妇未成，及强奸妻前夫已成，并杖一百七，妻离之。”

〔96〕　仁井田陞：《法史》，706—707页。根据明清律婚姻・出妻条说：“其因夫逃亡，三年之内，不告官司而逃去者，杖八十；擅改嫁者，杖一百。”可以知道，前注〔28〕所引用的明清立法说的“及夫逃亡过三年不还者云云”的规定，既是对未婚夫也是对结婚后的夫都通用的规定。另外，在上文中，引人注目的是，若有夫逃亡这一事由，则即使不符合经过三年、官府许可的要件，妻逃亡、改嫁之罪明显地被减轻（比较、参见前注〔89〕）。如习惯上所说：“妇人夫故改嫁，必得夫家主婚，以婚书媒妁为证。如因夫久外不归，无人抚养，以致不能维持生活时，该妇得央媒说合，自立婚书改嫁。日后如其前夫回家争执，则按照婚书，给以财礼，令其另娶妻室。”（录Ⅳ、7、57、一山西省高平县）有因夫之失踪妻改嫁被肯定的报告；另一方面，如下说：“家长去向不明，长期（二十年、三十年）服役等场合，家长之妻能离婚吗？＝绝对不能，应该等到死亡确定或服役完毕出来。”（惯Ⅳ77页下段）绝对否认的应答也有。恐怕留下的妻的生活是否应靠夫家的人来保障，大大影响人们对于改嫁的是非判断吧。在惯Ⅴ39页下段—40页中段、同139页下段，也可见到围绕该问题的一个诉讼事件。作为老年人父亲顽固地拒绝儿媳改嫁的要求，但是因作为夫的儿子（十年来失踪）的去向不明，结果是以事实上不能拒绝而结束。

〔97〕　如《元史・刑法志》说：“诸以非理殴伤妻妾者，罪以本殴伤论，并离之。”明清律斗殴・妻妾殴夫条规定：“其夫殴妻非折伤勿论，至折伤以上减凡人二等，先行审问夫妇。如愿离异者，断罪离异；不愿离异者，验罪收赎。”清律之同条总注说：“如夫愿而妻不愿，妻愿而夫不愿，皆不许离异也。”规定若夫不同意也不能离婚。不过，明清律也有夫之祖父母、

父母非理殴打儿媳以致废疾时，使之归宗的规定(参见后述529页)。

又，关于夫作为赘婿住进妻家的场合，元代有这样的判例：婿殴岳父母时，在岳父母的房子放火时，诬告岳父与自己的妻子之间有奸情时等，命之离异归宗(《元典章》卷四一“殴伤妻母”、同卷五十“婿烧妻家房舍离异”、同卷四五“虚指丈人奸女”)。另一方面，若赘婿逃亡不足一百日或者六十日，则视为离婚了，像这样事先订立特别契约虽有曲折，但结果作为违反社会上的良风美俗而被认定无效的判例确立了(《元典章》卷十八“女婿在逃依婚书断离”、“女婿在逃”)。同时判定：夫作贼，也不是离婚的原因(《通制条格》卷四、嫁娶“至元十六年五月”)。

502 〔98〕 前注〔28〕所引元代法云：“嫁女弃妻皆所由，若不由所由，皆不成婚，亦不成弃。”虽然不能明言，但却被解释为：若不通过祖父母、父母则结婚当然离婚也都不成立的意义。尤其是，如果那是沿袭金《泰和令》的话，那么当然其起源可溯及唐令，和我国的《养老户令》“嫁女弃妻”条与上文大体上是同文相呼应。并且，在该《养老令》中，“嫁女弃妻”条与其前条“凡弃妻，先由祖父母、父母。若无祖父母、父母，夫得自由，皆还其所赍见在之财，若将婢有子亦还之”对应联系起来考虑，上文元代法的意义也变得更没有疑义吧。

〔99〕 《礼记·内则》：“子甚宜其妻，父母不说，出。子不宜其妻，父母曰是善事我，子行夫妇之礼焉，没身不衰。”

〔100〕 关于此事，进行特别的证明是不必要的吧。下述的因夫死亡而寡妇的地位变得不可动摇本身，就是最好的证明吧。

〔101〕 与外祖父母及其他母族间的服之关系，若母亲被休弃则也随之消灭；若母亲死于婆家则成为永久性的。因而，即使同样是继母，若以前亲生母亲被休弃，则与继母之族间产生服之关系；若生母已亡，则与继母之族间不产生服之关系。《礼记·服问》：“母出则为继母之党服，母死则为其母之党服。为其母之党服，则不为继母之党服。”唐律名例第6条恶逆疏：“依礼，嫡子为父后，及不为父后者，并不为出母之党服，即为继母之党服，……若亲母死于堂，为亲母之党服，不为继母之党服。”

〔102〕 即使作为宗谱之记载法，也如：“妇夫亡再醮，与有罪被黜者，虽有子，

夫传下不书，以义绝也。止于子传下书‘嫁母出母某氏所生’，以子不得绝母也。”（皖桐南湾张氏重修宗谱凡例，多賀，874 页）已改嫁的妇人与被休弃的妇人——若从其子来看则称“嫁母”与“出母”——，通常以同类相待。

〔103〕 历代的律都禁止在夫死亡后，妻妾未满服丧期（27 个月）就改嫁（唐律户婚第 30 条、明清律婚姻·居丧嫁娶条）。在离婚方面，法律上与习惯上都未规定再婚禁止期间。第二天再婚也可以。参见仁井田陞：《家族》，120 页。而在同书特别是在其《中国法制史》（岩波全书 1952 年）268 页，虽然可以见到如下的说法，即：在前婚时怀胎而嫁给后夫之后所生之儿子，就成为后夫之儿子。这是中国的习惯，但这不能原封不动地得到承认的。在中国人的观念里，父亲是给了自己生命的男性，503
除此之外的不是父亲。如果因怀胎期间的母亲离婚、再婚而后夫处于父亲之立场的话，那么他就是义父，儿子就是义子。如果母亲在再婚期间又怀胎生一个儿子的话，两个儿子就成了同父异母兄弟。下文判例中的刘廷芳与刘天缓是同父异母兄弟，绝不作为亲兄弟来讨论。

《例案续增全集》卷二六“殴死同母异父之兄虽同居仍以凡论”：“刘天缓之父刘老二娶故兵杨万金之妻陈氏为室，带孕过门，一月之后即生刘廷芳，迨后复产刘天缓，同居合好，素无嫌隙，……”该天缓杀害廷芳的事件发生后，浙江巡抚拟律说：“查：致死同母异父之兄，律无明文，服制图内亦未议及，应以凡论。”刑部也同意，乾隆十三年五月八日得到皇帝的批准。

上文似乎认为，寡妇未满服丧期而改嫁，在法律上当然也应推及于离婚后再婚的场合。另一方面，即使因怀胎中的母亲离婚、再婚，基于给予了自己生命这一事实的亲生父子的关系，在事实上可能被忘记，但是在法律上并没有被消灭。这在后来以所谓别宅子的形式表现出来。对生父遗留的家产多嘴多舌之事，也可能发生。《清明集》、别宅子、“无证据”就是其例：饶操没有儿子，因而将应申收养为养子；他死后，李三的儿子李五出现了，说“母怀孕被出、因而嫁与李三”，主张自己是饶操的亲生儿子。《齐东野语》卷二十“莫氏别室子”也有与此非常相似的话。反之，也可能发生这样的事情：围绕死于非

命者之后人，该人曾宠爱婢女并使之怀有一个儿子，但该女因故嫁给了他人，他想起此事，找到了该子，为其恢复原姓并使之继后(《今古奇观》卷二六“蔡小姐忍辱报仇”)。总之，在前婚怀胎而在后夫家所生之儿子的地位，若理解为与后述随母子(第六章、第二节、二)是同样的，则并没有错误。偶尔有人完全同化于母亲后夫的家，可以说是就随母子的一般问题而言的。

〔104〕 唐律斗讼第30条：“诸妻妾殴詈故夫之祖父母父母者，各减殴詈舅姑二等。……其旧舅姑殴子孙旧妻妾，折伤以上各减凡人三等。”其疏云：“故夫谓夫亡改嫁者，其被出及和离者非。”明清律斗殴，妻妾殴故夫父母条完全同样地论述改嫁后及现实的舅姑。但是，即使在此处
504 也注释：“妻妾被出，不用此律，义已绝也。”关于谋杀，也有同类的规定(唐律贼盗第8条，明清律人命·谋杀故夫父母条)，同条还规定部曲、奴婢与其原主人的关系；如果部曲、奴婢被主人解放时就产生与原主人的关系，那么主人将部曲、奴婢卖给他人，或者部曲、奴婢因诉讼而恢复了自由时，不给后人留下任何的关系。改嫁与离婚的不同，正好与此对应。

〔105〕 但是，在元、明、清代的法律中，关于通过夫或者子之荫而得到封号的妇女即命妇改嫁，一直被禁止(《元典章》卷十八“命妇夫死不许改嫁”，明清律婚姻·居丧改嫁条)。在古代，隋代也制定了“九品妻无得再醮”之法(《隋书·刘炫传》)。

〔106〕 参见陈顾远：《中国婚姻史》，227—233页。同书解释说，将改嫁专门视为丑事，这种思想宋代以后变得很明显。这种看法是正确的吧。

〔107〕 Martin C. Yang, p. 55, pp. 116f; Olga Lang, p. 41(译Ⅰ，51页)。Wolfram Eberhard, *Social Mobility in Traditional China*, p. 135, C. K. Yang, *The Chinese Family in the Communist Revolution*, 1959, pp. 66f. 等等。最后者列举基于1940年代若干局部地区的统计比率，在现存人口中相对于已婚者，离婚者的比率即使最高的地区也没有达到1%。即使在华北农村的调查中，例如在山东省历城县冷水沟庄，离婚者“最近也没有一个人”、“因为若离婚则会成为其他村的笑柄”(惯Ⅳ63页下段)；“没有”离婚，即使夫妇没有爱情，也“忍受着

并度日。即使疯了”（惯Ⅳ 67 页下段）；“既未见过也未听说过”离婚的实例；据说，休书的格式“也没有见过所以也不清楚”、“通常即使有如上所述的原因（妻之奸淫、盗、不孝）”也忍受。“因为若上了年纪则情况会逐渐地转好”（惯Ⅳ 111 页上段）；据说，即使在河北省昌黎县侯家营，详细记载了一个从女方家一方说出赎回女儿并离婚的实例。但是，一般认为离婚“这样的事很少有”（惯Ⅴ 112 页上段—113 页上段），若根据其他的应答者则休回去（夫家无理由地让媳妇返回娘家去）的例子“少。村里没有。实例现在也没有。”（惯Ⅴ 72 页下段）

〔108〕 在仁井田陞《法史》677 页以下，因不符合“七出”极其琐碎的原因而 505
出妻的事例，多数被刊登出来。但是，如明清律的注释所说：“或谓：蒸梨叱狗妻皆可去、何尝亦待有应出义绝之状而出之耶？曰否，此古人忠厚之道也，盖君子交绝不出恶声，而况妻乎。”（王肯堂《笺释》卷六“出妻”条。清律同条·上栏辑注）其中有理所当然重大理由的离婚，但表面上以琐事为借口，这样的事例原封不动地被记载于史书并流传至今的也不少吧，必须把它记在心上。

〔109〕 Lin Yu-tang（林语堂），*My Country and My People*，1939，pp. 163f. 论述说，中国的妾制有代替西洋各国离婚的功能，都是使女性受苦的。妾制至少在形式上没有破坏作为社会的细胞家庭的完结性，并依旧与家庭同时并行地被施行；相对于此，说离婚也破坏家庭，由此形成为妾制辩解之论，赞成与否另当别论，但在理解事情的关联之际，应该倾听议论。

〔110〕 仁井田陞：《家族》，121 页、326 页以下。

〔111〕 “不合于家风”，换成中文来说就是“妇道有亏”吧。在中国，不存在每家有个性的规范（即家风），一般说来作为妇女嫁到何处确实都必须遵守如此客观的规范就成了问题。即，在中国，家这个东西，与在我国不同，家本身并没有承担社会分工的一个机能的性质（前述 66，页）。作为结论，可以这样理解吧。

〔112〕 除了明清律斗殴·威逼人致死条之外，围绕自杀的规定，散见于条例之中的各处，其判例也很丰富。《中国法における自杀》完成的就是其本身的一个研究课题。

506 〔113〕 Francis L. K. Hsu, *Under the Ancestors' Shadow*, p. 155。录Ⅳ、8、1、二，惯Ⅲ78 页中段。

〔114〕 Arthur Smith, *Chinese Characteristics*, 1894, pp. 201f. p. 254; Kung-chuanHsiao, *Rural China*, p. 292 note 119; Olga Lang, p. 48(译Ⅰ、60 页)。在惯Ⅴ40 页下段、49 页下段—50 页中段、53 页中段下段，详细记录了 18 岁的媳妇投水自杀及其善后的原原本本，也与史密斯所记录的很吻合，是关于自杀造成怎样的结果的很合适的实例。虽然不是什么值得一提的虐待的事实，大概是无常性的自杀，但夫家仍因此而失去四十亩土地中的二十亩，而且据说“留下了二十亩，是运气好的解决方法”。显然媳妇是不讲道理的，一般在因埋怨受到叱责而自杀的场合，娘家以为奇货可居而勒索夫家。类似这样的事情，自古以来是司空见惯的。《六谕衍义·教训子孙》告诫说：“至于有女子者，自幼不知教训，乃至到了人家，忤逆姑舅者有之。……甚至任性使气好吃懒做，终朝吵闹悬梁投井者有之。为父母者，不知责成自己女儿不是，不知自反当初失教之过，一味偏怪公婆，打骂女婿，甚至视人命为奇货，无所不至。”《元典章》卷四二“男妇自害亲属要钱追还”云：“一等人家，取到男妇，不务妇道，靡所不为。翁婆依理训诫，终心不伏，遂自害身死。其妇父母知会，便行部领人众，将翁婆拿执逼吓，取要烧埋等钱。”并记载至元十年八月发布了禁止这种行为的布告。

〔补注〕《台湾私法》采用的见解说：清律出妻条的“义绝”，应该解释为指唐律之《疏议》中所列举的诸事项，其不载明的原因是“自古以来就已经固定于习惯中，没有必要特意将之列举出来”(同书第二卷下，375—376 页)。戴炎辉教授也应该采用此说，并以大理院解释例民国六年统字 576 号也表示同样的见解为旁证(《中国固有法上之离婚法》，《法学丛刊》第 63 期，11 页)。我们提出问题的是，不是我们应该如何理解，而是明清人是如何理解的。很难认为是与唐代同样理解的。直至嘉庆十三年孙星衍复刻前，《唐律疏议》只是元代的刊本，不是明清人容易见到的书籍。而唐之“义绝”并不是靠书籍或记忆就能处理的简单的东西。笔者认为，在刑案之类的书中，以出妻条之“义绝”为依据的判例也不多见。

第五章　家族成员的特有财产 507

一、官俸及其他特别的劳动所得

家族每个人的劳动果实均属于家产。因此，除在家共同干农活（典型的农业）之外，找份工作并得到了收入的家族成员，必须将扣除必要支出的纯利全部交到家务管理者的手中。这就是同居共财的本质。家之所以成其为家的原因，已如前所述。每个人的收入确实未被归于家产，就意味着家之纪律的松弛，必须严厉惩戒（前述 72 页）。如果这个原则得以严格贯彻，那么男子做工并储蓄特有财产（私产、私财）的可能性当然就不存在；但是，社会的实际情况是，家之纪律松弛的结果，导致私产被秘密地储存起来的情况也时有发生。另外，作为这一原则的例外，某种所得作为特有财产被公认的情况，也并非没有发生过。

财产被秘密地储存的现象，纯属事实问题，暂且不论。若说起关于所公认的这一原则的例外，则首先认为成其为问题的，可以列举出家族中的某个人出外就任官职并作为其报酬已取得的财产。金元时代曾有如下的立法：

> 应分家财，若**因官**及**随军**，或**妻家所得财物**，不在均分之限。[1]

508 在此所规定的应该作为特有财产的“随军”、“因官”、“妻家”之三项所得，确实各自与罗马法中的“军营特有财产”(peculium castrense)、“准军营特有财产”(peculium quasi castrense)、“送来财产”(bona adventicia)对应着，这是非常令人感兴趣的现象。[2]但是，由妻家所得财物成为特有财产，既是各个时代不变的明确的法律，也曾是习惯。与之不同(下述二)，关于官俸与军役的报酬，已如前揭明确地承认其为特有财产的立法，这只限于金元时代，其前、其后均无其存证(作者补注：日后执笔)。

唯有唐户令应分条之注云：“其父祖永业田及赐田亦均分”，在此也许可以将之一并来理解。永业田(在此是官品永业田之意)和赐田是专门授予居高级官位者以及曾对国家有功劳者的土地，在土地所有权受到国家限制的唐代均田制之下，一般被认为是例外的、可以自由继承处分的土地。[3]因此，应分条也注释说：父祖所有的这些土地应该不受任何限制地被其子孙继承、均分。而尤其引人注目的是在此被特定为**父祖之**永业田、赐田的土地。如果假设其中并非父祖而是兄弟中的一人因“官”或因“功”取得了永业田与赐田的话，那么这些土地不在均分之限，应属于取得者个人及其子孙。一般可以认为它含有这样的言外之意。虽非官俸，但是终归将之作为一种由国家给付的特有财产。在这点上，也许可以考虑将之与前揭金元时代的立法列入同一系列。

在习惯方面，就家规之类中的习惯来看，并无固定的原则。既有官俸应该属于家产的规定，也有非强制性的规定，但是奖励官俸的取得者一方自发地将官俸放入家产中。[4]的确，因为官俸也无非

509 是将应该是家庭全体之一员的劳动时间投在别处产生的收入，所

以一般认为将之归于家产是合理的吧。但是,一般认为,因为官俸至少不是由家产提供资本而从事经营的营利,即使劳动时间确实从家里被拿了出去,但所做的工作在本质上也与通常的劳动相差悬殊,而且其带来利益的绝对数额也屡屡相差很大等等,所以自然而然地受到特别对待的情况曾有很多吧。不言而喻,在官场具有一定地位者,置父母、兄弟于贫寒之状况而不顾,从脸面上也未被允许过。他,当然对于家,必须尽可能地赚取与作为官员的一个家相称的丰厚工资;进而超过狭义之家的界限,即使对于同族,在大笔花钱与购入、提供义庄等方面,也期待他适当地准备捐出工资;但是从亲兄弟这方面,正如通常的短期离乡外出做工的情况一样,全部将之计算在家内,使之服从兄弟均分的原则,一般认为通常没有人敢这样主张。

不仅限于所谓的官,当有人因离家做生意等发了财时,也会产生同样的问题吧。但是,一般认为,若当时由家提供原始资本,则以之为基础所积累的资产,同样应该严格地归于家产。这种意识仍然起着很强的作用。[5]但是,在家几乎无资产、兄弟各按所好谋求工作并靠自己的收入生活着的情况下,[6]一个人幸而发了财,或者兄弟中一人完全空手跳出家门,在靠自己的收入生活多年之后并拥有了大笔的产业而归来的场合,他给兄弟们准备适当的补贴,仅在祖遗财产分配前稍微让与兄弟一点;另一方面,自己所积累的财产的大部分,作为自己本人的财产来保有就会被人们承认吧。在这样的情况下,如果兄弟还强烈要求均分,反而会成为毫无道理的主张。宋代的《袁氏世范》说:

510 （上略）又有果是起于贫寒，不因父祖资产，自能奋立、营置财业。或虽有祖众财产，不因于众，别自殖立私财，其同宗之人，必求分析。至于经县经州，经所在官府，累十数年，各至破荡而后已。[7]

就是在这样的场合，说着强烈要求均分的蠢话；同样，宋代的倪思之言中也有如下的劝告：

若自能奋飞，不藉父业，则听其挈出。不可将带父业，留以与不能奋飞者可也。[8]

同居共财的家族制度将农业作为主要产业，原则上家族产生于全家一起从事农业耕作这样的社会体制之中，而在这样的体制下也一定会最顺利地发挥作用。但是同时，经济多元化发展，即使各个家庭的经济或多或少地依靠农业以外的生计是正常的现象，也未曾一概地引起同居共财制度破产。[9] 的确，它应该是障碍物，在受到来自近代工业机械大生产方式冲击之前不能不招致破产，而为了近代工业的引进成功并向前推进，也必须将之破坏掉。在这个问题发生以前的时代，由于经济多元化只是统一核算多元化的收入，因此给各个家庭经济度过社会转变的艰苦日子以很大的
511 力量，并发挥着积极的作用。[10] 农业以外收入的增加并不必然地产生特有财产，也没有使同居共财制度逐渐土崩瓦解；本节所阐述的应该视为原则未被坚定不移地坚持的例外现象。[11] 而且一般认为，在任何程度的条件存在时，关于是否应该承认例外的特有财

产，要求人人一致明了地承认是很困难的。根据与每个案件有关系者的商议情况来决定其范围的广泛。再者，每个地区习惯之差异也很大吧。

二、妻之随嫁财产及其他以无偿方式所取得的财产

1. 劳动所得与无偿所得的区别

在同居共财制度下，家族之一员必须将劳动所得全部交给家。在此基础上，家族之劳动力乃至劳动时间均属于家的观念摆在人们面前。从家之资产产生的利润与从家族之劳动产生的收益，这二者形成家庭收支中的收入方面。关于在此之外的收益，家不干涉。因而，如果家族的某人白白从别人那儿得到东西，那么该东西就成为其特有财产。应该承认，与前节所述相对于原则的例外现象不同，这是其本身一个确凿的原则，是同居共财本身完全正常的一个侧面。

在华北农村的惯行调查中，关于此点，记录着如下若干珍贵的应答：

“在你家，你或你太太不能存钱吗？＝结婚时或新年时，亲戚、亲友给的礼钱可以归自己所有，但劳动所得的钱都要给家长。”（惯Ⅲ125页中段）

“妻有时从出嫁时带来的钱中给夫之弟零用钱吗？＝在正月给二三元。”“弟也可以不将得到的钱交给家长吗？＝即使不交也可以。”“即使不交就不必向家长报告得到东西之事吗？＝不必。”（惯Ⅳ80页上中段）

512 “例如，弟去满洲干活寄回来二百元，如果用它买土地的话，那么这块土地应该属于谁的呢？＝属于家的。”“弟在分家时说这块土地是自己的并要拿走，不可以吗？＝不能这样。”“例如，如果某个有钱人称你的孩子是好孩子并给他一百元钱，那么这一百元钱是谁的呢？＝那应该是孩子的。”“父母将之没收不行吗？＝母亲保管。”“用那钱买好吃的东西大家吃，不可以吗？＝那种事没有。”“那么如果得来鸡雏，应是谁的呢？＝应是孩子的。但母亲饲养。”“如果鸡长大了、下了蛋，那是谁的呢？＝孩子的。”（惯Ⅴ65页中段）

“家长好赌博、爱喝酒，是浪费者时，已分家的伯父为了拨作侄子（家长之子）的教育费，将土地给侄子时怎么办？＝伯父交出地券，而且交出给侄子土地的凭据。”“这样说时作家长的父亲也要求交还其地券或者凭据，伯父或家长之子能拒绝其交还的要求吗？＝能。”（惯Ⅰ300页下段）

正如在各个不同的调查地所得到的若干应答中一贯所见的，关于劳动所得的钱与白白得到的钱的区别，人们的意识是极其明确的，丝毫的含糊也没有。不仅从外面收入的钱，而且从家所支出的钱，也存在与此类似的区别。例如，家族的一个人将因公外出所支出差旅费的节余存入自己的腰包是绝不被允许的事情；而在正月的庙会或在镇上的庙会等等时机，为游玩所得到的零花钱，若没有花完则可以随意地储存起来。[12]前者是以家之经费承担的，相对来说后者无非因为是从家白白得到的。

2. 随嫁财产与家产

因赠与产生特有财产之原理本身非常明了，而实际上尤其是所谓储存零用钱在某种程度上并不产生可称得上财产的财产。但是，围绕妻之随嫁财产，这个原理不仅不应被忽视而且有重要的意义。唐户令应分条(前揭245页)规定：

> 妻家所得之财，不在分限(妻虽亡没，所有资财及奴婢，妻家并不得追理)。

亦如前揭金元时代的立法(507页)所云："……或妻家所得财物，不在均分之限"，妻之随嫁财产即：承认之为该夫妇的特有财产，夫 513
及其兄弟在家产分割之际，将之从分割对象中除外。这曾是自古以来的定法。虽然在明清时代的立法中未发现同样的规定，但是它也作为理所当然的东西，一定是因为没有感觉到有特别规定的必要。在最近的惯行调查中，听到如下应答：

> "知道'私放地'这个词吗？＝知道。""通常在冷水沟使用吗？＝使用。""意思是？＝用妻用从娘家带来的钱买的土地。"(以下重要问答，很多也详见后揭，中略)"分家时将私放地作为例外的土地分割吗？＝**作为例外分割**。"(惯Ⅳ110页上中段)
>
> "夫分家时不可以分其妻的土地(夫与其兄弟们分开之意)吗？＝不能分。"(惯Ⅴ463页中段)

如此等等。这用不着期待立法，就是毫无疑问的、人人承认的原则。如《袁氏世范》所解释的那样：

> 朝廷立法，于分析一事，非不委曲详悉，然有果是窃众营私，却于典卖契中，称“**系妻财置到**”，或诡名置产，官中不能尽行根究。[13]

“以妻的钱买了土地”，就是将原本应该交给家的钱偷偷地作为个人财产储存的行为不正者，在试图将这笔钱转化成安全合法的形式时，作为其借口的合适的名目。[14]这是因为，随嫁财产既不是资产的利润，也不是劳动的等价报酬，而是无偿送来的财产。但与前节所述特别劳动所得的情况不同，无论随嫁财产多达如何巨额的程度，均不得因此扣除该夫妇原来家产的应得的份儿。即使在这点上，这也是纯粹的特有财产。

结婚之际，男女两家尤其是男家，要支出巨额的费用——比平
514 常的生活水准屡屡异常的巨额的费用。费孝通氏在其著作中叙述着这样的活生生的实例：在其所调查的云南省的某一农村，平常安于特别俭朴生活的一个小个子的农民，支出为儿子结婚准备的钱就好像换了一个人似的在所不惜。其结果，虽然背起巨额债务的包袱，但是现在已经完成了人生的目的的满足感使其面放光辉。[15]不用说，此笔费用之中大部分都是为仪式和婚礼宴花费的。这也绝不是毫无意义的支出。家之社会地位因此——它作为无形资产维持着对别人的关系——再次得到确认，同时对于小两口儿来说，也有着更新的更重要的意义。[16]因此，除去仪式本身所消费

的，再加上筹办嫁妆即：在男方家则为向女方家交纳的聘财、在女方家则为“妆奁”，就构成结婚费用的主要内容。可是，似乎聘财被认为是女方的身价，并屡屡有金钱被交付之事发生；同时因为其数额经媒人数次介入牵线交涉并被约定，这样的事情也并不少见。这似乎很容易让人坚信，在中国婚姻制度之中存在着浓厚的买卖婚姻的要素，但是事实绝非是一概如此。正如费孝通、杨懋春、奥尔加·兰等人异口同声所指出的那样，聘财不是作为女方的等价报酬而成为该女孩父母的盈利，而恰恰是为小两口儿订立的，有着很强的从男家财产中所醵资的作为预备金的性质。[17] 即，女方家不仅将男方家赠送的聘财全部用于筹备女儿的嫁妆，而且理所当然也另外从自家的家庭经济中支出一部分，然后将两者合在一起，以作毫不逊色的足够的准备，并打发人将之送到男家。就是说，聘财一旦由男方家支出，不久就会变为新娘的随嫁财产，又回到男方家来。以上所说的这些都是人所共知的常识了。《民商事习惯调查报告录》所报告的作为热河省的习惯是：

> 富家与富家通婚，均以布帛金银首饰为礼，谓之纳采。以财为礼者，多系女家贫乏，无力置办妆奁，由媒妁于婚姻将成 515
> 之初，议定先纳财礼若干。女家得财礼之后，即作该女嫁奁之资。此种习惯尚不违背善良风俗。[18]

这不是只限于热河省这个特定地区的习惯吧。千種達夫氏的北满大家族调查报告也说：

> 男子结婚时彩礼以家产负担。数额不定，但通常被定为六七百元。女子出嫁时仅以彩礼买妆奁，从家所带来的不过二三十元。其他从小份子出。[19]

在福建省各地，除了正规的聘财之外，男方家也以各种各样的名义给姑娘的叔叔、婶婶等尊亲属赠送一些钱款，这样的习惯也被报告着。那么也就是说，要求接受钱的尊亲属以比其加倍的价格买东西，这是有助于姑娘妆奁的习惯。[20]关于正规的聘财，也可推测。大理院判决例陈述道：

> 聘财在现行法上，与婚书同为定婚要件，虽由主婚人受财，而嫁女所需妆奁等费用，亦应由此受财之主婚人担负，并非以受财为有主婚权者应享有之权利。[21]

这些话应该很好地把握了聘财的本质。[22]在个别情况下，迫于贫穷而被欲望束缚的父亲将聘财装进自己的腰包，若不让他负担与聘财相抵的、足够的随嫁财产，则此时他才是“卖女儿”，那样会被
516 社会上的人们背后议论，面子不好看，因而也很难期望以后与婆家有对等的交往，即使女儿在其夫家也很可能会处境困难。[23]

聘财变成随嫁财产又回到男家去，即使这样讲，当然它也没有进入男家的家产中，而是作为该夫妇的特有财产留下。由于结婚，在大的家中，形成由一对夫妇构成的“房”。所谓随嫁财产，即：房，一方面被置于家全体的同居共财关系之中，另一方面又作为物质基础以便在某种程度上独立的存在，无非是由男女两家的家产所

醵资的。据说，通常情况是，在并不富裕的普通家庭，室内的日用器具、铺盖、盛装使用的衣服等等，大部分一生只有一次机会来筹办；在普通家庭的开支方面，此笔经费项目几乎没有被发现过。[24]因此，对嫁妆的品种、件数——在奢华方面是无止境吧——不能低于一般的标准，就成了确定的原则；[25]女方家因贫穷靠自力不能筹办嫁妆时，当然就不能不非常关心从男方家获得的聘财的数额。[26]另外，即使在男方家将来应该分家产的人数比其资产多的情况下，女方家也很在意聘财的数额。[27]总之，其讨价还价的交涉、应该是企图能确保女儿夫妇多分摊一些，绝不是交涉女儿的卖价。正因为该聘财具有每一代人日用器具更新费的特质，所以才全部从家产中支付而不从作为已婚者与未婚兄弟之间的家产中分割。对于后者，与之相抵的仅是可以分配给特别的份额。期望公平当然就成为非常必要的。

随嫁财产通常只有所谓嫁妆，但是在妻的娘家十分富裕的情况——若与总人口相比时极少吧，但是——下，再加上土地被带来，或者巨额的金钱被带来并以之购入土地的，也不少见。结婚后 517
数年，在确定夫妇和睦之后，乃至等到外孙出生，有时也能从娘家获赠土地。[28]这样的土地被称为“妆奁田”、“胭粉地”、“贴己地”、“私放地”等等，是夫妇的特有财产，其处分、管理的权利属于夫妇，不受来自家的任何制约。南宋时代也存在如下的审判事例：

《清明集》、争业、“妻财置业不系分”云：“陈圭诉子仲龙与妻蔡氏，盗典众分田业与蔡仁，及唤到蔡仁，则称所典系是仲龙妻财置到。执出干照，上手缴到阿胡元契，称卖与陈解元，装奁置到分明，则不可谓之众分田矣。在法：妻家所得之财，不在分限。又法：妇人财产并同夫为主。今陈仲龙自典其妻装奁田，乃是正行交关”。……“今蔡仁愿以田业弃还其妹，官司自当听从。案须引问两家，若是陈圭愿备钱还蔡氏，而业当归众，在将来兄弟分析数内。如陈圭不出赎钱，则业还蔡氏，自依随嫁田法，庶绝他日之争。青状附案。”

518 儿子不经父亲之许可就擅自出典土地，若是家之土地，则这一行为确实是盗典；但是，因为它实际上是儿子以其妻从娘家带来的钱买进的妆奁田，所以其处分被判定为“正当的交易行为（正行交关）”，同时认为，若以家之金钱将之赎回则改归于家产，若被无偿返还则又成为夫妇之特有财产。两种财产的区别总是明了的。近时惯行调查中所出现的应答也说：

“在大哥当家的情况下，二弟夫妇未与当家的商量就说将二弟媳妇带来的土地卖掉，也可以吗？＝可以。”（惯Ⅴ65页下段）

“卖该土地（私放地）时，必须要与家长商量吗？＝有时商量，不商量也可以。”（惯Ⅳ110上段）

等等。在这点上所得到的答复是一致的，不但如此，据说：

“若以妻带来的钱买土地和房子，则这是妻的自由还是家长的自由呢？＝买土地、房子是妻的自由。”“这种情况下以妻

> 的名义买，可以吗？＝可以买。”“又卖掉这块土地，妻给自己做衣服，可以吗？＝可以。”“这块土地由家族租种，也可以吗？＝可以。”“在这种情况下必须交纳粮食吗？＝当然。”“急需用钱时，妻向夫指地借钱或出典，可以吗？＝向家长，可以；而向夫，不可以。有时将家的土地出典给妻。”“即使因为妻生子，也可以出典给家长吗？＝可以。”（惯Ⅴ463页上段）

夫妇将妆奁田出租或者出典给包括本人等的作为大集体的家；反之，家出典土地给妻，并接受来自其随嫁财产的通融等等。在家产与特有财产这两种财产之间，各种交易都是可能发生的。

如何使用妆奁田的收益，不言而喻也是夫妻的自由。若能出租给家，则也能出租给他人。无论哪种情况，其地租都成为夫妻的特有财产。[29]另一方面，分摊土地税时，分摊于妆奁田的那部分，当然也由特有财产来支付。[30]但是，夫妇仅将作为特有财产的土地自己耕种并取得其收获，将不被许可。原因是，因为结婚得到了 519
若干的随嫁财产，而夫只要仍继续保持与其父母兄弟同居共财的关系——即只要不分割家产——家族成员的劳动力全部归于家产的原则就不发生变动。夫妇即使运用作为特有财产的资产并取得其利润，也是自由的；在此将作为原来家的自己的劳动力联系起来，作为其成果的收获全部据为己有之事，当然是不被允许的。关于如此微妙之点，通过以下的回答，就可以知道民众极其正确的判断。

> “私放地只能由其家族耕种吗？＝一般出租给他人耕种，

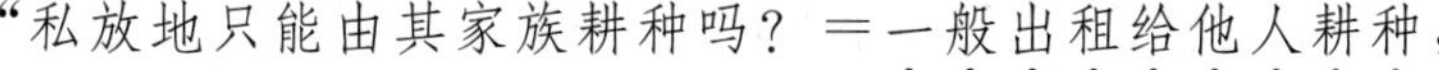

由自己耕作不行，由自己的家族全体成员耕种是可以的。”“出租给他人耕种时，地租谁收？＝私放地的所有者收。”“该地租，私放地的所有者可以自由处分吗？’地租为现金时，自由使用；而为谷物时，可随意被卖掉吗？＝可以随意卖。不必与家长协商。”“私放地由其家族全体成员耕作时，所产生的谷物怎么办？＝给其家族耕作费用，剩下的均由私放地的所有者收。”“给其家族的耕作费大约有多少？＝例如，如果收获十斗，就给家族大约一二斗。”“私放地的所有者没有独自耕作的原因是什么？＝因为与其家族一起住并劳动着，所以不能独自耕种自己的私放地。”（惯Ⅳ110页中段）

这里所说的“由家族全体成员耕作”，与出租给家耕种的意思也不同，即认为家族全体成员耕作私放地与家庭经济没有关系，是公开的家族成员各自的私有性劳动的集聚。被分给一二斗的其他人，没有将之列入家计而装进自己的腰包；从另一方面来看，私放地的提供者认为，作为相当于地租的那份，与自己应得的份额合在一起即剩下的八九斗是自己的，是由于这样的关系吧。不仅土地是特有财产，而且据说还有饲养家畜的情况：

“妻自己随意饲养鸡、鸭，然后将获得的利益归自己，可以吗？＝随意饲养三四只鸡、鸭，也可以；而若数量多则要花饲料钱，各种各样的照料变多了，因为家里的活脱不开身，所以
520 要得到夫和家长的同意。因而，如果饲养三四只鸡、鸭，利益就成自己的。”（惯Ⅳ80页上段）

如此，即使来自特有财产的投资本身是自由的，但是也要受到来自可以冲破劳动力方面的制约。

3. 夫妇财产制

妻之随嫁财产有别于其夫家之家产，如上所述是很明了的；反之，在夫妇内部关系上，它是被如何处理的呢？夫妇生活的财政基础，是由夫从自己家取得的财产和妻从自己家所分得的随嫁财产合在一起而组成的。而如前所述，夫只要继续与其父母兄弟同居，夫之财产权——其人格被穿上权利之衣——是一个没有占有财产而对家产采取承继期待权或者持分权的形式。行使持分权以实现家产分割，或者如果是独子就会在因父母死亡实现承继时，夫初次以自己的名义将财产弄到手。但是，无论采取哪种形式，根据夫妇一体的原则，夫之权利同时是妻之权利；夫活着时，妻之人格被夫之人格吸收且几乎重合；但是，夫死亡后，夫之人格由妻代表。仅在离婚、改嫁时，妻必须放弃以前产生于夫妻一体关系的权利。如此，与夫之一方的祖传财产相比，妻之随嫁财产虽然全部形成夫妇生活的基础，但是会受到怎样程度不同的待遇呢？在中国，如果讨论夫妇财产制应有的状态的话，那么可以说问题几乎都归结在这点上。然而，若可以说结论的话，则在此也是基本上受夫妻一体原则的支配，即随嫁财产与夫这一方的祖传财产汇合，同时夫活着时，处于夫的支配之下；夫死亡后，处于妻的支配之下。但是事实上，关于其处分等，夫对于妻或者妻娘家的意向，与自家祖传财产的处分之际是不同的，有关照的必要。也没有规定，即使离婚、改嫁时，妻必须一概将之放弃。可以说，在此限度内某种程度上的区 521
别，已被人们意识到。

首先，根据基本的夫妻一体的原则，以下的问答最明了地说明妻之随嫁财产也被夫吸收的事实。

> “出嫁时带来土地之事，没有吗？＝少有。”（中略）“这土地是谁的呢？＝如果将土地契约书拿出来给夫，就是两个人的；如果没有拿出来，就是个人的。”“（这些土地）没有名字吗？＝胭粉地。”“胭粉地是属于妻的还是属于夫妇二人的呢？哪个多呢？＝二人的。”“夫妇二人的是家产还是私产呢？＝私产。”（中略）“胭粉地之私产到何时为止都是私产吗？＝夫没有兄弟，如果父母死亡就成为家产。”（惯Ⅰ270页下段、271页上段）
>
> “夫当了家长、儿子们分家时，母亲的土地必须作为养老地吗？＝在夫成为家长时，妻之财产一起成为夫之财产。”“夫当了家长而有尚未分家的弟弟的场合，妻（嫂）之财产一起变成夫之财产吗？＝夫有弟弟时，不变成夫之财产。另外，与夫之感情不好而担心会离婚时，不使其财产变成夫之财产。”（惯Ⅴ463页中段）

如上所见，随嫁财产即将一起变成夫之财产。它作为特别财产必须被区别的是对于包括夫和其父母兄弟之家，绝不是对于夫个人。[31]妻与夫家之间，即在随嫁财产与家产之间，进行交易是可能的；但是在妻与夫之间，打算交易是不可能的。夫妻一体在这点上，远比父子一体更紧密，随嫁财产是该夫妻一体的财产，即形成“房”之财产。由于家产分割，“房”作为新家独立，夫因分割取得的家产份额，与从来都是“房”之财产的妻之随嫁财产合并在一起，就形成新家的家产。在这个阶段，而且在对此后的子孙关系上，随嫁财产的特殊性基本上消灭。[32]

作为具体的问题，第一，通常情况是，随嫁财产的处分得到妻的同意而由夫来实施。说起来，作为随嫁财产的土地，一般是以夫 522
之名义来保持的。在前揭《清明集》的判语(517 页)中可见，妆奁田也是陈仲龙(解元)用妻的钱而以自己的名义买的土地，根据后揭的《黄文肃公集》的判语(527 页)所说的“又自随之产，不得立女户，当随其夫户头，是为夫之产矣”可知，南宋时代都是如此，最近的惯行调查也见有如下的说法：

> “什么情况下出现私产呢？＝妻有钱的情况下。妻将钱给夫，夫买土地并作为自己的财产。”(惯Ⅰ 269 页中段)
>
> “用妻结婚时带来的钱买土地，需要得到家长的同意吗？＝不需要，在这种情况下将其土地称为私放地。”“在这种情况下，土地的买卖谁做？＝夫做。土地买卖契约书以夫的名义签订，但契约书(所谓出售契约或白契)归妻保管。”(惯Ⅳ 80 页上段)

如此等等。即使用妻的钱购买土地，该土地在名义上也被视为夫的。又：

> “将妻带来的土地称作什么？＝用土语称作‘代(与带通音)来的地’吧，称作‘嫁资地’也可以吧。”“该土地的名义是

> 谁？＝娘家之父的名义。”“在儿媳妇带来土地的情况下，不更改儿媳妇之名吗？＝最初不改变名义，大约满三年孩子也生下来后，就变成夫之名义，因为这块土地是夫家贫穷而娘家一方为了使孩子一生快乐而给的。”“变成夫之名义后，也叫嫁资地吗？＝不叫，变得与普通的土地一样。”（惯Ⅲ84页上中段）

如此，让女儿带来的土地，一般认为在名义上是赠给夫的。既然在名义上是夫的，处分也由夫来进行。如前揭《清明集》判语说的“自典其妻装奁田，乃是正行交关”即是。当然，在内部关系上，夫在处分随嫁财产时，必须得到妻或其娘家的同意。以上所引的问答继续说：

> “卖妻带来的土地时，手续如何？＝尽可能不卖，如果贫
> 523 穷就先卖掉夫家的土地。……在卖之前一定要邀请岳父开亲戚会议。得到其同意再卖。”“因为妻嫁来了三五年所以更改为夫之名义的，也一样吗？＝当然，无论经过多少年都一样，夫当了家长也一定要这样做。”（中略）“卖嫁资地时，如果没有得到亲戚会议的同意就卖，怎么办？＝夫独自不能卖，妻同意时可以；若岳父来，则妻仔细地将情况告诉他，并使之同意。”（惯Ⅲ84页中段）

但是尽管如此，夫擅自卖掉时，谈及妻、岳父母家能否向买主要求取消，所得到的回答是“否”：

> “未与岳父母家商量就出售嫁资地时，能取消吗？＝如果丈量土地并拿出钱，就不让退回。”（惯Ⅲ87页中段）

妻带来钱并用该笔钱买了土地的情况，也是一样的。据说：

> “该土地（私放地即用妻带来的钱买的土地）是谁的？＝在名义上是夫的。”“夫不与妻商量，就将那土地卖掉，可以吗？＝不可以。”（惯Ⅳ110页上段）

另一方面，在不同地方，人们这样回答：

> “除家长之外，有用自己的钱买土地的吧？＝有。”“这时，怎么讲呢？＝用自己妻出嫁时带来的钱买。”“任由妻买呢还是请求夫买呢？＝请求夫来买。”“是夫妇的吗？＝当然。”“名义是夫的吗？＝按契约书是夫的，但钱是妻出的。”“夫随便卖掉，可以吗？＝可以。”“妻没有意见吗？＝说说而已。”“虽然说说而已，但仅仅说说而已吗？＝没法子。”（惯Ⅰ271页下段）

擅自将其妻的土地卖掉，这样的事是有常识者不应该做的，那么当然缺少妻的同意，并没有在法的意义上成为交易行为本身的瑕疵。在此，依然应该视为妻之人格为夫之人格所吸收这一夫妻一体原
则基本上被贯彻着。若从妻的立场说起，作为自己带来的财 524
产——在心理上大多认为是自己的财产——即使是重要的处分，

也必须由夫来实施;即使能够独自处理不那么重要的事情,也仍然必须基于夫之明示的许可或者默示的许可。

> "老娘们带来土地之事有吗? =少有。""作为带来的该土地,属于她吗? =当然。""那么卖该土地时,一个人就可以卖吗? =可以。随便。""卖的时候,不与夫商量可以吗? =没有不商量的。即使不商量也可以,但那样的事没有。"(惯Ⅴ65页中下段)
>
> "用妻出嫁时带来的钱买鸭子,在由妻本人饲养的情况下,其收入是谁的? =是妻本人的。""夫可以自由处分那些鸭子吗? =不能自由处分。但是,妻子处分鸭子时与夫商量。"(惯Ⅳ80页下段)
>
> "妻可以独自使用带来的钱呢还是必须与夫商量? =起初不知道的期间,可以自由使用;若夫知道,则不得随便使用。"(惯Ⅲ84页下段)

等等。在以上问答中能领会到这样的事情。在大理院判决例之中,也判示道:

> 妻就于其所有私产,为行使权利之行为,而不属于日常家事者,固应得夫之允许。但于夫弃其妻,或夫有不能为允许之情形(如夫受刑罚执行等事),则不在此限。[33]

第二,关于妻死亡后随嫁财产之归属,这又与夫一方的祖传财

产合并成一项财产，除了让夫之子孙（亲子或者嗣子）来承继之外，525
原则上是不产生特别的问题的。即使妻死亡，对其娘家来说，一旦给了随嫁财产，也就不能请求收回。唐户令应分条在“妻家所得之财，不在分限”之下，特别注释：“妻虽亡没，所有资财及奴婢，妻家并不得追理”，明言此事。南宋时期，寡妇因无子应依靠夫家而夫家也无人，存在持有作为随嫁财产之土地的情况，也有寄身于娘家的情况；寡妇死亡后，若夫家立嗣，则判示土地归于该嗣子。这样的判例可见于如下：

《清明集》、立继、“利其田产自为尊长欲以亲孙为人后”记载：吴子顺之寡妻阿张，因无子而将晚年托于娘家，让娘家侄耕种其作为随嫁财产的土地并收益。因此，夫之同族名叫吴辰者，首先诉其盗耕，其次又将自己的孙子立嗣，并因此使其继承土地。其云：“吴子顺死，其子吴升又死，独子顺妻阿张
在，留得自随奁田十余种。暮年疾忧交作，既无夫可从，又无 526
子可从，而归老于张氏，已可哀矣。……有吴辰者，于去年二月入词，讼张氏二侄盗收田契田苗。前官包知县所判，已照破其奸计矣。及张氏之死，吴辰又欲以其孙镇老强为吴升之后。观其执到除附文字，求所谓族长保明者，乃吴子大也。子大即吴辰也，镇老乃君文之子，君文乃子大之子焉，乌有自为尊长，而以亲孙为人后之理，何其不避嫌也。……今张氏吴升两丧俱未葬，合从吴君至所陈，于张氏自随田内，量所费拨卖，以了两丧，官司给薄收支。葬毕，于族中从众选立一人承祀，却拨余田与之，吴君文一家不得干预。”吴辰败诉。另一方面，命公

> 正地立嗣，并将土地给与该嗣子。

不言而喻，关于让女儿随嫁带走土地的问题，若根据特别合同诸条件已被确定，则不受以上一般原则的限制。例如，在福建省建阳县，若给被称为“妆奁田”的土地，则通常成为随嫁财产；与此不同的是，有给被称为“养膳田”的土地的，这是等到外孙过一周岁生日后转移所有权的；如果没有外孙，就由出嫁的女儿终身使用、收益，其死后由娘家收回。据报告，有这样的习惯。[34] 又，在安徽省贵池县，据报告说：

> 殷实之家，有批发产业，与其女携归夫家。但此项产业，只能归其女收息，不能由其女变卖。其女故后，仍由母家收回，夫家不得干涉。[35]

同样的报告在别的地方也可见到。[36] 这些是从法律上为女儿将终身用益权设定在土地上，土地本身应该不会被带走吧。据此，使夫之子孙继承随嫁财产的原则，未必没有崩溃。

即使说夫之子孙，也不一定限于出自随嫁财产的该妻之腹的子孙。当夫有异腹子时，妻之随嫁财产应该无差别地在诸子间均
527 分吗？或者应该被传给妻之子独占呢？关于这个问题，在南宋时代保存有如下的审判例。

> 《黄文肃公文集》卷四十“郭氏刘拱礼诉刘仁谦等冒占田产”记载：名叫刘下班者有三子：妻郭氏之子拱辰、妾之子拱礼

及拱武。夫妻死后，让三子来均分刘下班的财产，作为妻郭氏随嫁财产税额六贯文的田地，被妻之子拱辰独占着。拱辰死后，拱礼和拱武（此时已经死亡）之寡妻郭氏（与前面的郭氏同姓异人）认为那是违法的，便起诉拱辰之子仁谦、仁愿。先后向六个地方的官府提出诉讼，法官的意见也可以分为三种。即：(1)认为妻之子独占（郑知县、提刑司佥厅）；(2)认为应当按妻妾之子的人数均分（吉州司法、同知录）；(3)认为应当将一半给妻之子，另一半分给妾之二子（韩知县、赵安抚）。该案又被带到黄文肃公的法庭。公曰："以法论之，兄弟分产之条，即未尝言自随之产合尽给与亲生之子，又自随之产不得别立女户，当随其夫户头，是为夫之产矣。为夫之产，则凡为夫之子皆得均受，岂亲生之子所得独占？以理论之，郭氏之嫁刘下班也，虽有嫡庶之子，自当视为一体。庶生之子既以郭氏为母，生则孝养，死则哀送，与母无异，则郭氏庶生之子犹己子也。岂有郭氏既死之后，拱辰乃得自占其母随嫁之田？拱辰虽亲生，拱武、拱礼虽庶出，然其受气于父则一也。以母视之虽曰异胞，以父视之则为同气。拱辰岂得不体其父之意，而独 528
占其母随嫁之田乎？以此观之，则六贯文之税，当分而为三，兄弟均受，方为允当。"因为子均为夫之子，财产均成为夫之财产，所以认为在理论上(2)之意见是正当的。而(3)应该"已是曲尽世俗之私情，不尽合天下之公理"，但仁谦、仁愿对于此甚至抵抗也不足为怪，命强行按该(3)之意见处置。

如上所见，问题实际上相当微妙，而在理论上，随嫁财产也没有受

到特别的待遇，与夫之财产合并，并且使夫之诸子无差别地均分，这是很清楚的。

第三，夫死亡而妻改嫁时，一般地，如果认为随嫁财产已被夫之人格所吸收，那么也必须说理应不得带走随嫁财产。事实上，元代大德七年来自浙江省的立法建议说：

> 今后应嫁妇人，不问生前离异，夫死寡居，但欲再适他人，其元随嫁妆奁财产，并听前夫之家为主，并不许似前搬取随身。

礼部审议后，结果追加以下文字：

> 无故出妻，不拘此例。

并有批准施行的记录。[37]明清时代的立法（前揭 332 页）也规定：

> 其改嫁者，夫家财产及原有妆奁，并听前夫之家为主。

在立法上，只要是我们所知道的资料，就一贯采取着不许带走的立场。但是，在南宋时代的判语中，此点并不明了。据认为，是当时
529 有的地方的一部分有识之士存在主张可以带走的想法。[38]作为近时的习惯，不许带走、听任带走、认为得到夫家同意可以带走等等，不同的地区，各种各样的报告并不统一。[39]

最后，关于离婚，必须分几种情况来考虑。有确凿的证据证明

妻有通奸等显著的罪过而离婚时，只要夫发出一纸休书，就能够无条件地将妻赶走，不必归还随嫁财产。知道自己过错的妻及其娘家，通常对此也不提出异议。见于《今古奇观》(卷二三)的“蒋兴哥重会珍珠衫”的故事，说的就是主人公蒋兴哥掌握妻三巧儿通奸的确凿证据，而与之离了婚；但偷情是困难的，当她再婚之际，将其财产装了十六箱，并一如原样地加封上锁送到。知道此事的人们，或者竭力称赞兴哥这人忠厚，或者嘲笑其为傻瓜，或者骂他窝囊废。当然，无论如何这是不正常的，是引人注目的。如果将这个故事作为社会上正常的事来描写，那么在这样的情况下，不返还财产是人所共知的常识。法律也规定，在这种情况下妻“从夫之嫁卖”(前述477页)。既然嫁卖，返还随嫁财产当然就应该不在问题之列。

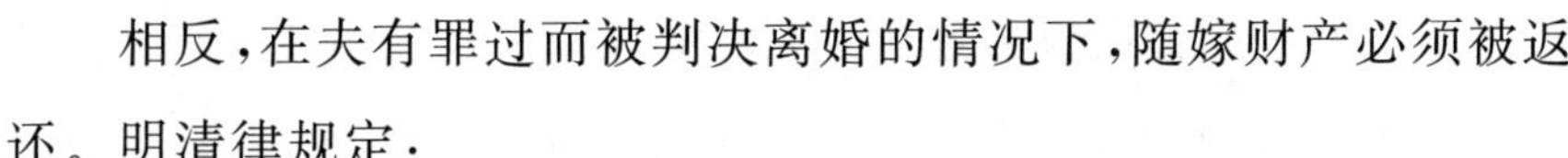

相反，在夫有罪过而被判决离婚的情况下，随嫁财产必须被返还。明清律规定：

> 非理殴子孙之妇，及乞养异姓子孙，致令废疾者，杖八十，笃疾者加一等，并令归宗。子孙之妇追还嫁赃，仍给养赡银一十两，乞养子孙拨付合得财产养赡……[40]

返还随嫁财产，不限于本条所规定的情况，可以将夫有罪过而被审 530
判后离婚的情况理解为具有一般的共性吧。

如果夫妇一方并没有明显的罪过，只是因为不和睦而离婚时，全部的条件当然由一个协议确定下来；此时当然，最初提议离婚并要求对方同意的一方，在协议中处于弱势的立场；即使没有显著的罪过，但是无论引起悲惨的结局与否，只有自觉错误的一方相应地处于弱势的立场。于是，适当的第三者居中考虑一切，让处于弱势的立场者——如果是男的，就以女方的抚养费的名义；如果是女的，就以赔偿结婚费用的名目——拿出若干的钱，就会达成协议。在福建省崇安县，据报告说：

> 崇安男女离婚，由女贴钱与男者，名曰“赎身”。由男贴钱与女者，名曰“退身”。所以价有“赎身价”、“退身价”之别，有“赎身字”、“退身字”之分。〔41〕

在华北农村，可得到如下的应答：

> [应答者让四弟结婚，但其夫妇关系也不和睦，四年后妻之娘家要求离婚，因四弟本人也有此希望并同意，此时]“从对方得不到钱或物品吗？＝得不到。四弟强烈要求赔偿当时与之结婚的费用，但因媒人劝阻而作罢。”“一般得到赔偿的结婚费用吗？＝一般是，男方先提出离婚时，必须给女方贴养费；女方先提出离婚时，不赔偿结婚的费用。”“所谓结婚费用，只是结婚时给女方的钱（即聘财）吗？＝包括给女方的那笔钱，得到的首饰、衣服钱（女方）和酒席钱。”“确定贴养费、结婚费
> 531 数额的是谁？＝贴养费由女方确定，而由交情深的人适当斡旋。结婚费数额可以由男方提出，而由交情深的人斡旋、确定。”（中略）“即使太太干了坏事被休掉，也给贴养费吗？＝不给。”“哪种情况不给？＝在女方品行等不好而离婚的情况

> 下。”(中略)“因受虐待,女方提出离婚时,男方能取回结婚费吗? =这种场合,因为男方同意女方回去,所以对男方来说,没有拿回去的,也没有拿回去的道理。”“这种场合,女方可以得到贴养费[42]吗? =可以得到。”(惯Ⅴ112 页下段、113 页上段)

在其中,可以领会到:如果在协议中商定好了随嫁财产的处置办法,当然就要遵从;通常在妻把带走随嫁财产作为无言的前提条件的情况下,应该算出授受的金额。即使国家立法,一般也禁止带走随嫁财产。在前揭元代立法(528 页)中,特别地附加上这样的但书,即“无故出妻,不拘此例”。而清朝康熙年间的单行立法规定:

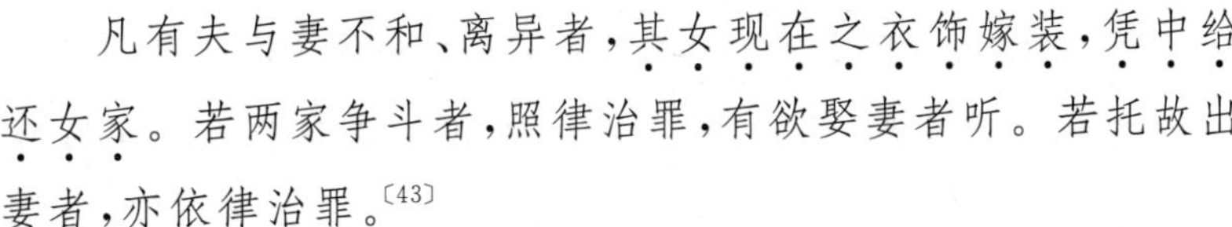

> 凡有夫与妻不和、离异者,其女现在之衣饰嫁装,凭中给还女家。若两家争斗者,照律治罪,有欲娶妻者听。若托故出妻者,亦依律治罪。[43]

一般认为,当妻子没有显著的罪过而离婚时,应该让其带走随嫁财产。

4. 其他无偿取得的财产

除了上述妻之随嫁财产外,一般地,因赠与而产生特有财产,财产的代代相传与祭祀义务在“承继”的继承方式上紧密结合,在遗赠的自由受到强烈限制的中国家庭制度之下,男子接受可称得
上财产的赠与之事,是少有的。然而,伴随收养养子的行为,问题 532
开始产生。

首先，成为义子、赘婿（参见下章）而进入别人家者，从养父家接受分给的财产时，虽然他们并没有被排除在其亲生父母家家产分割之外，但他们将从养父母家接受的财产拿回亲生父母家并在兄弟之间分配之事，仍是不存在的。莫如说那是被禁止的。[44]总之，因为这是一种赠与，所以形成特有财产。在元代，以下的审判例与所述的特别所得也有关联；另一方面，也能见到从养父母家拿回财产的一个实例。

《元典章》卷十九家财“弟兄分争家产事”记载：一个名叫王兴祖的人，作为养老女婿（附期限的赘婿），在薛老女之家生活十年，其间因代妻之父亲服军役（承替丈人应当之军役）发了财，并置有“庄子一所地一顷，在城宅院一所计瓦房一十二间，人五口，白磨一盘”之产业，但兄王福等人主张将之一起作为祖父的家财，并要求均分。判决云：“自来止是弟兄争告父祖家财，别无弟兄相争各置己业。又照得旧例，应分家财。若因官及随军，或妻家所得财物，不在均分之限。若将王兴祖随军梯（贴）已置到庄宅人口等物，令王兴祖依旧为主外，据父祖置到产业家财，与伊兄王福依理均分相应。”虽然从那是“随军”所得的角度拒绝了王福的主张，但是一方面令王兴祖将之作为特有财产保持着，另一方面也在完全平等地分配父祖家财之应得的份额之中。可见那是由于岳父的好意，也是被允许从养父母家带回财产这种想法在起着作用。

与上述相反，给同宗他支当嗣子者，即使在接受来自生父的财产上

援助的情况下，其援助的金额也应该成为该嗣子的特有财产。但 533
是，嗣子是因为嗣父无子而被立的，所以通常没有别的共同继承人；又因为嗣父的全部财产几乎都成为嗣子的，所以不必作为问题特别提出特有财产。以下南宋时代的审判例，是非常特殊的事情，是作为问题所出现的少有的事例，即一人被立为嗣子后，另外一人又作为共同继承人被立为嗣子。

> 《清明集》、立继、“后立者不得前立者自置之田”记载：汪如旦、汪如珪、汪如璋、汪如松、汪如玉五兄弟之中，因如旦死亡而无子，其寡妻阿周“奉阿姑（即五人之母）游氏之命及其夫如旦存日之遗嘱”，立如珪之子庆安为如旦之嗣。包括最小的弟弟如玉等剩下的兄弟们都在契约书上署名，并向官府做了申报。可是后来，阿游偏爱最小的儿子如玉，听从其请求，又将如玉之次子尧冥作为如旦的嗣子，并向官府申请，想使之与前面的庆安并立。官府一方面指责阿游无理偏爱，一方面说：“然庆安尧蓂盖均之为阿游之的孙，阿游愿为亡长男如旦两立，官司亦只得听从其说。但庆安当来命继如旦位下，止有生谷田贰拾壹石，续后就所生父如珪借钱，赎回如旦存日所典生谷田壹拾柒石。……庆安元佃生谷田贰拾壹石，与尧蓂均分管佃。所是自备钱取赎生谷田壹拾柒石，不当在均分之数”，结果也承认祖母随意的请求，但是庆安在生父的帮助下赎回的田不在均分之限，即判示那当然是庆安的特有财产。

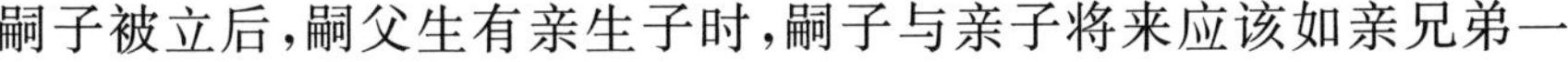

嗣子被立后，嗣父生有亲生子时，嗣子与亲子将来应该如亲兄弟一

样均分家产。这已如前所述(340 页)。此时,如果嗣子正在接受
534 来自生父的援助,就一定也会产生同样的问题,并被同样处理。

三、妇女的个人财产

前节所述妻之随嫁财产,即法源所谓"妻家所得之财",说的是由妻之娘家为新婚夫妇所提供的财物。室内的日用器具,作为应该提供的夫所给的一笔相当多的金钱,还有土地等等,都属于此。这是根据夫妻一体原则形成的为夫所吸收的"房"之财产,即如已见到的成为新家的家产。可是,妇女出嫁之际,除此之外无论多少都要带去自己的纯个人用的日常生活用品吧。金钱,也许不让丈夫知道而被秘密地储存起来。无论何时,果真也可以评估价格的可转化为货币价值的装饰品之类的东西,带在身边的也不少吧。这样的戴在妇女身上的或者日常生活用品的财产,与"妻家所得之财"是有区别的,没有形成"房"之财产,而是作为妇女的个人财产留下。妻家所得之财,在相对于包括夫之父母兄弟的"家"之关系上,的确是私产;在形成"房"之财产这点上有公共的性质。相对于此,附于妻身的上述的那些财产,应该说是更加私人的、纯粹的个人财产。关于具体的每件财物,如果将它是"房"之财产还是妻之个人财产作为问题,那么难以辨别分明的情况也不少吧;但是,作为概念,必须将两者区别开来。[45]相对于结婚之际所设定的随嫁财产,个人财产也未必不是那样的。妇女无论已婚、未婚,都可以在事实上拥有某些个人财产,并且通常是享有所有权的,结婚之际
535 也当然会把它随身带走。那么,这样的个人财产大概是从何而来的呢?

第一，妇女本人的工钱，成为其个人财产。家族成员的劳动果实，应该全部归于家产。这作为同居共财的原则，实际上对于妇女不如对于男子那样严格地起作用。正确地说，与男子相比是以不同的方式起作用。一般说来，为了家在经济上成立起来，两个人工作是必要的。首先，无论从自然或者从社会需要，总之是为从家之外获得新的财物而工作；其次，为使用、消费所获得的财物而进行烹调、准备工作——通过该财物开始发挥实际效能。如果将前者起名为“做工”、后者起名为“家务”的话，那么人们认为：做工是男人的职责，做家务是女人的职责。这是中国人传统的想法。不能简单地将“做工与家务”之对比与“生产与消费”之对比一视同仁。[46]虽说中国人自古喜欢货币经济，然而与现成的商品被竞争销售的近代社会相比，那么在遥远的自给自足程度相当高的古老的中国社会，家务在人类的经济生活中所占的比重相当大；如果从现代的观念看的话，归入于生产种类的工作——例如，从种棉花到纺线、织布、缝制衣服的工序等等——很多仍被作为家务来对待。因为妇女以做家务为本职，所以在有关生产方面并不次于男子。可以说，其生产性构成与男子的做工共同支撑家庭经济的另外一根柱子。在这个意义上，妇女的劳动耗费在家务上，其成果当然也归于家产。即使妇女也绝没有在本质上被排除在同居共财的原理之外。但是，男子有余暇，同样妇女也有余暇。对以做工为本职的男子来说，所谓余暇就是停止工作、享受生活的业余时间，在余暇做工之事是没有的。因为盘算家的利益，劳动时间并没有在数量上被确定下来，所以男子若做工则被认为是劳动，其成果全部归于家。因为余暇一直在做工，类似这是属于自己的这样含含糊糊的

主张，从家之纪律上讲作为原则是不被允许的。[47]以家务为本职
536 的妇女与此不同，利用余暇做工是可能的。例如，杨懋春氏在其著作中记述关于濒临山东省胶州湾的一个小村的生活说：

> 捕鱼不是一个固定的职业，只是妇女获取收入的次要源泉。有些妇女在退潮时赶海挖贝，卖给村民或卖给镇上的海货商人。一个有经验的妇女可通过这种途径获得可观的收入。在清闲的夏天，年轻男子也去捕鱼，只是不把这些捕捞物卖掉，而是作为家庭的贮存食品。[48]

挖贝对男女来说也都不是正规的劳动。在农业的余暇，在家务的余暇，除获得实利之外，也许在这种活动中多少还会获得一些安慰吧。女人们可以卖掉其收获，并将收入作为工钱。因为只要不将家务偷工于社会一般看法所要求的水准以下就可以了，所以女人们的时间是被竭尽的。除此之外，显然挖贝也是在余暇。按道理不能将属于家之劳动时间拿出到外边去，因而也不必将余暇的成果拿回家。但是，男子如果学习女子卖掉挖来的贝，就丢脸。如果一开始就将卖贝作为本业而努力，就必须把收获的钱款交给家。在此，可以领悟这样的事情吧。事情不仅限于挖贝。在地里帮忙也好，做针线活也好，无论如何，妇女在不属于做家务的范围内从事副业的报酬，成为其个人财产。在华北农村的调查所得到的应答有：

> “做孩子的衣服时，母亲怎样弄那笔钱？＝那孩子的母亲

用其所拥有的钱买。”[49]“那笔钱是怎样拥有的？＝既有从娘家带来的，也有未花出嫁时的钱而存下来的，也有给别人干针线活等挣的。”“干针线活等挣来的钱，妻可以自己所有吗？＝可以。”（惯Ⅴ106页中段）

“在分家单上写着二姐管贰拾元，这是借自二姐夫的吗？＝不是的。借自姐的。”“姐从哪儿得来的那笔钱？＝姐嫁给有钱人家。”“姐夫的父亲当时活着吗？＝活着。”“借自姐的钱 537
叫什么钱？＝姐劳动挣的钱。”“干什么活挣得的钱？＝给人缝制衣服或者在地里劳动得到的钱。”“姐私下给的吗？＝姐夫知道。”“姐夫不给钱吗？＝从姐夫一方得不到钱。”（惯Ⅴ86页下段）

尤其是，以下关于某儿媳妇投水自杀的故事非常有趣。

“为什么投水呢？＝因为侯家是平民百姓，所以在家里空暇时儿媳妇去工作。儿媳妇为别人家的田除草，按一天八十元钱的约定劳动了四天。当然得到了三百二十元钱。可是，儿媳妇未领这笔钱，就回了娘家。于是，侯振祥（儿媳妇的公公，一家之长）代她领取三百二十元钱，并送到其娘家。当时，因振祥无零钱，就给了四元；而因儿媳妇也无找零的钱，就没有找回八十元钱。这时，振祥向其娘家说，可以用八十元钱买若干的土产品，不必找回八十元钱了。他一回家，妻就因没有找回八十元钱而生气，并责怪振祥……（于是妻再三催促振祥，为取回那八十元钱，又让他步行前往儿媳妇的娘家；最后，振祥随自己的儿子[儿媳妇之夫]出门去取回了。与他们走两岔的儿媳妇回到夫家)……到了夜里,儿媳妇因为怎么想都不愉快,所以就跳进了井里。"(惯Ⅴ49页下段)

如上所见,温厚的振祥与其吝啬之妻的口角,仅仅是围绕八十元钱的找零钱,关于三百二十元钱的报酬本身,是儿媳妇的谁也没有异议。因为若不是儿媳妇的而是作为夫的儿子进行了同样的劳动,则即使他从雇主的手里直接领受了报酬,也必须直接把它交给作为家长的父亲。相对于这点,儿媳妇劳动的报酬,当然受到完全相反的待遇,即:领受了报酬的家长,特意去送到其娘家。在中国的家庭生活中,如此明确地区别自己的与他人的、公共的与个人的,即这种法是存在着的。类似所谓家父、家长权威,由于仅强调权力支配的方法论,家族生活的真实状态并没有被抓住。通过这一事件,必须对此有所反省。又说:

"你妻想买自己的东西,谁给钱?=没有人给。只是在农
538 活忙时帮了忙的场合,因为父亲给点钱,所以打算买东西。"
"一年大约得多少呢?=三元至七元。"(惯Ⅳ115页中段)

如此,对于妇女给自己家的田地工作——这本来不是妇女的职责范围——帮了忙,家也向妇女个人支付报酬。同样的事情,在满洲的惯行调查中也被报告着,绝非罕见。[50]

当然,妇女过于努力搞副业而牺牲本来的家务,是不被允许的。如前所述,搞副业饲养三四只鸡、鸭等等,都是随意的;但是,如果数量很多，那么一般认为“因为妨碍家的工作，所以必须得到夫或家长的同意”(519 页)。有特殊的事情，在了解原因并同意的情况下，也可以妨碍家的工作，当然其收入之中至少相当部分必须交给家吧。在这点上，对上述家务做辅助的工作并不用负责任的未婚女子，关于为自己做工事，被置于一个那样自由的立场。根据杨懋春氏的著作，村里的少女们储存钱的方法是：到田地里去拾落下的花生，或在榨油厂里剥花生。据认为，母亲用这些钱买棉花，让女儿学习纺织，再卖掉产品来积蓄。说这样到出嫁时，可储存大约三五十元；出嫁时除家里给的妆奁之外，还带着这笔钱出嫁。[51]费孝通氏也在江苏农村调查中写到：“在工场劳动的少女通常不把工资交给祖父而是寄放在母亲处，以便自己将来使用。”[52]在云南省的调查中，也报告少女为了能有自己的收入而努力制作孩子戴的帽子的情况。[53]

第二，作为个人财产的来源，有产生于个人财产本身的利润。妇女可以把钱借给别人。在前揭的调查资料(536 页)中，“借自姐的”——不是从姐夫或姐家——是可以见到的一例。虽然回答说借给其弟的钱是无利息的，但是若是借给他人时，则一般不用说是收取利息的。通常认为，作为没有相当一笔钱来买土地的妇女，靠 539
私房钱食利的方法致富，放款是正合适的。[54]作为借方，也因交土地担保等等而没有麻烦地、轻而易举地筹措小额的钱，所以妇女拥有的小额款项，是其珍贵资金的源泉。[55]头脑灵活的妇女，通过这种放款无孔不入地谋求自己的储蓄增值。男子为了家庭经济到别处张罗、向他人借钱，而自己的母亲、妻子却将自己的钱借给他人。这种情况据说也并不罕见。[56]

作为第三个来源，可列举的例子是，将从家所支出的各种费用花不完的部分，由个人储存起来。但是，这纯属事实问题而不被承认是制度上的。[57]

总之，妇女有一些个人财产是常有的事。未婚女子结婚之际，当然要把它随身带走；在妻离婚、改嫁之际，与所谓妆奁的归属问题不同的是，个人财产当然要被带走。[58]个人财产，除维持化妆费等妇女个人的开支外，对于夫和孩子来说，不直接维持家庭经济本身，但可用于满足次要的需要，起到对家庭生活添加一点点补贴的作用吧，尤其有着为舍不得从家拿出来这个那个费用的女儿筹措教育、服饰等各种费用的功能。[59]女儿出嫁之际，除了由家出整装钱之外，母亲也将自己的个人财产分给女儿。然后，如果母亲去世时，其个人财产就由未婚的女儿来继承。也许也分给已婚的儿女若干。如果没有女儿，有时候就归于儿媳妇继承，有时候就归于父亲（从母亲来看为夫）之姐妹继承。[60]这样，妇女的个人财产，在按照根据父子关系继承和根据兄弟关系分割家产的严格的法则所传下来的家之公共财产的背后，即使数额通常很少，也构成着从妇女流向妇女的另外一个系统的财产。

540 四、结语——特有财产的继承

回顾上述的三种特有财产的性质，可以归纳为如下。即：第一种（特别所得）与第二种（随嫁财产）是作为一对夫妇顶点的“房”之财产，在对于“家”之关系上是特有的，在“房”之内部是共同财产；“房”作为家独立时，逐渐成为新家的家产。相对于此，第三种（妇女的个人财产），纯属个人财产，妇女只能对这样的财产享有所有

权。如果再从别的角度分类的话，那么第二种和第三种，各自都是特有财产，是基于“被无偿取得的物成为取得者的特有财产”、“妇女可以将余暇挣得的工资看作自己的”这种已经确立的原则产生的。相对来说，应该承认第一种是特殊种类的例外现象。

总之，特有财产是在家父之下或与旁系亲一起持续着同居共财生活的男子或者妇女所有的，但不存在所谓家父个人的特有财产。这一点，正如以前的《台湾私法》作为对家产合有说的难点之一所指摘的：

> 台湾现在除家产之外尚承认家族的私产。然而家祖作为尊长时，或者其死后有一名承继人作为尊长时，尤其没有尊长的私产；反之，有两个以上承继人而其中的一人作为尊长时，屡屡有在家产之外产生属于尊长的私产之事。云云。[61]

在华北农村也有如下的应答：

> “在没有分家的家，没有个人名义的财产吗？＝别的村好像有，而沙井村没有。别的村也少有。”“父母、兄弟三人时，没有专门以父之名义的土地等吧？＝没有。”“房产、地产是家长的还是家的？＝父母活着就是父母的。”……（惯Ⅰ254页下段）

> “在分家单上写着土地是你一人的还是你家的？＝写着 541
> 自己名字的就是自己的。”“家的与个人的不一样吗？＝一样。仅仅老娘们从娘家带来的是老娘们的，除此之外都一样。”（惯

V 65 页中段）

这说明，对家父来说，家之财产与自己的个人财产没有区别。至此为止，读了本书的读者，可以理解以上作为几乎自明的事实吧。但是，以往学界却未必如此解释。中田薰博士的论文指出，唐之户令应分条不是遗产继承法，而是家族共产的分割法；接着又说，“不过此条也被援用于父祖特有财产的继承，另一方面也含有继承法的元素，所以用今天的术语将之称为遗产继承法，未必谬误吧，等等”，〔62〕设想父祖即家父也有特有财产。这一看法被仁井田陞博士的著作原封不动地引用、沿袭着。〔63〕

如果谈及哪种财产被视为父祖特有财产，本书前面已经论及（508 页）；中田薰博士对唐在均田制之下所列举的永业田、赐田等等，解释道：“本来永业田、口分田、赐田是对于其个人的，因为都是由国家给与的土地，所以必须理解为性质上不属于家族的共同财产。因而同时即使规定此等田地按照应分条的分法在子孙之间分配，这也是遗产继承，没有共同财产分异的情况。同样，给与父祖以外的各共产亲的赐田、口分田等，应该说也是各自的特有财产。”〔64〕“给与父祖以外的各共产亲的赐田”应该看作是特有财产，确实如本书前述的，并无异议。但是，那意味着对于父祖兄弟是特有的，对自己的妻子不是特有的。在对于妻子的关系上，应该说也
542 是一房之共同财产。房成为家而独立时，它成为家产的一部分。如果是那样的话，现在已经有一家之父祖的地位，对于处于已经没有必要主张对谁特有的立场者，将由国家给与的赐田等等，必须构成那个人的特有财产的概念的理由根本不存在。一般说来，概念

是为了整理并抓住实体的工具；实体不同时，就开始产生区别概念的实际利益。父祖的赐田等等，在遵从应分条的分法这点上，也与一般财产一样。假设例如，遗赠这些土地的自由比一般的财产更广，像这样如果另一方面有些差异，就确实把它作为另一种类的概念构成。但是可以说，如此的差异不仅一点未被证实，而且令人怀疑差异并不存在的征候甚至也未被发现。“是此等田地遵从应分条的分法在子孙间分配的规定”，且是仅此而已的规定。[65]应分法“也包含有继承法的元素”，这一意见是完全正确的，而且是宝贵的。但其原因也并不是因为被援用于父祖之特有财产的继承，原来所谓家产分割无非是“承继”这样的继承关系产生于展开着的过程中的现象，必须在这一过程中来探求。

如上，抛开以往学界的议论，也有财产的继承问题，必须从另一角度来研究。

首先，关于妇女的个人财产已如前所述。与由男人传给男人的家产不同的是，那是从女人传给女人的财产（前述539页）。

除了上述的之外，所谓特有财产，就是房之财产，不久应该成为家产，其继承也并不是服从与本书所表明的不同原则。根据父子一体、夫妻一体的原则，除了让子孙继承之外，应该说几乎别无
他法。只是，在持有特有财产的男子与妻子同时死亡之后也未立 543
嗣子的情况下，所遗留的财产归之于谁手中就成为问题。关于此，在华北农村得到以下的应答：

“归家族成员各自所有，但他不能自由地处分，这样的财产没有吗？＝没有。**各自有财产，各自能处分**。”（中略）“有祖

父(家长)、父与父之弟、子时,该子的所有物在其死亡时归于谁?=归于父,父之兄弟分家时,其物不列入分割财产,成为父的。""离乡外出干活时带来的钱不是父的,是家长的,与归于祖父的情况不同吗?=不一样,在那种情况下归于家长。"(惯Ⅰ249页上段)

就是说,死亡者若有父亲则归于父亲继承。在现代各国的法律中,通常如出一辙地承认列于妻子之后的直系尊亲属的继承权。父亲是通过继承得到儿子的财产的,但没有得到劳动的等价报酬部分。因而那是作为父亲之特有财产留下来的,不会并入包括父亲之父母、兄弟的大家庭的家产中。不过,这仅是在理论上有趣的问题,在实际上却是微不足道的。〔66〕

本节注释

〔1〕 引自《元典章》卷十九家财"弟兄分争家产事"旧例。戴炎辉:《近世支那及び台湾の家族共産制》(《法学協会雑誌》52卷11号),90页;仁井田陞:《唐宋法律文書の研究》,588页。

〔2〕 原田慶吉:《ローマ法》(《罗马法》)(下),64页。

[2a]《续资治通鉴长编》卷一二〇有如下的记载:仁宗景祐四年正月"乙未诏。应祖父母父母服阕后,不以同居异居,非因祖父母〔恐脱'父母'二字〕财,及因官自置财产,不在论分之限"。承蒙柳立言《宋代同居制度下的所谓"共财"》(台湾《中央研究院历史语言研究所集刊》第65本第二分册,1994)指教,知道这条史料,并订正本文的记述。但是,关于柳氏论文所议论的内容,拟提出异议之处也不少。(译者注:据本书2000年6月第五版增补)

〔3〕 参见仁井田陞:《唐令拾遺》,"田令"5、20。

〔4〕 仁井田陞:《支那身分法史》,457 页。

〔5〕 《彙報》2086 页,鉴定人刘逢明讯问调查书(253 页前揭其一部分)说:"全家共有产业,从其财产中支出本钱,家族的任何一个人依之获得利益,在这种情况下,不言而喻,所获得的这部分利益构成全家财产,规定在分割财产之际应以各自平等的原则分割。"

〔6〕 例如,可见于惯Ⅴ86 页中段的类似侯家兄弟那样的情况。 544

〔7〕 《袁氏世范》卷一"分析财产贵公当"(西田译 28 页)。

〔8〕 收入《训俗遗规》卷一之倪文节公经锄堂杂志。

〔9〕 对这个问题进行尖锐地讨论的是,Marion Levy, *The Family Revolution in Modern China*, Chapter X.

〔10〕 参见第一章第二节注〔125〕。

〔11〕 订正拙著《中国家族法論》165 页的见解。

〔12〕 Martin C. Yang, *A Chinese Village*, p. 79.

〔13〕 《袁氏世范》卷一"分析财产贵公当"(西田译 28 页)。

〔14〕 Martin C. Yang, p. 80 也可见到这样的相同内容。一个世纪也未曾发生变化。

〔15〕 Fei and Chang, *Earthbound China*, pp. 101f.

〔16〕 在工作和社交以大多未分化的形式所运作的社会,在交际之广泛比之专门性的技术更成为成功的关键并有很强的这种倾向的社会,此事是尤其重要的。

〔17〕 Hsiao-tung Fei, *Peasant Life in China*, p. 43(译 65 页)。Olga Lang, *Chinese Family and Society*, p. 37. Martin C. Yang, p. 108. Fei and Chang, p. 110, p. 258.

〔18〕 录Ⅳ,17,1、二。

〔19〕 千種達夫:《滿洲家族制度の慣習》Ⅱ,233 页。

〔20〕 录Ⅳ,12,2(福建省南平、顺昌、连城、龙溪、建阳、古田等诸县):"……女家所受'脸皮钱'一项,系以分送女之胞伯叔及母舅等各长辈,将来嫁期一届,各长辈须加倍购置金银首饰,送还该女,作为妆奁。"同、12、21、二(平潭县):"……此外又有'启资''看资'等礼,各须七八圆。'看资'系备看样之礼,女家多不敢收,收则必须賸以厚奁。'启资'系女之

母舅所收，备以加倍购置铜锡器，赠与甥女者，设或母舅无力倍赠，须将‘启资’退还……。”

545 〔21〕 六年上字第 1251 号(郭卫 219 页)。

〔22〕 也有将作为聘财所接受的金银的全部或一部分包起来让女儿随身带走的情况。(Lin Yueh-hwa, *The Golden Wing*, p. 40.)

〔23〕 Martin C. Yang, *A Chinese Village*, p. 108. 在唐显庆四年十月十五日之诏书中也可见到:“自今已后，天下嫁女受财，三品以上之家，不得过绢三百匹；四品五品，不得过二百匹；六品七品，不得过一百匹；八品以下，不得过五十匹。皆充所嫁女赀妆等用，其夫家不得受陪门之财。”(《唐会要》卷八三《嫁娶》，陈顾远《中国婚姻史》96 页引)

〔24〕 Fei and Chang, *Earthbound China*, p. 110. Fei, *Peasant Life in China*, p. 43. 仙波・塩谷译 65 页。

〔25〕 Fei and Chang, p. 102. 因此说，与结婚花费相比，葬礼方面的花费，由于家庭的贫富造成的差距很大。

〔26〕 参见前揭 514 页热河省的惯习报告。“若姑娘家贫穷则给钱作为彩礼”(惯Ⅲ101 页上段)，“定婚之时一定给花钱吗？＝不一定，有女家希望得到花钱和东西的情况，有只希望得到花钱的情况，有只希望得到东西的情况，由于双方的财产状况及两家交往的亲疏等等使情况有异。”(惯Ⅲ125 页中段)在这些应答中也可领会同样的情况。

〔27〕 Martin C. Yang, p. 108.

〔28〕 第四章第二节注〔7〕。

〔29〕 惯Ⅰ271 页上段、277 页中段、317 页中段。

〔30〕 惯Ⅳ110 页中段。

〔31〕 在前揭 518 页的问答中，据说:“向家长[出典]，可以；而向夫，不可以。”

〔32〕 随嫁带来的钱，在此也可参考“因婆家的父母去世了而作为生活费拿出的”(惯Ⅲ149 页上段)、“也有给丈夫的，但不给他人”(惯Ⅰ255 页上段)等等应答。

〔33〕 七年上字第 903 号(郭卫 33 页)。

546 〔34〕 录Ⅲ、12、9、二:“建阳女子出嫁，母家若有随嫁田亩，必由其主婚者(父或母）亲笔立契，载明数量坐落，并出嫁女之名字。该契用红纸缮就。以后该田租谷，即归其女收用。至女生外孙周岁时，父母再将该田官契，及上手老契，一并送与其女管业。倘出嫁女终身不生外孙，则不能取得官契及老契。至死亡后，母家并得将随嫁田亩，如数收回。此项田亩，名为'养膳田'。但有外孙继承，或原议作为'妆奁田'，非'养膳田'者，不在此限。"

〔35〕　录Ⅲ、9、44、二。

〔36〕　录Ⅳ、15、49、一（陕西省西乡县）："嫁女时有以产业陪嫁者，俗名'陪嫁胭粉'。此项产业多寡不等，均为出嫁后度用之资。但其女存在，固能享受利益。如女死亡，其产业仍归娘室，夫家不能占据。习俗相沿，所在多有"等等。

〔37〕　《通制条格》卷四"嫁娶"，《元典章》卷十八夫亡"奁田听夫家为主"。

〔38〕　在前揭 431 页"继母将养老田遗嘱与亲生女"中，"妇人随嫁奁田乃是父母给与，夫家田业自有夫家承分之人，岂容卷以自随乎"之句子的语气是，如果是随嫁奁田，就可以带走。《黄文肃公文集》卷四十"徐家论陈家取去媳妇及田产"说的是这样一个事件：徐孟彝之妻陈氏，在夫亡后，虽然有一男三女 4 个孩子与婆婆，但受其娘家父、兄唆使，抛弃子女并携带状奁回了娘家，对此，徐家以其违法起诉。官府判决：陈氏重新返回徐家，土地被认定为徐家的，其收益当作子女的抚养费，判决书中说："使徐氏无子，则陈氏取其田以为己有可也。况有子四人，则自当以田分其诸子，岂得取其田而弃其诸子乎？"如果没有孩子就带走妆奁，不应被人指责。这样的想法被显示出来。

〔39〕　认为不得随身带走的，录Ⅳ、8、3、一（江苏省高淳县）："（上略）其夫妇财产，是为共有。妻之嫁资，夫得管理之。设或夫亡改醮，及中有变故，不得携回，退离者不同。"其他，同、4、11、二，同、4、16、二，同、4、3、三（黑龙江省的二三个县）。认为可以随身带走但前夫不得干涉的，录Ⅳ、11、10、三（浙江省宣平县）："妇人于成婚时，由母家携来一切妆奁，及母家拨赠田亩（俗名拨奁田）。嗣因夫亡改嫁时，前项财产，妇人得 547
随身带去。"其他，同、4、2、三，同、4、3、三（黑龙江省的二三个县），惯Ⅴ455 页下段等。认为必须得到夫家同意的，录Ⅳ、4、6、二："若孀妇原

有之妆奁，改嫁时，非经前夫家同意，不得携取。”其他，同、4、4、三，同、4、7、三，同、4、10、三，同、4、18、三（都是黑龙江省）。

〔40〕 明清律斗殴·殴祖父母父母条。

〔41〕 录Ⅳ、12、27、一。

〔42〕 贴养费又被称为离婚钱，据说：“如果给离婚钱我就不向对方发泄不满”、“因为给的不合适所以就打官司”（惯Ⅴ123页上段）。

〔43〕 可见于《光绪会典事例》卷七五六“出妻条”康熙十二年题准。

〔44〕 George Jamieson, *Chinese Family and Commercial Law*, p. 29.

〔45〕 如果说起金钱，就可以看到是否让丈夫知道的差别吧。惯Ⅲ155页中段：“也许将带去钱的事告诉丈夫。如果那样的话，就是夫妇二人的。”惯Ⅲ84页下段：“如果被丈夫知道就不能随便使用了。”

〔46〕 正如所见到的快餐食品的例子一样，如果将属于家务的工程进行一般化大批量地处理，那么只要想起成立生产企业这一件事情就足够了吧。在Marion Levy, p. 153，也专门就生产（production）和消费（consumption）下了定义的，就是根据同样的理由。

〔47〕 此原则也留有一定的余地吧。Martin C. Yang, p. 79说，极少发生的事情是，若农闲季节年轻男子以自己承担一切风险责任的形式借钱经商，则所赚的钱就是他个人的。

〔48〕 ibid. p. 28.

〔49〕 不言而喻，孩子的衣服并非全部由母亲个人负担。参见惯Ⅳ115页中段。

〔50〕 小山貞知编：《滿洲農村雜話》，176页以下；千種達夫：《滿洲家族制度の慣習》Ⅱ，231—232页。

〔51〕 Martin C. Yang, p. 20, pp. 76f.

548 〔52〕 Fei, *Peasant Life in China*, p. 62. 仙波·塩谷译，86页。

〔53〕 Fei and Chang, *Earthbound China*, pp. 110f.

〔54〕 另外，如果买土地，就不是个人财产而成为“房”之财产了。

〔55〕 Martin C. Yang, p. 152.

〔56〕 前注〔50〕〔53〕。

〔57〕 Fei, *Peasant Life in China*, p. 62 译86页：“虽然儿媳并不直接赚钱，

但是也谋求日常各种物品的实际费用的超出部分，并储存其剩余吧。这样，她自己得到一点点储蓄。这应该被称为‘私房’。它被秘密地保存着，经常受到婆婆严厉的监视，从而成为争吵的原因。”

〔58〕 录Ⅳ、4、16、二（黑龙江省汤原县）：“孀妇再醮，无论男女家为之主婚，均须书立婚约，并将孀妇私有财物载入。随嫁改适，至从前赠嫁之妆奁，则不许携带。”这样，妆奁与私有财物就有所区别。

〔59〕 前注〔50〕千種著作说，男子的教育费从家产支出，女子的教育费从小份子支出。

〔60〕 Martin C. Yang, p. 83

〔61〕《台湾私法》第二卷下，558 页。

〔62〕 中田薰：《論集》Ⅲ，1338 页。

〔63〕 仁井田陞：《法史》，488 页。关于其论点，前述于第一章第三节注〔2〕。又，博士后来的著述中也反复要求参见这部分，而且正因为此，所以终了也没有使之在理论上更发展一步（同《研究（家族村落法）》，441 页注〔3〕、506 页注〔4〕）。

〔64〕 中田薰：《論集》Ⅲ，1345—1346 页。

〔65〕 又，在中田博士的论证中，除永业田、赐田之外，口分田也被置于同列。但是，必须认识到口分田是作为服从国家管制的土地，与所承认的纯粹的私有财物有区别。参见前揭 245 页应分条之注释。

〔66〕 提起男子的特有财产，几乎仅限于妻家所得之财，而且因为结婚而有 549
给死亡者立嗣子的原则，所以可以说在此提出，实际上几乎没有成为大的问题。

［补注］ 在本章论述之中，围绕妻之随嫁财产，关于夫对妻的内部关系，也不是没有问题。戴炎辉教授在近著《中国固有法上之离婚法》中，也对本书作了充分地研讨、批评；同时展开了讨论，再次证实教授历来的见解，认为“妻之随嫁财产为妻所有，只是其管理权属于夫”（《法学丛刊》第 64 期，22 页以下）。《台湾私法》也坚持这一见解。不限于此点，同书的解释终于在教授的这篇论文中差不多得到了全面的支持。

当本书再版时，再三阅读了戴教授的论文及《台湾私法》和以前自己所写本章的叙述，并进行了比较研究，但是由于进行了修改补充，可以认为本文变得确实更正确，不可能容易地发现不当之处。因此，决定原封不动地维持初版时的己见。

教授确立的所谓“按：关于随嫁财产的带走，在夫活着、妻离婚时，和在夫死亡后、妻离开家时，不应该有区别”（23页上段）的方法论的命题，在同一立场上将本书528页所揭的清律条例和531页所揭康熙年间的单行法进行比较，将前者视为具文，而将后者视为依据具体实际情况的法等等，对于这种一贯采取的将改嫁与离婚混为一谈的手法，我不能赞成。读者如果仔细揣度本书整理的各种资料，就会说：相对于将离婚时带走随嫁财产作为当然原则，改嫁时不管怎样带走财产会变得困难。可以察觉大致倾向上的差别，在立法上和习惯上（例如注〔39〕所引录Ⅳ、8、3、一说“退离者不同”（离婚时这——即不允许带走——不在此限）等等）都被识破吧。

在本书中，关于妻之随嫁财产，持这样的主张：“基本上以夫妻一体的原则支配”，但是在与夫家财产之间“某种程度上的区别被意识到”（520页）。对这点，可作如下的补充。即，夫妻一体是人为地联结一起的关系，所以一开始就隐藏着关系破裂的可能性。其可能性通常随时间流逝而减少，一体关系
550 越来越稳定。随着稳定度的增加，区别随嫁财产的意识减退，作为家庭财产（大约是作为以夫妻为顶点的新家的财产）合并于夫一方的意识越来越加强。夫之死亡在一体关系的稳定化上具有决定性的意义，479页有论述。据认为，如果是那样的话，那么改嫁带走随嫁财产比离婚带走随嫁财产更困难。这样认为自然是有道理的。

但是，一体关系终局性的稳定，是由于夫妻双方的死亡开始达到的。在这个阶段，随嫁财产的合并完成，在继承法上它不应该受到特殊的待遇。换言之，母亲的随嫁财产，不但由其亲生子也应由父之子作为遗产全部均分。这点作为想法，被提出来。527页所揭南宋黄干的判语精湛地说明了这个道理。

但是在上述最后一点上，本书根据的只是南宋时代的资料，在明清时代的资料方面有所欠缺，并非没有不安。《台湾私法》取舍当地人士之言，提出这样的见解即认为母亲之随嫁财产当然要传给其亲生子。但是，以随嫁财产为妻所有的理论，有可能作为编者的先入之见并起着作用；作为实例也举出一件缺乏关键点的说明，不可能马上理解（同书第二卷下361页）。这些问题

拟留作以后待考。

另外，对于人们所认为的宋代不能以妇女之名义登记不动产的制度，而在清代台湾，往往接受以妇女名义交付的田园丈单，将之典卖时，以妻之名立契，并将夫作为见证人（《台湾私法》第二卷上163页，同第二卷下363页、365页）。也许在此是由于时代的不同吧。暂且不论，但应该予以注意。

551 # 第六章　不正规的家族成员

起讫前章所述的是关于普通家庭存在的各种成员。在此范围内，作为家庭一员，其身份究竟是具有社会性还是具有自然性？另外，在此两者意义上与其宗族所属关系的效果也得以说明。除此之外，还存在着例外的情况，即抛开与其宗族的所属关系，仅在日常生活方面还存在着如同被认作**事实上**的家庭一员的成员。本章拟集中阐述这个问题。因为这些成员是不正规的家族身份，所以必须注意：随着时代的变迁及地区性习惯的不同，再加上每一个具体事例情况有很大差别，难以将这些成员一概而论。

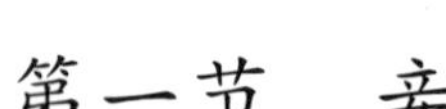

第一节　妾

所谓“妾”，大致可以定义为：尽管是作为闺房伴侣陪嫁的，并且一般认为在日常生活方面具有作为家族一员的地位；但是，却是没有取得所谓宗族观念秩序之家中地位的女性。中国自古以来的婚姻制度应该称为一夫一妻多妾制。就像明文规定的“一夫一妇不刊之制”（前述 475 页）一样，不允许同时有两个以上的妻，即不
552 能侵犯与夫结成一体关系并在夫宗之内占有地位的正规配偶者。另一方面，与所谓宗之秩序无关而事实上存在着的闺房伴侣即妾的数量，在原则上是没有限制的。[1]夫与妻就好比是日与月，相对

于此，夫与妾就好比是日与众星。[2]

妾的地位从两个方面得以规定。第一方面是它没有根植于所属宗族观念之基础，这点与妻有所不同；第二方面却是相应地在制度上作为一种家族身份而被承认，这点使之与秘密的肉体关系有所区别。

汉代的儒者们对妻、妾之字音做了如下的解释：

> 妻者何谓？妻者齐也，与夫齐体。自天子下至庶人，其义一也。妾者接也，以时接见也。[3]

由此可知，一般所认为的与夫一体的荣誉由妻一人所独有，妾并不享有。在服制上也是如此，妻有在与夫之族人之间以夫自身为准的丧服关系；与此相反，妾被简单地对待。虽然详细情况因时代而异，但是概括说来，人们一致认为，妾应为夫（在服制上的用语是"君"、"家长"）服斩衰之丧，应为夫之嫡妻服不杖期之丧，应为夫之长子及诸子服齐衰三年、不杖期等丧；可是，除妾之子外，任何人都无须为其服丧。[4]如果妾有子，其子理所当然要为其亲生母亲服齐衰三年之丧；另外，夫之异腹子对称之为庶母者（即父之妾）服轻丧。[5]但是，对其他族人来说，却根本不产生服丧的问题。[6]若根据《仪礼·丧服篇》之规定，如果妾之子——因为嫡妻无子——成为父之继承人，则其为自己生母之妾所服的三年之丧就要缩短为缌麻三月。[7]其原因是，凶礼之丧与吉礼之祭不能并存，正在服丧的人是不能参加祭祀仪式的。因此，若作为父之继承者即作为祖先
之祭的祭主者正在服丧，则其间进行的祭祀仪式不能不被迫中止。553

然而有所谓这样一种说法；因为妾之子为其生母服丧是个人的私事，而祖先之祭却是宗族的公事，所以在公事之前的私事必须牺牲掉。同样都是为母亲服丧，如果母亲是正妻就没有如此缩短丧期的规定。[8]这是因为母亲自身——在作为妻之名分上——产生于在族中占据公共地位的丧之义务。如果妾在自己的名分上不享有在族中的公共地位，那么与其所生儿子之间的母子关系，只不过是对儿子自身来说的重要的个人关系。这种观念在此清清楚楚地被表现着。在祭祀上也是同样如此。《礼记·丧服小记》云：

> 慈母与妾母，不世祭也。[郑注]以其非正，《春秋》传（穀梁传隐公五年）曰："於子祭於孙止。"

如果妾被其子个人祭祀超过一代之限，就不能使其作为宗族公共祭祀的对象。又据报告，在后世与夫一起被记入灵牌并收藏于祠堂的只是正妻。[9]族谱的记载例也是如此（虽然它与用于祭祀的灵牌或挂轴有区别）：

> 适妻无子女早故者书之，重敌体也。……妾无子女不书，以别贵贱也。[10]

如此等等。妾只要无子就省略其记载的有不少。

554 为妻或为妾，这一名分是女性在被迎娶入夫家之当初就已经确定下来的，而且常常是接应的仪式也截然不同。虽然《唐律疏议》解释娶妾行为包含于"婚"的概念中，可是另一方面又说娶妾与买卖相通。[11]大理院判决例认为，此非正式婚姻，而是一种无名契约。[12]在惯行调查中，就娶妾几乎不做任何披露的应答不少；也可看见不少买妾的说法。[13]在夫家与妾的娘家之间，不产生有如亲属的情况也不少吧。[14]来自福建省建阳县的报告说：

> 娶妾不能用鼓吹迎送，并坐花轿。犯者族中提议罚款，以示与正式婚姻有别。[15]

如此的在娶妻的正规婚礼上必不可缺的花轿队伍（参见前述474页），在迎妾的场合不仅不必要，而且根本不能被使用。这是不限定于当地的一般性的习惯。[16]尤其是有妻却又娶第二个女人时，这个区别是很重要的。很明显，历代律典规定的所谓重婚（有妻而又娶妻）罪，明显地对第二个女人来说，无非是禁止具备礼所有的公告其作为正规之妻身份的意义。在最近的惯行调查中，也得到这样的答复：

> “如何区别重婚与姨太太？＝妻是以轿子迎来行拜天地之仪式，而姨太太没有。如果行拜天地等仪式，就构成重婚，也可作为刑事案件控告。”（惯Ⅰ310页中段）

古代也有这种认识，即《礼记·内则》所云：“聘则为妻，奔则为妾。”起初究竟以何身份寄身于夫，是否按照婚礼的正规程序，这是决定为妻或为妾之终身身份的原因。 555

如此，妻的身份与妾的身份有着本质的区别，原本就不只是所谓第一夫人、第二夫人这种次序先后的问题。因此,最初所娶的女人当然就是妻的理由并不成立。[17]另外,在妻死而有妾时,当然将该妾称为妻的理由也是不存在的。一旦作为妾所娶的女人日后被改正为妻,那么为此必须进行特别声明。此即所谓"扶正"。[18]

虽然妻与妾的身份有这样的质的差别,但是另一方面,妾也相应地以与夫制度性地联结而存在,并非暂时随便的肉体关系。妾对夫也负有贞操义务,若与其他男人私通,则作为"有夫之妇"之奸加重处刑,这与妻是一样的;若背夫远逃,则被问罪;若进而就原样改嫁于其他男子(即重婚),则要受严刑惩处。[19]

而且,若夫死亡则妾与妻同样地服斩衰三年之丧。[20]从另一方面来看,夫对作为家族一员的妾负有扶养的义务。[21]原则上妻妾在同一所房屋别室而居,即便在为方便起见将妾另置他处的情况下,在观念上通常也必须将妾归入家族关系之中。[22]当然因为与妾又是义之关系,所以夫根据自己的意志断绝此义即离婚是可能的。而且若以明清律注释家之言,限制夫之恣意的"七出"、"三不去",是关于妻的规定,但对妾却不适用;妾可以说是"若夫爱之则留之,若夫厌之则遣之"。大理院判决例也存有同样的解释。这点反映出妾的地位确实不安定。[23]如此所述的地位之不安定性,也仅限于唯一握有离婚权者夫活着的时候;夫死亡后,作为寡妇的地位确定下来。打算一辈子为亡夫守丧并终身留在夫家的妾,夫的亲属以强制再婚等其他方法将其驱逐出家是被禁止的。即人们
556 认为,妾也有与妻同等的守节权利。[24]

如上所述,妾,作为礼与律所规定的对象,是从正面被规制的一种制度性的身份。而现实中可能有的,并不合于这种制度的秘

密的肉体关系，是作为坏事受到责难的。古代《唐大诏令集》中诏书所见的“别宅安妇”，即是责难在家庭之外秘密窝藏情妇的行为并处罚释放妇女的规定。[25]近来的惯行调查说：

> “男子在妻之外和既不是妾也不是第二夫人的女人往往有长期的性关系吗？＝好像有，但本村没有。”“那种女人怎么称呼？＝叫做‘靠人’。”“男人给靠人生活用品吗？＝给钱、东西。不是白给的。”（惯Ⅰ229页上段）
>
> “所谓靠人者是什么人？＝通奸之女人。”（惯Ⅰ251页中段）
>
> “自开始就分居的妾（外宅）的名称是什么？＝‘糊麻’，无人不晓之物；糊是糊涂，麻是几缕麻线，无法区别。‘偏妾’是稍微文雅之词。”（惯Ⅲ 81页下段）

如此，称秘密储藏的女人为“靠人”、“糊麻”等，与妾有区别；并且将此作为通奸，表现着谴责的意识。[26]

只是，男子与自己家的婢女有肉体关系是司空见惯的，而且这与家庭之外秘密的肉体关系不同，不会受到强烈的谴责。[27]尤其是唐律将此表达为：主“幸（宠爱）”婢，断然不在“奸”之范畴内，一点也不承认有愧。[28]可是，在清代，虽然出现了“奸”自己家之婢的语法，但是人们认为除了婢有夫的情况之外，实际上是被放任的吧。[29]而且受到主人宠爱，尤其是为主人生了儿子的婢女，虽然不能堂堂正正但是在某种程度上以妾的标准享受待遇的也不少吧。主人随时都能将宠爱的婢女变为妾。[30]族谱上记载的例子有：

557 本谱中各公妻室，凡明婚正娶者，书“配”，继室为“继配”，妾为“侧室”。**其余来历未明，及不以礼聘者**，均削去“配氏”“继室”“侧室”字样，仅书“某氏”二字而已。[31]

妾之名虽同，而实有异。凡以礼娶者书“侧室某氏”，不以礼娶者，则书“纳妾某氏”。[32]

如此等等，可见以礼娶于侧室之内的妾和不受责备的来历不明的女性（这看作另一词可称之为妾）是分开另写的；受宠爱的婢女等正是被包含在这个不以礼娶的妾之内的吧。

妾的身份在理论上大致可如前述来把握，可是关于其在家庭生活的实际处境如何的问题，必须认识到时代不同、每一个事例的情况不同，其相差的幅度甚大。一概而论是困难的。从时代上，越是古代时期——或者越是在传统观念的情况之下——可以说，妻妾地位的差距就越大。在上古，所谓“妾”这个词一般是指“女奴”的意思。与之对称的是“臣”，此词是“男奴”的意思。相当于后世之“奴婢”的上古语词无非是“臣妾”。[33]女奴中受主人宠爱被召请入闺房者，或者出身卑贱的女人作为服侍闺房女奴被雇佣者，她们
558 全都被称“妾”，并未在语词上与一般女奴有所区别。因此在上古，除正妻一人之外的侧室不都被称作“妾”。在上古贵族之间的迎亲形式上，妃子出嫁时其娣、侄（妹妹、侄女）数人同时随嫁成为侧室，这种现象如果在今天来看，则是奇异的习惯。而这样贵族出身的侧室被称为媵（随嫁之意），与妾有着区别。[34]春秋末至战国时期，娣侄随嫁等所谓上古风俗已过时了，臣、妾的语义也转变，作为具有奴隶身份意义之词、新出现的“奴婢”之词已一般化。于是，除妻

一人和奴隶身份的女性以外，自由身份的侧室一般地已经被称为“妾”。[35]这就是本节所提到的妾。因此，已将上古社会的现实理性化了的古典的礼制及吸收其系统的后世礼制度关系之文献，有如此强烈的倾向即规定：妾与妻相比是地位悬殊的低贱的身份。例如，作为服制上的用语，依古制：对妾来说，称作为主的男子为“君”，称其妻为“女君”。在上古，妾实际上就是女奴；与此相对应的称谓是不言自明的。而且这种规定始于《仪礼》，经过唐《开元礼》，直至南宋的《服制格》，[36]一直被沿袭着。明清的服制毕竟顺应时代发展的现实而改“君”为“主”或者“家长”、改“女君”为“嫡妻”，可是相对于妾夫之称谓在服制上终于没有沿用下来。对此，源于唐律的历代律典在相对于妻妾的关系上，无论是哪个都用“夫”之称谓。可见，它反映了后世社会的现实。

可是，这些法典仍明确贯穿着的也只是妻妾为实质性差异的身份这样的原则；而在实际的日常生活中，一点也不强调妻妾身份之差异。所谓第一夫人、第二夫人作为顺序先后、长幼关系对待的倾向，得到相当广泛的承认。最近，在口语中将妾称为“二房”、“老二”、“二太太”、“姨太太”、“小婆子”（为“找小”而娶妾）等等，也都是第二妻或副妻之意，远比书面语言之“妾”更具有柔和的伙伴性 559
的语感。[37]妻妾相互间互称“姐姐”、“妹妹”，这至少是在华北农村的惯行调查中出现了，也是带有普遍性的现象。[38]关于家属称呼妾的称法问题，可以找出以下有趣的应答：

> “弟及弟媳妇怎样称呼兄之姨太？＝嫂子。”“兄之正妻呢？＝嫂子。”“正妻与姨太太的区别不是分不清了吗？＝区

> 别即是不礼貌的。”(惯Ⅳ107 页上段)

而“太太与小婆,烧饭、推磨、洗衣服、做衣服、出门种田,无论什么活都一起干”,像这样的回答,[39]在农村被认为是妻妾通常应有的状态。妾“比仆人稍高,比正太太稍低下”,不能“同桌子”吃饭,“从来到夫家直至死亡,都不得去夫的任何亲属家,也不得在客人面前出现”。[40]如此,某种程度地强调妻妾身份差异的应答也不是没有,而另一方面有如下的应答:

> “‘二房’是什么意思?=是说第一个妻没有生孩子时,再另娶一人为妻者。”“她像第一个妻一样劳动吗?=一样地劳动,无论什么都是一样的。”“登记此表(户口册)时怎么写?=登记成‘妻□□氏’。”(惯Ⅰ227 页下段)

“二房”在人们的观念中成为公开的第二个妻,也能去官府被作为妻申报户口。[41]仁井田陞博士曾指出,唐代敦煌户籍等资料中发现了很多两个以上妻的记载;再将这种事实与此联系起来考虑,可知同样的情况自古就存在着。[42]作为死后的埋葬礼节,一般认为并无定制,既有妾不得埋入祖坟的做法,也有妻妾在左右两侧夹着夫同穴而葬的做法。[43]前者的做法是合乎逻辑的吧,可是如果从
560 所见到的妾是事实上的第二妻的倾向来推想,后者也并非是不自然的。以上被大山彦一氏概括性地总结为:“在古板的家庭,妾处于奴婢的地位,但是现在总的说来,妾处于第一夫人的支配之下(妾是所谓“被视为第二夫人”的含义吧),第一夫人处于姐的地位,

第二夫人处于妹的地位。”可是在惯行调查时，人们认为这种概括对超出所谓满洲之时空界限的旧中国总的说来是妥当的。[44]

纳妾，当然是大多见于官员、富商之家。在此社会层中，也许在某种程度上要对社会上的人们炫耀而要求纳妾。另一方面，在占人口大部分的农村的大众中间，纳妾是极其稀有的现象。一般认为，同样是妾，因为正妻没有孩子，也没有生育的希望而娶的，与没有上述这种事情而是作为一种奢侈而娶的，二者的意义不同；对普通的农民来说，像后者这样的妾与之是没有什么关系的。

> “一般什么样的人纳妾？＝在农村是没有孩子的人。”（中略）“仅仅是有钱人吗？＝如果没有钱也就没有妻，因此妾就更不用说了。”（中略）“有孩子，又纳妾可以吗？＝有孩子还纳妾，在农村几乎没有；在城市，当官的人中很多。”（惯Ⅲ80页中段）
>
> “正妻有孩子却纳妾者没有吗？＝没有。妾是为生孩子的，另外经济上不富裕。”（惯IV65页下段）

等等，应答几乎是一致的。[45]而且从其中所说的“找小消遣、玩耍与为生孩子而找小不同”等话，[46]可以体察到这样的事情：因为必须生孩子而纳妾等，所以对农民来讲，这种不妥当的行为不会遭到周围的人非议。[47]

与妻不同，而且随着相应地成为家族一员，妾的身份的特殊
性，反映在围绕家产上妾的权利的应有状态之上。以下，在资料上 561
是作为民国初期大理院所下达意见的中心——可见尽管它根据的

是一般传统的法意识但却可视为传统法意识在近代的表现——的依据，我想根据这些资料来考察一下。

规定寡妇在立嗣权和财产权上应该代替其亡夫的地位的清律条例云：

> 妇人夫亡无子守志者，合承夫分，须凭族长，择昭穆相当之人继嗣。（前揭 332 页）

其中一条作为所谓现行刑律中的民事有效部分，直至《中华民国民法》制定之前作为现行法仍具有效力。可是大理院解释下文中所谓“妇人”之语并不包含妾。即关于立嗣权，有：

> 守志之妇人，**系指正妻而言**。即为夫立继之权，惟正妻有之。[48]

判示如上所云。[49]关于财产权，也有：

> 寻绎律意，所谓夫亡无子守志之妇人，**自指正妻而言**，故亦惟正妻，始可承受其夫应得之分，**妾则当然不在此限**。[50]

认为应将妾除外。总而言之，如果夫妻一体的原则不适用于妾，那么可以认为妾并不能代替夫之人格。[51]

因此，可以认为，夫死亡无妻、子而只留下妾时，选立嗣子的权
562 限就要归于夫之直系尊亲属或者同族尊长（参照前述 334 页以

下)。只是此时妾作为关于立嗣有利害关系的重要人物,在同族会议上有发言权,同族之人不得毫无道理地无视其发言。

> 妾虽系守志,亦无立继之权,惟于亲属会议中应占重要地位,故其所主张,如有正当理由,则亲属会议之立继,即应经其同意或追认,始为完全生效。[52]

那么,形成最后决定的最终还是亲属会议,而非妾本身。

> 即家长正妻均故,妾欲为家长立继,亦仅能请亲族会议之主持,妾自身于会议中只占重要地位,并无正妻择继全权。盖立嗣关系重大,除妻得代行择继权外,自应取决于亲族会议,而不容妾私擅行之。[53]

类似此旨趣的判例在别处也可看到很多。[54]

因为妾没有"承夫之分"的当然权利,所以夫死后没有妻与子、仅留下妾而嗣子也未定期间,财产由夫之同族管理。但是,如果其管理不当,则妾作为利害关系人可以提出异议。关于妾与亡夫之母的关系,从以下的判例可见。

> 若被承继人先于其母死亡,且仅有义子而无亲生子,仅有妾而无妻,则于嗣子未定以前,被承继人之母,因正当用途,固得以处分该遗产,而无庸得遗产人妾或义子之同意。若其处分遗产,并无正当原因,则遗产人妾以家属一员之资格,其义

563 子以有酌给财产之关系，亦得请求撤销。[55]

如果这不是妾而是妻，亡夫之母就会正如同对儿子本人一样，理应必须根据两者的同意来处分一切遗产。也没有诸如此类的母亲而只遗留下妾单身一人时，夫可以通过遗嘱使妾来管理遗产；另外，若没有特别遗嘱，也没有其他人，妾自然就成为管理遗产者吧。判例也承认这一点。

> 被承继人亡故后，未立继前，其所有遗产，虽非被承继人之妾当然有管理权，但经被承继人遗嘱指定管理遗产，或并无其他有权管理之人，亦应认妾有管理遗产之权。[56]

当然，这是关于遗产的管理。关于其处分权，因为即使是妻也要受到同族的监督（前述417页），所以不言而喻妾一人单独没有而且理应也不可能有。在华北农村的惯行调查中也有：

> “夫和正妻全都死亡后，妾在家庭中的地位有何变化？＝变成当家（家长）。”“妾没有孩子，夫之正妻也死后，卖家产回娘家的没有吗？＝没有。近亲（族家）不准许。”（惯Ⅳ66页下段）

564 得到的应答认为，承认妾有遗产管理权，但不准许处分。[57]

夫死后既无儿子也没有嗣子，剩下妻、妾，若两者均不再婚而留下，妻妾同居的生活就会继续。[58] 大理院判决认为，这时，妾负有受妻监督的义务而妻负有扶养妾的义务。

> 妾为家属，于夫亡后，固以与妻同居，受妻之监督为原则。[59]
>
> 为人妾者，若仍为其家长守志，则其家长之承继人，或承夫分之妇，应负养赡之义务。[60]

妾之服从和夫之扶养的相互关系，在夫死后自然就会转移到代替夫之地位的妻和妾之间。

夫之承继人无论是亲生子或者是嗣子，妾除对自己的亲生子之外都不处于母之地位。但是，如果有妻，则甚至对妾之子享有法定亲权的是妻（嫡母）而不是妾（生母）。大理院的判决说：

> 妾生之子，父故后，由嫡母行使亲权。无嫡母时，由生母行使亲权，无由父之别妾（慈母除外）行使亲权之理。[61]

在惯行调查中也发现了这种实例：对妾之子命令或叱责的，主要是妻（嫡母）而不是妾。[62]子未成年期间，即使这是妾之子，管理财产的也是妻而不是妾。

> 妾虽不改嫁，而其未成年子女之财产，当父亡故时，依法 565
> 应由其母代为管理，而嫡母在法律上同于亲母，且以嫡庶之顺序推之，当然应认为嫡母有优先管理权。[63]

因此，子女成年之后，家产的处分根据正妻及其亲生子、庶子们的同意来进行，而妾的同意通常不被认为是必要的。[64] 另一方面，夫之承继人们负有代其亡父一辈子赡养父之妾的义务。[65] 作为赡养办法，大理院判决例有：

> 如果妾媵，确有不能与家长之妻或承继人同居生活之情形者，亦得由审判衙门，为养赡方法之指定。[66]

认为按照同财共居的原则，在不方便时应规定其他的方法。而且认为作为另一种途径的赡养方法可以是“按时给付一定数额的金钱”的方法，和“判决配拨（酌量分派）财产，以其收益折抵充算赡养”的方法。[67] 在华北农村的惯行调查中出现的养老单正是在指定财产作为妾之赡养的情况下所作的文件。现将其摘录如下：[68]

> 立养老单人徐金桂 徐付柱兄弟二人分祖业与慈母，除村北活口地十亩，北房三间，作为养老之资。每月兄弟二人，与慈母大洋贰元、小米二斗，作为度日费用。口说无凭，立养老单为证。
>
> 民国三十年七月十二日　　立
>
> 566 （列出作为族长、中人的徐姓六人之名）

以上可以理解为：兄弟二人约定给慈母（即将亡父之妾作为自己的养母）十亩土地当做养老地，同时由兄弟二人耕作这块地；每月提供相当于地租部分的二元钱和二斗小米。作为古代的例子，在南宋的判语中可以看到如下的事例，即当兄弟叔侄之间合计分割家产的时候，对祖先之妾合计保留财产。

《清明集》、违法交易、“业未分而私立契盗卖”记载：一叫方文亮的人有三个儿子，长子彦德、次子彦诚为前妻黄氏所生，幼子云老是妾李氏所生；彦诚已经死亡，其子叫仲乙。在云老正好两岁时，这个家族产生了纠纷，官府命令分割家产，其判示云：“云老所生李氏尚存，合照淳祐七年敕令所看详到平江府陈师仁分法，拨田与李氏赡养，自余田产物业，作三分均分，各自立户。”

夫事先考虑为妾设置遗赠财产的情况，也可能屡屡发生。大理院判决例云：

妾对于家主遗产，固无当然承受或分析之权。然家主于自有财产，相当范围内，以遗赠行为授与其妾，则非法所不许。[69]

它认为，遗赠只要不是不得当的、巨额的，就应该承认。明代李应升的诫子书中有这样一个遗赠的例子：

汝既鲜兄弟，止一庶妹，当待以同胞。……至庶妹之母，奉事吾有年，当足其衣食，拨与赡田，收租以给之。[70]

南宋刘克庄所抄记的杜杲神道碑云：

> 567 民有孽其妾者，治与二子均分。二子谓妾无分法，公书其牍云："传曰：'子从父令'，律曰：'违父教令。'是父之言为令也。父令子违不可以训，然妾守志则可常享，或去或终当归二子。"[71]

这是将与一个儿子相等份额的财产给妾后引起众人议论，并成为迄今所知道的向妾遗赠的一般界限曾达到怎样的程度的一条资料。其他，在南宋的判词中也可见到曾为自己生子的婢女在其子夭折后分得若干财产的例子。[72]分给这些妾或者准妾的财产，在各种资料中，所见之处都以"拨"字表现。通过这一措词可以明了地看到，这不是作为当然的权利已确立的份额而分得的，而是依据夫或者代替其位者的决定的适当处理。更确切地说，作为原则，妾如果不再婚而留在夫家，只在这个限度内，终生享有所分给的财产；如果改嫁，则其财产归于夫之承继人手中。[73]因此，这是一种养老份。只是，妻在夫之诸子分家之际，不仅作为当然的权利能保留养老份，而且除了明确表示分给诸子之外的财产都要被当作养老份保留下来。相对于此，为妾留的养老份有一点不同，即依据他人严格且明确表示的拟定始发生。要为妾立养老单这种特别文件，也是这个缘故。[74]

综上所述，总之，妾对于夫家的家产没有任何形式上的主体者
568 的权利；夫死后，以终身在家被扶养的资格，作为一种重要人物有某种程度的发言权。可以这样理解，妾在所谓宗之理念秩序之中没有占据地位，而在日常生活方面一旦成为夫之家庭的一员，在逻

辑上也正相对应。而像这样的妾的地位与妻一样，只要夫死后不改嫁而留在夫家，就会被保有。大理院判决例也说：

> 为人妾者，于其家长故后，对于家长之家属，虽得请求扶养，要必以孀居守志为要件。若不能孀守，即不得有请求扶养之权利。[75]

即使对于妾，强制改嫁亦被禁止。这理应有保护妾之地位的意义。

本节注释

〔1〕 明律的条例规定根据身份限制妾的数量（名例・应议者犯罪条・条例），但这一种奢侈禁止法，并非婚姻制度本身内在原理性的要求。究竟有多少实效性值得怀疑，在清代被删除掉了。

〔2〕 《诗经・召南・小星》。

〔3〕 《白虎通・嫁娶》。刘熙《释名・释亲属》云："妾，接也，以贱见接幸也。"

〔4〕 然而，无子之妾据夫命领养失去母亲的其他妾之子时，称之为"慈母"；有被收养之子为慈母服丧这种制度，这也可见于儿子是养子这种形式的情况。

〔5〕 古代是缌麻，而明清提高为不杖期。

〔6〕 夫本身，如按照《仪礼》（但是限于士身份）要为生子之妾服缌麻；而后世 569
的服制中却没有这点。

〔7〕 《仪礼・丧服・缌麻三月章》："庶子为父后者，为其母。传曰：何以缌也。传曰：与尊者为一体、不敢服其私亲也。"

〔8〕 齐衰三年本来是为母之丧，但只规定如果父在世就被缩短于杖期。

〔9〕 Wells Williams, *The Middle Kingdom*, Vol. Ⅱ. p. 238.

〔10〕 安徽桐城洪氏宗谱（多賀 871 页）。

〔11〕 唐律户婚第 33 条（同姓为婚）疏："娶妾仍立婚契，既验妻妾俱名为婚"；同第 29 条（以妻为妾）疏："妾通卖买，等数相悬。"

〔12〕 八年上字第106号:“盖纳妾之契约,实为无名契约之一种。其目的专在发生妾之身分关系,与正式之婚约,其性质显不相同。”(郭卫211页)

〔13〕 简单地披露出称娶妾仪式为“无”、“买来二三斤猪肉”、“邻居三、四人”,反映出“村人不知道”等(惯Ⅳ66页中段、同107页上段、同116页下段、惯Ⅱ107页中段)。但是,披露“与娶妻时同样”这种应答也不是没有。

〔14〕 Francis L. K. Hsu, *Under the Ancestors' Shadow*, p.252.

〔15〕 录Ⅳ、12、16、一。

〔16〕 George Jamieson, *Chinese Family and Commercial Law*, p.47; Wells Williams, *The Middle Kingdom*, Vol. Ⅰ p.791.

〔17〕 在第四章第二节注〔15〕所引“继绝子孙止得财产四分之一”中,田县丞及田世光各自通过刘氏、秋菊得到儿子,并且记载着“县丞与世光皆不娶”。即都没有娶正式之妻。如大理院判决例所云“未婚纳妾,不得据为解除婚约之原因”(四年上字第766号,郭卫214页),原封不动地维持与未婚妻的婚约而迎娶别人为妾之事,也是可以有的。

570 〔18〕 录Ⅳ、10、11(江西省安义县):“凡纳妾者,如正室死亡,欲令其妾取得正室之身份,则须置酒请各亲族声明其事,方可有效,谓之‘扶正’。不然他人可否认之,并可于将来修订谱牒时,以其未向亲族声明扶为正室为理由,主张异议。”同、8、6、二(江苏省丹徒县),同、14、17(湖南省道县)也有同样的旨趣。惯Ⅲ80页下段:“‘正房死后将如何?=姨太太的娘家人与本门家长聚集在一起商量,做到以正妻的待遇,再举行一次结婚典礼。’‘此结婚典礼与新娶正太太的情况一样吗?=大体相同。’”《儒林外史》第五回也正好可见这样的话。

〔19〕 唐律户婚第41条。明清律婚姻·出妻条。只是此逃离、重婚之罪,在唐律,是妻妾同罪;在明清律,考虑妾之名分较轻,故比妻减二等。

〔20〕 但是,并不意味着在这点上妾也被比做妻,臣为君是斩衰,仿照于此妾为“君”也是斩衰,但这种说法至少被认为是古代的解释。

〔21〕 大理院判决例三年上字第1078号:“凡为人妾媵者,与其家长,虽无法律上婚姻关系,然苟事实上可认为家属之一人者,其家长即应负养赡

之责。若于家长故后，仍为其家长守志，其家长后嗣，亦应负养赡之义务。”（郭卫 250 页）

〔22〕 妻妾的生活情况通过《金瓶梅》等小说所描写的状况可知道不少，农民的应答也认为：“妻与妾和睦地生活着吗？ ＝只是卧室分开而住在同一所房子。”（惯Ⅳ78 页上段、惯Ⅲ80 页中段、惯Ⅳ65 页中段同）甚至还说，若没有房间则妻妾同室而居（惯Ⅲ107 页中段）。也有“出远门工作时，除了在故乡的妻之外，在工作的地方有妾”啦、“起初时同住在家里，可是不久为避免争吵就分开住”等情况，但是不管怎样，妾的存在在家中必须人所共知。否则，妾将不会被算作家族的一员。无非是后述秘密地在外边所藏的女人。

〔23〕 清律斗殴・妻妾殴夫条・上栏辑注：“夫妻有愿离不愿离之文，而妾与夫无者，盖夫妇乃敌体之亲，非犯七出不得擅离；而妾则微且贱矣，夫爱则留之，恶则谴之，无关轻重，自不得与正妻同论也。”大理院判决例五年上字第 840 号：“家长与妾之关系，与夫妻关系不同。此种关系虽亦发生于一种契约，而其性质及效力既与婚姻有别，则关于此种契约之解除，自不能适用离婚之规定，应认为无论何时，如该家长或该女有不得已之事由发生，即可解除契约。”（郭卫 209 页）

〔24〕 第四章第一节注〔18〕所引禁止强制改嫁的律条明确地以“妻妾”的夹注附于清律。《刑案汇览》卷九、强占良家妻女、“逼嫁胞叔之妾致氏忿激自尽”，就是因为强制寡妾改嫁而引发的事件。大理院判决例也说：“妾之家属身分，系由契约而生。家长生前虽有时得以解除（如家长或妾有不得以事由时），然家长故后，若妾于夫家无义绝之情状者（如犯奸之类），即不致丧失家属身分，断不容借故驱逐。”（六年上字第 852 号，郭卫 210 页）

〔25〕 《唐大诏令集》卷一〇九、“禁别宅妇人诏”云：“别宅妄妇，先施禁令，往年括获，特已宽容。何得不悛，尚多此事？国有常宪，宜置于理。方画一于后刑，故三令以先德，俾从轻罚，以愧其心。今所括获者，见任官徵纳四季禄，前资准见任。自余诸色，并准九品官禄数纳粟。妇女并放出掖庭，即令京兆尹李朝隐求匹配嫁，行之京都，作戒天下，敢更犯者，一依常格（开元五年七月）。”

〔26〕 南宋朱子为漳州(福建省)知州时发布的一条劝谕榜说:“劝谕士民,当知夫妇婚姻人伦之首,媒妁聘问礼律甚严。而此邦之俗,有所谓管顾者,则本非妻妾而公然同室。有所谓逃叛者,则不待媒聘而潜相奔诱。犯礼违法,莫甚于斯,宜亟自新,毋陷刑辟。”(《朱子全集》卷一〇〇)若据此,则“管顾”、“逃叛”等当时当地的风俗习惯是怎样发展的并不清楚,但是可以知道,不明确附着于妾这一制度的秘密的肉体关系是被取缔的。

〔27〕 一概被称为婢的实体随着时代的发展有很大的变迁,另外每一个具体的案例的差异也很大吧。在此无法深入。总而言之,可见这是处于自家权力之下的女人,就生下来的儿子可以负有责任,因为这一态势,所以和她的肉体关系不被视为罪恶。

〔28〕 “幸婢”这一用语的例子,见户婚第 29 条、斗讼第 21 条、杂第 25 条及各疏。

〔29〕 清律犯奸·奴及雇工人奸家长妻条·上栏所引辑注说:“若婢则服役家长之人,势有所制,情非得已,家长奸之,虽和犹强也,止坐家长不应之罪,婢不坐。”但是作为法条只规定:“若家长奸家下人有夫之妇者,笞四十,系官交部议处。”(同条·条例 1)

572 〔30〕 唐律户婚第 29 条:“若婢有子,及经放为良者,听为妾。”惯Ⅲ72 页下段:“可以将生下孩子的女仆扶为姨太太。”

〔31〕 八贤刘氏桂枝房支谱(多賀 864 页)。

〔32〕 安徽桐城·洪氏宗谱(多賀 871 页)。同·张氏家谱(多賀 874 页)大约有同样的内容。

〔33〕 宮崎市定:《東洋的古代》,《東洋学報》48 卷 3 号,63—65 页。

〔34〕 陈顾远:《中国婚姻史》,58—61 页。

〔35〕 即使后世,例如唐代的律令虽然有授予高官之妾中被限制数量者尤其是媵一级高身份的制度,但是当媵的古义已佚失的时候,在实际上也没有超出表现拟古思想这一方面的意义。

〔36〕 《庆元条法事类》卷七七“服制”门所收。只是“女君”在此被改作“嫡妻”。

〔37〕 “找小与纳妾一样吗? =名义上是找小,但面子不同,找小为好。”(惯

Ⅳ66 页上段）

〔38〕 惯Ⅲ107 页下段、惯Ⅳ66 页上段。

〔39〕 惯Ⅳ117 页上段。

〔40〕 惯Ⅲ80 页中下段。

〔41〕 但是，据说似乎靠人（秘密储藏之女）后来被纳入家时作为“妾”申报。

〔42〕 仁井田陞：《法史》，573—576 页。

〔43〕 “‘既有妻又有妾时，如其死亡，怎样埋葬？＝挟葬。’‘怎么个埋法？＝妻左，妾右。’”（惯Ⅲ142 页下段）不过，在满洲，忌讳挟骨葬，据说妾比妻低一层埋葬（千種達夫：《滿洲家族制度の慣習》Ⅱ，89 页）。另一方面，也可看到这样的应答，即妾不入祖坟，“埋于村西北的旱田中”（惯Ⅳ117 页上段）。

〔44〕 大山彦一：《中国人の家族制度の研究》，73 页。千種達夫Ⅱ，87 页同 573
一旨意。

〔45〕 其他，惯Ⅳ78 页上段、惯Ⅰ250 页中段等。

〔46〕 惯Ⅳ106 页下段。

〔47〕 再次，可以听到这样的意见：“知道不会生孩子的情况，纳妾就会遭到周围人的非议。”“虽说为了孩子，但是认为这样做不太好。”（惯Ⅳ65 页下段、66 页下段）再者，关于纳妾方面的统计研究，见 Wolfram Eberhard, *Social Mobility in Tradtional China*. p. 130.

〔48〕 五年上字第 644 号（郭卫 270 页）。

〔49〕 在关东厅法庭的鉴定人之言中，也可见到同样的见解。“关于上文过房子选定协议之事，死者的第二个夫人不可以干预。即使事实上干预了，也应评定无丝毫的效力。”

〔50〕 六年上字第 184 号（郭卫 273 页）。

〔51〕 不过，清末著名的法律家沈家本在对友人质问的回信中对此条的“妇人”阐述为也包含有妻妾的见解（《沈寄簃先生遗书》所收，《寄簃文存》卷五“答友人问夫亡守志例文书”）。但是，在以其这样的见解解决问题方面，大理院判决也承认妾以重要的利害关系人的资格有相应的发言权。问题以这种形式得以解决时，实际上两者之间并没有这么大的差异。

〔52〕 七年上字第386号(郭卫249页)。

〔53〕 三年上字第385号(郭卫262页)。

〔54〕 七年上字第386号、七年上字第905号(郭卫276、277页)等。不过,在华北农村的惯行调查认为,通常情况是:与夫没有孩子者,夫死后归于娘家(惯Ⅳ66页中段)。

〔55〕 十五年上字第510号(郭卫291页)。

〔56〕 七年上字第1220号(郭卫296页)。

574 〔57〕 可是另外,夫与正妻都死亡后,“妾吩咐人卖掉”其住宅,并且妾“嫁到别人家去”,这种实例也被提到(惯Ⅲ107页中段)。没有近亲属的人,很少得到同族的关心,像这样的情况也可能发生吧。

〔58〕 人们认为,其生活也可能是出乎意料的和睦。“‘如果夫死了,则妾会如何?=与正妻一起生活。’‘如果没有孩子?=如果守节就一起生活。’‘如果不守节?=可以改嫁。’‘哪种情况多?=守节的多。’”(惯Ⅰ268页上段)妻妾之间理应嫉妒,但是据说“如果夫死亡了,二人之间的争吵就没有了。”(惯Ⅲ81页上段)如果还有孩子,那么妻妾关系和睦并守着孩子过日子的很多。“夫死别时,妾怎么办?=如果有孩子就和正妻共同生活。”(惯Ⅳ65页下段)

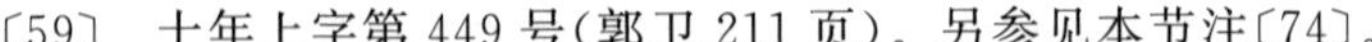

〔59〕 十年上字第449号(郭卫211页)。另参见本节注〔74〕。

〔60〕 四年上字第940号(郭卫251页)。

〔61〕 五年上字第843号(郭卫240页)。

〔62〕 “‘照料妾所生延尊的是兄的太太还是小婆子?=太太。’‘是太太吩咐小婆子养育延尊的吗,=太太直接吩咐延尊。’‘太太叱责延尊时,小婆子什么也不说吗?=当然。’”(惯Ⅳ117页上段)

〔63〕 大理院判决例五年上字第1209号(郭卫240页)。其他,四年上字第564号、九年抗字第69号、十年上字第449号(郭卫240、241页)等。

〔64〕 在仅由妾与其亲生子组成家的情况下,就会变成母子同居之关系。第四章第二节注〔15〕所引“继绝子孙止得财产四分之一”云“所生母与所生子女各听为主”,即是其意义;另外这时候,若儿子也死亡,则根据“诸户绝人,有所生母同居者,财产并听为主”这一规定(同上所引),财产就变成为作为母亲的妾所有了。

〔65〕 前注〔21〕所引三年上字第1078号、本书564页所揭(注〔60〕)四年上字第940号。

〔66〕 四年上字第2294号(郭卫252页)。 575

〔67〕 四年上字第2025号:“养赡方法,依通常情形论,固应由养赡义务人,按时给付一定数额之金钱为原则。惟因讼成衅,于日后养赡授受窒碍孔多时,则在审判衙门,自可据当事人之请求,判令酌拨财产,以其收益,抵充养赡,俾免纷争。”(郭卫251页)

〔68〕 惯Ⅲ107页上段。

〔69〕 十年上字第539号(郭卫211页)。

〔70〕 《训俗遗规》卷三所收李忠毅公诫子书。

〔71〕 仁井田陞《法史》476页注18及951页所引《后村先生大全集》卷一四一神道碑杜尚书。

〔72〕 第二章200页所揭“罗炳女使来安诉主母夺去所拨田产”。

〔73〕 上揭南宋的神道碑说:“或去或终,当归二子。”前注〔72〕之判词大概是可见例外的处理,即判决婢女所得财产用于将来随嫁。

〔74〕 又,既有妻又有妾,其孩子们分家时,分别给妻和妾书写养老单,确定各自的养老地;但是认为“连二人养老地在内由正妻管理,收获也归正妻所有;一旦不这样做,就会发生年轻的妾携财潜逃的情况”、“妾用钱时向正妻领取”(惯Ⅲ81页中段)。

〔75〕 八年上字第575号(郭卫254页)。

第二节　义子

一、乞养

如上所述,养子大致可区分为两种。一种是作为继承性的法 576
律上之养子,另一种是具有恩养性的事实上之养子。称前者为“嗣子”、称后者为“义子”是比较新的时代——及宋代以降——的一般性的措辞方法。为区别各种养子的收养行为，也将前者称为“过继”、“过房”，将后者称为“乞养”。[1]

一般认为，所谓过继，是改变其本身与宗之所属关系，并变更围绕着作为其归宿的日常生活场所及家产的一切权利关系、从生父之子地位向养父之子地位变动的行为；只有在同宗昭穆相当的范围内，那样的地位之转移才是可能的。相对于此，乞养并没有使其与宗之所属关系变动，而只在日常生活方面，将他人之子视为自己的儿子并收养于家的行为。因此，在这里异姓不收养并没有成为原则问题。无论同姓异姓都可以自由地收养。与其这样，莫如将所谓乞养与异姓之子的收养联系起来，这是合乎常识的。清律之注也解释道：“过继则本宗别房子也，乞养则异姓义子也。”[2]

在服制上，过继于同宗他支者，作为亲生父母及其他本亲之同族各降一等服丧；与养父母其他收养方之同族之间，产生与亲子同样的丧服关系。而到其子孙，会被纯粹作为收养方的人对待，成为与本亲方之间没有任何特殊的丧服关系者。但是，因为不管怎样本亲方和收养方都是同宗，所以只不过是从收养方计算本亲方的人仍可以列入五服的范围。相对于此，义子除了后述随母改嫁的情况外，完全没有出现在服制之上，即认为：作为义子，即使被乞养于别人家，也在服制上不产生任何变动。不但义子本身，而且直到其子孙，在本亲方作为同族之一员被认可，原封不动地保持没有降等之类的正式服制关系。清律条例规定：

577 凡本宗为人后者子孙，于本生亲属孝服，只论所后宗支亲

> 属服制，如于本生亲属有犯，俱**照所后服制**定拟。其**异姓义子与伊所生子孙**，为本生父母亲属孝服，亦**俱不准降等**。各项有犯，仍**照本宗服制科罪**。[3]

即规定：在刑法适用上，也必须以上述服制上的待遇为基础。可以说，这一规定将两种收养养子的行为在理论上的区别最明了地显示出来。

另一方面，也有义子改姓收养方之姓的情况（不知本姓时必然地称收养方之姓），义子的收养不产生变动与宗之所属关系这一原则，实际上不一定被严格地贯彻。异姓者不知不觉被同化于同族之中的现象也经常发生。化异类为同类的缘由，是由于“螟蛉有子，蜾蠃负之”的诗，俗称的义子仍是——用稍微雅一点的词——称为螟蛉子。[4]

义子在什么情况下被乞养？这可能是各种各样的。有时是弃婴被人拾到，有时是因战乱、天灾等一家离散的孤儿被救助收养，[5]有时是迫于饥饿的父母以无偿或得到代价的方式将儿子送给别人，[6]有时是没有亲人的青年得到雇主的关照而结成义父子之关系。[7]总之，成为义子的是不能够在出生的家庭享受正常的家庭生活而被置于不幸命运之下者，安稳的家庭的子弟喜欢成为别人家义子的则没有。另外，通常仅限于幼小者。[8]已婚者以夫妇成为义子的几乎没有。在这点上，过继是财产继承的一种形式，包括以养父母年老以后的奉养和死后的祭祀之义务为条件的财产继 578
承，不同的是没有发生于出生家庭的不幸的现象。嗣子在维持正常家庭关系的同族之间被互相赠送，[9]不限制年龄，已婚者以夫妇

名义也可以成为嗣子。[10]

若就接受一方而言，则没有自己的亲生子者，将他人之子作为义子扶养的情况大概也不少，这是理所当然的；但是，通常只有僧人是不受限定的；即使在已有亲生子或者将来生子的可能性非常大的情况下，在家庭财产比人口多少有点宽裕的情况下，屡屡喜欢——至少没有什么了不起的心理上的抵抗——乞养义子。[11]一般认为，关于将目前所发现的、素不相识的、不幸的幼小者领养回家，可以说在旧中国社会存在着无法以现代人所有的心理来推测的宽大。那无非是因为，同居共财之家是生产、消费的共同体，而在产业革命以前的社会中，每个个体的人员可能是直接的生产因素。当然，人既是生产者同时也是消费者，可是长期以来在一般的情况下，通常因为劳动力供养有余所以这一事实是存在的，并且至少男性经常作为这样的生产者被人们评价。只是，作为各个家庭短期的特殊的情况是，人与其作为生产者不如作为消费者，这也会成为抑制家庭经济的主要因素。此时离散发生于家庭，离散者被视为生产者，暂且被吸收到供养负担有余裕的其他家庭。一般认为，家庭的构成要素是人和财产，两者常常是平衡的且增减、荣衰的。可见，乞养曾经起到一种维持这种平衡关系的自然的调节作用。[12]不应该将这种意义的调解作用视为过继本来的功能。因此，即使只有一个儿子的人，也根本不可能迎请嗣子。

可是，提到过继就联想到同宗而提到乞养就联想到异姓，这是作为一般的常识的；即使在例外的情况下也不会有同宗义子这种事情的吧？关于这点，在惯行调查中所出现的如下问答给我们极其宝贵的启发。应答者是一个从快要被饿死的父母那儿领养了 7

岁的男孩作义子的男人，后来又有了自己的亲生子，四年前分割家 579
产，自己保留 42 亩养老地，义子与亲生子二人各自都分给了 19 亩地。[13]

> “春子（义子）和歪子（亲生子）各半吗？＝是的。”“不是自己的亲生子也一定这样做吗？＝是的。”“这不是所谓的在家抚养他人之子只能给别人帮忙吗？＝如果抚养就是自己的儿子。”“即使自己亲生儿子也有吗？＝是的。”“假定你有一个弟弟，弟弟家生活困难，所以由你家抚养弟弟的儿子，你自己本身有一个亲生子，如果这样的话，分家时按各半分吗？＝如果是侄子就不给。”“侄子怎么办呢？＝其父母应该有遗产，靠它生活。”“如果没有遗产，那么怎么办？＝给他介绍工作，但与分家无关。”“既然给他人之子，给同族之人不也是理所当然的吗？＝不能。”（惯Ⅲ157 页下段）

就是说，出于恩养目的而领养同族之孤儿也理所当然应该是可以的，但是人们通常认为与其称之为养子不如从监护的角度来处理它。总之，在同族之间引人注目的孤儿的出身——他在宗之宗谱中占据的地位——因为具有过于明确的身份，所以除通过正式的过继手续改变其身份之外，不存在接受所谓事实上的养子待遇这种模棱两可的余地吧。正如从“其父母应该有遗产”这一应答者的话中所察知的那样，如果在同族之间承认事实上的养子，曾经实施过的家产分割之严格性就会失去其意义。在“既然给他人之子，给同族……不能”这句话中，可以看出人情世故之类的思想。总而言之，可以说所谓同宗之义子即使在理论上是可能的，但实际上几乎不成其为问题的吧。[14]

与此相反，所谓异姓之嗣子，虽然在理论上是不可能的，但是实际上却是屡屡地成其为问题的现象。即在异姓不养的原则中实际上存在某种程度的余地。同族无人时，再根据地方习惯同族远支有人也可优先考虑，但是有应该让异姓亲戚之子作继承人的意
580 图就迎请养子的事情时常发生，这在第三章已有叙述(316 页)。不仅限于此，孤儿、因贫困而被离手之子等，在所领养完全是他人之子中，自然占据承继人地位的现象也不稀奇。无论对哪种情况，若极其严密地论述，则其成为问题的异姓者仅作为义子得到承认的情况——事实上完成嗣子功能的义子——被视为是妥当的。在惯行调查中，农民回答：

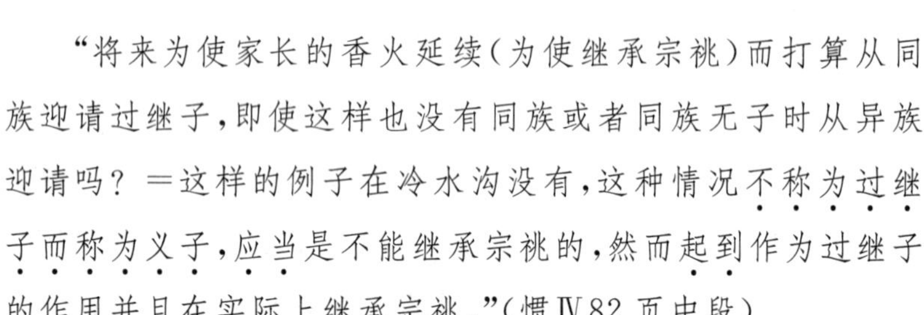

> “将来为使家长的香火延续(为使继承宗祧)而打算从同族迎请过继子，即使这样也没有同族或者同族无子时从异族迎请吗？＝这样的例子在冷水沟没有，这种情况不称为过继子而称为义子，应当是不能继承宗祧的，然而起到作为过继子的作用并且在实际上继承宗祧。”(惯Ⅳ82 页中段)

这些应该是详细的说明吧。[15]

那么，所谓乞养，与其说是法律关系莫如说大概是事实关系。弃婴、流浪儿的收养是其典型。一般认为，除了无条件领回家之外，任何手续都没有必要办。在从迫于贫穷的父母处领养的场合，也避开孩子授受这种决定的形式，有时以一方遗弃而另一方拾捡

的形式完成。[16]在儿子被父母有代价地让与的场合，往往制作类似买卖的字据。但是，其内容却是使父母约定抛弃亲权，没有证明该子取得了作为收养家庭之一员身份的性质。[17]不同的是，嗣子的过继单上可以有同族多数人的签名画押，证明为该嗣子所设定的新的身份。平常并不集中的同族如果在一起商量的话，可称为议题的“大体上只有过继子”；相对于过继这个同族人共同关心的事情，[18]关于义子的领养，不必求得同族之同意，并且也不必举行仪式宣布。[19]总之，在养父母家中，义子的身份及其待遇问题，不是在法律上所拟定的名分，可以说是产生于连续多年同居的实际 581
效果。[20]

因此，义子只是暂时被抚养，如果不久就归于亲生父母家或者离开家独立生活，就不产生提出所谓财产上的要求的问题。拾到流浪儿抚养的，不久其父母出现，并将其领回。像这样的情况，[21]因为年岁比较大，为了结成义父子关系，只有达到某种限度才能同化，大约就是所谓独立去生活的情况等等。[22]暂且不提用钱来买的情况，一般的义子，与名分确定的嗣子有区别，离开义父家也是其自由；只是如果已经接受分给的财产，那么他带走该财产要受到制约。[23]

义子连续多年同居、到了义父年迈或者死亡之时，对该义子财产上的待遇成为大的问题。义父大多因无亲生子而收养义子，但是后来生有亲子的事情也屡屡可能发生。而亲生子和义子都长大成人并成家时，各地有不同的习惯，大概每个案例的具体情况也不同；但是大体上可以说，对义子——当然除给娶妻之外——也适当分给比亲生子稍微少一些的财产，通常是让他们分家。[24]据说在福建省浦城县，分家之际分给义子的财产是分给亲子的五分之三四。[25]但是另外，使义子与亲子无所差别并均分财产的地区也不少。[26]总之，那时义子若打算归宗（回到亲生父母家。恢复旧姓），通常也是可能的，但是在财产上的补贴自然就会得到的很少吧。[27]

义父未生亲子而有义子时，若严格而论，则只要还有可能就从同宗昭穆相当者之中立嗣子，义子与有亲生子的情况一样，应该必须止于适当地接受财产的分给。实际上据报告有这样习惯的地区也不是没有。[28]但是，作为社会上的实际情况，这莫如说是例外。
582 此外对不立嗣子而收养义子并让其与亲子一样地继承家产的做法极为流行。[29]作为义父，不管是在同族还是在他人家成长者，与其突然立嗣子并以此寄托老年不如依靠从幼小时就在自家抚养的义子，大概喜欢后者的多一些。另外，一般认为，作为同族有时仅仅要求留下若干饭费，通常不勉强提出异议。[30]

如上所述，由于义子连续多年同居，在围绕财产的关系上，通常被认定有大约近似于亲子的地位，但是与此相比，围绕登载于宗谱或者是参加祭祀活动或者是埋葬入祖坟等等有象征所谓宗之理念意义的事情，无论多少都有被严格拒绝同化的倾向。来自山西省虞乡县的报告说：

> 凡鳏夫寡妇，无子或子死，虽能由外姓或亲戚，自由买子，但准其子承继受业，而不能入家庙序昭穆拜祀扫，故俗云“义子不乱宗”。[31]

一般认为,这种事情虽然在其他地区有程度上的差异,但大体上是差不多的吧。[32]作为入宗谱之登载法,不少凡例明文规定的第一个原则是义子不载入宗谱。即使记载入谱也采取不同的方式,通常的做法是:注释作为义子的事实及其旧姓,并且在名字上附着特别的记号或划上彩线以示区别,或者由于情况不同义子仅收入别册,不费功夫,一看就可识别。[33]另外,关于义子也有被特别地要求登载费醵金的情况。[34]但是,没有宗祠也没有宗谱的家族在社会上也不少,在这样的情况下,没有贯彻宗之理念的严格的手段,随着时间的流逝,义子很容易被同化掉吧。[35]有的地方称为“有义 583
子无义孙(有所谓义子者而无所谓义孙者)”,是说义子一代待遇不同,而从其子开始完全作为族人来对待。[36]

由国家法律对义子的态度,可见时代之变迁。首先,唐律规定:

> (上略)即养异姓男者徒一年,与者笞五十。其遗弃小儿年三岁以下,虽异姓听收养,即从其姓。[37]

一般都禁止收养异姓养子,作为唯一的例外是只允许拾三岁以下的遗弃儿抚养。而这个拾来的、被抚养的遗弃儿,正如人们所认为的立法者的意图是将之视同亲子一样。即在此成为异姓义子者尚未在制度上得到承认。最初唐律中只有“养子”之词而不存在“嗣子”、“义子”等用语,当时这两个概念尚未分化出来(前述 346 页以下)。

在宋代的判语中,根据以下扩大解释三岁以下弃婴的规定,可看到这样的倾向：不但默认异姓养子而且承认其作为承继人的资格。

> 《清明集》、立继、“生前乞养”说的是一个叫丁用之的人在
> 其兄丁一之死后，拟废其异姓养子而将自己之子立嗣的案件。
> 其云：“身在养子，户绝立继，事体条法，迥然不同。丁一之无
> 子，生前抱养王安之子为后，年未三岁，正合条法。殁后弟用
> 584 之欲以己子为一之后。一之生前抱养与亲生同，而一之既自
> 有子，用之不得干预。”承认三岁以下收养之子与亲生子一样，
> 排斥着同宗昭穆相当者（并且最近的亲属侄子）之期待权的
> 主张。
>
> 《清明集》、户绝、“夫亡而有养子不得谓之户绝”（关于案件的内容参见第六章第三节注〔30〕）云：“阿甘见在虽招到接脚夫，而有三岁以下收养之子，非户绝分明”，“丁昌在日已养得三岁以下之子，然则丁昌元非绝户”。反复申明，只要有三岁以下收养之子，夫死亡妻再婚就不得称为户绝。

在以上两件判语中，两个养子生父的姓名都被记录着。就是说，这是直接从父母那儿领养婴儿，不是拾到的弃婴。唐律的“遗弃小儿”这个词至此就成为扩大解释。也更没有按照文字所说的那样将三岁以下作为要件，以“从幼小之时”这样的意思替换同样适用。

> 《清明集》、立继、“父在立异姓父亡无遣还之条”记载一个叫郑逢吉的人，兄死后拟废其异姓养子元振，并将自己之子立

> 嗣的案件。“准法：诸养子孙，而所养祖父父亡，祖母、母不许
> 非理遣还。郑文宝无子，而养元振以为子，虽曰异姓，三岁已
> 下，即从其姓，依亲子孙法，亦法令之所许。文宝之养元振，不 585
> 经除附，当时年岁固不可考，然当文宝生前，郑逢吉折简与之，
> 已呼之为侄，以此勘验，昭然不诬。今文宝既亡，虽使其母欲
> 以非理遣还，亦不可得，况伯叔乎！使逢吉有感于莒人灭鄫之
> 事，恶族类之非我，恐鬼神之不歆，则但当以理训谕弟妇，俾于
> 本宗择一昭穆相当者与元振并立。”虽然是否三岁以下并不清
> 楚，但是抓住郑逢吉本人承认这一事实，保护养子的地位。

其他，散见于判语中的“毕竟从小抱养”、[38]“异姓非三岁以下亦姑勿论”等等，[39]都写着避开严密地讨论三岁以下这一要件。[40]但是，一般认为异姓养子本来不是正当的继承人的观念没有丧失，这通过拟废除异姓养子案件之多本身就可以知道；特别是在前述“父在立异姓父亡无遣还之条”中，来自同宗之嗣子并立之事给我们以启示，并能够充分地理解。而且同宗昭穆相当之养子只要没有明显的行为不端正，就不能被养父本人恣意废除；相对于这点，若是异姓收养之子则义父可以自由地使之归宗，这种差异已被人们意识到。[41]

唐律流传的义子的概念——自一旦被承认收养始就取得亲子同样的地位——认为建立在此之上、比较宽泛地承认异姓养子；上述这一倾向，只要没有完全忘却宗之理念就自然而然不得不限于一定的限度之内。但是，如同在现实社会中超出其限度的异姓收养现象的存在。宋代法律在“义养子孙”这个名义的基础上，考虑

给与其某种程度的财产上的待遇的想法，全部都被消极地发现。这点仁井田陞博士已搞清楚了。北宋元丰六年，提举河北保甲司的上奏说：

586 义子孙、舍居壻、随母子孙、接脚夫等，见为保甲者，候分居日，比有分亲属给半。

这一规定被附加于令之中，[42]元祐七年三月二十一日的诏书云：

> 义养子孙，合出离所养之家，而无姓可归者，听从所养之姓。若共居满十年，仍令州县长官量给财产，虽有姓而无家可归者准此。

说的就是此种情况。[43]宋代的立法，根据从目前必要的或随便一想的想法出发的无数臣僚的上奏，因为无暇反省法律体系全体的整合而频繁地制定、修改、废除法律的倾向显著，所以上述两件立法很少有严密的实定性的论述说明。与其如此倒不如说在其基本的性质上，有关明清法制中确定养子作为财产承受资格者的地位在此已经萌芽性地出现，这一观点应该引人注意吧。另外，在前述的元丰立法中列举所谓“义子孙、舍居壻、随母子孙、接脚夫”，正是本节及下节要作解释的，注意一下这四者。这四者都是作为异姓男子同居者（虽然在宗之理念上是外人，但是事实上却是家庭之一员）带有共同的性质。[44]

随后在元代，三岁以下等要件不成为问题；一般承认由异姓养子承继，不许同族有异议。这些通过判例确立为法律。

> 《元典章》卷十七承继、“异姓承继立户”记载一个叫万珙（又名万五）的人死亡，其侄万永年和义子姜仲一因承继引起纠纷的案件。首先，作为事实问题，虽然主张姜仲一是作为奴 587
> 隶被买来的而非义子，但是据户籍记载等证据，上述主张是没有根据的，姜仲一成为养子并改名万佛儿这一事实可以被认定。其次，作为法律问题，围绕是否应承认异姓养子的承继资格，在官府之间意见分歧。湖广行省理问所说：“本所议得，万佛儿系至元二十七年抄户籍面内，万珙生前已立为嗣，若准录事司已拟，令万佛儿承继万珙家业相应”，采纳应承认异姓养子之继承的意见。相对于此，行御史台说：“其万永年累次经官陈告，系万珙亲侄，例应承继。若依理问所凭籍议拟，呈准行省劄付，断付养子佛儿承业，本人终是异姓之子，有失人伦之道，莫若于以万珙所争家财内，以十分为率，量以二分给佛儿，以充养育归宗之资。余听万永年承继万珙之名，庶使户不差迭，又且杜绝后讼，乞照详”，论述作为承继人立同族并应给与异姓养子分与财产之待遇。而最终，京师之中书都省说：“江南似此乞养过房为子者多，比及通行定夺，以来依准行省所拟，断令万佛儿承继万珙家业，立户当差，仰照验施行。”这成为采用承认异姓养子之承继的行省之意见的判例。

上文的句法结构非常难懂，虽然解读有点放心不下，但是一般地将之视为确立异姓养子承继地位的判例，在此这样理解没有错

588 误吧。异姓不养之原则至此限度被置之不理，这作为元代法律的一个特征应该引起注意。

继如上所述的变迁之后，在明清时代的立法中，义子这个概念在制度上被采纳，在唐律中未分化的养子分开成为嗣子（继子）和义子。收养异姓者本身，在义子之乞养这个名义的基础上，在无限制承认的另一方面，明确禁止异姓的义子成为承继人；而承认连续多年同居的义子有继承并分得财产的资格，就是相应地保护其地位。明、清律云：

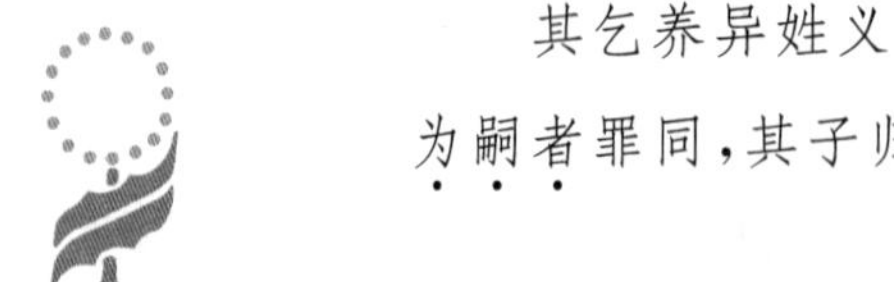

> 其乞养异姓义子，**以乱宗族者**，杖六十。若以子与异姓人**为嗣者**罪同，其子归宗。[45]

它阐明了传统的异姓不养原则，但与唐律的语句有别，即禁止在异姓者之间互相收养。因此，“乱宗族”，具体说以异姓之子“为嗣”，都成为禁止的对象。禁止“为嗣”的意思是，因没有亲生子，故即使有异姓的义子，也必须特别立同宗昭穆相当之嗣子。并且规定并立的嗣子和义子的关系的条文出现于明代的《问刑条例》中，在清代也作为条例之一被沿袭下来。[46]

> 无子立嗣，除依律外[a]，若继子不得于所后之亲，听其告官别立。其或择立贤能及所亲爱者，若于昭穆伦序不失，不许宗族指以次序告争，并官司受理。若义男女婿为所后之亲喜悦者，听其相为依倚，不许继子并本生父母用计逼逐，仍酌分给财产[b]。若无子人家贫，听其卖产自赡。[47]

(a) 明例“除以律令外”。(b) 明例“仍依大明令分给……”。

立嗣应依据律之规定，即根据要求应选择同宗昭穆相当者，既贯通 589
宗之秩序这一理念性的原理，又正当评价了有多年良好关系的义子关系这一社会现实，禁止驱赶义子，[48]通过分给财产这样的方法来保持平衡。而在立嗣必须同族但没有立同族而不得不成为绝户的情况下，一般认为立法者的意图是将全部财产给义子。[49]在明清律中，另外还发现以义子应接受分给财产为前提的规定。[50]如此，围绕家产义子的立场被坚固地固定于“承受”而非“承继”的范畴之内。[51]作为立法的应有状态，应该是能够解决的就解决掉吧。

不过，作为民间的实际情况是，轻而易举地收养义子并使之承继的做法相当广泛地流行着。这正如已经推断的那样(581页)。但是，在这种场合下的案件，一旦被带到国家的法庭上，就仍然依据条例的规定，做出别立嗣子、分给义子财产这样的裁断。下文讲的就是具有这种意义的令人感兴趣的一个案例。

《例案续增全集》卷二二“螟蛉子被谋致死均分财产与其
子养赡”云：“刑部议覆，福抚周题，莆田县民黄喜等谋死黄俊 590
仁一案。缘黄喜堂伯黄孙青早故，其妻何氏，于雍正八年，螟蛉王俊仁为子，改从黄姓。黄喜谋欲承继，何氏不允，曾投族戚，公立继书，将黄孙青遗产，俱给黄俊仁，承祧掌管。”然而，乾隆八年九月，何氏死亡，黄喜与黄俊仁之间发生争执，在酿成诉讼案件但尚未结案期间，黄喜怀恨，与二、三个同犯一起谋杀了黄俊仁。作为其裁判，暂且不管其各自被论处之罪；关

> 于遗产的处理，福建巡抚呈报说："黄俊仁虽系异姓螟蛉子，但生前既为何氏喜悦，且已娶妻生子，应令房族，另立本宗昭穆相当之人，承继黄孙青为嗣，所遗产业，令与黄俊仁之子黄天赐对半均分，以资养赡。"刑部也同意，皇帝也批准。

在上文中，黄俊仁虽经亲属商议被正式认定为嗣子，但是作为国家的裁判仍然将之视为义子，并命令另立同宗之嗣子。只是限于分给财产方面，特别给与其与嗣子均分的优待。

在明清时代的立法中，因为义子被认为既没有承继的权利因而也没有相应的义务，所以其也可以自由地离开义父归宗。[52]但是这个时候，禁止其带走已分给的财产。

清律条例规定：

> 凡乞养异姓义子，有情愿归宗者，不许将分得财产，携回本宗。[53]（下略）

再者，上文的条例接着提出三岁以下婴儿的问题，规定：

> （上略）其收养三岁以下遗弃之小儿，仍依律即从其姓，但
> 不得以无子遂以为嗣，仍酌分给财产，俱不必勒令归宗。如有
> 591 希图贽财，冒认归宗者，照律治罪。[54]

律之本文沿袭唐律，有这样的条款："其遗弃小儿，年三岁以下，虽异姓仍听收养，即从其姓。"虽然条例详细地说明这一条，但是在此

认为，三岁以下被收养的弃婴与一般的义子同样应该享受分给财产的待遇；像这样伴随三岁以下享有的特殊待遇全都不被承认。可以说，因为义子的收养不只限于三岁以下而一般也是允许的，所以唐律以来的律条，在清代，在一般的范围之内没有达到取消义子制度的实际意义的状态。

二、随母改嫁

夫死亡而妻改嫁给第二个夫时，如果有幼小之子，而且尤其是若其为男孩时，则虽然原则上由前夫之族人将之领走抚养，但是在族中没有适当人选的情况下，或者特别得到族人的承诺，母也可以携子改嫁到后夫家。可是，男孩是承受父之精气而生的，由于这样的事实本身，该子永远是父宗之一成员，因母改嫁而离开前夫之宗、进入后夫之宗。从子来看，称之为“嫁母”。在嫁母与其亲子之间，亲权、抚养之义务等民事意义上的母子关系消灭。原则上子离开改嫁之母而留在族人身边，如此无非是合乎宗之理念逻辑的结果。同样，寡妇改嫁之际，带走从前夫那儿所继承的财产是不被准 592
许的；而俨然地将作为夫族之一成员的男孩称为“吾子”并又随意把他带走，也是不被准许的。但即使在例外的携子改嫁的情况下，子始终也是其生父之宗的人，母是嫁母，因而不承认其为有完全亲权之母。[55]况且在母之后夫与随母子之间，也并不存在真正拟制的父子关系。只要从隶属于宗这一理念方面来看，就会清楚：对再婚夫妇来说，随母子是外人。[56]但是，在日常生活方面仍将他作为家庭一员来对待。这的确应该被称为“义父”、“义子”关系，事实上在宋代以后的文献中，一直可以见到这种称法。[57]

作为义父子关系的发生原因，乞养这一行为被确立于制度之上相对来说是比较晚的事情，随母子与母之后夫（以前称之为继父）的关系，自古以来就明确地被确立在服制之中。即，《仪礼·丧服篇》“齐衰不杖期”之章中有“继父同居者”一项，其传云：

> 何以期也？传曰：“夫死妻稚子幼，子无大功之亲，与之适人。而所适者亦无大功之亲，所适者以其货财为之筑宫庙，岁时使之祀焉，妻不敢与焉。若是则继父之道也，同居则服齐衰期，异居则服齐衰三月。必尝同居，然后为异居。未尝同居，则不为异居。”

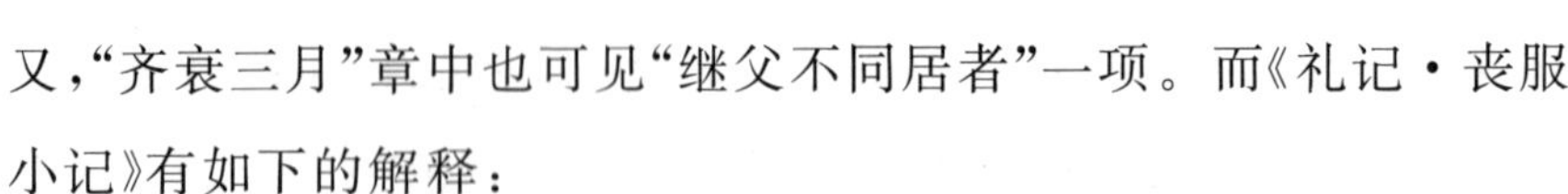

又，“齐衰三月”章中也可见“继父不同居者”一项。而《礼记·丧服小记》有如下的解释：

> 继父不同居也者，必尝同居，皆无主后，同财而祭其祖祢，为同居，有主后者为异居。

593 简而言之，继父与随母子的关系可以分为三种。第一种是同居，而且需要三个要件才完备。即：其一，随母子本人没有大功以上的亲属（祖父母、伯叔父母、兄弟、从兄弟）；其二，继父也没有大功以上的亲属（子孙、兄弟、侄、从兄弟）；其三，继父与随母子同财，并为随母子祭祀自己的祖先而建庙（根据注疏此庙被建于“家门之外”）。如果具有这样关系的继父死亡，随母子服齐衰不杖期之丧。第二种是异居（不同居），这是说起初有同居关系，而后来出现缺少三要件之中任何一个的情况。例如，后来在继父生有男孩——若从随母子来看则为异父同母弟——的情况下，这时被降为服齐衰三月。第三种是未尝使之同居，即从开始就缺少同居三要件中之任何一个的情况。即使这时随母子被领回继父家生活，一般认为在礼制上也不产生服制关系。

唐律忠实地依据上述服制的规定，在继父与随母子之间相互加害之时，若同居则比凡人加重或减轻二等处刑，若不同居则比凡人加重或减轻一等处刑，若未尝同居则与凡人同等处刑。斗讼第32条就是此规定：

> 诸殴伤妻前夫之子者，减凡人一等，同居者又减一等，死者绞。[疏]略。
>
> 殴伤继父者（谓曾经同居，今异者），与缌麻尊同，同居者加一等（余条继父准此）。[疏]继父者，谓母后嫁之夫。注云："谓曾经同居今异者"，依礼"继父同居服期"，谓妻少子幼，子无大功之亲，与之适人，所适者亦无大功之亲，而所适者，以其资财为之筑家庙于家门之外，岁时使之祀焉，是谓"同居"。……其不同居者，谓先尝同居今异者。继父若自有子，及有大功之亲，虽复同住，亦为异居。若未尝同居，则不为异居，即同凡人之例。……

同居、不同居、未尝同居之区别，一看就知道是引自《仪礼》。

在上述的礼、律中，甚至在继父同居的场合，也服不杖期，刑之 594
加减仅仅止于二等，比之生父相差悬殊。继母（父之后妻）在名义上确实是母亲，与此不同的是，继父绝不是父亲。关于财产关系，虽然礼、律没有准确地谈及，但是大致可以有如下的看法。首先是同居，继父无亲子，应立嗣而没有合适的同族，因此与随母子永久的“同财”，即继父本人年老后的奉养与死后的丧葬统统依靠随母子，由此可见财产也被视为全部转让与之的关系。但是，因随母子在宗之理念上是外族人，故认为仍须祭祀生父。这就是所谓在家门之外筑家庙的原因。若后来继父生有亲子或从同族中立嗣成为可能，则一旦成为事实，也就会发生打算终生相依并且被收容的随母子在长大后必须告辞离去的事情。这就是不同居（异居），从后述诸事例推断，此时可以看到相当多的财产分割的情况吧。未尝同居是以当然的抚养责任者的身份受前夫同族的委托暂时承担随母子抚养的关系，可见只有继父反过来要承受抚养费的补偿，不会发生财产分割的问题吧。

在南宋的判语中，可以见到几个围绕随母子的有趣的事例。首先，下面的一件显示随母改嫁对该子本人来说，其与宗之所属关系——以生父遗产继承人身份之地位——不会因此发生任何变动。

《清明集》、争业、“罗棫乞将妻前夫田产没官”云：“罗谦生
595 子三人，长曰崑，次曰嵤，三曰岙。父母身亡，已当服阕，分而为三，省簿各有姓名。今罗嵤死，有男罗宁老，随母改嫁同曾祖之弟罗棫。后宁老又死，罗棫以宁老所分田产，**作绝户献于官**。今宁老之叔罗岙，欲以长兄罗崑次男为兄命继，于法亦顺。但在法，诸已绝之家而立继绝子孙，谓近亲尊长命继者。于绝家财产，若无在室、归宗、出嫁诸女，以全户三分给一分，余将没官。合听罗岙以长兄之子立为罗嵤后，将罗嵤家业给

> 与三分之一，其余照已行没官。但罗棫元与罗密系是服内从弟，罗密身死，岂应以妻阿王嫁与罗棫。准法：诸违法成婚，谓尝为袒免以上亲之妻，未经二十年，虽会赦犹离。罗棫取阿王方更三年，合与听离。若阿王再归罗密之家，不复改嫁，抚养其子，当用夫亡从其妻之法，听阿王为主，免与没官。引押两名下乡，取已离状申。”

在由父母与一个幼小男孩构成的家里，如果父亡，那么财产由母子二人共同持有（第四章、第一节、三）。因此，若母携子改嫁给后夫，596
则母本人失去对前夫遗产的全部权利而另一方面该子的地位却不发生变动。因而遗产变成该子单独所有。而如果该子后来死亡，当然就必须以户绝财产来处理。

另一方面，随母子即使在日常生活中成为义父家庭的人，也并不因此而取得承继义父的资格。下面一件实例显示出，若无亲子，即使有后妻之随母子，也必须选同宗昭穆相当者立嗣。

> 《清明集》、归宗、“出继不肖官勒归宗”记载：卢公达死后，有同姓养子卢应申；同时，有后妻的前夫之子名叫陈日宣者。陈日宣起诉说，卢应申因犯罪而服刑，玷污了衣冠之家，并且没有尽到作为子之义务，主张废除卢应申而自己作承继人。“卢公达为侍郎之孙，不幸无子，遂养同姓人卢君用子应申为子。……今问卢应申，则称与乃父公达各居异食，是生不能养之矣。公达死后，义子陈日宣经官投词，称应申不出钱营葬。生既不能养，死又不肯葬，父子之道固如是乎？……应申既同

> 所生父君用受刑，则绝不可玷辱衣冠，况生不养公达，死不葬
> 597 公达，委难为子，引勒卢应申仍旧归宗，为君用子。公达产薄
> 当厅给付房长卢景愈等，从公择本宗昭穆相当人，立为公达之
> 后，……陈日宣自系外姓人，随母嫁于公达，所有公达户下物
> 业，日宣不得干预惹词。”判决废除卢应申，但同时也不许陈日
> 宣承继，改立昭穆相当者为嗣子。

由于后妻及其随母子的蛮横反对，陷于不能自同族中立嗣困境的男子，将财产全部遗赠给女儿和妹妹。下文就有这样有趣的事例，其遗赠被承认完全的有效。

> 《清明集》、违法交易、“鼓诱寡妇盗卖夫家业”云：“徐二初
> 娶阿蔡为妻，亲生一女六五娘，再娶阿冯无子。阿冯有带来前
> 夫陈十三之子名陈百四。徐二宜立嗣，而不立嗣者，盖阿冯母
> 子专其家不容立也。徐二虑之熟矣，恐身死之后，家业为异姓
> 所攘，乃于淳祐二年手写遗嘱，将屋宇园池给付亲妹与女，且
> 约将来供应阿冯，及了办后事。徐二虽为家业虑，亦未尝不为
> 阿冯虑也，其遗嘱可谓曲尽，阿冯可以生死无憾矣。”可是，前
> 夫一族的人却与阿冯串通并将作为徐二遗产的土地买了过
> 来。其判决引用了“诸财产无承分人，愿遗嘱与内外缌麻以上
> 亲者听，自陈官给公凭”（前揭 399 页）及“诸寡妇无子孙，擅典
> 卖田宅者，杖一百，业还主，钱主牙保知情同罪”（前揭 417 页）
> 两条文，说：“今徐二之业，已遗嘱与妹百二娘及女六五娘，曾
> 598 经官投印，可谓合法。而陈元七辄诱阿冯盗卖，若只以擅典卖

之法定之，尚当勘罪追业，而况又系盗卖乎？……家业追还徐百二娘六五娘同共管佃，别给断由与之照应”，承认遗赠有效，因而判定阿冯之行为为盗卖，判令其应将土地返还给受遗赠者徐百二娘、六五娘。

当让多年居住在一起的随母子归宗时，也可分给其财产。下面的一件就是其实例。

《清明集》、归宗、“子随母嫁而归宗”记载：一个叫舒常的人，与后妻傅氏生活期间得一子舒思义后死亡。因亲子幼小，故傅氏的前夫之子薛龙孙、薛龙弟主持家事；一晃就已经过了20年，舒思义也成人了，仍这样过下去就是违法，族人舒希说等人起诉。“舒常容其后妻傅氏带来之子，冒姓舒氏，虽是碍法，然近二十年，长幼无间言，似有古人忠厚之风，今世未易有此。但薛龙孙等于其义父舒常身死之后，却宜自归本宗，而为傅氏者宜以义遣之。今乃盘旋不去，宜乎舒氏之族人不能平也。妇人何所知识，但见其带来之子冒姓命名，已历年久，将谓可分舒氏之业，而薛龙孙年长，主张家事，舒氏亲子反拱手听命，天下安有是理哉！此舒希说等之讼所由起也。舒常亲子舒思义已自长成，……正不待薛龙孙代之干蛊。仰薛龙孙龙弟，各自归奉薛氏之祀，不得更冒姓舒氏，及干预舒氏家事。傅氏亦宜以至公为心，留意俯育三子，……佥厅所拟分为三分之说，不知法意如何，别呈。各人责遵从状，入官讫并放。续 599
佥厅拟再呈，奉台判，只依标拨法。”

在上文中，随母子兄弟二人自当初其母改嫁前就改姓，一般认为义父在此有托后的意图。可是后来义父生了亲子。确实是变成了《仪礼》、唐律所谓“不同居”的状况，随母子最终必须恢复旧姓归宗。在此之际，其打算与亲子均分财产的想法被拒绝，所采用的是标拨法即与作为承继人的亲子相比也适当地分给少量的财产。[58]

《民商事习惯调查报告录》之中，也有很多关于随母子的报告。大体上，义父与随母子的关系是暂时的“代养”，即人们认为义父是受委托在随母子幼小时抚养他们，可以说，站在这种立场上的情形较多。[59]此时，预先定个年限，[60]由生父同族向义父支付若干的代养费，[61]或者从母改嫁之聘财中扣除，[62]等等。这些办法都是可行的。如果生父有遗产，则由同族管理；等到随母子长大成人，离开其母回来后，再将财产交还给他。[63]但是在别的场合，有时在同意永久成为后夫家之人的基础上被领回；有时起初是作为暂时性的约定，后来义父向其同族提出永久性地将随母子作为自己的
600 儿子。此时，就会给随母子改姓，并为其娶妻，他要终身奉养义父并继承财产。据报告，为区别暂时性的与永久性的两种类型的随母子，山西、陕西各地分别称之为“活带”、“死带”。在陕西省蓝田县，得到的报告说：

> 孀妇改嫁，携子带养，俗有活带、死带之称。如妇人夫死子幼，家贫改嫁，势必将子带往抚养，其族人不忍断绝前夫禋祀，即在财礼内扣除带子钱若干，于婚书内注明，将子带养成人，令其归宗，承续前夫禋祀，俗谓之“活带”。或因前夫有数子，改嫁后夫久不生子，其后夫因带养前夫之子渐长，转欲收

> 为己子，一经前夫宗族认可，便改从其姓，正式承继，迨后夫死后，所有财产即由带养之子管业，后夫宗族人并不干涉，谓之“死带”。[64]

在山西省岢岚县，得到的报告是：

> 孀妇携前夫子女适人者，俗有死带、活带之分，不论年限 601
> 多寡，不改姓氏。婚书注明，日后归宗者，谓之活带。死带者，其子女易后夫之姓，名从其旧。后夫所有财产，死带之子得与其亲生子均分。若后夫无子，死带之子亦得承继。[65]

诸如此类，等等。若根据上文，则可以认为，如果一开始就为死带之约定，则即使后夫生有亲生子，随母子的地位也不会被动摇；但是否将之与亲生子视为亲兄弟关系，各地的习惯不同，而每个案件的具体情况也不一样。不可一概而论。例如，在华北农村的惯行调查之中，围绕两种对立的主张，即：兄主张让随母子续后，而弟认为应将自己两子中的一个立为嗣子；族人的舆论宁可支持后者。这在如下的事例中就有所体现：

> 河北省栾城县寺北村徐德和、徐小毛兄弟二人关系交恶，以致对簿公堂。两人的主张在两方面对立着。(1)小毛多年来在另一村的舅（母方伯父）家生活着，舅死后家毁，于是带着两个儿子归来。德和说，小毛因过继给舅故与自己没有关系。小毛主张不是正式过继，并说因还未分家自己也应当分得财

> 产。这一争议最终成为诉讼事件。(2)德和没有亲生子,也向同族宣布将后妻前夫之子黑孩(男孩)、全子(女孩)作为自己之子,也给他俩改姓徐,并为其各自操持完婚嫁之事,也一直打算让黑孩继承家业。可是,小毛却主张:“二房之子为外姓,不应继承家业;自己有两个男孩,如果要领过继子就应领养自己的儿子。”围绕着此第二点,据说有着这样的想法:“一直担心德和本人死后,黑孩不继承,不是吗?”、“同族之人也不满地想着。虽在德和面前并没有说,但不能赞成黑孩继承。”应答者(同族、非第三者)也对质问谈了自己的看法,其应答为:“你们作为德和的同族,如果德和死了那么你们如何?=葬礼和埋葬应该是黑孩的事,但假设那事完了,而若小毛提出反对,则赞成小毛而攻击黑孩。”“当然因黑孩已经一直劳动了六、七年,怎样处置他好呢?=因为他六、七年来一直劳动着,所以不能简单地了事,如果有同族侄子而小毛主张从中选一个,就
> 602 将德和财产的一部分分给黑孩并与之断绝关系。”(惯Ⅲ153页中段—154页下段)

应答者最后的言辞与《清明集》所见的标拨之法(前述599页)的确是同样的想法。

总之,随母子,既是异姓者同时又有连续多年同居的事实,也是在某种程度受到法律上评价的现象。暂时性的代养如果终结就不遗留财产上的问题。有永久性的意图和实绩时,如果重视宗之秩序,那么随母子也不被承认是正规的承继人。若有亲生子则是当然的承继人,若又无亲生子则另立同宗之嗣子,但随母子有财产

分配的待遇是合理的。不过,作为民间的实际情况,随随便便地让随母子承继家业的事情也并不少见。这与前款所述的关于乞养义子的问题基本上是一致的。一般认为,明清时代的立法关于随母子没有制定专门的规定,因此将之包含于义子同类中来理解。

本节注释

〔1〕 “过继”、“过房”之“过”是よぎる(横过)之意,是着眼于从同族内之一支向另一支地位转移去而产生的词语。“乞”字自古就有这样的意思即:将他人之子领回家;又,将自己的儿子送给别人家。唐律贼盗第 46 条云:“即私从奴婢买子孙,及乞取者,准盗论。乞卖者与同罪(秘密地从〔他人所有的〕奴婢处买下其子孙〔作为奴婢〕,或者作为养子领回来者,按盗罪的标准论处。作为养子送给或者〔作为奴婢〕卖掉者(即对方)也都有罪)。”同名例第 35 条(略和诱人)疏云:“或转将嫁卖,或乞人亦同(或者嫁给他人或者卖掉,或者送给人作养子,也都一样)。”说的就是此字。而更古的,也追溯到见于《商君书》的“其有爵者乞无爵者,以为庶子”作为用语法等为止(参见增淵竜夫:《中国古代の社会と国家》,弘文堂 1960 年,201 页、205 页注 3)。

〔2〕 清律婚姻·男女婚姻条总注。但是,“过继”、“过房”之词也并非不被用于异姓养子的情况。参见仁井田陞:《法史》,775 页注 1。 603

〔3〕 斗殴·殴祖父母父母条·条例 3。在《例案续增全集》卷二五“出继异姓殴伤本宗婶母身死云云”,可以看到成为本条成立时机的刑事案件。

〔4〕 仁井田陞:《法史》,773 页。诗为《诗经·小雅·节南山·小宛》。

〔5〕 可见于明代况钟的《况太守治苏集》卷六钟之父仲谦,小说《今古奇观》“卖油郎独占花魁”之秦重(朱重),等等。

〔6〕 在《今古奇观》“看财奴刁买冤家主”中,周秀才夫妇迫于饥饿卖掉儿子长寿。“领养乞丐等之子”可见于惯Ⅳ106 页上段、惯Ⅲ146 页上段、同 157 页上段等。

〔7〕 可见于惯Ⅴ138 页下段的刘和之义子郭永升。

〔8〕 惯Ⅰ277页中段:“过继子大,而养子(义子之意)小。”

〔9〕 当过继子的少年本人也说:“因为是去叔父的家,所以喜欢去。”(惯Ⅲ118页下段)

〔10〕 惯Ⅳ90页下段:“以夫妇去当过继子的有吗?=不稀奇。有孩子也带着去。”

〔11〕 录Ⅳ、12、5、一(福建省晋江县):“无论有无生子,多喜买养异姓之子,改姓以为己子。以后所有家产,即有亲生之子,亦应均分,不以异姓乱宗为嫌。”

〔12〕 又,逐鹿中原的野心家有时候以养子这种形式纠集党羽。关于五代之义儿军,仁井田陞:《唐宋法律文書の研究》,519页;同:《支那身分法史》,783页注5。明太祖也有许多义子,关于此,见赵翼:《二十二史札记》卷三二,“明祖多养异姓为子”。

〔13〕 后注〔16〕之应答者。

〔14〕 “同姓之间有‘抱养’、‘借子’的吗?=那样的情况并不称之为抱养、借子”(惯Ⅰ294页上段)。从这样的应答也可推测到。

〔15〕 但是,据其他的应答者认为,“若没有兄弟、同族则从哪里得到呢?=领

604 养亲戚或朋友之子。”“称之为过继子吗?=当然。”“不称为义子吗?=也称为义子。”“一般使用哪个?=多使用过继子。”(惯Ⅴ452页下段)通过这些看法,无论是哪个都能表现出微妙的关系。在《今古奇观》“看财奴刁买冤家主”中,也将必须有作后代意图之子相赠称为过继。

〔16〕 从来到村里的乞丐夫妇处收养7岁小孩为儿子者,在应答中写下这样的话:“一次,出村以后我就领来了这孩子”,“我的意思是,这孩子不是他们给我的,是我自己拾来的”(惯Ⅲ157页上段)。“因为乞丐快要饿死了,所以既不问对方姓什么,也不说自己姓什么”,并声明说绝“没有”人反对,“既没有听到同族的反对,也没有听到村人的反对”。然而该应答者后来又生了亲儿子,最后让义子和亲生子均分土地并分家(同页中下段)。关于此案,还可参见惯Ⅲ 146页上段。

〔17〕 录Ⅳ、9、28、三(安徽省黟县):“黟俗居民,恒因人丁稀少,价买异姓男孩,承继宗祧,其字约内,必载明‘生死听命、永不归宗’等语。”

〔18〕 惯Ⅴ 119页上段。

〔19〕 惯Ⅴ74页中段："'义子或者要来的孩子，立字据吗？＝不立：一句话就可以。''也不去哪儿申报登记吗？也不通知亲属吗？＝不。'"也参见前注〔16〕。

〔20〕 清律斗殴·殴祖父母父母条·条例2云："凡义子过房在十五岁以下，恩养年久，或十六岁以上，曾分有财产，配有室家，……若义父母及义父之祖父母父母殴故杀伤义子者，并以殴故杀伤乞养异姓子孙论。若过房虽在十五以下，恩养未久，或在十六以上，不曾分有财产，配有室家，有违犯及杀伤者，并以雇工人论。"若据此，则在刑法上也认定义父子的名分要以分给财产、给娶妻、从小抚养多年等等实绩来评定。

〔21〕 在来自黑龙江省诸县的惯习报告中说："查：收养义子，多属慈善行为。因之义子归宗时，绝少向索抚育费之事。至于义子财产，非得义父之允许，或族人之公许，不得随带归宗。"（录Ⅳ、4、15、五。其他，多数是大同小异的报告）其中前半部分说的就是这样的情况吧。 605

〔22〕 例如，在惯Ⅴ138页下段可见刘和与郭永升之关系。郭永生一直被刘和照顾到娶妻之时，但是关于成为其后继者之事，谁都没有那样的热情。

〔23〕 说"已成为过继子者，即使以后与出生之家断绝关系，也只能打发一个孩子回去让他接续出生之家的香火，我自己不可能回去"的农民也说："如果'抱养'就可以，如果'借子'就可以。"（惯Ⅰ294页上段）但是，又说："养子改姓吗？＝改姓。""回到出生之家的没有吗？＝如果没有得到财产就可以，但如果得到财产就回不去。"（惯Ⅰ 277页上段）也参见前注〔21〕后半部分。

〔24〕 录Ⅳ、12、21、一（福建省平潭县）："平潭无子之人，多买养异姓子为嗣。日后虽有一亲生之子，该买养子仍得分产，并得改姓入谱。惟所给之产，略较亲生子为少。至修谱办法：昭穆牵线。亲生子则用朱线，买养子则用蓝线。"同、16、28（甘肃省平罗县）："凡甲先无子，买异姓之子为子，名曰'养子'，亦曰'义子'，认有承继之权利。若甲后又生子，则有酌给财产，令养子分居之义务。"其他，同、9、3（安徽省太和、繁昌县），同、15、77（陕西省洋县），同、4、1、九，同、4、2、七，同、4、3、九，同、4、4、六，同、4、5、六，同、4、6、七，同、4、7、九，同、4、8、三，同、4、10、八，同、4、

11、五，同、4、16、五（黑龙江省诸县）等。

〔25〕 录Ⅳ、12、20。

〔26〕 录Ⅳ、15、63、三（陕西省华阴县）：“华阴养子之风盛行，小康之家，凡得子较迟者，强半收有养子，本人对于养子，视与亲生子无异，所有家财，得与亲生子均分。”同、16、29、一（甘肃省庆阳县）相同。在华北农村的惯习调查中，始终可以看到这样的实例：问卷答道对义子也均分财产（除前揭本书579页之惯Ⅲ157页之外，惯Ⅰ248页下段、同277页上段等）。

〔27〕 录Ⅳ、15、55、一（陕西省沔县）：“沔属有中年无子者，抱引他人之子，名曰‘押长’，取其有生长之义也。迨抚养成丁后，已生有子，则为抱子娶妻，并给生计费，令其归宗，或有酌给产业，令其析居者。”同、15、10（陕西省鄜县）：“鄜俗无子者，抱养异姓之子为义子。迄今有子后，所有财
606 产得与义子按股均分。如义子情愿归宗，义父不得留难，但止酌给财产，不能与己子平均分配”等，在报告的话语中可察知这点。

〔28〕 录Ⅳ、5、3（河南省汜水、睢、禹、襄城县）：“凡义子，无论自幼抱养，或长大后收养者，均不准继嗣，但许与继子俵分继产。其分给成数，各县不同，兹列于下。一、在汜水县，义子与继子各半均分。二、在睢县，义子得遗产十分之三。三、在禹县，义子得三分或四分之一。四、在襄城县，义子得遗产三分之一。”

〔29〕 这大多是听任其自然趋势吧，可是根据情况也可以在文件里商定。在王楚香编、中华书局印行《中华应用文件大全》（民国八年）的便览书中，可见到作为订立义父以给与全部财产为内容的“螟蛉拨付据”和由义子承担奉养、殡葬和祭祀主旨的“奉养据”的公文格式（在每个上面族长等都联名）（同书61—62页）。

〔30〕 录Ⅳ、7、56、二（山西省偏关县）：“无子者，每抱他人之子，抚养长成，即认为己出，一切财产归其继承，本族中虽有昭穆相当之人，亦不得以异姓乱宗，出而争执。”其他，同、7、42（山西省壶关县），同、7、62、二（山西省山阴县），同、12，15、六（福建省惠安县）等，说没有同族争执之事。录Ⅳ、12、23、一（福建省闽清县）：“螟蛉异姓之子为嗣者颇多，一经亲族同意，即可改从养父之姓，继宗承产。”其他，同、17、2（热河省朝阳、

林西县)，同、17、5(热河省凌原县)，同、19、4、二(绥远省商都县)等，当然认为义子继承。录Ⅳ、13、37、六(湖北省)说:“京山、巴东、通山三县，异姓子对于养父母之遗产，得全部承受。竹山县则反是，潜江县限于有亲属者。谷城县限于抱养之人有亲疏房兄弟子侄及亲生女者，不得全部承受。”这意味着不承认义子有继承权，出于对这些亲属的安慰，也必须分给其若干的财产吧。

〔31〕 录Ⅳ、7、39、四。

〔32〕 录Ⅳ、7、34、二(山西省解县)也说:“抱养义子，不得即以为嗣。若只从姓相依，族人均不过问，但生前不准入嗣(祠)祭扫，死后亦不得安葬祖茔，并不准列名谱牒。”

〔33〕 仁井田陞:《法史》，791 页以下有详细阐述。在见于《民商事习惯调查报告录》的报告之中，录Ⅳ、7、34、二(山西省解县)，同、10、2、二(江西省赣南各县)，同、12、6、一(福建省连城县)说不许登记入谱。同、14、28(湖南省浏阳县)叙述登载于别谱的内容，同、11、3(浙江省富阳、嘉兴、吴兴、海盐、金华等县)，同、11、29(浙江省诸暨县)，同、12、16、二 607
(福建省建阳县)，同、12、21、一(福建省平潭县——前注〔24〕所引)，都以特殊文字表述方法进行了叙述。

〔34〕 仁井田陞:《法史》，801 页注 25 末、注 28。录Ⅳ、8、10(江苏省武进县)。

〔35〕 录Ⅳ、15、39、二(陕西省蓝田县):“本地人民，大半不立宗祠，不修家乘，以故义子种类复杂难稽，有因荒年遇流丐收养者，有拾养奸生子者，有买异姓子为己子者。其初尚有乱宗之私议，一经历年久远，便认为一般普通族人。本宗遇有乏嗣者，并愿将义子后裔过继。倘义子后裔或有一支乏嗣，本宗亦愿为之承继，并无户族以异姓乱宗名义，出而理论。其以甥继舅，以内侄继姑父者，尤属地方公认为正当。”

〔36〕 录Ⅳ、5、8、一(河南省河北各县):“河北乡间谚语，有‘有义子无义孙’之说，意谓义子来自外姓，不可与亲子同论，虽有非我族类之意，若义孙则产于己家，虽义子所出，而情均天伦，固与亲孙无殊也。”

〔37〕 唐律户婚第 8 条。

〔38〕 《清明集》、立继、“诸户绝而立继者官司不应没入其业入学”。

〔39〕《清明集》、女承分、“处分孤遗田产”。

〔40〕为了救济贫民、饥民，有时也发布布告，临时提高这一年龄(仁井田陞:《法史》,791 页)。《建炎以来系年要录》卷八〇、“绍兴四年九月庚申诏敕”之中也可见:“应被虏遗弃小儿，十五岁以下，听人收养，即从其姓。”

〔41〕参见前揭 347 页“立昭穆相当人复欲私意遣还”中，虞县丞托辞说虞继是遗弃收养之子而想将之赶走。

〔42〕仁井田陞:《法史》,713 页。

〔43〕仁井田陞:《法史》,809 页，注 23。

〔44〕宋代出现了为使户绝之家的异姓同居者保有户绝资产而进行的立法。关于这点，除仁井田博士所列举的天圣元年八月十二日张存之上奏(《法史》,713 页)外，在《宋会要·食货志 61》中连续可见的第二件应
608
该是引人注目的。“天圣四年七月，审刑院言：详定户绝条贯，今后户绝之家，如无在室女，有出嫁女者，将资财庄宅物色，除殡葬营斋外，三分与一分。如无出嫁女，即给与出嫁亲姑姐妹一分，余二分。若亡人在日，亲属及入舍壻、义男、随母男等，自来同居，营业佃莳。至户绝人身亡，及三年已上者，二分店宅财物庄田，并给为主。如无出嫁姑姐妹侄，并全与同居之人，若同居未及三年，及户绝之人孑然无同居者，并纳官，庄田依令文均与近亲。如无近亲，即均与从来佃莳或分种之人，承税为主。若亡人遗嘱，证验分明，依遗嘱施行，从之。”

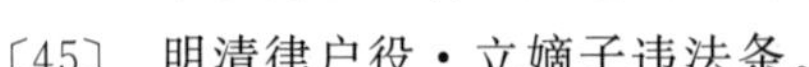

〔45〕明清律户役·立嫡子违法条。

〔46〕清律户役·立嫡子违法条·条例 3。明律同条同例。后者所谓“依大明令”是指 615 页所揭条文。

〔47〕即最后一段:“若无子之人家贫，听其卖产自赡。”若有必要则可以卖掉自家的土地，这被认为是理所当然的规定。《湖南省例成案》(嘉庆二十五年刊)卷五、十丁表、乾隆十一年道州知州段汝霖的建议一节云：“……乃楚南习俗，遇有继嗣之事，若其人家道颇丰，则不容本人情愿，不论是非亲爱，只以分属亲房，即以子弟强令承继。其尤可骇者，倘有亲枝数人，则人人称系应继，彼此争夺，甚至抢谷居庄。本人现在，而目击财产属之他人，莫敢谁何？虽欲卖产自赡，而不能自主，人亦不敢承买，以致争继之案，竟承距件，经年累月，弗获归结，亦有因此别酿事

端者。”如此，置于虽说是自己的东西但被同族们牵制而在事实上不能自由地处分的境遇。事情往往可能是这样的。条例的规定当然有判定这样的同族干涉为违法的意义。

〔48〕 录Ⅳ、14、5（湖南省长沙县等）云：“至于义子，则准修入零谱，然其效力亦有不能及于养亲之死后者，故凡养亲死后，义子非遭嫡庶子之苛待，即遭亲属之干涉，甚或夺其财产而逐之。”义父死后义子被赶走的报告也很多，条例当然禁止这样的行为。

〔49〕 《读例存疑》卷九户绝之条例（前揭396页）的附言说：“谨按：义男女壻均准承受家产，见立嫡子违法门，酌拨充公似乎难行。”关于宋代的立法参见前注〔44〕。

〔50〕 前揭529页明清律所谓：“乞养子孙，拨付合得财产养赡”，是以对养子产生将来应接受相当的财产分与权利为前提，由于义父的加害行为而义父子关系断绝时，必须即时给与其财产。对此，清律也有夹注说：609
“不在给财产一半之限。”可见，表明这一原则：分给义子的财产限于不足家产的二分之一，家产的大半必须归于承继人。

〔51〕 本节注〔29〕之“螟蛉拨付据”、同节注〔50〕之“拨付合得财产”、后揭598页“子随母嫁而归宗”之“只依标拨法”等等，注意围绕义子所用的“拨”字。参见第一章第三节注〔53〕。

〔52〕 明清律户役·立嫡子违法条云：“若养同宗之人为子，所养父母无子，而舍去者，杖一百，发付所养父母收管。若有亲生子及本生父母无子，欲还者听。”同宗养子并非自由归宗，但并没有谈到义子。

〔53〕 清律户役·立嫡子违法条·条例4。

〔54〕 清律户役·立嫡子违法条·条例4。

〔55〕 在清朝的判例中，改嫁之母在夫死后起诉随母子即自己的亲生子忤逆离家出走时，按惯例若不处以充军，则要处以“杖一百徒三年，限满勒令归宗”。其理由曰：“母经改嫁，服降期年，如果不遵母训，尽可逐令归宗。若竟照例拟军，是已嫁义绝之妻，致绝前夫之祀，情理未为平允。”（清律诉讼·子孙违犯教令条上栏，乾隆四十四年江苏案）又，再婚之妻与后夫之间只有一子，此一子犯死罪时，即使与前夫间生有子，允许存留养亲。其理由曰：“妇人再醮，业与前夫义绝，不应责令前夫

之子侍养,况尹武现在另居异爨,更非随母改嫁平日相依者可比。”(《例案续增全集》卷三八“因前夫有子将后夫独子不准留养驳案”,清律名例·犯罪存留养亲条上栏,也摘录登载)这被认为是,一旦随母子离开,似乎是为了后来后夫所生亲子别居。

〔56〕 作为族谱记载之例有:“异姓之子,随母来归,呼继父为父,本非亲生、纵不斥令还宗,断无入谱之理。”(安徽桐城齐氏宗谱)等等,拒绝其登录入谱的也不少。

〔57〕 596页所揭“出继不肖官勒归宗”之“义子陈日宣”、598页所揭“子随母嫁而归宗”之“义父舒常”等等。清代文献中也可见“王虎山以妻庞氏前夫之子王四养为义子”(清律人命·杀死奸夫条上栏)等用语之例。

〔58〕 关于标拨一词,参见第一章第三节注〔53〕。在前揭185页“随母嫁之子图谋亲子之业”中,随母子被特许可以和与后夫所生亲子均分。原

610 则上,标拨作为特别优待的均分,都与乞养义子的情况是一样的。(比较参见前揭589页“螟蛉被谋致死云云”)

〔59〕 录Ⅳ、7、49、三(山西省临县):“孀妇改嫁,将前夫家所生子女,带至后夫之家,改从后姓,与后夫所生子女相同。所带男孩,多以限制年龄归宗,间亦有改从后姓者,但须载明改嫁书内,俗名‘随娘认姓’。”同、17、11、二(热河省凌源县):“孤儿从其母再醮者,名为‘代养子’。……当其母再醮时,恒与代养若干年为条件。如期所继人有子,则命其归宗。无子则留承祧,然须得孤儿宗亲之允许,方为有效。”等等,报告叙述的大多是暂时的、永久的两种情况,以前者为原则来叙述的很多。又,作为关于随母子的报告,除以上诸注引用的之外,参见录Ⅳ、7、28,同、15、37、四,同、16、1、八,同、16、1、十四等。

〔60〕 除前注所引的之外,录Ⅳ、2、4、二(奉天省义县),同、11、29、二(浙江省诸暨县)等。

〔61〕 录Ⅳ、9、18、三(安徽省芜湖县):“孀妇改嫁,其前夫所遗幼子,携至后夫之家寄养,须先由前夫之家属,与后夫订立代养字约,给与代养费用若干,此种字约名曰‘代饭字’。”

〔62〕 录Ⅳ、14、22、二(湖南省宝庆县):“凡妇人改嫁,将前夫所生子女尚未成年者,带至后夫家抚育,名曰继子。所有聘金,扣留一半在后夫家,

以作带养之费，名曰‘恩养钱’。”

〔63〕 录Ⅳ、7、11、三（山西省方山县）：“……至幼子应承受前家之产业，于幼子随母后嫁时，即将财产托交族内近族之人，代为经管。俟幼子在后嫁之家成丁归宗时，代经管财产之族人，应将代经管各项财产，交归宗之人收管。”

〔64〕 录Ⅳ、15、39、三，同、15、32，旨趣相同。

〔65〕 录Ⅳ、7、37、二，同、7、50、一，同、7、58、二，旨趣相同。

第三节　招婿与招夫 611

一、招婿（赘婿）

女性因结婚而入丈夫之宗。如果以宗之理念秩序而论，那么这是铁的规则，不会有例外。但是，在日常生活中事实上可能存在将丈夫招入女家形式的婚姻。招婿就是为初婚的女儿招女婿，所招之婿即为赘婿；寡妇再婚之际将后夫招入，就是下款论述的招夫。

作为同姓不婚的结果，女婿必然是外族的；另一方面，由于异姓不养的原则，正规养子即嗣子，必须是同族。将婿以赘婿的身份同时将之作为嗣子招入家中，在逻辑上是不可能的。在岳父与赘婿之间所产生的类似父子的关系，就其本质来说无非是前节详述的义父子关系。因而，在承认义子财产承受之资格的明清立法之中亦云：“若义男女壻为所后之亲喜悦者、听其相为依倚、……仍酌分给财产。”（前揭 588 页）女婿与义子被一视同仁。已有亲子者收养恩养性质的义子之事，是可能有的；同样，有儿子仍为女儿招入女婿之事，也是可能发生的。湖北省竹溪县的报告说：

……有产有子者之招婿入赘，此系女家父母爱女情深，推及于婿，将来产业赘婿得分润之，不必改从女姓。……

等等就是这种情况。[1]不言而喻，虽然无子者招赘婿是通常的惯
612 例，但是以已知的所谓赘婿本质上无非是义子作为线索，上面的事实应该引起注意。

虽然招婿一定是自古就开始流行着的，[2]但是它在法律中出现却是在比较晚的时期。唐律中根本没有出现。宋代的法令之中，在与义子、随母子处于同等的情形下言及于此的出现了若干，[3]而南宋的判语之中可以见到如下一件：

《清明集》、分析、"女壻不应中分妻家财产"云："在法：父母已亡，儿女分产，女合得男之半。遗腹之男亦男也。周丙身后，财产合作三分，遗腹子得二分，细乙娘得一分。如此分析，方合法意。李应龙为人子壻，妻家见有孤子，更不顾条法，不恤幼孤，辄将妻父膏腴田产，与其族人，妄作妻父母标拨，天下岂有女壻中分妻家财产之理哉？县尉所引张乖崖三分与壻故事，[4]即见行条令女得男之半之意也。帖委东尉，索上周丙下一宗田园干照，并浮财账目，将硗腴好恶匹配作三分，唤上合分人，当厅拈阄。"

上面提到的李应龙，虽然没有被写清楚，但大概是于周丙生前因无男孩子被招婿的吧。为了分得妻家财产，一直以妻之父母的标拨（赠与）作为借口，这标志女婿不得成为妻家承继人，已为当事者本

人认识到。于是，根据判决其应得的份额被限制在作为承继人遗 613
腹之男孩的二分之一。

仁井田陞博士又将另一个非常有趣的资料举了出来。娶前后两妻而均未得子者，为与前妻间所生的女儿招婿，并立了使该婿继承财产的遗嘱；可是，在他死后，后妻将亡夫之同宗昭穆相当者立为嗣子。围绕这样的事例，关于这种场合财产的分配方法，对于来自地方的询问，中央政府曾一度回答两者均分，但又有疑问，后来又加入这样的修改：均分的结果即婿的取得部分不得超过户绝情况的遗赠限制法（前述 399 页）之限制额，将余下的全部认定为嗣子应得的份儿——据此如果财产非常丰厚就变成嗣子与婿二比一的比率。[5]总之，对于妻家的财产，赘婿的处境可以被领会为不是“承继”而是属于“承受”的范畴。

到元代，赘婿作为法律上规定、限制的对象，才突然明显地表现出来。

> 至元六年三月十一日……今后但为婚姻，议定写立婚书，文约明白，该写原议聘财钱物。若招召女壻，指定养老或出舍年限，其主婚保亲媒妁人等画字，依理成亲，庶免争讼。[6]……
>
> 至元九年七月……民间富实可以娶妻之家，止有一子，不许作赘。若贫穷止有一子，立年限出舍者听。[7]
>
> 至元十年闰六月……今后若有军民招召女壻，须管令同户主婚亲人，写立婚书，于上该写养老出舍年限语句，主婚媒证人等书画押字外，据贴户正军，承继本户军名为户头者，不得与人家作养老出舍女壻。[8]

614 等等，作为法律制度承认养老与出舍(年限)两种赘婿，并鼓励在婚约之始就以文书的形式预先约定各种条件的做法；同时，除出现对出赘进行若干限制的立法外，在关于户籍之编造、赋税之负担的规定和嫁娶之聘财数额管制法等等方面，均为两种赘婿制定了特别的规定。[9]围绕赘婿的逃亡和驱逐、岳父母与赘婿间的加害等等裁判的事例也不少。

所谓养老女婿，是受托为岳父养老并带有继后目的而被招的终身的赘婿；聘财数额与通常的娶媳妇相比也少，并且大多是——相反的实例也并非没有——由女家支付给男家。[10]做养老女婿"承受财产、承继户名"之类的表达，即人们轻而易举地将之看作继承人而显示毫不怀疑的表达，散见于元代的资料之中。[11]另外，作为官府对此所表示的立场，在如下之例可以见到：当处置仅留下幼小女孩而成为户绝之家的时候，命将来为该女子招赘婿并使之继户。

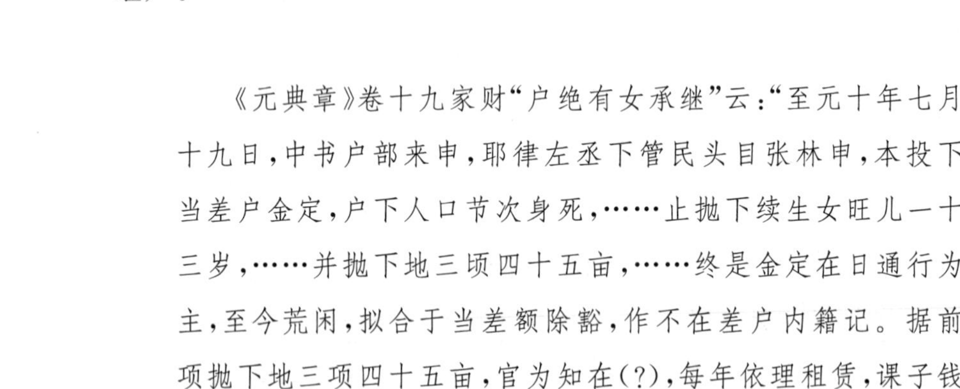

《元典章》卷十九家财"户绝有女承继"云："至元十年七月十九日，中书户部来申，耶律左丞下管民头目张林申，本投下当差户金定，户下人口节次身死，……止抛下续生女旺儿一十三岁，……并抛下地三顷四十五亩，……终是金定在日通行为主，至今荒闲，拟合于当差额除豁，作不在差户内籍记。据前项抛下地三项四十五亩，官为知在(?)，每年依理租赁，课子钱

615 物，养赡金定女旺儿，候长大成人，招召女婿，继户当差，似为相应，呈奉都堂钧旨，送户部准拟施行。"

若据上例，则官府当然也将招婿视为正规的承继方式之一，和无条件地承认由义子承继(前述587页)并列。由此也能够反映出元代法律对于宗之理念兴趣之薄。

出舍女婿也被称为年限女婿。[12]预先规定一定的年限居住在妻家，满期限之后，或携妻归于自己的父母之家，或分开独立生活，脱离妻家；作为因住在妻家劳动的代价，故聘财数额少或者一点没有也能够将就。一年、六年、十年、十七年，直至岳父之亲子成人，规定如此等等的期间来招出舍女婿的实例，散见于元代的资料之中。[13]

步如上所述元代法的后尘，明初户令的一条(清代也作为条例沿袭)规定：

> 凡招壻须凭媒妁，明立婚书，开写养老或出舍年限，止有一子者，不许出赘。如招养老女壻者，[a]仍立同宗应继者一人，承奉祭祀，家产均分。如未立继身死，从族长依例议立。[14]

(a) 清条例“其招壻养老者”。

前半部分就是沿袭元代法整理而成的，后半部分一定是明初新立的法。始终也不承认异姓的养老女婿是承继人，要求另立正规的 616
嗣子，然而考虑其特殊的地位，认为与通常的义子不同；财产应该与嗣子均分。既坚持宗之理念，又以与之不矛盾的形式来适应社会现实的评价，明清立法的特色能够被充分地表现着。

在最近的惯行调查中，据报告赘婿也有终身的与附期限的情况。例如，在浙江省富阳县，大家认为：

> 赘壻习惯分为普通、特别两种。普通者，因年老无嗣，仅生一女，爱情既笃不忍分离，遂有招壻入赘之举，必须备具赘书，通过族人同意，许可永远入赘，视壻犹子，所有家产悉归掌管，即族人亦无干涉之权。特别者，事实各异，乃于赘书载明入赘若干年字样，俟其经过订明期间，听凭携女于归（俗名“拆舍”），母家财产并无过问之权利。此种习惯大都见于山乡之间，而城厢似所罕有也。[15]

在年限女婿方面，预先约定给相当数额的聘金，由于其在妻家居住期间安然无事地勤于劳作，因此视之为偿清；如果在期限届满前携妻离去，就使其支付聘金全额。这样有意思的报告也可看到。[16]可以清楚地看到，以劳动充作聘财的方式带有一种劳役婚的性质。可是，这种劳动本来是以先娶妻再提供为前提的，这点又与一般所说的劳役婚有所不同。不过，原本是以雇工身份在主人家住上数年，然后才娶主人家女儿的。这种典型的劳役婚，也曾出现于二三
617 个地区的报告中。[17]总之，凡附期限的入赘，都如上揭富阳县报告中所言，一般认为已成为遗留下来的特殊现象，清末民初之际在落后的或者新开辟的偏僻地区还可以见到。

养老女婿近来也广为盛行。聘财，在近时的习惯中由男家向女家交纳的情况很多。[18]据《民商事习惯调查报告录》所见，关于招养老女婿，也大致要得到同族的同意，但是得到的印象通常是同族也没有强烈反对。许烺光氏在云南省的调查也认为，作为无子者的救济手段，招婿先于同族之立嗣。[19]另一方面，在华北农村的惯行调查中，相当明确地出现这样的想法：如果无子就应该从同族

过继,即使有女儿也不应该招婿。[20]必须考虑习惯的地区差别相当大。如清律条例要求的那样,与养老女婿并存的立同宗嗣子这样的习惯,也曾见于二三个地区的报告,[21]但我宁可视之为例外。通常女婿继承全部的财产,如果万一后来岳父生有亲子,就会同样以兄弟相待而均分家产。[22]关于去参加祭祀、登载于宗谱时有受到差别对待的情况,虽然与义子是同样的,但是根据“有义子无义孙”的原理,子孙被同化于异宗之事,正因为女婿之子是为女系接续血脉的,所以被认为是一件相当容易的事情。[23]另外,作为近时出现的显著现象:女婿即使入赘于别人家,对其亲生父母家的财产也不丧失权利,等将来生有两个以上的儿子,让一个儿子作为妻家之嗣继承岳父的财产,让另一个儿子归其亲生父母家继承自己应得的那份财产。这种习惯相当广泛地被发现。[24]在湖北省五峰、竹溪两县:

> 女家财产归赘婿全部承受,婿家财产该赘婿亦得分受。如将来生有二子,长承女家嗣,次承婿家嗣。其赘婿所承受女
> 家之财产,即归该赘婿之长子承继。所分受婿家之财产,即归 618
> 该赘婿之次子承继。若仅女家有产,次子不能分受。若仅婿家有产,长子亦不能分受。[25]

在陕西省商南县:

> 商南无子有女者,有招婿上门之习惯,俗谓之“上门婿”。为婿者必与岳父母写立招书,并出财礼钱二十四串或银二十

四两进门，与岳父同居共爨，言明生养死葬。日后生子，长子为岳父母后，次子归宗，各得各门业产。如生一子，兼诸两家宗祀，则两家产业均归所有。[26]

等等，所报告的就是这种情况，类似的报告在其他地区也不少。[27]虽然使长男来继承女家的场合很多，但是相反也有让长男回亲生父母家而让次男继承女家的地区。若据此方式，则独子也能够出赘。然而因为赘婿被置于中继性的处境，所以这一代人只管理女家的财产而不被允许做重要的处分。[28]

二、招夫（接脚夫）

寡妇再婚并以接脚夫之名将后夫招入自家（即初婚之婆家）的
619 现象，出现于宋代的文献。尤其是，宋代在与显著的户绝财产没收法的关联上，立法上将之作为特别的照顾来处理。在北宋的编敕（也许是《大中祥符编敕》）之中规定：

妇人夫在日，已与兄弟伯叔分居，各立户籍之后夫亡，本夫无亲的子孙及有分骨肉，只有妻在者，召到后夫，同共供输。其前夫庄田且任本妻为主，即不得改立后夫户名。候妻亡，其庄田作户绝施行。[29]

又，南宋户令规定：

寡妇无子孙，并同居无有分亲，召接脚夫者，前夫田宅经官籍记讫权给，计直不得过五千贯。其妇人愿归后夫家，及身死者，方依户绝法。[30]

上述规定就是这种情况。若从所谓宗之理念秩序上来看，则寡妇因再婚——不管再婚后的住所与生活的样式如何而根据与第二个男人结成夫妇这一事实本身——就会脱离开前夫之宗。

因此，如果单身一人的寡妇招后夫，那么正好在其招后夫的那一时刻，前夫之家变成户绝，而在此之前由寡妇持有的前夫的财产就必须被收归于国库。一方面，这样在理论上是合理的，并将之作为前提；另一方面，对于社会上所常见的招入后夫这一事实，表示若干的宽大，即只要剩下寡妇一人就允许其保有前夫的财产。这 620
就是上述两项立法的意图。南宋的户令所设置的五千贯的限度，也和将授与女儿户绝财产的最高额控制在三千贯乃至五千贯为止是同样的逻辑（参见 405 页）。

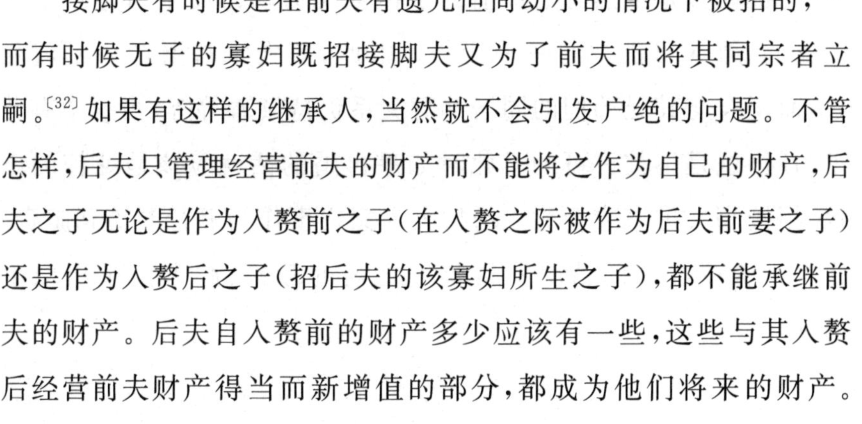

接脚夫有时候是在前夫有遗儿但尚幼小的情况下被招的，[31]而有时候无子的寡妇既招接脚夫又为了前夫而将其同宗者立嗣。[32]如果有这样的继承人，当然就不会引发户绝的问题。不管怎样，后夫只管理经营前夫的财产而不能将之作为自己的财产，后夫之子无论是作为入赘前之子（在入赘之际被作为后夫前妻之子）还是作为入赘后之子（招后夫的该寡妇所生之子），都不能承继前夫的财产。后夫自入赘前的财产多少应该有一些，这些与其入赘后经营前夫财产得当而新增值的部分，都成为他们将来的财产。但是，在增值部分相当大的时候，后夫之子事实上继承家业的局面就会出现吧。下面的一件就是在这种情况下后夫之子遗弃继母的行为遭到裁决。

《清明集》、义子、“背母无状”云：“详王氏所供，初事张显之为妻，显之既死，只有男张大谦。王氏以夫亡子幼，始招许文进为接脚夫。许万三者乃许文进之子，带至王氏之家者也。许文进用王氏前夫之财，营运致富。其许万三长成，王氏又为娶妇，悉以家计附之，虽前夫亲生之子已死，不复为之立继，所以抚育许万三之恩可谓厚矣。今年四月，许文进病重，口令许万三写下遗嘱，分付家事，正欲杜许万三背母之心。许万三从
621 而窃之，固已无状，且纵其妻阿戴悖慢其姑，又将盐策席卷而去，有是理哉？王氏有词夫岂得已”，……“牒州差人管押许万三夫妻及财本，与王氏同居侍奉，如再咆哮不孝，致王氏不安迹，定将子妇一例正其不孝之罪，仍门示。”

接脚夫，是虽然有财产但为了拯救无劳动力而生活过不下去的家的、原本非正常的一种捷径。因此，前夫未将财产分割就死亡，而至今与其兄弟们的同居共财关系仍持续着等等，当家中有劳动力时，这是不被许可的。此时如果再婚的话就应该是纯粹的出嫁，招接脚夫进家或者称之为招夫入家之事作为丑行要遭到谴责。作为否认在这样的情况下接脚夫之名的裁判例，可以举出以下两件：

《清明集》、接脚夫、“已嫁妻欲据前夫屋业”记载：魏景宣之后妻赵氏（前妻亦名赵氏），于夫死后移情于刘有光，前夫有

男孩子(但其品行又不端),且又生了孙子;同时,因她也并未顾及前夫的同居亲属魏景谟等人,以接脚夫之名将刘有光招入,而被魏景谟等控告。“赵氏先嫁魏景宣,景宣既没,赵氏能守柏舟共姜之志,则长有魏氏之屋宜也。今已改嫁刘有光,遂以接脚夫为名,鹊巢鸠居,岂能免魏景谟等之词乎?据刘有光 622
赍出杨奎简,则执先有招夫入舍之约。魏景谟赍出刘预简,则权借本家成亲。一是一非,彼此互持。但揆之以理法,赵氏前夫有子魏汝楫,且生孙矣,其屋同居魏景谟、魏景烈各有分,支书内明言未分。[a] 刘有光非其族类,乃欲据其屋,诚所未安。况嫌隙已开,若复出入其家,饮食男女于其间,不独面目有靦,亦傍观所羞,稍有气节者,将望望而去之”。……“魏景宣非无子孙,且其屋系同居亲共分,法不应召接脚夫”。……“赵氏改嫁于义已绝,不能更占前夫屋业,合归刘贡士家,事姑与夫,乃合情法”云云,判决否认后夫为接脚夫,并命夫妇离开。

(a) 省略引用的部分有“魏景宣房下一分田产、多为魏汝楫典卖、云云”,若据此则可认为魏景宣等已分割家产,只是房屋保持未分割状态。

《清明集》、违法交易、“已出嫁母卖其子物业”记载:陈师言有乞养之子绍祖,与后妻徐氏生有二男一女。师言死后,徐氏将财产的五分之一分给绍祖并使其析出,而给其亲生子的共占财产的五分之四。绍祖对这一做法不满,而且虽然徐氏与陈嘉谋再婚但仍赖着不走、并卖掉家里的土地等等,因为这些举动,继母子间产生争议。判决说:“[徐氏]今既不能守志, 623
而自出嫁与陈嘉谋,则是不为陈师言之妻矣。不为陈师言之妻,则是不为绍祖兄弟之母矣。既非其人之妻,又非其人之母，而辄欲卖其家之业，责其子之不孝，可乎？在法有接脚夫，盖为夫亡子幼无人主家设也。今陈氏三子年几三十，各能□家，亦何用陈嘉谋为哉？徐氏于去年事陈嘉谋，是嫁之也，非接脚也，安得据人之屋，卖人之业，岂有是理哉？其徐氏自卖所分一分之业，委是违法。”该判决说明在有成年男孩子的情况下，接脚夫不被认可，并认为母之处分是违法的。

与见于宋代文献之接脚夫相同的现象，是在近时的习惯中所谓的“招夫”，在《民商事习惯调查报告录》中几乎达到了涉及各省、不胜枚举的程度，所报告的数量很多。〔33〕家贫而无法生存、打算再嫁的寡妇，因上有年老的公婆、下有幼小的子女难以抛开，故招入后夫时，称之为“招夫依靠”或“招夫养老”、“招夫养子”，拥有前夫之遗产的寡妇招后夫并使之管理时谓之“坐产招夫”。〔34〕其形态真是各种各样，如下所说：

624 婺俗有子死后，令媳招夫到家，名曰赘子，得以承继一切产业，与己子无异。赘子称父（妻?）之翁姑曰赘父、赘母。其族人对于赘子，视已死者之行辈，有赘兄、赘弟之称。〔35〕

若有后夫完全同化于前夫之族这样的类型，则反之有如下之说：

妇人因夫亡子幼，抚养为难，乃有招夫之举，俗名“招夫抚子”。所招之夫，须舍其固有之家，而入于孀妇之家为要件。但抚养前夫之子女成年后，能管理其家务时，招夫得携带孀妇回入固有之家。是项习惯，中下等社会最多。[36]

如此，也有后夫只不过暂时承担监护作用的情况。而作为得自各地报告的印象，谈及任何一个，一般认为后者之类型，即前夫与后夫总是被人们作为两姓来看待的情况很多。在前夫无子的场合，也将寡妇与招夫所生的第一个儿子作为前夫之嗣，而将第二个儿子以下的作为后夫之子。采取这种方式的也很多。[37]

在后夫完全同化于前夫之宗的情况下，前夫之子与后夫之子就会在财产上均处于平等的地位，但是在很多场合，两者仍被区别开来，各自继承作为其生父的财产。

> 孀妇因夫亡后，家有幼小子女，无人养畜，不得已，商同翁姑或夫之弟兄，得其允诺，凭媒招一无妻之男子为后夫。……前夫所生子女，从前夫之姓，其遗留一切财产，均归前夫之子女。所有后夫所生之子，从后夫之姓。后夫置买财产，与前夫子女对半均分。[38]……

等等，所说的被认为是一个标准的方式，这样说不可以吗？不过，625
原本前夫有相当的财产时，而从后夫财产的增值部分也是以前夫的遗产为资本这个角度来看，也应分一半给前夫之子吧。与此相反，前夫几乎没有什么财产时，就会这样说吧：

> ……如前夫并无遗产，前夫之子成年后，与招夫协力致积产业，后夫乃与前夫之子娶妻，不给财产。[39]

不过像这样的财产上的各种条件，在当初招夫时，就以契约的形式逐项规定下来。[40]总之，除了异姓男子进入家中来之外，寡妇再婚但不出家门，在这样的双重意义上，一般认为招夫是脱离正统原则的行为，对有教养的人来说应是耻辱的。[41]清乾隆年间，出现了从纠正风俗这一角度而主张取缔招夫的议论，但考虑到乡愚之民的方便，只要不是不能容忍的，就对此采取默认的方针。[42]其结论被归纳于大清律例的流传版本之中，作为参考文件之一被记载道：

> 坐产招夫听从民便，若私昵图谋，有伤风化者，应申禁邻族禀逐，乾隆十一年案。[43]

本节注释

〔1〕 录Ⅳ、13、15。其他，在同、13、7，同、13、62（都是湖北省）之中也都有同

626 一旨意的消息。同、12、4（福建省莆田县）云："莆俗分产，通常用拈阄法，以阄书为证凭。……至因招赘而得承受财产，均于婚约内，附带分受何项财产字样。"从中可见，其所述的是家之诸子共同分割家产而赘婿也被分给财产的关系。

〔2〕 仁井田陞：《法史》，733 页以下。

〔3〕 前节 586 页及同节注〔44〕。此外，仁井田陞：《法史》，736 页所引庆元名例敕。

〔4〕 在民间，某父在临终之际，曾留下遗言说：将当时年仅 3 岁的唯一一个男孩委托给已经出嫁的长女之婿养育，并且将来应该把家产的十分之七分给女婿、十分之三分给儿子。幼儿长大成人后，就这一分配方法发生争执，案件被起诉到当时的知州张咏（字乖崖）的法庭。张咏断定，其父留下这样的遗言是因为担心：如果将家产的大半给儿子，则女婿杀害儿子并夺去家产，这样的事情即使发生也不被人知道；其遗言真实的意图勿宁说是将比例颠倒。于是，判决以子七婿三的比例来分割家产（仁

井田陞:《法史》,475 页注 6)。参见前揭 194 页“诸侄论索遗嘱钱”。

〔5〕 仁井田陞:《法史》,749—750 页。最初回答(绍兴三十一年四月十九日之条)的“法所不载,均今给施行”之“今”是“分”之讹或衍字吧。不能说没有关于解决争议的记载。

〔6〕 《元典章》卷十八婚礼“嫁娶写立婚书”。

〔7〕 《通制条格》卷四嫁娶。

〔8〕 《通制条格》卷四嫁娶,《元典章》卷十八军民婚“军民户头得为壻”。

〔9〕 《元典章》卷十七籍册“户口条画”,卷十八婚礼“女壻财钱定例”等。

〔10〕 在前注〔9〕聘财额统制法中,规定着通常嫁娶之半价。以实例验证,见之于《元典章》卷十八躯良婚“逃躯妄冒良人为婚”的养老女婿耿冀,同卷五三首告“壻告丈人造私酒”之王头口,都是由女家下财。仁井田陞《法史》741—742 页登载的下财招养老女婿公文格式亦同。《元典章》卷十八嫁娶“女壻在逃依婚书断罪”也可见到一般性的话:“盖因无人养济,内有女家下财召到养老女壻,图借气力,……。”相反,在同上“携女适人从母主嫁”中,女家接受男家之“定物绢五疋”而招养老女婿。 627

〔11〕 《元典章》卷四五指奸“虚指丈人奸女”,同卷五三首告“壻告丈人造私酒”等。

〔12〕 《元典章》所出现的这两个词语,可以视为同义。也有将与养老女婿相对的称为出舍年限女婿的场合。在元代的《吏学指南》“亲姻”之条中,可见有:“赘壻,……今有四等焉:一曰养老,谓终于妻家聚活者。二曰年限,谓约以年限,与妇归宗者。三曰出舍,谓与妻家析居者。四曰归宗。谓年限已满,或妻亡并虽异,归宗者。”虽然在《律学集议渊海》“逐壻嫁女条”等等明律的注释之中也将之沿袭着,但是《元典章》之用语例云:“至元三年三月内,召到……做十七年出舍女壻”(卷十八收继“弟收嫂出舍另居”),也就出舍女婿约定年限,并且关于出舍女婿又云:“年限已满,不行归宗,今次另供到手状户数,仰收系当差。”(卷十七籍册“户口条画”)当不使其归宗而别居的情况被假想发生之际,从任何的角度将两个词语区别都是不可能的。而且所谓归宗女婿等词在别处是绝对见不到的。盖《吏学指南》所谓“四曰归宗”,说的是曾经

作为养老女婿住在一起生活，年限满后现在一直携妻归宗者；和曾经以任何养老年限的约定而入了赘，但因妻子死亡或离婚，现在单身一人一直归宗者。其本身绝不是契约的一个类型。同样，“三曰出舍”也是指的现在一直别居这样的状态的吧。虽然这确实是没有条理的列举的方法，但是这就是将同类书作为通俗读物的原因，没有办法。解释此处的“四曰归宗”，并不是认为夫妇关系本身附带期限的情况也是可能有的等等。虽然在仁井田陞《法史》737 页、同《研究（奴隶农奴法）》270 页也有那样的解释，但是不应该采用。

〔13〕《元典章》卷十七军户“年限女壻不入军籍”，《通制条格》卷四嫁娶“至元二十三年七月”之条，《元典章》卷十九家财“弟兄分争家产事”，同卷十八收继“弟收嫂出舍另居”，同卷十八嫁娶“招到女壻弃妻再娶”。

〔14〕明户令。清律婚姻·男女婚姻条·条例 3。

〔15〕录Ⅳ、11、27。

〔16〕录Ⅳ、16、37（甘肃省环县）：“招赘者必先在婚书上，写明聘金，其数四
628 五十两不等。又约一定年限，并不实行交付。譬如约定十年者，能于期内安详奉养，此银可作无效。若尚在约定期内，夫妻或欲别居者，必将约定聘金如数交出，作为岳家之养赡。”其他，关于年限女婿，录Ⅳ、9、18、二（安徽省芜湖县），同、16、17、一（甘肃省皋兰县）。

〔17〕录Ⅳ、11、9（浙江省松阳县），同、15、67（陕西省保安县），同、16、20（甘肃省靖远县）。

〔18〕录Ⅳ、15、54（陕西省），同、16、17、一，同、16、18、二（甘肃省）。

〔19〕Francis L. K. Hsu, *Under the Ancestors' Shadow*, p. 249 f.

〔20〕在惯Ⅰ239 页上段，载有“父母尚在，只有女儿时，给女儿招取‘养子’之事……有”，围绕此的问答一直在被做着；在惯Ⅲ105 页下段，大家都说：“没有，但同族在非常远的地方而自己只有一个女儿时往往给女儿招‘倒踏门’之壻。”惯Ⅳ82 页中段：“只有两个女儿的场合，将作为妹妹的女儿嫁给他人家，给做姐姐的女儿招婿吗？＝一般不这么做，而是将两个女儿都嫁给他人家，另外从同族领养过继子。”惯Ⅴ61 页下段：“只有一个姑娘时，不招婿吗？＝不。招养老女婿在满洲有，而在这里没有。”惯Ⅴ463 页中段：“在只有女儿的场合，将其都打发出嫁

而领养过继子吗？＝过去的法律是不承认养老女婿的，现在虽然也承认但作为惯例是不行的。”等等，持否定性言辞的一方引人注目。

〔21〕 录Ⅳ、13、49（湖北省）：“若仅女家有财产，巴东县归赘壻承受；京山县须另立一嗣子，与之平分；……竹山县……若仅女家有财产，须另立一嗣子，与之平分。”等等。

〔22〕 录Ⅳ、15、7之赘书也是其一例。也可看见“倘生成（岳父）夫妇亲生男子，一子一分二子均分，无故不得赶逐”的字句。

〔23〕 录Ⅳ、6、16、二（山东省德平县）：“赘壻从姓者，人皆指为义子，而赘壻生子，则无指为义孙者。”同、15、73、二（陕西省潼关县）：“年老无子有女者，多为女招壻在家，以其壻所生之子为孙，一切权利义务俨如亲孙承受，名之曰异子不异孙。”

〔24〕 与兼祧之习惯一样，这是比较晚近之时产生的习惯吧。一般认为，在元代以前，这样的资料也根本找不到。

〔25〕 录Ⅳ、13、15、三。

〔26〕 录Ⅳ、15、54。

629

〔27〕 录Ⅳ、11、4（浙江省安吉、龙泉县），同、13、17、一（湖北省五峰县——有即使独子也入赘，使长子归本宗继承之事），同、13、62（宜昌县），同、14、18、二（湖南省常德县），同、16、13，同、16、18、二，同、16、22、一（甘肃省）等等。又，Fei and Chang，*Earthbound China*，p. 113.

〔28〕 录Ⅳ、16、18、二（甘肃省平凉县）：“……由壻出财礼若干，凭同亲证写立婚书，约定先生之子为自己后嗣，次生之子为女家顶门。如只生一子，则兼祧两家。女家所有产业，许赘壻管理，不许当卖。若有当卖情事，女族可以争阻……。”

〔29〕 仁井田陞：《法史》，712页。《宋会要·食货志61》民产杂录、天圣元年八月二十八日之条。

〔30〕 仁井田陞：同上，同页。《清明集》、户绝、“夫亡而有养子不得谓之户绝”所引。此判语梗概如下：

丁昌、阿甘夫妇收养名叫候四的穷人的婴儿即异姓三岁以下之子作儿子，不久，丁昌死亡，阿甘招接脚夫又再婚了。有名叫朱先者（在文中一直被不容反驳地指责为无赖之徒），向官府告发说，由于阿甘再婚,丁昌之户看上去都变成户绝;宁都县林知县断定,告发有理有据,没收丁昌的土地并将之以二百四十贯钱处理给朱先。判语的笔者叶宪,作为上司,推翻了林知县的裁判。其论点涉及三点。①林知县说,因丁昌之养子未被“除附”故不承认其为养子。但所谓“除附”,就是从甲之户籍除名而附加于乙之户籍,本来是收养同宗之子时(即过继)被要求履行的手续。对迫于饥饿的父母之离手婴儿,除籍这种手续也不应该期待其履行。当然,领养者将之附于自家的户籍是可以的,但是另一方面仍有“虽未除附,若官司勘验发现实情,依除附之法”这样的法律规定。并没有因不及时履行手续而直接否认作为养子的实质。②阿甘既然招了接脚夫就不要前夫养子的说法不当。“妇人无所依
630 倚,养子以续前夫之嗣,而以身托于后夫,此亦在可念之域,在法初无禁绝之明文。”③即使假设此异姓之子作为养子的身份被否认,也有对招了接脚夫之妇人在权利上保有财产的立法(即本文所揭的立法)。因为丁昌的遗产不过二百余贯,所以不要将之没收。以上述三点为论据传讯朱先将土地还给阿甘,并到官府领取已经缴纳的钱。

〔31〕 本文以下登载的“背母无状”是其实例。同上“已出嫁母卖其子业”云:“在法有接脚夫,盖为夫亡子幼无人主家设也。”

〔32〕 参见前注〔30〕判示之②。

〔33〕 但是,在河北省顺义县沙井村等的调查中,答复道:“‘父死后,没有像因其妻年轻而招夫那样事情吗?=没有。’‘如果那样就终身独身吗?=弃子而另嫁他人。留在该家之事绝对没有。’”(惯Ⅰ239页上段)而且因为惯习报告多多少少也有好奇之因素在起作用,所以并不是意味着报告的很多内容也必然是发生频率高的事情。

〔34〕 录Ⅳ、7、46、一(山西省荣河县):“妇人夫亡留有子女,或无子女而有翁姑,经其翁姑,或由寡妇,邀同亲族,招一男子到家,与寡妇成为夫妇,不曰‘招夫养子’,即曰‘招夫养老’。此种习惯,多系无依靠以为生活者,乃迫而出此。”同、11、25、一(浙江省孝丰县):“孀妇招夫之习惯,有以孀妇因家有田产,无人照料,故招夫代为管种者。有以孀妇因翁姑年迈,或因子女幼稚,而又家贫不能存活,故招夫代为事畜者。前者曰‘坐产招夫’,后者曰‘招夫依靠’……。”

〔35〕 录Ⅳ、9、33、二(安徽省婺源县)。

〔36〕 录Ⅳ、11、10、二(浙江省宣平县)。

〔37〕 录Ⅳ、12、22、一(福建省建瓯县):“建瓯孀妇,多招夫上门,抚养子女。如无子女,亦得招夫代理家产。将来如生两子,长从原夫姓,次从招夫姓。只生一子,则两姓兼祧。乡间此风盛行,城市罕见。”其他,同、7、59(山西省长子县),同、11、5(浙江省云和县),同、11、23、一(泰顺县),同、13、11、十二(湖北省五峰县)等等。

〔38〕 录Ⅳ、11、13(浙江省阳溪县)。 631

〔39〕 录Ⅳ、11、12 附记(浙江省松阳县)。

〔40〕 录Ⅳ、9、1(安徽全省):“……招夫养子之习惯,招配之后夫,即在妇家照料一切。后夫对于前夫遗产,如何保管,与其一切权利义务之内容,大都详定于招赘字之内。”

〔41〕 Pierre Hoang, *Le mariage chinois au point de vue légale*, 1915, p. 163. 又散见于《民商事习惯调查报告录》之中,此习惯报告之后附记有“此项习惯,农工界居多,士绅家引以为耻,甚罕见也”(录Ⅳ、11、25、一)等等。

〔42〕《例案续增全集》卷七“禁拜继干父坐产招夫覆试童生小学论务合题旨”。

〔43〕 清律婚姻・居丧嫁娶条上栏。

主要参考文献

（【　】内是本书中使用的省略记号）

有高　巌:《元代の婚姻に関する法律の研究》,《東京文理科大学文科紀要》第10卷,1935年。

石井良助:《日本法制史概説》,弘文堂1948年。【石井:《概説》】

同　:《長子相続制》,日本评论社法律学体系法学理论篇84,1950年。

同　:《明治文化史・法制編》,洋々社1954年。

内田智雄:《中国農村の分家制度》,岩波1956年。【内田】

同　:《中国農村の家族と信仰》,弘文堂1948年。【内田:《家族と信仰》】,1970年再版(只要不预先说明,就是根据初版的页数引用的)。

大山彦一:《中国人の家族制度の研究——東亞諸民族の社会学的考察》,関书院1952年。

加藤常賢:《支那古代家族制度研究》,岩波1940年。

戒能通孝:《法律社会学の諸問題》,日本評論社1943年。

川島武宜:《日本社会の家族的構成》,日本評論新社1959年。

郭明昆:《中国の家族制及び言语の研究》,東方学会1962年。

久保正幡:《西洋法制史研究》,岩波1952年。

桑原隲藏:《支那法制史論叢》,弘文堂1935年。

胡长清:《中国民法继承论》,上海1948年。

施绮云:《吾国近代童养媳之法律学的研究》,台湾大学法学院,《社会科学论丛》第六辑,1955年。

滋賀秀三:《中国家族法補考》,《国家学会雜誌》67卷5、9、11号,68卷7号,1953—1955年。

同　:《承重について》,《国家学会雑誌》71卷8号,1957年。

清水盛光:《支那家族の構造》,岩波 1942 年。
同　　　:《中国族産制度攷》,岩波 1949 年。
戴 炎 辉:《近世支那及び台湾の家族共産制》,《法学協会雜誌》52 卷 10 号、11 号,1934 年。
同　　　:《同姓不婚》,《法学協会雜誌》53 卷 7 号、8 号,1935 年。
同　　　:《清代台湾之家制及家産》,《台湾文献》14 卷 3 期,1963 年。
同　　　:《中国法制史》,台北 1966 年。
多賀秋五郎:《宗譜の研究(資料篇)》,東洋文庫 1960 年。
千種達夫:《滿洲家族制度の慣習》Ⅰ、Ⅱ,一粒社 1959 年、1960 年。
陈 顾 远:《中国婚姻史》,上海 1936 年。
中 田 薫:《法制史論集》,岩波第一卷,1926 年;第二卷,1938 年;第三卷,1943 年;第四卷,1964 年。【中田:《論集》】
中 田 薫:《徳川時代の文学に見えたる私法》(修订版),创文社 1956 年。
仁井田陞:《唐令拾遺》,東方文化学院東京研究所 1933 年。
同　　　:《唐宋法律文書の研究》,同上 1937 年。【仁井田:《文書》】
同　　　:《支那身分法史》,座右宝刊行会 1942 年。【仁井田:《法史》】
同　　　:《中国の農村家族》,東大出版会 1952 年。【仁井田:《家族》】
同　　　:《中国法制史研究》Ⅰ《刑法》、Ⅱ《土地法・取引法》、Ⅲ《奴隸農奴法・家族村落法》、Ⅳ《法と慣習・法と道徳》,東大出版会 1959—1964 年。【仁井田:《研究(　)》】
西山栄久:《支那の姓氏と家族制度》,六興出版部 1944 年。
原田慶吉:《厳格市民法に於ける羅馬家族法の研究》,《国家学会雜誌》42 卷 11、12 号,43 卷 1、2、5、12 号,44 卷 2、4 号,1928—1930 年。
同　　　:《楔形文字法の研究》,弘文堂 1949 年。
同　　　:《ローマ法》上下,有斐阁 1949 年。
同　　　:《ローマ法の原理》,弘文堂 1950 年。
林 惠 海:《中国農家の均等分産相続の研究——江蘇省蘇州地方を中心として》,東京大学社会学会编戸田貞三博士還暦祝賀紀念論文集《現代社会学の諸問題》,弘文堂 1949 年。【林惠海】
福 武 直:《中国農村社会の構造》,大雅堂 1946 年。

牧野巽:《支那家族研究》,生活社 1944 年。
同　　:《近世中国宗族研究》,日光書院 1949 年。
滿洲国司法部:《滿洲家族制度慣習调查》第 1 卷,有斐阁 1944 年。
宫崎孝治郎:《财産承継制度の比較法的研究》,劲草書房 1961 年,第二篇《旧中国家族制度とその族産制》。
守屋美都雄:《六朝門閥の一研究——太原王氏系譜考》,日本出版協同 1946 年。
同　　:《漢代家族の形態に関する考察》,ハーバード・燕京・同志社東方文化講座第二輯,1956 年。
同　　:《漢代家族の形態に関する再考察》,中国古代史研究会编《中国古代史研究》,吉川弘文館 1960 年。
諸橋轍次:《支那の家族制》,大修館 1943 年。
杨 幼 炯:《近代中国立法史》,上海 1936 年。
臨时台湾旧慣調查会:《台湾私法》六册,附录参考书七册,1911 年。
Ch'ü, T'ung-tus, *Law and Society in Traditional China*, Hague, 1961.
Eberhard, Wolfram, *Social Mobility in Traditional China*, Leiden, 1962.
Ehrlich, Eugen, Die Rechtsfähigkeit, 1909. 川島武宜、三藤正訳,《権利能力論》,岩波 1941 年。
Fei, Hsiao-tung, *Peasant Life in China: A Field Study of Country Life in the Yangtze Valley*, London, 1939. 仙波泰雄、塩谷安夫译:《支那の農民生活》,生活社 1939 年。
——, *Chinas Gentry*, Univ. of Chicago Pr., 1953.
Fei, Hsiao-tung, and Chang, Chih-i, *Earthbound China: A Study of Rural Economy in Yunnan*, London, 1948.
Freedman, Maurice, *Lineage Organization in Southeastern China*, London, 1958.
——, *Chinese Lineage and Society: Fukien and Kwangtung*, London, 1966.
Fung Yu-Ian, "The Philosophy at the Basis of Traditional Chinese Society", in F. S. C. Northrop(ed.), *Ideological Differences and World Order: Studies in the Philosophy and Science of the World's Cultures*, Yale U. P., 1949.【Fung Yu-lan, in Northrop.】

Gray, John H. ,*China*, London, 1878.

Ho, Ping-ti,*Studies on the Population of China 1368—1953*, Harvard U. P. ,1959.

——, *The Ladder of Success in Imperial China: Aspects of Social Mobility, 1368—1911*,Columbia U. P. ,1962.

Hoang, Pierre, *Notions techniques sur la propriété en Chine avec un choix d'actes et de documents officiels*, Variété sinologiques no. 11, Shanghai, 1898. 臨時台湾旧慣調査会訳,《支那ニ於ケル所有権ノ専門的観念附証書及公文書》,1905 年。

——,*Le mariage chinois au point du vue légale*,2éd. Shanghai,1919. 臨時台湾旧慣調査会訳,《法律上ヨル観タル支那ノ婚姻》,1907 年。

Hsu, Francis L. K. ,*Under the Ancestors' Shadow: Chinese Culture and Personality*, London, 1949.【Hsu, Under.】

——,*Americans and Chinese: Two Ways of Life*, New York, 1953.【Hsu, Americans.】

Hu, Hsien-chin, *The Common Descent Group in China and its Functions*, New York,1948.

Jamieson, George, *Chinese Family and Commercial Law*, Shanghai, 1921.

Jernigan, T. R. ,*China in Law and Commerce*, New York, 1905.

Kulp, Daniel Harrison, *Country Life in South China: The Sociology of Familism*,New York, 1925. 喜多野清一、及川宏訳:《南支那の村落生活》,生活社 1940 年。

Lang, Olga, *Chinese Family and Society*, Yale U. P. ,1949. 小川修訳:《中国の家族と社会》,岩波现代丛书 1954 年。

Levy, Jr. , Marion J. , *The Family Revolution in Modern China*, Harvard University Press, 1949; reprint: Octagon Books, New York, 1963.

Lin Yeuh-hwa, *The Golden Wing: A Sociological Study of Chinese Familism*, London, 1947.

Lin Yutang, *My Country and My People*, New York, 1939.

Liu, Hui-chen Wang, *The Traditional Chinese Clan Rules*, New

York, 1959.

Maine, Henry Sumner, *Ancient Law*, London, 1916.

Moellendorff, P. G. von, *Le droit de famille chinois*, Paris, 1896.

Smith, Arthur H., *Chinese Characteristics*, New York, 1894. 渋江保訳:《支那人氣質》,博文馆 1899 年;白神徹訳:《支那的性格》,中央公論社 1940 年。

——, *Village Life in China*, New York, 1899. 塩谷安夫、仙波泰雄訳:《支那の村落生活》,生活社 1941 年。

Valk, Marc van der, *An Outline of Modern Chinese Family Law*, Monument Serica Monograph 2, Peking, 1939.

——, *Conservatism in Modern Chinese Family Law*, Leiden, 1956.

Weber, Max, "Konfuzianismus und Taoismus", *in Gesammelte Aufsätze zur Religionssoziologie Bd.* 1, 1920.

Williams, Well S., *The Middle Kingdom*, 2vols., New York, 1883.

Yang, C. K., *The Chinese Family in the Communist Revolution*, Massachusetts Institute of Technology, 1959.

Yang, Martin C, *A Chinese Village: Taitou, Shantung Province*, Columbia U. P., 1945.

初版出版后所出现的主要相关文献

守屋美都雄:《中国古代の家族と国家》(《東洋史研究叢刊》之 19),京都大学文学部東洋史研究会 1966 年。

中根千枝:《家族の構造》,東京大学出版会 1970 年。

越智重明:《戦国秦漢史研究 3》第四篇"家と家族",中国书店 1997 年。

戴 炎 辉:《中国固有法上之离婚法》,《法学丛刊》第 62、63、64 期,1971 年。

Freedman, Maurice(ed.), *Family and Kinship in Chinese Society*, Stanford University Press, 1970.

Ch'ü, T'ung-tsu; edited by jack L. Dull, *Han Social Structure*, University of Tokyo Press, 1972.

Cohen, Myron L., *House United House Divided: The Chinese Family in*

Taiwan, Columbia University Press, 1976.

Buxbaum, David C. (ed.), *Chinese Family Law and Social Change in Historical and Comparative Perspective*, University of Washington Press, 1978.

Wolf, Arthur P. and Huang, Chieh-shan, *Marriage and Adoption in China, 1845—1945*, Stanford University Press, 1980.

索　　引*

一、**事项索引**[（　）内的数字表示注释的序号]

* 本索引按日文原书的索引顺序排列。页码对应的为原书页码,可参见本书边码。

西　文

二、谚语、格言索引[（ ）内的数字表示注释的序号]

滋贺秀三教授年谱及著作目录

一、年谱

1921 年 5 月 1 日

生于山口县岩国町，为福井县士族滋贺贞的第三子，母亲千代是日文点字表记法发明人石川仓次的长女。在东京市丰岛区长崎普通高等小学校学习 6 年，后进入武藏高等学校寻常科。

1941 年 3 月

武藏高等学校文科乙类毕业。

1941 年 4 月

考入东京帝国大学法学部法律学科。

1943 年 7 月

高等文官考试司法科考试合格。

1943 年 9 月

法学部毕业。

1943 年 10 月

被录取为东京帝国大学大学院特别研究生，在法学部攻读东洋法制史，指导教官为石井良助教授。（前期 2 年、后期 3 年）

1947 年 8 月

在天主教教会接受洗礼。

1948 年 9 月

聘用为东京大学法学部助教授。

1951 年 1 月

与川上十郎的长女瑛子（母亲为文艺作家喜久子）结婚。

1951 年 7 月

参加仓石武四郎教授组织的在那须山中的中文特训合宿。在此前后数年间受到同教授的文学部演习和中国语讲习会(日中学院前身)的熏陶。

1952 年 8 月

长女晶子出生。

1952 年 10 月

初次担任东洋法制史讲义课程的讲授。

1953 年 4 月

担任东京大学大学院社会科学研究科(1963 年以后为法学政治学研究科)基础法学专门课程的授课。

1954 年 10 月

二女文子出生。

1955 年 10 月

三女敏子出生。

1957 年 2 月

四女辉子出生。

1958 年 4 月

为大学院学生中村茂夫的指导教官。

1959 年 4 月

升任教授。

1960 年 3 月

长子正树出生。

1960 年 4 月

法学部设置东洋法制史讲座,担任同讲座授课。

1962 年 3 月

以论文《中国家族法の原理》(手写原稿)获得法学博士的学位。

1964 年 4 月

当选为法制史学会理事(每 2 年再选,连任直至现在)。

1967 年 6 月

应中国法制史研讨会议邀请赴台北与会。后在学会报告会议情况。

1968 年 3 月至 1969 年 3 月

由文部省派遣到国外研究(其中在香港 10 天,住在巴黎在欧洲研究约 4 个月,参加西雅图召开的“家族法的比较和历史”的研究会议,哈佛大学半年)。

1969 年 5 月

以著作《中国家族法の原理》获得日本学士院赏。

1970 年 4 月

为大学院生森田成满的指导教官。

1973 年 4 月

东京大学图书行政商议会委员长(到 1976 年 3 月)。

1973 年 10 月

接纳作为日本学术振兴会外国人奖励研究员的瑞士人 Hallo von Senger (汉名胜雅律,到 1975 年 9 月)。

1976 年 12 月

加入东京大学教授第一次友好访华团访问北京、西安、上海。

1977 年 4 月

为助手寺田浩明的指导教官。

1978 年 8 月

日本学术会议会员(第 11 期中间以补缺提前成为会员。以后经 12 期、13 期直到现在)。

1979 年 4 月

被委托为财团法人东洋文库研究员(每年更新直至现在)。

1979 年 4 月

赴台北调查淡新档案。

1980 年 9 月

受韩国学术院邀请赴汉城。并作讲演。

1981 年 6 月至 7 月

由日本学术恳谈会派遣作为法制史专家访华团的团长访问北京、上海。

1981 年 8 月

参加在北意大利的贝拉吉欧(Bellagio)召开的唐—明法制史研究会议。

1982 年 4 月

东京大学定年退休。

1982 年 5 月

获赠东京大学名誉教授的称号。东京大学在职期间,曾作为非常勤讲师在立教大学(合计 7 年)、名古屋大学(合计 4 年)、东北大学(合计 4 年)、上智大学(1 年)、九州大学(合计 2 年)出讲。

1982 年 9 月

受聘为千叶大学法经学部教授。担任属于基础法学讲座的东洋法制史的课程讲授。

1983 年 9 月

在东京、京都召开的第 31 届国际亚洲北非人文科学会议中,担任第 13 分会"法和政治中的知识分子所起的作用"的负责人(convener)。准备期间 2 年,事后处理半年。

1984 年 10 月

受日本学术会议派遣,参加在布鲁塞尔召开的以"作为法律渊源的习惯"为主题的让・博丁(Jean Bodin)比较制度史协会的国际会议。

1987 年 3 月

千叶大学定年退休。千叶大学就职前和在职期间曾作为非常勤讲师在东北大学(合计 2 年)、早稻田大学大学院(合计 2 年)出讲。

二、著作目录

著　书

《中国家族法論》,弘文堂 1950,全 184 页。

《中国家族法の原理》,創文社 1967,第 2 版 1976,第 3 版 1981,全 637+8 页。

《唐律疏議訳註篇一(名例)》(律令研究会编《訳註日本律令五》),東京堂 1979,全 357 页。

《清代中国の法と裁判》,創文社 1984,全 401 页+27 页。

编　著

《中国法制史:基本資料の研究》,東京大学出版会 1993,全 890+9 页。

论　文

《"課役"の意味及び沿革》,《国家学会雑誌》63 卷 10・11・12 合号,1949,71—93 页。

《東洋法制史》,菊井維大、横田喜三郎、我妻栄監修《法学研究の栞》(上),東京大学学生文化指導会,1950,291—299 页。

《中国家族法補考》,《国家学会雑誌》67 卷 5・6 合号,1953,1—31 页;67 卷 9・10 合号,1954,54—83 页;67 卷 11・12 合号,1954,89—123 页;68 卷 7・8 合号,1955,33—57 页。

《曹魏新律十八篇の篇目について》,《国家学会雑誌》69 卷 7・8 合号,1955,79—96 页。

《"承重"について》,《国家学会雑誌》71 卷 8 号,1957,72—87 页。

《漢唐間の法典についての二三の考証》,《東方学》17 輯,1958,27—43 页。

《訳註唐律疏議》,《国家学会雑誌》72 卷 10 号,1959,29—80 页;73 卷 3 号,1959,45—65 页;74 卷 3・4 合号,1961,78—106 页;75 卷 11・12 合号,1962,47—71 页;78 卷 1・2 合号,1964,68—97 页。(未完)

《清朝時代の刑事裁判——その行政的性格・若干の沿革的考察を含めて》,法制史学会编《刑罰と国家権力》,創文社 1960,227—304 页(后收进《清代中国の法と裁判》一书中)。

《再び魏律の篇目について——内田智雄教授の批判に答えて》,《法制史研究》11 号,1961,163—174 页。

《唐律における共犯》,ジユリスト別冊《法学教室》8,1963,78—83 页(后收入《清代中国の法と裁判》)。

《新中国の死刑》,《朝日新聞》1965 年 1 月 6 日夕刊"研究ノート"欄(1983 年,法協百周年論集第 1 卷掲载论文之中全文再录)。

"Some Remarks on the Judicial System in China: Historical Development and Characteristics", Journal of Asian and African Studies, Vol. 2, No. 1—2, 1967, pp. 44—53.

《中華法学在日本》(楊日然译),《東西文化》第3期,1967,47—48页(謝冠生、查良鑑编《中國法制史論集》中转载,中華大典編印會,台北,1968,539—542页。改题为《日本關於中國法的研究》)。

《中国固有家産制度與伝統社会結構》(楊日然译),《東西文化》第7期,1968,53—58页(謝冠生、查良鑑编《中國法制史論集》中转载,中華大典編印會,台北,1968,449—466页,改题为《中國固有家産均分制度與傳統社会結構之相互關係》)。

《中国家族法の原理》,日本学術振興会《学術月报》22卷6号,1969,343—346页。

《清朝の判例に現われた宗族の私刑——とくに私的な死刑に対する国家の態度について》,《国家学会雜誌》83卷3・4合号,1970,1—49页(后收入《清代中国の法と裁判》)。

《刑罰の歴史——東洋》,荘子邦雄、大塚仁、平松義郎编《邢罰の理論と現実》,岩波書店1972,94—120页。

《中国法》,《ブリタニカ国際大百科事典》13卷,1974,218—222页。

《清朝の法制》,坂野正高、田中正俊、卫衛藤瀋吉编《近代中国研究入門》,東大出版会1974, 271—318页。

《清代の司法における判决の性格——判决の確定という觀念の不存在》,《法学協会雜誌》91卷8号,1974,47—96页;92卷1号,1975,1—64页(后收入《清代中国の法と裁判》)。

"Criminal Procedure in the Ch'ing Dynasty——With Emphasis on its Administrative Character and Some Allusion to its Historical Antecedents", Memoirs of the Research Department of the Toyo Bunko, No. 32, 1974, pp. 1—45; No. 33, 1975, pp. 115—138.

《中国上代の刑罰についての一考察——誓と盟を手がかりとして》,滋賀秀三、平松義郎编《石井良助先生還曆祝賀法制史論集》,創文社1976,5—36页。

《武威出土王杖十簡の解釈と漢令の形態——大庭脩氏の論考を読みて》,《国家学会雑誌》90 巻 3・4 号,1977,186—206 页。

"Family Property and the Law and the Law of Inheritance in Traditional China",David C. Buxbaum(ed.),Chinese Family Law and Social Change in Historical and Comparative Perspective,Univ. of Washington Press,1978,pp. 109—150.

《唐律令における"婦人"の語義——梅村惠子氏の批判に答えて》,《国家学会雑誌》93 巻 5・6 合号,1980,128—142 页。

《唐代における律の改正をめぐる一問題——利光三津夫、岡野誠両氏の論考に寄せて》,《法制史研究》30 号,1981,153—158 页。

《清代訴訟制度における民事的法源の概括的検討》,《東洋史研究》40 巻 1 号,1981,74—102 页(后收入《清代中国の法と裁判》)。

《唐制における官職の守・行をめぐつて——律令研究会編"唐律疏議訳註篇 1"に対する池田温氏の書評への回答。〔附〕"得替"の语について》,《法制史研究》31 号,1982,331—333 页。

《法制史の立場からみた現代中国の刑事立法——断想的所見》,《法学協会百周年紀念論文集第 1 巻》,有斐閣 1983,283—322 页。

《日本対中国法制史研究的历史和现状》,中国法律史学会主编《法律史論叢》第 3 辑,法律出版社,1983,294—304 页。

《訳註〈戸婚〉》,律令研究会编《訳註日本律令 6:唐律疏議訳註篇 2》,東京堂 1984,205—311 页。

《崇明島の承価と過投——寺田浩明氏論考の驥尾に附して》,《千葉大学法学論集》第 1 巻第 1 号,1986,1—50 页。

《淡新档案の初步的知識——訴訟案件に現れる文書の類型》,《東洋法史の探求——島田正郎博士頌寿記念論集》,汲古書院 1987,253—317 页。

《中国法文化の考察——訴訟のあり方を通じて》,日本法哲学会编《東西法文化:法哲学年報 1986》,有斐閣 1987,37—54 页。

《伝統中国における法源としての慣習——ジヤン・ボダン協会への報告》,《国家学会百年記念:国家と市民》第 3 巻,有斐閣 1987,341—360 页。

"Custom as Source of Law in Traditional China", Recueils de la Societe Jean Bodin pour l' histoire comparative des institutions, Vol. 53, La coutume: Troisieme partie, Bruxelles, 1992, pp. 413—425.

《清代州県衙門における訴訟をめじる若干の所見——淡新档案を史料として》,《法制史研究》37 号,1988,37—61 页。

《左伝に現れる訴訟事例の解説》,《国家学会雑誌》102 巻 1・2 合号,1989,1—45 页。

《前漢武帝の刑制改革をめぐつて——漢書刑法志脱文の疑い》,《東方学》79 輯,1990,39—46 页。

《唐の官制における叙任と行・守——槻木正氏に答える》,《法制史研究》39 号,1990,53—60 页。

《中国民商事習慣调查報告録》,《中国法制史:基本資料の研究》,東京大学出版会 1993,807—833 页。

"A Basic History of T'ang Legistlative Forms", Asia Major, Third series Vol. 5 part 2, 1992(actually published in Feb. 1994), pp. 97—110.

《清代の民事裁判について》,《中国——社会と文化》13 号,1998,226—252 页。

书 评

《田中耕太郎〈法家の法実証主義〉》,《カトリック思想》28 巻 1 号,1948,105—107 页。

《石井良助著〈日本法制史概説〉,高柳真三著〈日本法制史(1)〉,石井良助著〈日本法制史要〉》,《国家学会雑誌》64 巻 2・3 合号,1950,76—81 页。

《内田智雄〈中国農村家族における分家事由の一考察〉,同〈中国農村における土地の"先買權"について〉》,《法制史研究》2 号,1953,151—152 页。

《仁井田陞著〈中国の法思想史〉,同〈中国の"封建"とフユーダリズム〉》,《法制史研究》3 号,1953,235—238 页。

《島田正郎〈中国法に対 する礼の意義〉》,《法制史研究》3 号,1953,242 页。

《守屋美都雄著〈六朝門閥の一研究〉》,《法制史研究》4 号,1954,263—265 页。

《大山彦一著〈中国人の家族制度の研究〉》,《法制史研究》4 号,1954,300—302 页。

《守屋美都雄〈六朝時代の家訓について〉》,《法制史研究》5 号,1955,270—271 页。

《西川正夫〈燉煌発見の唐代戸籍残簡に現れた"自田"について〉》,《法制史研究》7 号,1957,254—256 页。

《内田智雄著〈中国農村の分家制度〉》,《法制史研究》8 号,1958,274—277 页。

《大庭脩〈漢律における不道の概念〉,同〈漢の徙遷刑について〉,布目潮渢〈漢律体系化の試論——列侯の死刑をめぐつて〉》,《法制史研究》9 号,1959,283—287 页。

《唐律研究会编〈唐律索引稿〉》,《法制史研究》10 号,1960,289—290 页。

《浜口重国〈唐の官有賤民、雑戸の由来について〉》,《法制史研究》11 号,1961,256—257 页。

《瞿同祖〈旧中国の法と社会〉(T'ung-tsu Ch'u, Law and Society in Traditional China, Mouton, The Hague, 1961)》,《国家学会雑誌》76 卷 9・10 合号,1963,63—73 页。

《戦後西洋における中国法制史研究の一斑——刑法志研究を中心に》(和守屋美都雄氏共同分担执笔),《法制史研究》13 号,1963,222—240 页〔分担对 Hulsewe, Remnants of Han Law; Karl Bunger, Quellen zur Rechtsgeschichite der T'ang Zeit. 的书评〕。

《奥村郁三〈唐代公廨の法と制度〉》,《法制史研究》15 号,1965,234—236 页。

《仁井田陞博士の〈中国法制史研究〉を読みて》,《国家学会雑誌》80 卷 1・2 合号,1966,89—121 页。

《島田正郎〈女真の婚俗と金代婚姻法〉》,《法制史研究》18 号,1968,169—170 页。

《M. J. メイヤー〈中華人民共和国の婚姻法と婚姻政策〉(Marinus J. Meijer, Marriage Law and Policy in the Chinese People's Republic, Hong Kong University Press, 1971)》,《法学協会雑誌》89 卷 8 号,1972,118—128 页。

《内田智雄编〈訳註続中国歴代刑法志〉》,《法制史研究》21 号,1972,233—236 页。

《西田太一郎著〈中国刑法史研究〉;中村茂夫著〈清代刑法研究〉》,《社会経済史学》41 卷 2 号,1975,95—99 页。

《内田智雄〈尚書呂刑の五刑について〉》,《法制史研究》24 号,1975,227—228 页。

《草野靖〈旧中国の田面慣行——田面の物質的基盤と法的慣習的権利〉,同〈旧中国の田面慣行——田面の転顶と佃户の耕作権〉》,《法制史研究》26 号,1977,264—267 页。

《今堀誠二〈清代以降の家族制度——土地買売文書による一考察〉》,《法制史研究》27 号,1978,305—307 页。

《大庭脩〈雲夢出土竹書秦律の研究〉,堀毅〈雲夢出土秦簡の基礎的研究〉》,《法制史研究》28 号,1979,258—260 页。

《小林宏、高塩博〈律集解の構成と唐律疏議の原文について〉》,《法制史研究》29 号,1980,169—171 页。

《山本達郎〈燉煌発見の消費貸借に関する一史料——British Library 所蔵 A. Stein 将来漢文文書 S. 8433〉》,《法制史研究》30 号,1981,355 页。

《島田正郎〈清律の成立〉》,《法制史研究》32 号,1983,315—317 页。

《小口彦太〈清朝時代の裁判における成案の役割について——刑案匯覽をもとにして〉》,《法制史研究》33 号,1984,265—267 页。

《多賀秋五郎〈中国宗譜の研究〉》,《法制史研究》34 号,1985,330—335 页。

《梅原郁訳注〈名公書判清明集〉》,《法制史研究》37 号,1988,220—226 页。

《大庭脩〈武威出土"王杖詔書・令"冊書〉》,《法制史研究》38 号,1989,284—286 页。

《谷井俊仁〈清代外省の警察機能について——割辮案を例に〉》,《法制史研究》39 号,1990,334—335 页。

《清明集研究会編〈名公書判清明集(懲悪門)訳注稿〉〈その1〉〈その2〉》,《法制史研究》42 号,1993,271—275 页。

《梅原郁編〈中国近世の法制と社会〉》,《東洋史研究》52 卷 4 号,1994,151—161 页。

《冨谷至〈王杖十簡〉》,《法制史研究》43 号,1994,373—375 页。

《西川真子〈清末裁判制度の改革〉》,《法制史研究》45 号,1996,274—275 页。

《谷井陽子〈清代則例省例考〉》,《法制史研究》46 号,1997,283—285 页。

《張建国〈前漢武帝刑法改革とその展開の再検討〉》,《法制史研究》47 号,1998,299—303 页。

《仁井田陞著(池田温編集代表)〈唐令拾遺補——附唐日両令対照一覧〉》,《法制史研究》48 号,1999,261—266 页。

报告,讲演要旨

《中国の家の性格——"家長の権力"の理解のために》,《法制史研究》4 号,1953,319—320 页。

《中国における均分相続の原則と嫡子相続觀念との関係》,《法制史研究》7 号,1957,285—286 页。

《唐律の條数をめぐつて》,《法制史研究》23 号,1974,269—270 页。

《中国法制史の课題——"法"をどのようにとらえるべきか》,《法制史研究》23 号,1974,270—271 页。

《清代の裁判にあらゎれた家族法(講演要旨)》,《東洋文庫書報》第 7 号,1975,107—110 页。

"A Comparative Survey of Legal Institutions in Ch'ing China and Tokugawa Japan: Family, Village and State (Summary)", Transactions of International Conference of Orientalists in Japan, No. 22,1977,pp. 26—28.

《中国における法制史研究の現状》,和岡野誠氏共同报告,《法制史研究》32 号,1983,402—403 页。

其他

《学者にして聖人——コンタルド・フエルリーニ》,《カトリック思想》28 卷 4 号,1984,74—76 页、73 页。

《〈座談会〉家族——その比較に見るアジアと日本》,(与泉靖一、中根千枝、尾藤正英氏一起),《世界》,1972 年 9 月号,193—217 页。

《総括——アンケートのまとめ》,《法制史研究》22号別冊《法制史研究の現状と問題点》,1973,183—189页。

《(教授在職15年)研究結果報告》,《東京大学法学部研究・教育年報》3,1975,178—182页。

《中国の魅力——旅の印象と考察の一端》,福武直编《現代の中国》,東大出版会1977,335—353页。

《田中耕太郎先生との出会い》,鈴木竹雄编《田中耕太郎——人と業績》,有斐閣1977,293—297页。

《中国法制史と私——老兵の告白》,《中国——社会と文化》5号,1990,338—360页。

《内田智雄先生の逝去を悼む》,《法制史研究》40号,1991,403—405页。

〔在石井良助先生葬儀上〕《弔辞》,《創文》342号,1993,4—5页。

(1999年5月自订)

滋贺秀三教授年谱及著作目录补*

一、年谱补

1989 年 9 月

就任学校法人、湘南学园的第六代园长（—1993 年 3 月）。

1990 年 9、12 月

在京都大学大学院法学研究科特殊讲课（集中讲课）。

1994 年 12 月

被选定为学士院会员。属于第一部第二分科。

1996 年 9 月

参加在镰仓举行的“在后期帝制中国的法・社会・文化——美国与日本研究者的对话”的研究集会。

2008 年 2 月 25 日

在镰仓去世。享年 86 岁。

二、著作目录补

著　书

《中国法制史論集——法典と刑罰》，創文社 2003，全 630 页＋4 页。

---

* 值此再版之际，考虑到中文本初版的“滋贺秀三教授年谱及著作目录”是经作者亲手所订的，我们不便作任何更改。经与寺田浩明教授商量并承其同意授权，由李力根据滋贺先生遗著《続・清代中国の法と裁判》一书末尾所附最新、最完备的“年谱”和“著作目录”，以及寺田教授所作“故滋贺秀三教授著作目录”（网址 http://www.terada.law.kyoto-u.ac.jp/sonota/siga_works.htm），完成此次增补。谨此致谢！——译者注。

《続・清代中国の法と裁判》(遺著),創文社 2009,全 256 页+4 页。

论　文

《中国における法典編纂の歴史——新著刊行の報告》,《日本学士院紀要》58 卷 1 号,2003,21—32 页。

《比附と類推》,《東洋法制史研究会通信》第 15 号(東洋法制史研究会 25 周年記年特集号),2006,2—4 页。

《汪輝祖——人とその時代》,《日本学士院紀要》64 卷 1 号,2009,1—24 页。(去世后刊行)

书　评

《鈴木秀光〈詳結——清代中期における軽度命盗案件処理〉》,《法制史研究》50 号,2000,334—336 页。

报告,讲演要旨

《シンポジウム 司法への民衆参加の歴史 コメンテータ発言》,《法制史研究》45 号,1995,162—168 页。

其　他

《佐伯有一会員の逝去を悼む》,《東洋法制史研究会通信》第 12 号,1998,1—2 页。

《汪輝祖〈病榻夢痕録〉翻訳稿》,只有 WEB 版,2009。

译　后　记

李力教授全权委托我写一篇译后记，我考虑了一下，决定还是从个人角度写一些文字。

滋贺先生是二战后日本最负盛名的中国法制史学界的学者，将他的著述介绍给中国学术界是我们也是许多人的一种心愿。然而与众不同的是，滋贺先生在这件事上却很能为别人着想。当初我和滋贺先生提出准备翻译他的著述时，他来信表示虽然很希望自己的研究成果为自己研究对象的母国学术界所知晓并渴望给予肯定，但由于翻译要占用时间，对我个人的自身要从事的研究会有影响，而对于一个学者来说，毕竟抓紧时间拿出自己的学术成果比翻译他人著述更重要。他的另一本近著《清代中国的法和审判》已经有人在翻译，现还有《中国家族法原理》尚未有译者，因此他让我认真考虑一下再做决定。我当时很为滋贺先生遇事不是首先考虑自己扩大影响而是为后辈个人前途着想的思想境界所感动，并且认为自己通过翻译精读滋贺先生原著也对提高自己各方面水平必有帮助，所以坚持要翻译的初衷。于是这件事就这样定下来了。以后李力教授听我提到后也热切希望和我一起来翻译。我想两个人做比一个人要快，结果一拍即合，确定合作翻译。没想到这一工作断续进行从准备直到最后出版竟长达5年有余，回想起来，其中一个重要原因是发现翻译远不是那么简单，特别是翻译写于五六

十年代、使用资料包括三四十年代日文资料的带有古日语味道的日文专著就更不简单。其词句及表达方式和现在的日语有很大差距,读书时也许可以把这些地方让过去,翻译时则一点不能偷懒。翻译水平本来有限,偏偏仔细阅读翻译稿的滋贺先生才华横溢的弟子寺田浩明教授又太严,要求我们完全忠实原著而不允许我们意译打马虎眼含糊其词地混过去。真是苦也! 翻译失去自信,甚感难度有点大,以至于我用几个月译完了初稿之后一时都没有勇气再修改,而李力教授由于各种原因和我的感觉差不多。后来才逐渐缓过劲来,两个人再努力一番,终于算大功告成。怪不得连留学日本多年的中国学子都不轻言翻译,敢情这活儿不是随便什么人都可以不费吹灰之力就能完成的。我们当初显然低估了可能遇到的困难和高估了自己的能力。但说到底,其实也没有我们翻译中途的时候所感觉的那么难,精神一振作起来,算一下正式也没用多少时间不就完成了么?

不管怎么说,能把这部重要著作译出还是感到欣慰。至于书的内容,我想还是由读者自己根据需要去理解和掌握。这主要是因为,虽然作者研究的是中国事情,但在我国学术界却很难见到研究相同课题的著述,某种程度上是一个空白。我们无法预见读者们需要我们介绍什么,而要能写出较高意义上的导读性质的序言,也需要先了解学术的源流。也就是说,不仅就书中的内容进行分析概括,指出其学术意义,还应当对此前该课题的学术历史、写作后在学术界的反响以及学术界目前研究的现状有较深刻的了解。坦率地说,做到这些有点难。因此我想把滋贺先生于 1981 年 6 月作为法制史专家访华团团长在中国法律史学会举办的学术座谈会上所做《日本对中国法制史研究的历史和现状》的演讲抄录一段：

“我前半生主要研究了中国家族法。对于中国家族法，中田薰、仁井田陞等许多前辈都进行过研究。不过，我觉得还是有从理论上更好地加以整理和理解的必要。我年轻时写了这方面的小册子，表明了我的大致看法，发表后却受到仁井田先生严厉的批判。仔细想来，他的批评未必正确，因此我准备有关资料，整理我的论点，对他加以反驳。辩论继续了一个时期。经过这场辩论，我写了《中国家族法的原理》。如果不与仁井田先生开展辩论，恐怕我也写不出这本书来。仁井田先生对我的批判锻炼了我，他是我的恩人。

我在这本书里主要用了三种资料：第一种是历代的法律；第二种是判例；第三种是有关习惯的调查资料。说起来，这是三根支柱，我想弄清三种资料里共有的基本原理。通过这项研究工作，我痛感到日本特有的家族法与中国特有的家族法的基本原理是多么不同啊。目前我还没有时间来深入报告或介绍这个问题，如果中日两国学者共同研讨这个问题，我觉得是很有意思的，是有益处的。”

从滋贺先生的演讲辞中可以看出，他当时很希望中日两国学者共同探讨这一课题，但不知为什么，中国方面的学者似乎没有响应，而滋贺先生此后也似乎从这一课题中淡出了，重点开始研究上述演讲中后来提到的诉讼制度。似乎是滋贺先生研究的课题太多，可能忙不过来。不管怎样，此书对于较少有这一课题研究传承的中国学术界，对各个相关学科有很大的学术方面介绍价值，而把它纳入中国法制史研究和教学的视野更有必要。

关于滋贺先生的研究业绩，从本书所附的年谱和著述目录已可知大概，我想就一些情况做些补充说明。滋贺先生从东京大学退休时被授予东京大学名誉教授的头衔，这和中国某些大学授予某些社会名人一个教授头衔的拍卖做法不同，而是只有在本门学科作出突出成绩的真正的日本学术界一流学者才有资格。在东京大学任职期间，滋贺先生以著作《中国家族法的原理》获得日本学士院赏。这是日本国内的最高学术奖，据说要由日本天皇参加的仪式上亲手授予，是很高的荣誉，对文科学者来讲也算是到头了。后来滋贺先生还成为日本学术会议会员（类似中国的科学院院士），而日本学术会议文科方面的会员都是本门学科国内外公认的学术权威、元老级的极具影响的人物（理科会员不一定是元老而可能是获得诺贝尔等等学术奖的较年轻的获奖者）。

其实滋贺先生的研究成果虽然不少，但目前从著作看也仅有两大本一小本（最近又要有新著面世），可是，这些书全部不愧为重量级高品位有影响的学术巨著。和数量比起来，日本学术界看来更看重的是学术上的含金量，著作等身自然更好，可等身绝不是目标，贵精不贵多，多要以精为前提。学术发展到现在，早已远离了拓荒时代，精耕细作才是根本，所以真正的学者毕生追求的毋宁说是怎么样使献给学术界的成果达到最好。正是这样的学术环境和学者自身的追求，让滋贺先生达到了一个很高的学术思想境界。在他亲自倡议的东洋法制史研究会成立十周年之际，在《东洋法制史研究会通信》的卷首语中，滋贺先生以其博大的胸怀庄严宣称："本会与世间的野心或虚荣是无缘的，所追求的是知识上的清廉,……。"这一段及其前后文字,读来细加品味真让人感到极富震撼力。

十几年前,我和复旦大学的姚荣涛教授在某次闲谈中,一致认为:滋贺先生的文字著述,一般都非常精练,显然经过反复推敲,没有什么多余的字句,反映出思路极为清晰、文笔精雕细琢的特点,实证丝丝入扣,理论色彩也很浓厚。确实让人佩服。

北京大学历史系荣新江教授以前也曾和我提到,他在八十年代去荷兰莱顿大学研修,一次在图书室正在看滋贺的著述时,后面来了一位年长的人和他打招呼,并看了看荣新江手中的杂志说:"你在看滋贺秀三的论文?"然后自我介绍说自己叫胡四维。荣新江这才知道原来是大名鼎鼎的欧洲汉学家胡教授。胡教授让荣新江继续阅读,自己要走了,离去前晃着头以低沉而悠长的语气说:"这——个——人(指滋贺先生),厉——害——呀。"听了荣新江的这段描述和模仿出来的胡教授说话时的语气,不难理解了这其中的含义。有充分的理由顺理成章地分析,这所谓的"厉-害-呀"所表示的意思,当然是指滋贺先生学术水平很厉害,以至名闻汉学界的泰斗胡四维教授都感到有些敬畏。

记得好像是姚教授曾经跟我说过,滋贺先生表面看上去对人有点冷淡,乍一见给人的印象似乎架子很大。但多接触几次才发现他外冷内热,对人很周到。我本人也感到,和滋贺先生真谈起话来,实际会发现他分寸掌握得极好,是个很和蔼可亲、谈笑风生的人,简直是个谦谦君子,一点架子都没有,而又不是虚摆出来的客套。与我们所听说过的(我没遇到过,只是道听途说)某些大架子的其他个别日本学者完全不是一类人。有些大学者，通常不大接受后生辈的不同意见，有可能对提出的问题置之不理，但滋贺先生每次都能认真地加以论辩，甚至有时语气严厉，看似不客气，实际争论的纯粹为学术问题，不隐藏自己的真实想法，是尊重对方的表现。总之，滋贺先生给人的完整印象如果用一句话概括，那就是：他是一个真正的学者。

滋贺先生现在以 81 岁的高龄还是不停地在学术园地上耕耘，我们在此希望他保重身体，为学术界提供更多的研究成果。

本书翻译过程中，自始至终得到日本东北大学（现任职京都大学）法学部寺田浩明教授的大力帮助，寺田教授认真地逐字逐句地批阅了分批译出的各份翻译稿，找出许多翻译乃至粗心所致的错误，对原文由于我们理解上的原因所出现的误译，也不厌其烦地耐心展开各样的详尽说明以便于我们理解。没有他的鼎力援手和鼓励，本书很可能翻译不成，即使勉强翻译完了也会留下过多的遗憾之处。在此谨向寺田教授表示由衷的深深的感谢。

本书某些内容的翻译，作为译者之一的我也曾得到日本九州大学的植田信广教授的热心指教，译者还向当时在福冈国际大学任职（现在清华大学任教）的王亚新教授、当时在九州大学任职的徐治文教授请教过一些翻译问题，在此也一并向他们表达深深的谢意。

寺田先生的学生、东北大学的博士生铃木秀光在北大进修期间，也曾对一些比较难于理解的原书中的词句给予解说，这些解答对准确翻译出原意非常有帮助。借此机会也表示对他的深谢之意。此外，九州大学研究生院的博士生温桂雨、修士生（即相当中国的硕士生）何东也对本书后面译稿的个别词句提出了修改建议，在此亦表感谢。

张建国

2002年10月于北京

再版后记

承蒙商务印书馆的厚爱，张建国教授和我共同翻译的滋贺秀三先生大作《中国家族法原理》中文本，被收入到其“汉译世界学术名著丛书”之中。作为译者，我们感到十分荣幸。当然，这也是一件令人开心的事情。

在此次再版中文本即将付梓之际，遵张建国教授之嘱托，我负责撰写再版后记。借此机会交代一下此次再版等相关事宜，谈谈作为译者和法制史研究者的一些个人感受。

说实在的，当我从王兰萍编审那里得知商务印书馆的这个决定时，还真感到有点意外。但过后仔细想一想，这也是正常的事情。

在滋贺秀三先生研究中国法制史的学术生涯中，其研究精力主要集中于三个领域，即家族法、民事审判制度和法典编纂沿革史。《中国家族法原理》一书，可以说是其前半生研究家族法的代表作。如果从1945年10月（作为特别研究生进入其后期三年研究工作）确定“婚姻与家庭”的研究题目，并着手从历代王朝立法、古籍所见判决书和民众习惯调查报告中收集史料起算，直至1967年创文社出版《中国家族法原理》，作者在这个题目的研究上至少花费了20多年的时间和心血。其间，1950年刊行的初期研究成果即其处女作《中国家族法论》，受到仁井田陞先生的批评。滋贺

先生撰文回应这一批评，并怀着彻底地改定增补《中国家族法论》的意愿，着手重新构思写作，最后完成了这本看上去完全变成另外一本书的《中国家族法原理》。1962 年 3 月，滋贺先生以论文《中国家族法原理》（手写原稿）获得法学博士学位。1969 年，《中国家族法原理》一书获得日本最高学术成就奖即日本学士院奖，标志着其中国家族法的研究达到一个顶峰。

由此看来，该书被独具慧眼的商务印书馆列入“汉译世界学术名著丛书”之中，也确实是当之无愧的。

我很快就将商务印书馆的这个决定报告给滋贺先生的高足寺田浩明教授，并征求其意见，请求代为联系滋贺先生家属授权再版。寺田教授回信表示赞同，并积极帮助联系再版授权事宜，不久就寄来滋贺秀三夫人滋贺瑛子女士所写的授权由商务印书馆再版《中国家族法原理》中文本的法律文书。

令人遗憾的是，滋贺先生已在四年前仙逝，因而我们无法向其报告这本大作中文本即将在商务印书馆再版的消息。

2008 年 2 月 25 日，滋贺先生在镰仓的家中去世，享年 86 岁。当时，我正在东京外国语大学亚非语言文化研究所进行客座研究。在互联网上看到滋贺先生逝世的讣告后，我马上联系在北京的张建国教授。那一时刻，作为滋贺先生著作的翻译者和中国法制史研究的同行，我们都为日本学界失去一位享誉中外的优秀的中国法制史学者而感到悲痛和惋惜，记得建国教授还问是否可在国内举行相关悼念活动。但就我所知，国内法制史学界好像没有什么反应，仅中南财经政法大学法律文化研究院的“法律史学术网”上转载了讣告。

滋贺秀三先生去世后，日本学界纷纷发表文章，[①]以追悼、纪念这位国际知名的中国法制史学者。

在日本出版界颇有名气的、由创文社主办的《创文》杂志，当年就开设"追悼滋贺秀三先生"专栏，刊发其年谱，及石井紫郎、寺田浩明教授和岸本美绪教授撰写的悼词、纪念文章。[②] 次年，又发表一组学术追思性专题文章，籾山明、水林彪教授的文章侧重于滋贺秀三学术对于日本法制史学界的影响，曾留学日本的中国学者王亚新教授则结合自己的研究着重介绍滋贺秀三理论在中国学界的反响。[③] 与此同时，冈野诚、[④]高见泽磨、[⑤]村上淳一、[⑥]寺田浩明诸位教授，[⑦]也相继在其他刊物上发表悼念文章，缅怀滋贺先生的学术人生。

2009年2月25日，在滋贺先生逝世一周年之际，创文社出版发行了其遗著《清代中国的法与审判（续）》。以此为契机，3月6

① 承蒙寺田浩明教授惠赐这些悼念文章的PDF版，谨此致谢！

② 石井紫郎：《弔辞》；寺田浩明：《弔辞》；岸本美緒：《法の"原理"と中国社会：中国史研究者からみた滋賀法制史学》，《創文》第509号，2008年6月，第1—7页。其中，寺田浩明文章有中文本，阮云星译：《滋贺秀三先生的学术人生》，《中国政法大学学报》2008年第6期。

③ 籾山明：《二十年ののちに：滋賀法制史学と中国上代史研究》；水林彪：《学恩の数々：比較文明史的国制史論のことなど》；王亚新：《中国の学界における滋賀理論》，《創文》第522号，2009年8月，第1—13页。

④ 岡野誠：《滋賀秀三先生を悼む》，《法史学研究会会報》第12号，2008年3月，第142—143页。

⑤ 高見澤磨：《滋賀秀三教授を偲ぶ》，《東方学》第116辑，2008年7月，第258—260页。

⑥ 村上淳一：《故滋賀秀三会員追悼の辞》，《日本學士院紀要》第63卷第2号，2009年1月，第170—173页。

⑦ 寺田浩明：《滋賀秀三先生を偲ぶ》，《法制史研究》第58号，2009年3月，第461—465页。

日下午，由中村茂夫教授等11人发起的“追思滋贺秀三先生会兼出版纪念之会”在东京学士会馆举行。[①] 同时刊行的《東洋法制史研究会通信》第16号也以专刊的形式，刊登奥村郁三、宫坂宏、森田成满、七野敏光、高见泽磨、松田恵美子、喜多三佳、中村正人、石冈浩、松原健太郎、赤城美惠子诸位会员所写的追思文章。[②]

我是1986年在北京大学法律学系攻读硕士研究生期间选修一年第二外语日语，因专业研究的需要，后来基本坚持自学不辍。本书是我第一次着手尝试翻译的日语法制史著作，前后花了五年左右的时间，虽然翻译的过程是极其艰难的，但是对于我来说也是一次难得的学习和提高机会。这虽已是十多年前的事情，但其情其景至今仍然历历在目，个中的酸甜苦辣还保留在记忆之中。无论如何，直到今天，我都非常感谢张建国教授给我提供了这个机会，让我有机会和他一起合作完成这项翻译工作。我们同是出于法制史教研室的研究生，又都研究秦汉简牍，平时的来往也较多，但后来却一直没有机会就此专门向他道谢，不过我在心里对他一直怀着感恩之情。在此，我想郑重地向建国兄说一声“谢谢你”。这次翻译给了我自信，使我有了继续学习日语的兴趣和动力。

我不像张建国教授那样幸运，曾有机会拜访滋贺先生，当面请益，或以书面形式交流学术。虽然我没有机会拜见滋贺先生，但是

① 赤城美惠子:《滋賀秀三先生を偲ぶ会兼出版記念の会》,《東洋法制史研究会通信》第17号,2009年8月18号(网址 http://www.terada.law.kyoto-u.ac.jp/tohoken/index_a.htm)。

② 《東洋法制史研究会通信》第16号,2009年3月6号,详见《〈東洋法制史研究会通信〉选编》(网址 http://www.terada.law.kyoto-u.ac.jp/tohoken/index_a.htm)。这些文章不公开,在网页上只能看到其目录。

通过翻译他这本大作，以及后来拜读他所发表的其他论著，也逐渐开始对他的研究理论和主张有所了解，多多少少可以体会到其学术理论之精深、学术素养之高和研究方法的独到之处，更感受到其将毕生贡献给中国法制史研究的学术情怀。

关于传统中国家族法的原理，正如寺田教授所总结的，滋贺“先生重视的是‘分形同气’（父与子，分形而同气）的见解。人的存在、生命力的基础、人格的要素，所有这些都存在于‘气’中。这种气，从父亲到儿子，被全部承继，而且正因为如此，即便父亲逝世，这种气仍然在诸多儿子中存续。世间所有的人，都是这种巨大的气中一个个具体的生灵：分形而同气的同胞，宛如一个生命体，理应互帮互助；中国的‘家’，正是这样在现实中共同生活的人类集团。这就是滋贺先生发现的中国家族的核心原理。我认为，潜藏在先生背后的，正是对各种社会所具有的共同性和特殊性而表现出来的质朴的惊诧和无法抑制的好奇心”。[1]

关于其研究方法，王亚新教授的归纳是，日本学者“一直尝试通过对中国社会自身产生出来的种种独特概念进行分析来说明史实史料，力图达到一种关于当时当地语境的内在及完整的理解。其方法论的特点就是尽量地运用中国原有的概念来再现当时的情景，并通过分析这些概念来建构能够帮助达到内在理解的框架。如滋贺秀三关于中国家族法原理中‘同居共财’以及纠纷解决规范中‘情理’等概念的分析”，“都是这种方法论的典型例子。由滋贺秀三最先发展出来的这样一种概念分析方法，可以说是上述研究

① 前揭阮云星译：《滋贺秀三先生的学术人生》，第145页。

动向最重要的标志之一”。[①]

这些不都是今天我们国内法学领域中国法制史学界同人研究时着力不足或者时常感到困惑的地方吗？的确，正如东京大学名誉教授石井紫郎先生所说的那样，“《中国家族法原理》是部扎实的作品，读懂浓缩于其中的东西是不容易的。如果借用某位中国学者的话，那么该书就是具有永久学术生命力的、为数不多的著作之一，是坚韧而具有绵密思索基础的牢固无比的著作”。[②]

本书的翻译分工如下，张建国：序，省略记号，序说，第一、二、三章。李力：第四、五、六章，主要参考文献，索引。此次再版时，我们各自对自己负责翻译的部分进行校对，更正了此前文字上或排印时出现的讹误。

滋贺秀三先生在生前对于此书中文本的翻译曾给予极大的帮助。作为译者，我们想借此机会向已故的滋贺秀三先生致以深深的谢意！感谢尊敬的滋贺瑛子女士的支持。同时也感谢寺田教授一如既往地鼓励我们的翻译工作，更要感谢原著出版者创文社的大力协助和支持。

在国内学界，王亚新、徐世虹等诸位教授也对于此次再版给予关注和鼓励。可以说，没有王兰萍编审的鼎力相助，则不会有此次再版的机会。从极具学术鉴赏力的王兰萍博士和年轻而敬业的吴婧编辑那里，我们感受到商务印书馆作为国内出版界百年老店的文化传统和学术精神魅力。在此，我们要向他们各位和商务印书

① 滋贺秀三等著，王亚新、梁治平编，王亚新等译：《明清时期的民事审判与民间契约》，法律出版社1998年，“序”第3页。

② 前揭石井紫郎：《弔辞》，第3页。

馆表示诚挚的谢意!

由于我们的日语阅读能力和学术水平有限,在翻译中难免会有错误或不当之处,期待学界同人的批评指正。

在我们所处的这个浮躁的学术时代,我常常感到困惑的问题就是,滋贺秀三先生,作为一个外国学者,从其22岁(1943年)起直至生命的终点(2008年),60多年的生命力都倾注于中国法制史研究之上,生前出版了四部不朽的传世精品之作,其原因是什么?其动力何在?为什么我们没有这么长的学术生命力和如此强烈的学术动力?近30年来,我们法制史学界出版或发表了汗牛充栋的论著,其中到底能有多少是精品或传世之作呢?

2013年2月25日,是滋贺秀三先生逝世四周年的日子。届时,由商务印书馆再版的这部《中国家族法原理》亦将出版发行了吧。作为其译者和研究中国法制史的同行,我们想按照中国的习惯,并以出版其大作中文本再版本这个方式,来追思缅怀这位优秀的中国法制史学者!

我个人也更希望能将滋贺先生一生追求学术真谛的精神和人格魅力,作为自己后半生研究法制史的动力。

2012年12月10日

于北京西郊万寿寺寓所

图书在版编目(CIP)数据

中国家族法原理/(日)滋贺秀三著;张建国,李力译.
—北京:商务印书馆,2017
(汉译世界学术名著丛书:120年纪念版:珍藏本)
ISBN 978-7-100-14453-7

Ⅰ.①中… Ⅱ.①滋… ②张… ③李… Ⅲ.①家族—法规—研究—中国 Ⅳ.①D923.904

中国版本图书馆CIP数据核字(2017)第153270号

汉译世界学术名著丛书
(120年纪念版·珍藏本)
中国家族法原理
〔日〕滋贺秀三 著
张建国 李力 译

商 务 印 书 馆 出 版
(北京王府井大街36号 邮政编码100710)
商 务 印 书 馆 发 行
北京市十月印刷有限公司印刷
ISBN 978-7-100-14453-7

2017年12月第1版 开本710×1000 1/16
2017年12月北京第1次印刷 印张43¾
定价:218.00元